OLMS STUDIEN BAND 42

Jakob Michael Reinhold Lenz im Spiegel der Forschung

Herausgegeben von
Matthias Luserke

1995
Georg Olms Verlag
Hildesheim · Zürich · New York

Das Werk ist urheberrechtlich geschützt. Jede Verwertung außerhalb der engen Grenzen des Urheberrechts ist ohne Zustimmung des Verlages unzulässig und strafbar. Das gilt insbesondere für Vervielfältigungen, Übersetzungen, Mikroverfilmungen und die Einspeicherung und Verarbeitung in elektronischen Systemen.

*

Für die freundliche Genehmigung zum Nachdruck danken wir den in den Drucknachweisen genannten Verlage.

*

Folgende Bibliotheken stellten freundlicherweise ihre Vorlagen zum Nachdruck zur Verfügung::
Niedersächische Staats- und Universitätsbibliothek Göttingen, Niedersächische Landesbibliothek Hannover, Universitätsbibliothek Osnabrück, Landesbibliothek Oldenburg, Stadt- und Universitätsbibliothek Frankfurt/M., Staatsbibliothek zu Berlin Preußischer Kulturbesitz

---

Die Deutsche Bibliothek - CIP-Einheitsaufnahme

Jakob Michael Reinhold Lenz im Spiegel der Forschung/ hrsg. von Matthias Luserke. - Hildesheim ; Zürich ; New York : Olms, 1995
(Olms-Studien ; Bd. 42)
ISBN 3-487-10003-7
NE: Luserke, Matthias

© Georg Olms Verlag AG, Hildesheim 1995
Alle Rechte vorbehalten
Printed in Germany
Gedruckt auf säurefreiem und alterungsbeständigem Papier
Umschlagentwurf: Prof. Paul König, Hildesheim
Herstellung: WS Druckerei GmbH, 55294 Bodenheim
ISSN 0175-9930
ISBN 3-487-10003-7

Inhaltsverzeichnis

Vorwort VII

Johann Friedrich Reichardt: Etwas über den deutschen Dichter
Jakob Michael Reinhold Lenz. [1796] 1

Fr[iedrich] Nicolai: Berichtigung einer Anekdote den Dichter
J.M.R. Lenz betreffend. [1796] 12

Ludwig Tieck: Einleitung zu: Gesammelte Schriften von J.M.R. Lenz.
[1828] 14

Rudolf Reicke: Reinhold Lenz in Königsberg und sein Gedicht
auf Kant. [1867] 57

Erich Schmidt: Lenz und Klinger. Zwei Dichter der Geniezeit. [1878]....... 69

Max Halbe: Der Dramatiker Reinhold Lenz. Zu seinem hundert-
jährigen Todestage. [1892] 127

Erich Schmidt: Lenziana. [1901] 142

Paul Reiff: Pandaemonium germanicum, by J.M.R. Lenz [1903]............. 155

Franz Blei: Einleitung zu: Gesammelte Schriften von J.M.R. Lenz. [1909] .. 159

Martin Sommerfeld: Jakob Michael Reinhold Lenz und Goethes
Werther. Auf Grund der neu aufgefundenen Lenzschen „Briefe
über die Moralität der Leiden des jungen Werther". [1922] 163

Charles Wolf: „Die Soldaten" von Jakob Michael Reinhold Lenz.
Strassburger Erlebnisse und Gestalten in einem Drama des
„Sturmes und Dranges". [1937] 203

Hans M. Wolff: Zur Bedeutung Batteux's für Lenz. [1941] 207

Horst Albert Glaser: Heteroklisie – Der Fall Lenz. [1969] 213

Fritz Martini: Die Einheit der Konzeption in J.M.R. Lenz'
„Anmerkungen übers Theater". [1970] 233

Jean Murat: Le „Pandaemonium Germanicum". [1971] 257

Heinz Otto Burger: Jakob M.R. Lenz innerhalb der Goethe-
Schlosserschen Konstellation. [1973] 269

Karl Eibl: „Realismus" als Widerlegung von Literatur. Dargestellt
am Beispiel von Lenz' „Hofmeister". [1974] 301

Klaus R. Scherpe: Dichterische Erkenntnis und „Projektemacherei".
Widersprüche im Werk von J.M.R. Lenz. [1977] 313

Allan Blunden: J.M.R. Lenz and Leibniz: a point of view. [1978] 343

Dieter Liewerscheidt: J.M.R. Lenz „Der neue Menoza", eine
apokalyptische Farce. [1983] 359

Monika Wiessmeyer: Gesellschaftskritik in der Tragikomödie:
„Der Hofmeister" (1774) und „Die Soldaten" (1776) von J.M.R. Lenz.
[1986] 368

Jürgen Pelzer: Das Modell der alten Komödie. Zu Lenz'
„Lustspielen nach dem Plautus". [1987] 382

Klaus Bohnen: Irrtum als dramatische Sprachfigur. Sozialzerfall
und Erziehungsdebatte in J.M.R. Lenz' „Hofmeister". [1987] 392

Matthias Luserke/Reiner Marx: Nochmals S[turm] und D[rang].
Anmerkungen zum Nachdruck der *Philosophischen Vorlesungen*
von J.M.R. Lenz. [Originalbeitrag] 407

Drucknachweise 415

Vorwort

Mit diesem Sammelband zu Leben und Werk von Jakob Michael Reinhold Lenz (1755 – 1792) werden zwei Dutzend Arbeiten aus der nahezu unübersehbar gewordenen Forschungsliteratur zu diesem Dichter des Sturm und Drang im unveränderten Nachdruck vorgelegt. In zweierlei Hinsicht sollen damit Hoffnungen verknüpft werden: einmal, daß vergessene und entlegene Arbeiten der frühen Forschung wieder zugänglich gemacht und einer neuen Bewertung anheimgestellt werden können; zum anderen, daß durch die Mitberücksichtigung einer Auwahl der Forschungsliteratur aus den vergangenen 30 Jahren die Möglichkeit gegeben wird, das Profil einer eigenen Lenz- und Sturm-und-Drang-Forschungsgeschichte erkennen zu lassen. Viele dieser Texte gehören heute – bei allem Widerspruch, den sie teilweise erfahren haben – zu den 'Klassikern' der Forschungsliteratur über den Sturm und Drang im allgemeinen wie über Jakob Michael Reinhold Lenz im besonderen.
Damit soll auch ein Stück literaturwissenschaftlicher Forschungsgeschichte dokumentiert werden. Viele der hier nachgedruckten Arbeiten enthalten implizit auch Quellen zur Wissenschaftsgeschichte der Sturm-und-Drang-Forschung, von ihren Anfängen im Anekdotischen und Biographischen (etwa bei Reichardt und Nicolai 1796), über die nach wie vor unentbehrlichen Ausgaben der Werke von Lenz durch Ludwig Tieck (1828) und Franz Blei (1909) bis hin zu der durch Methodenentscheidungen und die Wahl der Forschungsgegenstände gekennzeichneten Forschungsliteratur der 60er, 70er und 80er Jahre. Natürlich können dabei nicht alle Gesichtspunkte des Lebens und Werks von Lenz berücksichtigt und alle Aspekte mit einer solchen Textauswahl auch nur annähernd erschöpft werden.
Ein Originalbeitrag zur aktuellen Diskussion um die wiederentdeckten *Philosophischen Vorlesungen* von J.M.R. Lenz beschließt diesen Band, indes die Forschung, die Diskussion und Bewertung weitergehen werden. Für den derzeitigen Diskussionsstand der Lenz-Forschung wie der Sturm-und-Drang-Forschung sei deshalb eigens auf das *Lenz-Jahrbuch/Sturm-und-Drang-Studien* (Band 1ff. 1991ff., hgg. v. Matthias Luserke u. Christoph Weiß in Verbindung mit Gerhard Sauder) hingewiesen.

Verlag und Herausgeber danken ausdrücklich den Autoren und Verlagen für die Genehmigung zum unveränderten Nachdruck.

Saarbrücken, im Mai 1995   Matthias Luserke

Etwas über den deutschen Dichter
Jakob Michael Reinhold Lenz,
von
Johann Friedrich Reichardt.

———

Die beiden Gedichte von Lenz im ersten Stück der Urania. und das beigefügte Wort über den unglücklichen Mann, erinnern mich an einige Züge aus seinem Leben, und an einige psychologisch-merkwürdigen Briefe, deren Mittheilung dem deutschen Lesepublikum vielleicht willkommen sein wird.

Lenz war 1750 zu Seßwegen in Liefland geboren. In den Jahren 1769 und 70 studirte ich zugleich mit ihm, in meiner Vaterstadt Königsberg. Nur selten kam er in die Vorlesungen einiger Professoren; bald fast nur ausschließlich, dann und wann, in die Vorlesungen unsers verehrungswürdigen Lehrers Kant. Eine sehr vermischte Lektüre und eigne poetische Ausarbeitungen beschäftigten ihn ganz, so oft er in seiner kleinen Kammer allein sein konnte. Er wohnte aber in einem ziemlich engen Hause, das ganz angefüllt war von lustigen wilden Lief- und Curländern, seinen Landsleuten, welche Tag und Nacht in unaufhörlichem Toben beisammen lebten. Oft befand er sich mitten unter ihnen, doch meistens mit seinem Geiste so abwesend, daß junge lustige Bursche häufig dadurch gereizt wurden, ihm allerlei unerwartete Streiche zu spielen, die ihn zuweilen wohl nicht ganz zu sich brachten, und die er allemal mit unbegreiflicher Geduld und Freundlichkeit ertrug. Selbst von seinem Schreibepulte ließ er sich, aus der tiefsten Abwesenheit, oft ohne Murren herausreißen, und brachte seinen Jugendbrüdern zu gefallen die Abende, wohl auch ganze Tage, auf dem Caffeehause zu, ohne an ihrem Kartenspiel und mancherley andern Belustigungen thätigen Antheil zu nehmen.

Beim Gesange und auch wohl beim Glase, wiewol er wenig vertragen konnte, war er thätiger. Er liebte den Gesang von Herzen und übte auch die Laute mit Eifer. Der Lautenist in seinem Hofmeister ist die Caricaturzeichnung seines Lautenmeisters nach dem Leben. So wie fast alle Charaktere in diesem vaterländischen Stück curländische und preußische Charaktere in Caricatur gezeichnet sind.

Damals dichtete er auch ein größeres Gedicht in sieben Gesängen: die sieben Landplagen. Seine lustigen Brüder sprachen ihm oft von seinen acht Landplagen. So schickte der alte preußische General Tauenzien, als er einst, auf Befehl des Königs, sechs junge Rekruten, die dem Forstdepartement angehörten, zurückgeben mußte, diese sechs Leute mit dem Compliment an ihren Departements-Chef zurück: er wollte, daß sie alle sieben beim Teufel gewesen wären, eh sie ins Regiment gekommen. Der Schreiber, dem er diktirte, machte weislich den Einwurf: es wären nur sechs. Schreib' er sieben, sagte der alte General.

Ich entsinne mir von jenem Gedichte, das er in Königsberg besonders drucken ließ, und der rußischen Kayserinn zueignete und zusandte, nichts weiter, als daß es uns allen damals schlecht schien, und wir ihn, mit unserm Parodiren vieler sehr schwülstigen Stellen, oft zu lachen machten. Weiter hin ist mir das Gedicht nie wieder vor Augen gekommen.

Von Königsberg ging Lenz nach Berlin, wo er willens war einen Band seiner Gedichte drucken zu lassen. Ich folgte ihm bald dahin, fand ihn aber nicht mehr dort; indeß erinnere ich mich einer komischen Scene, von der ich damals erzählen hörte. Er besuchte unter andern Gelehrten auch Herrn Nicolai, der ihn, in seinem ziemlich kahlen stäubigen schwarzen Rock, anfänglich für einen armen hülfesuchenden Candidaten hielt, endlich aber aus seinen schüchternen Reden vernahm, daß er ihm ein Bändchen Gedichte überreichen wollte, um darüber sein Urtheil zu hören. Nicolai versicherte ihm, daß Poesie gar nicht seine Sache sey, rieth ihm sich deshalb an Herrn Professor Ramler zu wenden. „Da bin ich schon gewesen, sagte Lenz, der schickt mich eben her." Nicolai, der dadurch an eine komische Gastwirthsscene in Leipzig erinnert wurde, wie zwei einander gegen über wohnende, sich gern neckende Gastwirthe, einen abgedankten kaiserlichen Offizier, der ohne Geld zu haben an der Gasttafel aß und trank, und mit einem Schwank davon zu kommen suchte, einander zuschickten, brach in ein unaufhaltbares Gelächter aus. Vermuthlich reizte dieses Lenzens Galle mehr, als unsre akademischen Späße, auf Rechnung seines Dichterwesens.

Dann führte er einen curländischen Edelmann nach Strburg, und auf dieser Reise ward er mit Göthe, Schlosser, und andern Männern aus diesem edlen Kreise bekannt, deren Nähe und Einwirkung seinem Geist und Herzen einen neuen höheren Schwung gaben.

Sein schwacher Körper ertrug diesen Schwung aber nicht, und er büßte dieses kurze Glück, oder vielmehr diesen genußvollen Rausch, wie der arme zerbrechliche Mensch fast jeden Genuß über Vermögen zu büssen pflegt.

Im Jahr 1776 dünkt mich, erhielt ich einige freundliche Briefe von ihm. Sie waren aber alle ohne Orts und Zeitangabe. In einem Blatt vom Lande, mit Bleystift geschrieben, gab er mir Wielands Adresse zu meiner Antwort. Die Aufschrift des Briefes war mit rother Dinte geschrieben. Mich dünkt auch damals gehört zu haben, daß er in Weimar eine Zeitlang lebte, um in Göthens Nähe zu seyn, von dem er mit vieler Wärme und Liebe in seinen Blättern sprach. Auch forderte er mich damals schon auf, Göthens Claudine von Villabella, die noch nicht im Druck erschienen war, in Musik zu setzen. Einige Stücke meiner damaligen Bearbeitung dieses Singeschauspiels, und des gleichzeitigen Erwin und Elmire, stehen auch in meinen bey Pauli herausgekommenen Oden= und Liedersammlungen abgedruckt. Die meisten von ihnen sind aber nachher, bei gänzlicher Umarbeitung der beiden Gedichte, auch für die Musik ganz neu bearbeitet worden.

Im Jahr 1777 war er wieder in den Rheingegenden, und da nahte sich die schreckliche Catastrophe, die ihn vollends zerrüttete. Der Tod von Schlossers erster vortreflichen Frau, einer edlen Schwester Göthens, welche von allen die sich ihr nahten, und so auch von dem gefühlvollen Lenz, angebetet wurde, scheint seinen schon überspannten fast zerrütteten Nerven den letzten Stoß gegeben zu haben. Er schrieb damals, an seinen Freund und seine Freundinn Sarassin nach Basel, einen poetischen Brief, der seinen Jammer, seine schmerzliche Spannung, lebhaft ausdrückte. Der brave herzliche Sarassin, der mir im Jahr 1783, auf meiner ersten Schweizerreise, diesen Brief, und spätere Briefe des unglücklichen Mannes mittheilte, wird hoffentlich nichts dagegen haben, wenn solche, die bis diesen Tag in meinem Briefkasten verschlossen blieben, jetzt, da der Unglückliche ausgelitten hat, als wichtige Belege zu dem Leben eines talentvollen vaterländischen Dichters, so weit es ohne Compromittirung anderer noch lebender Personen geschehen kann, abgedruckt werden.

Lenz an Madam Sarassin in Basel.

„Tausend Dank für Ihre beiden Briefe, die mir als eine wahre Herzstärkung — jetzt erst von Schlossern zugekommen sind.

Wie Freundinn fühlen Sie die Wunde,
Die nicht den Gatten bloß, auch mir das Schicksal schlug,
Mir, der nur Zeuge war von mancher frohen Stunde,
Von jedem Wort aus ihrem Munde,
Das das Gepräge innrer Größe trug.
Ganz von der armen Welt vergessen,
Wie oft hat sie, beglückt durch sich,
Auf seinem Schooß mit Siegerstolz gesessen,
Ach! und ihr Blick erwärmt' auch mich!
Auch ich, auch ich, im seligsten Momente,
Schlug eine zärtliche Tangente
Zur großen Harmonie in ihrem Herzen an.
Mit ihrem Bruder, ihrem Mann,
Wie hob mich das Gefühl auf Engelschwingen
Zu edlen Neigungen empor!
Wie warnt' es mich, bei allzufeinen Schlingen,
Daß ich nie meinen Werth verlor!
Mein Schutzgeist ist dahin, die Gottheit, die mich führte
Am Rande jeglicher Gefahr,
Und wenn mein Herz erstorben war,

Die Gottheit, die es wieder rührte.
Ihr Zartgefühl, das jeden Mißlaut spürte,
Litt' auch kein Wort, auch keinen Blick,
Der nicht der Wahrheit Stempel führte.
Ach! diese Streng' allein erhält das reinste Glück;
Und ohne sie sind freundschaftliche Triebe,
Ist selbst der höchste Wunsch der Liebe,
Nur Mummerei, die uns entehrt,
Nicht ihres schönen Nahmens werth. u. s. w."

Der Verstand des lieben unglücklichen Mannes ward bald darauf gänzlich zerrüttet, so daß man ihn zuletzt in Schlossers Hause zu Emmedingen an Ketten legen mußte, und da er von Schlossers Leuten, die er mißhandelte, wieder gemißhandelt wurde, gab ihn Schlosser aus dem Hause, in seine Nachbarschaft, zu einem braven Schuhmacher. Dessen Sohn, ein Schumacher-Geselle, bewachte ihn und arbeitete dabey auf Lenzens Stube. Dinte und Feder hatte man Lenzen nicht gegeben, um seine Phantasie nicht mehr zu beschäftigen. Um beschäftigt zu seyn, half er seinem treuen freundlichen Wächter, und fing endlich ernstlich an, das Schusterhandwerk zu üben. Drey Monate darauf ging der Wächter, Conrad, auf die Wanderschaft, zuerst nach Basel, und da schrieb Lenz, derselbe Lenz, der in den letzten Momenten seines kurzen sonnenhellen Lebenstages, obigen edlen poetischen Brief geschrieben hatte, folgende Briefe, die ich nach oftwiederholtem Lesen nicht mit trocknen Augen abzuschreiben vermag.

I.

"Lieber Herr'S. Es freut mich, daß ich Ihnen wieder schreiben kann. Ich habe eine große Bitte an Sie, die Sie mir nicht abschlagen werden: daß Sie so gütig sind, und meinem besten Freunde und Cameraden, dem Herrn Conrad Süß, doch einen Meister verschaffen, wenn er außer der Zeit nach Basel kommt, weil jetzt die Handwerksbursche stark gehen, und ich den Herrn Hofrath bitten will, daß er seinem Vater zureden soll, ihn noch länger als Johannis bey sich zu behalten, damit ich die Schusterei bey ihm fortlernen kann, die ich angefangen habe, und er ohnedem bey seinem Herrn Vater und mir viel versäumt. Es wird das nicht schwer fallen, da er gewiß ein guter und fleißiger Arbeiter und sonst wohlerzogenes Kind ist, und Sie werden mich dadurch aus vieler Noth retten, die ich Ihnen nicht sagen kann. Ausgehen ist mir noch nicht gesund, und was würd' ich anfangen, wenn er auch fortginge, da ich gewiß wieder in meine vorige Krankheit verfallen müßte. Hier bin ich dem Herrn Hofrath gegen über, und ist mir so wohl, bis es besser mit mir wird. Wenn es nur einige Wochen nach Johannis seyn könnte! Melden Sie mir doch, ob sich dort keine Meister finden, die auf die Zeit einen Gesellen brauchen. Wenn Sie nur wollten probiren, sich von ihm Schuhe machen zu lassen, ich bin versichert, daß er sie gut machen wird; besonders wenn er einige Zeit in Basel gewesen, und weiß wie Sie sie gern tragen. Fleißig ist er gewiß, davon bin ich Zeuge, und er arbeitet recht nett, besonders wenn er sich angreist. Viel tausend Grüße an Ihre Frau Gemalinn und an den Herrn Hofmeister, und an die Kleinen. Ich bin bis ans Ende, Ihr gehorsamer Freund und Diener.

Lenz."

„Er soll jetzt das erstemal auf die Wanderschaft, und ich bin jetzt bei seinen Eltern, ein Vierteljahr lang, wie das Kind im Hause gewesen. Er ist mein Schlafcamerad, und wir sitzen den ganzen Tag zusammen. Thun Sie es doch, bester Herr Sarassin, lieber Herr Sarassin, es wird Sie nicht gereuen. Emmedingen einige Tage vor Johanni 1778. Ich könnte mich gewiß nicht wieder so an einen andern gewöhnen, denn er ist mir wie ein Bruder."

2.

„Lieber Herr S. Ich habe ein großes Anliegen, ich weiß daß Sie meine Bitte erhören werden. Es betrifft meinen Bruder Conrad, der für mich auf der Wanderschaft in der Fremde ist: daß Sie ihm dazu verhelfen, daß er für Sie arbeiten kann. Er war schon fort, als ich Ihr werthes Schreiben erhielt, und seine Abreise war so plötzlich und unvermuthet, daß ich ihm kein Briefchen an Sie mitgeben konnte. Seitdem hab' ich immer auf Nachricht von ihm gewartet, bis er endlich schrieb, daß er in Basel keine Arbeit bekommen, sondern in Arlesheim, einem katholischen Orte, anderthalb Stunden von Basel. Nun hab' ich kein Anliegen auf der Welt, das mich mehr bekümmert, als wenn ich nur so glücklich seyn könnte zu hören, daß er bey Ihrem Schuhmacher wäre, und Ihnen arbeiten thäte. Das würde mich in kurzer Zeit gesund machen. Erzeigen Sie mir diese Freundschaft und Güte. Die Freude und der Trost, den ich daran haben werde, wird unaussprechlich seyn: denn das Wasser allein hilft mir nicht, wenn meine Freunde nicht mit wollen dazu beitragen. Ich kann Ihnen das nicht so beschreiben, warum ich so ernstlich darum bitte: er ist auf Mannsschuhe besprochen, und ich hoffe, wenn er nur erst Ihre Gedanken weiß, wie Sie's gerne tragen, Sie werden gewiß mit seiner Arbeit zufrieden sein, wenn auch das erste Paar nicht gleich gerathen sollte. Herr Süß hat mir versprochen, so bald Sie ihn unterbringen, soll er seinem Meister in Arlsheim aufkündigen; und ich bin versichert, er wird es aus Liebe für mich thun, und aus Liebe zu sich selbst, welches einerlei ist: denn ich werde keine ruhige Stunde haben, wenn er an dem katholischen Orte bleibt, und wenn er jetzt schon weiter wandern sollte in der großen Hitze, das würde mir auch keine Ruhe lassen.

Es freut mich recht sehr, daß Sie wieder einen Hofmeister haben, und Ihre Frau Gemahlinn sich gesegnetes Leibes befindet. Gott wolle ihr eine glückliche Entbindung schenken, daß Ihre Freude vollendet werde, und Sie auf dieser Welt Nichts mehr zu wünschen haben mögen. Dann werde ich auch gesund werden, und wenn der Conrad für Sie arbeitet.

Weiter weiß ich nichts zu schreiben, als, ich gehe alle Morgen mit meinem lieben Herrn Süß spazieren, und bekomme auch alle Tage den Herrn Hofrath zu sehn. Nun fehlt mir Nichts, als daß es alles so bleibt, und Gott meine Wünsche erhört, und Sie meine Bitte erfüllen, daß der arme Conrad wieder zu seinen Glaubensgenossen kommt. Und ich verharre unaufhörlich und zu allen Zeiten

Ihr

bereitwilliger Diener und gehorsamer Freund,

J. M. R. Lenz.

Ich trage Ihren Brief immer bei mir, und überlese ihn oft: er hat mir eine große Freude gemacht, und daß Sie sich auch meines Conrads so annehmen."

3.

„Ich kann in der Eile Ihnen, theurer Herr und Gönner, nichts schreiben, als hunderttausendfältigen Dank, für die

Freundschaft und Güte, die Sie für mich und meinen lieben Conrad haben, an den ich mir die Freiheit nehme einige Zeilen mit beizulegen, und Ihnen zu melden, daß ich jetzt nach Wiswyll hinaus reisen soll, wo ich brav werde Bewegung machen können, mit der Jagd und Feldarbeit. Ich bin so voller Freude, über so viele glückliche Sachen, die alle nach meines Herzens Wunsch ausgeschlagen sind, daß ich für Freude nichts Rechts zu sagen weiß, als Sie zu bitten, daß Sie doch so gütig sind und Ihr Versprechen erfüllen, den ehrlichen Conrad für Sie Arbeit zu geben, weil es mir nicht genug ist, wenn er bei Ihrem Meister Schuhmacher ist, und nicht auch für Sie arbeitet. Verzeihen Sie meine Dreistigkeit, ich bitte doch um Nachricht von Ihnen und Ihrer Familie, auch nach Wiswyll. Zwar ist der Herr Hofrath jetzt auch nach Frankfurth verreist; der Conrad wird mir aber Ihr Briefchen schon durch seinen Vater zuschicken: ich werde wohl einige Zeit ausbleiben. Hunderttausend Grüße Ihrer Frau Gemahlinn und sämmtlichen Angehörigen.

Ihr gehorsamer Freund und Diener.
Lenz."

4.

„Eben jetzt, theurer Gönner, erhalte ich noch den Brief von Conrad zu dem Ihrigen, und muß hunderttausend Dank wiederholen, daß Sie so gütig sind, und für uns beide so viel Sorge tragen, und sich auch nach mir erkundigen wollen. Auch Herr Süß und seine Frau haben mir aufgetragen, Ihnen doch recht viele Danksagungen zu machen, für die Güte die Sie für ihren Sohn gehabt, und daß der Herr Hofrath nach Frankfurth verreist sey, sonst würden sie es auch durch ihn haben thun lassen. Gott wolle Ihnen alles das auf andere Art wieder vergelten, was Sie mir für Freude gemacht haben. Ich habe jetzt auf lange Zeit genug an des Conrads Brief, den ich im Walde recht werde studiren können. Sagen Sie nur dem Conrad, er soll Wort halten, und seine Eltern vor Augen haben, am meisten aber Sie seinen Wohlthäter, und dann auch den Herrn Hofrath Sch., und dann auch mich, und meinen Zustand der Zeit her, daß es ihm nicht auch so ergehe, wenn er nicht folgt. Seyn Sie hunderttausend Mahl gegrüßt alle zusammen, nochmals von Ihrem gehorsamsten

Lenz."

Seit der Zeit hab' ich nichts von dem unglücklichen Lenz vernommen: außer daß ich einst bey Lavatern Briefe von ihm sah, die er ihm aus Petersburg geschrieben, um ihm seine Frechheit, über eine Frau, wie die rußische Kaiserinn sey, in seiner Physiognomik öffentlich so zu urtheilen wie er gethan, in den härtesten und ängstlichsten Ausdrücken zu verweisen; und daß mir Reisende versichert haben, daß der arme Mann, bis ans Ende seines Lebens, welches vor einiger Zeit zu Moskau erfolgte, nie wieder zum freien Gebrauch seiner Verstandeskräfte gelangt sey.

Berichtigung einer Anekdote
den Dichter J. M. R. Lenz betreffend.

An die Herausgeber des Archivs.

Ich wohne mit Ihnen an einem Orte. Es könnte also leicht jemand glauben, ich hätte die Anekdote, S. 115. Februar 1796 des Archivs, eben so erzählt wie solche sich dort befindet, oder sie wäre mit meiner Bewilligung gedruckt worden. Das lezte ist aber keinesweges der Fall, und was das erste betrift, so muß ich sie für aufgepuzt erklären. Lenz hatte keinen schlechten staubichten schwarzen Rock an, sondern war in Reisekleidern ganz ordentlich gekleidet. Aber er war so ceremoniös, so äußerst ängstlich, sagte, auf Befragen, er komme von Königsberg, gehe nach Strasburg und sey der belles lettres beflissen, und fügte stammelnd hinzu, er habe wohl eine Bitte an mich, ohne sich näher zu erklären was es sey. Da nun eben bey dieser Unterredung ein Freund zu mir kam, stand er auf, und alles Bittens ohnerachtet, daß er sein Anliegen sagen möge, bat er um Erlaubniß den andern Tag wieder zu kommen, wenn ich allein wäre. Ich gestehe, dies brachte mich beynahe auf die Idee, der Unbekannte möchte irgend ein geheimes Anliegen haben, das er sich schäme zu gestehen. Das Anliegen war denn aber — nicht ein Band Gedichte — sondern eine Uebersetzung von Popens Essay on Criticism in deutschen Alexandrinern. Hierüber verlangte er mein Urtheil; vom Drucke war noch nicht die Rede. Um von ihm loszukommen, rieth ich ihm endlich, allenfalls meinem Freunde Ramler die Uebersetzung zu zeigen, und siehe! der hatte ihn, auch um von ihm loszukommen, schon zu mir geschickt. Da fiel mir denn freylich die komische Historie aus Leipzig ein, und ich lachte.

Der Held dieser Leipziger Geschichte war übrigens nicht ein kaiserlicher Officier, sondern ein lustiger Avanturier, der Kaisergroschen ausgeben wollte; ich möchte nicht gern, daß jemand glaubte, ich hätte einen kaiserlichen Officier untergeschoben. Ich habe eine so dumme Ehrfurcht für die Wahrheit, daß ich glaube, sie auch bey Anekdoten genau beobachten zu müssen; daher, wenn ich etwas nicht recht richtig weiß, frage ich entweder erst nach, oder erzähle es nicht, besonders wenn Namen oder Stände zu nennen sind.

Freylich, daß der Mann, der mir eine alexandrinische Uebersetzung des Essay on Criticism so ängstlich hatte empfehlen wollen, ein halbes Jahr nachher ein großes Genie heißen sollte, das über alle Regeln sich erhöbe, nahm mich Wunder. Diejenigen deren Neigung zum Persifliren dem so naiven als niaisen Lenz einbildete, es läge in ihm ein hoher Sinn für alles was groß wäre, hatten an seiner nachherigen unglücklichen Periode mehr Antheil, als sie vielleicht glaubten.

Lenz zeigte sich in St. Petersburg bey Herrn von Nicolay, welcher für ihn sorgte; die näheren Umstände sind mir entfallen. Er war damals ganz zu seinen Verstandeskräften wieder gelangt, so weit sie im gemeinen Leben nöthig sind: aber freilich schwache Kräfte hat er immer gehabt, und konnte daher so wenig die Debauchen der Excentricität als körperliche Debauchen aushalten.

Ich bitte diesen Brief in Ihr nächstes Stück einzurücken, damit wenigstens mir nicht zugeschrieben werde, was nicht von mir kommt.

Den 7ten Febr. 1796.   Fr. Nicolai.

Einleitung.

Fragmente.

Indem ich dem Publikum die gesammelten Schriften unsers vernachläßigten Lenz wieder in die Hand gebe, und wünschen muß, daß es an diesem Autor denselben Genuß haben möge, den er mir immer gewährt hat, fühle ich auch, daß die Freunde der deutschen Litteratur von mir ein erklärendes, einleitendes Wort erwarten dürfen, wie diese Sammlung gemeint sei, und was sie der heutigen Welt bedeuten solle.

Demjenigen, welcher zu lesen gelernt hat, wie dem, der nicht bloß Eine Art und Weise in allen Büchern wieder finden will, fällt das Seltsame, Eigenthümliche, und das, wodurch Lenz in der deutschen Literatur gewissermaaßen einzig dasteht, von selbst auf, und diesen umsichtigen Lesern braucht es nicht gesagt zu werden, daß Lenz merkwürdig war, daß er unsre Beachtung aus vielen Ursachen verdient, und für die Freunde der Göthischen Muse schon deswegen, um den großen Genius ganz zu fassen und seine Zeit und Umgebung vollständiger kennen zu lernen, als es jetzt von den meisten, selbst seinen innigsten Verehrern geschieht.

So vieles mich auch in verschiedenen Zeiten meines Lebens beschäftigt hat, nach so mannigfaltigen Richtungen mich meine Studien auch geführt haben mögen, so gestehe ich doch gern, daß zwei Genien mir stets und unter allen Umständen nahe, innigst befreundet und zu meinem Dasein nothwendig blieben.

Seit ich zur Erkenntniß meiner selbst kam, waren Shakspeare und Göthe die Gegenstände meiner Liebe und Betrachtung, und vieles, was ganz fern zu liegen schien, diente mir doch früher oder später dazu, diese großen Erscheinungen und ihre Bedeutung inniger zu verstehen. Wie ich seit vielen Jahren an einem Werke über den großen englischen Dichter arbeite, dessen Herausgabe nur noch durch Zufälle, Reisen, Krankheiten und andere Arbeiten ist verzögert worden, so habe ich auch seit mehr als zwanzig Jahren, früher, als ähnliche Versuche sich vernehmen ließen, meine Kräfte an einer Darstellung des deutschen Genius versucht, um ihn mir und andern deutlich zu machen; und ich hoffe auch dieses Werk, nach jenem angekündigten, noch beendigen zu können, um eine Aufgabe zu lösen, deren Entwickelung mir schon seit lange als Pflicht erschienen ist.

Für den jetzigen nahe liegenden Zweck sei es mir erlaubt, einiges aus jenem angedeuteten Werke, in einer andern Form, als leichte Skizze, die mehr andeutet, als genau zeichnet, vorzuführen.

―――――

Es hatte sich eine Gesellschaft von Freunden, alle ohngefähr gleiches Alters, gefunden und zu einander gebildet, die sich wöchentlich und auch öfter versammelten, um über Gegenstände des Wissens und der Literatur zu sprechen, neue merkwürdige Produktionen oder alte, die ihnen lieb waren, vorzulesen, zu streiten, ihre Gedanken zu entwickeln und sich gegenseitig zu stärken und zu belehren. Es zeigte sich bald, daß sie in einem Mittelpunkt der Verehrung und Liebe zusammen trafen, und daß sie nicht müde wurden, die Werke unsers größten deutschen Dichters, Göthe, zu genießen, zu prüfen, sich anzueignen und alle sich in neues Licht, und neue Beziehungen zu stellen. Menschen von Gemüth und Enthusiasmus können aber unmöglich, so einig sie auch sein mögen, einen geliebten Gegenstand auf eine und dieselbe Weise betrachten, denn jeder Geist eignet sich die Werke der Poesie auf eine ihm eigenthümliche und ihm geziemende Weise an, und aus den verschiedenen Richtungen, den mannigfaltigen Meinungen und Gefühlen, in die sich ein Meisterwerk den Genießenden auseinander legt und die es ihnen erregt, erzeugt sich, wenn diese Gesinnungen verständig ausgesprochen werden können, erst für jeden der Hörenden die wahre Fülle, und oft aus dem Widerspruch das Einverständniß. Auf gewisse Weise empfängt das Werk selbst von den Genießenden, und so kann es wohl gelingen und zutreffen, daß eine individuelle Critik dem mitwissenden Freunde nachher unablöslich zur poetischen Produktion mit gehört. Wird von bedeutenden, verehrten Männern dergleichen zuweilen durch den Druck bekannt, so erleben auch viele des großen Publikums etwas Aehnliches, und die Bereicherung des Sinnes, die Erhöhung des individuellen Lebens wird gerade am meisten durch scharfes Urtheil, genialen Widerspruch, wunderbares Mißverständniß, und überraschendes Verständniß, das oft wie durch Zauber das rechte Wort findet, bewirkt. Geschähe es immerdar (was nur seltene Ausnahme ist,) daß jedes Urtheil ein gewogenes, erlebtes, ganz eigenthümliches wäre, so wäre unsre Critik auch schon längst ganz eine andre in Kraft und Gesundheit geworden, die jetzt nur ein so kümmerliches Dasein dahin schleppt. Denn es ist weder zu verkennen, noch abzuleugnen, daß das meiste, was sich in unsern Tagen für Critik ausgiebt, nur Leidenschaft der Parthei ist, oder leicht gefaßtes Vorurtheil, ein Schmeicheln der Menge und ihrer Unwissenheit, oder höchstens das Absprechen einer philosophischen Systemsucht, die ohne allen Kunstsinn und Kenntniß, das Größte wie das Kleinste nach ihrem kurzsichtigen Eigensinn stellen und deuten will. —

In dieser Gesellschaft, welche man den Götheschen Clubb hätte nennen können, zeichnete sich der eine Freund durch eine unbedingte und unerschütterliche Verehrung des großen Dichters aus, weshalb ihn die übrigen auch nur den Rechtgläubigen oder Orthodoxen zu nennen pflegten.

Dieser behauptete immer mit Recht, daß ein unbedingter Glaube, eine Hingebung in Liebe, das erste und nothwendigste Erforderniß sei, um einen großen und ächten Dichter zu verstehen, daß auch der beste Leser, wenn ihm Zweifel und Schwierigkeiten aufstießen, wohl an sich und seine Einsicht, niemals aber an den Autor zweifeln müsse, welches um so weniger bei einem Göthe passe, dessen ganzes Leben und Wirken gediegen aus einem Stücke sei, und den man also nie hier und da tadeln könne, ohne zugleich da zu zerstören, wo man noch eben bewundert habe.

Ein zweiter Freund, den man den Paradoxen nannte, wenn er mit dieser Behauptung auch im Wesentlichen einverstanden war, meinte dennoch, wenn der große Dichter unsern Sinn aufschließe und bilde, so müsse man sich doch am meisten davor hüten, daß diese An= und Umbildung nicht ein bloßes Echo der fremden Seele werde, wodurch das Verständniß in Gefahr komme, nur ein eingebildetes und scheinbares zu sein. Das Kunstwerk müsse sich freilich aus sich selbst erklären, und ein zu früher Zweifel, eine voreilige Critik zerstöre jedes Verständniß, und sei der

Unverstand ohne weiteres; aber nie müsse die eigene Selbstheit, die ursprüngliche Natur des Bewunderers aufgehoben werden, und meldeten sich immer wieder, und in allen Stimmungen und Lebensepochen dieselben Zweifel, so müßten diese ebenfalls zur Klarheit und zum durchdringenden Verständniß erhoben werden, weil in ihnen wahrscheinlich ebenfalls ein anderes, wohl noch höheres Kunstgesetz verborgen liege, das der Befreiung harre. Da dieser Freund zugleich der ältere war, so machte er seine Critik oft gegen seinen Lieblingsdichter geltend, und weil dies mit Hartnäckigkeit geschah, der Eiferer auch im Widerspruch wohl übertrieb, so nannte die Versammlung ihn zuweilen auch im frohen Streite den Ketzer.

Ein dritter Stimmführer wurde der Historiker genannt. Er wollte den Streit fast immer durch die Behauptung ausgleichen, daß ein großer Autor nicht bloß als Dichter, sondern zugleich immer als Mensch müsse betrachtet werden. Was im Dichter nicht aufgehe, und ganz verständlich sei, bliebe immer doch an der historischen Person merkwürdig, ja der Widerspruch, die Schwäche und Laune sei ihm eben so lieb, als das Vortreffliche, das allgemein anerkannt werde, und die höhere und ohne Zweifel interessantere Betrachtung einer so großen Erscheinung sei ohne Zweifel die, von Fehler und Tugend, Vollendung oder Schwäche gar nicht mehr zu reden, sondern alles an ihr in einem nothwendigen geschichtlichen Zusammenhange zu sehn, dann erhalte auch das Kleinste Bedeutung.

Zwei jüngere Freunde, die man nur den Vermittelnden und den Frommen nannte, waren in der Gesellschaft weniger laut und redselig. Der letzte mochte selbst den leisesten und fernsten Tadel seines Lieblings nicht gestatten, und glich alles mit der Schönheit des Gemüthes aus, die in allen Produktionen des Gefeierten, den Adel der Gesinnung, der auch die kleinste durchdringe, so glänzend dem Verständigen entgegen leuchte. Der Vermittelnde suchte jeden Streit zu schlichten (was denn freilich nicht immer gelang), indem er stets zu beweisen strebte, die Verschiedenheit der Meinung beruhe nur auf Mißverständniß der Disputirenden. Andre, die zuweilen noch zugegen waren, führten keinen ausdrücklichen Namen, weil ihre Ueberzeugung bald diesem, bald jenem folgte.

Die Gesellschaft war versammelt, und nachdem man den Götz von Berlichingen gelesen hatte, sagte der Paradoxe: wie schön, daß wir uns diese Freude wieder erneuet haben, diesen Genuß der mir nie veraltet. In der wiederholten Betrachtung unsers Lieblings und verehrten Meisters kommt uns immer wieder frische Jugend entgegen, und wenn ich bedenke, wieviel wir ihm zu verdanken haben, zum Theil die Erkenntniß unsers Lebens und Wesens, so wünsche ich, jene dichterische, ewige, alle Welt durchklingende Worte zu finden, um der Zeit und den Nachkommen auf eine würdige Art meinen Dank, die Verehrung unsers größten Genius aussprechen zu können.

Der Rechtgläubige stimmte in diesen Hymnus um so lieber ein, weil jener Ketzerische nur zu oft durch Widerspruch den Enthusiasmus verdunkelte, in welchem die übrigen am liebsten ihre Meinung über den Dichter vernehmen ließen.

Nur, fuhr der Paradoxe fort, sollten wir uns doch etwas mehr um jene Frühlingszeit der deutschen Literatur bekümmern, als dieser hochbegabte Jüngling, wie ein Apoll, zürnend und siegend, scherzend und ernst, aber immer mit heiter verklärtem Angesicht unter seine staunenden Zeitgenossen trat. Ich kann an diese Zeit nicht ohne Bewegung denken, als Lessing, schon verfinstert und gekränkt, dem Schluß seiner Lebensbahn nahe war, und Göthe frische Naturkraft, Lust, Leben und Poesie um sich her ausströmte, so viele Gemüther entzündete, und selbst das Alter zu neuer Begeisterung erweckte. Wir haben jene Zeit halb vergessen und fast ganz vernachlässiget. Den neueren Critikern und Erzählern ist fast nur der stehende Beiname der Sturm = und Drang = Periode im Gedächtniß geblieben, den älteren von uns hier, die wir damals Kinder waren, und aus unsrer Beschränkung nach und nach jene Erscheinungen erlebten, die wir früh entzündet wurden, und wie unreif auch, zur Parthei gehörten, müssen diese fast wunderbaren Jahre in einem ganz andern Lichte erscheinen. Darum möchte ich an einen jetzt vernachlässigten Autor jener Tage erinnern, und vorschlagen, daß wir uns von neuem mit ihm bekannt machen, denn unser Verständniß unsers Lieblings kann jedenfalls dadurch nur gewinnen. Ich rede von Lenz. Wir sollten alle seine Schriften durchgehn, und uns von den Eindrücken, die sie machen, von den Erwartungen, die sie damals erregen durften, Rechenschaft zu geben suchen, um uns so auch historisch das Bild des größern Dichters in einen richtigern Augenpunkt zu stellen.

Gewiß, rief der Historiker aus, wäre dies schon lange Pflicht gewesen, denn man glaube doch ja nicht, daß ein großer Mann, wenn er irgend wirkt, in seinem Zeitalter so ganz allein da stehen könne: zu Raphael gehören seine Schüler, und die bessern, wenn sie ihn auch niemals erreicht haben, sind doch Fortsetzung seines Geistes und Genie's, sie haben wohl manches erfüllt, manches übertrieben, was er wollte, und wer sie gar nicht kennt, oder zu würdigen versteht, dem möchte auch sein Verständniß des Raphael selbst hie und da mangelhaft werden. Die Com=

mentatoren brauchen aber nicht immer bloß in Anmerkungen zum Autor sich zu beschränken. Wer Fletcher und Ben Johnson, Spenser und Daniel niemals gelesen hat, um dessen Bekanntschaft mit Shakspeare sieht es nicht besonders aus. Es ist, als wollte man Henri quatre oder Friedrich den Zweiten nur aus einzelnen Thaten, Verordnungen oder Denkschriften beurtheilen. Denn wie ein ächtes Kunstwerk auch selbständig und aus sich selbst zu erklären sein mag, so erweitert die Kenntniß der Umgebung, der äußern Bedingung, unter welcher es erwuchs, die Einsicht; dieses Aeussere wird wiederum ein Inneres, und eine Schule nun gar, ist wie ein einziges, in die Zukunft hinein fortgeschriebenes Werk anzusehn. Wer aus dem Euripides gar nichts für den Sophokles lernen kann, dessen ächte Verehrung des größern Dichters möchte ich bezweifeln. Und Lenz scheint mir von jener frühen Schule, die sich aus Göthe bildete, geradezu der merkwürdigste, dessen Talent zwar bald gehemmt und gestört wurde, das sich nicht so wie das Klingers ausschreiben und in andrer Richtung hin ausbilden und fortbewegen konnte, das aber eigenthümlicher, seltsamer, eigensinniger und schroffer, und eben darum auch, wie jedes originelle Fragment, unbegreiflicher ist, und schwer zu bezeichnen.

Mir ist dieser humoristische Autor, begann der Rechtgläubige wieder, nichts weniger als fremd, ich habe seine Schriften schon früh, und oft wieder gelesen. Ich kann ebenfalls eine gewisse Vorliebe für ihn nicht abläugnen, aber es ist mir schwer, möcht' ich doch sagen unmöglich geworden, mir ein klares, festes Bild von seinem Geist und Charakter zu machen; er stößt mich eben so sehr ab, als er mich anzieht, so zart, rührend, kräftig, ja groß er zu Zeiten sein kann, so klein, widerwärtig und roh erscheint er dann wieder, und zwar aus Willkür, um mit dem Enthusiasmus ein verhöhnendes Spiel, und mit dem Spiele selbst ein andres, ganz außer der Poesie liegendes zu treiben, welches dieses und jede Poesie vernichtet.

Sie haben da eben, warf der Paradoxe ein, einen Humor beschrieben, der sich noch nicht völlig durchdrungen, der noch in sich selbst kein Genüge gefunden hat: eine Darstellung, die nicht genug jenen unsichtbaren Gesetzen folgt, die aus dem Innern des Werkes selbst, als sein regierender Geist das Ganze beherrscht, sondern durch Einfall, Kitzel oder einseitigen Verstand gestört wird, und einen poetischen Verstand, der von phantastischer Willkür, die sich für Phantasie ausgiebt, in den wichtigsten Momenten unterbrochen, auch nicht von außen das widerspenstige Gedicht regeln und umschränken kann. Und doch möchte dieser äußere Verstand um so nothwendiger sein, um so mehr ein Phantasiewerk jener springenden Laune folgt, und Schmerz und Freude, Scherz und Ernst, Verhöhnung und tiefe Anschauung des Lebens in grellbunten Gestalten zusammenflechten will. Kann nicht, wie bei einem ächten Kunstwerk, der regierende Geist aus dem innern Mittelpunkt alle Theile, bis zu dem entferntesten durchdringen, so muß wenigstens von außen eine fast gewaltsame Regel die widerspenstigen Elemente in Ordnung halten, wenn sie diese natürlich auch nicht ganz bezwingen kann. Ist es Ihnen gelungen, durch die Bezeichnung dieser Mängel unsern Lenz einigermaßen zu charakterisiren, so theilt er dasselbe Schicksal mit so manchem berühmten Autor, mit dem Sie ihn doch vielleicht nur ungern werden vergleichen wollen.

Fahren Sie fort, sagte der Orthodoxe, damit wir uns mehr verstehen, oder mehr von einander entfernen.

Wie fehlt, sagte der Ketzer, diese Nothwendigkeit aus dem Innern, so wie die Umschränkung von außen schon dem alten Rabelais, deffen Begeifterung der Moment und Zufall war, faft eben fo, nur mit großartigerm Witz, wie manchem Neueren. Das thörichte Büchelchen, le moyen de parvenir, will ich nur erwähnen. Die vielfältigen und oft weitläufigen, oft chaotifchen formlofen Späße der Italiener, die macaronifchen Dichter und ähnliche, gehören auf keine Weife hieher. Nimmt aber der altfränkifche Rabelais den Schmerz des Lebens, die Leiden der Liebe und die Pein der Empfindung nicht in feinem ganz naiven Scherz auf, und thut dies felbft der dramatifche, oft willkürliche Fletcher nur auf fchwache und bedingte Weife, fo paßt unfre Schilderung in Lob und Tadel fchon ganz auf den Yorick=Sterne, fo wie auf Jean Paul, zum Theil auf Heinrich v. Kleift, und dennoch fühlen wir ohne weiteres, welch ein großer Unterfchied alle diefe Autoren von einander entfernt.

Alle aber, die Sie genannt haben, fiel der Rechtgläubige ein, ziehen an, mehr oder minder gewaltig, und ftoßen ab, mit mehr oder weniger Ungeftüm.

Hüten wir uns ja, rief der Hiftoriker, von diefem Kennzeichen zu früh zu fchließen, das eben fo leicht Verwöhnung als klarer, unfehlbarer, oder ausgebildeter Inftinkt fein kann. Denn wie viele Lefer, die fich nicht haben erheben können, werden in unferer Charakteriftik beim erften Blick felbft den Shakfpeare erkennen. Ift nicht felbft unfer großer Meifter, fo viel Schönes er auch vom Britten verkündiget hat, unter denen, die eben fo von diefem Genius angezogen wie abgeftoßen werden? Und giebt es nicht vielleicht Lefer genug, die mit Göthe's Werken in demfelben Verhältniffe ftehen mögen? — Und wer hat hier Recht oder Unrecht?

Verwirren wir uns lieber etwas fpäter, fagte der Paradoxe, wenn es doch fein muß. Daß auch Meifter an=

dre verkennen mögen, ist keine zu seltene Erscheinung, muß doch der ächte Critiker vielleicht eben so, wie der Dichter, geboren werden, und kann sein Talent wohl nur ausbilden, nicht erschaffen. Es giebt keine noch so weit umgreifende Bildung, die demjenigen, welcher prüfen kann, nicht irgendwo eine Beschränkung zeigen wird. Läßt sich ohne diese Beschränkung kein Individuum, am wenigsten ein Talent denken, so mögen wir uns noch so weit und in noch so künstlichen Wendungen von uns selbst entfernen wollen, es kann doch immer nur jede wahre Ausbildung in's Freie und Allgemeine hinaus nichts anders, als eben nur ein Erkennen unsers individuellen Wesens sein. Neue Freiheiten erzeugen neue Schranken, und in aller Critik, betreffe sie Worte, Erklärung, Aechtheit, Composition oder Kunst, wird nach aller Verfeinerung des Gedankens und Gefühls am Ende die unmittelbarste, nächste Empfindung meiner Persönlichkeit, doch den letzten und wichtigsten Ausschlag geben müssen. In Sachen des Geschmacks und der Kunst ist diese Willkür, wenn sie auch oft zu früh eintritt, bevor sie Freiheit geworden ist, immer noch besser, als die Tyrannei eines Systems. Cervantes that in seiner Critik, die er dem Kanonikus in den Mund legt, etwas dem Lope, noch weit mehr der romantischen Form des neu entstandenen Drama Unrecht, wie Philipp Sidney jene Anfänge, aus denen sich Shakspeare entwickelte, gänzlich verkannte; verstand doch der tüchtige Ben Jonson die ausgebildete Kunst seiner Zeitgenossen nicht, und wie mancher Verehrer des Raphael glaubt auf den Correggio schelten zu müssen. Hätte das Irrsal niemals ein großes Haupt an seiner Spitze, so würde es eben zu ohnmächtig sein, um Widerstand thun zu können, der früher oder später doch der guten Sache wieder zu Gute kommt.

Da Cervantes einmal genannt ist, setzte der Rechtgläubige das Gespräch fort, so ist sein Don Quixote wohl das einzige Buch, in welchem Laune, Lust, Scherz, Ernst und Parodie, Poesie und Witz, das Abentheuerlichste der Phantasie und das Herbeste des wirklichen Lebens zum ächten Kunstwerk ist erhoben worden. Hier umzieht das vollendete Gedicht die Kreise des klarsten Verstandes von außen in gemessenen Gränzen, und die poetische Nothwendigkeit, die von dem Mittelpunkte aus alles regieret, durchdringt so elastisch mit verklärter Kraft alle Theile bis zu den äußersten und kleinsten, daß man jene nothwendige Umschränkung des prosaischen Verstandes in keinem Augenblicke störend gewahr wird, indem hier alles heitere Willkür scheint und Scherz im Scherz. In Ben. Jonsons Comödien, die auch Humor und Tollheit, ausgelassen in der komischen Kraft, verkündigen sollen, ist die äußere Schranke des Verstandes in jeder Zeile so sichtbar, daß alle innern Kräfte des Gedichtes, so übermüthig sie sich auch erheben mögen, vom Buchstaben gedrückt und halb ohnmächtig werden. Es scheint wohl, daß in der alten Welt Aristophanes Werke eben so kunstgerecht im Innern, als verständig umschränkt von Außen seien. Ich sage, es scheint. Denn wenn ich auch Einzelnes zu verstehen glaube, so soll mir doch nach allen Commentatoren, Erläuterungen und Abhandlungen, von denen ich die bedeutenden wohl alle gelesen habe, erst das Verständniß des Ganzen kommen. Und jenes Verständniß löst sich, genau genommen, wenn dieses fehlt, doch nur in Unverständniß oder Mißverständniß auf. Kein Autor des Alterthums wartet so auf seine Erweckung zum Leben, als dieser Schalk und wahre Poet.

Wollen wir hier unsern Mangel an Einsicht gestehn, so fuhr der Paradoxe fort, so treffen wir eigentlich auf den Punkt, wenn wir aufrichtig sein wollen, daß überall wenig Verständniß der Kunst in allen Zeitaltern anzutreffen sei. Was die Menge hinreißt und begeistert, ist eben immer etwas Zufälliges, ganz außerhalb dem Dinge selbst Liegendes, und ebenso bewirkt es Zufall, Laune und Ueberdruß, wenn sie den gefeierten Genius oder Götzen wieder fallen läßt. Es giebt Kunst und Wahrheit und einen ächten unsterblichen Ruhm, aber nur Wenige können das Höchste fassen und verkündigen. Wie viele unhaltbare Meinungen und Irrthümer gehen in unserm Vaterlande über Göthe, Schiller und Jean Paul um, wie sehr wird das Große verkannt und dem Falschen so oft nachgesetzt, wie findet oft das Geringe, und nicht bloß unter den Schwachen seine Verehrer. Darum soll nur der Begeisterte, der ganz den Dichter in sich aufnehmen kann, als Critiker sprechen, aber auch hierin würde ich mißverstanden werden, weil bei zu vielen ein aufflackerndes, schnell erlöschendes Feuer den Enthusiasmus und die Begeisterung vertreten muß.

Um nun da wieder anzuknüpfen, so nahm der Rechtgläubige das Wort von neuem, von wo wir ausgegangen sind, so ist bei einem Autor wie Lenz (wenn sich schon die Stimmen über die faßlicheren, so wie die vollendeten nie ganz vereinigen können), die ächte Critik um so schwieriger, weil es wohl zum eigentlichsten Wesen dieser Geister gehört, daß ihre Produktionen niemals ganz, weder in Phantasie noch Verstand aufgehen. Dafür aber, weil ihr Wesen selbst nicht harmonisch ist, regen sie hie und da Ahndungen und Kräfte unsrer Seele um so gewaltiger auf, reizen zum Kampf und Nachdenken, zum Beleuchten mancher dunklen Stellen unsers Geistes, die von der vollendeten Kunst und Poesie selten oder nie angeschienen werden, und können eben dadurch den Mikrokosmus, im Verein mit höheren Geisteswirkungen, vollständig machen. Steht ein Lenz neben einem Göthe, ist er aus diesem hervorgegangen, so wird wohl selbst durch Disharmonie und Häßlichkeit die Schönheit in ein günstigeres Licht gestellt, und unser Blick wird durch diesen Contrast geschärft und armirt, um mit frischer Kraft jenes längst gekannte als ein Neues anzustaunen, das für uns, eben weil wir so vertraut mit ihm sind, leicht von seinen Farben etwas einbüßen kann.

Und ich wüßte, sagte der Ketzer mit großer Lebhaftigkeit, geradezu keinen Autor aus jener frühen Göthischen Schule, der dem Meister durch Humor, Seltsamkeit und frisches Colorit so nahe käme, als Lenz, der dabei abgesehn von der Nachahmung so selbständig wäre. Die Natur, die er uns zeigte, ist so wahr und überzeugend, daß aller Eigensinn und alle Caprice des Autors, seine abspringende Willkür, ja vorsätzliche Störung aller Wirkung, unsern Glauben an sie nicht vernichten können.

Woran liegt es nun, warf der historische Freund die Frage auf, daß eine so reich begabte Natur, von einem solchen Freunde begeistert, nicht das Wahre und Höchste hat erreichen können?

Liebster Freund, nahm der Orthodoxe wieder das Wort, hier gerathen wir auf einen Punkt, der in der Literatur-Geschichte oft unsre Aufmerksamkeit und Forschung erregt.

Wird unsre Zeit, im Gegensatz der alten griechischen Welt, oft nicht mit Unrecht als eine kränkliche oder kranke bezeichnet, ist selbst unsre Seelengesundheit von einer andern Art, als die jener Begünstigten, so möchte sich schon hieraus manche Frage und Verwunderung abweisen lassen. Ist doch auch Krankheit nur ein andrer Pol der Gesundheit, und die Dichtergabe wenigstens wurde ja schon früh eine heilige Raserei genannt. Was ist das sogenannte Talent? Ein anvertrautes Pfand, ein Einlaßzeichen zu Glück, Ruhm und dem Genuß des wahrsten Lebens. Aber eben so oft, wohl öfter, eine Einladung zu Elend, Jammer, Wahnsinn und Verderben. In jedem jungen Dichter erzeugt sich seine dichterische Stimmung und Begeisterung dadurch, daß jene unbewußte Harmonie des jugendlichen Lebens gestört wird, die Seele und alle Gefühle wollen ein Unsichtbares und doch Glänzendes erfassen, alle andre Wahrheit, alles Erlebte sinkt im neuen Taumel, als das Unbedeutende, Geringe, zu Boden, im Ringen ermattet endlich der Geist und sucht Hülfe in den fernsten und dunkelsten Regionen seines Wesens. Gelingt es der Schöpferkraft, sogleich im Schaffen und Darstellen das Richtige und Wahre zu ergreifen, so geht aus dem Kampf unmittelbar Besänftigung, Ruhe und wahre Glückseligkeit hervor. So scheinen unter den berühmten Neueren, Camoens, Cervantes, Dante, Ariost, Shakspeare und Göthe sogleich das Rechte und Heilbringende getroffen zu haben. Alsdann wächst mit dem ausgebreiteten Talent die Stärke und Sicherheit des Charakters, Mensch und Poet gewinnen in gleichem Maaße. Geschieht dies nicht — und wer kann bestimmen, woher die Störung rührt, wenn sie da ist? — so muß der Charakter, um sich zu retten, nach und nach das Talent verzehren, und so sehn wir so viele mittelmäßige Männer, die als schwärmende Jünglinge begannen: oder das sich fortquälende und begeisternde Talent untergräbt den Charakter, die Vernunft und alle Wahrheit. Brauche ich noch Tasso, Rousseau, Lenz und Heinrich v. Kleist, oder Otway, Marlow, Nath. Lee und ähnliche zu nennen? —

Diese Bemerkung, meinte der Historiker, könne man aber auf alle ausgezeichneten Menschen ausdehnen. Sei bei so vielen der Charakter doch nichts anders, als ein Verläugnen und Unterdrücken aller Gefühle und Gedanken, die nicht zum vorgesetzten Lebensgange paßten, und die Mittelmäßigkeit sei eben in allen Verhältnissen der Standpunkt der Sicherheit. Ueberwiegende Geistesfähigkeit und Einsicht verzehrten auch in der Welt so oft den Menschen und seine eigentliche Kraft, und es sei auch hier die Pflicht des billigen Menschenkenners, nicht allzurasch zu verurtheilen. Die Widersprüche, die einmal unvermeidlich wären, auszugleichen, sei überall die eigentliche Aufgabe des Lebens.

Mit dieser Meinung stimmten der Vermittelnde und der Fromme aus vollem Herzen überein, und Streit und Gespräch waren für diesen Abend geendigt.

―――

Als die Freunde sich wieder versammelten, ward „der Hofmeister" von Lenz gelesen. Der Paradoxe sagte nach der Lesung des Schauspiels: ich halte dieses Stück für das merkwürdigste des jungen Autors; seine ganze Kraft, Mannigfaltigkeit, Stärke des Humors und Menschenkenntniß findet sich hier am großartigsten, das was peiniget, ist nur vorübergehend, und der Schluß, wenn auch nicht genügend, doch wenigstens nicht so verzweifelnd, wie in andern Schauspielen desselben Autors.

Es ist sehr merkwürdig, sagte der orthodoxe Freund, daß Schröder, dieser große Kenner der Bühne, und der damals noch jung genug war, um sich sogleich von Götz von Berlichingen begeistern zu lassen, diesen Hofmeister so hoch stellte, ihn selbst bearbeitete, den alten Major mit allem Fleiß studierte und mit der größten Vorliebe darstellte, ja daß er diesen Autor dramatischer fand, als un=

sern Liebling, da er doch sonst sich nicht leicht von Neuigkeiten hinreißen ließ, und gegen die Räuber, die ganz Deutschland nachher aufregten, mit großer Bestimmtheit sprach, auch sich nie ganz mit unserm Schiller hat aussöhnen können und wollen.

Es ist nicht zu verkennen, sagte der Historische, daß das Schauspiel durch Kraft und grelle Farben, durch Wahrheit und ergreifenden Schmerz, selbst durch das, was wir häßlich darin nennen müssen, interessirt. Es sinkt nie bis zur weichlichen Schwäche so mancher neueren Familiengemälde herab, es erhebt sich aber auch niemals so, daß uns das gemeine Bedürfniß des Lebens aus den Augen gerückt würde, und so winseln die wahrhaft schönen und zarten Stellen und Gesinnungen fast wie die verirrten Kinder im kalten Walde, und die Scenen, die an das Große und Furchtbare streifen, können das kümmerliche Leben so mancher andern nicht vergüten. Der Humor, der fast alles durchdringt und durch sein geistreiches Lächeln die Mienen der Handelnden erheitert, wird bei der Hauptsache, um die sich das ganze Schauspiel doch dreht, völlig vermißt.

Und diese wäre? fragte der Paradoxe.

Eben, erwiederte jener, die Dogmatik oder Polemik über und gegen die Hofmeisterei. Dadurch giebt sich der Comödiendichter die Miene eines Lehrdichters, und scheint Leiden, Freuden und seltsame Abentheuer, barocke Figuren, Wahrheit und Thorheit fast nur in seine bunte Tapete verwebt zu haben, um am Ende einen trivialen Satz, der sich eben so von selbst versteht, wie er in dieser Allgemeinheit unrichtig ist, zu illustriren.

Meinethalben! rief der Ketzer; sehn Sie denn aber nicht auch, daß er diese Art und Weise, gleichsam durch Gedanken, die nach Einem Punkte streben, wie einen Rahmen um sein Gemälde zu ziehn, von seinem und unserm Meister gelernt und entlehnt hat?

Wie das? rief der Rechtgläubige.

Nun, fuhr der Paradoxe fort, erinnern Sie sich denn nicht, daß in allen frühern wie spätern Gedichten unsers Göthe, dem Götz, Werther, Clavigo, der Stella, eben so ein Gedanke sichtbar das Ganze in allen seinen Theilen regieret? Milder und poetischer, das gebe ich gleich ungefragt zu, auch ist der Gedanke großartiger, aber doch auf ähnliche Weise.

Sie scheinen mir, sagte der Vermittler, etwas als ein Kennzeichen heraus zu heben, was allen Dramen so wie Romanen gemein ist, ja auch wohl gemein sein muß, wenn sie nur einen Inhalt haben sollen.

Nicht so ist es gemeint, sprach der Paradoxe weiter, denn sonst würden die Einsichtigen über die Hauptabsicht eines Sophokles oder Shakspeare nicht streiten können. Auch arbeitet Göthe nicht so, wie Lessing in seinem weisen Nathan. Aber das Wenige, worauf er im Götz zu Zeiten wieder hinlenkt, die Vertheidigung des Faustrechts, die Rechtfertigung des Helden, der Schluß, der Wehe über die Nachwelt ruft, die ihn verkennen möchte, ist so absichtlich, daß es nicht so ganz mit dem Drama aufgehn will. Gedanke und Absicht im Werther sind nicht zu verkennen. Die Entschuldigung der Schwäche im Clavigo hat oft genug Anstoß gegeben, und Aergerniß sogar die fast gerechtfertigte doppelte Liebe und Ehe in Stella. Groß wäre der Gedanke im Mahomet ausgeführt worden, mächtig im Prometheus, wenn uns das Schicksal diese Dichtungen gegönnt hätte; der Zwiespalt im Faust, der Kampf im Tasso, der lichte Gedanke der Wahrheit in der Iphigenia, die Geschichte des Egmont, die Abentheuer des Meister und die Krankheit der Wahlverwandschaften, alles, so wie der entworfene ewige Jude, bis zu den kleinen Idylls die Geschwister, Bätely, die Fischerinn hinab, zeigen uns, daß im Malen ein Gedanke neben der Darstellung den Componisten begeistert und treibt, der im Werke schwebt, in diesem, wie es einmal ist, nicht fehlen könnte und dürfte, ohne ihm seine Schönheit und den Inhalt zu nehmen, oder ohne es zu zerstören; daß aber Shakspeare, Sophokles, Cervantes und manche andre nicht auf diese Weise gedichtet haben, und daß wohl eben deshalb, weil im Lenz der lenkende Gedanke eben so grell isolirt dasteht, wie die übrigen Theile des Werks, der einsichtige Schröder vielleicht verleitet wurde, diesen Fehler als nicht gar wichtig zu betrachten, und die Selbständigkeit der übrigen Darstellung, die so frei auf eigne Hand lebt, wohl eben deshalb etwas zu hoch anzuschlagen.

Wenn Sie Recht hätten, fiel der Rechtgläubige ein, so wären Göthe's, so wie Lenzens Dramen eigentlich mehr Novellen in Dialog, als ächte Schauspiele.

So ist meine Meinung, sagte der Ketzer, auch werden Sie zwischen Werther, Meister und den Wahlverwandschaften, oder Dorothea, mit den Schauspielen desselben Dichters, ja zwischen diesen und mancher guten Erzählung keinen so wesentlichen Unterschied finden, wie sich etwa zwischen Homer und Sophokles, oder den italiänischen und andern Novellisten und Shakspeare offenbart.

Lenz.

Es ist schwer, jetzt etwas Bestimmteres, nähere Umstände seines Lebens zu erfahren, da die meisten Freunde und Bekannte jener Zeit, als Lenz bekannt, eine Zeit lang sogar berühmt war, nicht mehr leben. Es machte mich auch, gestehe ich, etwas saumseliger, als ich außerdem wohl würde gewesen sein, da Herr Doktor Dumpf in Oexstiol in Liefland seit Jahren an einer ausführlichen Lebensbeschreibung des unglücklichen Dichters arbeitet, die mit der Sammlung dieser Schriften zugleich erscheinen sollte. Ich habe, in Erwartung dieser Biographie, mit der Herausgabe der Schriften gezögert. Jene Lebensbeschreibung wird ohne Zweifel interessant und befriedigend ausfallen, da der Herausgeber die Familie des Verstorbenen und alle seine Verhältnisse genau kennt, auch viele Briefe von ihm und an ihn in Händen hat, die literarisch und in psychologischer Hinsicht wichtig sein müssen. Als Hr. Dr. Dumpf vor Jahren von meinem Vorsatz hörte, an die Gedichte unsers fast vergessenen Lenz durch eine neue Ausgabe derselben wieder zu erinnern, interessirte er sich sogleich lebhaft für diesen Plan, und gab mir einige Nachweisungen, sendete mir auch bald einige Manuscripte, die der Leser zum Theil als Anhang des dritten Bandes finden wird. Diese sind theils noch bisher ungedruckte Gedichte, die Lenz in Weimar oder früher selbst schrieb, so wie einige prosaische Fragmente. Die letzten Gedichte, so wie zwei größere prosaische Aufsätze, die auch nicht geendigt sind, sind aus seinen letzten Jahren, in Moskau geschrieben, wo seine Kraft bald abnahm, und er ermattet und siech in ein frühes Grab sank.

Jakob Michael Reinhold Lenz war 1750 zu Seß=
wigen im wendischen Kreise in Liefland am 12ten Januar
geboren. Er war der zweite Sohn des Pfarrers und
Probstes des wendischen Kreises, der zu seiner Zeit auch
als theologischer Schriftsteller in seiner Heimath nicht ganz
unbekannt war. Dieser ward 1759 als Prediger nach
Dorpat berufen, hier zeigte sich bei dem Sohne, Reinhold
Lenz, früh eine Neigung zur Dichtkunst. Im Jahr 1768
ging Lenz auf die Universität nach Königsberg, wo er
1769 sein Gedicht von den Landplagen drucken ließ.
Von hier begab er sich mit einem kurländischen Edelmann
nach Straßburg. In Berlin besuchte er Ramler und
Nicolai, und hatte damals Popes Essay on Criticism
in Alexandrinern übersetzt, welche Uebersetzung aber, so
viel ich weiß, niemals ist gedruckt worden. (S. Archiv
der Zeit, Berlin, Jahrgang 1796 p. 269.)

In Straßburg lernte er Göthe kennen (S. Göthe's
Wahrheit und Dichtung), diese Bekanntschaft und der
fortgesetzte Umgang des großen Geistes brachte in dem
sanften und weichen Gemüth des jungen Dichters eine
schnelle und gewaltsame Revolution hervor; diese begei=
sternde Zeit war das höchste Glück und später das Un=
glück seines Lebens.

Schnell entwickelte sich sein Talent, der Reichthum
seines Geistes mußte ihn selbst in Erstaunen setzen. Seine
Arbeiten entstanden rasch, der Gegenstand begeisterte ihn,
aber eben so sehr die Manier, die sich sogleich in aller
Schärfe meldete. Die Laune genügte nicht, auch Grille
mußte sich einweben, so wie eine isolirte Polemik, die
durch That und Wort den Leser recht eigentlich vor den
Kopf stoßen sollte, und sich dessen recht bewußtvoll er=
freute.

Von den Jahren 1773 bis 76 war wohl das poetische Talent unsers Lenz rege, früher, als der Götz von Berlichingen erschienen war, hat er wohl nichts Größeres, das Bedeutung hatte, ausgearbeitet. Als Göthe nach Weimar gekommen war, hat er auch einige Zeit dort gelebt. Manche der Gedichte im Anhang sind aus dieser Periode. Leidenschaftlichkeit und Ueberhebung, zu große Meinung von seinem Genie, dem abwechselnd eine desto schmerzlichere Geringschätzung, ja Verachtung seiner selbst, folgte, zerstörte sein Wesen. Wie schwach und unzusammenhängend sein Charakter war, sehen wir z. B. daraus, daß er früher jede Gelegenheit ergreift, Wieland zu schmähen, und doch bald darauf ein so ungehöriges, schmeichelndes und unterwürfiges Gedicht an ihn richtet.

Im Jahr 1777 war er wieder in den Rheingegenden. Er hatte dort den Tod der Schwester Göthe's, der trefflichen Schlosser, erlebt. Auf diesen Vorfall bezieht sich das Gedicht an die Frau Sarassin in Basel. Sein Schmerz, die Verwirrung aller seiner Gemüthskräfte brach in Schlossers Hause bald in Wahnsinn und Raserei aus. Man mußte den Armen in Ketten legen. Weil er nicht zu zwingen war, und das Elend in der Nähe zu traurig wirkte, gab ihn Schlosser aus seinem Hause zu Emmedingen in die Nachbarschaft in Aufsicht. Ein Schuhmacher nahm sich seiner an, und ein junger Gesell, Namens Conrad, war sein Wächter. Dinte, Feder und Papier waren dem Kranken untersagt. Zu seinem Aufseher gewann der Unglückliche eine solche Liebe und Freundschaft, daß er von ihm das Schuhmacherhandwerk lernte. Nach drei Monaten verließ ihn Conrad, sein Freund, um auf die Wanderschaft zu gehn, und in diesen Umständen haben wir von dem Beklagenswerthen folgende Briefe an Herrn Sarassin in Basel, die keiner ohne tiefe Rührung lesen wird, am wenigsten der Menschenfreund und Kenner der Poesie, der sein großes Talent zu würdigen weiß.

Die neue Herausgabe dieser merkwürdigen Schriften ist weder für Kinderstuben noch Mädchen = Pensionen bestimmt. Daß ein junger, sonderbarer, oft unbegreiflicher Dichter, dem Göthe, Wieland, Jacobi und mehre berühmte Männer jener Zeit ihre Achtung nicht versagen konnten, nicht verdient, ganz vergessen zu werden, bedarf keiner Erörterung. — —

Die Schriften haben sich so selten gemacht, daß einige vielleicht ganz verloren sind. Als Bild der Zeit und des damaligen Strebens in einer Hinsicht, und in der andern, um einen Genius kennen zu lernen, der es verdient, und ihn zu studiren, wenn man die Poesie für mehr als Zeitvertreib hält, sind die Werke unsers Lenz außerordentlich lehrreich.

Auf einem Blättchen unter Lenzens Papieren, das für den Druck bestimmt war, findet sich:

„Da es mehrere Lenze in Deutschland giebt und ich meinen Herren Recensenten in der Allgem. Deutsch. Biblioth. ein für allemal das Exemplar schuldig bin, so habe ich zur Vermeidung alles Mißverständnisses und zum Nachtheil meiner Namensvettern meinen ganzen Namen mit allen seinen Unterscheidungszeichen hersetzen wollen.

„Jacob Michael Reinhold Lenz (geb. zu Seßwegen in Liefland), Verfasser

des Hofmeisters, der Soldaten, der beiden Alten,
der Algierer, der Laube, der Catharina von Siena
und einiger Recensionen im deutschen Merkur

soll nun, im Fall es zu grob kommt, meine ganze Gegenwehr sein."

Ob diese Anzeige irgendwo gedruckt wurde, weiß ich nicht, ich kann selbst nicht sagen, wann sie geschrieben ist, der Hand nach zu urtheilen um die Zeit, als Lenz sich in Weimar aufhielt. Hat diese Anzeige auch keine Beweiskraft gegen die Schriften, die er nicht nennt (denn die Lustspiele nach Plautus, so wie die Uebersetzung der Shakspeareschen Comödie, die doch ohne Zweifel von ihm herrühren, werden hier nicht aufgezählt) so muß er doch Autor von denen sein, die er hier namhaft macht. Die Catharina von Siena scheint also sogar schon gedruckt gewesen zu sein, aber ohngeachtet aller Bemühungen habe ich nichts von ihr entdecken können, obgleich man sagt, daß Lenz selbst diese Arbeit am höchsten unter seinen Gedichten gehalten habe. Auch von der Laube habe ich nichts in Erfahrung bringen können.

Der Erste Band enthält:

1. Den Hofmeister, das frühste und merkwürdigste Drama des Autors, aus der Zeit, als er Göthe kennen gelernt hatte. Schröder spielte es in Hamburg und übernahm die Rolle des Majors.

2. Der neue Menoza. Gegen die moderne Aufklärung, gegen die sich damals diese ganze Schule richtete.

3. Das leidende Weib. Dieses Schauspiel fand unter den alten Verlags=Artikeln der früheren Handlung der jetzige Verleger und erkannte es sogleich als eine Arbeit unsers Lenz. Einige haben es Klinger zuschreiben wollen; aber abgesehn, daß es Ton und Manier dieses Autors gar nicht hat, so ist nicht zu begreifen, warum Klinger in seine Sammlung, in welcher Sturm und Drang, und Simsone Grisaldi erschien, nicht auch dieses weit bessere Schauspiel hätte aufnehmen sollen. Es hat auch ganz den Ton und die Manier unsers Lenz, und bei vielen Gebrechen große Schönheiten, neben krampfhafter Uebertreibung viel Wahrheit und Natur. Der Doctor, der hier erscheint, soll wohl ein Portrait von Göthe sein. — In Wielands Merkur 1775 p. 1777 wird dieses Stück einem Nachahmer Lenzens zugeschrieben. Doch ist dies vielleicht nur schonende Bitterkeit eines Freundes von Wieland, der wegen Angriffe auf diesen unter diesem Schein der Unwissenheit besser angreifen und den Freund vertheidigen konnte. Denn ist das Stück nicht von Lenz, — von wem? Wer konnte seine Art so nachahmen? — In derselben Critik wird auch ein Trauerspiel Otto, als von demselben Verfasser aufgeführt, welches ich, wie sehr ich mich bemühte,

nicht habe erhalten können. Nach einigen soll das letzte Schauspiel auch von Klinger sein. Nur die eigne Prüfung könnte mir eins oder das andere wahrscheinlich machen. Ich bitte über diese beiden Punkte um Belehrung von irgend einem Freund der Poesie, der beides genauer bestimmen kann.

4. Die Freunde machen den Philosophen. — Das Lieblings=Schauspiel Schröders, der lange gewünscht hat, es auf die Bühne zu bringen. Sonderbar genug. Indeß ehre ich Schröders Einsicht so sehr, daß ich glaube, er habe außer den Trefflichkeiten, die auch ich wahrnehme, noch andre gesehn, die mir entgangen sind.

5. Die Soldaten. Ein ausdrucksvolles, markiges Gemälde, wo die Schönheit durch die Häßlichkeit mancher Figuren gehoben wird.

6. Der Engländer.

Im zweiten Theile finden sich die Lustspiele nach Plautus, von denen ein unsicheres Gerücht ging, daß Göthe mit an ihnen gearbeitet habe. Dann folgt die Uebersetzung der Love's labour's lost von Shakspeare, nebst dem sonderbaren Aufsatz über das Theater. Ueber diesen siehe Göthe's Wahrheit und Dichtung.

In den flüchtigen Aufsätzen findet sich ein kleines Schauspiel: „Die beiden Alten;" das früheste Vorbild der Räuber, oder des Vaters vielmehr, der von seinem Sohn eingesperrt und für todt ausgegeben wird. Als wirkliche Begebenheit erzählt diesen Vorfall auch Dutens in seiner Lebensbeschreibung.

Im dritten Bande sind die Jugendversuche des Dichters, bevor er Göthe kannte, geschrieben; einige aus dem Merkur abgedruckte Aufsätze und einzelne Gedichte und Fragmente, meist in Weimar gearbeitet. — Den Beschluß, mehr als psychologische Merkwürdigkeit, macht ein Ge=

dicht und zwei dialogische Fragmente in Moskau geschrieben. Das Genie war verloschen, von Talent und Humor zeigen sich noch schwache Spuren. Auch die Entfernung von Deutschland wirkte nachtheilig auf Lenz. In den „Gesprächen über die Feinheit der Empfindungen" scheint er eine gewisse Verstimmung in Deutschland im Auge zu haben, auch schimmert eine Bitterkeit gegen Göthe hie und da durch, die den wehmüthigen Eindruck der Blätter vermehrt. — Manches von diesen Manuscripten ist mühsam aus einer Schrift mit fast erloschener Bleifeder wieder hergestellt. — —

Nachschrift oder Epilog.

Es fand sich Gelegenheit, einem Freunde, der ein eben so selbstständiger als tiefsinniger Forscher ist, und Enthusiasmus mit Gründlichkeit verbinden kann, vor dem Drucke meine Handschrift mitzutheilen. Er antwortete durch nachfolgenden Brief, den er bekannt zu machen mir erlaubt hat, und den ich gern mittheile, weil er einige Ansichten von einem andern Standpunkte aus näher beleuchtet. Dieser treffliche Geist, der im Clubb, wenn er ein Mitglied werden wollte, den Namen des Resoluten annehmen müßte, stellt sich noch viel straffer, als der Ketzer, so manchem entgegen, was der Rechtgläubige in Schutz nehmen möchte. Alles Tüchtige muß sich selbst vertreten, und deshalb ist es, besonders hier, völlig überflüssig, auszuführen, in wiefern ich ihm beistimme oder manche Aeußerungen nicht ganz so verstehen und unterschreiben kann, wie sie hier fest und sicher ausgesprochen sind.

Nur Eine kurze Bemerkung. Ich glaube angedeutet zu haben, daß Schiller und Göthe sich gewissermaßen entgegengesetzt sind. Dies hindert aber nicht, daß der spätere Genius vom früheren geweckt werden konnte. Der neue Waverley ist gewiß nicht aus dem Götz von Berlichingen hervorgegangen, aber durch dieses Meisterwerk ist wohl früh das Gemüth des schottischen Dichters zu andern Versuchen entzündet worden, als wozu die Schule des Pope ihm Muth machen konnte. Wenn Göthe wohl nicht ohne Shakspeare sich und seinen Geist erkannt hätte, so ist darum doch im Werther keine Zeile, die man im Shakspeare als eine frühere nachweisen könnte. Wie ungeschickt später im Kenilworth die Hof-Maskerade des Egmont zu wörtlich nachgeahmt ist, braucht nur erwähnt zu werden. Auch hat die sogenannte School of the lake, wenn sie vom deutschen Geiste etwas in sich aufgenommen hat, schon früh auf W. Scott, wie auf Byron gewirkt, mag sich der letzte ihm nachher auch noch so feindselig gegenüber stellen.

Jetzt die Worte meines trefflichen Freundes.

L. T.

An Herrn L. Tieck.

Ich sende Ihnen, theuerster Freund, Ihr Manuscript, wie Sie verlangten, noch heute zurück: so ungern ich mich auch davon trenne, um es, wenn es gedruckt seyn wird, zum zweiten und gewiß noch öftern Male zu lesen. Der Inhalt ist so reich, und die Gemälde der deutschen Sinnesart und Bildung in der Mitte des vorigen Jahrhunderts, und der neuen Denk- und Empfindungsweise, die sich mit einer von der Nation selbst nicht geahneten Energie entwickelte, sind so treffend und wahr, daß ich sie mit einem wirklich erhebenden Gefühle gelesen habe. Sie haben sogar einige Züge, die zu der Zeit, als Sie anfangen konnten, selbst zu beobachten, schon matt geworden waren, errathen. Das Bild ist durch die Kraft der Darstellung, die Feinheit der Beobachtung, und die Lebendigkeit des in die schönste Sprache gekleideten Ausdrucks höchst anziehend: und höchst lehrreich für die bessern Leser unserer Zeit, die in der allgemeinen unsichern Bewegung der Meinungen und des Geschmacks einer Zurechtweisung bedürfen, und die sich davon unterrichten mögen, wie die Gesinnungen ihrer Zeit, die sie doch immer einigermaßen theilen, aus der frühern, ihr sehr unähnlichen, hervorgegangen sind. Auch das hat meinen vollkommensten Beifall, daß Sie die ganze Geschichte der erneuerten Nationalität in Gesinnung und Geschmack, an die ersten Werke des Dichters binden, den ich mit Ihnen für den größesten anerkenne, den Deutschland gehabt hat. Göthe war in der That der erste wirklich nationale Dichter unsers Volks, das keine rechte Vorstellung davon hatte, was dieses sagen will, es aber aus der Wirkung erfuhr. Alles, was bis dahin so große Ansprüche machen durfte, Lessings Minna von Barnhelm, ein wirklich einheimisches, und für die Bühne geeignetes Drama, ein vollkommenes Kunstwerk; daneben Gleims Kriegslieder, Ramlers Oden: dieses Alles, wenn es gleich zusammengenommen sämmtliche Stände und Classen des Volks ansprach, war doch nur in den preußischen Staaten national: und konnte dieses nur in dem ganz militairischen Volke und Staate seyn. Für den allgemeinen Sinn des deutschen Stammes waren nur Gellerts Fabeln. Diese stellen die eigensten Familienzüge desselben dar, und befriedigen den bescheidenen häuslichen Sinn, mit ihrem, in Ernst und Scherz, immer naiv bürgerlichen Tone. Sie haben sich daher länger im gemeinen Leben erhalten, als irgend eine Dichtung ihrer Zeit, und sollten aus demselben nicht verschwinden.

Aber die in der Tiefe des Gemüths schlummernden, im erstarrten öffentlichen Leben erdrückten Gedanken und Gefühle? Durch Göthe wurden sie erweckt. Die ersten Schöpfungen seines Genies entsprangen im Herzen des deutschen Reichs. Diesem gehörten die abgeschiedenen Geister an, die im Götz von Berlichingen aus einer Zeit hervorgezaubert wurden, deren Verhältnisse noch immer auf mannigfaltige Art, sogar durch die sinnlichen Eindrücke der Kaiserwahlen, in der Erinnerung frisch erhalten wurden. Das gebrechliche Gebäude der Reichs = Justiz, welches in dem zweiten Meisterwerke des jungen Dichters weit mehr als eine bloße Staffage in der Landschaft bedeutet, machte den Mittelpunkt des matten und kränkelnden öffentlichen Lebens aus, welches die ehrgeizigen Unternehmungen und Entwürfe der großen Mächte dem deutschen Volke noch gelassen hatten. Die aus alter Geschichte erzeugte Darstellung kräftiger Menschen, die von Allem, was sie umgiebt, aufgefordert werden, das inwohnende Gefühl des Rechts, mit eigner unabhängiger Energie des Willens geltend zu machen, erregte einige, doch schwache Zuckungen solcher Gemüther, welche die Fesseln, von denen sie sich gedrückt fühlten, hätten abwerfen mögen. Das zweite, der lebenden Welt angehörende Gedicht war für Alle, die in der äußern Unmöglichkeit und innern Unfähigkeit, Unternehmungen auch nur zu träumen, eine Schadloshaltung in Gefühlen suchen, und das Handeln verschmähen. Die Gemüther dieser großen Zahl waren durch Rousseau wohl vorbereitet. Seine unzusammenhängenden Darstellungen aller Fehler und Mißverhältnisse der bürgerlichen Gesellschaft sprechen, eben wegen der Inconsequenz, so viele Menschen an. Es war nicht der Emile und die wenig gelesene, dem deut=

schen Sinne, nicht zusagende neue Heloise; noch weniger der Discours sur l'Inégalité und andere Schriften, die so viel wirkten: sondern der Total=Eindruck, den seine Declamationen auf einzelne Köpfe gemacht hatten, pflanzte sich von diesen fort, auf unzählige Andere, die ihn nicht gelesen hatten. Nun ward in Werthers Leiden die innerste und tiefste Quelle ihrer Gefühle und ihnen selbst unerklärlichen Gedanken aufgedeckt. In dem dargestellten Gemüthe sind die edelsten Empfindungen mit der reizbarsten Persönlichkeit verbunden. Jene erregten Bewunderung und Liebe: diese ein sympathetisches Gefühl. Es ward erlaubt, Gedanken laut werden zu lassen, die man einst gewagt hatte, sich selbst klar zu machen; Gesinnungen zu äußern, die man sich selbst nicht hatte gestehn dürfen. Bald wird es etwas Schönes, dieses Alles zur Schau zu tragen.

Werther ist der Welt abgeneigt. Nicht weil er sie beobachtet und erkannt hätte, sondern weil er mit dem Gefühle einer großen Bestimmung, von der er sich keinen klaren Begriff machen kann, das Bedürfniß einer starken Leidenschaft verbindet, zu der er sich nicht zu erheben vermag. Dieses ist es, das ihn drängt, sich das Leben zu nehmen: nicht die Liebe. Eine verzweifelnde Begierde nach dem Besitze eines Gegenstandes, der zur fixen Idee geworden, kann wohl zum Selbstmorde führen. Ein Gemüth hingegen, dessen innerstes Wesen Liebe ist, wird durch diese befriedigt. Durch eine erfolglose und unglückliche, sowohl als durch eine glückliche. Werther wird zu der raschen Handlung, weder durch den Ungestüm der Begierde noch durch das Gefühl einer unerträglichen Ermattung getrieben. Der Gedanke, daß er sich um dieser Lotte willen das Leben genommen, könnte schon durch die Dürftigkeit der Schilderung verdächtig werden, die er im höchsten En-
thu=

thusiasmus von ihr entwirft. Die größere Zahl der Leser hat zwar nur Lotten im Munde geführt, aber der tiefere Eindruck des Gedichts auf Gemüther von stärkerer Anlage ist dem Gefühle zuzuschreiben, mit welchem Werther sich über die Welt erhebt, die er verläßt, weil er sie verachtet. Von der Wirkung dieses Eindrucks können sich gegenwärtig nur wenige jetzt Lebende eine angemessene Vorstellung machen.

Ich war siebzehn Jahre alt, als Werther erschien. Vier Wochen lang habe ich mich in Thränen gebadet, die ich aber nicht über die Liebe und über das Schicksal des armen Werther vergoß, sondern in der Zerknirschung des Herzens; im demüthigenden Bewußtsein, daß ich nicht so dächte, nicht so sein könne, als dieser da. Ich war von der Idee befallen: wer fähig ist, die Welt zu erkennen, wie sie wirklich ist, müsse so denken, — so sein: — sich auch das Leben nehmen? — das haben Einige gethan. Aber Tausende sind innerlich zerrissen, und auf lange Zeit, manche wohl auf immer, an sich selbst irre geworden und des Ankers beraubt, dessen jeder Mensch bedarf, und den er irgendwo findet, wenn er sucht. Mich zog ein lebhafter Trieb nach wissenschaftlicher Erkenntniß, der im akademischen Leben reiche Nahrung erhielt, bald aus dem gefährlichen Strudel.

Der Widerstand, den vernünftige Leute der sich verbreitenden Ansteckung entgegensetzten, war nicht vermögend, dem Strome eine andere Richtung zu geben. Das gut gemeinte, nüchterne und geschmacklose Nachspiel von Nicolai gab schwächlichen Wertherfreunden Aergerniß. Andere, die Werthern selbst gram waren, mußten hierüber wohl die Achseln zucken. Was sonst über eine Erscheinung gesagt sein mag, die in ganz andrem Sinne Furore machte, als heutiges Tages eine Sängerinn, ward nicht gehört, und ist längst verhallt. Nur ein kräftiges Wort, das Lessing hingeworfen hat, und welches in der Sammlung seiner Briefe bekannt geworden (im 27sten Bande der Werke) giebt Anlaß zum Denken. Jedes Wort eines Mannes, dessen scharfes Urtheil immer eine von Andern verkannte, oder mit flüchtigem Blicke übersehene Seite der Sachen traf, muß beachtet werden. Diesesmal aber ist es nicht die Eigenthümlichkeit seines Gesichtspunktes, welche dazu auffordert; sondern nur die Dreistigkeit, womit er ausspricht, was Andre, aus Furcht als Profane geschmäht zu werden, nicht zu sagen wagten.

Lessing ist mit dem Werther unzufrieden. Die Kraft der Dichtung wird er wohl gefühlt haben. Aber der Gegenstand mißfiel ihm. Er hielt vermuthlich dafür, daß ein Geschöpf, dessen ganzes inneres Wesen auf Zerstörung seiner selbst angelegt ist, nicht verdiene, so schön dargestellt zu werden. Seinem hellen Blicke erschien die Idee selbst, oder die Abbildung, verzerrte Natur. Deswegen verlangt er, daß der Zuschauer durch eine Nachschrift zurecht gewiesen werde, und diese Zurechtweisung, sagt er, „je cynischer, desto besser."

Wieland hätte ein ganzes Buch darüber geschrieben. Es ist an sich klar, was gemeint ist, und das sagt dem hausbackenen Sinne braver Leute, die sich geärgert hatten, vermuthlich zu. Aber die Zurechtweisung hätte Lessing selbst schreiben müssen. Der Geist, der in seinen eignen Schöpfungen das Gewebe der feinsten Fäden in allen Beziehungen so vollkommen ausbildete, und in der Critik, auch dann durch eine geschickte Wendung siegt, wenn das Gefühl widerstrebt: der würde schon ausgefunden haben, wie der vom Fieber ergriffenen Phantasie beizukommen war, und eine so weit verbreitete, so tief erschütternde Bewegung der Gemüther hätte verdient, die Feder zu beschäf=

tigen, der wir die Gespräche von Ernst und Falk verdanken. Aber vom Dichter durfte er nicht fordern, daß er seiner Figur einen beschriebenen Zeddel zur Erklärung aus dem Munde gehen lassen, oder daß er selbst einen Bußpsalm anstimmen solle.

Wenn der Dichter Hand anlegen sollte, so mußte er der Geschichte eine andere Wendung geben, um das herzzerreißende Ende zu vermeiden, und das haben wohl manche Leser, wenn sie sich gesammelt hatten und reflektirten, gedacht: einige gesagt. Aber wie sollte das bewerkstelligt werden?

Das Heilmittel des überspannten Gemüths, das sich in überirdische Gegenden verloren hat, ist ein tüchtiger Stoß in die Sinnlichkeit, von der es sich mit ängstlicher Scheu abwandte. Das weiß man längst, und die Anwendung ist sehr leicht: da Göthe's Werther selbst, einmal von dem überwältigenden Gefühle ergriffen wird, daß die Natur einen reellen Besitz und Genuß verlangt. Aber bei dem schlägt der erregte Sturm zurück, und vernichtet alle Wünsche, und die Möglichkeit eines Entschlusses. Und eben hierin zeigt der Dichter, wie tief er in den Abgrund eines solchen Gemüths geschaut hatte. Sein Werther kann nur den Gedanken nicht ertragen, daß sie einem Andern sein solle, was er für sich nicht begehrt. Denn bei dem Gedanken an eignen Besitz wird er von einer Scheu vor sich selbst ergriffen. Er ahnet, was darauf folgen würde. Nun lasse man ihn statt dessen, nach dem Rathe, den nicht ein Kunstrichter, sondern nur ein Menschenfreund dem Dichter geben könnte, **damit gute Seelen doch sehn mögen, wohin es führt, wenn man sich seinen Leidenschaften überläßt,** in einer allzugünstigen Stunde unterliegen. Wer es sich zutrauet, der mahle, damit doch auch der Poesie ihr Recht widerfahre, die vorbereitenden Umstände, die Umgebungen, die halbdunkle Scene in rosigem Schimmer. Aber auch den zweiten Moment! und diesen so, daß Göthe das Gemälde anerkenne! Es sei am nämlichen Tage, oder am folgenden, oder auch später: aber das bedinge ich aus, daß es nicht erst nach einer zweiten Umarmung sei. Werther ist entzaubert, fällt aber um desto tiefer in seine frühere unnatürlich-natürliche Stimmung zurück. „Das ist es also! Nur das!"

Ich gehe zu meinem Vater, ihm zu klagen, daß der Demiurge seine Ideen in der materiellen Nachbildung so verpfuscht hat. — Der Pistolenschuß ist unvermeidlich: und das bliebe er immer, die Geschichte möchte übrigens einen Lauf genommen haben, wie es beliebt. Ist es vor der Heirath mit dem Bräutigam geschehen: — so fragt sich nur, ob Werther mit Lotten davon gehn, oder ob diese den hölzernen Albert anführen soll. Entflieht Werther mit ihr, so wird er sich bald an die Welt gefesselt fühlen, die er verabscheute. Er muß Lotten wieder verlassen. — So unmenschlich kann er doch nicht gedacht werden. Er muß also ein ordentlicher braver Mann werden, um sie zu ernähren. Er werde ein liebender sorgsamer, oder ein mißmuthiger, verdrießlicher Ehemann wie Andere, denen so etwas begegnet ist. — Wie es auch gemacht werde, so ist es nur ein Taschenspielerstreich. Der Werther wird escamotirt, und eine Spießbürgerseele untergeschoben, die sich in nebulösen Gestalten verkuckt hatte, und wieder nüchtern geworden ist. Es ist nichts anders, — Werther — falls es wirklich Werther ist, der, um nicht einen gemeinen schlechten Streich zu machen, die Ehe einging, — erschießt sich. Dafür ist es doch besser und wahrlich sittlicher: er thue es gleich, nachdem er zur Be sinnung gekommen, oder noch lieber: — vorher, so wie in Werthers Leiden.

Soll es nach der Heirath mit Albert geschehen sein? es ist um nichts besser: und nicht anders kann es endigen, als wir es schon haben. Der verschrobene Kopf schaudert vor den bürgerlichen Verhältnissen, aber er mag sie nicht verletzen, und er will dieses nicht. Der Gegenstand seiner befriedigten Begierde wird ihm zum Abscheu. Aber er fühlt, daß nicht die geliebte Person, sondern die Liebe selbst mit der Wolke verschwunden ist, wonach er die Hand ausstreckte; mit innigster geheimer Zufriedenheit, sie nicht greifen zu können. Was ist aber ein Leben ohne Liebe! Auch die lieben Kleinen, die ihm das unschuldige Herz abgewannen, sind ihm nichts mehr. Denn sie werden heranwachsen zu Figuranten in dieser verführerischen und verhaßten Welt. Also wieder der unselige Pistolenschuß.

Wollen Sie es recht eigentlich cynisch haben, verehrter Lessing?

Werther muß des ungestümen Blutes los werden. Sie kann er nicht besitzen. Aber etwas muß er erfassen, besitzen, durch und durch lieben. Er muß es, er will es. Dalila verlockt ihn: oder ein gutmüthiges Geschöpf, das den armen Menschen, der im Grunde so herzig gut und lieb ist, bemitleidet, giebt sich gern her. — Es ist immer wieder das nämliche. Mit der Kraft und Schnelligkeit des Blitzstrahls entzaubert der Moment. Ein Kampf ergreift sein innerstes Wesen. Zu Lotten kann er nicht zurückkehren. Er ist ihrer nicht mehr würdig. Er mag sie auch nicht mehr: denn sie ist doch des nämlichen Geschlechts, wie jene: — der Pistolenschuß fällt.

Unser Dichter, der die eigne Einbildungskraft beherrscht, mit welcher er das Gemüth der Leser unterjocht, hat einen andern Ausweg gefunden, aber nur angedeutet. Daß Schwärmer, Phantasten, oder auch starke Seelen und edle Gemüther, aus der Ueberspannung übersinnlicher Gefühle, durch die Befriedigung der groben Sinnlichkeit gezogen werden, ist so abgenutzt, daß man es nicht mehr hören mag. Solche Plattheiten gehören in die Alltagswelt. Aber dem Schönheitsgefühle ist auch Werthers Gemüth nicht verschlossen. Einiger Sinn für körperliche Reize, den sichtbaren Abglanz einer schönen Seele — wie es in einem technisch gewordenen Ausdrucke heißt, — ist sogar zur Vollständigkeit des Charakters nothwendig. Von dieser Seite ist er also zugänglich. Sein Weg würde aber nicht der seyn, auf den der Dichter hinweiset. Dieser hat doch an seinem Meisterwerke nicht so gefrevelt, seine unnatürliche Geschichte in das Gedicht selbst aufzunehmen. Er führt den Gedanken nur in einer spätern Zugabe aus. Aber er ist so wenig zu gebrauchen, daß der Schöpfer des Werkes selbst bei dieser Behandlung nur die kläglichsten Mißgriffe thun konnte. Er erzählt; aber der zweifelnde Ton giebt schon zu erkennen, daß er sich selbst nicht traute: er erzählt also, Werther solle vor seiner Bekanntschaft mit Lotten durch die Neigung zur Kunst verleitet worden seyn, die Schönheit auch weiblicher Reize näher kennen zu lernen, als die Sitten da verstatten, wo Lais sich nicht auf einer Bühne vor dem Volke sehen lassen darf, so wie Gott sie geschaffen. Er läßt errathen, wohin ein solches Zweispiel des schönheitstrunkenen Auges und der Gefallsucht führen mag. Aber der Leser wird unwillig, erboßt ruft er aus, das ist nicht wahr. Mein Werther, den du mir geschenkt hast, zeichnete die Naturscenen, die sein schwermüthiges Gefühl mit besänftigender Milde ansprachen: den Nebel, in dem alle Formen verschmelzen, und die Einbildungskraft mehr ansprechen, als die Sinne: oder das Paradies einer Unschuldswelt. In dieser, eine Mutter mit spielenden Kindern: die Trauer der Marie von Moubins. Aber keine Venus und Adonis. Wäre Werther bei den Griechen geblieben, und mit dem Sophokles statt des Ossian vermählt, so hätte er weder Lotten geliebt, noch sich erschossen. Sollte er aber ein Amateur werden, so kann dieses nur so gedacht werden, daß es nach einer Trennung von der Lotte geschähe; daß die Pistole etwa versagt, oder irgend eine Erscheinung — welche, mögen die Götter wissen — ihn aus der unseligen Verzückung gerissen: und daß er darauf Künstler geworden, wie ein Anderer. Wer kann das glauben? Auch daß die Scene nach Genf verlegt wird, ist noch ein kleiner Mißgriff nebenher. Im Palais Royal geschah es. Ausgedacht aber ist die ganze Geschichte weder auf den Alpen, noch im Schneegestöber des Taunusgebirges: sondern im Salon, wo auch die Wahlverwandschaften mit gähnendem Entzücken genossen werden.

Der junge Wolfgang behält also gegen alle Verbesserer und gegen alle Moralisten, auch gegen den Minister von Göthe, Recht. Soll indessen durchaus ein Versuch gemacht werden, einen jungen Dämon die Schule irdischer Erfahrungen durchlaufen zu lassen, so könnte man auch wohl noch andre als Liebes=Abentheuer ausdenken. Der Krieg könnte etwa das ganze pedantische Nest zerstören, in welchem Werther sich so übel, und so wohl befand. Er könnte dadurch zu Thaten aufgerufen werden, die sein Gemüth heilen. Das wäre gut für Romanschreiber, die unterhaltende Verwicklungen zur Ergötzlichkeit fabriciren: und für eine verkleidete Predigt. Die Anbeter des bezaubernden Gedichts haben Recht. Es leidet keine andere Auslegung, als die wir kennen, mit welcher der Faden, der nicht abgesponnen werden kann, zerrissen wird. Mußte dieses aber geschehn: so ist es, je früher, desto besser. Es werde kein Wort geändert, keine Zeile zugesetzt. Die Stimmung, in die der Schluß versetzt, mag sich selbst in der Stille läutern.

* * *

Eben so treffend und wahr, als Ihr Gemählde der ersten Catastrophe der deutschen Dichtkunst, ist Alles, was Sie von der zweiten sagen, die nicht lange ausblieb. Der Sturm und Drang, der Alles zertrümmern sollte, was für unverletzlich gehalten war, gab Stoff zu einem kräftigen Gemälde. Die folgende, in Ursachen und Wirkungen sehr complicirte Bewegung hingegen, mußte erklärt werden. Sie haben vortrefflich entwickelt, wie es zugegangen, daß die Nation durch eben den, welchem sie ihre Regeneration verdankte, so bald auf ganz andere Wege geleitet ward. So ingeniös indessen die Wendungen auch sind, die Sie den Orthodoxen in Ihrer Loge nehmen lassen, wenn er beweisen will, daß die Signoria immer recht und weise erkennt, wenn sie heute tadelt, was sie gestern gut hieß, so wird doch der Verordner der Insel Felsenburg wohl recht behalten, wenn er behauptet, daß auch das größte Genie ein Kind der Zeit ist, welche es mit seiner Fackel erleuchtet und entzündet.

Was es auch gewesen sein mag, das Göthen in der Bewegung mißfiel, die er selbst erregt hatte, so würde sein Werk den Angriffen Andrer, wenigstens kräftigern Widerstand geleistet haben, wenn er nicht selbst den von ihm angeführten Haufen irre gemacht hätte. Er haschte unabläßig nach den mit dem feinsten Seherblicke ausgespäheten Lieblingen des flüchtigsten Augenblicks, um die Gunst aller Partheien zu fesseln. Auch das Idealisiren in mancherlei Form sollte dazu dienen. Aber den rechten Weg zu der Herrschaft fand Schiller. Dieser traf das, was die Deutschen eigentlich wollen: Denken und Grübeln, sich in Abstraktionen versenken, mit hochtönenden halbverstandenen Sinnsprüchen sich erheben, sich rühren, sich ergötzen lassen. Er erkannte den Sinn seiner Nation und er fühlte in sich selbst den Deutschen. Bei ihm darf die Freude selbst nicht heiter und fröhlich sein. Auch sie muß sich in den Abgrund des menschlichen Herzens und Schicksals versenken, damit der Würde der Dichtkunst nichts vergeben werde. Mit diesem Dichter mußte Göthe wohl die Herrschaft über die Nation theilen, und dieses, was auch die Anbeter des letzten dagegen einwenden mögen: — offenbar in ungleichen Hälften.

Hier aber komme ich auf einen Punkt, der von Ihnen näher beleuchtet zu werden verdient. Sie erwähnen des Einflusses, den Göthe auf Schiller gehabt habe. Es läßt sich in der That nicht denken, daß gleichzeitige Dichter gar keine Art von Einfluß auf einander gehabt haben sollten. Kaum wäre dieses möglich, wenn sie in weiter Entfernung von einander gelebt hätten. Diese aber standen sich sehr nahe. Jahre lang haben sie sich ihre Gedanken vertraulich mitgetheilt. Doch hat Schiller eben in dieser Zeit das ursprüngliche Gefühl für theatralische Wirkung verleugnet, welches er vor Göthe voraus hatte. Von diesem hat er jedoch die sententiöse Manier nicht, in welcher der Sinn für Wahrheit und Kraft in Empfindung und Handlung untergeht. Göthe erhebt immer nur individuelle Empfindungen zur allgemeinen Verständlichkeit und Sympathie. Ueberhaupt in Genie und Talenten, Gemüthsart und Grundsätzen über die Kunst, ganz verschieden, konnte unter ihnen nie eine immer wahre Uebereinstimmung statt finden, und einige Zeilen in den bis jetzt gedruckten Briefen hinterlassen eine Empfindung, als ob Schiller sich sogar aus der Iphigenia gar wenig gemacht habe, welche doch unter allen Werken des Dichters am meisten einer idealischen Welt angehört, unter welcher Schiller sich aber etwas ganz Anderes dachte, als Göthe. Und doch hat unstreitig das Verhältniß zwischen ihnen, einen großen Einfluß — wenn ich einer geheimen Ahnung trauen darf, zu beider Nachtheile — gehabt. Worin hat er bestanden? Der versprochene vollständige Briefwechsel wird es vielleicht offenbaren. Aber es werde diese Hoffnung erfüllt, oder wie wir beide besorgen, getäuscht, so verdienen die Spuren, die sich in den Werken selbst finden mögen, aufgesucht zu werden, und die Auflösung dieser Aufgabe ist es werth, Sie zu beschäftigen, und damit die Beurtheilungen der beiden Dichter zu vollenden, die Sie mit so treffendem Blicke und so zarter Schonung des Gefühls befangender Bewunderer entworfen haben.

Ueber den Einfluß auf die englische Dichtkunst, den Sie unserm großen Dichter zuschreiben, erlaube ich mir eine Bemerkung zu machen. Es befremdete mich, daß Sie Walter Scott hier nennen. Sie haben mich zwar darauf belehrt, daß dieser wirklich Göthe's Werke nicht allein gekannt, sondern den Götz von Berlichingen ins Englische übersetzt hat. Dennoch kann ich nicht glauben, daß dieses eigenthümliche deutsche Gedicht Anlaß zu dem viele Jahre später entstandenen, ganz einheimischen Romane des schottischen Schriftstellers gegeben habe. Die englischen Critiker, welche den Einfluß der deutschen Literatur auf den englischen Geschmack zugeben, ohne sich eben darüber Glück zu wünschen, beschränken sich ausdrücklich auf die Lake school of Poetry. Walter Scott der metrische Dichter, und Scott der Romanschreiber, sind zwei ganz verschiedene Wesen. Waverley, die schreckliche Braut von Lammermoor und noch ein paar Erzählungen aus dem Hochlande, sind so ächt schottisch, und die Sinnesart, die Begriffe und die Sitten des erdgebornen Geschlechts dieser Gebirge sind so eigenthümlich, daß ich keine Spur eines Einflusses weder von Göthe, noch von dem viel nähern Shakspeare entdecken kann. Ich würde es für einen Frevel an dem Heiligthume der wahren Originalität halten, wenn man den Ursprung dieser Dichtungen in der Fremde suchen wollte. Der schottische Clan ist etwas ganz anderes, als deutsches Ritterwesen, und Flora Mac. Jvoe ist sehr verschieden von Allem, was Göthe gedichtet hat, der eine solche Exaltation nie hat schildern wollen — noch können.

Lord Byron hat selbst Anlaß gegeben, Göthe für sein Vorbild zu halten. Da er mit der ganzen Welt im Widerspruche stand, — und stehn wollte, — so kann ihn die Laune angewandelt haben zu sagen, er sympathisire mit einem einzigen, einem Ausländer, und das, dem größten Dichter der Deutschen. Was er gegen diesen selbst geäußert hat, ist ein bloßes Compliment, und ich bin überzeugt, daß der edle Lord Jedem, der es ihm nachgesprochen hätte, den Rücken zugekehrt haben würde. Byrons Gedichte erinnern nie an Werther. An Faust kann man dabei denken: aber Alles, was in den Gedichten des Engländers an den Faust erinnern kann, ist nach meinem Gefühle sehr weit über dem Faust, und die Empfindungen des Engländers, und seine unvergleichlich schönere Sprache, sind so eigenthümlich, daß ich jenes Gedicht unmöglich für sein Vorbild halten kann.

Reinhold Lenz in Königsberg und sein Gedicht auf Kant.

Mitgetheilt von

Rudolf Reicke.

Die im Jahre 1828 bei Reimer in Berlin erschienene, von L. Tieck in 3 Bänden herausgegebene Sammlung der Schriften von Jacob Michael Reinhold Lenz hat ebenso wie die derselben vorgesetzte kurze Biographie viel zu wünschen übrig gelassen; sehr unkritisch hat der Herausgeber manches darin aufgenommen, was gar nicht von Lenz ist, sehr vieles dagegen, besonders an lyrischen Gedichten, weggelassen. Den ausführlichsten und gründlichsten Nachweis dafür lieferten Eduard Dorer-Egloff: „J. M. R. Lenz und seine Schriften. Nachträge zu der Ausgabe von L. Tieck und ihren Ergänzungen" (Baden, 1857) und O. F. Gruppe: „Reinhold Lenz. Leben und Werke. Mit Ergänzungen der Tieckschen Ausgabe." (Berlin, 1861.) Wie viel Neues und Aechtes wir beiden auch verdanken, noch können die Akten nicht als geschlossen angesehen werden. Es ist ewig schade, daß, wie Gruppe Vorrede S. XIV f. mittheilt, die seltene und vielleicht die vollständigste Sammlung Lenzischer Originaldrucke, die ein Bekannter der Familie Lenz, der Arzt Dr. Georg Friedr. Dumpf[1]) in Liefland besaß, der auch gegen das Ende der zwanziger Jahre an einer Biographie des Dichters schrieb, wol als verloren zu betrachten ist, da der Buchhändler Otto Model in Dorpat, in dessen Hände die Lenzischen Drucksachen übergingen, bankerott wurde; „noch ist's nicht gelungen, auch

---

[1]) Geb. 1777 zu Ohlenhof in Liefland, erhielt seine Schulbildung seit 1792 im Friedrichscollegium zu Königsberg. S. v. Recke u. Napierski, Allgem. Schriftsteller- und Gelehrten-Lexikon der Provinzen Livland, Esthland u. Kurland. Bd. I. S. 460.

nur Andeutungen zu erhalten, wohin diese Seltenheiten gerathen sind, wenn sie nicht durch unkundige Hand den Weg alles Papieres gegangen sind." Nur der handschriftliche Nachlaß, „eine Sammlung Lenzischer Briefe, Concepte, Papierschnitzel, sowie Dr. Dumpf's begonnene Biographie" ist erhalten; er wurde Tieck übergeben und ist aus seinem Nachlasse „in die Hände des kundigen Professors Dr. Rudolf Köpke gelangt, welcher daraus noch publiciren wird, was der Erhaltung werth ist." Möchte dies recht bald geschehen!

Eine der bis jetzt am wenigsten aufgehellten Partien in dem Leben des nachmals so unglücklichen Dichters ist sein Aufenthalt in Königsberg. Die bisherigen Biographien erwähnen nur, daß er mit seinem jüngeren Bruder Christian 1768 von Dorpat, wo der Vater Christian David Prediger war, nach Königsberg auf die Universität kam,[1]) dieser um die Rechte, jener um Theologie zu studiren. Ihr Universitätsgenosse, der bekannte Kapellmeister Reichardt[2]) erzählt in seinem „Etwas über den deutschen Dichter Jacob Michael Reinhold Lenz"[3]) von diesem: „Nur selten kam er in die

---

[1]) Gadebusch Livländische Bibliothek. Bd. II. Riga. 1777. S. 177 f.

[2]) Johann Friedrich Reichardt kommt zweimal in unserm Universitäts=Album vor, das erstemal auf einem besonderen Blatte. Dasselbe enthält von der Hand des juristischen Professors L'Estocq als zeit. Rect. nur folgende zwei Namen: „St. Liberalium Artium Specialium 1765. Mense Aprilis. Die 29. Louis Chevaillér, Montoban: Gallus. — Mense Maji. D. 5. Johann: Frider: Reichardt. Stud. Music: Regiomont: Pruss: Aus der von H. M. Schletterer „Joh. Friedrich Reichardt. Sein Leben u. seine musikalische Thätigkeit" (Augsburg, 1865) S. 63 mitgetheilten Autobiographie Reichardt's in der Berlinischen Musikalischen Zeitung. 1805. Nr. 55. ff. erfahren wir, daß L'Estocq, ein Freund u. Beschützer der Tonkunst, in dessen angesehenem, meist von jungen Studirenden vom preußischen, cur= und liefländischen Adel besuchtem Hause ernstlich Musik geübt und fleißig Concerte gegeben wurden, einst von dem Violinspiel des 12= oder 13jährigen Fritz so ergriffen ward, daß er, der eben Magnificus der Universität war, dem Kleinen mit vieler Feierlichkeit mitten in der Versammlung das Diplom als wohlverdienter Magister der schönen Künste auf einem silbernen Teller durch einen Grafen von Truchses überreichen ließ." So unglaublich dieses Geschichtchen klingt, mags doch wol wahr sein, u. ordnungsgemäß wäre dann der Doctor=Ernennung die Inscription des Knaben in das Album vorhergegangen. Uebrigens „hatte Fritz nur wenig Spaß an dem papierenen Testimonium, an dessen Aufbewahrung er auch nie gedacht hat." — Das zweitemal wurde er 21. März 1768 von dem Professor der Medicin Christoph Gottl. Büttner immatriculirt, diesmal als wirklicher Student: „Johannes Fridericus Reichardt, Regiomonti-Borussus." Er bezog also in seinem 16., nicht im 15ten, wie Schletterer S. 74 angiebt, unsere Universität.

[3]) Berlinisches Archiv der Zeit u. ihres Geschmacks. Jahrg. 1796. I. Bd. S. 113 ff.

Vorlesungen einiger Professoren; bald fast nur ausschließlich, dann und wann, in die Vorlesungen unsers verehrungswürdigen Lehrers Kant. Eine sehr vermischte Lektüre und eigne poetische Ausarbeitungen beschäftigten ihn ganz, so oft er in seiner kleinen Kammer allein sein konnte. Er wohnte aber in einem ziemlich engen Hause, das ganz angefüllt war von lustigen wilden Lief- und Kurländern, seinen Landsleuten, welche Tag und Nacht in unaufhörlichem Toben beisammen lebten. Oft befand er sich mitten unter ihnen, doch meistens mit seinem Geiste so abwesend, daß junge lustige Bursche häufig dadurch gereizt wurden, ihm allerlei unerwartete Streiche zu spielen, die ihn zuweilen wol nicht ganz zu sich brachten, und die er allemal mit unbegreiflicher Geduld und Freundlichkeit ertrug. Selbst von seinem Schreibepult ließ er sich, aus der tiefsten Abwesenheit, oft ohne Murren herausreißen, und brachte seinen Jugendbrüdern zu gefallen, die Abende, wohl auch ganze Tage, auf dem Kaffeehause zu, ohne an ihrem Kartenspiel und mancherlei andern Belustigungen thätigen Antheil zu nehmen.

Beim Gesange und auch wol beim Glase, wiewol er wenig vertragen konnte, war er thätiger. Er liebte den Gesang von Herzen und übte auch die Laute mit Eifer. Der Lautenist in seinem Hofmeister ist die Caricaturzeichnung seines Lautenmeisters nach dem Leben. So wie fast alle Charaktere in diesem vaterländischen Stück curländische und preußische Charaktere in Caricatur gezeichnet sind.

Damals dichtete er auch ein größeres Gedicht in sieben (*sic!*) Gesängen: die sieben (*sic!*) Landplagen. Seine lustigen Brüder sprachen ihm oft von seinen acht Landplagen.

Ich entsinne mir von jenem Gedichte, das er in Königsberg besonders drucken ließ, und der russischen Kaiserin zueignete und zusandte, nichts weiter, als daß es uns allen damals schlecht schien, und wir ihn, mit unserm Parodiren vieler sehr schwülstigen Stellen, oft zu lachen machten. Weiter hin ist mir das Gedicht nie wieder vor Augen gekommen."

Das erwähnte größere Gedicht erschien anonym und führt den Titel: „Die Landplagen. Ein Gedicht in sechs Büchern, nebst einem Anhange einiger Fragmente. Königsberg, bey Zeisens Wittwe und Hartungs Erben. 1769. 8."[1])

---

[1]) Abgedruckt bei Tieck Bd. III. S. 1—65.

Es schildert den Krieg, die Hungersnoth, die Pest, die Feuersnoth und das Erdbeben. Das Buch scheint sehr selten zu sein, keine unserer Bibliotheken besitzt es. „Nach Deutschland, bemerkt Gruppe, gelangte das Werk nicht, so daß dahin dem Poeten kein Ruf vorausging." Der 19jährige Dichter hatte eine andere Aufnahme erwartet. Auf der letzten Seite versichert er, daß er einer zuverläßigeren Kritik als der seinigen folgsam sein und dem Beifall der Kenner etwas aufopfern wolle. Gabebusch meint hierzu: „Vielleicht haben diese zu viel gefordert (s. die Königsberger Zeitung 1769. S. 365.)" Dies läßt sich aber von dem uns unbekannten Königsberger Recensenten nicht behaupten. Im Gegentheil halten wir sein Urtheil für durchaus sachgemäß und billig. Da es nur kurz ist, so möge der Wiederabdruck desselben aus den bei Joh. Jakob Kanter erschienenen „Königsbergischen Gelehrten und Politischen Zeitungen" auf das Jahr 1769 (91. Stück) uns zugleich Inhalt und Form des Gedichtes vorführen:

„Der Dichter dieser Versuche giebt sich S. 112 für einen Liefländer an, und sie selbst bestätigen die Wahrheit seiner ersten Anrede: Junge traurige Muse! Aber das übrige von der angehängten Nachricht können wir nicht so leicht glauben, daß der V. sein größeres Gedicht so oft umgearbeitet und verbessert hätte, denn es scheint noch zu wenig oder gar keine Feile erfahren zu haben. Nur vom äußerlichen ein Paar Worte. Es sollen Hexameter sein. Aber ohne die gewaltige Rauhigkeit und Unannehmlichkeit hin und her zu rügen, so muß der V. beinahe nicht den deutschen Hexameter, und die Regel, daß der Beste nur auf eine Art scansibel sein muß, gekannt haben. Ueberdem kommen bald fünffüßige und anderartige Verse in die Quere, bald Heptameter, z. E. wie scandirt man S. 57:

Von meinen Wangen wischen, und mein halbtaubes Ohr hört — — Oder S. 65. Stumm verzweiflungsvoll, sinnloß und stumm mit verbreiteten Armen. Ueberhaupt liebt er zu sehr den spondäischen Ausgang oder lauter Spondäen. Harmonie mangelt an vielen Stellen, das Beiwort ist oft am Ende der Zeile vom Hauptwort abgerissen, und es zeugt alles, wie die sorglosere Orthographie, von der Flüchtigkeit des Autors. Indessen es ist eine junge Muse, und eine Muse, die Funken des Genies und Anlage zu einem Dichter verräth, und, wenn es ihr in der That so ums Herz ist, noch dazu die Miene einer liebenswürdigen Schwermuth bei den Zügen des fühlenden sanften Jünglings, die das Verdienst einer Frömmigkeit an sich hat, und lieber traurige Bilder oder rührende Scenen der Religion malen will, als mit Mädchen und dem Bacchus tändeln. Allein eben diese ziemlich reiche Phantasie verwirret sich in ihren Bildern, und malt uns oft einerlei. Es sind wiederholte Scenen im Erdbeben, in der Wassersnoth, wenig neue und tiefrührende. Was die englischen Kunstrichter Correctneß nennen, fehlet daran noch sehr. Eine Pause hat uns gefallen S. 94 das: siehe, er kommt! In der Zueignungsode nimmt der Dichter eine glückliche Wendung. Er zeigt den Werth Catharinens aus den Wirkungen ihres einstigen Ablebens.

> Trostlos rauft der Greis das ihm gebliebene Haar,
> Wirft sein heiliges Haar ausgerauft auf dein Grab,
> Dreimal küßt er den Staub, der deine Leiche deckt.
> Dreimal weint er laut und ruft:
> Warum zeugtest du mich, du der du mich gezeugt?
> Warum zeugte ich, du, den ich zeugte, dich,
> Daß mein Auge soll sehn Sohn! daß dein Auge soll
> Catharinen erblasset sehn!

Allein ist es wohl anständig mit diesem finstern Bilde der Zukunft zu schließen, und hätte nicht wenigstens ein Zug von dem Werth des noch jetzigen Lebens, ein Wunsch, jene Scene weit zu entfernen ihr Widriges mildern sollen? Uebrigens wollen wir dafür dem jungen Dichter einen Wunsch thun, daß er die Kunst auszustreichen nie vergessen, daß er damit seine jugendliche Versuche im Alter noch schön finden, und überhaupt sein wirklich zu spürendes poetisches Talent nicht verwildern, sondern durch seine Geschmackslehren zur Reife gedeihen lassen möge."

Als einen würdigen Abschluß der Königsberger Episode in dem Leben des Dichters haben wir den folgenden Beitrag zu den bisherigen Sammlungen seiner Dichtungen anzusehen. Wir finden dieses Gedicht, durch welches er zu Kant in Beziehung tritt, nirgend erwähnt; doch scheint Rud. Köpke, vielleicht aus Andeutungen in der Dumpfschen Biographie, davon Kenntniß zu haben. Wenigstens erinnern wir uns, daß er vor mehreren Jahren wegen eines Gedichtes hier anfragte, das Lenz im Namen der Studirenden Kant bei Gelegenheit einer Nachtmusik im Jahre 1768 oder 1769 überreicht haben und das von unserm Philosophen „ehrend gewürdigt" worden sein soll. Wir haben uns um das Auffinden desselben bisher vergeblich bemüht. Schon hatten wir alle Hoffnung aufgegeben, als uns ein günstiger Zufall vor kurzem eine Sammlung Carmina durchmustern ließ, die nebst andern Raritäten neben der profanen Augen verborgenen sogen. Silberbibliothek aufbewahrt werden. Wie freuten wir uns, als wir unter jenen auch zwei Carmina auf Kant entdeckten.[1]) Da lag auch das so lange gesuchte vor uns nicht auf gemeinem Papier in dem gewöhnlichen Octavformat, sondern auf weißem Atlas in Folio in einem kostbaren Einbande von carmoisinrothem Sammet mit Goldborten besetzt und innen mit himmelblauem Atlas gefüttert. Der junge Professor mag wol seine Freude an dem Prachtstück gehabt haben, und daß er es in Ehren gehalten, sieht man dem noch so weichen Sammet und den wenig verblichenen Farben deutlich an, und doch sind bald hundert Jahre darüber hingegangen. Sicherlich wäre es nicht mehr so schön, wenn es nicht so sorgfältig dem verderblichen Einfluß des Lichtes entzogen gewesen wäre. Möge es noch viele hundert Jahre sich so gut erhalten als ein freilich verborgenes Ehren=Denkmal an den größten unsrer Königsberger Professoren! Der Inhalt aber sei wieder ans Licht gezogen und als ein ergänzender Beitrag zur Lenzischen Dichtung der deutschen Literaturgeschichte wiedergegeben.

Das Gedicht ist nur mit dem Anfangsbuchstaben L und zwei Punkten unterzeichnet, ist aber unzweifelhaft von Lenz selbst, weil unter den Mitunterzeichnern nur dieser mit L aus Liefland sich befindet. Wir geben den Abdruck wörtlich wieder auch mit derselben Seiten= und Zeilenabtheilung wie im Original und bedauern, nicht auch die Anfangs= und Schlußvignette hinzufügen zu können. Wir enthalten uns jedes Commentars und schicken nur noch einige Notizen über sämmtliche hier aufgeführte Unterzeichner voran, die wir dem Album unsrer Albertusuniversität entnehmen.

1. **Reichsfreiherr v. Bruiningk.** Das Album führt zwei dieses Namens auf: „Axel Heinricus Liber Baro de Bruningk Equ: Livonus"

---

[1]) Das andere soll bei anderer Gelegenheit in diesen Blättern veröffentlicht werden.

und „Dietricus Liber Baro de Bruningk Equ: Livonus" beide im Sommer-Semester 1765, 7. Juni aufgenommen „Rectore Acad: Johanne Ludovico L'Estocq Jur: Utr: Doct: et Prof: Ord: Secund: Sacr: Reg: Maj: Consil: Bellico, Senat: Acad: et Civit: Regiomont: Senator: Ejusque nec non Colon: Gallic: Jud: Primar: Regiae Societ: Litter: German: Reg: Membr: Honor: et Orphanotr: Voseginian: Collator: Senior:" Vielleicht waren es Vater und Sohn. Nach v. Recke und Napierski's livländ. Schriftsteller Lexikon I, 285 war Freiherr Dietrich v. Bruiningk ein Sohn des ehemaligen Etatsraths und livländischen Landraths Axel Heinrich. Von jenem erschien 1767 in Königsberg: Commentatio politica, sistens cogitationes quasdam circa rerum publicarum originem, earumque constitutionem ac statum.

2. Baumann.¹) „Hermannus Dietericus Baumann, Mitavia Curonus" im Winter-Semester 1767, 20. Oct. immatriculirt Rectore Christoph. Theoph. Büttner, Prof. med. Doct. et Prof. ord. . ."

3. Grot. „Gerhardus Joannes Apolphus Grot: Curon. ex Collegio Fridericiano dimissus" Sommer-Semester 1767, 28. Sept. „Rectore Coelestino Kowalewski Acad. Cancellario et Directore Prof. Jur. Prim. . . ."

4. Hollenhagen. „Samuel George von Hollenhagen: Kandav. Curonus" Sommer-Semester 1769, 11. Aug. „Rectore . . . L'Estocq . . ." Nach v. Recke und Napierski II, 331 f. ist er nicht ablig, studirte anfangs Theologie auf mehren deutschen Universitäten, später Medicin, starb 1792 als Stadt- und Landphysikus zu Mitau 52 Jahre alt.

5. Haaken. „Johan. Jacobus Hacken. Windav. Curon." Winter-Semester 1768. 7. Oct. „Rectore Joh. Jac. Quandt S. Theol. D. & Prof. Prim. . . ."

6. von Müller. Das Album hat zwei dieses Namens: „Gustavus Johannes a Muller Eques Livon." und „Carolus Ludovicus a Muller Eques Livon. e Collegio Fridericiano dimissi" Sommer-Semester 1768, 24. Sept. „Rectore Carolo Andrea Christiani Phil. Pract. Prof. Ord."

---

¹) Ein „Joachim Baumann Mietav: Curon: ex Colleg: Fridërician: dimisſus" wurde 8. Aug. 1765 von L'Estocq immatriculirt.

7 u. 8. Lenz. „Johannes Christianus Lenz Dorpat. Livon." und „Jacob Michael Reinhold Lenz Dorpat. Livon." Sommer=Semester 1768, 20. Sept. „Rectore Car. Andr. Christiani."

9. Hugenberger. „Johannes Christophorus Hugenberger Curon." mit Haaken zusammen immatriculirt.

10. Lahm. „Adamus Nicolaus Lahm J. V. Stud. Sthegulna ad Mitaviam Curonus" Sommer=Semester 1769, 21. Juni. „Rectore ... L'Estocq ..."

11. Zimmermann. „Johannes Gottlieb Zimmermann. Schwanenburgo in Districtu Werdensi Livonus Theol. Stud." 11. Aug. 1769 aufgenommen zusammen mit Hollenhagen und dem folgenden

12. Hesse. „Georgius Hesse: Riga-Livonus. Theol; Stud:" s. v. Recke und Napierski II, 268 f.

13. Stein. „Albertus Christianus Stein. Riga Livonus" Sommer=Semester 1769, 12. Sept. „Rectore ... L'Estocq ..."

14 u. 15. von Kleist. L'Estocq nahm 20. Sept. 1769 drei dieses Namens auf, im Index als fratres bezeichnet: „Fridericus Georgius de Kleist Eques Kerklinga-Curonus", „Ernestus Nicolaus de Kleist" und „Christophorus Johannes Hieronymus de Kleist". Bei v. Recke und Napierski II, 447 kommt ein Dichter Siegmund Friedrich Adam v. Kleist (geb. 1755, gest. 1774) als Sohn eines Kammerherrn Ernst Nikolaus v. Kleist vor. Zwei Edelleute v. Kleist, wahrscheinlich dieselben, die das Carmen unterschrieben, für den französischen Militärdienst bestimmt, geleitete Lenz von Königsberg aus als deren Gesellschafter, Dolmetscher und Mentor auf ihren Reisen.[1])

16. Pegau. Weder im Album noch im alphabetisch geordneten Index nominum immatriculatorum habe ich den Namen finden können. Nach v. Recke und Napierski III, 398 studirte aber ein im Collegium Fridericianum gebildeter Karl Emanuel Pegau 1769—1772 hier Theologie.

17. Meyer. „Christian Joachim Meyer, Curonus" Sommer=Semester 1770, 5. Mai. „Rectore Frid. Sam. Bock S. Theol. Doct. ejusdemque et graec. litter. Prof. Ord."

---

[1]) s. Gruppe a. a. O. S. 5 u. Böttiger lit. Zustände und Zeitgenossen. Bdchn. 1. S. 18.

Als

Sr. Hochedelgebohrnen

der

Herr Professor Kant,

den 21sten August 1770.

für die

Professor-Würde

disputirte:

Im Namen

der sämtlichen in Königsberg

studirenden Cur- und Liefländer

aufgesetzt

von

L . . aus Liefland.

Reichsfreyherr von Bruiningk, aus Liefland.	Hugenberger, aus Curland.
Baumann, aus Curland.	Lahm, aus Curland.
Grot, aus Curland.	Zimmermann, aus Liefland.
Hollenhagen, aus Curland.	Hesse, aus Liefland.
Haaken, aus Curland.	Stein, aus Liefland.
von Müller, aus Liefland.	von Kleist, } aus Curland.
Lenz, } aus Liefland.	von Kleist,
Lenz,	Pegau, aus Liefland.
	Meyer, aus Curland.

Königsberg,

gedruckt bey Daniel Christoph Kanter, Königl. Preuß. Hofbuchdrucker.

𝔐it ächterm Ruhm, als unbesiegte Sieger
Nur groß an Glück, am Herzen wild als Tiger,
Durch Härt und Wuth und unerhörtes Schlachten
     Zu haschen trachten;

𝔐it ächterm Ruhm, als mancher Filz bezahlet,
Der mit des Reimers feiler Demuth prahlet,
Dem Strohmann gleich, den man mit Lappen decket
     Und Kinder schröcket;

𝔐it ächterm Ruhme wird der Mann belohnet,
In welchem Tugend bey der Weißheit wohnet,
Der Menschheit Lehrer, der, was er sie lehret,
     Selbst übt und ehret:

Des richtig Auge nie ein Schimmer blendte,
Der nie die Thorheit kriechend Weißheit nennte,
Der oft die Maske die wir scheuen müssen
Ihr abgerissen.

Da lag der Orden und des Hofes Waare,
Und Kriegeszeichen, Turban und Tiare,
Der Priestermantel, Schleyer, Kutten, Decken,
Die sie verstecken

Und sie stand nackend. Abscheu und Gelächter
Ward ihr zu Theile. Aber die Verächter
Des schlechten Kittels und berauchter Hütten
Samt ihren Sitten

Sahn staunend dort, sie, die den Glanz der Thronen
Verschmähet, dort die hohe Weißheit wohnen,
Die an Verstand und Herzen ungekränket,
Dort lebt und denket.

Schon vielen Augen hat er Licht gegeben,
Einfalt im Denken und Natur im Leben
Der Weißheit Schülern, die er unterwiesen,
Mit Ernst gepriesen:

Mit reiner Lust ihr Leben angefüllet,
Weil sie den Durst nach Weißheit, den er stillet,
Doch nimmer löschet, glücklicher als Fürsten,
      Zeitlebens dürsten:

Den Tod mit Rosen und Jesmin gezieret,
Voll neuer Reitze ihnen zugeführet,
Daß sie den Retter aus des Lebens Schlingen,
      Vertraut umfiengen.

Stets wollen wir durch Weißheit Ihn erheben,
Ihn unsern Lehrer, wie er lehrte, leben
Und andre lehren: unsre Kinder sollen
      Auch also wollen.

Ihr Söhne Frankreichs! schmäht denn unser Norden,
Fragt ob Genies je hier erzeuget worden:
Wenn **Kant** noch lebet, werdt ihr diese Fragen
      Nicht wieder wagen.

I.

Jacob Michael Reinhold Lenz wurde am 12. Januar 1750 (1751?) zu Sesswegen in Livland als der zweite Sohn eines Pastors geboren. 1759 übersiedelte die Familie nach Dorpat, 1768 finden wir den Jüngling als Student der Theologie in Königsberg. Hier war er ein halbes Jahr Hofmeister in einem adeligen Hause, und seiner späteren Darstellung des Hauslehrerthums, vor allem der verächtlichen Behandlung von Seiten der Brotherren und der hochmüthigen Gesellschaft, mag ein gut Theil eigener Erfahrungen zu Grunde liegen. Der immer zu träumerischer Zerstreutheit neigende junge Dichter, der am liebsten still seinen Faden für sich fortspann, hauste zumeist allein in seiner Stube, wenn ihn nicht gelegentlich die lärmende Jugendlust der zahlreichen Landsleute herausriss und auch seine Ausgelassenheit weckte. Der Musiker Reichardt hat einiges aus diesen Tagen berichtet. Von den academischen Lehrern zog ihn nur einer an, aber der grösste, Kant. Am 21. August 1770 widmeten die in Königsberg studirenden Kur- und Livländer dem gefeierten Philosophen ein panegyrisches Gelegenheitsgedicht. Die steife sapphische Ode von „L.. aus Liefland", unserem Lenz, der gleich seinem jüngeren Bruder Johann Christian, dem Juristen, unterzeichnet ist, schliesst:

Stets wollen wir durch Weissheit Ihn erheben
Ja unsern Lehrer, wie er lehrte leben
Und andre lehren: unsre Kinder sollen
    Auch also wollen.
Ihr Söhne Frankreichs! schmäht denn unser Norden,
Fragt, ob Genies je hier erzeuget worden:
Wenn Kant noch lebet, werdt ihr diese Fragen
    Nicht wieder wagen.

Doch diese Gesinnung gründete bei Lenz nicht tief. Noch hatte er sein Fahrwasser nicht gefunden, und was er daheim und in Königsberg gedichtet, lässt wenig von den Werken seiner deutschen Irrjahre ahnen. Aber gleich der erste Versuch im Drama sucht wirkliche Vorgänge aus der Umgebung zu gestalten: es ist ein kleines, für die Gelegenheit zu ernstes Hochzeitsspiel 'Der verwundete Bräutigam' vom Sommer 1766, das in glatter, wohl den Franzosen abgelernter Form ein Erlebnis des Neuvermählten behandelt. Eben damals brachten auch die Rigaer Anzeigen aus der flinken Feder des Knaben feierliche „Gedanken von dem Versöhnungstode Christi". So ist er Mitarbeiter einer Zeitschrift, die sich zu derselben Zeit gern mit Beiträgen Herders schmückte. Auch die schwungvolle Cantaten- und Odendichtung lässt sich bei Herder und seinen Bekannten verfolgen und Herders spätere herzliche Theilnahme an Lenzens Schicksalen und Werken beruht nicht zuletzt auf der Erinnerung an Königsberg und Riga.

Das religiöse Pathos des Klopstockschen Messias hat ihn zur Nachfolge begeistert und eine schwungvolle, schildernde Poesie voll starker Wirkungen auf die Phantasie ist zunächst sein Ideal. Kleine poetische Gemälde zeigen, dass ihn in dieser Richtung zugleich die Lectüre Tassos bestärkte. Ja, er versteigt sich zu sechs Büchern über 'Die Landplagen', der Kaiserin Katharina zugeeignet, in fürchterlich schleppenden Hexametern. Krieg, Hungersnoth, Pest, Feuersbrunst, Ueberschwemmung und Erdbeben ziehen in einer langen Reihe schrecklicher Bilder an uns vorüber; unablässig fleht der Dichter die Muse um neue Begeisterung an, bis alles in einen Lobgesang auf den Herren ausklingt. Lenz klopstöckelt.

Begreiflich die Witze der Freunde über diese neueste Landplage und der Rath der Klotzschen Bibliothek, Lenz möge doch der Dichtung für immer Valet sagen. Es zeugt ferner von einem vorsündfluthlichen Geschmack, wenn Lenz 1771 in Berlin schüchtern bei Ramler und Nicolai mit einer Uebersetzung des Pope'schen Essay on criticism hausiren geht, zumal in dem veralteten Masse des Alexandriners.

Er hatte eine Stelle als Reisebegleiter zweier kurländischer Edelleute, der Herren von Kleist, angenommen, die in Strassburg in französische Kriegsdienste treten sollten. Sie verweilten unterwegs in Berlin und in Leipzig, das fortan mehrfach in seinen Komödien und Erzählungen erscheint.

Strassburg wurde für Lenz entscheidend. Als er gegen Ende April 1771 hier eintraf, fand er Herder nicht mehr vor und der kurze Sommer machte ihn mit Goethe noch nicht näher vertraut. Aber er warf den bisherigen Ballast von sich und schwur begeistert über den neuen Youngschen Testamenten des Dichters, dem Buch der Natur und dem Buch des Menschen, auf die Namen Homers, Ossians, Shakespeares. Es muss ein Grosses gewesen sein, wie der damaligen Jugend plötzlich eine ganz neue Welt aufstieg.

Den trefflichen Actuar Salzmann begrüsst er bald als seinen Arzt und Sokrates. Lenz überragt die einheimischen Mitglieder der Uebungsgesellschaft um Hauptes Länge. Wie dürftig erscheint uns gegen Herders, Goethes, Lenzens aus dem vollen geschöpfte Worte die Strassburger Shakespearerede des braven Lerse — oder Lersé, wie schon damals der Elsässer schrieb —, den doch Goethe seinen und Shakespeares würdigen Freund nannte. Lenz war durch seine Stellung an die Soldatenkreise gefesselt, fühlte sich aber bald abgestossen. Ihre rohe Unterhaltung befriedigte den Strebenden nicht, ihr Hochmuth verletzte den Ehrgeizigen. So liess er in der Mitte der wackeren Genossen all seiner frischen Begeisterung, all seinen Wunderlichkeiten und krausen Scherzen die Zügel schiessen. Persönliche Liebenswürdigkeit war ihm in hohem Grade eigen. So schildert ihn*) Goethe:

„Klein, aber nett von Gestalt, ein allerliebstes Köpfchen, dessen zierlicher Form niedliche, etwas abgestumpfte Züge vollkommen entsprachen; blaue Augen, blonde Haare, kurz ein Persönchen, wie mir unter nordischen Jünglingen von Zeit zu Zeit eins begegnet ist; einen sanften, gleichsam vorsichtigen Schritt, eine angenehme, nicht ganz fliessende Sprache, und ein Betragen, das zwischen Zurückhaltung und Schüchternheit sich bewegend, einem jungen Manne gar wohl anstand .... für seine Sinnesart wüsste ich nur das englische Wort whimsical". Ich kann es so wenig übersetzen, als Goethe, fürchte aber, dass, da 'grillenhaft' und ähnliches nicht recht passt, eine Umschreibung das verhängnissvolle 'verrückt' wenigstens streifen müsste. Lenz war leider von Haus aus eine kranke Natur, die Zerstörung damals nur verborgener. In den vielen tollen, oft ganz unbegreiflichen Streichen, dummschlauen Intriguen, den grossartigen Planen weltbewegender Reformen, dem jämmerlichen Verhalten in entscheidenden

---

*) Wir besitzen von Lenz drei Silhouetten (eine grössere für Lavater, eine für Knebel, eine für die Olla Potrida) und eine Zeichnung, das kostbare Eigenthum von P. Th. Falck. Diese erweckt den Eindruck grosser Treue: das Haupt mit dem freien, lockigen Haar ist gesenkt; das Profil zeigt die 'niedlichen, etwas abgestumpften Züge', das Auge blickt mit dem Ausdruck träumerischer Schwermuth unter der geschwungenen Braue empor und das magere Gesicht trägt den Stempel innerer Leiden.

Lagen, der scheinbaren Unredlichkeit, die namentlich gern nach fremden Briefen greift, zeigt sich der nie ganz gesunde Sinn. Goethes spätere strenge Schilderung ist in allen Hauptzügen unwiderleglich, aber sie vertrüge einen Tropfen Liebe mehr. Grundfalsch wäre es, Lenz nur nach den missgünstigen moralisirenden Aussprüchen anderer zu beurtheilen, wo etwa der Wundermann Lavater den ehemals geliebten schlechtweg unter die Lumpen steckt.

Es muss etwas Koboldartiges in Lenz gelegen haben. Gewiss nicht die raffinirte Schlauheit und Bosheit, die manche ihm vorrücken, aber eine knabenhafte Lust zu Grossthaten, wie zu Affenstreichen, zu erhabenem Wesen, wie zu närrischen Kapriolen. Er ist einen Augenblick erstaunlich taktlos, um im nächsten rührend liebenswürdig und gut zu sein. Wie eingenommen sind Jahre lang alle, die ihn kennen, von ihm! Goethe rühmt sein goldnes Herz und liebt den herrlichen Jungen wie seine Seele; er führt ihn in der dritten Wallfahrt nach Erwins Grabe namentlich ein und nimmt bei dem Strassburger Besuch von ihm den herzlichsten Abschied:

> Zur Erinnrung guter Stunden,
> Aller Freuden, aller Wunden,
> Aller Sorgen, aller Schmerzen
> In zwei tollen Dichterherzen,
> Noch im letzten Augenblick
> Lass' ich Lenzen dies zurück.

Die verschiedensten Menschen vereinigen sich, ihn gut und liebenswürdig zu nennen, Salzmann, Wagner, Miller, Schubart, Herder, Lavater, Schlosser, Cornelie, Pfeffel, die Herzogin Amalia, Frau Rath u. s. w. Als Fritz Stolberg in der Schweiz für sich und die liebsten Genies Hütten bauen möchte, hält er eine für Lenz frei, um auf ewig mit ihm zusammen zu sein. Treu hat Lenz an den Freunden gehangen, an Goethe, Schlossers, Sarasins. Von der angeborenen Gutheit seines wirren Gemüthes legen die Briefe über den Schusterlehrling Konrad Süss ein herzbewegendes Zeugnis ab. Wenn er Wieland und die andern Weimaraner bat, ihn aus einem waregischen Wilden zu einem ihrer nicht unwerthen Manne zu machen, so war das so ehrlich gemeint, als wenn ein zu Zeiten unartiges Kind die freundlich verzeihenden schmeichelnd seiner Reue und Liebe versichert. Ich verkenne Lenzens Schwächen wahrlich nicht und würde den Ton der Vertheidigung gar nicht anschlagen, wenn seine Kritiker immer eine unbefangene Würdigung angestrebt und nicht da den Sittenrichter gespielt hätten, wo es sich nicht um ein hochnothpeinliches Urtheil über bürgerliches Wohlverhalten, sondern um einen sehr complicirten Organismus handelt. Niemand zu 'bemoralisiren' war ein vortrefflicher Grundsatz der Frau Rath.

Die Halbnarrheit, die Goethe dem einstigen Freunde zuschreibt, äussert sich in einer dämmerhaften Unsicherheit und Unwahrheit des Denkens und Handelns, starker Phantasterei und Uebertreibung. Er belügt immer sich selbst zuerst. Er hat keinen klaren Blick für Thatsachen. Erst wenn ihn einer ob seiner Blindheit auslacht, fällt der Schleier. Ohne Festigkeit und Thatkraft, vielmehr schlaff und stets des Leiters bedürftig, wähnt er sich gerade berufen alles zu leiten und umzumodeln. Gute Leute glauben ihm das auch, so schreibt Miller einmal 1775: „seine Reisen sind für die Menschheit wichtig". Er ist ein Intrigant, aber ein unschuldiger und ungefährlicher. Seine Haupt- und Staatsactionen, ob sie nun vernichtend oder aufbauend wirken sollen, sind immer ein Schlag ins Wasser. Wo er am thätigsten zu schaffen glaubt, ist er am müssigsten, und während er sich für den besonnensten Steuermann hält, spielen Wind und Wellen nach Lust mit seinem Schiffchen. Nie geht er gerade aus, sondern irrlichtelirt immer. Er pfuscht in fremden Fächern, will grosse Thaten leisten und glänzen. Auf der einen Seite ohne wahren Stolz und Zurückhaltung, thut er andererseits gern recht gross und wichtig: er muss durch seine Dichtungen Nesseln abhauen; von ihnen, die sein ganzes Dasein mit nehmen und seinen armen Schädel Jahrhunderte lang überleben sollen, ist das Heil der Welt abhängig; eine Satire gegen Wieland schreit er aus mit einem 'Wehe über mein Vaterland, wenn die Wolken nicht gedruckt werden'. Mit den Buchhändlern verkehrt er halb als Phantast, halb als rechnender Geschäftsmann. Dem Herzog von Weimar naht er als verstiegener Projectenmacher. Ich sehe viel kindliches, kindisches und krankhaftes, aber nichts gemeines; er thut mir herzlich leid, aber er empört mich durchaus nicht. Wer will da mit der hölzernen Elle seiner Alltagsmoral messen, wo Goethe 'das seltsamste und indefinibelste Individuum' gefunden und ein so feiner Psycholog wie Wieland in vielen Briefen vergebens nach einem knappen Urtheile gesucht hat? Er sah in Lenz eine seltsame Composition von Genie und Kindheit, viel Imagination und wenig, oder keinen, Verstand, so ein zartes Maulwurfsgefühl und so einen neblichten Blick, ein heteroklites Geschöpf, gut und fromm wie ein Kind, aber zugleich voller Affenstreiche, daher er oft ein schlimmerer Kerl scheint, als er ist und zu sein Vermögen hat; er möchte immer was beginnen und wirken und weiss nicht was — aber man muss ihn mild beurtheilen den guten Jungen, der mit so viel Genie ein dummer Teufel, und mit so viel Liebe bisweilen ein so boshaftes Aeffchen ist.

Der seltsame Mentor begleitete im Mai 1772 den jüngeren Kleist nach Fort Louis. Sessenheim war nicht fern; dasselbe Sessenheim, wo Goethe ein Jahr zuvor geliebt und gedichtet hatte. Auch Lenz sah das unscheinbare Pfarrhaus gleich im Lichte der englischen humoristischen Dichtung; 'der alte Landprediger' ist ihm ein 'Fieldingscher Character'. Aber die ‚Landnymphen' zogen den Alcibiades Lenz mehr an, als der Landpastor den Candidaten der Theologie. Für das folgende geben die Briefe an Salzmann reichliche Auskunft. Lenz nährte in Fort Louis, dann in Landau eine Leidenschaft für die stille, mehr im vorigen Sommer lebende Friederike. Man will eitel Lüge, Komödiantenthum und Renommisterei, den Goethe auszustechen, in diesem Irrgang erblicken. Lenz, schnell auflodernd, hat Friederiken unstreitig geliebt. Viel Selbsttäuschung und Entstellung lief mit unter. Goethes Concept, beruhend auf einem Gespräch mit Friederike bei jenem Besuche 1779, ist nicht zuverlässig. Möglich, dass Lenz einmal ein übles Wort über Goethe fallen lies, aber die lauterste Zeugin der Wahrheit, die Lyrik, sagt uns, dass Lenz wohl einmal in einem Briefe von Gegenliebe faseln konnte, dass aber trotzdem Friederike ihm nicht die dem Freunde geneidete, sondern treu folgende 'Freundin aus der Wolke' war.

Wenn ich zwischen verworrenen Briefen, unmittelbar im Drang der ersten Eindrücke geschrieben, und einfach innigen Versen, nach der Klärung der Empfindungen später gedichtet, zu wählen habe, fällt mir die Entscheidung nicht schwer. Man wende nicht ein, dass die Verse für Goethe bestimmt waren — 'Die Liebe auf dem Lande' besass Goethe und gab sie nach Jahrzehnten Schiller zur Veröffentlichung — dem unwahren Lyriker ruft man sofort zu: du lügst. Was er am tiefsten und wahrsten empfunden hat, kann er am tiefsten und wahrsten aussprechen, und umgekehrt. Wer Mörikes Lyrik an einer kleinen köstlichen Probe rühmen will, wählt gern die ergreifenden Zeilen 'früh, wann die Hähne krähn'. Die längere Schilderung des verlassenen Mägdleins in Lenzens 'Liebe auf dem Lande' steht dagegen nicht zurück. Er zeichnet die blasse Friederike mit rührender Einfachheit, um dann mit anschwellender, hinreissender Gewalt die dauernde Macht der einmal eingewurzelten alten Liebe zu zeigen. Ich kann einige Abschnitte, zugleich als bestes Beispiel Lenzscher Lyrik, hier nicht entbehren:

> Ein wohlgenährter Kandidat
> Der nie noch einen Fehltritt that,
> Und den verbotnen Liebestrieb
> In lauter Predigten verschrieb,
> Kehrt' einst bei einem Pfarrer ein
> Den Sonntag sein Gehülf' zu sein.
> Der hatt' ein Kind, zwar still und bleich
> Von Kummer krank, doch Engeln gleich:
> Sie hielt im halberloschnen Blick
> Noch Flammen ohne Maass zurück,
> All itzt in Andacht eingehüllt,
> Schön wie ein marmorn Heil'genbild.
> War nicht umsonst so still und schwach,
> Verlassne Liebe trug sie nach.

Nun schildert Lenz Friederikens treues Angedenken, aber auch ihre naive Freude am Putz, wie sie uns aus dem graziösesten Liede der Goetheschen Jugend 'Kleine Blumen, kleine Blätter' und aus Gretchens Schmuckscene entgegen lächelt:

> In ihrer kleinen Kammer hoch
> Sie stets an der Erinn'rung sog,
> An ihrem Brodschrank an der Wand
> Er immer, immer vor ihr stand
> Und wenn ein Schlaf sie übernahm,
> Im Traum er immer wieder kam.
> Für ihn sie noch ihr Härlein stutzt,
> Sich, wenn sie ganz allein ist, putzt,
> All' ihre Schürzen anprobirt
> Und ihre schönen Lätzchen schnürt,
> Und von dem Spiegel nur allein
> Verlangt, er soll ein Schmeichler sein:

> Kam aber etwas Fremd's in's Haus,
> So zog sie gleich den Schnürleib aus,
> That sich so schlecht und häuslich an,
> Es übersah sie jedermann.

Doch unserem Pfaffen leuchtet 'der Lilie Nachtglanz' ein; der Vater traut sie — ein späteres Einschiebsel —:

> Wer malet diesen Kalchas mir
> Und dieses Opfers Blumenzier,
> Wie's vor'm Altar am Hochzeittag
> In seiner Mutter Brautkleid lag.

Geduldig, aber nicht glücklich lebt sie neben dem Gatten dahin,

> Denn immer, immer, immer doch
> Schwebt ihr das Bild an Wänden noch
> Von einem Menschen, welcher kam
> Und ihr als Kind das Herze nahm:
> Fast ausgelöscht ist sein Gesicht,
> Doch seiner Worte Kraft noch nicht,
> Und jener Stunden Seligkeit,
> Ach jener Träume Wirklichkeit,
> Die angeboren jedermann,
> Kein Mensch sich wirklich machen kann.

Diese, wohl erst 1775 gedichteten Verse zeigen, dass Lenz Friederikens Verhältnis zu Goethe so innig aufgefasst und wiedergegeben hat, wie kaum einer. Und nur dieser whimsical Lenz war vorher fähig, sich kopfüber in eine Liebe zu ihr zu stürzen und sich auf Augenblicke weis zu machen, sie erwiedere seine Neigung. Weil was im Leben wahrer ist, es auch in der Lyrik ist, haben seine damals an Friederike gerichteten Gedichte, wie das mit Unrecht Goethe zugewiesene 'Ach Du bist fort' mit dem mörderischen Schluss 'ich sterbe, grausame, für Dich' oder das Stammbuchblatt 'Die Todeswunde tief in meinem Herzen', das v. Maltzahn im Original verwahrt, bei manchen Schönheiten etwas Gezwungenes.

Der Anfang des eben vorgeführten Gedichts lautete in der ersten Fassung, welche Falck besitzt, anders, der Wirklichkeit näher: 'ein schlechtgenährter Kandidat, der oftmals einen Fehltritt that'! Für Lenz kamen schlimme, entbehrungsvolle Tage, besonders nach dem Zerfall mit den rüden Kurländern. Lavater erhielt im Sommer 1774 von der lumpig gekleideten Wirthin einen wunderlichen Bericht über den herzguten Jungen Lenz, dem die Tochter zugethan war, und seinen dummen Baron.

Urlichs hat aus Schillers Nachlass ein durch Goethe dahin gelangtes Stück 'Tagebuch' hervorgezogen, welches Lenz ursprünglich englisch — so glaube ich, nicht französisch — geschrieben und für Goethe verdeutscht hatte. Ich habe die Blätter selbst in Händen gehabt und konnte den klaren Schriftzügen folgend die von Goethe gerühmte Kunst Lenzens, in das Gemeinste Poesie zu legen, mit dem lebendigen Eindrucke spüren, als rede ein irrsinniges Genie auf mich ein. Biographisches und pathologisches Interesse fand Schiller in diesen Erlebnissen vom Herbst 1774. Goethe hat die romanhafte Beichte für seine Darstellung in Dichtung und Wahrheit verwerthet.

Der älteste Kleist hatte ein Liebesverhältnis mit der Tochter eines Kaufmanns am Paradeplatz. Als 'Scipio', abreiste, wurde sein Eheversprechen durch einen notariellen Act beglaubigt. Nun tritt der dritte Kleist, der 'Schwager', in Strassburg auf, um gleichfalls mit dem Mädchen, 'Araminte', anzubinden. Lenz will eingreifen und intriguirt, wie schon zuvor, durch Briefe, sogar an den Vater Kleist. Er nähert sich der Schönen, halb als Liebhaber, halb als Mentor, der den ersten Kleist gegen den dritten vertreten will, entwickelt seine gewöhnliche Wichtigthuerei und sieht erst spät, auch dann nicht klar, wie sträflich die Kokette ihn nasführt. Das schön geschriebene Tagebuch ist ein sehr unerfreuliches Denkmal seiner Thorheit, des Leichtsinns und Muthwillens von Seiten des eroberungslustigen

Bürgermädchens, der Rohheit des Kurländers, der an grausamen Streichen sein Behagen findet, Lenz Nachts mit blankem Degen angreift, dann komische Rührscenen mit ihm aufführt, um ihn schliesslich im Stillen und offen auszulachen. Diese erlebte Novelle hat den Lenzschen Dichtungen reichen Stoff zugeführt. Was im Leben folgte, lässt sich schwer ermitteln; auch die Benutzung von Gedichten zur Ergänzung der Lücken ist gewagt. Möglich, dass die Farce einer Herausforderung zum Duell den tragikomischen Handel abschloss.

Lenz stellte sich auf eigene Füsse. Er hatte sich deshalb schon im September 1774 als Student einschreiben lassen und trotz seiner Verwahrung nach einer Hofmeisterstelle ausgeschaut, die ihm Stöber und der Allerweltsmann Ring bei einer Frau von Schilling verschaffen wollten, aber Kleist liess ihn damals nicht frei. So führte er ein gar kümmerliches Leben, lief herum 'wie ein Postpferd' und gab englische Stunden. Immer drückender wurden die Schulden, er nennt sich arm wie eine Kirchenmaus. Der Vater, ein starrsinniger, harter Mann, schwieg. Sein Ruf war in dem spiessbürgerlichen Strassburg nicht der beste, denn fand ihn auch Pfeffel im October 1775 sehr unterrichtet und liebenswürdig (bien instruit et aimable), so warnt doch Professor Oberlin (16 I 75) den Karlsruher Prinzenerzieher Hofrath Ring, nicht seine volle Hochachtung an einen Lenz zu verschwenden, der bei allem Geist, Talent und Studium sittlich nicht unbescholten sei und seine Werke durch tausend beleidigende Ausdrücke schände. Auch Petersen schreibt (22 II 75): 'hier macht man so viel nicht aus ihm, als auswärts'.

Nach aussen wurde er immer bekannter. Sophie la Roche schenkte ihm ihre Huld. Die Verbindung mit der Schweiz war hergestellt. Männer wie Zimmermann, Merck, Boie, besonders Herder, von den jüngeren Dichtern ganz abgesehen, wandten sich ihm theilnahmsvoll zu. Er besucht

Schlossers. Und eben damals 1774/75 kam durch regen Briefwechsel und den Austausch ungedruckter Dichtwerke die Freundschaft mit Goethe zur Blüthe. So wanderte der 'Prometheus' mit nach Russland. 'Ueber unsere Ehe' war der Titel einer verlorenen Schrift Lenzens. 'Briefe über die Moralität des jung'en Werthers' nannte sich eine Vertheidigung des Goetheschen Romans, deren Druck nur F. H. Jacobi verhinderte. Die Zeitungen stellten ihn neben Goethe als den zweiten deutschen Shakespeare.

Er lernte die weimarischen Prinzen und Knebel kennen. Dann unterbrach zu Pfingsten die herrliche Geniereise Goethes und der Stolberge aufs freudigste den einförmigen Strassburger Trott. Unter den hohen, vielreih kreuzenden Linden, aus deren Schatten damals Goethe an Johanna Fahlmer ein bewegtes Briefchen sandte, feierten die Freunde Wiedersehen und Abschied. Lenz schrieb zum Andenken an den 24. Mai 1775 die Verse 'Der Wasserzoll, Denkmal der Freundschaft':

    Ihr stummen Bäume, meine Zeugen,
    Ach käm' er ohngefehr
    Hier, wo wir sassen, wieder her,
    Könnt ihr von meinen Thränen schweigen?

Die letzten Strassburger Jahre sind seine ergiebigsten. Goethe hatte ihm Weygand zum Verleger verschafft, ja sogar einiges ohne Lenzens Vorwissen drucken lassen.

Unvergessen soll ihm aber seine unermüdliche, schöne Thätigkeit für das Deutschthum im Elsass sein, wo damals alles in 'französische liqueurs evaporirte'. Er möchte in den Strassburgern die matte Schnakenphilosophie und das belletristische Geschnarch tödten und, mit Goethes und Ossians Helden auf sie einstürmend, das alte Erdengefühl in ihnen zu neuem Leben wecken. Goethes berühmtes 'Deutschheit emergirend' ist sein Programm. Darum widmete er sich aus vollem Herzen der am 2. November 1775 neu eröffneten Salzmannschen Gesellschaft, die er wesentlich zu einer Gesellschaft für deutsche Sprache zu gestalten suchte. Aus demselben Kreise gieng die tüchtige Wochenschrift 'Der Bürgerfreund' hervor. Wir besitzen die Sitzungsprotokolle, im ersten Halbjahr von Lenz als Secretär geführt, und eine Reihe vortrefflicher Aufsätze desselben. Unermüdlich spricht er bald über das Deutsch im Elsass und Breisgau und richtet die Aufmerksamkeit auf die Sprache des niederen Volkes, behandelt er bald mit auffallender Mässigung den Scenenwechsel bei Shakespeare, gibt er eine altenglische Ballade, seine Wertherbriefe, Gedichte, seine Bearbeitungen der Captivi und des Coriolan, ein ander Mal Briefe und Aufsätze Schlossers zum besten. Er war die Seele des ganzen löblichen Unternehmens, das nach seinem Weggange schnell ins Stocken gerieth. Er verlangte deutsche Vorträge, deutsche Sprachwerke. Wer vernähme nicht freudig seinen Zuruf an die Elsässer:

„Wir alle sind Deutsche. Mit Vergnügen aber mit heimlichem, habe ich bisher aus einigen Ihrer Vorlesungen gesehen, dass selbst die Obermacht einer herrschenden und was noch weit mehr ist, verfeinerten Sprache den alten Hang zu dem mütterlichen Boden Ihres Geistes, ich meine zu unserer nervigten deutschen Sprache, nicht habe ersticken können. Bleiben Sie ihm treu. Alle Ihre kindischen und nachher männlichen Vorstellungen und Gefühle sind auf diesem Boden erwachsen, wollen Sie denen entsagen, weil Sie Unterthanen einer fremden glücklichen Regierung sind? Eben weil diese Regierung menschenfreundlich und beglückend ist, fordert sie diese Aufopferung von Ihnen nicht; der Geist meine Herren, leidet keine Naturalisationen, der Deutsche wird an der Küste der Caffern so gut als in Diderots Insel der Glückseligkeit immer Deutscher bleiben und der Franzose Franzos."

Ende December 1775 tritt ein deutsch-französischer Schwärmer in den Kreis und schliesst sich bald an den deutschen an. Ein verworrenes Drama Ramonds de Carbonnières trägt die Widmung 'A monsieur Lenz.

Mit dieser im Ganzen besonnenen Thätigkeit, welche kleinere theologische und philosophische Arbeiten und ein aufgeregtes Glaubensbekenntnis 'Meynung eines Layen' begleiteten, gieng aber eine dritte tolle Leidenschaft Hand in Hand. Ernst und Unsinn stiessen in Lenz nur zu nahe zusammen. Briefe, ein flüchtiger Blick, — und sofort ist er in Henriette von Waldner, bald Baronin von Oberkirch, verliebt oder glaubt es wenigstens zu sein. Sie, die gern Beziehungen zu litterarischen Grössen hatte, so zu Goethe und Wieland, aber, wie ihre Memoiren sattsam zeigen, am liebsten in hochadeligen und höfischen Verbindungen aufgieng, wusste schwerlich, dass ein überspanntes deutsches Genie sie als Phyllis besang und in ihren Liebesbanden seinen 'Petrarch' und 'Waldbruder' schrieb, dass er sie allein in einem Briefe nach Weimar bei wegwerfenden Urtheilen über die Strassburgerinnen rühmlichst ausnahm und über ihre Verheiratung, ihren Schattenriss mit dem Zürcher Physiognomen hitzig correspondierte.

Goethes Stern stieg in Weimar empor. Das lockte den von Schulden und ehrgeizigen Planen gleichmässig gedrückten Lenz. Erst klopft er leise andeutend bei Knebel an, dann macht er sich plötzlich auf. Hatte er doch schon längst von Strassburg fort gewollt; die italienische Reise mit dem jungen Flies, dem Sohne des Berliner Münzjuden, war nur nicht zu Stande gekommen. Unterwegs gibt es die schönsten Begrüssungen mit dem Maler Müller, Merck, Klinger, Frau Aja. Am 1. April 1776 flattert der 'lahme Kranich', wie er sich nach einem Kleistschen Gedicht nennt, in Weimar ein und ist bald 'verschlungen vom angenehmen Strudel des Hofs', der für ihn freundlichst die Gasthausrechnung bezahlte, viel bei Karl August, oder in Goethes Garten, 'ganz glücklich und ganz unglücklich'. Verschwunden der Hass gegen Wieland, der den Poet à triple carillon gutmüthig zu Gnaden aufnahm. Die ersten Fehltritte wurden ihm gern verziehen; höchstens erregte es ein Lachfieber, wenn 'das kleine, wunderliche Ding' ungeladen auf der Redoute eine seiner unausbleiblichen Eseleien begieng. Aber langsam bereitete sich die Katastrophe vor.

Von Ende Juni an vergrub sich Lenz für längere Zeit in den Thüringer Wald und schrieb als einsamer Waldbruder zu Berka ein aus Strassburger und Weimarer Eindrücken gemischtes seltsames Pendant zu Werthers Leiden. Noch kann er sublimiora dichten, seine eigenen Herzenswirren und Leiden ergreifend sagen, Freunde und Gönner durch verbindliche Verse erfreuen oder durch launige Knittelreime ergötzen, noch möchte er alle versöhnen, die ihm zürnen, und richtet, von Wieland unterstützt, flehende Verse an den grollenden Vater, noch ist er der kleine Gerngross, der etwa das ganze Soldatenwesen umschaffen will, aber schon erkennen alle die ewige Dämmerung, die ihn umfängt. Am 16. September schreibt Goethe an Merck: 'Lenz ist unter uns wie ein krankes Kind, wir wiegen und tänzeln ihn, und geben und lassen ihm vom Spielzeug was er will'.

Es war die Zeit, wo in Weimar ein Genie nach dem anderen sein Heil versuchte, erst Lenz, dann Klinger, wo auch der verlogene Kraftapostel und Gottesspürhund Kaufmann auf seinem berühmten Schimmel in den neuen Musenhof einritt. Sie mussten alle weichen. Lenz trat allzu keck an den Tisch der Götter, aber zum 'Tantalus' war er zu klein.

Gleich in den ersten Tagen hatte er die 'liebenswürdigste und geistreichste Dame' Weimars, 'das herrlichste Geschöpf auf Gottes Erdboden', Frau von Stein kennen gelernt. Goethes Briefe melden uns wiederholte Besuche, auch in Kochberg. Dorthin erbat sich die Stein am 8. September Lenz als Lehrer des Englischen; sie wollte Shakespeare und

Goldsmith mit ihm lesen. Widerwillig liess ihn Goethe ziehen. Er schreibt am 10., zwei Tage vor Lenzens Abreise auf das Gut: 'Ich schick Ihnen Lenzen, endlich hab' ichs über mich gewonnen. O Sie haben eine Art zu peinigen, wie das Schicksal, man kann sich nicht darüber beklagen, so weh es thut. Er soll Sie sehen, und die zerstörte Seele soll in Ihrer Gegenwart die Balsamtropfen einschlürfen, um die ich alles beneide. Er soll mit Ihnen sein — Er war ganz betroffen, da ich ihm sein Glück ankündigte, in Kochberg mit Ihnen sein, mit Ihnen gehen, Sie lehren, für Sie zeichnen, Sie werden für ihn zeichnen, für ihn sein. Und ich — zwar von mir ist die Rede nicht und warum sollte von mir die Rede sein — Er war ganz im Traum da ichs ihm sagte, bittet nur Geduld mit ihm zu haben, bittet nur ihn in seinem Wesen zu lassen. Und ich sagt' ihm, dass er es, eh' er gebeten, habe . . . . Von mir hören Sie nun nichts weiter. Ich verbitte mir auch alle Nachrichten von Ihnen oder Lenz'. Schon am nächstnächsten Tage folgte ein Widerruf seiner Ungerechtigkeit. Jeder Gedanke an Eifersucht dieser 'zerstörten Seele' gegenüber, wäre lächerlich; es ist nur der Unmuth, dass andere mehr von der lieben Frau haben sollen, als er, und die ärgerliche Auflehnung gegen die Schranken. 'Indessen wird die weisse Hand des Jünglings Ungestüm beschränken' dichtet Lenz im Hinblick auf Goethe und die Stein. Dazu kamen jedesfalls Bedenken über Lenzens Indiscretionen und Taktlosigkeiten. Lenz ist wieder der glücklich unglückliche. Neue Aufregungen für das wunde Gemüth: immer Goethe der begünstigte, er allein im Dunkel wandelnd. Aber wie Goethe bald dankt 'Lohns Gott was Sie für Lenzen thun', so schreibt Lenz am 23. October begeistert an Salzmann.

Dann kam der verhängnisvolle November und mit ihm Junker Phaetons Fall. Ueber Lenzens plötzlicher Verbannung aus Weimar liegt ein Schleier. Der Umstand, dass ein Fräulein Adelaide v. Waldner Hofdame bei der Herzogin war, hat eine Zeit lang eine leidige Confusion mit jener Henriette verschuldet. Am 26. November schreibt Goethe in sein Tagebuch 'Lenzens Eseley'. Am 25. war wieder einer der für Lenz fatalen Hofbälle gewesen. Goethe besucht in der Angelegenheit die Herzogin Mutter, die Göchhausen, die Stein. Herder muss vermitteln. Lenz fühlt sich unschuldig, er will gehen, lehnt aber eine von unbekannter Hand angebotene Reiseunterstützung ab. Am 29. schickt er noch an Goethe 'ein kleines Pasquill', das dieser als 'dummen Brief von Lenz' bezeichnet. Dies Schreiben war gewiss nicht die Ursache der Verstimmung, aber ein Spottgedicht oder etwas ähnliches — sicher nicht gegen Anna Amalia — wirkte mit, denn Lenz nennt sich einen ausgestossenen Pasquillanten. Zwei dumme Streiche trafen zusammen, wie auch die bekannten Verse aus Wielands Sommermärchen bezeugen:

> Der Junker zieht
> (wie Bruder L.)
> Sich aus der ersten
> Impertinenz
> Durch — eine zweite.

Einsiedel gieng mit entschiedener Härte vor, während Kalb und besonders Herder dem Armen freundlich beistanden. Kaum ward ihm ein Tag Frist gewährt. Er richtete noch ein Schreiben an die Herzogin Louise, welches Goethe durch Frau von Stein überreichen liess.

Diese beiden waren unstreitig die zunächst betroffenen. Goethe sah seine Existenz bedroht, und Worte wie 'die ganze Sache reisst so an meinem Innersten, dass ich dadran wieder spüre, dass es tüchtig ist und was aushalten kann' oder die Bezeichnung seines Seelenzustandes als 'tiefste Verwirrung meinselbst', verbunden mit der Erwägung, dass Lenz vom Steinthal aus sich mit dem gefallenen reuigen Abbadona verglich, auch sonst durch deutsche und englische Briefe die einstige Schülerin zu versöhnen suchte, ja Goethe noch 1781 mit der Freundin eine Antwort an Lenz überlegen muss, dass er dauernd verstimmt blieb und Wieland ihm das Unglück des Verbannten nicht mitzutheilen wagte, alle diese Umstände beweisen unwiderleglich, dass Lenz mit täppischer Hand zarte Verhältnisse berührt hatte. Mehr wissen wir nicht; denn Gedichte, wie 'Der verlorene Augenblick', dieses mehr als Vision aufzufassen, 'An Seraphine', 'Auf eine Papillote' sind unklar gehalten und vielleicht besser auf frühere Erlebnisse zu beziehen. Wieland, Karl August und die Herzogin Wittwe haben ihm am ersten vergeben und mit der Frau Rath für ihn gesammelt.

Erst 'durch Superlativos verdorben', dann während seines Aufenthaltes 'unendlich gedemüthigt' zieht er am 1. December fort; niemand wusste, wohin. Er war mit Schande von da vertrieben worden, wo er als Neuordner der Taktik in der sächsischen Uniform zu paradieren gehofft hatte. Wie wenig erfüllte sich ihm der Voss'sche 'Neujahrswunsch', den die fröhliche Räthin Goethe aus dem Wandsbecker Boten in sein Stammbuch geschrieben:

Ich wünsch' Euch Wein und Mädchenkuss,
   Und Eurem Klepper Pegasus
   Die Krippe stets voll Futter . . . .

Auch für seine **Dichtung** kam nur noch ein kümmerlicher Nachherbst und ein öder Winter. Was hatte Lenz bis zu diesem Wendepunkt geleistet? Griechenfest und Shakespearefest war Goethe in Strassburg geworden. So lebte Lenz sich hier immer mehr in Plautus und Holberg, Homer und Ossian, vor allem in den 'Will of all Wills' ein. Er schüttet im munteren Verkehre mit den Freunden immer einen Sack voll Quibbles aus, übersetzt aus Shakespeare, strebt in seinen eigenen Schöpfungen nach Shakespeareschem Wurf und baut seine ganze Theorie des Dramas auf dem einseitigsten Shakespearecultus auf.

Seine 'Anmerkungen über das Theater' von 1774 bilden neben Herders 'Shakespeare', Goethes Frankfurter Rede und Merciers Nouvel essai sur le théatre, den Goethe durch einen Dichtgenossen übertragen liess, die Dramaturgie des Sturms und Drangs. Ein paar Jahre vorher hatte Lessing in seiner Dramaturgie die Freiheit des geborenen Kunstrichters, Genie genannt, verkündigt, jetzt wurde statt der Emancipation die völlige Zuchtlosigkeit ausgerufen. Aber man muss hier streng scheiden. Herder schalt, dass Goethe sich durch Shakespeare ganz habe verderben lassen, und Goethes Shakespearomanie blieb fortan massvoll. Lenzens Praxis dagegen steht einzig da, wenn auch der Theorie Goethe damals zustimmte. Er will seine Schrift schon vor dem Erscheinen der Sammlung 'Von deutscher Art und Kunst' und des Götz den Strassburger Freunden vorgelesen haben; wohl möglich, möglich aber auch, dass er von diesen Werken schon vorläufiges wusste. Die Berührung mit Lessing liegt in dem Hohne gegen das französische Trauerspiel, das gegen Shakespeare gehalten keine Charactere, sondern nur personificierte Gemeinplätze habe, wo Oedipus in der Perücke auftrete, wo jeder Dichter nur sich selbst male, denn was seien Voltaires Helden anders als 'frivole Arouets'? Auch er hat es besonders mit Voltaire zu thun. Er tadelt wie Lessing das deutsche Drama als einen Mischmasch aller möglichen Elemente, er leitet mit ihm die Einheit des Ortes von dem griechischen Chor her. Sonst scheiden sich die Wege gänzlich. In stürmischen, barocken, kühn hingeworfenen Sätzen, oft ohne tiefere Kenntnis, werden die abzirkelnden Aesthetiker abgetrumpft; er braucht sie nicht, denn das Genie verkörpert frei den Begriff der Schönheit. Er glaubt nicht mit Aristoteles, dass das Drama die Nachahmung einer Handlung sei, die Begebenheiten erscheinen ihm ganz nebensächlich. Er verlacht nicht nur die 'so erschreckliche, jämmerlich berühmte Bulle von den drei Einheiten', sondern fordert nicht einmal die Einheit der Handlung. Das bunte wechselvolle Treiben der Welt soll den bisherigen engen Rahmen durchbrechen. Das Theater soll ein 'Raritätenkasten' sein. Dieser Goethesche Ausdruck bezeichnet ganz Lenzens Theorie und Praxis. Er verlangt shakespearisierende 'Characterstücke' und stellt den unverständigen Satz auf, dass es im Lustspiel auf die Begebenheiten, im Trauerspiel auf die Personen, richtiger die Person, ankomme, mit Berufung — auf die deutsche Vergangenheit, auf Hans Sachs! Es braucht Individuen, welche leben, wie Shakespeares Menschen. 'Es ist ein sakerments Kerl' heisst es in Goethes Caesarfragmenten, und indem Lenz Voltaires Julius Caesar mit Shakespeares vergleicht, kommt er zu dem Schlusse: dass uns jeder rechte Held des Dramas den bewundernden Ruf 'das ist ein Kerl' entlocken müsse. Seine gefährliche Auffassung der Einheit, allenfalls auf die Composition des Götz passend, wirft alle strenge Straffheit über den Haufen und befiehlt: fabula est una si circa unum sit. Eine gewaltige Hauptfigur, ein grosser Character, das ist genug. Der Zwiespalt mit Lessing liegt klar vor Augen. Die jungen Leute holen sich aus der Hamburgischen Dramaturgie ein paar tüchtige Tragbalken und wollten den Rest gern dem Verfall preis geben. Wie denn auch die knappste aller Tragödien, Emilia Galotti, nach einigen Seiten tief auf sie wirkte, und doch die Bewunderung für dies Meisterwerk des rechnenden Verstandes als ganzes frostig war. Von Lessings Seite drohte ein Sturm gegen Goethe und Lenz, wie uns Weisse und Brandes berichten. Die Lenzschen 'Anmerkungen' nannte er ein Gewäsche. Kaum hatte er, ausgerüstet mit aller Kenntnis des Theaters sein undankbares Dramaturgenamt vollzogen, so bemühten sich halbwüchsige Rekruten Breschen in seine neuen Wälle zu schiessen; um so ärgerlicher für ihn, als er die Begabung der tumultuarischen Jünglinge keineswegs verkannte. Er hatte seine Rechte auf den Kanon des Aristoteles gelegt wie auf eine Bibel und seine Sätze sich angeeignet wie die des Euclid — und jetzt witzelte Lenz über die 'poetische Reitkunst' des 'Herrn Aristoteles' und die Frankfurter gelehrten Anzeigen mahnten in ihrer Besprechung den Leser 'wirst im zweyten mit grossem Entsetzen und kaltem Herzensschauder wahrnehmen, auf welchen faulen und vermoderten Grundpfeilern das Aristotelische Brettergerüste schon so lange geruht hat'; Schlosser, gleichfalls in einem auf Lenz bezüglichen Aufsatze, schimpfte den Aristoteles gar einen 'kalten Unmenschen', und Schubart rühmte an Ossian 'hier hat man wahre Naturlaute ohne das Solfeggio des Singmeister Aristoteles', dessen Gesetze er mit Vorliebe den Krücken für Lahme vergleicht. Zuerst hatte schon der Vater der Genietragödie, Gerstenberg, von der 'ziemlich obenhin oder wenigstens nach sehr prekären Prämissen überdachten' aristotelischen Poetik gesprochen.

Mit den 'Anmerkungen' vereint und durch ihr begeistertes Lob Shakespeares gleichsam eingeläutet erschien Lenzens Uebersetzung der 'Verlornen Liebesmüh' unter dem Titel Amor vincit omnia, die erste genügende, wenn auch vergröberte Bearbeitung eines Shakespeareschen Lustspiels, immer auf entsprechenden, nicht auf wörtlichen Ausdruck bedacht, vortrefflich in derberen Scenen und in der Umschreibung der Scherze. Die spielenden Verse von Hirsch und Hirschel u. s. w. konnte Goethe wörtlich in Dichtung und Wahrheit als Muster der Strassburger Quibbles aufnehmen. Hätten sich damals Herder und Lenz zu einer Shakespeareübersetzung vereinigt, so wäre der klassischen Schlegelschen trefflich vorgearbeitet worden. Den 'Coriolan' würde jedoch Lenz kaum haben behalten dürfen. Ich zweifle, ob seine verlorene Uebertragung den Ton getroffen hat. So wenig wie sein 'Ossian für Frauenzimmer' entfernt einen Vergleich mit Goethes Bruchstücken duldet. Wenn aber begeisterte Freunde in ihm einen neuen Aristophanes und Plautus sahen, so war ihr Lob zwar sehr übertrieben, doch nicht aus der Luft gegriffen. Beweis sind seine fünf 'Lustspiele nach dem Plautus'. Ein weiteres, 'die Algierer', den ernsteren Captivi entsprechend, ist uns nicht erhalten. Goethe war sein Berather; weiter reicht sein Antheil nicht. Schade dass Lenz nicht auch den Trinummus bearbeitet hat, damit wir seine Manier gegen die Lessingsche halten könnten. Er würde im Vortheil sein, denn er modernisiert viel gründlicher und besitzt bei ziemlich engem Anschluss an das Original, das er in Verhältnisse der Gegenwart überträgt, dieselbe freie Bewegung, sprudelnde Laune, drastische Sprache voll ungezwungener Wortwitze, dieselben oft anstössigen, immer lebendig und flott entworfenen Situationen, wie der dänische Plautus Holberg. Auch bei ganz fremden Dingen kommt er nicht lange in Verlegenheit: dem Curculio entspricht die 'Türkensclavin'. Bramarbasse, Geizhälse, Buhlerinnen, Roués, Xanthippen, alte Schwachköpfe waren dankbare Rollen. Eine so kecke Komik kannte das deutsche Lustspiel seit Gryphius und Christian Weise nicht.

Treffend hat schon Hettner für Lenz auf Holberg verwiesen. Im derben bürgerlichen Lustspiel und in Komödien wie 'Erasmus Montanus' u. dgl. hätte Lenz sein eigentliches dramatisches Vermögen zeigen sollen und können, nicht in Trauerspielen oder Freudenspielen zum Weinen.

Es war nichts neues, wenn Lenz nach einer Mischgattung strebte. Man denke an den Roman Pamela, an die Rührstücke der Nivelle de la Chaussée, Gellert, an die lauten Rufe nach drames bourgeois oder tragicomédies. Vor allem ist Lenz bei Diderot in die Schule gegangen, der mit Mercier zusammen die deutsche Dramatik der siebziger Jahre lebhafter angeregt hat, als man gewöhnlich meint. Das Shakespearisieren ist bei vielen etwas ganz äusserliches; darum arbeitet die Masse, Leute wie Grossmann und Gemmingen als Mitte und Uebergang angesehen, weit mehr den Schröder, Iffland und Kotzebue entgegen, als der klassischen Kunsttragödie.

Diderots Einfluss auf Lenz erstreckt sich hauptsächlich nach drei Seiten. In erster Linie wird das Bürgerthum ins Auge gefasst. Wie Diderot einzelne Stände in typischen Vertretern vorführen will, den Hausvater, den Richter, so verfolgt auch Lenz ein festes ständisches Princip. Aber nicht das honnête, sondern das gefährliche malhonnête eines Standes, seien es Soldaten, sei es das Hofmeisterthum, will er darstellen, um es zu brandmarken. Mit Diderot verbindet ihn ferner die moralische, didactische Absicht. Seine zwei bedeutendsten Dramen sind tendenziöse Illustrationen zu Lehrsätzen und Reformplanen.

Aber, und darin liegt Lenzens Eigenart, die Technik ist nicht die Diderotsche, sondern Shakespeares Technik, nur viel freier, abgerissener, auf bürgerliche Stoffe übertragen. Lenz mischt zwei Stilgattungen, die Goethe streng aus einander hält. Allgemeinere Fingerzeige gebe ich in meiner Monographie über Heinrich Leopold Wagner. Ehedem war die Bürgerstube, schlechthin der Schauplatz und ein Wechsel vollzog sich nur im Zwischenact — jetzt stellt Lenz alles ohne Noth recht geflissentlich auf den Kopf. Der planmässig aufbauende Verstand fehlt. Alles sprunghaft, wuchernde Episoden, ein buntes Gewühl von Personen, 'die Handlung hie und da', kurz: ein bürgerlicher 'Raritätenkasten'!

1772 schreibt er an einer Tragödie; man hat an den 'Hofmeister', vielleicht in anderer Form, zu denken. Es erscheinen nach einander der Hofmeister, Der neue Menoza 1774, Die Freunde machen den Philosophen (in den Briefen an Boie 'Strephon' genannt), Die Soldaten 1776, Der Engländer 1777.

Für den neuen Menoza regte ihn der Roman des Dänen Erich Pontoppidanus 'Menoza, ein asiatischer Prinz, welcher die Welt umher durchzogen, Christen zu suchen, aber des Gesuchten wenig gefunden' an. Wie Schiller den Liebling der Genies Rousseau aus Christen Menschen werben lässt, so reist Lenzens Prinz Tandi nicht als naiver Hurone, sondern als ein von Rousseau begeisterter Menschenfischer. Der cumbanische Prinz erstickt fast in dem Sumpfe des gebildeten, aufgeklärten Welttheils, wo er statt Menschen nur Larven sieht: 'was ihr Empfindung nennt, ist verkleisterte Wollust; was ihr Tugend nennt, ist Schminke, womit ihr eure Brutalität bestreicht'. Aber dieser Schrei nach Natur verhallt in dem tosenden Wirrwarr des Stückes, in welchem alles unwahrscheinlich, unnatürlich, grass vorgebracht wird. Lenz nannte seine Stücke aus Grille Komödien, weil er die Verfratztheit der dem höheren Trauerspiel nach seiner Meinung entfremdeten Zeit in einem Gemisch von Komik und Tragik abspiegeln wollte. Er vermeidet deshalb gern den tragischen Ausgang, streift aber hart daran, um in seinem warnenden Lehrtone die Gefahren bloss zu legen. Hier spielt er mit dem Motiv der Geschwisterehen und arbeitet nur in den Episoden mit Kinderaustausch, Gewaltthaten, Morden, Federmessern und Stricken. Furchtbare Caricaturen sind Graf Camäleon und Donna Diana, eines der Zerrbilder der unerreichbaren Orsina. Diana und Gustav machen Adelheid und Franz aus dem Götz kläglich Concurrenz. Erträglicher geben sich die lose eingefügten Scenen, wo in dem albernen, blasierten Baccalaureus Zierau die Leipziger Schöngeister mit ihrer Schwärmerei für die entthronten Litteraturgrössen, für Wielands 'goldenen Spiegel' und den verhassten Begriff 'Schöne Natur' gestriegelt werden. Ins Püppelspiel will der launige Bürgermeister Zierau den verbildeten Sohn schicken. Aufs Marionettentheater gehören allerdings die meisten Drahtpuppen dieses

Stücks, auch der weise Magister Beza. Am besten gelingen immer die Familienscenen und gemischte Charactere wie Herr von Biederling. Warum Lenz die Handlung wohl nach Naumburg verlegt hat? — Schlosser gieng allen Ernstes auf eine Besprechung der Komödie ein und Lenz verfasste eine lange Selbstanzeige, erlitt aber nach dem grossen Erfolge des Hofmeisters ein wohlverdientes Fiasco. Die Strassburger, für Excentricitäten nie empfänglich, schauderten vor diesen Bocksprüngen des Genies, wenigstens berichtet Petersen, das Stück werde 'von männiglich in die unterste Hölle verdammt'; der Lauterburger Frey meint in einem gleichfalls ungedruckten Briefe, die Träume eines betrunkenen Wilden könnten nicht verrückter sein, und der sonst so leicht hingerissene Schubart, der wie ein Geier auf das neue Stück seines Lieblings gestürzt war, hatte 'schier's Erbrechen bekommen', so albern und kindisch erschien ihm das Werk. Lenz, immer zügellos und darum nur ein halber Dichter, meinte als Genie jeder besonnenen Kritik, Oekonomie und Effectberechnung überhoben zu sein. Dunkle Wolken schieben und jagen durch einander, die nur dann und wann ein heller Sonnenstrahl durchbricht. Sein poetischer Haushalt gleicht der Misswirthschaft eines jungen Verschwenders. Ungemünzt verschleudert er sein edles Metall. 'Lenz verspritzt vor Genie' sagte schon Lavater.

Kaum besser steht es um die Komödie 'Die Freunde machen den Philosophen', die er im Februar 1776 an Boie schickte. Wo bleibt der Philosoph? hätte Moses Mendelssohn fragen können, der sich darüber lustig machte, dass in Rousseaus Neuer Heloise der luftige St. Preux beständig 'der Philosoph' genannt wird. Das Stück spielt in Spanien und Frankreich, behandelt aber in der manieriertesten Weise Lenzsche Erlebnisse und Wahnvorstellungen, welche sich an wirkliche Vorgänge und Eindrücke wie phantastische Schnörkel anhängen. Reinhold Strephon,

der arme deutsche Weltweise, der sich für seine Freunde
und dumme Adelige opfert, dem sein Vater weder Nachrichten noch Geld schickt, der in Liebe zu einer reichen,
vornehmen Dame schmachtet, ist natürlich Lenz selbst.
Er fühlt sich matt und 'abgeritten', hochmüthig vernachlässigt von denen, die er mit aller Offenheit seines Herzens
gefördert hat. Er möchte 'in Krieg', wie so viele Sturm-
und Dranghelden. Auch die Liebe thut ihm nur weh, er
sagt dies in einem schönen Bilde: sie war wie ein Mai-
regen, der auf einen kalten Felsen giesst und dem nicht
ein einziges belohnendes Veilchen nachkeimt. Die persönliche Beziehung drückte Lenz deutlich durch die Wahl
des Namens aus, und zwar des wohlklingendsten seiner
Vornamen, Reinhold; der Rufname war Jakob. Kleist
tritt als der freche, sittenlose Dorantino auf, für den Strephon
Verse an eine Rosalinde verfasst. Dorantino will ihn nicht
ziehen lassen und peinigt ihn: 'er hat Aufträge ohne Ende
an mich, beleidigt meinen Geschmack und Gefühlszärt-
lichkeit so unaufhörlich, dass ich kein ander Mittel sehe
mich seiner einmal zu entledigen, als dass ich Händel mit
ihm anfange' sagt Strephon - Lenz. Aehnlich versorgt er
den trefflich gezeichneten alten, steifen Spanier Don Alvarez,
der nicht lesen und schreiben kann, mit Briefen und witzigen
Einfällen, aber er liest auch gleich Lenz fremde Briefe,
die der angebeteten Seraphine, d. h. Henriette von Waldner
— an Frau Sarasin ist in keiner Weise zu denken — gehören. Wir besitzen ja auch Gedichte wie 'Strephon an
Seraphine'. Für den Arist schwebte vielleicht Salzmann
vor. — Viele Scenen sind mir immer ein verschlossenes
Buch geblieben, und ich kann mit Tieck trotz einigen
dramatischen Situationen und Abschlüssen nicht begreifen,
warum ein Künstler vom Range Schröders dieses zer-
fahrene, anfangs trockene und lahme, dann enthusiastisch
überspannte Drama so ins Herz schloss. Die Personen
handeln meist nach barocken Launen. Seraphine wirft ein

kostbares Schmuckkästchen ins Meer, weil es ihr Spass macht. Strephon bringt als Stück im Stück die verzerrte Geschichte der Ninon zur Aufführung, ohne dass wir die Nothwendigkeit oder nur Berechtigung zu einem solchen dem Hamlet nachgeahmten Einschiebsel sehen, denn es fängt sich niemand in der Mausefalle und die Beziehungen auf das Problem des Stückes sind ganz flüchtig, obwohl Strephon ein paarmal aus der Rolle fällt und Seraphine ohne rechten Grund sehr bewegt wird. Das Problem aber gibt einen neuen Beweis dafür, wie keck Lenz mit den ernstesten Motiven umspringt. Man hat das Drama oft ein Seitenstück zu Goethes 'Stella' genannt, wo am Schlusse zwei Frauen einen geliebten Mann umarmen, eine liebeglühende Schwärmerin und eine ruhigere Seelenfreundin. Näher liegt der boshafte Gedanke an Nicolais Wertherparodie, welche den guten Albert zu Gunsten des überlegenen, feurigen Nebenbuhlers bescheiden zurücktreten lässt. Seraphine heiratet; der verzweifelnde Strephon will sich im Brautgemach erschiessen, aber der freundliche Gatte Don Prado erklärt mit rührender Selbstlosigkeit: 'ich will den Namen eurer Heirath tragen'. Als Strohmann erhebt er Strephon zum glücklichen Cicisbeo und räumt ihm schleunigst alle ehelichen Rechte ein. Strephon schliesst begeistert: 'O welche Wollust ist es, einen Menschen anzubeten!' Der Baron Siegfried von Oberkirch würde sich für diesen philosophischen Vorschlag schönstens bedankt haben.

Aber es waren immerhin Vorwürfe, die Lenz innerlich beschäftigt hatten. Auch das Dramolet 'Tantalus', das Goethe am 14. September 1776 las, eine exaltierte Huldigung an die Herzogin Luise verbunden mit dem Gedanken an die unerreichbare Geliebte, ist wirklich empfunden. Lenz ahnte seinen Fall. Schon hatte Goethe versucht, ihn fortzuwinken; das volle Verständnis dieses wohlgemeinten Rathes gieng ihm freilich zu spät auf. 'Erhebet ein Zwist sich, so stürzen die Gäste, geschmäht und geschändet, hinab in die Tiefe'. Juppiter ist Karl August, Juno Luise, Apoll Goethe, Merkur Wieland, Tantalus-Ixion Lenz. Leidenschaftlich und gross tönt der mächtige Monolog des Göttergastes, bitter das Wort, er sei nur da den Göttern zur Farce zu dienen. Seltsam, wie Lenz im Eingang sein verlegen lächerliches Benehmen bei Hofe schildert. Nach Weimar weist auch 'Der Engländer'. An diese 'dramatische Phantasey', wie es auf dem Titel heisst, sind die tollsten Vermuthungen angeknüpft worden. Erlebt ist nur das Motiv der Liebe zu einer unnahbaren hohen Frau. Aber alle diese Lords, Prinzessinnen, italienischen Buhlerinnen, diese Nachtschwärmereien und der Selbstmord mit der Scheere sind eben nichts als ungreifbare Hirngespinnste, hingewühlte 'Phantaseyen'. Unheimlich ahndevoll schildert Lenz in der Figur Robert Hots eine zerstörte Seele, deren sich bald der volle Wahnsinn bemächtigt. Das ebenso beliebte, als triviale Urtheil 'verrückt' stellt sich diesen verfratzten Figuren gegenüber nur zu leicht ein. — Eine kleine Skizze 'Die beiden Alten', zuerst durch Kayser in den 'flüchtigen Aufsätzen von Lenz' veröffentlicht, hat einiges mit Schillers 'Räubern' gemein.

Massvoll bleibt zumeist die Sprache. Klingers Kraftstil liegt Lenz fern. Centnerworte und Tiraden werden sparsam angebracht. Allein der 'neue Menoza' zeigt, namentlich in den wüsten Reden der Diana, schlimme sprachliche Unarten.

Ungleich höher stehen die beiden übrigen Komödien, an denen man immer Lenzens eigentliche Richtung wird studieren und erklären müssen.

Wie in den Tagen der Romantik verwirrten sich damals im Leben und Dichten die ethischen Begriffe. Es genügt auf die Irrgänge Bürgers und Sprickmanns, auf die 'Stella' und 'Die Freunde machen den Philosophen' zu verweisen. Um das Laster im Drama zu geisseln und bestimmte moralische Sätze als Summe daraus ziehen zu können, scheuen die Wagner und Lenz das Roheste, Schmutzigste und Gewagteste nicht. Und wenn das Publikum solche poetische Pferdekuren ablehnt, schreien sie Wehe über das verzärtelte, tugendlallende Zeitalter, dessen durch Operettchen und derlei schwächliche Zuckerkost verwöhnter Magen die Kraftbrühen der Natur nicht mehr vertragen könne. Nach einer grobrealistischen Darstellung des Falles und Kindesmords ruft der eine: Mütter, hütet Eure Kinder besser! Der andere kramt alle widerlichen Ausschreitungen des Officierslebens aus und predigt: das sind die Folgen von der Ehelosigkeit der Herren Soldaten! Es ist ein eigenthümliches Schauspiel, wie diese jungen Solonen im Drama pädagogische Vorlesungen halten und Moral docieren, um eine Scene weiter nicht ohne Behagen die bedenklichsten Dinge aufs Tapet zu bringen, alles natürlich nur ihrer sittlichen Reformtendenz zu Liebe, jenem Mässigkeitsapostel vergleichbar, der sich des abstossenden Beispiels wegen öffentlich betrank. Noch immer steckt ein Rest der criminalistischen Abschreckungstheorie Lillos und Moores im Drama.

Die Liebe ist ein verwirrendes, zerstörendes Element. Nur zu oft wird sie nicht als seelische Leidenschaft, sondern als gemeinsinnliche Begehrlichkeit aufgefasst. Dazu tritt als ein Hauptthema der Conflict der Standesunterschiede. Ich darf wieder für die grosse, sehr verschiedenartige Entwicklung bei den Engländern, Lessing, Goethe, Diderot, Wagner, Gemmingen, Schiller u. s. w. auf die demnächst erscheinende neue Auflage meines 'Heinrich Leopold Wagner' verweisen. All zu viel wird von einigen mit Verführung und Gewalt gewirthschaftet. Mit Recht hat ferner Hebbel das Aufgehen der früheren bürgerlichen Dramen in ständischen Conflicten getadelt. Das Bürgerhaus ist wie eine Hürde, der von der Annäherung jedes adeligen und soldatischen Wolfes Gefahr droht.

Die Standesunterschiede spielen der Neuen Heloise entsprechend auch im 'Hofmeister' eine Rolle. Es ist das alte Thema von Abälard und Heloise. Der junge Läuffer, ein frisch von der Leipziger Universität kommender, leichtfertiger armer Predigerssohn wird Hofmeister in einer adeligen Familie zu Insterburg. Die stolze Majorin von Berg und ihr Günstling, ein aufgeblasener Graf, behandeln ihn als verachteten Dienstboten. Aber mit der Tochter liest er Romeo und Julie und die Neue Heloise. Obwohl Gustchen heimlich ihrem Vetter Fritz verlobt ist, vertiefen sich Lehrer und Schülerin nur allzu sehr in das Schicksal von St. Preux und Julie d'Etange. Sie fallen und fliehen getrennt. Läuffer rettet sich zu dem Schulmeister Wenceslaus, wird jedoch später vom Major überfallen und durch eine Kugel verwundet. Eines Tages geht ein altes Weib mit einem Kinde vorbei, das er als das seine erkennen muss. Es ist Frau Marthe, zu der sich Gustchen geflüchtet hat. Diese will den Tod im Teiche suchen, aber zur rechten Zeit stürzt ihr Vater zur Rettung herbei. Läuffer, von jener Begegnung überwältigt, combabisiert sich zum völligen Abälard, was ihn nicht hindert, bald darauf ein schmuckes Bauernmädel Lise zu heiraten. Fritz hat unterdessen mit seinem Landsmanne Pätus auf den Universitäten Halle und Leipzig allerhand Verwicklungen, darunter eine längere Schuldhaft, durchzumachen, die durch die Ränke eines albernen Laffen von Seifenblase und seines Hofmeisters noch verschärft werden — aber die Bedrängnisse schwinden, als Pätus das grosse Loos gewinnt. Sie eilen heim. Ende gut, alles gut: Fritz heiratet Gustchen, Pätus die von ihm verführte Tochter des Musicus Rehaar, Marthe wird als die verstossene Mutter des reuigen alten Pätus erkannt.

Dieser Rattenkönig der anstössigsten Geschichten soll nach dem Zusatz des Titels 'die Vortheile der Privaterziehung' lehren; programmgemäss beschliesst der glückliche Stiefvater Fritz das Stück mit den Worten:

'Dies Kind ist jetzt auch das meinige; ein trauriges Pfand der Schwachheit deines Geschlechts und der Thorheiten des unsrigen: am meisten aber der vortheilhaften Erziehung junger Frauenzimmer durch Hofmeister.

Major. Ja mein lieber Sohn, wie sollen sie denn erzogen werden?

Geh. Rath. Giebt's für sie keine Anstalten, keine Nähschulen, keine Klöster, keine Erziehungshäuser — — doch davon wollen wir ein andermal sprechen.

Fritz (küsst's abermal). Und dennoch mir unendlich schätzbar, weil's das Bild seiner Mutter trägt. Wenigstens, mein süsser Junge! werd' ich dich nie durch Hofmeister erziehen lassen'.

So lehret die Fabel. Und der Leser staunt, welch ein Apparat beleidigender Unsittlichkeit arbeiten muss, damit zum Schlusse als winziges Mäuslein eine so dürftige praktische Vorschrift hervorkriechen möge. Alles wird ausgeglichen, so unbefangen, wie nur noch in der unglaublich naiven 'Schwedischen Gräfin' Gellerts. Ueber die schlimmsten Fehltritte drückt man gern ein Auge zu. Der Major verzeiht, Rehaar verzeiht, Fritz verzeiht. Das berühmte 'darüber kann kein Mann weg' des Hebbelschen Secretärs ist ihm noch unbekannt. Er sieht Gustchen durch sein eigenes Säumen vollauf entschuldigt und durch ihren Fall, ihre Reue nur werther, heiliger geworden. Im Hintergrund steht als besonnener, welterfahrener Moralist, Fritzs Vater, der Geheimerath von Berg, der immer mit klugen Glossen und Rathschlägen bei der Hand ist. Gleich im ersten Act führt er mit dem alten Läuffer ein langes Gespräch über das Hofmeisterthum.

Nach dieser Seite und in der nackten, natürlich sein sollenden Vorführung aller Fehltritte ist das Stück so wenig zu retten, wie nach Seiten der Composition, die wiederum ein planloses Durcheinander darstellt. Ueberall fehlt der Kitt. Bald sehen wir Läuffer und Gustchen heimlich beisammen, bald den Major an der Gartenarbeit, bald den verschuldeten Pätus bei sengender Hitze im Pelz, seinem einzigen Kleidungsstücke, zur Vorstellung der Minna von Barnhelm laufen. Viele Scenen liessen sich beliebig umstellen. Läuffer verschwindet für die übrigen Personen. Andere lässt Lenz nach einmaligem Auftreten fallen. Von Skizzen und Scenarien war bei ihm gewiss keine Rede. Wenn er einmal von einem Plane berichtet, die 'Catharina von Siena' sei schon in seiner pia mater fertig, es bedürfe nur des Niederschreibens, so erfahren wir, dass er sich seine Stoffe nur im Kopfe zurecht legte, um dann munter darauf los zu schaffen. Bei diesem raschen Wechsel der Bilder ist es mir immer, als hörte ich das lustige 'Schau sie, guck sie' und sähe Lenz zwischen den getrennt stehenden Personen oder Gruppen behend hin und her springen. Auf einer Seite dreimaliger Scenenwechsel. Kaum hält er bei einem still, so fällt ihm ein, was wohl gerade der andere macht. Der Zuschauer soll alles sehen; so will es die missverstandene englische Technik. Da haben wir wieder den 'Schöneraritätenkasten'.

Welches Leben aber in seinen Figuren! Weil Lenz nach dem Leben zeichnete, hat er lebendige Menschen geschaffen. Am wenigsten individualisiert sind Läuffer, Gustchen, die Vertreter des Lehrhaften und die adelige Sippschaft, die nicht viel über die Characteristik der Frau Gottsched und des ganzen älteren Lustspiels hinausreicht. So wenig am Platze einzelne Episoden sind, welche derbrealistische Färbung in den Scenen zu Halle, in dem Geschwätz der Damen, dem Gezänk zwischen Pätus und seiner Wirthin! Lenz verwerthet Königsberger Erinnerungen. Der gutmüthige, ängstliche Rehaar, ein rührend komischer Schwächling, der wohl sein 'Lautchen' im 'Concertchen' mit dem jungen 'Bergchen' spielt, aber den Degen nicht zu rühren weiss und auch häusliche Verwirrungen mit leichtsinniger Herzensgüte begleicht, ist nachweislich ein Portrait aus der Königsberger Studentenzeit. Mit wenigen Strichen zeichnet Lenz den dummen Dorfbarbier Schöps, sorgsamer und mit unverkennbarer Vorliebe den launigen Pedanten Wenceslaus, eine unübertreffliche Gestalt. Wohlwollend und doch gravitätisch nimmt er sich Läuffers an. Er behandelt alles mit behaglicher, selbstgefälliger Breite und verbrämt seine Rede mit weisen allgemeinen Anmerkungen. Der Mann hat aber auch Galle und versteht es kräftig sein Hausrecht zu wahren. Ganz köstlich ist seine Freude über den zweiten Origenes, dem er trotz seinem von fleischlichen Gelüsten schon freien Alter gar zu gern nachfolgen möchte; tragikomisch seine Entrüstung, als er das auserwählte Rüstzeug Gottes — proh deûm atque hominum fidem — zu seiner schmerzlichen Enttäuschung so schmählich abgefallen findet. Er kommt nämlich hinzu, als Läuffer die hübsche Lise küsst. Seit der 'geliebten Dornrose' des Andreas Gryphius hatte die deutsche Dichtung kein so liebliches Landmädchen gesehen. Lenzens, leider muss man auch sagen, Läuffers Lise ist eine der besten Naiven, welche unser Drama überhaupt aufzuweisen hat. Mit den falschen Gurlis hat sie nichts zu thun, auch ist sie unbefangener, kindlicher, weniger träumerisch als etwa Ifflands Margarethe. Auch hier bewunderungswürdig Lenzens Kunst, mit wenigen Worten volle Anschaulichkeit zu erreichen. Wenceslaus hat seinem Hausgenossen eben vorgehalten, er schiele in der Kirche zu viel nach den Mädels — da kommt Lise selbst, ohne einen anderen Zweck im Grunde, als den unbewussten, sich dem Herrn Läuffer, oder Mandel, zu nähern:

'Ich komme, Herr Mandel — Ich komme, weil Sie gesagt haben, es würd' morgen keine Kinderlehr — weil

Sie – so komme ich – gesagt haben – ich komme, zu fragen, ob morgen Kinderlehre seyn wird'. Eine Bemerkung Läuffers über ihr Haar macht sie verlegen, dann aber plaudert sie munter von den zwei Freiern, die sie schon gehabt hat, und wie neidisch Schafwirths Grete gewesen sei, der eine war gar Offizier, aber sie noch zu jung; auch sind ihr die Soldaten zu 'puf paf' und die manierlichen studierten Herren lieber: 'wenn die geistliche Herren in so bunten Röcken gingen, wie die Soldaten, das wäre zum Sterben'. 'Würdest du wohl —' hat Läuffer nur begonnen, da fällt sie schon ein: 'O ja, von ganzem Herzen', aber, eine echte Dorfschöne, wehrt sie den Handkuss mit den Worten ab 'O lassen Sie, meine Hand ist ja so schwarz' und duldet den Kuss auf die rothen Lippen nur mit einem nicht bös gemeinten: 'O pfui, Herr, was machen Sie'? Da poltert Wenceslaus dazwischen und flucht dem Verführer, doch Lise fleht knieend: 'Lieber Herr Schulmeister, er hat mir nichts Böses gethan'. Heute, wo die Naiven und Backfische eine wahre Landplage geworden sind, könnte dieser Ton leicht abgebraucht und trivial erscheinen, damals ist es eine ganz frische Beobachtung. Lenz führt damit eine neue Gattung ein. Ausser Goethe hätte damals niemand die liebe ländliche Einfalt so wahr und ohne alle maskeradenartigen und sentimentalen Entstellungen der Millerschen und anderer Bauernlieder abbilden können.

In der Figur des Majors dagegen bewundern wir nicht so sehr die Neuheit, als die lebenswahre Mischung ererbter Elemente. Seine Liebe zur Tochter und den bärbeissigen Ton hat er von Lessings Odoardo, seinen Spleen und das Poltern aus dem humoristischen Romane der Fielding und Smollet. Grimmig und zärtlich, jähzornig und leicht gerührt, stolz und doch etwas Pantoffelheld und vertraulich auch gegen Läuffer, ein alter Haudegen und doch oft so müde, wirr, lebenssatt. Also 'gemischte

Empfindungen', wie sie Eckhof an Lessings Stücken liebte. Diesen Widerstreit nun der Gefühle sucht Lenz im Ausdruck durch das Aufeinanderplatzen kämpfender, schnell schwindender Stimmungen und den plötzlichen Farbenwechsel des Tones wiederzugeben. Roh oft, aber doch mit einer natürlichen, genialen Kraft. Berg hat (4,5) seine entehrte Tochter aus dem Teiche gezogen, Wuth über die Schande und Freude über die Rettung des Lieblings ringen in ihm:

'Major. Da! — (setzt sie nieder, Geheimer Rath und Graf suchen sie zu ermuntern). Verfluchtes Kind! habe ich das an dir erziehen müssen! (kniet nieder bei ihr) Gustel! was fehlt dir? Hast Wasser eingeschluckt? Bist noch mein Gustel? — Gottlose Kanaille! Hättst du mir nur ein Wort vorher davon gesagt; ich hätte dem Lausejungen einen Adelbrief gekauft, da hättet ihr können zusammen kriechen. — Gott behüt! so helft ihr doch; sie ist ja ohnmächtig (springt auf, ringt die Hände; umhergehend). Wenn ich nur wüsst', wo der maledeite Chirurgus vom Dorf anzutreffen wäre! — Ist sie noch nicht wach?

Gustchen (mit schwacher Stimme). Mein Vater!

Major. Was verlangst du?

Gustchen. Verzeihung.

Major (geht auf sie zu). Ja verzeih dirs der Teufel, ungerathenes Kind. — Nein, (kniet wieder bei ihr) fall nur nicht hin, mein Gustel — mein Gustel! Ich verzeih dir; ist alles vergeben und vergessen — Gott weiss es: ich verzeih dir — Verzeih du mir nur! Ja aber nun ist's nicht mehr zu ändern. Ich habe dem Hundsfott eine Kugel durch den Kopf geknallt.

Geh. Rath. Ich denke, wir tragen sie fort.

Major. Lasst stehn! Was geht sie Euch an? Ist sie doch Eure Tochter nicht. Bekümmert Euch um Euer Fleisch und Bein daheime (er nimmt sie auf die Arme). Da Mädchen — Ich sollte wohl wieder nach dem Teich mit dir — (schwenkt sie gegen den Teich zu) aber wir wollen nicht eher schwimmen als bis wir's Schwimmen gelernt haben, mein' ich. — (drückt sie an sein Herz). O du mein einzig theuerster Schatz! Dass ich dich wieder in meinen Armen tragen kann, gottlose Kanaille! (trägt sie fort)'. —

Schröder wagte es dieser dankbaren Figur zu Liebe, das Stück im Juni 1778 auf die Hamburger Bühne zu bringen. Die Umarbeitung, welche geschickt das Liebesverhältnis zwischen Läuffer und Gustchen in einer langsameren Entwicklung vorführte und natürlich die schlimmsten Auftritte ganz umstiess, ist uns nicht erhalten. Sie konnte trotz dem hinreissenden Spiel Schröders, grossartig vor allem in den Scenen der Entdeckung und Rettung, keinen Erfolg haben. Demoiselle Ackermann theilte den schauspielerischen Sieg.

Der 'Hofmeister' machte Lenz mit einem Schlage berühmt. Die meisten glaubten zuerst, Goethe sei der Verfasser, denn dieser allein im Götz hatte sich bisher die kühne Historienform Shakespeares angeeignet. Rudolf Boie nannte das Stück das beste deutsche Lustspiel und setzte es auf eine Stufe mit Lessings 'Minna von Barnhelm'. Auch ruhige, ja fast geniefeindliche Recensenten, lobten es als das 'Werk eines grossen Genies voll shakespearescher Intuition'. Und die Journalisten der Partei wussten sich vor Entzücken gar nicht zu fassen. Wir wollen wenigstens einen, Schubart, hören, der nur den 'alten Schurk' Pätus nicht leiden mag und über die Heiraten den Kopf schüttelt:

'Ich kann's allen aufgeklärten Deutschen zumuthen, dass sie diese neue ganz eigenthümliche Schöpfung unsers Shakespeares, des unsterblichen Dr. Goethe, schon werden gelesen, empfunden, angestaunt haben. Kann's ihnen auch zumuthen, dass sie keinen Cicero brauchen, der ihnen die göttliche Natur dieses deutschen Torso anatomire. Aber dir, Landsmann Schwabe! und dir, Nachbar Bayer!

muss ich dies Werk vorlegen, mit der Faust d'rauf schlagen und dir sagen: Da schau und lies! Das ist 'mal ein Werk voll deutscher Krafft und Natur. So must dialogiren, die Situationen anlegen, die Charaktere bearbeiten, wenn Du ein ächter Deutscher seyn — wenn du auf die Nachwelt kommen willst. Sind gleich die drey Einheiten des Aristoteles, diese Krücken für Lahme, nicht mit französischer Aengstlichkeit beobachtet worden, so entschädigt dich davor die ganze Zauberey des Genies, der volle Strom der Leidenschafft, altdeutsche Krafft und Macht — Das ist Parenthyrsus, meynst du? So komm doch und lies nur! wirst bewundern'..... Derselbe Enthusiast sagt unmittelbar darauf, im Clavigo aber sei Goethes Genie auf Brennnesseln eingeschlafen. Er steht mit diesem Geschmack nicht allein, wünschte doch selbst der kritische Merck, der den Clavigo einen Quark nannte, den Hofmeister verfasst zu haben.

Hatte Lenz hier der Privaterziehung einen Fehdehandschuh zugeworfen, so nahm er es 1775 mit einem ihm verhassten privilegierten Stande, mit dem geborenen Feinde bürgerlicher Sitte und Wohlfahrt auf. 'Die Soldaten' heisst die Komödie, über deren Entstehung uns die Briefe an Herder mit der grössten Wichtigkeit und Geheimniskrämerei belehren. Strassburger Vorfälle liegen zu Grunde, ausser jenem Kleistschen Handel wahrscheinlich noch ein zweites nicht festzustellendes Ereignis. Ein Kaufmannshaus wie jenes auf dem Paradeplatz, die Eltern, zwei Töchter, ein abgewiesener Freier der jüngeren, Marie, Namens Stolzius, Desportes als Galan, später durch Mary abgelöst, mehr im Hintergrunde der Feldprediger Eisenhardt-Lenz, der unerschütterlich die Officiere zu ihrer Pflicht peitscht. Dazu eine verständige, milde Gräfin, deren Sohn sich ebenfalls flüchtig in Marie verliebt, der brave Obrist, eine Anzahl Lieutenants und eine Reihe episodischer Figuren. Die bürgerlichen sind weitaus die besten. Vater Wesener hat etwas von der Frau Millerin, er fürchtet Unrath von dem Besuch des Herrn Barons, wehrt die Präsenter aber nur halb ab und fühlt sich sehr geschmeichelt, dass seine Tochter solches Ansehen findet. Eine promesse de mariage beruhigt ihn. Als er bei ihr Verse entdeckt, welche — vielleicht übereinstimmend mit einem Lenzschen Carmen für Kleist — beginnen: 'Du höchster Gegenstand von meinen reinen Trieben', ist er gleich von der ‚honnetten Gesinnung' Desportes' so überzeugt, wie Frau Miller davon, dass es Ferdinand nur um die schöne Seele Luisens zu thun sei. Die Mutter tritt in den meisten dieser Stücke sehr zurück. Die ältere Schwester Charlotte wird weniger beachtet, sie ist offenbar nicht so hübsch, wie die verzogene Marie, und darum etwas verbittert. Es gibt häufig Hader zwischen den beiden, Marie braust auf, Charlotte wirft verletzende Bemerkungen hin, welche Marie heftig erwidert. Canaille — canaille vous même geht es hin und her. Dieser geschwisterliche Zank wird sehr lebendig geschildert. Das hübsche, eitle, leichtfertige Mariel zeugt wieder für Lenzens vortreffliche Beobachtung des Lebens. Glücklich hat er auch die Verhältnisse des nicht ungebildeten Strassburger Bürgerhauses in eine niedrigere Sphäre herabgedrückt. Aber der freie Ton, der allzu leichte Verkehr mit den Officieren, die Neckerei mit einer verlegenen Freundin, das Herumschäkern und Lärmen zwischen Marie und Desportes entspricht den Berichten des 'Tagebuches'. Ueber Beaumarchais' Eugenie würde die kleine kokette Schmeichelkatze, die mit der Orthographie auf gespanntem Fusse lebt und für einen Brief an 'matamm' Stolzius die widerwillig gewährte Hilfe der Schwester in Anspruch nehmen muss, freilich nicht mitreden dürfen. In das leichtsinnige Treiben, das seit Desportes' Geschenken und einem heimlichen Besuch der Komödie schnell bergab geht, krächzt die alte Grossmutter prophetisch das Volkslied vom 'Rösel aus Hennegau' hinein:

> O Kindlein mein, wie thuts mir so weh,
> Wie dir deine Aeugelein lachen,
> Wenn ich die tausend Thränelein seh,
> Die werden dein' Bäckelein waschen.

Nachdem Marie einmal ihren braven bürgerlichen Verlobten verlassen hat, um sich an einen Wüstling im bunten Rock zu hängen, wandert sie aus einer Hand in die andere; selbst die mütterliche Fürsorge der Gräfin La Roche vermag sie nicht zu retten. Sie sinkt ins Elend, bis ihr Vater sie von der Strasse aufrafft, und ein stürmisch bewegtes Wiedersehen ohne Worte das Stück mehr abbricht, als abschliesst. Hier, wo Lenz die Miene eines Sittenpredigers in der Wüste annimmt und die bürgerliche Familie vor frechen Gewaltthaten warnen will, neigt er nicht mehr zu der raschen Verzeihung, wie im Hofmeister. Die Verführer sterben durch Gift aus der Hand dessen, dem sie sein Lebensglück geraubt haben. Stolzius tritt uns anfangs als ein schwacher Brakenburg entgegen. Er härmt sich ab und die entschlossenere Mutter sucht ihm vergebens in einer meisterhaften Scene die treulose unwürdige Geliebte aus dem Sinn zu reden. Lenz hat sich wirksame Situationen dadurch entgehen lassen, dass er Marie und Stolzius gar nicht zusammenführt. Um diese bürgerliche Tragödie schlingen sich eine Menge loser Soldatenscenen. Den ganzen Stand will Lenz in verschiedenen Vertretern vorführen, sich selbst als den über das schlimme Wesen empörten Mentor. Zugegeben, dass einzelne Figuren, wie der verrückte Narr Rammler, der mit einem alten Juden und der lächerlichen Madame Bischof zu den wunderlichsten Stelldichein vereinigt wird, und der confuse Philosoph Pirzel, von einem reichen Talent der Caricatur zeugen und in manchen dieser Possen Lenzens Fähigkeit, erlebte Spässe gröbster Art mit leichter, kecker Hand in ein dramatisches Bild zu drängen, hervortritt, so wird doch abgesehen von der Zusammenhangslosigkeit dieser Episoden jeder nur einigermassen gebildete Geschmack sich von diesem rohen Realismus und Cynismus mit Ekel abwenden. Einzelne geniale Scenen (1,1; 1,5; 3,2; 3,3; 1,6 mit dem ebenso sparsamen, als characteristischen Monolog Mariens) können dafür nicht entschädigen.

Die Einheit des Ortes rennt Lenz auch dies Mal verächtlich über den Haufen. Scenen, die nur aus wenigen Zeilen, ja Worten bestehen, aber einen verschiedenen Schauplatz haben, rasch hinter einander an uns vorbei zu hetzen, verursacht ihm gar kein Bedenken. Die skizzenhafte Manier verführt ihn gelegentlich zu einer nur andeutenden Einsilbigkeit. So besteht die fünfte Scene des vierten Actes nur aus Weseners Schrei: 'Marie fortgelaufen —! Ich bin des Todes', die gleichsam eine Antwort auf die vorausgehenden, aber in Armentières geäusserte Besorgnis Desportes' ist, Marie könne zu ihm fliehen, und auf Weseners Schreckensruf setzt in der sechsten Scene Mary mit der an Stolzius gerichteten Aufforderung ein: 'So lasst uns ihr nachsetzen zum tausend Element'. So abgerissen geht es weiter. Offenbar hat Lenz dabei die Absicht, die plötzliche Verschiebung der Situationen durch einige rasche grelle Blitze zu beleuchten. Anderswo liegt der Grund des schnellen Scenenwechsels in dem Streben, die Beziehungen möglichst zu verdeutlichen. Im Eingang schreibt Marie an Stolzius, in der zweiten Scene kommt der Brief bei dem armen Betrogenen an; 1,4 schilt Eisenhardt die sittenverderbende moderne Komödie, 1,5 kehrt Marie aus der Komödie heim u. s. w.

Lenz hat den Schauplatz nach Lille und Armentières verlegt. Wie sehr er an Strassburger Verhältnisse dachte, beweist die Flüchtigkeit, mit der er einmal die nur auf Strassburg passende 'Rheinluft' übersehen hat. Vielleicht spielte anfangs die Komödie hier. Die Hauptperson wartete 1775, wie es scheint, vergebens auf ihren Bräutigam, einen Officier; so berichtet Lenz an Herder 'sub juramento mysterii'.

Ich zweifle, ob man da noch an die Kleists denken darf und nicht vielmehr eine Verkettung verschiedener Vorfälle annehmen muss. Offenbar hatte Lenz die persönlichen Beziehungen so wenig verschleiert, dass er die Rache der Strassburger Officiere, seines Telemachs zumeist, fürchtete. Klinger musste deshalb dem Verleger die Erklärung abgeben, er, nicht Lenz sei der Verfasser. Er sollte dann auch den 'Engländer' auf seine Kappe nehmen.

Lenz begnügte sich nicht, das Soldatenleben und seine Gefahren für die bürgerliche Sitte zu geisseln oder den Moralisten Salzmann in Strassburg einen Vortrag über das Stück als Beitrag zur Strassburger Kinderzucht halten zu lassen, sondern fügte praktische Verbesserungsvorschläge bei, wie sie nur seinem Hirn entspringen konnten. Dem Herzog von Weimar wollte er eine Denkschrift über die 'Soldatenehen' überreichen, deren Programm er vorläufig in der Schlussscene zwischen dem Oberst und der Gräfin entrollt. Spannheim sagt echt lenzisch: 'O ich wünschte, dass sich nur einer fände, diese Gedanken bei Hofe durchzutreiben, ich wollte ihm schon Quellen entdecken'. Diese Gedanken sind die folgenden: 'Ich habe allezeit eine besondere Idee gehabt, wenn ich die Geschichte der Andromeda gelesen. Ich sehe die Soldaten an wie das Ungeheuer, dem schon von Zeit zu Zeit ein unglückliches Frauenzimmer freiwillig aufgeopfert werden muss, damit die übrigen Gattinnen und Töchter verschont bleiben', deshalb soll der König eine Pflanzschule von Soldatenweibern als staatlichen Märtyrerinnen anlegen; die Kinder gehören ihm. 'Die Beschützer des Staats würden sodann auch sein Glück seyn, die äussere Sicherheit desselben nicht die innere aufheben, und in der bisher durch uns zerrütteten Gesellschaft Fried' und Wohlfahrt aller, und Freunde sich untereinander küssen'.

Was Herder wohl dachte, als er den Schlussact redigierte?

Ein ähnliches bürgerliches Thema hat Lenz in seinem Roman 'Zerbin oder die neuere Philosophie' behandelt. Dieses unerfreuliche Werk, das einzelne Strassburger und Leipziger Eindrücke sehr verblasst wiedergibt, die Verführung einer Jungemagd durch einen jämmerlichen 'Philosophen' und ihre Hinrichtung wegen noch dazu nur vermeintlichen Kindesmords darstellt, erschien 1776 im 'Deutschen Museum', wo ein Jahr später auch der trockene lehrhafte 'Landprediger', eine Frucht des Emmendinger Aufenthalts, Aufnahme fand. Er denkt dabei an seinen nationalökonomisch thätigen Freund und Helfer Schlosser. Ich erinnere an Mercks 'Herrn Oheim'. Lenz, obwohl ein guter Prosaist, war als Erzähler nicht glücklich. Am interessantesten ist 'Der Waldbruder, ein Pendant zu Werthers Leiden'. Er schrieb das Fragment in der Berkaer Einsamkeit, um sich von der Erinnerung an Henriette von Waldner zu befreien, wie er in dieser Liebe befangen schon den lyrisch-epischen 'Petrarch' gedichtet hatte. 'Unser aller Heil liegt im Petrarch' rief er Kayser zu. Entworfen ward der Roman schon im März 1776 in Strassburg. Bruder Herz ist ein armer Schlucker, der von Lectionen sein Dasein fristet und bei der Wittwe Hohl haust, wie Lenz am Finkweiler im Hause des Metzgers Kress. Er spürt in fremden Briefen nach dem Character der Schreibenden. So verliebt er sich aus Briefen in die Gräfin Stella — diesen Namen empfängt hier Henriette nach dem Goetheschen 'Schauspiel für Liebende' — hält aber anfangs eine Frau von Weylach für die nie gesehene Geliebte und stiert sie überall an; erst in seiner Einsiedelei im Odenwald sieht er sie selbst, erfährt aber, dass sie mit dem älteren reichen Oberst Plettenberg verlobt ist. Er treibt einen andachtsvollen Cultus mit ihrem Bild. Ich habe nicht nöthig, Lenzens Erlebnisse und Einbildungen für jede Einzelheit heranzuziehen. Weimarer Eindrücke treten hinzu. Der Waldbruder schwärmt von einer glücklich unglücklichen Maskerade und vergleicht sich mit 'Ixion an Jupiters Tafel', ein ander Mal mit Werther, oder mit Idris. Bei der spöttischen Schatouilleuse — auch ein Wielandscher Name — hatte er vielleicht das Fräulein von Göchhausen, Thusnelda, im Auge. Für den Freund Rothe hat unverkennbar Goethe Modell gestanden. Stellen, wo Rothe dem 'Kleinen' zuruft 'Herz! Du dauerst mich!' oder schreibt, man freue sich in der Stadt über seine Briefe, lache aber über seine Art zu lieben, mögen wörtlich Goetheschen Billets entnommen sein. Aber das Bild Goethes ist verzerrt, zwar noch nicht zu der ganz unkenntlichen Spottgeburt in der Steinschen 'Dido', doch in dieser Richtung. Rothe gilt bei den Frauenzimmern, weil er leichtsinnig ist. Er lebt in einer beständigen Wandlung und wechselt Ruhe und Wohllust durch eine 'reizende Untreue' ab. Lenz will Goethes Lebensanschauung, nicht ohne ihm einen kleinen Stich zu versetzen, schildern:

'Ich lebe glücklich wie ein Poet, das will bei mir mehr sagen, als glücklich wie ein König. Man nöthigt mich überall hin und ich bin überall willkommen, weil ich mich überall hinzupassen und aus allem Vortheil zu ziehen weiss. Das letzte muss aber durchaus sein, sonst geht das erste nicht. Die Selbstliebe ist immer das, was uns die Kraft zu den andern Tugenden geben muss, merke Dir das, mein menschenliebiger Don Quischotte!' Oder er lässt Rothe sein Behagen über die vielen 'Eheknoten', die für ihn geschlungen werden, aussprechen und wie unendlich das bunte Spiel der Gesellschaft seinen inneren Sinn ergötze. 'Leichter Epicureismus' hält ihn immer über Wasser. Goethe besass die Handschrift; von ihm erhielt sie Schiller für die 'Horen'.

Zu seinem Nachtheil hat Lenz die Composition des Werthers aufgegeben und durch den Wechsel verschiedener Briefschreiber die Einheit des Tones gestört. Werthersche Ruhepunkte bieten die Aeusserungen eines tiefen

Naturgefühls, das sich in die Reize der Waldeinsamkeit und des idyllischen Landlebens versenkt und auch die Landbewohner liebend einschliesst. Auch die Schwärmerei und Leidenschaft des Ausdrucks reicht in einigen Briefen nahe an das Vorbild heran. Dazwischen irrlichteliert ein verstörter Weltschmerz. Mit einer fast unheimlichen Selbstbeobachtung weiss Lenz die Zerstörung seines eigenen Wesens zu schildern. Es ist die Klarheit mitten im Irrsinn, wenn er Rothe dem Waldbruder zurufen lässt 'du bist einmal zum Narren geboren' oder Plettenberg von 'Gemüthskrankheit' spricht. Plettenberg hat etwas von Don Prado, doch würde das Werk als Pendant zum Werther wohl einen tragischen Abschluss gefunden haben. Die Sprache ist meist durchsichtig und ruhig, um so nebelhafter die Handlung, um so ungeordneter die Composition. Es heisst im Werke selbst bezeichnend mit derselben dämmernden Selbsterkenntnis:

'Diese Geschichte ist aber so wie das ganze Leben meines Herzens ein unerträgliches Gemisch von Helldunkel, dass ich sie Ihnen ohne innige Aergerniss nicht schreiben kann'.

Diese Verworrenheit und diese zwischen Helle und Getrübtheit schwankende Sehfähigkeit schädigt auch seine Lyrik. Unstreitig lebt in Lenz eine rege lyrische Begabung und jene reiche Triebkraft, welche nur Durchlebtes aus den Tiefen des Herzens heraufholt. Das Derbe ist ihm geläufig, er wirft launige Matinées in Knittelversen hin, er spielt in burlesken Romanzen ('Piramus und Thisbe'), versucht sich auch, ohne Bürger zu erreichen, in der ernsten volksmässigen Ballade ('Geschichte auf der Aar') — doch das sind nur Nebensprünge seines beweglichen Talents, das die ganze Scala leidenschaftlicher Erregtheit durchlaufen hat:

    Lieben, hassen, fürchten, zittern,
    Hoffen, zagen bis ins Mark,

> Kann das Leben zwar verbittern;
> Aber ohne sie wär's Quark.

Er ist sinnlich ohne Lüsternheit, er findet rührende Klagelaute für seine Liebesschmerzen und sein gequältes, verfehltes Leben, sein Nachruf auf Cornelie Goethe trägt den Stempel einer rein empfundenen Nänie, seltener gelingt das kleine Lied, die 'Liebe auf dem Lande' enthält aber Stellen von inniger Einfachheit, ja, was sonst seiner Lyrik gebricht, von genrebildlicher Anschaulichkeit. Das glühende Verlangen und der stechende Schmerz, das rollende Glück nicht festgehalten zu haben, findet den leidenschaftlichsten Ausdruck in dem Gedicht 'Der verlorene Augenblick, die verlorene Seligkeit':

> Von nun an die Sonne in Trauer,
> Von nun an finster der Tag,
> Des Himmels Thore verschlossen;
> Wer ist, der wieder eröffnen,
> Mir wieder entschliessen sie mag?
> Hier ausgesperret, verloren,
> Sitzt der Verworfne und weint,
> Und kennt im Himmel auf Erden
> Gehässiger nichts, als sich selber,
> Und ist im Himmel auf Erden
> Sein unversöhnlichster Feind.

Er hat es versäumt, die strahlende Erscheinung kühn zu umarmen:

> Ach er ist hin, der Augenblick,
> Und der Tod mein einziges Glück.

> Dass er käme!
> Mit bebender Seele
> Wollt ich ihn fassen,
> Wollte mit Angst ihn

> Und mit Entzücken
> Halten ihn, halten
> Und ihn nicht lassen,
> Und drohte die Erde mir
> Unter mir zu brechen,
> Und drohte der Himmel mir
> Die Kühnheit zu rächen,
> Ich hielte dich, fasste dich
> Heilige, Einzige,
> Mit all deiner Wonne
> Mit all deinem Schmerz,
> Presst' an den Busen dich!
> Sättigte einmal mich,
> Wähnte du wärst für mich,
> Und in dem Wonnerausch
> In den Entzückungen
> Bräche mein Herz.

Man wird bis jetzt diese Verse und die gedämpfteren 'Mit schönen Steinen ausgeschmückt' am besten auf Henriette beziehen, der eine Reihe anderer Lieder unläugbar zufällt; so bewegt sich 'Urania' ganz in den Ideen des Schlussactes von 'Die Freunde machen den Philosophen'. Auch die grösseren Gedichte 'Auf eine Papillote' u. s. w. lassen sich mindestens so gut in diesen Cyclus einschieben, als auf die Kaufmannstochter Araminte deuten. Klarer beschäftigen sich mehrere mit Frau von Stein und Cornelie. So ist Lenzens Lyrik wohl 'Ausfluss des Herzens' und insofern Gelegenheitsdichtung, und doch ist es im Gegensatze zu Goethe bei ihm so schwer, oft ganz unmöglich, diese Gelegenheit aus den Zeilen herauszulesen, da die plastische Kraft des Festhaltens und Gestaltens fehlt, dem umnebelten, schwimmenden Blick jedes Bild sich verschiebt und die erregt stammelnde Sprache das wahrhaft befreiende, beichtende Wort nicht findet. Vieles bleibt räthselhaft. Wir suchen oft vergebens den Schlüssel zum Verständnisse langer Versreihen. Lenz hat stets mehr erphantasiert als erlebt; so bewegt sich seine immer von den Schwingen einer reichen Einbildungskraft in die Höhe getragene Lyrik viel zu wenig auf dem Boden der Wirklichkeit; in die Wolken der Visionen entschwebt, blickt sie selten auf die Gegenwart, sondern ergeht sich in der hoffenden und fürchtenden Ausmalung der Zukunft, erwägt Möglichkeiten, nimmt sie als wirklich hin und baut darauf weiter. 'Wenn' 'wenn' 'wenn' — 'dann' 'dann' 'dann' phantasiert er, wie Klopstock, der auf seine Lyrik einen tiefen Einfluss geübt hat. Die 'Nachtschwärmerey' ist ganz in seiner Art. Der Gedanke des Todes kehrt immer wieder. Mit dem dithyrambischen Fluge paart sich bei ihm eine starke, bisweilen frostige Rhetorik, die fortwährend mit lauter Fragen, Ausrufen, Widerrufen, Häufungen arbeitet. Wie seine Liebeslyrik auch einfache Töne findet, so vereinigt auch seine geistliche Dichtung Dithyramben und Cantaten mit schlichten Strophen.

Dann und wann glückt es ihm, in wenigen Zeilen ein erschöpfendes Bild zu geben:

> Aus ihren Augen lacht die Freude,
> Auf ihren Lippen blüht die Lust,
> Und unterm Amazonenkleide
> Hebt Muth und Stolz und Drang die Brust:
> Doch unter Locken, welche fliegen
> Um ihrer Schultern Elfenbein,
> Verräth ein Seitenblick beim Siegen
> Den schönen Wunsch besiegt zu sein.

Wer könnte trotz dem 'Elfenbein' den Goetheschen Ton verkennen? Wie unklar muss dagegen ein Gedicht sein, das die Gelehrten streiten lässt, ob mit dem 'freundlichsten der Wirthe' der Actuar Salzmann, ein Flussgott oder eine Statue gemeint sei.

So sehr die Kraft und Fülle der Empfindung, die
vieltönige Gewalt der Sprache, fast überall ein einzelnes
überraschend glückliches, stimmungsvolles Wort, oft die
metrische Gefälligkeit oder der Sturm ungestümer Rhythmen
uns hinreissen, gebricht doch durchaus alle Feile und
Läuterung. Nur zu häufig stören die prosaischsten Wendungen und metrische Härten. Schiller hat an Bürger
getadelt, dass er nie die Klärung und Beruhigung abge-
wartet habe; auch Lenz warf alles mitten in der Gährung
aufs Papier. Die Gedichte, die wir als umgearbeitet
kennen, gehören zu den weitaus besten.

Sein lyrisches Vermögen war höchst bedeutend und
originell. Er hat seine Kohlen nie aus fremdem Feuer
geholt und nie sein Lied zu einem bunten Zierbeet gemacht, wie im achtzehnten Jahrhundert so manche ohne
inneren Drang die lyrischen Moden mitmachten. Dass
ihm die Vollendung fehle, hat er selbst in den Klagen
'Ueber die deutsche Dichtkunst' bekannt und gebeten,
auf sein Grab möge sich kein Blick aus dem Reiche der
Seligen, Shakespeares, Ossians, Homers verirren, damit
seine Asche sich nicht empöre 'für Schaam, dass auch
ich einst wagte zu dichten'.

Seine Gebrechen gibt das Geständnis eines Briefes
sehr richtig wieder: 'Meine Gemählde sind alle noch ohne
Styl, sehr wild und nachlässig auf einander gekleckt,
haben bisher nur durch das Auge meiner Freunde gewonnen. Mir fehlt zum Dichter Musse und warme Luft
und Glückseeligkeit des Herzens, das bey mir tief auf
den kalten Nesseln meines Schicksals halb in Schlamm
versunken liegt, und sich nur mit Verzweiflung emporarbeiten kann'.

So schrieb er im März 1775 an Merck, zu einer Zeit,
wo er weniger bescheiden seine Reformdramen schuf und
in einigen Satiren die berühmtesten deutschen Schriftsteller im Vollgefühle seiner überlegenen Geniekraft heraus-

forderte. Der Göttinger und der rheinische Kreis hassten eine Zeit lang keinen der lebenden Dichter mehr, als Wieland. 'Es sterbe der Sittenverderber Wieland' riefen die teutschthümelnden Göttinger, 'fort mit der sogenannten schönen Natur, der Verzärtelung, Frivolität statt der wahren Natur, derben Gewalt, Sinnlichkeit' die anderen. Neben Lenzens ergötzlicher Schulmeisterchrie 'Matz Höcker' steht eine grössere Reihe von Wielandiaden. Bald ein kleiner Nadelstich gegen den 'Archiplagiarius', bald eine parodistische Ecloge 'Menalk und Mopsus' (auch im 'Rheinischen Most'): die lüsternen Alten sind Wieland und — der armselige Strassburger Maler und Dichter Kamm, die in Citaten aus ihren eigenen Werken sprechen. Die Briefe wimmeln von Verwünschungen Wielands, der 'süsslächelnden Schlange'. Erst betheuerte er, Wieland der Mensch könne wohl sein Freund werden, der Schriftsteller nie, um dann in Weimar auch den Dichter Wieland in schmeichelnden Versen zu verherrlichen. Aber vorher wollte er ihn an den Pranger stellen, ihn vernichten. Er schrieb zu diesem Zwecke seine 'Wolken', erst enger, dann freier mit modernen Namen an die geniale Komödie des Aristophanes angelehnt. Der Sokrates war Wieland. Das Werk, welches seine Briefe als eine Welterlösung hinstellen, wurde vernichtet. Wir wissen nur ein paar dürftige Einzelheiten über seinen Inhalt. In Weimar zu ankern, war ihm doch lieber, als die gefährliche, laxe Philosophie und Sittlichkeit Wielands zu brandmarken. Er widerrief sogar die Satire in einer noch erhaltenen 'Vertheidigung Wielands gegen die Wolken', deren Spitze sich mehr gegen Nicolai, einen anderen Popanz der Genies, richtete. Schmeichelhaft war jedoch der Wieland ertheilte Rath, fortan auf seinen Lorbeeren auszuruhen, gerade nicht.

Auch hatte Goethe zum Rückzug geblasen. Das Angriffssignal war seine Farce 'Götter, Helden und Wieland' gewesen, die Lenz heimlich hatte drucken lassen.

Es ist rührend, dass Lenz noch 1781 (vgl. Wieland an Merck 2 III 81) aus Riga sich Wieland entdeckte. Der Zettel (Morgenblatt 1855 S. 782) mag auch als neues Zeichen seiner Gutherzigkeit hier Platz finden:

'Es scheint, Lieber, Du weisst nicht oder willst nicht wissen, wer die Ursache des ganzen literarischen Lärmens gegen Dich war. Ich liess Götter, Helden und Wieland drucken, und ohne mich hätten sie das Tageslicht nimmer gesehen. Ich hätte Dir's in Weymar gesagt; ich fürchtete aber, es würde zuviel auf einmal geben. Einmal aber muss es vom Herzen ab, und so leb' wohl! Lenz'.

Ganz verkehrt ist die Behauptung, die 'Wolken' seien uns noch erhalten in Lenzens kecker, durch meisterliche Parodieen ausgezeichneter Litteraturfarce 'Pandämonium germanicum'. Entstanden ist sie in der Wertherfehde des Jahres 1775, aber erst 1819 ans Licht gezogen worden. Derber und schärfer, vor allem persönlicher, als etwa Jacobis 'Dichter', feiner und geistreicher, als etwa Wagners 'Prometheus', führt sie das ganze Pandämonium der Dichterlinge, Kunstrichterlein und Kunstphilister, Empfindsamen und Frommen, Alten und Neuen, und der wenigen anerkannten Grössen vor. Auf steiler Höhe finden sich Goethe und Lenz zusammen und lachen über die kläglichen Nachahmer, die da unten krabbeln und purzeln. Einer sagt: 'da steht der Goethe; ich seh ihn eigentlich mit seinen grossen, schwarzen Augen', ein anderer — es sind übrigens Worte Schubarts — nennt Lenz 'ein junges, aufkeimendes Genie aus Kurland'. Goethe braucht gegen all diese Kerle und Fratzengesichter, gegen Dichter, Philister und den Haufen der Recensenten das Faustrecht. Es liegt ausser starker Ueberhebung frisches, kräftiges Leben in den Scenen. Der zweite Act spielt im Tempel des Ruhms: da pfeift Hagedorn, da weint der gute Gellert, lacht der behagliche Rabener, treibt Liscow einen unflätigen Spass, der die Halleschen Philister verscheucht, aber die leichtfertigen Klotzianer vergnügt; Franzosen der verschiedensten Perioden, Lafontaine, Rabelais, Rousseau rufen dazwischen. Die Anakreontik kommt, von den französischen Vertretern der petite poésie gegrüsst; ganz vortrefflich ist der 'junge Mensch' gezeichnet, der mit verdrehten Augen zitternd auf den harmlosen Uz eindringt, kein anderer, als Wieland, der gleich darauf seinen bunten Kram ausbietet. Am besten die Parodie des niedlichen Jakobitchens: in einer Wolke von Nesseltuch lassen Chaulieu und Chapelle J. G. Jacobi als kleinen Amor herab; er spielt auf einer 'Sackvioline' und lässt mit schmachtender Grazie Schmetterlinge: 'Liebesgötterchen! Liebesgötterchen!' ausflattern. Ohne Namen aber sofort erkennbar bespöttelt Lenz Wieland als Herausgeber der 'Sternheim', eines Romans der La Roche. Goethe verkündet, wie in den Frankfurter gel. Anzeigen, den Ruhm der Verfasserin. Den Knochen eines Vorfahren (Götz) schwingend stürzt er herein, zieht Wieland an den Haaren (Götter, Helden und Wieland) und spielt auf dem vorgefundenen Instrument, so verstimmt es ist, eine neue herrliche Melodie, so dass alles in Jacobischer 'Wonnegluth' vergeht: seinen Werther. Aber Pfarrer und Küster sind entsetzt gleich den frommen Austern, Goeze und Genossen, die damals vor so sündhafter Liebe und einer solchen Beschönigung des Selbstmordes ihre Schalen zuklappten.

 Eine besondere Scene verhöhnt treffend die Dramatiker und Dramaturgen vom Schlage der Weisse, Michaelis und Schmid, die es wagen von Shakespeare zu reden. Da treten Lessing, Klopstock und Herder umschlungen ein. Lessing säubert den Tempel und wirft Minna von Barnhelm unter die Leute, Herder ruft Shakespeare herab, Goethe erzählt eine Fabel von wahren Schöpfern und Sudlern — aber vor allem gilt der Schluss einer Selbstverherrlichung Lenzens. Er verlacht die Franzosen, er schafft Menschen, die 'zu gross für unsere Zeit' sind, er spricht überlegen, mindestens ebenbürtig mit Lessing und anderen Heroen über die Aufgabe des Dramas, ihn segnet Klopstock, ihn umarmt Goethe, auf sein Gebet, die grosse Zeit der vollendeten Kunst zu erleben, rufen Klopstock, Herder und Lessing einstimmig 'Der brave Junge! Leistet er nichts, so hat er doch gross geahndet', und als der 'Ewige Geist' am Schlusse das 'Säkulum' schweigen heisst, fragt Lenz aus einem Traum erhitzt auffahrend: 'Soll ich dem kommenden rufen?'

Wir dürfen mit dem 'braven Jungen' nicht zu streng zu Gericht gehen, wenn er auch an diesen Göttertisch wie ein zugehöriger Olympier seinen Schemel rückt. Zollten ihm doch die bedeutendsten Männer laute Anerkennung und nannten ihn doch um die Mitte der siebziger Jahre viele Zeitschriften in einem Athem mit Goethe, dem sie sogar mehrere der Lenzschen Werke zuschrieben. Es genüge, eine enthusiastische Stimme zu hören, die der schon mehrmals herangezogenen Frankfurter gelehrten Anzeigen (1776 S. 113), welche den Geist Shakespeares citieren. Er fragt:

"Wer bist du, Jüngling mit den wackern Augen? Sympathetischer Geist! — Sag an deinen Namen. Du bist der würdigste Herold, den mir Fama gesendet — Lenz! du wirst ein Feuer in den Seelen deiner Brüder entzünden und wirst meiner Nebenbuhler viel machen!... Heiliges Land des Genies! Mutter grosser Söhne! Mutter von Unsterblichen! Albions Bühne zerfällt! Gründe die deine fester! Hast du noch viele Goethe und Lenze zu Werkmeistern?"

Diese Kritiklosigkeit der Zeit erklärt sich aus der Neuheit und dem Umsturze der ganzen Geschmacksrichtung; man sah mehr die äusserlichen Aehnlichkeiten, als die inneren Verschiedenheiten.

Gierig trank der eitle, nach Auszeichnung lechzende Dichter das reichlich gespendete Lob ein; kein Wunder, dass der Weimarer Sturz ihn vernichtend traf.

Schiffbrüchig kehrte er in die rheinischen Gegenden zurück. Emmendingen ward sein erstes Asyl, wo Cornelie in milder, schwesterlicher Freundschaft die zerstörte Seele pflegte. Bald schien er genesen, erbaute sich an Schlossers gemeinsinnigem Wirken und labte sich in der anmuthigen Gegend, deren Zierde, das Hochburger Schloss, er in einem Aufsatz verherrlicht hat. Ende Januar 1777 gieng er auf eine Woche zu dem liebenswürdigen Pfeffel nach Colmar und hinterliess den günstigsten Eindruck, den ein neues Gedicht nur erhöhte. Aber eine krankhafte Ruhelosigkeit hatte sich seiner bemächtigt; nirgends hielt er länger Stand, sondern genoss hin und her wandernd die Gastfreiheit seiner Schweizer Freunde, zunächst Lavaters. Ramond hat uns geschildert, wie Lenz damals am Rheinfall sich überwältigt von dem grossen Schauspiel auf die Erde warf und staunend rief 'Eine Wasserhölle!' Auf einer Alpenreise mit Kayser im Juni erreichte ihn die niederschmetternde Nachricht von Corneliens Tod. Er eilte sofort an die Trauerstätte. Nichts konnte ihm diese Lücke ausfüllen:

Mein Schutzgeist ist dahin, die Gottheit, die mich führte
Am Rande jeglicher Gefahr,
Und wenn mein Herz erstorben war,
Die Gottheit, die es wieder rührte.

Wir können Lenzens wechselndes Wanderleben hier nicht verfolgen. Er schreibt selbst an Frau Sarasin: ‚Ich bin ein Fremder, wie Schlosser sagt, unstet und flüchtig, und habe so viele, die mit mir unzufrieden sind'. Einem Ruf in die Heimat, den ihm Kaufmann von seinen Eltern mitbrachte, mochte er so wenig wie einige Jahre vorher in Strassburg folgen. Lieber wollte er mit dem ihm schon aus dem Elsass bekannten Baron Hohenthal nach Italien reisen, trennte sich aber schon hinter Sitten von ihm und liess sich in Bern, Zürich, Basel von Lavater und Sarasins erhalten. 'Lenz lenzelt noch bei mir' meldet Lavater. Zu grösseren Werken fehlte die Sammlung; ein fragmentarisches Lustspiel in Versen ist ungeniessbar. Die heiterste Unterbrechung der Schweizer Tage war die Theilnahme an der helvetischen Gesellschaft, von deren harmlosen Scherzen beim freundlichen Mahle das Drama per musica 'Jupiter in Schinznach' (1777) Zeugnis ablegt. Auch Lenz improvisierte in alter Weise Spässe und Neckereien ,und vergalt dem Züricher Physiognomen die 41 Reime auf 'Lenz', die leider mit der Sentenz ''s ist alles verloren an Michael Lenz' schlossen, mit zehn durchgereimten Knittelversen auf den 'Seelen-Archiater'. Doch steigerte im Herbst der Tod des jüngstgeborenen Schlosserschen Kindes seine seelische Zerrüttung und im Philanthropin des Ulysses von Salis in Marschlins packte ihn der Dämon schon drohender. Wieder sorgten die Freunde. Bei Kaufmann in Winterthur kam der Wahnsinn zu neuem, offenen Ausbruch. Es war im November 1777.

Nochmals scheint Lenz umnachteten Geistes in Strassburg, ja auch in Sessenheim aufgetaucht zu sein; dann wanderte er im öden Winter durch die Vogesen in das Steinthal, das damals der unvergessliche Oberlin aus einer Wüste in eine wirthliche Gegend umzuschaffen bemüht war. An diesen Seelsorger, den Pfeffel als einen wahrhaft apostolischen Mann verehrte, hatte ihn Kaufmann gewiesen. Oberlin wusste nichts von dem Geisteszustande des Ankömmlings, den er wieder an anhaltende Arbeit gewöhnen sollte. 'Der Name, wenns beliebt?' 'Lenz.' 'Ha, ha, ist er nicht gedruckt?' 'Ja, aber beliehen sie mich nicht darnach zu beurtheilen.' Am 20. Januar 1778 traf Lenz in Waldbach ein. Auch hier hatte er helle, heitere Stunden, schrieb an Lavater und Frau von Stein und hielt sogar eine 'schöne Predigt, nur mit etwas zu vieler Erschrockenheit'. Oberlin hat die traurigen Tage ausführlich geschildert. Lenz versank immer mehr in Wahnsinn und Tobsucht, stürzte sich Nachts wiederholt in den Trog oder aus dem Fenster, suchte sich seinem Robert Hot gleich mit einer Scheere zu erstechen, stiess den Kopf gegen die Wand, wollte ein in dem benachbarten Bellefosse gestorbenes Mädchen Friederike wiedererwecken und klagte dann, indem die alten Gefühle für die Sessenheimer Pfarrerstochter von neuem erwachten, seine Geliebte sei gestorben; er murmelte vor sich hin 'Hieroglyphen! Hieroglyphen', schüttete dann beruhigt dem edlen Oberlin sein Herz aus, aber sein Zustand wurde, namentlich während einer kleinen Reise seines Pflegers, so fürchterlich, dass man ihn am 7. Februar nach Strassburg schaffte, von wo alte Freunde seine Beförderung nach Emmendingen besorgten.

Man kann Schlosser die Aufopferung für den Unglücklichen nicht hoch genug anrechnen. Ferne Freunde und Gönner, obenan der Weimarer Hof, sandten Geld zur Unterstützung, er aber hatte Lenz im schlimmsten Stadium der Tobsucht, als er alles zerbiss und zerkratzte, heulte und schrie, mit den Wächtern rang, die Nahrung verweigerte und neue Selbstmordversuche machte, in seinem Hause. Leidlich genesen traf ihn ein schlimmer Rückfall. In der Zwischenzeit fand ihn Pfeffel noch fiebernd aber anscheinend bei gutem Verstande, nur sehr schüchtern und ceremoniös. Eine beständige Schreibsucht hatte ihn erfasst. Damals sprach auch Klinger vor und suchte den Dichtgenossen aufzuheitern. Die Krankheitsgeschichte liesse sich besonders nach den Briefen Schlossers leicht vervollständigen. Der Gedanke an das Frankfurter Irrenhaus wurde fallen gelassen; Lenz wohnte kurze Zeit bei einem Chirurgus, vorher bei dem Schuhmacher Süss, nachdem ihn die Rheinbäder gekräftigt hatten. Lenz, der Reformator, der neue Shakespeare, der Tischgenosse des

Hofes eines Schusters Pflegling! Und innig befreundet mit dem Haussohne Konrad, der dann auf die Wanderschaft in die Schweiz zog, von Lenz in vier unendlich rührenden Briefen an Sarasins empfohlen. Und Lenz ist glücklich; so glücklich, wie noch nie in seinem irren Leben. 'Nun fehlt mir nichts, als dass alles so bliebe'.

Endlich nach langem, unbegreiflichen Schweigen regte sich seine Familie. Der älteste Bruder holte ihn im Juni 1779 über Lübeck heim nach Riga. Auch ihm fiel die 'unglaubliche Schüchternheit' Jacobs auf. Fortan fliessen die Quellen mehr als spärlich. Ein Brief des Vaters, ein paar Worte von Hamann und Hartknoch, einige Zeilen von Lenz selbst zeigen, dass er eine Zeitlang unangefochten blieb. Er machte sich Hoffnungen auf die Stelle eines Rectors an der rigenser Domschule und in Deutschland hiess es gar, Lenz sei 'Professor der Tactik, Politik und schönen Wissenschaften' geworden, was die Herzogin Amalia zu der treffenden Bemerkung veranlasste, entweder müsse die Universität toll, oder Lenz gescheit geworden sein. 1780 wurde in Folge einer Verwechslung die Nachricht seines Todes verbreitet. Geistig todt war er und todt im Gedächtnisse der Menschen, wenn nicht irgend ein Geniefeind auch den verschollenen Livländer dem Gelächter preiszugeben suchte. Und doch währte es noch zwölf lange Jahre, bis er, 'von wenigen betrauert, von keinem vermisst', aus dem Leben schied. Die Familie suchte sich seiner zu entledigen. Wir wissen von einem Besuche in Petersburg bei dem Dichter und Höfling von Nicolay. Auch Klinger hat er gesehen, der Sinkende den Steigenden. Ein Edelmann fütterte ihn in der Nähe von Moskau zu Tode. Bis 1790 hat Lenz noch Uebersetzungen veröffentlicht, auch gedichtet, aber nur tolles, unverständliches Zeug, dem es selbst an Ausfällen auf Rousseau und Goethe nicht fehlt. Am 23. Mai 1792 fand das elende Schattenleben ein Ende.

Der schicksalsverwandte Hölderlin sagt von seinem eigenen Leben und Dichten, was auch als Aufschrift über Lenzens Laufbahn stehen könnte:

> Wie mein Glück ist mein Lied.
> Willst du im Abendroth froh dich baden?
> Hinweg ists und die Erd ist kalt
> Und der Vogel der Nacht schwirrt
> Unbequem vor das Auge dir. —

Der Dramatiker Reinhold Lenz.

Zu seinem hundertjährigen Todestage.
Von Max Halbe.
(München.)

Am 24. Mai 1792 starb in Moskau der Dramatiker aus der Sturm- und Drangzeit, der einstige Genosse Goethes, Reinhold Lenz, als ein vergessener Mann. Das jüngere Geschlecht, welches erwachsen war unter dem breitern und breitern Schatten des Goetheschen Namens, kannte ihn nicht mehr. Um 14 Jahre hatte Lenz den Ruin seines Geistes, den Bankrott seiner Schaffenskraft überlebt. Ein Zeitraum von einem halben Menschenalter hatte genügt, den Schöpfer des „Hofmeisters" und der „Soldaten", den Dichter manches tief empfundenen Liedes und manches bittern Verzweiflungsschreies aus dem Gedächtnis der Mitwelt auszutilgen.

Aber die Nachwelt vollzieht gerechtes Gericht. Ein Jahrhundert will sich runden, seitdem man die Reste des Vergessenen der Erde übergab, und auch an Lenz erfüllt sich Nietzsches tiefsinniges Wort von der ewigen Wiederkunft. So stehe es denn hier als ein Motto und als eine Inschrift, gesetzt von einem Nachkommen auf das Grab des Dichters Lenz:

„Nun sterbe und schwinde ich, und im Nu bin ich ein Nichts. Die Seelen sind so sterblich wie die Leiber.

„Aber der Knoten von Ursachen kehrt wieder, in den ich verschlungen bin, — der wird mich wieder schaffen! Ich selber gehöre zu den Ursachen der ewigen Wiederkunft.

„Ich komme wieder, mit dieser Sonne, mit dieser Erde, mit diesem Adler, mit dieser Schlange . . ."

Im Jahre 1774 erschien der „Hofmeister", das erste große Drama Reinhold Lenzens, von ihm eine Komödie genannt. Im gleichen Jahre kamen seine „Anmerkungen übers Theater" heraus, die er einem kurzen Vorwort zufolge bereits zwei Jahre vor dem Erscheinen des „Götz" in einer Gesellschaft vorgelesen hatte. Die kühne Ketzerei eines Freslers und Auflehners wider uraltes ästhetisches Recht und Gesetz, wider aristotelisch-französische Hürden- und Heckendramatik, wider „Wohlstand, Geschmack und Moralität", und eines stürmenden Verehrers Shakespeare'scher Naturnacktheit, gährt in diesen „Anmerkungen". Der Morgenruf einer neuen Zeit. Der Dank eines jüngeren Geschlechts an die großen Auflöser und Umwerter der ältern Generation und eine Bestätigung, daß diesem jungen Geschlecht das Lebenswerk eines Lessing und Herder unverloren sein sollte. In knapper Kürze, im knorrig bizarren Kraftton der jungen Genies, mit schlagender Logik werden die alten Tafeln zertrümmert und neue Werte gemünzt.

„Was sie (die Dichtkunst) nun so reizend macht . . . scheint meinem Bedünken nach nichts anderes als die Nachahmung der Natur, das heißt aller der Dinge, die wir um uns herum sehen, hören et cetera . . . ."

„Den Gegenstand zurückzuspiegeln, das ist der Knoten, die nota diacritica des poetischen Genies . . ."

„Der wahre Dichter verbindet nicht in seiner Einbildungskraft, wie es ihm gefällt, was die Herren die schöne Natur zu nennen belieben, was aber, mit ihrer Erlaubnis, nichts als die verfehlte Natur ist. Er nimmt Standpunkt — und dann muß er so verbinden. Man könnte sein Gemälde mit der Sache verwechseln, und der Schöpfer sieht auf ihn hinab, wie auf die kleinen Götter, die mit seinem Funken in der Brust auf den Thronen der Erde sitzen . . . ."

„Sei es also, daß Drama notwendig die Handlung mit einschließt, um mir die Beschaffenheit anschaulich zu machen: ist darum Handlung der letzte Endzweck, das Prinzipium (des Dramas)?"

Und er kommt zu dem Schluß, nicht Handlung, der Charakter ist der Endzweck des Dramas, und nur soweit in der Handlung eben der Charakter, der Mensch sich entfaltet, kann auch die Handlung als Mitfaktor des Dramatischen gelten. Naturwiedergabe! Menschengestaltung! „Oder scheuen Sie sich, meine Herren, einen Menschen zu sehen?" redet der Stürmer seine weisen kritischen Häupter von dazumal an. Wer wollte sich getrauen, zu unterscheiden, ward dies Anno 1770 geschrieben oder 120 Jahre später? Das große Gesetz von der ewigen Wiederkunft! . . . .

Die Formel des naturalistischen Charakterdramas steht vor uns, jugendlich, zeit- und sturmgefeit, wie in den Tagen Shakespeares. Ihr einziges Gesetz die Erfassung des Menschen, der Natur, des Charakteristischen. Ihre große Verachtung die Handlung, die Fabel, das Stoffliche, das Handwerksmäßige. Die Natur ist mannigfaltig in ihren Wirkungen. Das Handwerk ist einfach. Die Produktion an Charakteren ist unerschöpflich, wie die Natur selbst. Aber wer fünfzig Intriguenstücke gesehen hat, läuft vor Ekel und Langeweile davon.

Die Formel des naturalistischen Charakterdramas, und als Kostüm und Positur des 18. Jahrhunderts die Fechterstellung gegen den Aristoteles und seine drei Einheiten, denen Lenz eine einzige Einheit gegenüberstellt, „nämlich die uns den Gesichtspunkt giebt, aus dem wir das Ganze umfangen und überschauen können". Die Einheit des Überblicks, von der Einheit der Nation, der Sprache, der Religion, der Sitten und hundert andere eben so notwendige Bestandteile sind, wie Einheit der Handlung.

Mit scharfem historischen Blick, dem man die Herdersche Schule anmerkt, wird zunächst die aristotelische Einheit des Orts auf die eigentümlichen Bedürfnisse der altgriechischen Bühne, dann die Grundanlage der griechischen Dramatik überhaupt, die Bevorzugung der Handlung, der Begebenheit, die Vernachlässigung des Charakters, der Person, zurückgeführt auf die Religions- und Weltanschauung des Volkes, als auf die jeweilige Quelle aller Gestaltung und Dichtung. So hoch wie das Fatum der Griechen über dem einzelnen Menschen stand, so hoch dem griechischen Dramatiker der straffe Zusammenhang der Begebenheit über dem Einzelcharakter. „Es war Gottesdienst, die furchtbare Gewalt des Schicksals anzuerkennen." Und Gottesdienst ist alle Kunst.

Es ist interessant, wie Lenz neben dem Nachahmungsprinzip, das er wiederholt als den Träger aller Kunst bezeichnet, in dunklem Drang, sich selbst halb unbewußt, noch ein zweites Moment künstlerischen Thuns mit in die Erörterung einfließen läßt, das religiöse Moment, den Punkt, wo über die einfache Naturnachahmung hinaus und über das Vergnügen am Nachgeahmten hinaus, die große Erbauung, Erhebung, Erschütterung, der Gottesdienst beginnt, oder wenn wir wollen, der Alldienst, der Unendlichkeitskultus. Jede ergründende Psychologie der Kunst wird auch an diesen andern Angelpunkt künstlerischen Gestaltens rühren müssen und sich's nicht an dem einfachen Nachahmungstrieb genügen lassen, wenn sie nicht die Erklärung für große Kunstepochen und Kunstthaten schuldig bleiben will.

Umgekehrt wie die griechische Welt gravitieren für Lenz die neueren, speciell die nordischen Völker zu einem gesteigerten Bewußtsein der Eigenpersönlichkeit hin. Wenn es für den Griechen Gottesdienst war, das Schicksal anzubeten, so ist es für Lenz und seine Zeitgenossen Erhebung und Religion, beim Anblick eines Menschen, eines Charakters, auszurufen: „Das ist ein Kerl! Das sind Kerls!" Die Folgerungen für die Durchbrechung der aristotelischen Ästhetik und eine moderne Ausgestaltung des Dramas liegen klar.

Von zwei Seiten her schreitet die Beweisführung Lenzens auf ihr Ziel zu, von dem Triebe nach Naturnachahmung und -Wiedergabe, und von dem modernen Religionsbedürfnisse und Weltanschauungsbegriffe (Religion im weitesten Sinne genommen). An dem Punkte, wo die beiden Bahnen ineinander laufen, baut sich das naturalistische Charakterdrama auf. Sein großer Heros — Shakespeare.

Die erste produktive dramatische Gabe des jungen Revolutionärs war der „Hofmeister". Eine reiche Galerie von Charakterköpfen, herausgegriffen aus dem privaten Leben der Zeit und mit feiner Beobachtung der intimen

Züge, der individuellen Geberden wiedergegeben. Die Luft des achtzehnten Jahrhunderts flimmert um diese Menschen. Der Atem einer vergangenen Welt weht uns entgegen, so wunderlich fremd uns und so wunderlich bekannt zugleich. Und wir stehen vor diesen Bildern in einer tiefen, feierlichen Stille um uns, und schauen und lauschen, und allgemach werden die Menschen vor uns lebendig und treten aus ihrem Rahmen. Wir sehen sie sich herzen und sich hassen, sich verführen und sich verderben, sich schlagen und sich vertragen, und wir greifen uns an unsere Köpfe: Bist du das nicht? Sind wir das nicht, die dorten agieren? Und mit einem Male wird uns Erlebnis, daß Raum und Zeit nur Anschauungsformen und hundert und tausend Jahre werden uns wie der Tag, der gestern vergangen ist. Dort geht das Brüderpaar, der Geheime Rat und der Major von Berg, und beide tragen die Familienähnlichkeit auf ihrem Gesicht, und in ihren Geberden, die Derbheit des Wortes und die Lust zu erziehen und zu moralisieren. Aber der alte Kriegsmann leistet noch ein Erkleckliches mehr in wilden Flüchen und himmelstürmenden Donnerwettern, als der feinere, weitsichtigere, überlegenere Rat. Und treffen sich die beiden in ihrer väterlichen Zärtlichkeit für ihre Kinder, der Major für sein Gustchen, die schwärmende schöne Seele im Flügelkleide eines noch nicht eingesegneten Backfischs, und der Rat für seinen Galgenstrick von Jungen, den Liebhaber und Flegel Fritz — so gehen doch die Wege, auf denen die beiden Alten ihre Erziehungsideale suchen, weit, weit auseinander. Und weit auseinander liegen die Resultate.

Fritz, zum Entsetzen des Onkel Majors auf der öffentlichen Schule erzogen, kommt zur Universität, nachdem er seinem schwärmerischen Cousinchen ewige Romeo=Liebe geschworen und heißen Abschied genommen, und wird ein braver Student und ganzer Mann, der das Herz auf dem rechten Fleck sitzen hat und im übrigen etwas von dem Moralisierungstalent seiner Familie geerbt hat. Und Gustchen, seine Julia ... Der Vater Major will's dem Bruder zeigen, was für ein ander Ding es doch ist mit der Privat=Erziehung und Absonderung adliger Kinder von dem bürgerlichen Pöbel und engagiert für seine Sprößlinge einen Hofmeister. Monsieur Läuffer, ein Pastorssohn, wie Lenz es auch war, eine unzufriedene, schweifende, excentrische Seele, wie Lenz es ebenfalls war, in dem heillosen Zwiespalt zwischen hochfliegendem Studierten=Ehrgeiz und engumfriedeter Lebensaussicht, zwischen gesteigertem Individuumsbewußtsein und betreßter Lakaienstellung, eine sinnliche Natur mit dem Umschlag bis zur Askese, zur Selbstvernichtung, vollzieht die instinktive Rache des Unterdrückten an seinem Gebieter und schneidet erst dessen verschrobener Hausehre und Xantippe, dann dem schwärmerischen Töchterchen die Cour. Dem verzogenen, übergut genährten, frühsinnlichen Fräulein, welches ihren abwesenden Romeo schnell genug vergißt, kommt der charmante Hofmeister gerade recht. Sie ergiebt sich ihm mit der schmachtenden Wollust ihrer sechzehn Jahre. Als der Major entdeckt, daß er im Begriff ist, Großpapa zu werden, ist die Katastrophe da. Gustchen läuft aus dem Hause, Monsieur Läuffer desgleichen, nach der entgegengesetzten Windrichtung. Auf vier fünf und mehr Schau=plätzen setzt sich die Handlung fort. Läuffer findet verborgenen Unterschlupf bei Herrn Wenzeslaus, einem tollen, ungehobelten, herzensechten Poltron von Schulmeister und in litteris et theologicis wohlfundierten Kirchenlicht. Ein Kerl, grob wie eine ostpreußische Landwurst, aber ein Meister in der Lebenskunst, der sich ebensowenig aus dem Gleichgewicht seiner fröhlichen Weltverachtung wie aus der Wohlgesetztheit seiner langatmigen Perioden herausbringen läßt, der seinem windigen Gaste die Knochen ordentlich gerade=richtet und ihm gleich zur Einleitung ihrer Freundschaft die verabscheute Tabakspfeife in den Mund zwingt, „als welche gut ist wider die böse Lust und wider die bösen Begierden ebenfalls". Eine Gestalt, aus dem Vollen geschöpft von Einem, der das Schöpfen verstand.

Während Läuffer unter der Fuchtel seines gestrengen Meisters wieder aufrecht stehen lernt und neues Mark in die Knochen saugt, gebiert Gustchen im Waldversteck, verloren den Ihrigen, ein Kind. Das schwüle, sinnliche Mädchen ist ein starkmütiges Weib geworden, gereift um Jahre durch die eine große Erfahrung ihres Lebens. Und nun treibt sie's als Büßerin zu den Füßen ihres Vaters, wie es ihren Vater treibt nach der Umarmung der verlorenen, umsonst gesuchten Tochter. In einer der starken Szenen, an denen das Drama so sehr reich ist, finden sich die beiden Suchenden, in einem Augenblick, da die Geschicke Gustchens sich zu erfüllen scheinen und über der Ertrinkenden die große Flut zusammenschlagen will. Der Vater rettet seine Tochter und trägt sie in seinen Armen davon.

Aber der Faden ist noch nicht zu Ende gesponnen. Läuffer, der als Kollaborator an der Seite seine Wenzeslaus kaum zu neuem Lebensmut erstarkt ist, erblickt und erkennt durch einen Zufall sein und Gustchens Kind, die Frucht seiner maßlosen Selbstbethätigung, und nun vollzieht sich an ihm der unvermittelte Umschlag zum Gegenextrem, zur maßlosen Selbst=aufhebung. Er entmannt sich und empfängt in einer Szene, die an tragi=komischem Humor ihres Gleichen sucht, die begeisterten Glückwünsche seines schulmeisterlichen Freundes zu seiner heroischen That.

Fritz von Berg absolviert die drei Jahre seiner Studentenzeit in Halle und Leipzig und macht unter allerlei andern Erfahrungen auch die Bekannt=schaft des altbeliebten Studentenheims, des Karzers. Die ganze studentische Umgebung und ihre Anhängsel sind mit köstlich modernem Naturalismus gezeichnet. Da giebt es eine Zimmervermieterin Frau Blitzer in . . . beinahe wollte ich sagen in Berlin N. Ach, auch Zimmervermieterinnen sind unsterblich! . . . . Aber die cholerische Dame lebte ja in Halle, als man das dritte Viertel des achtzehnten Jahrhunderts schrieb, und stand in einem ausgiebigen Pumpverhältnis mit ihrem Chambregarnisten Pätus, einer kreuzbraven, etwas angebummelten Haut, an der der wackere Fritz seine moralistischen Züchtungstalente so recht nach Herzenslust erproben konnte. Denn Herr stud. Pätus hatte Schulden mehr als Haare auf dem Kopfe, und seine galanten Neigungen brachten ihn in die schwierigsten Situationen, verhalfen ihm doch zu einer beneidenswerten Acquisition, zu der jungen, unschuldigen, zarten Jungfer Rehhaar, welche beinahe in die Klauen des Sehr Edlen von Seiffenblase ge= fallen wäre, einnes brutalen Schweinhunds und Korpsstu= denten, späteren Referendars und Reserveoffi= ziers in der Uni= form des 18. Jahrhunderts. Und nun dieser Vater Rehhaar, ein ausgesuch= tes, prächtiges Exemplar von einem Hasen= fuß, welcher die jungen Stu= dentchen Laut chen spielen lehrt und die „Courasche" für der Laster oberstes hält. Auch eine Ge= stalt von einem Meister der Menschendar= stellung.

LENZ.
(Lenz' Silhouette aus „Olla Potrida", 1778.)

Und alle diese Menschen leben und stürmen durcheinander in einer krausen, bunten, starken Handlung, die freilich allen ästhetischen Schulgesetzen gar sehr wider den Strich läuft, aber Bühnenkraft genug hätte, um auch unter dem modernen Lampenlicht die Probe zu bestehen vor einem empfänglichen, unbeeinflußten Publikum. Die Shakespearebühne in München wäre der geeignete Ort, dem Geiste des neu erweckten Dichters Lenz das Sühnopfer der Nachwelt darzubringen. Die szenischen Schwierigkeiten stehen zurück hinter denen des „Götz", der überhaupt vielfach weniger bühnengerecht erscheint, als der „Hofmeister". Und der „Hofmeister" ist nicht nur das notwendige Pendant zum „Götz" und erweist in seiner Eigenständigkeit

und Unabhängigkeit vom letztern, die Naturgewalt jenes litterarischen Ver=
jüngungsprozesses „Sturm und Drang", der neben und mit Goethe auch
die andern produktiven Köpfe der Zeit erfaßt hatte und zu den genialsten
Jugendthaten fortriß. Eine Thatsache, die man unsern Zeitgenossen nicht
sollte vergessen und verloren gehen lassen. Der „Hofmeister" ist also nicht
nur das gleichwertige Gegenstück zu Goethes Geniedrama, er ist zugleich
viel specifischer und zeitcharakteristischer, als der historische „Götz" und darum
für uns, deren menschliches Interesse gerade noch bis in jene Tage zurück=
reicht (was weiter zurückliegt kümmert uns höchstens historisch wissen=
schaftlich), darum für uns Urenkel eine melancholische Lust, ein ferner,
ferner, süßer Klang im Ohr. Haben wir doch als lebendiges Dokument
jener großen Entwicklungs= und Vorbereitungszeit nur noch Lessing und
seine Minna von Barnhelm. Denn Goethe, selbst Schiller, beide mit ihrer
Neigung zum historischen Stück, tragen etwas Zeitloses auf ihren Gesichtern.
Lenz dagegen, dessen große Kraft das bürgerliche Schauspiel war, Lenz war
ganz Fleisch vom Fleisch seiner Zeit und Geist von ihrem Geist.

Es müßte eine Freude sein, dieses Stück achtzehntes Jahrhundert,
genannt „der Hofmeister oder Vorteile der Privaterziehung", vor unsern
Augen wieder zu Fleisch und Blut auferstehen zu sehen, diese starken, vollen,
stürmischen Menschen, welche unsere Urgroßväter und Urgroßmütter waren
und noch nichts wußten von Decadence und Fin de siècle Pariser und
Berliner Marke, trotzdem ihr geistiger Vater und Schöpfer ein krankheit=
gezeichneter Mann war.

Und wenn wir dann am Schluß der Komödie die ganze Gesellschaft
einander gerührt in die Arme sinken sehen, wenn die schöne Sünderin,
Büßerin von ihrem heimgekehrten Romeo doch noch als eheliches Weib
in die Arme geschlossen wird, wenn das große Verzeihen über Söhne und
Väter kommt, wenn sogar der arme verstümmelte Monsieur Läuffer als
sinnlich übersinnlicher Freier noch eine sehr handfeste und annehmbare Tröstung,
ein vollbrüstiges, köstlich naturwüchsiges Dorfmädel zugewiesen erhält, wenn
alles sich in Wohlgefallen auflöst, was in Nacht und Untergang enden
mußte, dann erleben auch wir Modernen einen kleinen Triumph mit unserer
Sucht, überall Fin de siècle zu suchen. Dann wissen wir, auch der Dichter
Lenz hatte seinen Stich, wenn es freilich auch ein anderer war, als der
von uns Thorschlußmenschen. Der Dichter Lenz krankte an dramatischer
Weichmütigkeit, an Konsequenzenfurcht, wenn es darum handelte, die letzten
tragischen Resultate aus gegebenen tragischen Charakteren und Situationen
zu ziehen. Er zagte vor den unversöhnenden Abschlüssen, vor dem Auge
in Auge mit der unendlichen Erbarmungslosigkeit alles Daseins und Schicksals,
und was dem Menschen Lenz an sich selbst zu erfahren und bis auf den

letzten Tropfen auszukosten bevorstand, die unerbittliche tragische Konsequenz, das ist der Dichter Lenz seinen Schöpfungen schuldig geblieben, das hat er seinen Gestalten erspart, vielleicht aus einem instinktiven Vorahnungsgefühl und Selbsttäuschungsbedürfnis, in der Vogelstraußempfindung schwächlicher Naturen, vielleicht auch aus unkünstlerischer Rücksicht auf das Publikum seiner Zeit, welches sich gegen die letzte tragische Ausgestaltung dieser so furchtbar nahe gerückten Lebensbilder mit aller Gewalt aufgebäumt hätte. So ist der Charakteristiker und Naturalist einer von den Ahnherren des bürgerlichen Rührstücks geworden....

Die Gestalten des Dramas „der Hofmeister" verraten den fanatischen Objektivisten, und doch klingt, als ein seltsamer Widerspruch, ein lehrhafter, tendenziöser Ton durch das Ganze. Der Nebentitel „Vorteile der Privaterziehung" giebt die Signatur für diesen Zug. Es soll nachgewiesen werden, welches Unheil über die Familien durch die Privaterziehung der Kinder gebracht wird, und das Stück klingt nach all den Erschütterungen und Charakterexplosionen in der für uns gar harmlosen Pointe aus: „Wenigstens, mein süßer Junge, werd' ich Dich nie durch Hofmeister erziehen lassen." Wir lächeln. Überwundene Geschichten! Tant de bruit pour une omelette! Aber was für uns triviale Selbstverständlichkeiten, das war für Lenz blutiger Ernst. Selbst Hofmeister, mußte er manche Erfahrung gemacht haben, nach deren künstlerischer Wiedergabe es ihn drängte. Ein lehrhafter Zug lag überhaupt in seinem Charakter. Er kehrt in allen seinen Schöpfungen wieder, bald in das Eigenste der Persönlichkeit eingefangen, wie fast überall im „Hofmeister", bald auch nur auf die Oberfläche der Gestalten gekleyt und dann eine beleidigende Störung des künstlerischen Gesamtbildes.

Diesem subjektivistischen, wenn man will lyrischen Drang, welcher zu dem objektivistischen, bildnerischen Vermögen Lenzens die Ergänzung bildet, wie die Begleitung zur Melodie, scheint das zweite Drama des Dichters seine Entstehung zu verdanken, „der neue Menoza oder die Geschichte des kumbanischen Prinzen Tandi", ebenfalls bereits 1774 erschienen. Die neue Komödie stand in dem charakteristischen psychologischen Verhältnis so vieler zweiten Werke zu der voraufgehenden Erstlingsschöpfung. Der tastende Gestaltungsdrang des Lebensneulings hatte sich erprobt und Genüge gethan an der Wiedergabe der Außenwelt, an der Objektivierung all der drängenden Erfahrungen und hartkantigen Menschen, die den jungen halbflüggen Dichter bei seinem Hinaustritt in den großen Jahrmarkt der Welt gestoßen und zerbeult hatten. Der innere Mensch, das Ich war dabei von den lieben Mitmenschen vergewaltigt worden. Es war ein Monsieur Läuffer herausgekommen. Jetzt, nach der großen Befreiung und Abwälzung, wandte sich die suchende Sehnsucht wieder dem eigenen Selbst zu und aus der Raupe des Hofmeisters Läuffer entstieg als geflügelter Schmetterling der kumbanische Prinz Tandi.

Die große Rousseausche Europamüdigkeit, der Kulturekel und der Traum von einer markigern Welt, von einem volleren, ungebrochenen Geschlecht lebt in dieser Gestalt, welche das ganze Stück überschattet, obwohl sie räumlich mit äußerster Sparsamkeit behandelt ist. Ein wunderlicher Prinz aus einer andern Welt, aus Kumba, einem Reich, „welches nicht einmal auf unserer Landkarte steht", bereist Europa, um die Menschen kennen zu lernen, damit er sie einst zu regieren verstehe. Dunkel seine Geburt, nach Kumba verschlagen, Europäer von Abstammung, abenteuerlich seine Schicksale, bergauf, bergab gewälzt, Page geworden, dann adoptiert, zum Thronfolger erklärt, gestürzt, „bergunter gerollt bis an die Hölle", wieder erhoben zu den Höhen, ein stürmischer und doch so zärtlicher Barbar, und wieder ein keuscher, ach so moralischer Joseph, wie man es von einem kumbanischen Prinzen nicht erwarten würde, wenn man nicht wüßte, wo eigentlich Kumba zu suchen ist, in dem Dichtergehirn von Reinhold Lenz. Armer, umgeworfener Prinz! Dein Reich war nicht von dieser Welt! Und gar bald erkanntest Du, in welchem Morast Du versankst, als Du den aufgeklärten, berühmten Weltteil betratest. Statt der großen, vielumfassenden, vielthätigen Menschen fandest Du eine Galerie von Zöpfen und Biederlingen, halb Narren, halb Philister, wenn auch brave, ehrsam hinwandelnde Seelen, und Du sehntest Dich nach Deinem Kumba zurück, um einmal wieder Atem zu schöpfen, denn Du fürchtetest, zu ersticken. Da führte Dir Dein Schicksal ein seelentiefes Weib entgegen, von Deinem Schlage, in weicher, weiblicher Abtönung, als Deine große Tröstung und Erlösung, und Ihr gehörtet einander. Aber der Pfad der Irrungen, auf dem Du wandeltest, war noch nicht zu Ende geschritten. Und als Ihr beiden Menschen einst beieinander saßet, aufgelöst nach den Wonnen der ersten seligen Nacht, in einer Szene, die Deines Zeitgenossen Goethe verwandten Szenen die Hand reicht, da erfuhrest Du, daß Dein Weib Deine Schwester und ihr Vater Dein Vater, und das Geheimnis lichtete sich, woher Du Deine Querköpfigkeit hattest und Dein Anderswollen als Andere, von Deinem guten, derben, komischen Vater, welcher auch schon einen Sparren hatte und Seidenwürmchen in Sachsen züchten wollte, wie Du, sein Sohn, Menschen in Europa. Und nun, mein Prinz, benahmst Du Dich garnicht wie ein kumbanischer Übermensch, aus jener andern Welt, jenseits von Gut und Böse, sondern es zeigte sich, daß Du doch nur aus Europa warst, befangen in Banden von Sitte und Gesetz, und wütetest gegen Dich selbst und wußtest nicht aus noch ein. Ja, viel hätte nicht gefehlt, daß Du gleicherweise an Dir thatest, wie Dein europäischer Vetter, Monsieur Läuffer, einst an sich. Und was wurde aus

Deinem selig unseligen Weibe? Sie blieb verlassen zurück und verzehrte sich nach Dir, denn sie bereute nicht und vergaß nicht, was zwischen Euch gewesen. Sie war ein Weib, echter, als Du ein kumbanischer Prinz. Dein Nebenbuhler, ein Graf Camäleon von Namen, aber von Art ein zielbewußter und unverbesserlicher Weiberjäger, spann Verführung und Überlistung gegen Dein junges, schmachtendes Weib. Aber sie blieb Dir treu und zerriß seine Gewebe. Und ein weiblicher Racheengel fuhr hernieder, ein Sturmwind im Unterrock, eine Lady Feuerbrand, ein Eva gewordener steinerner Gast, und zerschmetterte den geilen Don Juan, wobei auch ein sehr, sehr naher Verwandter des Weislingenschen Franz, der Bediente Gustav, ums Leben kam.

Deine verachteten Europäer aber dachten und handelten zwar sehr viel nüchterner, als Du, mein Prinz Tandi, aber auch ebensoviel menschlicher und unbefangener, und besorgten sich für den absonderlichen Fall einfach einen Konsens beim Konsistorium, der Deine und Wilhelminens Heirat guthieß. So wurde es denn eine Komödie, da es doch umgekehrt eine Tragödie hätte werden können und müssen, wenn der Prinz nicht wie ein Europäer, und seine Europäer nicht schließlich wie echte Kumbaner gehandelt hätten. Der Dichter Lenz aber hat es anders gewollt. Er ist dem zerschmetternden Aufeinanderprall des moralosen Höhenmenschen und einer kleinlichen, moralbefangenen Welt aus dem Wege gegangen und der Predigerssohn in ihm hat es in der Anlage der Komödie so gefügt, daß am guten Ende Wilhelmine doch nicht des Prinzen, ihres Gemahls, Schwester, und der ehrliche Seidenwürmchenzüchter zwar seines Sohnes, nicht aber seiner vermeintlichen Tochter Vater, zur Beruhigung aller braven Seelen, und nicht zum mindesten Deiner selbst, mein Prinz Tandi. Und jetzt schließest Du Beneidenswerter Dein wiedergefundenes Weib in Deine Arme, und wenn ich mich in Dir nicht täusche, so wirst Du am Morgen nach dieser Nacht den Staub Europas von Deinen Pantoffeln schütteln und mit Deinem Weibe heimkehren nach Deinem Kumba. Der Schauplatz dieser Welt aber verbleibt den Biederlingen und Zöpfen, dem Zierau und dem Magister Beza, von denen der eine der Genußmensch des Augenblicks, und der andere der Sodomprediger gegen Fleisch und Sünde, ein würdiger Ahnherr moderner Sittlichkeitsapostel.

Die Frucht des Jahres 1775 waren die „Soldaten", deren öffentliches Erscheinen jedoch erst das folgende Jahr brachte. Eine Tragödie ihrem Geiste und innern Resultate nach, die reifste Ausgestaltung des Lenzschen Objektivismus. Wieder wie im „Hofmeister" stehen wir auf dem Boden eigenster Beobachtungen und Erfahrungen des Dichters. Wieder enthüllt sich uns ein Zeitbild von brennender Wahrhaftigkeit, eine Galerie von

Menschen in Farbe und Kostüm des achtzehnten Jahrhunderts, aber unter der Uniform und dem Reifrock fühlen wir das lebendige, vertraute, unergründete Menschenherz schlagen, und zwischen den geschweiften Möbeln und dem geschnörkelten Hausrat schreitet das gleiche, zeitlose Schicksal, welches in dieser Stunde durch unsere hellen, modernen Stuben wandelt und die umfassende Kette schlingt um die Ungekannten, Ungeborenen, vor uns in grenzlosen Morgenweiten, wie um die Vergessenen, Gewesenen, hinter uns in unerforschten Nächten, und um uns selbst, uns verlorene, dämmernde Kinder des Heute. So weitet sich das Zeitbild zum Weltbild, und der Schrei des zertretenen Individuums gellt durch die Jahrhunderte.

Hier ein geschlossener Kreis von Unterdrückern, brutalen Herren, skrupellosem Genuß ergeben, geboren nur zu pflücken und wegzuschleudern im Ekel der Übersättigung und dahinzufahren in der Leere ihrer Tage. Dort ein eng umfriedetes, bescheidenes Geschlecht, gezüchtet in Hoffnung und Glaube, in Dienst und Unterwerfung, mit der Sklavenehrfurcht vor Glanz und Brutalität und mit dem Sklaventrieb, sich einzuschleichen und den Herren gleichzuthun. Und der Faden schlingt sich. Gegen einander treten das Offizierstum und die Kleinbürgerwelt, und Marie, die verführerische, leichtsinnige, sinnliche Tochter des Galanteriehändlers Wesener aus Lille, macht in der Garnisonsstadt Armentieres die Bekanntschaft des jungen abligen Lieutenants Desportes. Der flotte, bestechende Edelmann blendet das lüsterne, leichtgläubige Bürgermädchen, und die schwüle Geschlechtlichkeit des Weibes erhitzt dem Offizier das überreizte Blut. Aber Mariens Hand und bisherige Neigung gehören ihrem Verlobten, dem Tuchhändler Stolzius, einem braven, weichen, verliebten Jungen, welcher das Original darstellt, nach welchem der große Goethe seinen Brackenburg im „Egmont" nicht sehr glücklich kopiert hat. Einen Augenblick schwankt die Wage. Marie ist aus der Garnison heimgekehrt in das Haus ihres Vaters, der Lieutenant ihren Augen entrückt, in der bevorstehenden Heirat mit ihrem Standesgenossen bietet sich eine sichere Zukunft. Als echtes Kind ihres Milieus wird sie den geraden Weg gehen, der zur Versorgung führt, wird Frau Tuchhändlerin werden und als ein im Grunde gutmütiges, liebenswürdiges Weib die Tage ihres Mannes erhellen, vielleicht ein wenig den Pantoffel über ihm schwingen, vielleicht durch allerlei kleine Seitensprünge zu mehr oder minder nobeln Courschneidern die zärtliche Eifersucht ihres Eheherrn entfachen, wird zahlreiche Kinder gebären und am Ende ihren Weg beschließen in dem Bewußtsein eines wohlerfüllten Lebens.

Da taucht der junge Lebemann in Mariens Gesichtskreise wieder auf, und sie selbst und ihre Familie mit ihr endet in Elend und Untergang. Papa Wesener, einer von den überklugen Bürgervätern, welche durch vor-

sichtige Preisbietung ihrer hübschen Töchter glänzende Schwiegersöhne zu
ködern hoffen und sich Weltgewandtheit genug zutrauen, daß ihnen die
Zügel über ihre Kinder nicht entschlüpfen werden, befördert in närrischer
Verblendung die Liebelei seines verhätschelten Töchterchens mit dem vornehmen
Anbeter. Man kann ja nicht wissen, was einem manchmal für ein Glück
aufgehoben ist. „Kannst noch einmal gnädige Frau werden, närrisches
Kind." Aber mit Vorsicht! Mit Vorsicht! Der Stolzius darf darum nicht
sogleich abgeschreckt werden. Eine solide Reserve schadet für alle Fälle nichts.
So nimmt der Roman seinen Verlauf nach Naturgesetz. Kostbare Präsente,
Komödienbesuche, heimliche Rendezvous bei Madame Weyhern, der mütter=
lichen Freundin, offenes Beisammensein im Elternhause, Liebesschäkereien,
Stadtklatsch, Heiratsversprechen . . . . und eines Morgens ist der edle Junker
verschwunden. Der Gott ist von der Erde, die er beglückte, zurückgestiegen
zu seinen Höhen. Betrogene Gläubiger und ein verführtes Weib, die
trauernden Hinterbliebenen.

"Ein Mädele jung ein Würfel ist,
Wohl auf dem Tisch gelegen . . . ."

sang die alte Großmama Wesener, als die beiden jungen Leutchen einst in
ihrer Verliebtheit Maienblüte mit einander tändelten und tollten, und
zählte die Maschen ihres Strickstrumpfs ab eine nach der andern, gleich=
mütig, maschinenmäßig, wie sie gewohnt war, zwei Menschenalter lang.
Und der Würfel rollte, und das Mädele wanderte von einer Hand zur
andern, und Papa Wesener setzte sein Vermögen zu, um für den durch=
gebrannten Galan Bürgschaft zu leisten und sein unerschüttertes Vertrauen
vor der Stadt zu erweisen. Aber es war etwas gebrochen in dem ge=
täuschten Vaterherzen, was nie wieder zu reparieren war, und eine Lebens=
hoffnung war vernichtet. Denn sein launisches, liebebedürftiges Kind fieberte
nach Betäubung und Vergessenheit, und statt eines ehrsamen Bürgerweibes
wurde es ein verrufenes Soldatenliebchen, dessen sich die Kameraden
annahmen, halb aus Interesse, halb zum Zeitvertreib, eine Gesellschaft von
rohen Renommisten und ausgelassenen Wüstlingen, von dem Dichter mit
unvergänglichen Strichen gezeichnet. Da lottern und faullenzen sie herum
und stehlen dem Herrgott seinen Tag weg, diese unbeschäftigten, gelang=
weilten Herren Offiziere, zu nichts in der Welt nutz, als sich in den
Schenken und Kaffeehäusern zu lümmeln, zotige Späße auszukramen in den
Salons anrüchiger Weiblichkeit, verrückte Streiche gegen einander auszuhecken,
Schulden aufzutürmen, den Wanst vollzuschlagen .mit Fressen und Saufen
und appetitlichen Bürgertöchtern nachzujagen, zur Stillung und Ausleitung
der aufgestachelten Gier. Eine Gruppe, meisterhaft im Gesamtbild, meister=
haft in den Einzelzügen, dieser Haudy, ein Rüpel in der Majorsuniform,

der für einen brutalen Spaß seinen leibhaftigen Bruder verkaufen würde, dieser geile genasführte Intrigant Rammler, dieser Großkonfusionarius Pirzel, der rohe, aber wohlmeinende Mary, aus der ganzen Bande der Anständigste, der die verführerische Marie beinahe geheiratet hätte, aus purer Sinnlichkeit, und schließlich der Herr Galan Desportes selbst, mit seiner glatten Gemeinheit, der seine einstige Geliebte, als sie ihm nachläuft und ihn nicht vergessen will, seinem Burschen in die Hände spielt und dafür von dem rächenden Stolzius Gift in die Suppe geschüttet bekommt. Eine großartige Szene, in welcher die Wucht des Verhängnisses niederschmettert auf den Verführer wie auf den Rächer, auf den Betrüger wie auf den Betrogenen am Lebensglück.

Und nun senken sich die Abendschatten über zertrümmerten Schicksalen. Eine verwüstete Weibsperson zupft einen alten, gebrochenen Mann am Rock und bittet um ein Almosen oder einen Schluck Wein im Wirtshaus. Ein kurzer Wortwechsel, ein Hin und Wider von Frage und Antwort, der Vater, der einem adligen Schweinhund Glück und Vermögen geopfert, erkennt seine Tochter, und die beiden Menschen, welchen das Leben seine Versprechungen schuldig blieb, hängen einander am Halse.

Vor dem Bilde schließt sich der Vorhang, sollte man meinen. Aber in den dramatischen, reinen, starken Wein selbst dieses Stückes mischt sich das Wasser Lenzischer Rührseligkeit und Lehrhaftigkeit. Auf das streng stilgerecht aufgeführte, dramatische Gebäude klebt sich ein kurioser Giebel von beleidigender Willkür, und zur Versöhnung der allzu heftig tobenden Leidenschaften müssen sich in einer Schlußszene zwei edle Menschen vereinigen zur Schadloshaltung und Wiederaufrichtung des zerstörten Familienglücks, und obendrein allerlei Hirngespinste des Dichters und Menschenfreundes Lenz zum besten geben, wie derartigen betrübenden Geschehnissen in Zukunft abzuhelfen. Probatum est!

Trotzdem fällt die dramatische Stillosigkeit hier nicht so verletzend in die Augen, weil sie eigentlich nur lose am Schluß angehängt und nicht so untrennbar in das Ganze verwoben ist, wie etwa im „Hofmeister". Läßt man daher Pietätsgründe beiseite und schneidet das Stück mit dem erschütternden Wiedersehen von Vater und Tochter ab, so steht man vor einer einheitlichen, überwältigenden, naturalistischen Tragödie, wie wir deren nicht viele in unserer Litteratur besitzen.

Mehr noch oder doch eben so sehr wie der „Hofmeister" verdienten die „Soldaten" eine Auferstehung vor uns Modernen. Aber es müßte eine Wiedergabe sein, die all die wirbelnde Schönheit, all dies wechselnde Leben jener bunten Bürger- und Soldatenkreise zu Ausdruck und Gestalt brächte, und nicht eine enge Bühnenkonzentrierung und -Bearbeitung, wie sie in den sechziger Jahren von Bauernfeld in Wien versucht wurde und bei dem ästhetischen Wiener Publikum durchfiel. Die dekorationslose Shakespearebühne bietet sich hier noch dringender, als bei dem „Hofmeister", und vielleicht gedenkt in diesem Jahre, in welchem sich ein Jahrhundert schließt über dem Grabhügel von Lenz, ein Berufener des vergessenen Dichters und seiner „Soldaten". Ja, es ist die Möglichkeit nicht ausgeschlossen, daß die „Freie Volksbühne" in Berlin, die gesündeste und kräftigste von allen freien Bühnen, im Laufe dieses Sommers die „Soldaten" aufführen wird.

Der große bildnerische Drang des Dramatikers Lenz hatte sich ausgelebt und ausgestaltet. Schärfer und schärfer trat der Lyriker, der Subjektivist hervor, der seine geheimen Träume und enttäuschten Hoffnungen, sein Lieben und sein Hassen, alle Qual und Verzweiflung eines zerrissenen Lebens der getreuen dramatischen Form anvertraute. Bergab rollte das Gefährt.

„Ich bin allen alles geworden — und bin am Ende nichts. Sie haben mich abgeritten wie ein Kurierpferd . . ." und die Antwort: „Das der Ausschlag Eurer philosophischen Träume? Eurer Erforschung der Menschen? Eurer Entwürfe zu ihrer Verbesserung? . . .": so hob die neue Komödie vom Jahre 1776 an, „Die Freunde machen den Philosophen", und es war die Tragödie von dem freigebigen Manne, welcher andern seinen Geist und seine Kraft geopfert hatte und nun selbst arm und ausgegeben dastand, ein neuer Timon von Athen. Die Kräfte waren verbraucht, das Öl verzehrt, im Dienste eigennütziger, aufgeblasener Freunde. Was übrig blieb, das war die Schale ohne Kern, der Ekel und die große Verachtung, das war die marksaugende Mattigkeit und das Nicht=mehr=auskönnen, ein Satthaben bis zum Halse, ein Gehenlassen, wie es gehen wollte, ein Sich=aufgeben, ein Versinken in der Flut, in der Flut. . . . .

So wandelte sich der weiche Menschenfreund zum bittern Menschenverächter, und der Rest war Schweigen. Aber inmitten des Weges geschah etwas Unvermutetes, wenn auch nicht Ungewöhnliches. Zwischen Reinhold Strephon und sein Schicksal stellte sich ein Weib, Donna Seraphina, ein Engel mit etwas kokettem Flügelschlag und sehr irdischem Liebesbegehren, eine von jenen Lenzischen Frauengestalten, die bei allem Ätherischen ihrer Erscheinung doch nie ins Abstrakte und Wesenlose fallen und sich darum aufs Vorteilhafteste vor ähnlich angelegten Geschlechtsgenossinnen des Lenzschülers Schiller auszeichnen. Donna Seraphina erscheint, und im selben Augenblick klafft durch das Drama ein breiter Riß. Aus der Freundschaftstragödie entpuppt sich ein Liebesstück, ein Duett zwischen der hochgeborenen, gnädig beglückenden, hingegebenen Gebieterin und dem überschwänglichen, stolzen, verrannten Geistesproletarier, mit allerlei romantischem, komödienhaftem Beiwerk, und das Ganze endet in dem grotesk rührseligen Schluß von dem jungen, schönen Weibe, welches in Zukunft zwei Gatten haben wird, einen wirklichen, welcher ihr durch freie Übereinkunft angehört, und einen scheinbaren, welcher mit ihr am Altare getraut ist, aber vor dem Brautbett seinen Rechten und seiner Liebe entsagt, um für das Glück und den Besitz seines Nebenbuhlers den Namen zu tragen. „O, mehr als ein Mensch!"

Zwei Männer, eine Frau! Zwei Frauen, ein Mann! Vor uns steht der Schluß des „Schauspiels für Liebende", der Goetheschen „Stella", und das Titelblatt trägt das Jahr 1776. Die Lenzische Komödie und das Goethische Schauspiel sind gleichaltrig, zwei Blitze, in einander fahrend vom Gewitterhimmel, und beleuchten in einem schnellen, plötzlichen Licht Stimmung und Ideen der Zeit....

Wie in einem einzigen, langhingezogenen, süßen, schrillen, zerrissenen Ton klang die Lenzische Dramatik aus in der „Phantasie" der „Engländer" (1777). Eine Apotheose der Liebesleidenschaft, hinaus über Vaterliebe und Ehrgeiz, über Kerker und Tod, über Sinnenlust, Seligkeit und Verdammnis hinaus, in einer überschwänglichen, hinreißenden Sprache und einer Extase des Gefühls, welche die Grenzen zwischen Wahn und Wirklichkeit überspringt. „Behaltet Euren Himmel für Euch!" der letzte Zuruf des sterbenden Robert an seinen Beichtvater, welcher ihn für die Ewigkeit vorbereiten und dem Liebenden das Bild seiner Göttin aus dem Herzen stehlen will. „Behaltet Euren Himmel für Euch!" Der Fluch eines untergehenden Mannes gegen die Welt, welche ihn betrogen hatte.

Im November eben des Jahres 1777 hatte Lenz seinen ersten Wahnsinnsanfall. Der letzte Akt der Engländerphantasie hatte das Krankenlager eines Mannes geschildert, dessen Gehirn aus den Fugen gehen will und der mit seiner letzten Kraft sich aufbäumt gegen die kalten, nüchternen Beschwichtigungsversuche seiner gesunden, normalen Umgebung....

Das Instrument war zerschellt, aber die Klänge, die sich von seinen Saiten losgelöst und gestaltet hatten, haben es überdauert und rauschen weiter durch die horchende Stille der Zeiten, als eine Kunde von einem Ahnherrn des Naturalismus unter einem Menschengeschlecht, welches ihn nicht verstand und doch, bewußt und unbewußt, die stärksten Anregungen von ihm empfing (die Gretchentragödie, der Musikus Miller, eine der vollsten Schillerschen Gestalten u. a. sind redende Zeugen), als eine Kunde dessen und als ein Vermächtnis uns Nachgeborenen, auf daß sich erfülle das ewige Wort: „Der Knoten von Ursachen kehrt wieder, in den ich verschlungen bin. Der wird mich wieder schaffen. Ich selber gehöre zu den Ursachen der ewigen Wiederkunft.

„Ich komme wieder, mit dieser Sonne, mit dieser Erde, mit diesem Adler, mit dieser Schlange...."

Lenziana.

Von Erich Schmidt.

Karl Weinhold, dessen Verlust wir betrauern, hat in seinen letzten rastlosen Arbeitsjahren, die vornehmlich zwei tief eingewurzelten Neigungen, der schlesischen Mundart und der Volkskunde, dienten, einen grösseren litterarhistorischen Plan nicht fallen lassen: er hoffte, das Leben und die Werke des unseligen Goethischen Jugendgenossen Jakob Michael Reinhold Lenz darzustellen und so ein Versprechen einzulösen, das drei Menschenalter hindurch in langem unfruchtbarem Erbgang bis zu ihm gewandert war. Er hatte nach seiner zurückhaltenden Art diese Pflicht und Lust kurz angedeutet, aber niemand in die langjährigen Vorarbeiten und den umfangreichen Besitz an Originalmanuscripten oder Abschriften eingeweiht. Nun, da all diese Materialien durch meine Hände gegangen sind, will ich über einige besonders werthvolle Theile kurzen Bericht erstatten. Der Gegenstand liegt auch mir schon lange nah.

1814 erschien der dritte Band von »Dichtung und Wahrheit«, der beim Abschluss der elsässischen Zeit die Gestalt des *whimsical* Lenz und sein Shakespearethum aus dem Schatten rief (Buch 13) und zu Anfang des vierzehnten Buches gelassen diesen seltsamen Menschen als einen »Schelm in der Einbildung«, seinen »Hang zur Intrigue«, sein unerschöpfliches, aber »kränkelndes« Talent vergegenwärtigte; nicht mit der strengen Schärfe, die aus dem posthumen Stückchen »Lenz« spricht (Werke 36, 229). Jene wiedererweckende Charakteristik in der Lebensgeschichte des grössten deutschen Schriftstellers machte nicht zuletzt auf die Landsleute Lenzens grossen Eindruck. Zwar erklang kein unmittelbares Echo, auch aus der Familie nicht, aber der treffliche Kreisarzt in Euseküll, Dr. Georg Friedrich Dumpf (1777—1849), setzte nun allen Eifer daran, die Reliquien zu retten und allgemach eine gründliche Biographie aufzubauen. Er beugte sich bescheiden vor Goethe, hoffte jedoch im Stillen auf ein milderes Urtheil der Nachwelt. Sein uns erhaltener Briefwechsel mit dem gleichgestimmten Freunde Karl Petersen in Dorpat (vergl. Victor Hehn, Baltische Monatsschrift 1860 II 383) dreht sich fast ausschliesslich, voll rührender Hingebung, um ihren armen genialen Liebling und bietet noch heut dem Forscher einzelne wichtige Fingerzeige, weil jeder grössere, jeder kleinere Fund verzeichnet wird. Noch lebten zwei Brüder Lenzens, der Collegienrath Johann Christian und der jüngere Rigaer Oberfiscal Carl Heinrich Gottlob, derselbe, der einst den schiffbrüchigen Jakob heimgeholt hatte, worüber er nun einen langen Aufsatz niederschrieb. Auch ihr Schwager Propst Pegau, Jakobs Königsberger Commilito, dessen Namen der Pätus des »Hofmeisters« in der Handschrift führt, sollte Rede stehn; Pastor Marpurg, Lenzens Nachfolger als Hauslehrer bei Lipharts, erzählte von der Liebestollheit für Frl. v. Albedyll. Goethes Mitwirkung schien ausgeschlossen, lehnte doch Bertuch 1816 den Verlag aus Rücksicht auf seine »Reizbarkeit« ab; Briefe Goethes fanden sich übrigens nicht vor; die Abschrift des verschollenen »Prometheus« übermittelte man ihm durch Seebeck. Klinger jedoch ward in dieser Zeit des eifrigsten »Melkens« angegangen, und der alte General berichtete von verschwundenem Sturm und Drang sowohl, wie er die »Soldaten« auf seine Kappe genommen, als auch, welche Pferdecur er in Emmendingen an dem Geisteskranken verübt habe.[1] Vieles freilich blieb dunkel oder wurde ganz missverstanden; so deutete man Lenzens wirre Leidenschaft für das Frl. v. Waldner erst gar auf die Herzogin Anna Amalia. Im December 1815 hatte Petersen frohlockt: »Jubel über Jubel! Grave hat dem alten zähen Collegienrath den Nachlass seines Bruders richtig von der Seele gekitzelt«.

Die eigenthümlichen Schicksale dieses zersplitterten Nachlasses sind von Sivers, Falck u. A. mehr oder weniger genau geschildert worden; ich gehe dem nicht weiter nach. Manches war lang bei Schlosser liegen geblieben, Einiges lag in Strassburg, der grösste Theil bei der Familie Lenzens, Anderes noch in Moskau, und wir sind jetzt eigentlich nur über das »Archiv« unaufgeklärt, das Paul Theodor Falck besitzt. Denn Goethe hat ausser den an Schiller abgetretenen Handschriften (Der Waldbruder, Die Liebe auf dem Lande, Tagebuch über den nun auch urkundlich genau aufgeklärten Handel mit Kleists und den Fibichs) bloss ein Gedichtchen, ein Blatt über Klinger und einen Halbroman (Weinhold, Goethe-Jahrbuch X) aufbewahrt, Lenzens Briefe jedoch gleich allen Jugendcorrespondenzen bei dem unglücklichen Autodafé vernichtet. Genug, Dumpf brach endlich in vier Redactionen die Lebensbeschreibung schon mit der ersten Strassburger Zeit ab, und diese Stücke lehren trotz liebevollen, intimen Mittheilungen aus der baltischen Kindheit und einem ganz verständigen Programm,[2] dass es ihm an kritischem Geschick gebrach. Aus dem Nachlass zog er selber nur das »Pandaemonium germanicum« 1819 mit Hilfe seiner in Nürnberg lebenden Schwester in dem dortigen Campischen Verlag ans Licht; ein heute kaum noch zu erschwingendes Büchlein, dessen Vorrede mehrere Briefe Lenzens allein überliefert, die fast allen Forschern unbekannt sind.[3] 1820 aber liess Dumpf sich zu einem folgenschweren falschen Schritt bereden: er trat mit Ludwig TIECK in Verbindung, weil dieser berühmte Mann sich für ein Corpus der Lenzischen Schriften interessiren sollte. Zwar gestand der alternde Romantiker, der ja noch im »Jungen Tischlermeister« wie sonst gerade die kraftgeniale Jugend Goethes und Schillers so hoch erhob, er kenne von Lenz bisher überhaupt nur den »Hofmeister«, den »Menoza«, die »Anmerkungen übers Theater« (sammt »Love's labour lost«), die »Flüchtigen Aufsätze« und das »Pandämonium«. Gleichwohl wurde Tiecks Bitte um alles Ungedruckte, das nach Vollendung der Ausgabe bis aufs kleinste Blättchen heimkehren sollte, durch den guten, nur dem Nachruhm Lenzens dienenden Dumpf vom September 1821 an erfüllt. Die Handschriften gingen nach Dresden auf Nimmerwiedersehn, um schliesslich in Köpkes Hände zu wandern. Tieck nahm seine Herausgeberpflichten auf die leichte Schulter: er forschte durch den Schauspieler Lenz-Kühne vergeblich nach Schröders hamburgischer Bühnenbearbeitung des »Hofmeisters«, schob bloss auf ein Wort seines Verlegers Reimer hin Klingers »Leidendes Weib« ein, obgleich Kenner ihn davor warnten, ja er liess die Weinode des Altenburgers Lenz mit der Jahreszahl 1748 passiren, um die Forschung »anzuregen«. Verzeihlich ist der Irrthum, des jungen Häfeli Anzeige von Herders »Ältester Urkunde« (Teutscher Merkur, März 1776) sei Lenzisch, flüchtig aber, willkürlich und lückenhaft Behandlung und Auswahl der Texte, nicht zu verantworten die Bevorzugung halbverrückter später Sudeleien vor Aufsätzen aus Strassburg. Gewiss sind die einleitenden dramaturgischen Gespräche, nach Art des »Sammlers« oder des »Phantasus«, über Goethe sammt einem Werther-Brief Rehbergs geistreich, doch der Abschnitt »Lenz« ist ganz obenhin erledigt, wobei vier Briefe Lenzens an Sarasin den grössten Raum füllen, und über seine Beziehungen zu Dumpf spricht Tieck leider kühl und unrichtig (I, CXIII). Immerhin verdanken wir ihm bis heute die einzige Sammlung der Lenzischen Werke.

Rudolf KÖPKE, Tiecks getreuer Eckermann, nahm sich der Manuscripte als emsiger Copist und Sammler an, doch seine Bemühungen blieben im Stillen. Was ihm Jegór v. SIVERS an Abschriften gedruckter und ungedruckter Lenziana übermittelt hatte ging schliesslich mit einem grossen Theil der Originale diesem vornehmen Dilettanten wieder zu; Anderes kam auf dunklen Pfaden in den Besitz des Freiherrn Wendelin v. MALTZAHN in Weimar, der viele Jahre sein seltenes Spürtalent walten liess und sich u. a. auch von Köpkes Erben die »Soldaten«

und das »Pandämonium« »zur Durchsicht« erbat, sowie er sich insgeheim der Zöppritz anvertrauten Blätter aus F. H. Jacobis Nachlass bemächtigte. Sivers (1823—1879), ein weitgereister Mann, Dichter, freier Litterarhistoriker, Gutsbesitzer, zuletzt Professor der Landwirthschaft am Polytechnikum in Riga, liess es auch nur bei kleinen Aufsätzen über Lenz bewenden, und wir müssen auf Grund seiner durch breite Polemik aufgeschwellten posthumen Gabe (»Vier Beiträge« 1879), die biographische Streitfragen, den Kampf gegen Wieland, die französischen Schriften behandelt, daran zweifeln, ob er einer Darstellung gewachsen gewesen wäre. Sein Augenmerk galt besonders einem vollständigen Corpus aller Briefe von Lenz, an Lenz und über Lenz, das unverkürzt gedruckt werden sollte; doch wird niemand solchen Aufwand verthun. Mit ihm stand Weinhold, der anfangs mehr an Monographien über Klinger und den Maler Müller dachte, lang in regem Briefwechsel, und im April 1872 schrieb der selbstlose Balte dem Kieler Professor, er habe sein ganzes Material, die Urschriften inbegriffen, ihm zur Bearbeitung vermacht. Daneben lief eine viel schwierigere Correspondenz mit Maltzahn, der Lenzens Lyrik, aber auch die Abhandlungen und Erzählungen rüstete, während Weinhold den dramatischen Entwürfen nachging; sie halfen einander in stockendem Austausch. Maltzahns originale Lenziana wurde 1890 von unsrer Kgl. Bibliothek angekauft; sie sind von Albert Cohn in dem »Katalog einer werthvollen Autographen-Sammlung aus dem Besitz des verstorbenen Herren Wendelin v. Maltzahn« . . . S. 25 ff. Nr. 179—239 sachkundig verzeichnet. Seine Vorarbeiten kamen an Weinhold, der uns 1891 die »Gedichte von J. M. R. Lenz« mit einer Fülle des Neuen und gründlichsten Anmerkungen, auch einer knappen zuverlässigen Vita bescherte. sowie er schon 1884 in entsagungsvollerer mühsamer Arbeit den »Dramatischen Nachlass« dargebracht hatte.

Weinhold hat nun alles was er von Lenz und über ihn besass hochherzig in die Kgl. Bibliothek hier gestiftet, einen reichen, die vielen Maltzahnischen Stücke sehr erfreulich rundenden Schatz, den ich energisch von dem Wust unnützer Sammelsurien Köpkes, Sivers', Maltzahns befreit habe.

Wir finden im Original eine von mir in dem Privatdruck zu Weinholds Doctorjubiläum (1896) collationirte Handschrift des »Pandämonium germanicum« (vergl. Falck über eine dritte, Sterns Litterarisches Bulletin der Schweiz V 1896 Nr. 1 f.) und die erledigten dramatischen Entwürfe; dazu unbezeichnet die Scene 5, 9 des pseudoshakespearischen »Sir John Oldcastle« frisch übertragen mit dem Lob: »Ein meister gemählde eines alten und noch zärtlichen Paars, das die mühseeligkeiten des Lebens miteinander zu theilen gewohnt war und von den Entzückungen seiner Jugend noch die ganze liebreiche Stimmung der beyden Herzen gegeneinander beybehalten hat.«

Neben ein paar Lyricis Vorarbeiten zum »Waldbruder« und nationalökonomische Varianten für einen Neudruck des »Landpredigers«, der nun dem Tarwaster Lenz gewidmet werden sollte, Ansätze zu der Geschichte eines Gefangenen (»Fripon oder der Pudel«: »Dalaskus oder der Hund«). »L'homme de glace« (Le couple innocent) schwebt zwischen Roman und Drama und scheint als Gebilde der späteren Verwirrung in der That keiner Mittheilung werth, wie Weinhold mit Recht auch den kleinen Dialog »Czarlot qui pleure et Czarlot qui rit« ausgeschlossen hat, den soeben ROSANOFF in seiner grossen, leider russisch geschriebenen und deshalb mir wie fast allen deutschen Litterarhistorikern unverständlichen Monographie darbringt (Moskau 1901, 582 S. und 57 S. Anhang: zahlreiche Briefe von Lenz und an ihn aus dem rigischen und dem berlinischen Material; Aufsätze s. u.).

Lenzens Prosaschriften liegen grossen Theils noch sehr im Argen, sind doch selbst gedruckte so gut wie unbekannt. Ich besitze seit Jahren die »Vertheidigung des Herrn W. gegen die Wolken von dem Verfasser der Wolken. *Nec sum adeo informis. Verg. Ecl. 2. v. 25. & sq.* 1776« 48 S. mit der von Lenz durch Boie vorgehefteten »Nachricht des Verlegers«. Wir überblicken allmählich alle zwischen Lenz, Boie, Zimmermann, Hellwing, Kayser u. a. gewechselten Schriftstücke über die Herausgabe, dann die Unterdrückung dieser Aristophanischen Komödie gegen Wieland und über ihren Widerruf; wir kennen den höchst wunderlichen, nur bei Lenz möglichen Vorgang, dass ein Satiriker für einen insgeheim erstickten Angriff öffentlich Busse thut; niemand aber hat diese gar nicht üble Beichte und Warnung selbst mit ihrem Cultus des Sokrates und ihrem Preise des Wertherdichters (S. 36) seit der Recension Schubarts (Deutsche Chronik) einmal vorgeführt, um uns zu zeigen, wie Lenz nun, ganz anders als in den früheren Satiren oder in den Briefen an Sophie v. La Roche, sich bloss noch an Wieland als einen dem aufstrebenden Geschlecht gefährlichen Inhaber eines Recensirinstitutes hält und wie vorsichtig er nun sittliche Bedenken gegen die eudämonistische Philosophie ausspricht, um auch das in Weimar völlig zurückzunehmen. Ich werde für einen Neudruck der »Vertheidigung« sorgen. Ein schon in Dumpfs Vorwort erwähnter fragmentarischer Aufsatz über den Neuen Amadis ist unbedeutend.

Da ist ferner das Buch »Meynungen eines Layen den Geistlichen zugeeignet. Stimmen eines Layen auf dem theologischen Reichstage im Jahr 1773. Leipzig in der Weygandschen Buchhandlung. 1775« 189 S., das schon in den Ergänzungsblättern zur Allg. Litt.-Zeitung IV (1804) 2, 83 ganz richtig Lenz zugeschrieben und mit Lavater verknüpft wird. Es ist ein interessantes Stück der wildwüchsigen genialen Theologie, die gegen die Schriftgelehrten Michaelis und Genossen ihr »Gefühl lallt«: »Es graut mir, wenn ich an die kritischen Zeiten denke, worinn wir leben.« Lenz legte hohen Werth auf diese wesentlich durch seines Hierophanten Herder Gedanken der göttlichen Erziehung inspirirte, sehr lebhafte Bibelschrift, die zwar keinen Neudruck, aber eine Zergliederung fordert. Er legt sie mit Winkelzügen seiner Familie nahe, wünscht durch Goethe eine Recension im Teutschen Merkur zu erschwingen und bekennt für sich selbst: »Die Meynungen des Layen sind der Grundstein meiner ganzen Poesie, all meiner Wahrheit, all meines Gefühls, der aber freylich nicht muss gesehen werden«. Herder fragt eifrig, ob Lenz der Verfasser sei (Rosanoff, Anhang S. 34); Lavater macht unmittelbar eine schöne Redensart (Stoeber S. 83 mit falscher Beziehung auf den Strassburger Vortrag »Über die Natur des Geistes.. vom Layen«) und giebt an Roederer (S. 89) das Urtheil ab: »ein herrliches Büchelchen, jedoch noch viel unverdautes, disharmonisches«.

Ausser den Frankfurter Gelehrten Anzeigen sind trotz Dorer-Egloff auch Lavaters Physiognomische Fragmente für Lenzens Antheil noch nicht erschöpft, und Lenz glaubte sich Manns genug, sogar dem witzigsten Gegner des Zürchers die Spitze zu bieten: »Wenn du«, schreibt Lavater den 24. Oct. 77 an Zimmermann, »einen Aufsatz, wo ein *deus ex machina* die Hauptperson ist, wider Lichtenberg zu lesen bekommst, so ist er von Lenz«; er steht im Novemberheft des Teutschen Merkurs S. 106—119, Z. unterzeichnet, »Nachruf zu der im Göttingischen Allmanach [Taschenkalender] Jahrs 1778 an das Publikum gehaltenen Rede über Physiognomik«. Triftig warnte Merck (17. Mai 78): »Ihr Streit, bester Mann, wird durch Zimmermann und dergleichen sehr schlimm und Lenz oder wers war im Merkur, hatte bey Lichtenberg eine sehr dumme Wirkung gehabt. Er wollte nun auch nächstens Wieland zu Leibe«. Ob mit der von Roederer (Göttingen, 26. Nov. 76) erwähnten »Abendmalschrift« ein besonderer Aufsatz Lenzens, etwa im Anschluss an die gleich vorher genannten »Meynungen eines Layen«, gemeint ist, steht dahin, wie auch folgende Worte Zimmermanns (an Sulzer, 14. Dec. 77; Bodemann S. 270) vielleicht nur auf einen Brief anspielen: er habe »ein Gebet von Lenz für Göthe gesehen, worin Lenz Gott bittet, er möchte Göthen den Rücken frei halten, denn von vorne mache er sich selbst Platz«. Die Zeitschrift »Für Leser und Leserinnen. Zweyter Band. Siebentes bis Zwölftes Heft. December 1780 bis May 1781. Mitau« bringt von Lenz: 7, 27—39 »Entwurf einiger Grundsätze für die Erziehung überhaupt, besonders aber über die Erziehung des Adels« (»Lenz« unterzeichnet); 7, 53—59 »Klassifikation der Konversationstöne« (X. Y. Z.); 8, 249—267 »Sangrado. Eine Schutzschrift wider Irrthümer und Augenschwächen« (L*); vorher 8, 107—136 »Etwas über Philotas Karakter«, ein Denkmal für Herrn v. Vietinghoff ohne jeden Bezug auf Lessings kleines Drama. Von diesen Beiträgen gilt dasselbe, was der Rector Gottlob Schlegel (an Gadebusch, 30. Aug. 79) von einer verlorenen halbprosaischen, halbgebundenen Recension »Über die Rigische Vorstellung der Miss Sara Sampson« schrieb: »Der Aufsatz ist sehr dunkel. Am meisten die Poesie hat keinen Zusammenhang, Verbindung und rechten Verstand«. Der Rest oder Auszug einer älteren schweizerischen Niederschrift liegt, wenn ich nicht irre (vergl. an Boie 26. Mai, 29. Juni 77), vor in den »Abgerissenen Beobachtungen über die launigen Dichter«, denen Boies Deutsches Museum 1782 III 195 f. allzu liberal einen Unterschlupf gewährt hat. Lenzens Hoffnung freilich, hier noch 1789 seine Übersetzung von fünf Gesängen der »Russiade« Karamsins anzubringen (o. D. an den Bruder Johann Christian), war nur ein Hirngespinst gleich Anderem, was er damals über sein Studium der »alten emblematischen Sprache des alten phrygischen Götzendienstes« mit sinnlosen Etymologien, oder über Bankwesen und Maurerinnungen hinkritzelte.

Den Niederschriften des armen Schreibsüchtigen in Russland will ich jetzt überhaupt nicht nachfragen, sondern nur eines heillosen Halbromans über seine Liebe zu Julie v. Albedyll erwähnen und bemerken, dass auffallend ruhige pädagogische Forderungen seine Thätigkeit als Lehrer am Moskauer Findelinstitut immerhin nicht unbegreiflich erscheinen lassen.

Hat der ungeheure spätere Wust nur ein pathologisches Interesse, und würde der selbst ins Irrenhaus gehören, der dies Geschreibsel als Urkunden der Litteratur ernst nähme, so wird nun von Sivers und Weinhold her unsre Kenntnis der Abhandlungen aus Lenzens deutscher Zeit erheblich und interessant vermehrt. Leider bleibt die Schrift »Über unsere Ehe«, d. h. den Bund Goethes und Lenzens, verloren, und von den »Briefen über die Moralität« des »Werther« ist ja nur durch einen Zufall ein Blättchen erhalten. Dafür können wir jetzt viel umfassender Lenzens unermüdliche Thätigkeit erst in der älteren Strassburger Gesellschaft unter dem Actuar Johann Daniel Salzmann, dann in der neuen Deutschen Gesellschaft verfolgen, deren Secretär Lenz vom 8. Oct. 75 an vor dem Licentiaten Friedrich Rudolf Salzmanns war und deren Protokoll (sammt der Mitgliederliste) genauer als in Stoebers »Roederer« in Froitzheims Schrift »Zu Strassburgs Sturm- und Drangperiode« 1888 S. 33 ff. vorliegt.

Abgesehn von einer am 1. Jan. 65 in Dorpat öffentlich gehaltenen Schulrede: »Dass die Zufriedenheit nicht von denen äusserlichen

Veränderungen des Glücks, der Zeit und des Alters, sondern von der innern Beschaffenheit des Herzens herkomme« sowie dem abgebrochenen unreifen Capriccio »Lobgesang auf die Trägheit aus einem alten Manuskript« treten nun zu den drei allein von Tieck aufgenommenen Nummern der »Flüchtigen Aufsätze«, zu Stoebers Nachträgen im »Roederer«, zu den jüngst in Rosanoffs Anhang S. 40 ff. aus dem Maltzahnischen Nachlass abgedruckten Vorträgen und Aufsätzen (»Anmerkungen über die Recension eines neuherausgekommnen französischen Trauerspiels«, Ducis' »Roméo et Juliette«, 2. Dec. 72, schon in meinem Privatdruck des »Pandämonium germanicum« herangezogen; »Meine Lebensregeln«; »Über die Natur unsers Geistes eine Predigt über den Prophetenausdruck: Ich will meinen Geist ausgiessen über alles Fleisch — vom Layen«) folgende Handschriften:

1. »Ueber Goetz von Berlichingen«[4], ein Mahnruf nicht der Ästhetik, sondern der praktischen Philosophie, da alles Verständnis nur bei gleich stark handelnden Menschen gesucht wird und der seltsame Vorschlag einer ausstattungslosen Aufführung im Zimmer auch viel mehr dahin als auf ein wirkliches Spiel zielt.

2. »Zweyerley über Virgils erste Ekloge«[5], datirt vom 6. Nov. 73, ein Stückchen Geniephilologie mit Abwehr der allegorischen Deutung, das tendenziös die freien vestigia ruris herausinterpretirt und in der Prosawiedergabe den Ton absichtlich viel derber nimmt (trug doch am 10. Oct. 76 Mag. Fries die 15. Idylle Theokrits im Strosburrjer Ditsch vor).

3. Nach der bei Gelegenheit Virgils geführten Polemik gegen Vives scheint mir ungefähr in die gleiche Zeit zu fallen die begonnene Übersetzung »Johannes Ludovikus Vives von Verderbniss der Künste. Erstes Buch. Von den Künsten überhaupt«; auch hängt ein beiliegender Auszug mit Lenzens Plautinen zusammen.

4. »Ovid.« »Es ist eine geraume Zeit her dass ich nicht die Ehre gehabt Sie zu sehen, geschweige unter Ihnen vorzulesen« usw. Er spricht vom heissen Sommer und citirt Klopstocks »Gelehrtenrepublik«, so dass dieser grossentheils mit burschikosen Scherzen über den Schlendrian der Gesellschaft ausgefüllte Vortrag dem Juni oder Juli 1774 angehören muss. Ein ganz äusserlicher Übergang führt zu den »Metamorphosen«, aus denen die Verse 2, 708—832 von Mercur und Herse prosaisch umschrieben werden; »ein poetisch Gemählde Ovids vom Neide, wie wahr, wie treffend, und doch wie schöpferisch«. Vorher rühmt er die »Colorirung des Styls«, vermisst aber dem Detail gegenüber eine »schöpferische Erfindung und Anordnung des Ganzen«: »es stützt nichts das andre wie bey Homern, es führt nirgend hin, das Interesse steigt nicht, wir lauffen im ewigen Zirkel herum bis

wir ohne Sinnen niederfallen«. Dazu ein der 2. Nr. verwandter Excurs: »Wenden Sie mir nicht ein, dass er in einer andern Gattung dichtet. Die Lateiner scheinen alle solche Detaildichter gewest zu seyn. Virgil hält uns solang in der Hölle bey Turnierspielen und andren Nebensachen auf, auf die er all sein Colorit verschwendt, dass er uns für seinen Helden nicht in das mindeste Feuer nicht in das mindeste Interesse zu setzen weiss. Jedermann hat das Herz beym Turnus bloss weil er sich seinem Helden entgegen pflanzt und jedermann zürnt dass er stirbt, da wir Hecktorn noch ohne Zorn können vom Achill um Trojas Mauren herumschleppen sehen, aber Achill ist auch der Mann darnach«.

5. Angeschlossen sei gleich die nicht zum Vortrag in der Societät, sondern zum Druck bestimmte »Epistel an Herrn B. über seine homerische Uebersetzung«[6], ein Bruchstück, das wegen des Hinweises auf die Förderung Bürgers in Weimar nicht vor dem März 1776 (Teutscher Merkur 1, 193; Goethes Werke 37, 360) verfasst sein kann. Lenzens eigenes Pröbchen (Ilias 9, 307—355) zeigt, dass auch er den Homerischen Ausdruck bös vergröbert und seit den »Landplagen« des Hexameters nicht mächtiger geworden ist.

6. Titelloser zweitheiliger Vortrag über den »Hamlet«, besonders den Scenenwechsel, und über eine Aufführung des »tugendhaften Verbrechers« (Falbaire, »L'honnête criminel«): verkürzt in den Flüchtigen Aufsätzen S. 88 ff.; Tieck 2, 335.

7. »Vertheidigung der Vertheidigung des Uebersetzers der Lustspiele [nach dem Plautus]. Μηνιν αειδε Θεα.«: Weinhold, Dramat. Nachlass S. 14.

8. »Als ein Muster heutiger Satyren will ich Ihnen aus Popens Epilog zu einigen Satyren des Dechanten Donne die er in erträglichere Verse gebracht hatte, den ersten Dialog [Globe edition p. 334] abschreiben.« Lenz wünscht, Alle könnten den Urtext lesen: »von einem Schriftsteller wie Pope fühlt man sich allezeit grösser edler und freyer wenn man von ihm aufsteht.« Leidlich saubere Prosa. Wann verlesen? Am 16. Febr. 76 trug Lenz den »Antipope« Schlossers vor. Seine noch aus Königsberg stammende Alexandrinerbearbeitung des »Essay on criticism« ist verloren.

9. »Es ist am verwichenen Donnerstage eine anonyme Schrift abgelesen worden« ... Lenzens am 30. Nov. 75 vorgetragene Antwort auf die laut dem Protokoll am 23. von Haffner verlesene »anonyme Gegenvorstellung gegen die Anschaffung solcher Bücher, die blos auf die Ausbildung der Sprache abzweckten«. Das hatte Lenz in dem bekannten Vortrag lebhaft betont, ja sein Brief an Pfeffel vom 13. October 75 (Jahrbuch des Vogesenclubs 2, 23) wünscht bereits ein elsässisches Idiotikon.

10. »Uebersetzung einer Stelle aus dem Gastmahl des Xenophons« (VI 1), mit heftigem Protest gegen den »bübischen« Aristophanes, laut Protokoll am 1. Febr. 76 verlesen, wohl mit der Arbeit an den »Wolken« zusammenhangend. In der »Vertheidigung des Herrn W.« S. 28 heisst es über Sokrates: »Wenn ich auch nichts weiter als das Gastmal Xenophons von ihm gelesen hätte, so müsste ich schon, sobald ich diesen Namen, um ihn geringschätziger oder verächtlicher zu machen, niederzuschreiben gewagt hätte, von einem heiligen Schauer durchdrungen und wie ein Bösewicht in dem Augenblicke des Verbrechens von einer göttlichen Erscheinung zurückgehalten worden seyn«.

11. Ankündigung einer Litteraturzeitung, die eine wirkliche »Deutsche Bibliothek (obzwar keine allgemeine [Nicolaische, vgl. Vertheidigung S. 25], wofür uns Gott behüten wolle)« heissen und das Mittelmässige bekämpfen soll. »In Werken des Geschmacks dem ewigen Zankapfel der deutschen Gelehrten werden wir soviel möglich nur historische Anzeigen thun, auch von den Wirkungen die sie hier und dort auf Leser deren Charackter wir schildern wollen gethan, soviel wir aus mündlichen oder schriftlichen Nachrichten erfahren können. Am sorgfältigsten aber werden wir seyn hie und da den Ausspruch irgend eines Virtuosen eines Klopstock Wieland Goethe Hamann Herder Rammler Gleim v. Thümmel und anderer wenn wir dessen habhaft werden können beyzubringen da doch von allen Kunstsachen immer nur der Künstler am richtigsten urtheilen muss.« Wegen der rühmlichen Erwähnung Wielands kaum vor dem Frühjahr 1776.

12. »Brief eines jungen L— von Adel an seine Mutter in L— aus ** in **«; nationalökonomisches Bruchstückchen, vielleicht aus Emmendingen.

Dazu kommen nun ausser allerlei aphoristischen Schnitzeln die massenhaften in Strassburg begonnenen, in Weimar zumeist französisch fortgeführten Niederschriften über die Soldatenehen und die gesammte Reform des französischen Heeres, ja des ganzen französischen Volkes. Lenz, der mehrmals der utopistischen Projectmacher spottet, hat sich theils von Cäsar theils vom Marschall von Sachsen her einen Plan volksmässiger Legionen gebildet und die halb militärische, halb bäuerliche Thätigkeit der Mannschaften — auch der Adel wird übrigens reformirt — mit einer neuen Erbtheilung des Landbesitzes verquickt. Er hat ein grosses statistisches Material von verschiedenen Seiten her aufgeboten und ist bereit, sein Memoire persönlich in Paris zu vertreten, denn die Schrift, anfangs Carl August zugedacht, soll mit Hilfe seines Gönners des Prinzen Constantin an den Minister Maurepas oder gar an den König selbst gehen. Durchfliegt man diesen Wust und die verschiedenen Entwürfe der Zuschriften, nimmt man das Goethe vorgetragene Project hinzu, Weimar zu einem grossen Waarenplatz zu machen. so wird niemand an Lenzens stillem Irrsinn zweifeln, der in fixen Ideen vom Beruf zur Weltbeglückung aufging. Die weimarische Katastrophe in den letzten Novembertagen des Jahres 1776 traf keinen bewussten Missethäter, der Schimpf und Strafe verdiente, sondern einen armen Unzurechnungsfähigen, der nie normal gewesen war.

Die von Weinhold hinterlassenen Correspondenzen bieten an Originalen manches Blatt der nächsten Verwandten, auch aus der späteren russischen Zeit, zwei Briefe Ramonds, Lenzische Schreiben an den Vater und die Brüder, an Gotter, an Luise König, die Jungfern Lauth, mehrere Concepte (so des bekannten englischen Briefes an Frau v. Stein: *You will perhaps wonder dearest lady* ...). Dazu kommt jenes von Sivers angelegte grosse Corpus, das nun freilich Waldmanns Regestenarbeit »Lenz in Briefen« (1894) zwar als sorgsam und bequem, aber als höchst lückenhaft erscheinen lässt. Ich kümmere mich auch hier nicht um die Dämmerzeit von 1779 an, wo bloss noch ein paar dünne Fäden zu Herder und zu Lavater hin gesponnen werden und etwa nur die durch Arend Bucholtz näher beleuchtete Episode »Wie sich Lenz und Voss um das Rectoramt in Riga bewarben« ein bischen in unsre Litteratur eingreift; oder allenfalls ein von L. H. v. Nicolay dem Berliner Nicolai mitgetheiltes Zusammentreffen (Berlinische Zeitschrift für Wissenschaft und Litteratur 1824 II 323), St. Petersburg 1. Mai 81: »Seit kurzem haben wir hier einen dritten deutschen Dichter, einen Juden, Dr. Isaschar Behr, der viel naives in seinem Charakter, aber, wie wohl zu denken ist, sehr wenig Welt hat. Klinger wird mir täglich lieber, und Lenz täglich gleichgültiger«. Die beiden nun vom Glück so verschieden bedachten Genies und der »polnische Jude« — Dan. Jacoby hat ihn jüngst charakterisirt — der dadurch verewigt worden ist, dass Goethe seinen kümmerlichen Gedichten 1772 sich selbst und Lotte Buff als ideales, wahre Lyrik athmendes Liebespaar gegenüberstellte.

Die bisher unbekannten Briefe bereichern unser Wissen und unsre Auffassung von Lenzens Hauptwerken nicht erheblich, denn nur Sophie v. La Roche hat intime litterarische Beichten empfangen, die wir seit kurzer Zeit durch Hassencamp vollständiger kennen (Euphorion 3, 529). Der Biograph aber wird manchen Bericht, manchen kleinen Zug dankbar nutzen. Schon nach den Mittheilungen Waldmanns aus den rigischen Papieren tritt Jakobs Verhältnis zu seiner Familie[7] in ein volleres und für diese günstigeres Licht: man begreift die Sorgen des mit Glücksgütern karg ausgestatteten, pflichtstrengen, orthodoxen Vaters, der ernsten Brüder Friedrich David in Tarwast und Johann Christian um den verlorenen Sohn, der in weiter Ferne sich einem unsicheren Litteratendasein hingab, ein Dutzend Jahre hindurch trotz allen geflissentlichen Schwüren von Frömmigkeit und Liebe keinen Schritt zur Heimkehr that und dessen Schriften, so weit sie jenen bekannt wurden, moralische Bedenken erregten. Längere Zeit stockt der Briefwechsel, er fehlt ganz für das Jahr 1773, aber das einzige von der Mutter auf uns gekommene Blatt (Juli 1775) bekundet schlicht die wärmste Sehnsucht. Aus dem Jahre 1772 ist besonders ein zarter Bericht Jakobs über das ungenannte Sesenheim hervorzuheben, der theils an die schöne »Liebe auf dem Lande«, theils an das heut allgemein Lenz, nicht Goethe zugeschriebene Gedicht »Ach, bist du fort« erinnert, mit der Schilderung seiner Predigt auch an einen wohlbekannten Brief an Salzmann. Dieser treue Mentor macht wiederum den besten Eindruck.[8] Lenz sucht später die Seinen für das Geniethum zu erwärmen, indem er ausser der Freundschaft Wielands die warme Neigung des berühmten Goethe gegen sie betont, und eine solche Stelle weckt daheim das seltsame Missverständnis, dass Jakob in die wohlhabende Frankfurter Familie hineinheiraten werde. Die weimarische Herrlichkeit zerrann, es ging jammervoll bergab mit dem Irrsinnigen, den man nun freilich zum gerechten Ingrimm des aufopfernden Schlosser[9] viel zu lang seinem Schicksal überliess, bis endlich, nach einer haltlosen Verabredung: er solle sich in Jena neben dem jüngsten Bruder Carl auf die Jurisprudenz werfen, dieser ihn von Hertingen abholte.[10] Weimar half mit Geld aus. Vater Lenz schrieb einen langen, doch unzureichenden Dank- und Entschuldigungsbrief an seinen Collegen, den Generalsuperintendenten Herder.[11]

Die »Eseley«, die den Sturz des kranken »Pasquillanten« in Weimar herbeiführte, wird durch unsre Papiere nicht aufgeklärt, aber sie vervollständigen die Kenntnis der Beziehungen zu Goethe, Frau v. Stein und dem Hof. Ich räume Wichtigeres im Anhang zusammen[12], auch hübsche Worte Philipp Seidels über die erste Aufführung der »Geschwister«. Rühren uns die längst gedruckten Worte, mit denen Lenz gewiss von Berka aus sich Wieland gegenüber zur Herausgabe der Goethischen Satire »Götter, Helden und Wieland« bekennt, so wirkt tiefergreifend ein langes französisches Schreiben, worin der Waldbruder sich an seine Weltflüchtigkeit klammert und nach aller wirren Grossmannssucht das Gefühl ausspricht: den Göttern zur Farce zu dienen, wie es im »Tantalus« heisst.

WEINHOLD beherrschte, wie schon kleine Citate seiner beiden Lenz-Bücher und allerlei handschriftliche Notizen zeigen, diese Briefmassen mit Sicherheit. Er hatte, von sehr genauen Sprachstudien abgesehn, zur Charakteristik und zur Biographie lang und umsichtig gesammelt, ohne je die Musse für eine darstellende Verarbeitung zu finden. Sobald ältere Pflichten erfüllt sind, will ich mich dieser Aufgabe widmen und die Biographie Lenzens mit der Würdigung des dichterischen Ertrags vereinigen. Die Lebensgeschichte soll kein Roman werden; die Analyse seiner Schöpfungen und Entwürfe vor allem erklären, was darin um 1775 wirklich so neu und eigen war, wenigstens in der Anlage, dass ein »Clavigo« daneben conventionell erscheinen mochte.

Pandaemonium germanicum, BY J. M. R. LENZ.

The only commentary on Lenz's satire *Pandaemonium germanicum* is, as far as I know, the one given by A. Sauer in his edition of the work in the eightieth vol. of Kürschner's *Deutsche Nat. Lit.* It seems to me, however, that these notes are somewhat incomplete; in the following article I shall, therefore, try to complete them as much as possible. In quoting the *P. g.* I have in view the edition of Sauer; the first number indicates the page; the second, the line.

FIRST ACT.

139, 3: " Der steile Berg."—The conception of a mountain dominates the whole first act. Is it original or borrowed?

The first act, as will be seen later on in detail, is influenced by the five authors: Bodmer, Milton, the writer of *Prometheus, Deukalion u. s. R.*, and Chr. H. Schmid. Of course, the idea of a mountain, conceived as the abode of the Muses, is familiar to all connoisseurs of Greek literature; it is, however, probable that Lenz was induced to use the figure by a suggestion from outside. The impulse came to him from the article of Chr. H. Schmid, published November, 1774, in Wieland's *Teutscher Merkur*, titled: " Kritische Nachrichten vom Zustande des deutschen Parnasses." That Lenz was acquainted with the article at the time when he wrote the *P. g.* follows from his epigram to Gotter:

> Gotter:
>> Es wimmelt heutzutag von Sekten
>> Auf dem Parnass.
> Lenz:
>> Und von Insekten.

The epigram is first found in a letter to Lavater (April, 1775). Lenz had reason to feel hurt. Schmid's article enumerates the different "Sekten" of contemporary German poetry and classes Lenz among the followers of Hamann. Lenz took up the subject of a critical review as well as the general conception of a Parnasse, changing it however according to his own views.

To turn to the details of the first act, Schmid's division into different " Sekten " may have caused the first act to be divided into four parts. The last three scenes are called " die Nachahmer " (2), " die Philister " (3), " die Journalisten " (4). The first scene has no title, but it can easily be imagined, that, but for the accusation of utter egotism, Lenz would have called it " die Originale."

The impulse received from Schmid's article was not acted upon before February, 1775. We know that the first scene of the first act was written out before February 20, 1775 (Froitzheim, *Zu Strassburgs St.-u. Drg. Zeit*, 75). That it was not written before February, we can conclude from the similarities with Nicolai's *Freuden des jungen Werthers*, which appeared February, 1775.

In this pamphlet Nicolai writes, apparently referring to Lenz: " Auch sah er .... dass mehr Stärke des Geistes dazu gehöre .... als wenn tobende, endlose Leidenschaft ruft, einen jähen Berg (ohn' Absicht) klettern, durch einen unwegsamen Wald einen Pfad (der zu nichts führt) durcharbeiten, durch Dorn und Hecken."[1] Nicolai also uses the expression " Pandaemonium " (" wie ein klein Teufelchen im Pand.,")[2] " Schmeissfliegen,"[3] (cf. *P. g.*, 144, 10).

In *P. g.*, 144, 12 " Sie (Journalisten) bekommen die Gestalt kleiner Jungen und laufen auf dem hohen Berge herum, Hügelein auf Hügelein ab " reminds one of Nicolai's:[4] " Dass ihr Springinsfelde Werther würdet, damit hat's nicht Not, dazu habt 'r'n Zeug nicht." Nicolai speaks of a mountain, which is " jäh," covered by " Dorn und Hecken," which cannot be ascended except by " klettern." Cf. in *P. g.* " steil " (139, 3), " ganz mit Busch überwachsen " (139, 15), " klettern " (139, 20. 140, 6).

Further details of the first act point to an influence of Bodmer's *Noah* upon the *P. g.* There is an apparent resemblance between the first song of *Noah* and the first scene of the first act in *P. g.* on

---

[1] *D. Nat. Lit.*, vol. 72, 379.
[2] *Ibid.*, 379.   [3] *Ibid.*, 367.
[4] *D. Nat. Lit.*, vol. 72, 369.

the one hand, and between the fifth song of *Noah* and the second and fourth scenes of the first act in *P. g.* on the other hand.

What are the contents of the two songs? Briefly these:

In both places the conception of a mountain is predominant. In *Noah*, I., the mountain is represented as the home of the chosen people, while the wicked live in the plain, from which the mountain rises. Noah lives with his family at the base. One day he goes to the people in the plain; since he is long in coming, Japhet, his son, goes up the mountain until he comes to a rock, from which he looks out for his father. He sees a strange crowd in the plain, approaching the mountain. He goes further up and meets three maidens coming down. Conversation ends the first song. In *Noah*, v., the giants of the plain try to take the mountain by assault; they are thrown down. Then they hope to overcome it by means of a balloon, but again without any success.

Have we not here the prototype of our first act: "Japhet = Lenz and Goethe, the giants = Nachahmer and Journalisten, Japhet's look-out = the rock in 139, 26, the three maidens = ein Haufen Fremde" in 142, 1?

The resemblance becomes still more evident if we carry our comparison further.

In *Noah* the mountain is called "paradiesisch" (I., 39), is represented as having "einen hängenden Rand" (I., 101), different "Seiten" (I., 57; cf. also the pyramid-like "Treppe" of the giants in v., 74 ff.), as being surrounded by "furchtbare Klippen" (I., 55) and covered by "Busch," "niederes Gesträuch" (v., 86–87). It affords a splendid view (I., 48), rises in terraces (I., 98 ff.), etc.

In *P. g.* the mountain has also different sides (139, 5, 15. 140, 21). The "Nachahmer" stand at the foot of it on "Feldsteinen" (140, 24). It is "ganz mit Busch überwachsen" (139, 15), rises in terraces (140, 16: "Gehen beide einer anderen Anhöhe zu"), and affords a splendid view (139, 28).

Further analysis in this regard and also such as are illustrative of the relations of the *P. g.* to Milton's *Paradise Lost* and to *Prom. D. u. s. R.* will be given below.

139, 29: Cf. the letter of Luise König to Madame Hess, February 20, 1775: "Es geht ihnen wie dem, der Klopstocken in seiner Höhe nicht sehen konnte" (Froitzheim, *Zu Strassburgs, u. s. w.*, 75).

140, 12: "Bruder Göthe," "Liebgen," "Lieber," used by Lenz in letters to Goethe (*Sitz. Ber. der Kön. preuss. Ak. d. Wiss.*, XLI., 1901, 35–36.)

140, 18: "die Nachahmer"—Who is referred to? Not Klinger, Wagner or the like, but evidently writers of favorable reviews on Goethe's *Werther*. This follows from a comparison of 140, 20 ff., with *Prometheus*, etc., ll. 123 ff. The passage in *Prometheus* seems to reappear more or less in *P. g.*, and since *Prometheus*, ll. 123 ff., refer to Löwe ("Hamburg. unpart. Korrespondent"), we may infer that he, Heinse and such admirers of Goethe's *Werther* are here in the writer's mind.

140, 19. Cf. *Noah*, I., 57 ff. v., 85 ("Altan").

140, 20 ff.: "Meine werten Herren, wollt ihr's eben so gut haben, dürft nur da herumkommen— denn da—denn da—s' ist gar nit hoch . . . Geht ein jämmerlich Gepurzel an."

Cf. *Prometheus*, ll. 123 ff.:

"Mir scheint der Junge Löwenmut zu haben,
Nur muss er hübsch auf ebnem Wege traben,
Dann wird es ihm gewiss gelingen,
Sich bis an unser Reich heraufschwingen.
Geht hier wieder ein abscheulich Getös an,
Fallen allesammt" . . . . . .

Cf. also *Noah*, v., 136 ff.:

". . . . . Im blinden Gedränge
Stürzten sie (the giants) über einander, und von den ebenen Zinnen
Über die Stufen und Ecken der Pyramide hinunter."

140, 24: "Feldsteine"—cf. *Noah*, I., 55.

141, 1: "Lorgnette"—cf. *Noah*, v., 528–29.

141, 9: "er ist mir aus dem Gelenk gegangen" —cf. *Noah*, v., 569 ff.

"Gog (one of the giants) ganz ergrimmt, langt mit der Hand aus, Noah zu schlagen,
Aber die Hand ward aller Bewegung des Lebens beraubt,
Hing in der Luft erstarrt, bis dass sie Noah berührte."

141, 28: "Apoll"—cf. *Wanderers Sturmlied*, ll. 17, 58.

141, 35. Cf. *Noah* I., 85: Japhet perceives from his look-out a strange crowd in the plain:

"Dieses Gewimmel schien ihm wie eines Haufens Ameissen."

141, 36: "Kapriolen"—cf. *Prometheus*, l. 119.

142, 16–17. Here Schubart cannot be meant,

as Sauer seems to suggest. He did not even know, when the *Hofmeister* came out (1774), that Lenz was the author of the drama. Lenz's particular friends in Strassburg were the Actuar Salzmann, Röderer, Haffner, Ott. Ott and Salzmann received portions of Lenz's translation of Plautus, which Lenz communicated to Goethe apparently only later on (*Dram. Nachlass von J. M. R. Lenz*, ed. by Weinhold, p. 10). It is impossible to say whom Lenz has in view. One could even think of Goethe. Cf. the passage in a letter from Lenz to his brother Joh. Christian, Nov. 7, 1774: " Konnt' ich mein edler Bruder! einen bessern Gebrauch von deinem Briefe . . . machen, als dass ich ihn einem zweyten Du . . . . meinem Bruder Goethe . . . . zuschickte und dein Glück mit ihm theilte? Wie ich denn nichts geheimes für den haben kann " (*Sitz. Ber., u. s. w.*, 26). Cf. also Goethe's account of his relations to Lenz in *D. u. W.*

142, 22 : " Lenz an einem einsamen Orte "—cf. Milton's *Par. Lost.* II, 546 ff. :

 ". . . . . "Others, more mild,
 Retreated in a silent valley, sing
 . . . . and complain that Fate
 Free Virtue should enthrall to Force or Chance."

The lines 555 ff. in the same passage suggested probably *P. g.* 139, 28 ff.:

 . . . . " In discourse more sweet
 Others apart sat on a hill retired,
 In thoughts more elevate, and reasoned high
 Of Providence, Foreknowledge, Will, and Fate,
 Fixed fate, free will, foreknowledge absolute."

143, 5 : " herabhängend "—cf. *Noah*, I., 58 : " hangender Rand," 68 : " mit hochhangenden Gärten ; " also *Messias* IV., 1337 : " herhangend."

143, 10. Cf. Goethe's poem, *Der unverschämte Gast*, publ. Sept., 1774.

143, 15 : " Gelehrtenneide "—cf. *F. v. Hagedorns poet. Werke*, publ. by J. J. Eschenburg, 4. part, 25 :

" Ich habe es oft für eine nicht geringe Glückseligkeit gehalten, dass es niemals mein Beruf gewesen ist, nicht hat sein können, ein Gelehrter zu heissen . . . Dafür habe ich die beruhigende Erlaubniss, bei Spaltungen und Fehden der Gelehrten nichts zu entscheiden."

143, 35 : " und Geld machen obenein "—Refers perhaps to the price offered Febr. 28, 1775, by S. C. Ackermann and F. S. Schröder in Hamburg for the best drama (*Deu. Litt. D. d. 18. u. 19. J.*, vol. 32, IX ff.).

144, 10: " wirft ihnen ein Seil zu."—Taken from *Noah* v., 658 ff., where Raphael by divine command spreads a net in order to intercept the balloon of Adramelech.

144, 10–11 : " die Journalisten verwandeln sich in Schmeissfliegen und besetzen ihn von oben bis unten "—cf. Nicolai, etc., 367 : " Was das für 'n Junge war, der Werther. Gut, edel, stark. Und wie sie 'n verkannt haben. Da kamen die Schmeissfliegen, setzten sich auf 'n."—Cf. also *Prometheus* ll. 264–266.

144, 12. Cf. Nicolai, etc., 369.

144, 20–23. Cf. Voss' well-known apostrophe to Klopstock: " Was ist Milton, was ist Virgil und Homer gegen den Messiassänger " ?

144, 35 : " Strich wider die Natur "—cf. Goethe's poem, *Künstlers Abendlied*.

144, 36 ff. : " die Antwort die der König von Preussen einem gab."—One day when Frederick the Great made a short stay in a provincial town of his kingdom, he was met by the burgomaster, who commenced his address of welcome by saying : " O halber Gott, du grosser Friederich." The king interrupted him by the sarcastic remark : " O ganzer Narr, du kleiner Dieterich," whereby the address was brought to a sudden close. Dieterich was the burgomaster's name (*Characteristic Anecdotes, etc., of Frederick II.*, by B. H. Latrobe, London, 1788, p. 124).

145, 5–6. Cf. *Prometheus*, l. 263.

145, 13 : " Verfall der Künste "—cf. Lenz's translation : " Johannes Ludovikus Vives von Verderbniss der Künste," made at Strassburg (*Sitz. Ber., u. s. w.*, 8).

145, 16 : " auf allen Vieren "—cf. *Prometheus*, l. 99.

145, 18–19 : " Maler der menschlichen Gesellschaft."

" Gemählde " frequently used by Lenz ; so in the title of his *Sizil. Vesper.*, in a letter to Merck (1775), in his *Anmerk. über's Theater* (*Ges. Schriften* II., 207, 216), and elsewhere.

SECOND ACT.

The idea of the passing of the poets in review may have been suggested to Lenz by the fourth book of Pope's *Dunciad* and by *Prometheus*, perhaps also by Schmid's article.

146, 2: " Tempel des Ruhms "—cf. *Dunciad*, fourth book. Lenz worked 1780 on a poem, *Der*

Tempel der Freundschaft (*Die Sizil. Vesper.*, ed. by Weinhold, 59).

146, 18: "Wenn ihr gute Worte gebt."—This expression was apparently common among the storm-and-stress people. Cf. a letter from J. D. Salzmann to Lenz, June 1776: "Wenn ihr mir gut wort gebt so schick ich's euch" (*Sitz. Ber. u. s. w.*, 29); Nicolai, etc., 368: "spitze Rede geben." The lines 18–19, although under quotation marks are no quotation; also 149, 5, 12. 164, 31. 158, 31. The quotation marks simply indicate that a new person is speaking.

147, 29: "Ôté la culotte."—Note a similar passage in Rabelais' *La vie de Gar. et de Pant.*, fourth book, XLVII. chapter, where the devil is frightened away by the sight of the denuded figure of an old woman (*Oeuvres de Rabelais*, ed. by Johanneau, Paris 1823, vol. 6, 443–447). It is however possible, that Lenz refers only to the general obscenity of Rabelais' writings, which is made obvious especially in the *Songes Drolatiques de Pantagruel* (*ibid.*, vol. 9). Possibly Lenz was acquainted with the coarse drawings of these songes. —Cf. also *Menalk und Mopsus* in Lenz's *Ges. Schriften* III., 70, 75; *Prometheus*, epilogue.

148, 18: "Der ernsthafte Zirkel."—By that Bodmer and Breitinger are not meant, as Sauer suggests; otherwise Uz would not step forward from their midst, as he does in 148, 19. The line refers to the "honetten Damen und Herrn von gutem Ton" in 148, 8.

157, 21: "Ich will nicht nachzeichnen."—This (also 23–24) shows, that Lenz was acquainted with Herder's fundamental ideas on poetry. Herder draws a sharp distinction between "nachbilden" and "nachahmen." He approves the first, disapproves the second, and maintains that poetry must be rooted in the home and in the nation, not in the thoughts and beliefs of outside peoples.

157, 22: "so stell' ich Euch ein paar Menschen hin, wie Ihr sie da vor Euch seht."—Lenz's conception of what the modern tragedy should be, is expressed in a passage of his *Anmerkungen über's Theater:* "Das Trauerstück bei uns war also nie wie bei den Griechen das Mittel, merkwürdige Begebenheiten auf die Nachwelt zu bringen, sondern merkwürdige Personen" (*Ges. Schriften*, II., 227). He also says on the drama in general (*ibid.*, 212): "Es gehört zehnmal mehr dazu, eine Figur mit eben der Genauigkeit und Wahrheit darzustellen, mit der das Genie sie erkennt, als zehn Jahre an einem Ideal der Schönheit zu zirkeln."

159, 34: "Fabel"—cf. the chapter "Der Teuffel ist vnsers herr Gots affe" in *Agricolas Sprüchwörtersammlung* (in *D. Nat. L.*, vol. 24).

We may infer from the preceding this much: Lenz gets his material from all possible sources; his *P. g.* is simply the precipitate of his rather extensive reading. Lenz doesn't show much originality in subject matter, but in arrangement and composition he is not without genius. It seems to me, that because of these merits of form the *P. g.* ranks, it is true, not with Goethe's *Götter, Helden und Wieland*, but certainly with the *Jahrmarktsfest zu Plundersweilern* and with *Prometheus D. u. s. R.*

PAUL REIFF.

University of Wisconsin.

Wollte man es in einem Begriffe faſſen, was die neue
Generation verlangte, die um 1770 in Deutſchland ſich auf den
Plan ſtellte und das Wort erhob, ſo könnte man treffender
wohl keinen finden als: Freiheit der Perſönlichkeit. Dieſe Jugend
aus dem Bürgertume fühlte eine neue Welt in ſich und mußte
als Lehrer und Hofmeiſter und Elenderes noch in eine andere,
alte Welt ſich ſchicken, deren Brauch und Regel ſie als ſchweren
Zwang empfand. Das Pathos dieſer Jünglinge einer noch recht=
loſen Klaſſe fegte wie ein Sturm durch die beſchnittenen Ziergärten
einer höfiſchen Geſellſchaft und wandelte ſie in eine wunderliche
Wildnis, inſofern da und dort ein zierliches Boskett ſtandge=
halten, hier aber weiter nichts ſonſt als natürliches Wachstum
blieb. Da man ſich vom Leben dieſer Geſellſchaft ausgeſchloſſen
ſah, ihm nur als ein Paria zugehörte, verwarf man mit dieſem
Leben auch alle deſſen Formen, ja die Form überhaupt. Denn
die Inhalte dieſer Schar Neugekommener waren ungeformt bis=
her geweſen oder es ſchien ihnen ſo; ſie trugen ein Chaos in
ihren ſtürmiſchen Seelen; und die Formloſigkeit ſchien ihnen die
rechte Form zu ſein, wobei man, da ſich, das Geſetz der Träg=
heit wohl erkennend, Neues ſtets um Ahnen als Beweiſung und
Stütze müht, Bildſäulen der Verehrung jenen aufſtellte, die der
neuen Generation als Götter und Schutzherren ihrer neuen Güter
tauglich ſchienen. Und formte das Neue nach dem Bilde des
venerierten Alten, wie man es verſtand und konnte.

Man weiß es und es iſt oft dargeſtellt worden, was die
Engländer und Rouſſeau der deutſchen Jugend jener Zeit be=
deuteten: die Entfeſſelung des Gefühlsausdruckes aus dem Zwange
einer ausgelebten Konvention. Doch wäre es zu nichts gekommen,
hätten in dieſen Deutſchen nicht gleiche Vorbedingungen eine
Diſpoſition geſchaffen, die jenen Beifall gaben, die was man
ahndete in Worte brachten und dieſe erlöſenden Worte von der

Natur zuerst aussprachen; welche Natur und welchen Gefühls=
ausdruck wir mit unserem geschärften historischen und Wirklichkeits=
sinn noch immer sehr reichlich mit dem Rokokoschnörkel geziert
wissen, wenn wir beide in den Künsten jener Zeit in die Er=
scheinung treten sehen. Was wir heute Empfindung nennen, ist
bei aller Kompliziertheit ein Einfacheres, als was man damals
unter Empfindsamkeit verstand, und die Natur hat sich uns anders
erschlossen, als es damals geschah mit dem utopischen harmonischen
Wilden als Idealmenschen, mit englisch geänderten französischen
Gartenkünsten als Landschaft. Doch: nichts Geistiges geht den
Weg in Sprüngen, und wenn es der genialische Überschwang
auch so vermeint, so ist das die nötige Selbsttäuschung großer
individueller Energien, die solchen bergeversetzenden Glauben
brauchen zu ihrer vollen Entfaltung. Rückschauend wird das
Schritt für Schritt des Weges deutlich und daß man in der
Zeit gegangen war, wo man Zeiten zu überfliegen meinte.

Welche Namen die Geschehnisse auch zeitlich haben mögen,
das Wesentliche war dies: die Formen, die sich eine Gesellschaft
gab, waren erschöpft, da das besondere Mittel, das sie belebte,
keine neue Variation der Form mehr hergab. Die Form lief leer
wie Mühlsteine, zwischen die kein Korn mehr fällt; das Geräusch
und die Bewegung waren noch da, aber ihr Sinn fehlte. Da
man wohl die Form sieht und sie zuerst, nicht aber und zuletzt
erst ihr bewegendes Mittel, verwarf man mit der alten Form
die Form überhaupt; ihre historische Zufälligkeit nahm man für
ihr Wesen, ihr Gewordenes für ihr Sein von Anbeginn. Aber
wichtiger war das andere: man schüttete neues Korn auf. Man
gab aus der Fülle eines andern und, in den Künsten, neuen
Lebens ein neues Mittel, und dieses war: die neuen ethischen
Werte einer Klasse, des Bürgertums, das zu seiner Freiheit
wollte, wobei es sich wie alle Stände die hinauf wollen, mit der
Menschheit identifizierte.

Die Form hört nicht auf, sie ändert sich nur — oft und
anfangs bis zur Unform, aber sie hört nicht auf, denn damit
hörte das Leben auf, das unausgesetzt das ethische Mittel produ=
zieren muß. Denn die ethischen Werte sind dazu da, die Form
zu speisen, ihre Variabilität zu erhalten, das Spiel des Lebens
zu behaupten. Alle Formänderungen treten revolutionär auf,
denn sie haben das Pathos eines neuen stark betonten ethischen

Wertes nötig, weil Leben auf Absterben stößt, Neues auf Gewöhnung, Erregung auf Müdigkeit. Von diesem Lenz will ein Stück nichts als die Nachteile der Privaterziehung, ein anderes die Notwendigkeit bestimmter Soldatenehen beweisen, ein drittes den Irrungen gesellschaftlichen Lebens die Natur gegenüberstellen, und so fort — die Kunst scheint ganz in den Dienst des praktischen Lebens gestellt, dessen Erneuerung vor allem wichtig ist. Das Ethos des Inhalts wird allein betont, mögen die Formen darüber in Stücke gehen. Die artistische Kunst der klassischen Franzosen gilt diesen Jungen mehr noch als Lessing nichts als personifizierter Gemeinplatz und eitle Ergötzlichkeit durch eine Handlung, wo es doch allein auf die Individuen ankomme, das heißt, auf die Leidenschaft gewordene Idee. Die Regeln des „Herrn Aristoteles", des „Kalten Unmenschen", sind „poetische Reitkunst", die Grundpfeiler seines „Brettergerüsts" „vermodert". Man weiß aber keine andere Technik, wie hier die Form heißt, entgegenzusetzen, als die eines verwilderten Shakespeare — wie sich dieser verwilderte Shakespeare noch ein paarmal wiederholen wird, wenn die Variation der dramatischen Form durch ein neues Ethos nötig wird.

„Ich werde untergehen und verlöschen in Rauch und Dampf" — daß es gerade bei Lenz, der dies Wort aussprach, Wahrheit wurde, ist ein Zufall, denn dies Wort des Überschwanges hatte die ganze Generation auf den Lippen und war dieses Gefühl des Unerhörten ihr stärkster Impuls, eine Jugendparole gegen die alte Zeit, die sich so zäh ans Leben hing. Lenzens Leben und Werke sind gewiß Fragment geblieben; da die Früchte reifen wollten, fanden sie den Gärtner im Wahnsinn.

Es ist ein Brauch in den Literaturgeschichten, diesem Dichter das Talent zuzuerkennen, da ihm Goethe das Genie nicht absprach, doch auch gleich kritisch zu bemerken, daß ihm künstlerisches Maß und Konzentration, Durchbildung und Reife gefehlt haben. Was Gleiches die Kritiker wohl auch von Goethe sagten, wäre nichts sonst von ihm, als was er bis 1776 geschaffen hat. Was im Schatten dieses mächtigen Baumes wuchs, mußte von stärkerer Konstitution sein, als sie Lenz besaß, dessen Komödien die Zeit Goethen zuschrieb und dem man bis auf unsere Zeit Gedichte gab, die von Lenz sind. Ich will keine Revision des landläufigen Urteils über den Dichter Lenz anregen und seinem Werke nicht damit das eigene Blut nehmen, daß ich es wie Gegenstände mit anderem Werke vergleiche; denn im letzten hat kein Werk der Kunst den Mißbrauch zu erleiden, verglichen und so gerichtet zu werden, solange nicht objektive Normen und Maße feststehen. Bis dahin mag Maß nur die Intensität des persönlichen Ausdruckes sein: gab er dem Form, was ihn bewegte und bewegt er mich? Ist des Dichters Leidenschaft gewordenes Denken so, daß es auch mein Denken zur Leidenschaft entzündet?

Für mich gebe ich Antwort auf diese Frage mit der neuen Herausgabe von des Dichters Schriften.

18. Jänner 1909. Franz Blei.

Jakob Michael Reinhold Lenz und Goethes Werther.

Auf Grund der neu aufgefundenen Lenzschen „Briefe über die Moralität der Leiden des jungen Werther".

Von Martin Sommerfeld in Frankfurt a. M.

I.

Seit dem Erscheinen der ersten Würdigung weniger des Dichters als der Persönlichkeit von Jakob Michael Reinhold Lenz — seit Goethes „Dichtung und Wahrheit" ist die Lenzforschung aufs engste mit den Bemühungen um das Werk und die Persönlichkeit des jungen Goethe verknüpft. Mit gutem Grund. Goethe, seine Erscheinung und seine Dichtung, hat in Lenz' Entwicklung nicht minder Epoche gemacht, als Herder in derjenigen Goethes. Und nicht minder stark als durch die Attraktion wurde und blieb Goethe durch Abspannung und wohl auch durch Abstoßung — beides gegenseitig — für Lenz ein zentrales Erlebnis. Aber jene erste Würdigung bot ja nicht nur biographische, psychologische und literarhistorische Anregungen und Probleme. Diese erste Beurteilung war eine Verurteilung, und wenn schon nicht ein Gericht, doch eine Analyse unter moralischen Gesichtspunkten. Und von dem Für und Wider dieser moralischen Einstellung und ihrer Ergebnisse hat ein großer Teil der Lenz-Forschung sich mehr als billig genährt, und mehr als billig wurde die Tendenz dieser Darstellung, in der einzelnen Angabe, im einzelnen Ausdruck gesucht und verworfen oder belobt, aber die immanente Tendenz, die sich einmal aus dem Charakter der Goetheschen Selbstbiographie überhaupt, sodann in der besonderen Einordnung dieses Porträts kundgibt, wurde vernachlässigt. So konnte es kommen, daß ein wesentlicher Bestandteil dieser Analyse, die Würdigung Lenz' als einer Zeiterscheinung, gar nicht berücksichtigt oder doch mißverstanden wurde; daß dasjenige, was Goethe von Vorzügen, Problemen, Irrungen der Zeit gerade an Lenz darzustellen für gut befand, für individuelle Züge genommen, wie anderseits individuelle Züge zu Eigenschaften von Zeit und Umwelt verallgemeinert wurden. Der durchgehende Grundzug der Lenzschen Existenz, seiner subjektiven Lebensstimmung wie seines objektiven Lebensschicksals, diese „Gravitation nach dem Unglück" (wie Nikolaus Lenau einmal von sich sagte), wurde hier von Goethe unter vorzugsweise moralischen Gesichtspunkten entwickelt: ein sehr ungewöhnliches Verfahren bei Goethe (aber doch wohl das abschließende und nachklingende Ergebnis seiner Verbindung mit Lenz); nichtsdestoweniger hat die Lenzforschung an diesem Verfahren festgehalten, und sich einzig im Für und Wider versucht[1]).

---

[1]) Da die Mängel der älteren Lenzforschung — die sich aber auch in neueren Arbeiten wie denjenigen von Pfütze, Haußmann, Gluth u. a. wiederfinden — schon öfter (wenn auch nicht mit methodischer Besinnung) festgestellt wurden, mag hier zur Illustrierung nur auf die verschiedene Beurteilung hingewiesen werden, der bei solchem Verfahren dasselbe Lenzsche Fragment: „Zum Weinen oder weil Ihrs so haben wollt" unterlag. Weinhold (Lenz' Dramatischer Nachlaß, S. 266) verwandte das Fragment als Stütze der Goetheschen Charakteristik, mit der Begründung, daß Lenz zur Zeit der innigsten Freundschaft mit Goethe (1775) diesen hier als Schelmuffsky charakterisiert habe — er hätte aber wahrscheinlich das ganze Fragment nicht ins Jahr 1775 gesetzt, sondern hätte bei kritischer Interpretation zu einer andern chronologischen Bestimmung gelangen müssen, wenn er nicht die Goethesche Charakteristik von vornherein als verbindlich angesehen hätte. Froitzheim (Lenz und Goethe, S. 15) setzt die Entstehung in das Jahr 1772 und kommt natürlich zu entgegengesetztem Ergebnis, oder vielmehr: da er Lenz von diesem Anwurf reinwaschen möchte, kommt er dazu, die Entstehung des Fragments in die Zeit der Bekanntschaft Lenz' mit Friederike zu setzen. Rosanow versucht, ohne eigentliche Begründung, eine Kombination zwischen beiden Hypothesen, setzt die beiden Entwürfe und die erste ausgeführte Szene ins Jahr 1772 und, da er die zweite ins Jahr 1776 setzt, glaubt er in ihr das Pasquill vermuten zu dürfen, das Lenz aus Weimar entfernte! Eine wirklich kritische Interpretation versuchte erst Jul. Kühn, „Der junge Goethe im

Goethe hat das Ungewöhnliche dieser Charakteristik anscheinend selbst empfunden, er meinte es ausdrücklich rechtfertigen zu müssen, daß er „von Lenzens Charakter mehr in Resultaten als schildernd" spreche, und er verwies dafür auf „die Umschweife seines Lebensganges". Aber wenige Seiten später wird Lenz' Lebensgang unter dem Bilde eines rasch vorüberziehenden Meteors, das keine Spuren hinterlassen habe, neben denjenigen Klingers gehalten, der gewiß nicht minder umschweifend war, zumal für Goethes Auge, dem ja Lenz seit seiner Heimkehr nach Rußland ganz entschwunden war; und in diesem Klingerporträt ist vielmehr gerade das Umschweifende ein Anreiz für Goethes Stift. Es ist auch nicht recht einzusehen, inwiefern überhaupt die äußere Bewegtheit der Lebensumstände der epischen Darstellung eines Charakters die Form vorschreiben kann. So dürfen wir also nach einem andern Grund suchen, weshalb Goethe es bei Lenz „unmöglich" fand, „seine Eigenheiten darstellend zu überliefern". Neben den festen, fast derben Zügen des Klingerschen Porträts, könnte man sagen, hätten die weich-zerfließenden des Lenz-Porträts, wenn ein solches gegeben worden wäre, schlecht bestanden — aber Goethe suchte ja ausdrücklich einen Kontrast zu demjenigen Klingers, und auch das bestärkt uns in der Behauptung des Ungewöhnlichen in der Goetheschen Darstellung Lenzens, daß hier einer der seltenen Fälle vorliegt, wo Goethe sich der Kontrastwirkung bei der Charakteristik bediente[1]). „Eines von den Gesichtern, die nicht zu zeichnen sind" sagte Lavater[2]) von Lenz; aber Lavater war, damals wenigstens, im Zweifel über das, was er aus Lenz herauslesen

---

Spiegel der Dichtung seiner Zeit", Heidelberg 1912; es ist bemerkenswert, daß erst Kühn aus dem Fragment selbst das wichtigste Argument für die Deutung der Personalchiffern desselben („und wir gleichfalls") fand! Ob Kühn daraus den richtigen Schluß für die Datierung zog, möchte ich hier dahingestellt sein lassen — R. Balloff (Euphor. XXII) setzt die Entstehungszeit auf Grund eines neuen Arguments ins Jahr 1775 — aber er vermeidet wenigstens den beständigen circulus von chronologischen Erwägungen auf inhaltliche Bestimmungen, von inhaltlichen auf chronologische zu schließen, und den anderen, die Goethesche Charakteristik zur Interpretation zu benützen, die Interpretation aber zur Bekräftigung der Goetheschen Charakteristik.

[1]) Kurt Jahn, „Goethes Dichtung und Wahrheit", Halle 1908 zitiert S. 340 f. diese Goetheschen Sätze etwas unbesonnen als Beweis dafür, daß Goethe die Charakterisierung durch Kontrastwirkung „wohl zu schätzen wußte", muß aber selbst gleich zugeben, daß Goethe die Kontrastierung zumeist unausgesprochen läßt, ja daß er „keineswegs antithetisch charakterisiert, wie ihm ja die Formen der Schulrhetorik immer fern gelegen haben", und daß er lieber mit dem Mittel der Steigerung durch Parallelismus arbeitete. Stärker als Jahn es nach der etwas sorglosen Vorwegnahme und Ausdeutung dieses besonderen Falles tun kann, wäre zu betonen, daß Goethes Art, Menschen zu sehen, einen intensiveren Gebrauch dieses stilistischen Mittels gar nicht zuläßt.

[2]) Lavater an Herder 7. Oktober 1775.

dürfe — Goethe hingegen war sich über die Resultate und Standpunkte so wenig unklar, daß er vielmehr nur die Schwierigkeit des ikonischen Nachbildens der einzelnen Züge betonte. Am wenigsten bietet sich uns aber als Erklärungsgrund eben die moralische Einstellung Goethes selbst. Von dem logischen Fehlschluß abgesehen, der in solchem Verfahren läge — es ist gleichwohl angewendet worden — werden wir das dunkle abschließende Weimarer Erlebnis, jene oft erwähnte „Eselei" Lenzens, nach Lage der Dinge niemals aufhellen können; und selbst wenn dieser unwahrscheinliche Fall — unwahrscheinlich: denn alle Beteiligten, Herder und die Hofpartei eingeschlossen, scheinen sich Stillschweigen hierüber gelobt zu haben — einträte, könnten wir kaum hoffen, aus dieser Tatsache das moralische Erlebnis Goethes zu erschließen, das hier in dieser Charakteristik mannigfach transponiert nachklingt. Es muß aber ein bestimmtes moralisches Erlebnis sein: Klinger wurde ja unzweifelhaft von Goethe aus Weimar entfernt — „Klinger ist uns ein Splitter im Fleische", schrieb Goethe am 16. September 1776 an Merck[1]), „seine harte Heterogenität schwärt mit uns und er wird sich herausschwären" —, und doch ist das Klinger-Porträt in Dichtung und Wahrheit unverkennbar mit Liebe gezeichnet! Und schließlich: gerade die Lenz-Forschung, die vor so vielen sachlichen und psychologischen Rätseln steht, kann bei der Aussichtslosigkeit dieses Bemühens um so eher darauf verzichten, als ihr ja die Goethesche Charakteristik nicht Selbstzweck ist, und da sie ja andere Aufgaben hat, als eine Probe — auf ein ungelöstes Exempel zu machen.

Indessen bietet sich uns eine andere Erklärung für das Ungewöhnliche dieses Porträts, die man bisher aber meines Wissens so wenig geltend gemacht hat, wie das in dem hervorgehobenen Sinne Ungewöhnliche selbst. Daß Goethe hier von Lenz „mehr in Resultaten als schildernd" spricht, hat seinen wo nicht bedingenden doch wesentlichen Grund in der Einordnung dieses Porträts. Das Lenz-Porträt am Beginn des 14. Buches von Dichtung und Wahrheit bildet zugleich die darstellerische Überleitung von der Charakteristik der äußeren und inneren Werther-Epoche zu dem Vorwärtsschreiten mit den neuen Genossen (und sehr bald auch ohne sie), von dem Abschluß einer Epoche zu neuem frischen Ansatz. Goethe hätte hier gar nicht „darstellend", er konnte nur „in Resultaten" sprechen: denn alle wesentlichen Züge sind bereits in der vorhergehenden Darstellung der Werther-Epoche vorweggenommen, so sehr, daß Goethe hier eigentlich nur einen, den der Intrigensucht als „individuellen Zu-

---

[1]) Vgl. auch Goethe an Merck 24. Dezember 1776.

schnitt" Lenzens geltend machen kann, und auch dieser Zug ist ja im allgemeinen Bilde der Zeit schon vorbereitet. Was Goethe aber sonst an Charakterzügen Lenzens bemerkt: das fruchtlose und zwecklose „Sich-Abarbeiten in der Selbstbeobachtung"; daß er „sich grenzenlos im einzelnen zerfloß und sich an einem unendlichen Faden ohne Absicht hinspann"; das Leben in der Einbildung; die Goethe besonders unangenehme Art, an andere die höchsten moralischen Anforderungen zu stellen; der geschäftige Müßiggang, die von Goethe mit leisem Spott dargestellte Weltverbesserungssucht und sogar die spezielle Wendung derselben bei Lenz ins Militärische — all das sind Züge, die hier nur als Resultate gegeben werden konnten, da sie schon in den vorhergehenden Büchern schildernd und aus ihren Bedingungen hervorgewachsen dargestellt waren. „Und so litt er denn", heißt es in dieser Charakteristik Lenzens, „im allgemeinen von der Zeitgesinnung, welche durch die Schilderung Werthers abgeschlossen sein sollte" — offenbar ein Goethescher Hinweis auf jene „Prämissen" des Lenzschen Lebens, die in der vorhergehenden Schilderung schon gegeben sind. Aber noch einen anderen Hinweis scheint dieser Satz in seiner doppeldeutigen stilistischen Fassung zu enthalten. Goethe hat die Werther-Epoche rasch überwunden. Mit dem Erscheinen von Werthers Leiden war sie für ihn innerlich abgeschlossen und sehr bald befreite er sich auch von ihren äußeren Nachwirkungen und ihren inneren Nachklängen. Aber Lenz spukte noch zwei Jahre später als der Schatten des unglücklichen Werther in Goethes Nähe und schrieb hier in Weimar den Waldbruder, seinen „Pendant"[1]) zum Werther. Wie in diesem Porträt, blieb Lenz auch im Leben Träger einer Stimmung, die „durch die Schilderung Werthers abgeschlossen sein sollte".

So verweist also schon Goethe für die Ergänzung seiner Skizze Lenzens auf die „Zeitgesinnung" — ein Wink, der keineswegs immer beachtet wurde — und wir dürfen die Zeitgesinnung, die als Hintergrund des Goetheschen Porträts erforderlich ist, unbedenklich mit der Wertherstimmung gleichsetzen, wie Goethe sie vorher geschildert hat. Die Wertherstimmung ist durchaus die vorherrschende und zentrale Tendenz dieser Zeit: vielleicht ist das, was man als Folge

---

[1]) Rosanow in seiner Lenz-„Biographie" S. 354 nimmt an, daß der Untertitel „Ein Pendant zu Werthers Leiden" „von Goethe oder Schiller" herrühre. Von der psychologischen Unwahrscheinlichkeit dieser Annahme abgesehen, erweist Lenzens Brief an Boie vom 11. März 1776 — er schreibe jetzt an einem „kleinen Roman in Briefen von mehreren Personen, der einen wunderbaren Pendant zum Werther geben dürfte" — daß der Untertitel schon im Manuskript stand.

jenes chronologischen Irrtums Goethes ansieht, der den Götz in eine zu späte Zeit zurückverlegt hat und deshalb den Werther reichlicher bedenken mußte, doch auch ein Nachbild der seelischen Grundstimmung der Zeit und des jungen Goethe: denn hier überwog Werther den Götz um ein beträchtliches. Schon deshalb, weil dasjenige, was die revolutionäre Gärung der Jugend im Götz ansprach, im Werther wiederkehrte in dem unmittelbareren Zusammenstoß Werthers mit der bürgerlichen Gesellschaftsordnung und ihrem staatlichen Träger. Denn die Wertherstimmung erschöpft sich ja keineswegs in der überspannten Empfindsamkeit — diese ist, wie in der Goetheschen Schilderung der Zeit, nur eines ihrer Elemente. Das andere, von Goethe in Dichtung und Wahrheit nicht minder stark betonte, ist die Wendung an eine eng umgrenzende bürgerliche Ordnung. Das Individuum, das so erschütternd die Bestimmung der Zweiheit erlebt — es erleidet auch die Beschränkung durch die Vielheit; neben dem metaphysischen steht das soziale Erlebnis der Individualität. Auch darin ist also der Werther ein Ausdruck seiner Zeit, daß er diese Doppelgesichtigkeit ihres Grunderlebnisses widerspiegelte in der Verdopplung der Motive Werthers. Es ist bekannt, daß Napoleon in seinem Gespräch mit Goethe diese innere Diversion von Werthers Leiden tadelte; Goethes Antwort hierauf ist dunkel; nach H. G. Gräfs seiner Beobachtung[1]) schwankte er in seiner Beantwortung dieses Einwurfs später zwischen den beiden Bildern: „die kunstvolle Naht eines Risses" und „die natürliche Naht, die zwei zueinander gehörige Stücke verbindet". Hier, in Dichtung und Wahrheit, gibt er, dem Charakter der Selbstbiographie entsprechend, eine zeitgeschichtliche Beantwortung dieses Einwurfs indirekt da, wo er die Wertherzeit als eine „fordernde Epoche" darstellt. „Von unbefriedigten Leidenschaften gepeinigt, von außen zu bedeutenden Handlungen keineswegs angeregt, in der einzigen Aussicht, uns in einem schleppenden geistlosen bürgerlichen Leben hinhalten zu müssen" — so entstand die Wertherstimmung. (Dichtung und Wahrheit, Buch XIII.) Man würde aber fehlgehen, wenn man die „fordernde Epoche" durch das charakterisieren wollte, was sie etwa forderte; im Gegenteil, das Fordern selbst war Leidenschaft, und im Moralischen nicht minder als im Sozialen und Politischen. Die Bewegung von 1770 war um so viel richtungs- und zielloser als die politische Pathetik von 1830, als sie der Aufklärung näher stand als diese. Und in der Tat: der Inhalt dieses Forderns, objektiv betrachtet, ist keineswegs geistiges Eigentum dieser jungen Generation, vielmehr der

---

[1]) H. G. Gräf, Goethe über seine Dichtungen I, 2, 586, Anm. 2.

deutschen Aufklärung durchaus eigentümlich, gegen die Werther und
seine Gefolgschaft anliefen. Aber es ist ein Unterschied des Tones
hier und dort: „Es lebe die Illusion!" ruft La Feu in Klingers
„Sturm und Drang"; und derselbe Sprecher des Dichters ver=
kündet dort: „Träumen muß der Mensch, wenn er glücklich sein will,
und nicht denken, nicht philosophieren!" Und es ist ein Unterschied
des Erlebnisses. Was hier moralisch, sozial, politisch „gefordert"
wird, wurzelt im religiös-kosmischen Grundgefühl, nicht im Erlebnis
der Gesellschaft. Die Aufklärung beginnt mit einem skeptischen Blick
auf die bestehende Gesellschaft; die Kritik der Gesellschaft führt sie
zum natürlichen Gegebensein des Menschen, und immer kehrt sie,
wie in den denkwürdigen Eingangssätzen von Rousseaus „Contrat
social" zur Einrichtung der Gesellschaft, zu der gesellschaftlichen
Bestimmung des Menschen, zurück. Die junge Generation, wenn
sie den Menschen auf sich selbst bezieht, stellt ihn vor Gott
und vor die Natur; sie weiß — nicht im Begriff, aber in
der Ahnung des schöpferischen Nachbildens — daß sein natür=
liches Wesen nicht Vermögen ist, sondern, wie Lavater (im
vierten Teil seiner Physiognomischen Fragmente) sagte, „Gegeben=
heit", stamme sie nun „vom Gott oder vom Satan"; sie fühlte im
Tiefsten, daß die natürliche Gegebenheit nicht gut noch böse sei, und
daß der Mensch, wenn er auch prometheisch aufwallt, sich leidend
zu ihr verhalte. Es ist das Gefühl, das der Dichter von Werthers
Leiden, um die Zeit, als er sich anschickte sein Buch hinauszusenden,
in die Worte preßte[1]): „Feuer das leuchtet und wärmt, nennt ihr
Segen von Gott, das verzehrt — nennt Ihr Fluch. Segen denn
und Fluch! — bin ich Euch mehr schuldig als die Natur mir schuldig
zu sein glaubte, leuchtets nicht mir, wärmts nicht — und verzehrt
auch..." Was sich im Werther als Elegie ausströmte, ist eine
tragische Grundstimmung — tragisch, weil das leidende Verhalten
aus einem titanischen Schöpfergefühl, aus der ὕβρις des Indivi=
dualitätsbewußtseins, aus anarchischer Absonderung erwuchs. Karl
Philipp Moritz, auch eine Werthernatur in seiner Jugend, faßte das
tragische Grundgefühl aus dem „perspektivischen Mittelpunkt" von
Werthers Leiden — den er in Werthers Brief vom 18. August sah
— in die Worte: „Werthers Geist und Gemüt sind zu groß für seine
Menschheit und der geringste Anlaß, Liebe oder anderes, bracht ihn
an sein Ende"[2]). Und in der Tat: man würde den „perspektivischen
Mittelpunkt" in Werthers Leiden, den Punkt eben, der für die

---

[1]) An Sophie La Roche, Juni 1774.
[2]) Nach Caroline Herders Bericht in Herders Reise nach Italien, S. 203;
vgl. Gräf, a. a. O. S. 565.

„Zeitgesinnung" einzig aufschlußreich ist, verfehlen, wenn man den elegischen Ausdruck nicht als Ausfluß tragischer Grundstimmung nähme, wenn man nicht Werthers Liebeserlebnis und seinen Ausgang so unvermeidlich-schicksalshaft wie — in einem letzten Sinne — nur gleichnishaft empfände. Freilich wird dasjenige, was auch in einer andersartigen, ja fremden Zeitgesinnung Werthers Leiden als Kunstwerk bestehen und wirken läßt, auf diese Weise nicht erfaßt; weder der Zauber der Stimmung, noch der seelische Reichtum, noch die künstlerische Verknüpfung von beidem erschließen sich einer wesentlich problemhaften Ausdeutung der Zeitgesinnung. Und damit aus der Wertherstimmung „Werthers Leiden" wurden, bedurfte es der historischen Erlebnisse des jungen Goethe und vor allem seiner künstlerischen Kräfte, die dieses Wesen bannten. Schon dadurch allein ist auch die Zeitgesinnung des jungen Goethe von besonderer Art; sie ist bei dem Dichter von Werthers Leiden eine Stimmung, ein Zustand, eine Epoche, bestimmt, die schöpferischen Gegenkräfte zu wecken, mit denen er den Zauberkreis dieses Wesens sprengte. Wenige Monate nach dem Erscheinen des Werther, zur Zeit des Höhepunktes des allgemeinen Wertherfiebers, konnte er bereits schreiben (und diese Äußerung bestätigt vieles von dem oben Gesagten): „Ich bin müde, über das Schicksal unseres Geschlechtes von Menschen zu klagen; aber ich will sie darstellen, sie sollen sich erkennen womöglich wie ich sie erkannt habe und sollen, wo nicht beruhigter, doch stärker in der Unruhe sein¹). Das Vermögen künstlerischer Gestaltung ist neu erwacht und geläutert; was von der Zeitgesinnung getragen mit unbewußter Sicherheit herausgeschleudert war, trat nun in das hellere Licht frei-bewußten Schaffens; der Weg war frei — wenn er auch nicht gleich beschritten wurde — zu objektiveren Gebilden. Um diese Zeit erhielt Goethe dasjenige, was der Träger dieser innerlich schon überwundenen Zeitgesinnung, was Lenz zum Werther zu sagen hatte: es sind die verloren geglaubten, von Goethe in Dichtung und Wahrheit nicht erwähnten, jüngst wieder aufgefundenen „Briefe über die Moralität der Leiden des jungen Werther" ²).

II.

Was man von Lenzens Verhältnis zu Goethes Werther wußte, ehe die „Moralitätsbriefe" (wie wir sie kurz nennen wollen), bekannt waren, ist nicht eben viel: gelegentliche Erwähnungen in Briefen, im

---

¹) An Johanna Fahlmer, März 1775.
²) Von L. Schmitz-Kallenberg, Münster 1918, aufgefunden und herausgegeben.

Tagebuch, das seine Erlebnisse mit Cleophe Fibich darstellt, in seinen wenig beachteten Prosaerzählungen, in Gedichten; Anlehnungen im Neuen Menoza, und schließlich schon aus der Zeit seiner Verwirrung ein sonderbares Fragment, in dem die Erinnerung an Werther eine Rolle zu spielen scheint; alles in allem keineswegs ausreichend, um Lenzens Stellung zu dem wichtigsten Dokument der Zeitgesinnung festzulegen; und damit klaffte auch in der Entwicklung des Verhältnisses zu Goethe, dem Autor und Menschen eine Lücke. Grund genug, die Auffindung der Moralitätsbriefe dankbar zu begrüßen. Aber vielleicht werfen sie auch über den unmittelbaren Anlaß, über das eigentliche Thema hinaus einiges Licht auf andere Probleme der Lenz-Forschung, und vielleicht wird es nun möglich, die ja nicht eindeutige und unumstrittene Signatur der Zeitstimmung zu klären.

Lenz hat Werthers Leiden schon vor dem Erscheinen im Frühherbst 1774 gelesen[1]). Im „Tagebuch", für Goethe um diese Zeit aufgeschrieben, erwähnt er mehrmals seine Lektüre des Werther, und hier im dritten Moralitätsbrief findet sich eine Erinnerung an die Situation, in der er ihn las. „Voll von dem süßen Tumult", den es in ihm erregt, habe er „das erste Exemplar..., ein Geschenk des Verfassers, demjenigen Frauenzimmer verehrt", das er am höchsten schätzte, „und das sich in einer Situation befand, die derjenigen, in der Lotte war, äußerlich ziemlich ähnlich schien: weit entfernt, nur auf den Gedanken zu kommen, daß ihr das Buch gefährlich werden könnte, gab ich es mit dem unbesorgtesten festesten Zutrauen, es werde ihr Herz zu den Empfindungen bilden, die allein das zukünftige Glück ihres Gemahls ausmache und befestigen könne"; und er habe sich „bei der genannten schönen Leserin", der er „hier das öffentliche Opfer seiner Hochachtung abtrage", in seiner Erwartung nicht betrogen gefunden: „es ist sehr viele Moral darin, war das erste Wort, das ich aus ihrem Munde über dieses Buch hörte und dieses Wort, hab ich mich verheißen, soll das ganze philosophierende Publikum beschämen." Das wirft einiges Licht auf das „Tagebuch" zurück; denn wenn Lenz noch jetzt, wo der erst gespielte, dann erlebte Roman mit Cleophea Fibich schon zu Ende war, ihre Situation mit derjenigen Lottes vergleicht, so bestätigt das, was unter den vielen Lichtern der Selbstironie im Tagebuch bisweilen ins Dunkel zurücktritt: daß Lenz sich in der Tat gegenüber Cleopheas Verlobten v. Kleist als Werther empfunden hat, zum mindesten daß er ihr mutwilliges kokettes Spiel zwischen dem Verlobten,

---

[1]) Vgl. L. Urlichs, Deutsche Rundschau XI (1877), 256.

dessen Bruder und Lenz als ernstliches Schwanken, als Verwirrung ihres Gefühls aufgefaßt hat. — Jedenfalls entstanden die Moralitätsbriefe nicht unter dem unmittelbaren Eindruck des Werkes selbst, dem sie gewidmet waren, sondern erst, als das „philosophierende Publikum" seine Stimme erhoben hatte, vor allem der Berliner Aufklärer Friedrich Nicolai in seiner Satire: „Die Freuden des jungen Werther"; mit dieser Parodie setzen sich die Moralitätsbriefe hauptsächlich auseinander[1]) und da diese Parodie erst im Januar 1775 erschien, können die Briefe erst später entstanden sein[2]).

Nicht aus dem unmittelbaren persönlichen Bedürfnis der Aussprache über dieses Werk, seine Stimmung, seinen kunstvollen Aufbau, seinen seelischen Gehalt entstanden die Briefe also — wie es doch bei Lenzens Abhandlung über den Götz der Fall war —, sondern in der Absicht, zur richtigeren und tieferen Auswirkung von Werthers Leiden beizutragen, die Angriffe gegen Goethes Autorschaft abzuwehren. Eine schwierige Position für den stürmerischen Lenz,

---

[1]) Nun ist es wohl auch nicht mehr „auffällig" — wie Erich Schmidt es in seiner Ausgabe des Pandaemonium germanicum S. 54 fand —, daß Lenz im Pandämonium Nicolais Wertherparodie nicht erwähnt: er hatte sie eben in den Moralitätsbriefen behandelt.

[2]) Damit wird die von Morris, Der junge Goethe VI, 390, Z. 15 geäußerte Vermutung — der übrigens schon Morris VI, 436, Z. 19 widerspricht — hinfällig, und die Worte Goethens an Joh. Fahlmer (Morris IV, 143): „Lesen Sie das ... es ist von Lenz" können nicht auf die Moralitätsbriefe bezogen werden; der terminus post quem für die Entstehungszeit der Briefe ist durch die Nicolaische Satire gegeben; während des Schreibens, oder kurz nachher kommen Lenz dann die Schletteweinschen Schriften (vgl. Moralitätsbriefe S. 41, Anm.) zu Gesicht. Für den terminus ante quem kann man nicht, wie Schmitz-Kallenberg S. 8 anzunehmen scheint, Goethe an Joh. Fahlmer (Morris V, 13) geltend machen: der „Zweig aus Lenzens goldenem Herzen" scheint sich mir vielmehr — wie auch Morris VI, 431 vermutet — auf Lenzens Briefgedicht vom Februar 1775: „Ach rausche, heiliger Wasserfall" zu beziehen. Wenn Morris aber auch für die Stelle aus Goethe an Fr. Jacobi 21. März 1775 = Morris V, 20 „was von Lenz" auf dieses Briefgedicht hinweist, so scheint mir das nicht richtig, vielmehr im Zusammenhang mit Fritz Jacobi an Goethe vom 25. März 1775 = Morris VI, 435 unzweifelhaft auf die Moralitätsbriefe bezüglich. Denn wenn die erste Deutung zutrifft, so bezieht sich auch das Verlangen Goethes: „krieg ich Lenzens Liebesworte wieder" (an Joh. Fahlmer, März 1775 = Morris V, 13) auf das Lenzsche Briefgedicht, das Goethe aber kaum ziemlich gleichzeitig von Joh. Fahlmer zurückverlangen und Fr. Jacobi als Sendung Joh. Fahlmers ankündigen kann. Daß jener Brief Fritz Jacobis an Goethe, der den terminus ante quem für die Entstehung der Moralitätsbriefe abgibt, aber nicht vom 25. Mai, sondern nach Düntzers Vermutung vom 25. März 1775 ist, darüber dürfte wohl Einigkeit herrschen; Schmitz-Kallenberg begründet seinen Zweifel an der Düntzerschen Konjektur nicht.

so ganz anders als diejenigen in den „Anmerkungen übers Theater", der gleichzeitig mit dem Werther erschienenen Schrift. Schwierig schon deshalb, weil Lenz hier mit gebundener Marschroute vorzugehen hatte; und wenn ihm das Sprechen ad rem schon dort schwer fiel, wo er nach seinem Ausdruck sich „rhapsodienweis" ergehen konnte, wie viel schwerer hier, wo er sich vornahm, Urteile und ihre Begründungen, nicht Stimmungen und Vorurteile zu untersuchen und zu widerlegen — er, der zu Salzmann äußerte: „Meine philosophischen Betrachtungen dürfen nicht über zwo, drei Minuten währen, sonst tut mir der Kopf weh"[1]). So dürfen wir von vornherein erwarten, daß er den beabsichtigten Standpunkt leichtherzig mit einem anderen vertauscht, daß er bald links bald rechts vom Wege abbiegt, daß er bald mit persönlichsten Empfindungen argumentiert, bald die persönlichen Empfindungen schweigen heißt, um objektivere Bestimmungen zu suchen. Die Wahl der Briefform für das was Lenz hier zu sagen beabsichtigte, ist also — abgesehen selbst von dem wirkenden Vorbild des behandelten Romans, das ja auch andere Schriften zum Werther nachahmten — keineswegs freiwillig; es ist danach natürlich, daß er sich der durch diese Form gebotenen Fiktion nicht dauernd fügt — „letzter Brief" ist der zehnte überschrieben und gibt damit den Charakter eines Briefwechsels ziemlich deutlich preis —, ja daß er gar nicht bemüht ist, die Form als solche innerlich zu rechtfertigen. Jeder der Briefe beginnt mit einer Frage, die den Inhalt des erhaltenen Briefes kurz resümiert — ein recht schematisch angewandtes, handwerksmäßiges Mittel zum Weitertreiben der Gedankenfolge, aber recht geeignet für das sprunghafte Lenzsche Denken. Und ebensowenig machte Lenz den mindesten Versuch, den Empfänger der Briefe durch das was er einwirft zu charakterisieren. Wilhelm im Goetheschen Werther tritt durch Werthers Briefe allein schon bestimmt heraus (und natürlich fehlte es in der Wertherliteratur der Zeit auch nicht an einem findigen Kopf, der sich Wilhelms Existenz zu Nutzen machte). Der Empfänger der Lenzschen Briefe ist so unbestimmt in seiner Sphäre und Bildung, wie in seinem Verhältnis zum Briefschreiber — und wie schließlich dieser selbst. Man brauchte hievon nicht zu sprechen, so klar liegt dies nach dem, was wir von Lenz wissen, schon zutage, fast noch ehe wir die Briefe kennen: aber in seinem „Waldbruder" hat Lenz Goethe ja übertrumpfen wollen, indem er nicht einen, sondern mehrere Briefschreiber annahm; und da man in dieser Kunstfertigkeit, die in Wahrheit Kunstlosigkeit ist, ein dramatisches Element wittern möchte,

---

[1]) Lenz an Salzmann, Okt. 1772 = Freye-Stammler I, 53.

muß festgestellt werden, daß die Briefform hier jedenfalls in einer höchst formlosen Weise angewandt ist, lediglich als Retusche seines sprunghaften Denkens. Lenz als realer Briefschreiber verhielt sich jedenfalls ablehnend zu dieser Form der Mitteilung: „die Sprache des Herzens", schrieb er an Salzmann[1]), „ist ... lakonischer als der schnellste Gedanke eines Geistes ohne Körper. Darum hasse ich die Briefe. Die Empfindungen ... der Freundschaft ... gleichen dem geistigen Spiritus, der wenn er an die Luft kommt, verraucht"; die wahrhafte Lenzsche Briefform ist (wenn uns auch von Lenz weniger als vom jungen Goethe derartiges überliefert ist), das Briefgedicht, Briefe in gewöhnlichem Sinn sind für ihn Notbehelf.

Schwierig ist Lenzens Position in den Moralitätsbriefen aber auch noch aus anderem Grunde. Über die Moralität des Werther wollte er sprechen. Das Wort Moralität war keineswegs sein geistiges Eigentum, und wie es nicht von ihm geprägt war, so wurde es von ihm auch nicht in besonderer oder gar ungewöhnlicher Weise gebraucht. Moralität ist eines der Lieblingswörter von Joh. H. Merck[2]), schon drei Jahre vor Lenz' Briefen mehrfach bezeugt; aber auch die Schriftsteller der deutschen Aufklärung, Sulzer etwa und Eschenburg, brauchen es, und auch der von Lenz bekämpfte Nicolai. Kein Wunder: denn das, was Lenz damit bezeichnen wollte, hielt sich durchaus im Rahmen der theoretischen Anschauungen vom Verhältnis zwischen Kunst und Moral, wie es die deutsche Ästhetik der Aufklärung in eigenartiger Verschmelzung rationalistischen Gutes aus der Schule Christian Wolffs und sensualistischen Gedankengutes aus der englischen Ästhetik festgelegt hatte. Wenn es also hier im dritten Briefe heißt: „Laßt uns also einmal die Moralität dieses Romans untersuchen, nicht den moralischen Endzweck, den sich der Dichter vorgesetzt (denn da hört er auf, Dichter zu sein), sondern die ... moralische Wirkung, die das Lesen dieses Romans auf die Herzen des Publikums haben könne und haben müsse. Es muß jedem Dichter daran gelegen sein, nicht Schaden angerichtet zu haben, und wehe dem Dichter, der bösen Erfolgen seiner Schriften mit kaltem Blut zusehen kann" — so ist diese Wendung keineswegs, wie es scheinen könnte, eine Entdeckung Lenzens, sondern geistiges Eigentum der Zeit, von Lessing, Garve und Sulzer, aber schon vorher von Moses Mendelssohn in den „Briefen über die Empfindungen" und

---

[1]) 3. Juni 1772.
[2]) So z. B. in seiner Rezension von Sulzers Theorie in den Frankf. Gel. Anz. vom 11. Februar 1772 (über Wielands Moralität), in seiner Anzeige des Werther: Allg. Dtsch. Bibliothek XXVI, 1, 103, in seinem Brief an Fr. H. Jacobi vom 25. Dezember 1772 und a. a. O.

in der „Rhapsodie", ja sogar von Nicolai ausgesprochen[1]). Von
solchem Standpunkt aus war es höchst mißlich, das „philosophierende
Publikum", insbesondere die philosophischen Tagesschriftsteller der
Aufklärung zurecht zu weisen, ihrem Verhalten zum Werther die
Spitze abzubrechen, ihrem Verständnis neue Quellen zu erschließen.
Das konnte nur durch gewaltsame Konstruktion, durch kühnes Ab-
springen von diesem Standpunkt geschehen. Lenz war hier auf ästhe-
tischem Gebiet im gleichen Fall wie auf theologischem in seinen zwei
Jahren früher geschriebenen „Meinungen eines Laien", wo er, der
Spaldings „Bestimmung des Menschen", diesem von Herder in seinen
Provinzialblättern so heftig angegriffenen Buch, getreu folgte, dennoch über die rationale Dogmatik den Stab brach, wo er mit einem
bunt zusammengerafften Flitterstaat die Blößen des Zeitalters, die
aber durchaus auch seine eigenen waren, verdecken zu können meinte.

An gewaltsam konstruktiver Wendung ließ Lenz es hier so
wenig fehlen wie dort. Von dem erwähnten Standpunkt aus hatte
er nur die immanente Moralität des Werther zu erweisen; das versuchte er, ging aber auch darüber hinaus auf die transeunte Moralität, die er eben als dem Kunstwerk nicht gemäß abgelehnt hatte,
und zwar so sehr, daß er sich am Schluß dagegen verteidigen muß.
„Ich habe Goethe nicht rechtfertigen sondern nur seine Rezensenten
und deren Publikum zurechtweisen wollen, um deren Bestes willen
ließ ich mich zu diesem demütigen Ausdruck herab". Wenn er dem
ersteren Standpunkt entsprechend sagte: „Eben darin besteht Werthers
Verdienst, daß er uns mit Leidenschaften und Empfindungen bekannt
macht, die jeder in sich dunkel fühlt, die er aber nicht mit Namen
zu nennen weiß. Darin besteht das Verdienst jedes Dichters" — so
rechtfertigte er doch auch diese Leidenschaften und Empfindungen selbst;
er widersprach jenem Standpunkt, den er als einzig würdigen aufgestellt hatte, auch damit, daß er sich an den „unvoreingenommenen",
den von moralischen Bedenken nicht affizierten Leser wandte; er hielt
der Moralität des Werther die Unmoralität der „Komischen Erzählungen" Wielands gegenüber, und wenn er sich entrüstete, daß
man vor einem Werk der Dichtung „warne", so forderte er geradezu
auf, diese Dichtungen Wielands ins Feuer zu werfen.

> „Doch die Moral ist das, was Schwefel bei den Weinen,
> Verdirbt sie zwar, doch macht sie besser scheinen
> Und blendet dem Volk die Augen"

spottete Lenz in „Menalk und Mopsus" gegen Wielands Ver-
mischung von Moralität und Frivolität; von einem höheren mora-

---

[1]) Vgl. meine Darstellung: „Friedr. Nicolai und der Sturm und Drang",
Halle 1921, S. 31 ff.

lischen Standpunkt aus wollte er diese unmoralische Moralität be=
kämpfen, aber er konnte diesen Standpunkt nicht recht erreichen, und
was sich hier äußert, ist jedenfalls nicht mehr als gewöhnliche mo=
ralische Entrüstung. Und schließlich: auf Nützlichkeit sind die ge=
sellschaftlichen und pädagogischen Erwägungen gestimmt, aus denen
er den Werther empfiehlt, und auf den Nutzen für den Umgang der
Geschlechter miteinander zielt es ab, was er vom Werther für Bräute
und Eheleute erhofft. An diesen Stellen, wo er selbst seine Gedanken
von der verabscheuten Nützlichkeitsphilosophie borgt, enthüllt sich die
Schwäche seiner Position; und nur das unendlich zarte Gefühl, das
sich hinter diesen verschrobenen Einfällen und ungelenken Redewen=
dungen fast ängstlich verbirgt, unterscheidet ihn von den hochweisen
Magistern, die er bekämpft.

Ganz deutlich erweist die durchgehende Polemik der Moralitäts=
briefe gegen Nicolais Satire, wie sehr Lenz auf den Schultern des
Zeitalters stand. Von der grundsätzlich verschiedenen Auffassung des
Wertherproblems wie sie durch diese Polemik durchscheint, werden
wir noch zu sprechen haben; hier seien nur ihre äußeren Richtpunkte
abgesteckt. In der Form ist diese Polemik wenig glücklich: in seiner
„Verteidigung des Herrn Wieland gegen die Wolken" hat Lenz
seinen Widersacher Nicolai weit witziger und derber abgefertigt. Aber
auch in der Sache ist Lenz nicht immer glücklich: Schon Fritz
Jacobi wies darauf hin[1]), daß der Albert der Nicolaischen Freuden
Lotte nicht „aus Großmut" abtritt, wie Lenz im fünften Brief
sagt, sondern weil er merkt, daß sie Werther mehr liebt als ihn.
Aber wer wollte mit einer Parodie, die sich durchaus als solche
gab, überhaupt ernsthaft darüber rechten, daß sie Motive verschob,
daß sie, wie Lenz hier ebenfalls tadelte, Ereignisse und Szenen, die vor
der Verheiratung lagen, in die Zeit nach der Verheiratung verlegte, und
also wie Lenz folgerte, „die Seele der ganzen Rührung herauszog".
Dies war vielmehr das gute Recht der Parodie als Parodie, und nicht
dadurch konnte man sie abwehren, daß man ihr ernsthaft nachrechnete,
wie und wo sie vom Original abwich, sondern nur wenn man zeigte,
daß sie in sich selbst nicht konsequent sei, ihr eigenes Gesetz verletze.
Freilich hätte man sie auch mit Gegenspott abwehren können, oder
indem man ihr mit Enthusiasmus den heiligen Ort verwies — aber
gerade dies konnte Lenz nicht und er wußte warum er dies nicht
konnte: hatte er doch selbst eben erst, und zwar aus moralischen
Gründen, in seinen „Wolken" einen Dichter parodistisch angegriffen,
und gewiß nicht aus der Erwägung diesen Angriff zurückgezogen,

---

[1]) An Goethe 25. März 1775.

daß mimische Satire nicht das geeignete Mittel gegen eine Dichtung sei. Solche Erwägung hätte dem Genossen der Autoren von „Götter Helden und Wieland", dem „Prolog zu den neuesten Offenbarungen" oder von „Prometheus Deukalion und seine Rezensenten" schlecht angestanden, und noch etwas später, als der Farcenkrieg schon fast vorbei war, schrieb Lenz an Lavater[1]) über Nicolais Roman „Sebaldus Nothanker": „Ernst ist kein Waffen dagegen; je ernsthafter man sich geberdet, desto lauter lachen sie. Es muß wieder gelacht werden, und lauter als sie!..." Hier nimmt er die Parodie merkwürdigerweise mit einem pedantischen Ernst auf — mit einem so unerschütterlichen Ernst, daß er anscheinend gar nicht bemerkt hat, daß er selbst zu dem „Fratz" von Werther in dieser Satire unverkennbar das Vorbild abgegeben hatte! Aber noch merkwürdiger ist wohl, daß er im Eifer der „Widerlegung" Nicolais auf dessen eigenes Feld gerät, daß er wiederholt bekräftigt, was Nicolai nur angedeutet hat, daß er zahlreiche Invektiven Nicolais unbesehen weitergibt. Wenn Nicolai höhnisch darauf hinwies, daß es keine Gefahr habe, daß Werther Nachahmer unter den Jünglingen finden werde, die so viel „mit Kraft und Tat um sich werfen" — so findet sich derselbe Gedanke bei Lenz breit ausgeführt; wenn Nicolai gegenüber den Stutzern geltend machte, daß Werther eben Werther sei, daß diese Leidenschaft echte Leidenschaft sei, die nicht spielt: so umschrieb Lenz auch dies weitläufig, allerdings, wie wir sehen werden, mit anderer Begründung. Aber was bei Nicolai in wenigen gelenken Sätzen steht, tritt bei Lenz umständlich polternd auf. So gehen beide Gegner in dem, was sie von der Wirkung des Werther befürchteten oder erwünschten, eine Strecke gemeinsam; wir werden noch zu prüfen haben, wo Lenzens Weg abbiegt.

Das war jedenfalls nicht der rechte Ton, die Nicolaische Satire abzuwehren, und es waren auch nicht die rechten Gründe, Goethes Werther gegen diese Schrift zu verteidigen, die wie Lenz glaubte, der wohlverstandenen Wirkung Werthers Abbruch tun wollte: daß dies weder Nicolais Absicht war, noch in seiner Schrift liegt, haben ihm Männer wie Merck, Lichtenberg, Boie, Justus Möser u. a. bezeugt; riet doch der letztere sogar jedem Leser, „Werthers Leiden" mit den Nicolaischen Freuden zusammenbinden zu lassen[2]). Aber wenn Lenz der gegenteiligen Meinung war, so hatte er sie hier schlecht zum Ausdruck gebracht und der Sache, die er vertreten wollte, nicht genützt. Das fand schon Fritz

---

[1]) September 1775, Freye-Stammler I, 126.
[2]) Justus Möser an Nicolai 20. Februar und 10. Dezember 1775, Mösers Werke ed. Abeken X, 156 f.; vgl. meine Darstellung a. a. O. S. 261 f. u. 270.

Jacobi¹), der die „herzigen" Briefe „mehrenteils mit Entzücken" gelesen hatte und er widerriet deshalb der Absicht, sie drucken zu lassen: Goethe solle sich vorstellen, wie die Briefe wirken würden, wenn er sie vorläse: „wenn Du", schreibt Jacobi, „alsdann nicht öfter stockst, bald in diese, bald in jene Verlegenheit gerätst, und zwanzigmal die Idee diese Vorlesung anzustellen zum Teufel wünschest: so will ich Unrecht haben"; zum mindesten müsse Goethe manches verbessern, was „zu flach, zu überhudelt, zu unbedacht ist, auch womöglich den sausenden Ton ein bißchen tuschen, der durchherrscht und nur Wirrwarr aufbraust". Fritz Jacobi war es, der Goethes Unmut gegen Nicolai schürte²); doch gegen Lenz nimmt gerade er Nicolai hier fast in Schutz. Aber noch ein zweites fand Jacobi (und nach diesem zweiten wollen wir die Lenzschen Briefe noch durchmustern): „was Lenzens Briefe uns so lieb macht, daß wir auch das Stammeln und die blasse Farbe des Schönen reizend finden, das fühlen, das fassen nur die, welche jene Briefe eigentlich nicht bedürfen; die andern hingegen wird des Mädchens blasse Farbe, ihr Stammeln und Schnappen so sehr beleidigen, daß sie es kaum eines flüchtigen Blickes würdig achten, daß sie seiner und unser spotten werden." Das Wertvolle, was in den Briefen tief versteckt liegt, ist das, was nur den jugendlichen Freunden gemeinsam ist, nur ihnen verständlich, die sie das Stichwort kennen; wir werden versuchen, dieses Stichwort zu finden.

Goethe hat sich anscheinend Fritz Jacobis Rat zu eigen gemacht und Lenz wohl bei seinem kurz darauf erfolgenden Besuch in Straßburg von der Stichhaltigkeit dieser Gründe überzeugt; die Briefe blieben ungedruckt. Für uns ist dieser Entscheid nur insofern schmerzlich, als er uns um eine wenn auch nicht Goethesche, doch von Goethe (und Fritz Jacobi) befürwortete und gutgeheißene „Zugabe"³) gebracht hat, eine Goethe offenbar sehr nahestehende Aussprache

---

¹) An Goethe 25. März 1775.

²) Vgl. Merck an Nicolai 28.-Juni 1775 und meine Darstellung a. a. O. S. 154 und 266.

³) Fritz Jacobi in seinem erwähnten Brief an Goethe, nachdem er über die Moralitätsbriefe gesprochen hat: „die Zugabe zu den Briefen ist vortrefflich, durchaus vortrefflich. Mit nächstem Postwagen schicke ich Dir alles nach Frankfurt zurück. Willst Du es doch gedruckt haben"... usw. Danach ist die „Zugabe" ein zu den Moralitätsbriefen ursprünglich nicht gehörendes, nicht von Lenz herrührendes Stück. Ist sie mit der „Zuschrift" gleichzusetzen, die Schlosser an Lavater 4. November 1774 erwähnt: „Zum Werther gehört noch eine Zuschrift, an Lenz, meine Frau und Sie. Wir wissen sie itzt ... nicht zu finden, sie soll aber nachkommen". Danach könnte man annehmen, Lenz habe diese Zuschrift die ja auch an ihn gerichtet war, seinen Moralitätsbriefen anhängen wollen, und dies habe Goethes Billigung gefunden — sicher ist diese Vermutung aber keineswegs.

über die von Lenz berührten, aber nicht gelösten Probleme. Im dritten der Briefe schrieb Lenz: „Der höchste Vorzug eines Dichters für die Ewigkeit ist ein edles Herz, und da nun niemand unter dem großen Haufen Bewunderer und Ausschreier sich finden will, der meinem Freunde diesen Liebesdienst leiste sein Herz zu verteidigen, da seine Feinde selbst seinem Verstande und seinen Talenten müssen Gerechtigkeit widerfahren lassen: so nehme ich ungedungen und unberufen dieses süße Geschäft über mich und will mich wenigstens damit unsterblich zu machen suchen, daß ich den Wert dieses meines Zeitverwandten ganz zu fühlen imstande bin." Er hat diese freiwillige Aufgabe nicht ausgeführt — eine Bestätigung mehr für jenen Satz der Goetheschen Charakteristik in Dichtung und Wahrheit, daß Lenz niemandem, den er haßte, jemals geschadet habe, aber auch „niemandem, den er liebte, jemals genützt".

III.

„So lächerlich ist noch keiner Epopöe begegnet worden wie dem Werther," so machte Joh. H. Merck seinem Unmut über die „alberne Produktion von Gernwitz, falscher Scham und Prätension an Moralität deutscher Nation" Luft, als er einige der zahlreich aufschießenden Wertherschriften in Nicolais Allgemeiner Deutscher Bibliothek besprach. Er hätte einen guten Teil der Werther-Rezensionen in den deutschen Journalen jener Zeit hinzuzählen können; und das war schlimm, denn „der größte Teil der Deutschen lieset", wie Boie klagte[1]), „nur noch mit der Rezension in der Hand oder im Kopf." Und das Publikum selbst? „In Goethens Werther", schrieb Lenz ein wenig später an Knebel[2]), „ist den Straßburger Frauenzimmern nur die Stelle verständlich, als er losdrückt und darnach in Blut gefunden und hinterm Kirchhof begraben wird. Wenn er nur ehrlich begraben wäre, hätt alles nichts zu sagen." Wir erinnern uns der bitteren Worte Goethes aus Dichtung und Wahrheit (Buch XIII) über die Aufnahme des Werther: „Man kann von dem Publikum nicht verlangen, daß es ein geistiges Werk geistig aufnehmen solle. Eigentlich ward nur der Inhalt, der Stoff betrachtet, wie ich schon an meinen Freunden erfahren hatte und daneben trat das alte Vorurteil wieder ein, entsprungen aus der Würde eines gedruckten Buches, daß es nämlich einen didaktischen Zweck haben müsse." „Was sagen Sie zu all dem Gelärms über den Werther?

---

[1]) Boie an Nicolai 23. Juni 1771.
[2]) 6. März 1776, Briefwechsel I, 190.

schrieb Lenz an Gotter¹); „ist das erhört, einen Roman wie eine Predigt zu beurteilen. O Deutschland mit deinem Geschmack!" Wir sahen, wie Lenz in seinen Moralitätsbriefen diesem Unverständnis entgegentreten wollte, wie er selbst aber in die Weise derer geriet, gegen die er Werther in Schutz nehmen wollte.

Was war es denn nun, was jenes Gelärme eigentlich erregte? Das erwähnte Wort Lenzens könnte vermuten lassen, daß es der Selbstmord Werthers war. Aber man hatte ja, um nur ein Beispiel zu nennen, den „Philotas" ruhig hingenommen, und ein viel unfreieres Publikum hatte gegen den „Sterbenden Cato" des alten Gottsched nicht aufbegehrt²). Und in der Tat hat auch die gesamte mir bekannt gewordene Journalkritik mit der einzigen Ausnahme des Hamburger Hauptpastors Goeze, den Selbstmord Werthers nicht an sich betrachtet und nicht zum Ausgangspunkt ihrer Kritik gemacht, wenn auch natürlich jede darauf zu sprechen kommt. Die Anzeige von Werthers Leiden in der Lemgoschen Auserlesenen Bibliothek³) z. B. meinte nur, Werthers Selbstmord schön finden, heiße das Buch nicht verstanden haben: es wäre so, als wenn man es von einem geworfenen Stein schön fände auf die Erde zu fallen: Werther muß! Die meisten Stimmen, so auch Wieland in seiner Wertherrezension im Teutschen Mercur, verteidigten Goethe, er habe keine Apologie des Selbstmordes geben wollen, vielmehr nur einen Fall dargestellt, in dem der Selbstmord der einzige Ausweg sei; ja Chr. Bertram deduzierte geradezu Werthers Selbstmord aus Tugend⁴). Die ästhetische Berechtigung des Selbstmords aber war von den Theoretikern der deutschen Aufklärung längst zugegeben worden. Und wenn der ängstliche Boie etwa Lenzens Schauspiel „Der Engländer" wegen des Selbstmordes nicht ins Museum aufnehmen wollte⁵), (zumal sich erst vorigen Sommer in Bückeburg jemand selbsthändig die Kehle aufgeschnitten habe), so hatte doch

---

¹) 10. Mai 1775, ebenda I, 106.

²) Die Kritiker Gottscheds tadelten nicht den Selbstmord Catos, sondern nur die mangelnde Größe, die diese heroische Tat bei Gottsched habe: „sein Selbstmordentschluß ist wie ein Kinderköpfgen, das aus einer großen Perücke gucket", sagt Pyra in seiner „Fortsetzung des Erweises, daß die Gottschedianische Sekte den Geschmack verderbe (S. 77). Pyra fand im Gegenteil, daß das von den Regeln der Tragödie geforderte „Schrecken über seine Selbstentleibung" sich durch Catos Heldenmut in „Bewunderung verwandele" (ebda. S. 90).

³) 1775, VIII, 500 ff., abgedruckt bei J. W. Braun, „Goethe im Urteil seiner Zeitgenossen". Bd. I.

⁴) Vgl. Appell, Werther und seine Zeit, S. 162.

⁵) Wie Herder an Lenz 8. Oktober 1775 berichtete.

Mendelssohn — und er sprach damit für die ganze deutsche Aufklärung seit Joh. Elias Schlegel an, und Lessing eingeschlossen — im neunten der „Briefe über die Empfindungen" auch das schwärzeste Laster, auch den Selbstmord theatralisch gut befunden. Aber Mendelssohn statuierte dabei ausdrücklich einen Unterschied, eine Trennung zwischen der Moralität des Lebens und der Bühne, und auch darin folgte ihm die ganze Aufklärung, und sie konnte es, weil sie auf dem Grunde einer Illusionsästhetik baute. Lenz hat dieses Fundament zwar in den Anmerkungen übers Theater angezweifelt[1]), ja zu zerstören versucht, ohne daß jedoch weder er noch einer seiner Genossen ernstlich etwas Neues an die Stelle dieser Ausbeutung des Nachahmungsprinzips hätte setzen können. Aber jenen Dualismus der Moralität von Kunstwerk und Leben hat er bekämpft, er war darüber nicht minder empört als seine Genossen, die mit Hamann und Herder, Lavater und Goethe Mensch und Autor identifizierten und nicht minder Kunstwerk und Leben. Auch das machte seine Lage hier äußerst mißlich: denn um die immanente Moralität von Werthers Leiden zu erweisen, mußte er seine Einzigartigkeit in Tun und Leiden erweisen; und da er hiezu viel mehr als das, da er höchst ungeschickterweise Werthers Unnachahmlichkeit erwies, verlor er, was er hier gewann, an jenem Gesichtspunkt, der ihm nicht minder am Herzen lag. So betonte er im achten Brief, „daß Werther ein Bild ist, welchem vollkommen nachzuahmen eine physische und metaphysische Unmöglichkeit ist" (warum diese Unmöglichkeit auch eine „metaphysische" ist, deuteten wir bereits im ersten Abschnitt an: der Individualismusgedanke wird von der Werthergeneration auch metaphysisch erlebt); und so stellte er — fast komisch, wenn man erwägt, was er eigentlich sagen wollte — hochbefriedigt fest: „daß es alsdann mit der Nachahmung keine Gefahr haben würde". Gleichwohl ist auch jener andere Gesichtspunkt nicht zu verkennen, der die Trennung der Moralität in Leben und Kunstwerk verwarf. „Im Grunde ist das Schöne nur die äußere Form, oder das Kleid, in dem sowohl gute als schlechte Dinge erscheinen können", so lehrte Sulzer[2]); aber Lenz setzte hier, im ersten Brief, „alle Glückseligkeit des menschlichen Lebens in das Gefühl des Schönen", und das Schöne selbst nannte er „nur das Gute quintessenziiert"[3]); „wie sollte ein menschliches Herz dessen entbehren können, ohne ein elendes Herz zu werden."

---

[1]) Ebenso an anderen Stellen, z. B. in dem „Versuch über das erste Prinzipium der Moral" ed. Lewy 4, 350, gegen Batteux' Nachahmungstheorie.
[2]) Allg. Theorie..., Artikel „Schön".
[3]) Vgl. ed. Lewy IV, 353.

Und wenn die Aufklärung auch theoretisch, da wo sie Shaftesbury folgte, diesen Satz vielleicht noch hätte zugeben können — dem Werther gegenüber hat sie ihn nicht geltend gemacht. Aber Lenz ging noch weiter, und wenn er eben Werthers Unnachahmlichkeit begründet hatte mit dem Hinweis, daß Werther eben nur ein Bild sei, so pries er ihn, von seiner Begeisterung fortgerissen, im neunten Brief als Vorbild, als Ideal; hier wird Werthers Unnachahmlichkeit von ihm schmerzvoll als Schranke zwischen Kunst und Leben empfunden, hier wird Werthers Art — gleichviel ob Bild ob Wirklichkeit — beglückt festgehalten, und die Konsequenz seines Charakters gepriesen, „der den Tod selbst nicht scheut, wenn er ihn nur auf guten Wegen übereilt, der imstande ist, sich selbst zu strafen, wenn er es wo versehen haben sollte". Lenz konnte seiner Natur nach nicht dorthin gelangen, wo Heinse im Ardinghello etwa stand, wohin auch Klinger in seiner stürmerischen Epoche drängte: aber hier haben wir etwas von der Stimmung des „ästhetischen Immoralismus".

Denn das war es, was den Jungen hauptsächlich an dem „Gelärme" um den Werther ärgerlich und anstößig war: nicht die Ergebnisse der Diskussion über Werthers Berechtigung zu seiner Tat — das „Geschwätze" selbst. In Klingers „Leidendem Weib" bricht Franz, als Läuffer ihm „was Neues über den Selbstmord" bringt, furchtbar aus: „Könnt ich ihnen doch all das Gehirn austreten, die für oder dawider schreiben." „Weg mit dem moralischen Gewäsch drüber", ruft hier Lenz im neunten Brief; er erkennt selbst (im achten Brief), daß „Werthers Gründe für den Selbstmord alle durch einen glücklichen Augenblick entkräftet werden. Ein Augenblick, wo er sich an der Gegenwart — auch nur an dem Gedanken an seine Geliebte wärmt, ist kräftiger als zehn Demonstrationen." In all diesen aufgeregten Urteilen sieht er nur Urteilslosigkeit. „In unserer kritischen Zeit, wo alles voll Rezensenten heckt — ich muß mich erstaunen, daß ich nirgends ein Urteil lese. Wasch mir den Pelz und mach mir'n nicht naß . . ." Der Leipziger theologischen Fakultät will er es gar nicht verdenken, daß sie den Werther verbrennen ließ, „da es für sie und ihren Gesichtspunkt nicht geschrieben war". Aber das Volk der schönen Geister und besonders jenes Rezensentenvölkchen, das sich in H. L. Wagners „Prometheus, Deukalion und seine Rezensenten" durch ein wüstes koax! koax! ankündigt, ihnen verübelt er es, daß sie mit emporgezogenen Augenbrauen vor jenem Bild standen. Joh. H. Merck hat in seiner köstlichen Romanze „Pätus und Arria" über diese Ausstellung und ihre Besucher einen gutmütigen Spott ausgegossen:

> So schlimm der Gegenstand auch war
> So mußt man doch gestehen,
> Viel Kunst und noch viel mehr Natur
> War an dem Werk zu sehen.

Merck nahm diejenigen zum Gegenstand des Spottes, die sich vor Werthers Bild in tiefe moralisch-metaphysische Spekulationen im Geist der Aufklärung verloren:

> Die zeigten denn durch Mendelssohn
> Und die Empfindungsbriefe,
> Daß aller Selbstmord in der Welt
> Am Ende dahin liefe:
>
> Daß man im Unglück sich so ließ
> Durch Sinnlichkeiten rühren
> Die höhern Seelenkräfte nicht
> Das Ruder ließe führen.
>
> Dagegen sollt der Mensch als Herr
> Sich wissen zu regieren
> Und eh er sich erschießen wollt
> Sich lieber distrahieren.

Nicht minder wandte sich Merck unter ausdrücklicher Bezugnahme auf Nicolais Freuden — die er in Nicolais Bibliothek übrigens wohlwollend besprach — gegen die auch von Lenz, wie wir sahen, verworfene Trennung der Moralität, und spottete über das säuberliche Auseinanderhalten von Kunstwerk und Leben

> Da kam ein schöner Geist herbei,
> Der zeigt durch seine Lehren:
> Das Interesse dieses Werks
> Beruhe auf Chimären usw.

Solch gelinder Spott befriedigte die Jungen wohl schwerlich (zumal auch sie selbst nicht unverschont blieben); ganz besonders verhaßt war ihnen die Lauheit, wenn es sich um tief in ihr Wesen greifende Fragen handelte. Daß Nicolai in seinem Sebaldus Nothanker — den Lenz hier auch bespöttelt — weder Gottesleugner und Feind der Religion noch echter, das hieß: pietistischer Christ war — gerade diese wohlbegründete Mittelstellung suchte Heinrich Jung Stilling in seinen zornigen Streitschriften gegen Nicolai zu treffen, wie gleichzeitig Goethe von dem ungeduldigen Bekehrungseifer Lavaters vor das Dilemma gestellt wurde: entweder Christ oder Atheist!

Und gab es denn an Werthers Geschichte nichts anderes zu sehen, als das Ende? war es nicht vielmehr die Art, wie alles, was ihm begegnete, seinen Schicksalsweg zu befördern schien, war nicht das Ende, das schon im Anfang lag, dasjenige was sie so überaus stark anzog? Hier geschah nichts von außen her; keine Rücksicht hemmte Werther, keine ungemäße Hingabe verdarb ihn; er tat nichts gegen sein Ich, und was er tat, war er; er fühlte sich eins mit Gott und Natur — sie lachte, wenn er fröhlich war, und wenn er weinte, trauerte sie; er empfand seinen Schicksalsweg natürlich, er litt ihn wie eine Pflanze das Welken; er war schon abgestorben, ohne Zusammenhang mit Menschen und Gesellschaft, als er sich das Ende setzte. „Dein gleichgestimmtes allezeit gutgeartetes und frohmütiges Herz", so preist Lenz im neunten Brief seinen Werther, „deine unnachahmliche Genügsamkeit mit Dir selber und den Gegenständen die so eben um Dich sind, deine gänzliche Freiheit von allen Prätensionen, törichten Erwartungen und ehrsüchtigen Wünschen — bei alledem Deinen edlen emporstrebenden feurigen Geist, Deine immerwährende Tätigkeit ... die sich bis zuletzt noch in den furchtbarsten Ruinen erhielt und als Simson unter dem ihn erschlagenden Gewicht hinstürzte, noch immer bewies, daß er Simson war...!" Aber eben dies, was die Jungen anzog, empörte die alten, die Männer, die das Erbteil der Aufklärung verwalteten und mehrten: Lessing, Lichtenberg, Pestalozzi, Garve, Nicolai. Eine zeitgenössische Stimme[1]) hob den Determinismus ja Fatalismus des Goetheschen Werther hervor, und sie umschrieben diesen Anwurf mehr oder minder weitläufig. Dieser anarchistische Individualismus war gesellschaftsfeindlich, dies „fatalistische" Leiden, dieser Schicksalsweg eines Charakters — da man ihn nun einmal absolut ja als Vorbild genommen hatte — schien dem Hohn zu sprechen, was sie von der „Perfektibilität" oder „Korruptibilität" (Lichtenberg) des Menschen durch freien Willen und lichtvolle Vernunft wußten; dieses Dulden und Pflegen der Triebe, dieses nur auf die Sinne gegründete Verbundensein mit Natur und Menschen schien der wahren sittlichen Bildungsaufgabe zu widersprechen. Ich habe an anderer Stelle dargetan, daß und warum die ältere Generation der Aufklärung dies alles — „hobbesische Grundsätze", sagte Nicolai zu Lessing[2]) — in Werthers Leiden verkörpert sah und wie sie ihr Widerstreben äußerte. Diesem Widerstreben trat Lenz hier entgegen. „Hat der Mensch auch wohl bedacht", fragt er im vierten Brief gegen Nicolais Satire, was für Hindernisse sich **gleich anfangs** der Verbindung Werthers mit Lotten entgegenstellten, und **wie tief und unveränderlich, unvermeidlich**

---

[1]) Die schon erwähnte Rezension in der Lemgoschen Auserles. Bibliothek.
[2]) Vgl. meine Darstellung a. a. O. S. 255 ff.

Werther das empfinden mußte, um Werther zu werden." Er beschreibt die „unübersteiglichen Schwierigkeiten" nicht näher: er glaubte wohl bloß daran rühren zu müssen, damit jedermann einsähe, wie „unveränderlich unvermeidlich" Werthers Schicksal festgelegt sei, wie sehr die Leiden — das Leiden bedeuten, wie wenig sie eine bloß auferlegte Beschwernis, wie sehr sie Bedrängnis und Gnade, Selbstgenügsamkeit und Erlösungssehnsucht des Herzens sind: Werther, ruft Lenz triumphierend im neunten Brief, „ist ein gekreuzigter Prometheus". Er ist ein tragisches Geschöpf, nicht bloß ein elegisches, tragisch ist sein Leiden, nicht eine vorübergehende Verwirrung der Seelenkräfte, die sich wieder fassen könnten. Nicht ein Erzeugnis oder eine Verkörperung überspannter Empfindsamkeit ist Werther in den Augen der Jungen; sie ließen sich nicht Siegwart für Werther bieten — Werther war ein Heros, er lebte, ward verstrickt und fiel, ganz seinem Selbst gehorchend wie ein Shakespearescher Held.

In dem Prosastück, „Das Hochburger Schloß"[1]) wünscht Lenz Shakespeare eine Bildsäule — und eine gegenüber dem Philosophen von Genf. Shakespeare und Rousseau — es sind die beiden Pole, denen Lenz zustrebte. An Shakespeare erlebte er die metaphysischen Urgründe des Individuums; was er in den „Anmerkungen übers Theater" tastend und stammelnd umschrieb, ist die Stellung des Shakespeareschen Menschen zwischen Schicksal und „prätendierter Freiheit" (wie Goethe in seiner Rede zum Shakespearetag sagte), seine Bezogenheit auf den Weltwillen, seine unmittelbare Aussprache mit der göttlichen Natur seines Selbst. An Rousseau, diesem vorzüglichsten Vertreter der „fordernden Epoche" erlebte Lenz — und Lenz unvergleichlich stärker als alle seine Genossen, stärker als Goethe — die Abgrenzung des Individuums gegen die Gesellschaft, seine Bezogenheit auf Tun und Leiden: die moralische und soziale Begründung der Individualität[2]). Der begeisterte Verehrer Rousseaus stellt hier — im neunten Moralitätsbrief — dem Bild Werthers das Bild des anderen Jünglings gegenüber, der die Jugend entzückte: das des St. Preux in Rousseaus Nouvelle Heloise. Lenz erkennt beide Bilder als nur in wenigen äußeren Zügen ähnlich; er begründet aber bemerkenswerterweise — und das war vielleicht der einzige wirkliche „Liebesdienst", den er Goethe in diesen Briefen erwies — nicht die Ähnlichkeit, sondern das Unterscheidende beider

---
[1]) Ed. Lewy, IV, 289.
[2]) Rousseaus Einwirkung auf Lenzens Hofmeister und Anmerkungen übers Theater betonte bereits Erich Schmidt, „Richardsson, Rousseau und Goethe", S. 121.

Helden. Rousseau und Goethe schrieben nicht nur für verschiedene Nationen, sondern auch für verschiedene Sitten: Rousseau für „verdorbene", Goethe für lächerlich „steife"; Rousseau schrieb für eine Gesellschaft, deren Ton für jedes Individuum bestimmend ist, Goethe für ein durcheinander gewürfeltes Publikum, das zwischen ängstlicher Konvention und anarchischem Ausschweifen schwankt. „Rousseau", sagt Lenz, „stellte einen jungen Menschen auf ganz . . . im Geist der Zeit und der Nation, aber mit der gehörigen Portion Philosophie, Rechtschaffenheit und Stärke der Seele alledem das Gleichgewicht zu halten, und brachte ihn glücklich durch alle diese Klippen so weit, daß er die Heiligkeit des Ehebandes schätzen lernte und der zärtliche Franzose blieb, obschon er aufgehört hatte, der leichtsinnige zu sein." Goethes Werther aber, meint Lenz im vierten Brief, scheitert gerade an der „heiligen moralischen Empfindung der Unverletzlichkeit der Ehe", die Werther forttreibe, ihn völlig isoliere. Daß Lenz diese Empfindung in Goethes Werther hineininterpretiert — denn so gewiß man sie im Werther bestätigt finden kann, so wenig ist sie für seinen Schicksalsweg bestimmendes Moment — hat seinen Grund in der persönlichen Einstellung Lenzens zum Problem der Ehe; er macht sich die Heiligsprechung der Ehe durch Rousseau ganz zu eigen, hier und in anderen Schriften ist sie ihm, fast ohne Begründung, die ursprünglichste, höchste, alle wesentlichen Bezüge des Menschen umspannende Form der Lebensführung. Der Ehe diesen Sinn, den sie nur allzuhäufig — und wie Lenz glaubt, nach der Erziehung der Mädchen und Jünglinge, aber auch nach den geltenden gesellschaftlichen Ansichten notwendig — verloren hat, wieder zuzuführen ist sein Bemühen, dem er mit ängstlichem Eifer dient. Daß Goethes Werther für dies reinere Ideal wirbt, will er nachweisen; er weiß dem Dichter „für kein Geheimnis seiner Kunst größeren Dank, als daß er eben da, wo die Herren das Gift zu finden fürchten, das Gegengift für dies verzehrende Feuer gütig hingelegt hat". Daß er hiemit freilich den Vorsatz verläßt, nur die immanente Moralität des Werther zu erweisen, haben wir uns bereits vergegenwärtigt; trotzdem sind auch diese Anmerkungen wichtig, weil sie auf die Tendenz seiner Schrift über die Soldatenehen, wie auf diejenigen seiner beiden Erzählungen „Der Landprediger" und „Prinz Zerbin oder die neuere Philosophie" einiges Licht werfen. Der Goethesche Werther weckt den „Enthusiasmus für wirkliche Vorzüge, für weiblichen Wert. Nicht für ein schön Gesicht, nicht für einen schönen Fuß — für den Inbegriff aller sanfteren Tugenden, aller edleren geistigen sowohl als körperlichen Reize zusammengenommen, für ein Ideal . . . wie es jede Tochter Germaniens täglich und stündlich werden kann, ohne ein Haar von dem natürlichen Stempel ihrer Seele zu verlieren, vielmehr sich so ihrer verlernten und verkünstelten Natur allein wieder zurücknähernd". (Brief 5.) Und die Jünglinge soll er unterscheiden lehren, „ein Mädchen voll Seele, voll des zartesten Gefühls ihrer Verhältnisse — von der Flitterpuppe." „Wollte Gott, daß wir eine Welt voll Werthers bekämen!" ruft er hier gegen Nicolai aus; das gäbe andere Sitten, eine andere, geläuterte Gesellschaft.

In der Besprechung, die der aufklärerische Theolog Eberhard Lenzens Erzählung „Prinz Zerbin" in Nicolais Bibliothek widmete, fragte er mit Bezug auf deren Untertitel: „Warum neuere Philosophie? Welch neuere Philosophie lehrt Mädchen verführen und dann verlassen?" Lenz hätte nach diesen Proben unzweifelhaft geantwortet: es ist eure Philosophie — die im Leben verwirft, was sie im Kunstwerk gut heißt; es ist eure Philosophie — die die Schäden der Gesellschaft aufdeckt, aber nichts tut zu ihrer Heilung, ja die dem Individuum gleichwohl Maß und Satzung der Gesellschaft vorschreibt; es ist eure Philosophie — die so säuberlich zwischen höheren und niederen Seelenkräften unterscheidet, aber den höheren nichts gibt, als „philosophisches Allerlei im Taschenformat"; der „Held" dieser Erzählung, der den Forderungen der Gesellschaft willig nachgibt und seine Geliebte ins Unglück stürzt — er ist euer Geschöpf.

IV.

In der Anpreisung, die Schubart Werthers Leiden in seiner Deutschen Chronik widmete[1]), ruft er aus: „Kritisieren soll ich? Könnt' ichs, so hätt ich kein Herz!" Als Heinse mit den Jacobis den Werther liest, sitzt er wie verdonnert und, wie Fritz Jacobi berichtet[2]), wollte er, „rasend werden" bei dem Gedanken, es könne jemand den Werther „aufs theatrum anatonicum" schleppen. „Wer Gefühl hat und fühlt, was Werther fühlt", schrieb Heinse dann in seiner Anpreisung des Goetheschen Werther in Jacobis Iris, „dem verschwinden die Gedanken, wie leichte Nebel vor dem Sonnenfeuer, wenn ers bloß anzeigen soll." Auch Lenz erklärt sich hier außer Stande den Werther zu „rezensieren noch auch anzuzeigen"; dazu gehöre mehr, als „die Hèloïse oder ein paar Romane von Fielding oder Goldsmith gelesen zu haben — alle Zeiten, alle Nationen mit ihrem Charakter, ihren Produkten der Kunst und deren Wirkung

---

[1]) 1774, S. 574 ff.
[2]) Fritz Jacobi an Goethe 21. Oktober 1774.

und Einfluß erkannt, verglichen zu haben und alsdann den Wert unseres Dichters nach Maßgabe der Bedürfnisse unserer Nation zu bestimmen; hic opus, hic labor!" schließt er die Briefe. Eine neue Aufgabe, aber schon vorbereitend und andeutend ausgeführt in der Gegenüberstellung Goethes und Rousseaus, eine Aufgabe übrigens, die sich durchaus in den Rahmen seiner Bemühungen für die deutsche Gesellschaft in Straßburg fügen würde. Hier ist er offenbar froh, den schweren, streitbaren Panzer ablegen zu können; hatte er in den Moralitätsbriefen nicht weit mehr tun müssen, als den Werther rezensieren; war es nicht eine schwerere, und ihm und seinen Empfindungen weit ungemäßere Aufgabe ihn zu verteidigen? Denn auch Lenz stand, wie Schubart und Heinse, mit übervollem Herzen vor diesem Buch, tiefer noch als jenen war ihm der Werther aus der Seele geschrieben. Und das bleibt uns noch zu tun übrig: haben wir bisher den Werther und seine Aufnahme durch Lenz zeitgeschichtlich auszudeuten versucht, so wollen wir jetzt die besondere Wurzel der Wertherstimmung Lenzens aus seinem eigenen Wesen suchen, und wenn wir bisher die Elemente des Werther nach ihrem ideellen Gehalt sonderten und verknüpften, so richten wir uns jetzt auf das Seelische, dem sie entsprangen und das sie begierig wieder aufnahm.

Lenzens innerer Entwicklungsgang, dieser krampfhafte Versuch sich einer fremden Welt, einer unverstandenen Gesellschaft zu bemächtigen, dieser ängstliche Läuterungsprozeß seines Selbst, ist einer Reihe von schweren Krisen ausgesetzt: die Liebeserlebnisse mit Friderike Brion, Cleophe Fibich, Henriette von Waldner, Cornelia Goethe — von Weimar, das im Dunkel liegt, zu schweigen — verlaufen höchst unbefriedigend, sie setzen ihn schweren Erschütterungen aus ohne ihn zu heilen, und nie kann er Befriedigung oder Trost von dem geliebten Wesen her erfahren, stets muß er das Erlebnis ganz in sich allein austragen; so auch in der Begegnung mit Cornelia, in der sich, nach der ganzen Anlage und dem von Lenz peinlich überwachten Fortspinnen des Erlebnisses, noch am ehesten Ausgleich und Ruhe des Herzens hätte finden lassen: denn Cornelia starb, als Lenz sich eben in der „Moralischen Bekehrung eines Poeten" Rechenschaft darüber abgerungen hatte. Dabei ist überall jener eigentümlichen Veranlagung Lenzens zu gedenken, die sich unter fremder Berührung scheu zurückzieht, um in einem vorweggenommenen imaginären Verhältnis mit desto stärkerer Leidenschaftlichkeit hervorzubrechen, und man muß überall bemerken wie ihm das unbedenkliche Sich-Hingeben ebenso versagt war wie es das Hinnehmen gewesen wäre, gegen das er recht eigentlich einen Schutzwall von moralischen Bedenken in den „Lebensregeln" auftürmte. Seine Liebe — wie sein Haß — war imaginär, sagt Goethe in seiner Lenz-Charakteristik; und das bezog sich nicht nur darauf, daß sie nicht dem Wesen entsprach, dem sie sich zuwandte, wie in seinem Erlebnis mit Cleophea, und nicht nur darauf, daß sein Erlebnis sich, wie Henriette v. Waldner gegenüber, leidenschaftlich ausformte, ehe es seine Heldin anders kannte als aus Briefen an eine Freundin, vom Hörensagen und von ihrem Schattenriß; auch Goethe zog es ja zu Charlotte von Stein, noch ehe er ihr von Angesicht zu Angesicht gegenüber getreten war; Jean Paul hat einen solchen Zug zur Charakteristik des Albano in seinem Titan verwendet, der ein recht wenig imaginärer Liebhaber ist, und was das erstere betrifft, so wird man an Novalis erinnern dürfen, und seine Sophie, und um wie wenig war diese Liebe imaginär — wenn man von ihrer späteren Gestaltung in den „Hymnen" absieht — obschon sie dem geliebten Wesen so wenig entsprach. Lenzens Liebe war eben nicht nur irreal, mit gutem Grund nennt Goethe sie imaginär; sie konnte, so wie sie war, niemals sich realisieren, ihren Gegenstand nie erreichen, unabhängig davon, wie der Gegenstand war oder sich verhielt. Man kann nicht sagen, Lenz habe stets unglücklich geliebt, so wie das Volk von unglücklicher Liebe spricht und so wie es den Werther auffaßte und auffaßt; Lenz hätte auch bei erfüllter Liebe glücklos sein können, ja sein müssen, und sicher wäre er glücklicher gewesen ohne den Anlaß dazu. „Ich möchte fast behaupten", sagt L.-Lenz in dem Fragment „Zum Weinen", „daß kein Mensch aufrichtig zum zweiten Male liebt; er liebt nur einmal in seinem Leben; er liebt nur seine erste Idee in einem neuen Gegenstande." „Wie sehr recht hast Du!" ruft seine B.-Friederike dazu aus. Wir dürfen hinzusetzen, daß auch jene „erste Idee" nur nach einem Gegenbild suchte, ewig suchen mußte, denn sie entsprang aus ihm selbst und sie blieb in ihm selbst. In der vierzehnten Selbstunterhaltung mit Cornelia schrieb er: „Ich fühle, der einzige Rat, sein Loos in der Welt zu tragen, ist, daß man sich ganz aus sich heraussetzt, sich für einen fremden und andern Menschen als sich ansieht. So kann ich mich bisweilen lieben und das tröstet mich für alles das, was ich erdulde." Er konnte sich nicht aus sich heraussetzen, nicht einmal in seinen dichterischen Gebilden, imaginär blieb auch sein Verhältnis zum eigenen Ich, trotz oder vielleicht wegen der peinlichen Ängstlichkeit, mit der er es suchte. Dabei wird ihm selbst bisweilen bange, die Selbstanalyse könne zu weit führen: „Ohne den Schleier, der um die menschlichen Gedanken und Neigungen gezogen ist," heißt es in seiner Verteidigung der Lavaterschen Physiognomik gegen Lichtenberg[1]), würde „das schöne Schau-

---

[1]) Teutscher Mercur 1777, November, S. 106 ff.

spiel des inneren Wustes" „uns bald dahin bringen, dem ganzen menschlichen Geschlecht den Rücken zuzuwenden und zu suchen wo der Ausgang aus ihrem Schauspielhause zu finden sei". Aber er arbeitet unablässig, den „inneren Wust" hervorzuziehen und zu ordnen. Die Selbstanalyse ist sein eigentliches Organ zur Welt; man darf hiefür freilich keine Parallele zur Frühromantik ziehen. Die Lenzsche Selbstanalyse ist ganz aus dem Geist des Pietismus geboren — seine „Lebensregeln" sind ein Gegenstück zu Lavaters „Geheimem Tagebuch von einem Beobachter seiner selbst" —, und sie ist demgemäß einzig religiös und moralisch bewegt und gerichtet. Um so hilfloser war er da, wo dieses Organ versagte, und wo er die religiöse Empfindung und die moralische Norm aufgehoben sah: in der Welt der Gesellschaft, in der Welt des Spiels, des Scheins, der Leidenschaft. Aber gehörte denn Leidenschaft — spielendes Tändeln war ohnehin als unsittlich gebrandmarkt — überhaupt zur Liebe? In den Lebensregeln sprach er ein engherziges Veto gegen jede Leidenschaft in der Liebe, wie gegen jedes Begehren: „nicht begehren — sondern lieben", schrieb er sich vor. Ist das, was hier als sittlicher Imperativ auftritt, mehr — als die Verhüllung der eigenen Schwäche? Das schrieb der Dichter, der wie noch kein zweiter vor ihm, in der Marie seiner „Soldaten", im Hofmeister Läuffer und seinem Gustchen das enge, untrennliche Nebeneinander von Lieben und Begehren dargestellt hatte und in dem beides sich immer wieder in engstem Beisammen darstellte; das schrieb der Mann, der in dem „Versuch über das erste Prinzipium der Moral" den Menschen als „hermaphroditisches" Wesen voraussetzte, schwankend zwischen Triebhaftigkeit und Vernunft, zwischen dem Streben nach Vollkommenheit und Glückseligkeit.

„Das ängstliche Bestreben nach Wahrheit und moralischer Güte hat sein Herz so untergraben" — diese Worte Goethes über den jungen Jerusalem[1]) gelten auch für Lenz. Selbst wenn seine Liebe nicht ihrem Wesen nach imaginär gewesen wäre — ihre Erfüllung, die Heilung der Krisen von innen her mußte scheitern an dieser moralischen Selbstzerfleischung. Er selbst träumte sich phantastische Zeiten und phantastische Frauenideale für die Erfüllung seines Selbst: „Nennen Sie Ihr Mädchen nicht phantastisch", schrieb er der Verfasserin der „Sternheim"[2]), „ich hoffe, es werden Zeiten erwachen, die itzt unter dem Obdach göttlicher Vorsehung schlummern,

---

[1]) Goethe an Sophie La Roche, November 1772, die Worte Kielmannseggs unterstreichend.

[2]) Lenz an Sophie La Roche, 1. Mai 1775.

in denen Leserinen von Ihnen Ihr Buch, das sie jetzt noch als Ideal ansehen, zur getreuen Copey machen werden." Für seine Gegenwart sah er es anders[1]): „Ich sage immer, die größte Unvollkommenheit auf unserer Welt ist, daß Liebe und Liebe sich so oft verfehlt, und nach unserer physischen, moralischen und politischen Einrichtung immer verfehlen muß. Dahin sollten alle vereinigten Kräfte streben, die Hindernisse wegzuriegeln; aber leider ists unmöglich. Wer nur eines jeden Menschen Gesichtspunkt finden könnte, seinen moralischen Thermometer, sein Eigenes, sein Nachgemachtes, sein Herz... Wer seine ganze Relation von seinem Charakter absondern und unterscheiden könnte, was er zu sein gezwungen ist und was er ist. Stille, Stille gehört dazu; stille, heitere ruhige, göttlich ertragende Stille." Aber die hatte Lenz so wenig, wie das Vermögen, seine „Relation" dauernd von seinem Charakter abzusondern. „Vielleicht ist alle Glückseligkeit nur immer Augenblick und Ruhepunkt, den man sich nimmt, um sich in neue Leiden zu vertiefen," schrieb er an Lavater[2]); und wenn ihm schon die Selbstanalyse gebot, Relation und Charakter zu trennen, so gefiel er sich vielmehr bisweilen darin, beides mutwillig zu verwirren. Man kann seine hübsche „Geschichte des Felsen Hygillus" auf Lenz selbst deuten: zu Apolls Strophen singt er die Antistrophen; als Taube im Dienst der Venus vollführt er ein Eulengeschrei; er fliegt Minerva zu, die er aber „in einer Frühlingsnacht, da sie den wichtigsten Spekulationen nachging, mit so zerschmelzenden Nachtigalltönen bezaubert, daß sie alle ihre Ideen verlor und wollüstig wie Venus ward". Von Zeus hat er seine Verwandlungssucht als Strafe auferlegt bekommen, und die Fähigkeit jede Gestalt anzunehmen, dankt er diesem Fluch; und da die Königin, der er diese vielfältig mutwillige Wandlung seines Charakters berichtet, ihm höchst unwillig ein „Flieh! Elender" zuruft — verwandelt er sich in einen Felsen. Was ist ein Charakter vor den Göttern? In dem Dramolet „Tantalus" heißts, mit offenbarer Selbstironie:

> ... ein echter Liebhaber muß
> Eigentlich nichts tun, Herr Tantalus,
> Als den Göttern zur Farce dienen."

Das stammt aus einer Zeit, da er sich unbedenklich dem Spiel hingab, aus der Zeit am Weimarer Hof, und es mag dahingestellt bleiben, ob mit den Göttern hier nicht jene gemeint sind, die an der herzoglichen Tafel obenan sitzen. Aber auch im tiefsten Ernst,

---
[1]) An Sophie La Roche, Juli 1775, Briefw. I, 113.
[2]) Mai 1775, Briefw. I, 103.

mit Tönen der Not, hat er unter einstürmenden Erlebnissen die Scheidung von Charakter und Relation von sich gewiesen, ja die Möglichkeit des Charakters überhaupt: „Es ist mir als ob ich auf einer verzauberten Insel gewesen wäre", berichtet er Salzmann[1]) über die ersten Erlebnisse mit Friderike, „ich war dort ein anderer Mensch als ich hier bin; alles was ich geredt und getan, hab ich im Traum getan". Und: „Ich bin nicht schuld an allen diesen Begebenheiten: ich bin kein Verführer, aber auch kein Verführter, ich habe mich leidend verhalten, der Himmel ist schuld daran, der mag sie auch zum Ende bringen." Das ist kein selbstsüchtiges Sich-Verstecken, keine Furcht vor Verantwortlichkeit. Er hat im Tiefsten die menschliche Natur als „Gegebenheit" betrachtet. In seiner Abhandlung „Über die Natur unseres Geistes" schrieb er: „Der Gedanke, ein Produkt der Natur zu sein, hat etwas Erschreckendes; und doch ist er wahr! Aber mein trauerndes angsthaftes Gefühl dabei ist ebenso wahr." Wenn er aber dort die Vernunft als Gegengewicht gegen das drückende Gefühl der Gegebenheit geltend machte, so war das ein rein erdachter Ausweg, der für Lenzens seelische Grundstimmung bedeutungslos blieb, und zudem nicht sein eigener Gedanke, sondern der traditionelle Grundzug der zeitgenössischen Ethik; es ist bemerkenswert, daß er diesen Gedanken aristophanisch seinem Sokrates-Wieland (in der von Weinhold mitgeteilten Szene zu den „Wolken"[2]) in den Mund legte, der die Pietistin, die ihr Heil von der göttlichen Gnade erwartet, auf den freien Willen verweist, auf eigene Vernunft und Kraft; und daß er in dem „Versuch" über das erste Prinzipium der Moral „sagte: „Wenn Gott uns nicht unsern Zustand gäbe — wie elend würden wir sein? Wir mit unserer spannenlangen Vernunft!" In der zwölften Selbstunterhaltung mit Cornelia hat er einen ihm gemäßeren Ausweg gefunden, und dort zeigt er auch den wahren Ursprung und das Ziel dieser Bemühungen: „Immer, wenn ich meinen gegenwärtigen Zustand mit allen seinen wunderbaren Verhältnissen überdenke, meine ich, ich sei durch meine Umstände gezwungen, das zu sein was ich bin, also nicht aus mir selber gut, und der Gedanke peinigt mich." Die Überlegungen führen ihn zum göttlichen Urheber, d. h. für ihn: zu neuen Rätseln. „Ist es nicht besser", folgert er, „ich resigniere mich, sehe das Unglück an für das was es ist, unvermeidlich .. und lerne es auch dulden, ohne seine Ursachen und Folgen zu entwickeln und einzusehen." „Nicht in die Tiefen der göttlichen

---

[1]) 3. Juni 1772.
[2]) Dramat. Nachlaß, S. 321 f.

Ratschlüsse sehen wollen", nicht „überall an sich selbst appellieren" — vielmehr „die Augen zumachen und sagen: das begreif ich nicht, aber ich leide — dann erst, Weiser, bist du weise, bist du groß; die Alten und selbst Sokrates glaubten an ein Fatum... und wir allein wollten uns keinen anderen Schicksalen unterwerfen, als die wir uns allenfalls selbst zuschicken würden, wenn wir Götter wären". Leiden, leiden ohne Mutlosigkeit, im Vertrauen auf den Ausgleich in Gott! Ohne die Leidensseligkeit des Pietisten — die Bereitschaft zum Leiden, in einem gefaßten Gottgefühl. „Leiden, das große Geheimnis unserer Religion", schrieb er an seinen Vater[1]); das ist sein endgültiges Wort:

> Was weinest du? die Welt ist rund
> Und nichts darauf beständig
> Das Weinen nur ist ungesund
> Und der Verlust notwendig[2]).

Klar tritt hervor, was die seelische Grundstimmung Lenzens, die wir hier nur skizzieren konnten — derjenigen des Wertherdichters näherte, und was sie von dieser entfernte. Gemeinsam ist ihnen die Beziehung auf eine letzte „Gegebenheit", gemeinsam ist ihnen, die Entfaltung dieser Gegebenheit im Menschen, das Verhältnis von Charakter und „Relation" tragisch zu empfinden. Aber was sie — über die Verschiedenartigkeit der Erlebnisse und des Ablaufs ihres Erlebens hinaus — trennt, ist fast gewichtiger als das Verbindende; und diese tiefste Verschiedenheit ja Gegensätzlichkeit ihrer Naturen wurde für Lenz jedenfalls, der sich Goethe mit stürmischem Enthusiasmus genähert hatte, eine bittere und nachhaltige Enttäuschung. Es gilt hier nicht, Goethe gegen diese endgültige Auffassung Lenzens zu verteidigen: schon deshalb nicht, weil der Ausdruck, den Lenz seiner Enttäuschung in dem Fragment „Zum Weinen" und im Waldbruder[3]) gab, keineswegs eindeutig ist; uns soll vielmehr das

---

[1]) 18. November 1775, Briefwechsel I, 144.
[2]) ed. Lewy II, 134.
[3]) Lenz hat im „Waldbruder" unzweifelhaft Goethes „epikuräischen Liebesegoismus" treffen wollen. Daß Lenz Goethes Liebesleben so verzerrte, ist gewiß nicht allein auf die Empfindungen zurückzuführen, die in Lenz gegenüber Friderikens Verlassenheit wach wurden, so sehr diese Empfindungen auch nachträglich seine Mißdeutung Goethes bestärkt haben mögen: wie wäre es sonst zu erklären, daß er gerade nach dem Friderifen-Erlebnis auf die „innigste Verbindung" mit Goethen „drängte" — wie Goethe in Dichtung und Wahrheit sagte — daß er hinterher die Abhandlung über den Götz, das Pandämonium germanicum, die Moralitätsbriefe schrieb, um von den Briefen und Briefgedichten an Goethe und von Zweifelhaftem zu schweigen; und im Waldbruder ist ja auch mit der Charakterisierung Goethens keineswegs eine einseitige moralische

Wesentliche dieser Auffassung nur dienen, die objektive Gegensätz=
lichkeit ihrer Naturen von hier aus zu bestätigen. Daß sich Goethens
Erleben durch seine Erlebnisse, mochten sie auch schmerzhaft sein,
bereicherte und stärkte, daß Charakter und Relation sich aneinander
und durcheinander befestigten, immer mehr zusammenwuchsen, statt
wie bei Lenz immer mehr sich voneinander zu entfernen; daß dies
bei Goethe eben durch sein Erleben geschah, nicht wie bei Lenz durch
die Selbstanalyse, und daß dies Erleben kräftig seinen Gegenstand
umfaßte, nicht wie bei Lenz imaginär blieb — diese tiefen Unter=
schiede ihrer Naturen mag Lenz im Verlauf ihrer Beziehungen
stärker und stärker empfunden haben. Seine Stimmung, als er
von Weimar nach Berka übersiedelte, ist die eines melancholisch
Verzweifelnden; nicht weil ihm dieser oder jener Plan in Weimar
mißglückt war, nicht wegen der trüben, drückenden Aussichten für
seine äußere Existenz[1]), sondern weil er — ganz einerlei, ob er da=
mals schon wirklich ausgeschlossen wurde — sich durch sein Wesen
ausgeschlossen sah. Lange bevor er irr wurde, fühlte er sich als Ver=
irrter. An den beiden dichterischen Gebilden, die um diese Zeit ent=
standen, am Waldbruder und an dem (etwas früheren) „Eng=
länder" zeigt sich dieses Erlebnis; in diesen beiden Gestaltungen
haben wir in enger Absteckung die objektive Ausformung seines
Werthererlebnisses.

V.

Allzusehr hat man beim Waldbruder nur auf das geachtet,
was an persönlicher Aussprache über und gegen Goethe darin ent=
halten ist, auf die stofflichen Beziehungen zu Lenzens Erlebnissen,
zu wenig auf das, was diese Erlebnisse in dieses dichterische Ge=
bilde einordnet, wie es organisiert ist, was Lenz hier von seinem
nur ihm eigentümlichen Werthererlebnis gestaltet hat und wie er es
gestaltet hat: der Waldbruder ist eben ein echt Lenzsches „Pendant"
zum Werther. Gerade nachdem wir uns vergegenwärtigt haben, wie
kongenial Lenz den Goetheschen Werther in seinen Moralitätsbriefen
erfaßt hat und nach seiner seelischen Grundstimmung erfassen mußte,

---

Verurteilung verbunden, da sich Rothe=Goethe trotz seines Liebesegoismus als
tätig helfender Freund erweist, dem der Waldbruder oft abbitten muß, nur ist
Rothes Art ihm zu helfen, nicht seine Art, und Rothens Hilfe will nicht sein
Wesen befördern, sondern ändern. So ist also diese Mißdeutung, diese Verzerrung
zu fassen als der (vielleicht uneingestandene) Ausdruck seines Andersseins.

[1]) Hatte er doch eben erst eine Berufung an das Dessauer Philanthropin
ausgeschlagen: vgl. Simon an Lenz 4. März 1776 = Briefwechsel I, 222 und
Lenz an Simon ebda. S. 234.

gewinnen die Unterschiede zwischen Werther und Waldbruder erhöhten Erkenntniswert für das Besondere und Eigentümliche von Lenzens Schaffensart. Gleich der erste Zug, der uns im Anfang des Waldbruder auffällt und sich hernach immer mehr bestätigt, ist geeignet, dies zu bekräftigen. Der Held des Waldbruder ist gleich zu Beginn schon auf der Flucht vor der Gesellschaft, in natürlicher Abneigung gegen Spiel und Schein, in dem tiefen Verlangen, sein verlorenes Selbst wieder zu finden; es ist schwerlich anzunehmen, daß Lenz diesen Zug beseitigt oder verdeckt hätte, wenn er, wie das seine Absicht war, dem Waldbruder in einer Überarbeitung eine endgültige Gestalt gegeben hätte. Denn dies Motiv, das sich in Lenzens eigenem Leben so oft geltend machte — gerade auch in der Zeit, wo der Waldbruder entstand — kehrt in seinem dramatischen Fragment „Die Kleinen" genau so wieder, ein von Weinhold mitgeteilter Entwurf[1]) zu seiner Komödie „Die Freunde machen den Philosophen" enthält dieses Motiv als ursprünglichen Grundzug: „alle halten ihn für einen Philosophen ... — er entdeckt sich als Menschen, zuletzt bricht er aus"; und der ausgeführte Entwurf seiner Katharina von Siena (A) zeigt die Heldin schon im zweiten Akt auf der Flucht vor der Welt zur asketischen Jesus-Brautschaft. In den Moralitätsbriefen hatte Lenz, wie wir uns erinnern, gerade das am Goetheschen Werther gepriesen, daß Werther sein Selbst nie verliere oder nie verlieren könne, daß alles, und gerade sein Zusammenstoß mit der Gesellschaft, dazu diene, sein Selbst zu bestätigen und das Bewußtsein seiner Art zu befestigen. Hier ist also das Gegenteil dargestellt. Denn Werther ist ja keineswegs auf der Flucht. Die glückliche Gelegenheit eines Geschäftes entführt ihn einer Liebesverbindung, die unbefriedigend zu werden droht, er entdeckt erst die Einsamkeit, und die „wunderbare Heiterkeit", die sich seiner bemächtigt, erhöht alle seine Lebenskräfte; nicht nur die Natur und ihre Lebewesen umfaßt er mit neuer Inbrunst, auch sein Studium, seine Lektüre, seine Malerei und die Kinder und die „geringen Leute": dieses Gefühl eines schönen Morgens, das durch seine ersten Briefe klingt, ist der wunderbar einfache Untergrund, auf dem dann die stürmische Leidenschaft seines neuen Erlebens gezeichnet ist. Der Waldbruder ist von vornherein angelegt wie ein „Nachtgemälde": Melancholisches Wetter, eine wildzerklüftete Natur, in unruhigen Linien gezeichnet; „grotesk übereinander gewälzte Berge", schreibt Herz in seinem ersten Brief, „die sich mit ihren schwarzen Büschen dem herunterdrückenden Himmel entgegen zu stemmen scheinen, tief unten

---

[1]) Dramat. Nachlaß, S. 330.

ein breites Tal", erblickt er von seiner Waldhütte aus; man denke an Werthers Lieblingsplätze und Wege: still besonnt, sanft geschwungen; die Wege durch wildes Dickicht, auf schwindelerregende Höhen sucht Werther erst in der Verzweiflung... Steigt der Waldbruder von seiner Höhe einmal herab, so wundert und bedrückt ihn „der enge Kreis von Ideen, in dem die Adamskinder so ganz existieren"; in Werther aber heißts: „wenn meine Sinnen gar nicht mehr halten wollen, so linderts all den Tumult, der Anblick eines solchen Geschöpfs, das in der glücklichen Gelassenheit so den engen Kreis seines Daseins ausgeht..." Und wenn diese einfachen Geschöpfe zu Werther sehr bald eine vertrauliche Zuneigung fassen — den Waldbruder sehen die „geringen Leute" oft „verwunderungsvoll an, wenn ich so unter ihnen herumschleiche und nirgends recht zu Hause bin, mit ihrem Scherz und Ernst nicht sympathisieren kann, da sie denn ihren Witz meisterhaft über meine Unbehelfsamkeit wissen spielen zu lassen"; kehrt der Waldbruder in seine Hütte zurück, so überlegt er, daß ihm „der Spott des ehrlichen Landmannes immer noch Wohltat ist gegen das Auszischen leerer Stutzer und Stutzerinnen in den Städten". Und doch späht er nach ihnen aus; seine Waldhütte ist mehr ein Auslug, ein Beobachtungsposten, als ein Ruheplatz. Er sieht, wie sie sich über ihn wundern, ihn bedauern, Pläne schmieden ihn wieder zurückzuholen; die Fäden schießen herüber, hinüber, er bleibt im Zusammenhang mit ihnen: er schneidet ihnen Gesichter, er stampft in kindischem Trotz mit dem Fuß auf. „Niemandem im Wege — welch eine erhabene Idee!" ruft er im achten Brief triumphierend; und doch ist dies sein ganzer geheimer Schmerz. „Der Mensch soll nicht verlangen", zitiert er Rousseau — und diese Maxime sah Lenz in „Werthers Leiden" verkörpert und dort rühmt er sie — „was nicht in seinen Kräften steht, oder er bleibt ewig ein unbrauchbarer, schwacher und halber Mensch". „Wenn ich nun aber schwach, halb, unbrauchbar bleiben will!" diktiert ihm hier sein Trotz. Die trotzige Gebärde, über die er nicht hinauskommt, ist bezeichnend dafür, wie wenig es ihm gelungen ist, sich innerlich zu lösen, sein Selbst zu finden; er bleibt mit dieser Gesellschaft verbunden, wenn er auch noch so stark an den auferlegten Fesseln zerrt. Werther reist zur großen Trauer heran, hier klingt es bisweilen auf wie Heimweh. Werther bewährt sich im Alleinsein — auch das hatte Lenz lobend unterstrichen — hier wird schließlich auch die Einsamkeit aufgegeben.

Werther ist allein; so hat er einen Freund. Der Waldbruder ist einsam; so steht er gegen die anderen und mißtraut seinem Freund und hat Recht ihm zu mißtrauen. Lenz selbst hat in einem Gedicht, dem man mit Recht die Überschrift gegeben hat: „Lotte klagt um Werther"¹) ausgedrückt, wie sehr Wilhelm in den Goetheschen Werther hineinbezogen ist. Er ist in der Tat der ruhende Pol; auf diese Freundschaft bezieht sich Werthers Anfang und Abschied, sein Stürmen und sein Leiden; an dieser Freundschaft mißt sich die Liebe, die Werther erlebt. Lenz konnte seinen Waldbruder Herz und dessen „Freund" Rothe als eine Antithese darstellen, nicht etwa nur als gegensätzliche Naturen, die einander gut genug verstehen mögen, sondern so, daß beide nichts anderes gemeinsam haben als ihre Gegensätze, und diese Gegensätze sind Thema geblieben, nicht lebensvoll entwickelt. Ja es gibt hier keine Entwicklung, so viel auch zwischen ihnen geschieht, und es kommt überhaupt nicht darauf an, daß das Bild eines Menschen sich vollende. Mehr und mehr tritt die Handlung in den Vordergrund, aber nicht das sinnvoll geordnete und planmäßig verlaufende Miteinander von Charakter und Schicksal, von Stimmung und Bestimmung, sondern ein Netz von Begebenheiten, zu einem irdischen, nahen Zweck erdacht. An diesem Netz wirkt neben dem „Freund" eine bunte Gesellschaft mit, und ihre Beziehungen untereinander, ihre Tätigkeit für und gegen den Waldbruder Herz lernen wir aus Briefen kennen. Sie alle schreiben Briefe, und nicht nur an Herz, auch untereinander. Damit ist ein ganz anderes gegeben als im Werther. Von wechselnden Standpunkten aus wird Herz bespiegelt, und der Brief ist hier nicht wie im Werther der vertrauliche Bericht, der dem monologischen Charakter Werthers Folie gibt, die epische Form und Gegenständlichkeit auch der seelischen Regungen ermöglicht, psychologisch genommen geradezu entlockt — der Brief, um es kurz zu sagen, ist hier Requisit, und Lenz hat nicht das mindeste getan, ihn zum epischen Kunstmittel zu erhöhen. Nur in dem einen Fall konnte der Brief als solches gelten: wenn Lenz wirklich hätte darstellen wollen, daß der Waldbruder seine feindliche Spannung gegen die Gesellschaft nicht befriedigend in sich austragen kann, daß er sein Selbst in dieser Absage, in der Einsamkeit nicht finden kann, dann wäre die Briefform wenigstens zwischen Herz und Rothe, zwischen Herz und Stella als Kunstmittel innerlich gerechtfertigt. Der Brief als Kunstmittel schafft und hebt gleichzeitig die Distanz und ist eben darum dem Werther angemessen, nicht aber dem Waldbruder, in dem die Absage als endgültige gemeint war. Goethe hat da, wo Werthers Abkehr — innerste Selbsteinkehr sollte man sagen — endgültig sich vollzieht, den Brief als Kunstmittel aufgegeben und gibt als „der Herausgeber

---

¹) Lewy II, 119.

an den Leser" nunmehr epischen Bericht; Lenz hat zwar Goethes
Eingangsworte zu diesem letzten Teil des Werther getreu kopiert,
die Briefform darum aber nicht aufgegeben; freilich wird man bei
diesem letzten Briefwechsel zwischen Honesta und Claudius, Rothe
und Plettenberg nicht mehr von einer Form sprechen dürfen, da
nicht einmal die Fiktion gewahrt ist. Aber auch jene ersten Briefe
sind eher entschuldigt als motiviert. „Ich fürchte mich, alle diese
Sachen dem Papier anvertraut zu haben," schreibt Herz nach dem
ersten Geständnis seiner Liebe an Rothe; von Rothens Briefen liest
er nur das, was er lesen will, sie dienen, wie er dem Freund
schreibt, nur dazu, „das verdrießliche Einerlei meines Kummers auf
eine pikante Art zu unterbrechen". Und nicht viel anders hat Lenz
sie als dichterisches Mittel gebraucht. Wenn aber der Brief im
Waldbruder nur technischer Notbehelf ist, ohne inneren Zusammen=
hang mit der Grundstimmung des Werks, so zeigt dies an, wie
wenig innerlich bedingt der Freund im Waldbruder ist. Wilhelm im
Werther ist notwendig da, und wenn er nicht Namen und Gestalt
hätte, würde man ihn fordern: zu Lotte und Albert gehören Werther
und Wilhelm. Aber im Waldbruder gehört Herz zu niemandem,
will zu niemandem gehören — weil er nicht zu Stella gehören darf.

Und ebenso steht es hier auch mit dem anderen Freund aus
dem Goetheschen Werther. Denn Werther hat noch einen anderen
Freund, ihm immer nah und gegenwärtig, dem er sich in die Arme
werfen darf, wenn er trauert oder verzweifelt, dessen Fürsprache bei
seinem Herzen und seinen Sinnen viel vermag: die Natur. Wir
sagten schon, daß sie formal anders gesehen und gestaltet ist als im
Werther; sie hat hier aber auch die intimere Beziehung, ihre kompo=
sitionelle Funktion verloren. Für Werther ist sie das Symbol seines
Innenlebens, der Waldbruder nimmt sie bisweilen von sich aus
allegorisch; er entnimmt ihr ahnungsvolle Beziehungen und Bedeu=
tungen wenn er sie braucht. Werther sieht, wie der Freund sich ver=
ändert hat, da er leidet; der Waldbruder, verwundert über das un=
zeitige Grün der Wiesen im Spätherbst, ruft: „Ich denke, es wird
doch für mich auch ein Herbst einmal kommen, wo diese innere Pein
ein Ende nehmen wird." Und wie kann er die Natur inniger fassen,
wie kann er in ihr ein verwandtes Lebewesen sehen, da er sich selbst
gleich anfangs als „gegen alles Äußere gefühllos" bezeichnet. So
werden die Naturbezüge hier als lyrische Einlagen Lenzens gegeben
— und als solche haben sie freilich einen feinen Reiz, eine durch=
aus originale Optik. Aber ihren im eigentlichsten Sinne elementaren
Charakter hat die Natur hier verloren; ist sie im Werther Mythos,
so ist sie im Waldbruder, nach dem treffenden Ausdruck Erich

Schmidts gegen die deutschen Nachahmer Rousseaus[1]), zum „Hüttenenthusiasmus" geworden.

Natur und Freundschaft sind im Werther das Medium, durch das Werthers Liebe hindurchgeht; beides spielt in Werthers Verhältnis zu Lotte hinein: das Element der Freundschaft erfährt eine neue Reaktion durch Albert, die Freundschaft mit Wilhelm eine letzte Läuterung vor Werthers Ende, und das Dilemma „Geliebte oder Freundin?", die Entscheidung für die Geliebte gewinnt auf diesem Untergrund eine erhöhte Bedeutung; das Element der Natur, bald über, bald in, bald zwischen Werther und Lotte wirkend, steigert und hemmt das Liebeserlebnis. Nichts davon im Waldbruder. Lotte und Stella kann man freilich nicht vergleichen — aber man braucht sie auch nicht zu vergleichen: Herz-Lenzens und Goethe-Werthers Liebeserlebnisse sind deutlich unterscheidbar. Der Waldbruder ist beim ersten Anblick seiner vermeinten Stella von dem „unaussprechlichen Reiz" ihrer Erscheinung und von der „schrecklichen Gewißheit nie davon Besitz nehmen zu dürfen" getroffen; aber als er darüber aufgeklärt wird, daß er einem „rasenden Qui pro quo" zum Opfer gefallen sei, erwidert er: er könne sich wohl in ihrer äußeren Hülle getäuscht haben, nie aber in ihrem Geist, und bleibt trotzig in dem „Zauberzirkel" — den er selbst mit hat schaffen helfen; er will und muß sein Ideal der Weiblichkeit hier unverlierbar gefunden haben, Stella ist sein Ideal. Wenn man Goethes Werther unbefangen auf sich wirken läßt, kann man nicht sagen, daß Lotte Werthers absolutes Ideal sei — sie wird es, und sie wird es durch ihre Bezüge, nicht zum mindesten durch ihren Bezug auf ihn; nicht dem Ideal, das sie abgesehen von Hülle und Erscheinung, abgesehen von Verlobtem, Geschwistern, Kameraden ist, will Werther sich durch alle Ewigkeit opfern, vielmehr dem Ideal, das sich durch all dieses vor seinen Augen entwickelt, und vor allem: dem Ideal, das sie mit ihm und durch ihn, gerade durch Werther zu werden bestimmt scheint. Hier wird eben nicht nur die Begegnung mit einem liebreizenden Mädchen dargestellt, sondern zugleich das Ringen zweier Naturen um ihre wahre Bestimmung. Im Waldbruder ist da, wo er sich zum zweitenmal auf die Flucht begibt[2]), höchst zweideutig die Rede von dem „Ort seiner Bestimmung", dem er „immer näher eile": „ist's mir doch, als ob ich zum Hochgericht ginge." Kann er dort, kann er auf dieser letzten Flucht seine wahre Bestimmung finden? Man kann es nicht mit Gewißheit sagen, da der Waldbruder Fragment geblieben

---

[1]) A. a. O. S. 196.
[2]) Lewy IV, 109.

ist; ausgeschlossen ist jedenfalls, daß Lenz dem Waldbruder im fünften Teil eine Wendung zu einem glücklichen Ausgang gegeben hätte, etwa so, daß Stellas Verlobter Plettenberg im amerikanischen Kriege fällt und Herz sich doch mit Stella vereinigen kann: dazu fehlen alle Voraussetzungen, und die Anlage des Fragments, das ihm zugrundeliegende reale Erlebnis Lenzens mit Henriette von Waldner, die Parallele zum „Engländer" lassen mit Sicherheit darauf schließen, daß der Ausgang für den Waldbruder äußerlich unglücklich sein muß. Nach dem, was im vorliegenden gestaltet ist, muß man es aber, gleichviel wie der Schluß äußerlich geworden wäre, verneinen, daß der Waldbruder seine Bestimmung, seine Selbstvollendung in der Liebe zu Stella hätte finden können, wie sich Werther in seiner Liebe zu Lotte fand, wenn er auch auf Lottens Besitz und damit auf das Leben Verzicht tun mußte. Für Werther ist Lottens Schattenriß ein wehmütiger Trost, diese süße Beschäftigung lenkt ihn von seinem letzten Entschluß nicht ab, sondern bestärkt ihn eher darin. Der Waldbruder kämpft schließlich nur um das Bild seiner Geliebten, das, wie er versichert, kein gewöhnliches Porträt ist; „eine höhere Macht" habe vielmehr dem Maler den Pinsel geführt — er scheint dieses Abbild als Gewährung göttlicher Gnade aufzufassen, und sich mit diesem Abbild seiner Geliebten bescheiden zu wollen. Stella war zu Beginn des Romans ein Bild in seiner Seele — will er mehr, als dieses Bild nach jenem Abbild formen? Die Aussöhnung mit der Wirklichkeit, mit der Gegebenheit ist hier doppelt unerreichbar.

In seinem „Engländer", in dem das Werthererlebnis zu einer langgezogenen ergreifenden Melodie der Klage um unerfüllte Liebe zusammengeschrumpft ist, hat Lenz den Helden durch Selbstmord enden lassen. Ausgeschlossen ist diese äußere Lösung im Waldbruder keinesfalls, obwohl sich der Waldbruder in allem und im wichtigsten vom Werther so weit entfernt hat; auch in der Erzählung „Prinz Zerbin" griff Lenz zu diesem Mittel, die innere Entwicklung des Helden äußerlich abzuschließen, obwohl der Autor Lenz als fingierter Herausgeber dieser Geschichte sagte: „Wenn ich einen Roman schriebe, so würde ich es nimmer wagen, meine Geschichte mit einem Selbstmorde zu schließen, um den Verdacht der Nachahmung zu vermeiden, da diese Saite nun einmal von einer Meisterhand ist abgegriffen worden." Aber diese Worte leiten den Bericht des Selbstmords ein, sie sind ein Kunstgriff zur Verdeckung der Abhängigkeit, zur Erhöhung der Illusion. Er hätte wohl auch im Waldbruder unbedenklich zu diesem Abschluß gegriffen, und es ist nur die Frage, wie er ihn motiviert hätte. Aber vielleicht ist diese Erwägung überhaupt müßig.

Es ist wohl kein Zufall, daß der Waldbruder nicht vollendet wurde, wie es wohl kein Zufall ist, daß auch das im realen Erlebnisgrund und im künstlerischen Motiv nahestehende Drama „Die Laube" nicht vollendet wurde und daß die in einem höheren Sinn wesensverwandte Catharina von Siena Fragment blieb. Im Werther und im Waldbruder findet sich da, wo der Held seinem Ende entgegeneilt, wohl nicht ohne Grund dasselbe Bild, das aber trotz aller Ähnlichkeit verschiedene Situationen gibt. „Man erzählt von einer edlen Art Pferde", sagt Werther, „die, wenn sie schrecklich erhitzt und aufgejagt sind, sich selbst eine Ader aufbeißen, um sich zum Atem zu verhelfen. So ist mir's oft . . ." Im Waldbruder heißt es von Herz: „er ist wie ein wilder mutiger Hengst, den man gespornt hat, der Zaum und Zügel verachtet." Das müdegejagte Tier, das zur Ruhe verlangt, und das wild davon jagende Tier können als Symbole für die beiden Helden genommen werden. Lenz hat im Waldbruder, in der Laube, in der Katharina wohl das Motiv der Flucht gestalten können, er hat wohl die Kraft zur Absage gehabt, aber nicht zur Heilung, Vollendung, Läuterung, zumal hier nicht, wo Abschluß und Versöhnung nicht mehr wie im Hofmeister und in den Soldaten von außen her bezogen werden durften. „Bedenkt, daß es die Natur ist, die Kräfte gibt, nicht wir", schrieb er einmal[1]; ihm waren sie nicht gegeben. In der schönen und tiefen Abhandlung über Goethes Götz von Berlichingen hat Lenz dem Ungenügenden und Unbefriedigenden des Lebens seiner Gegenwart auf ergreifende Weise abgesagt: „Wir werden geboren, unsere Eltern geben uns Brot und Kleid, unsere Lehrer drücken in unser Hirn Worte, Sprachen, Wissenschaften, irgend ein artiges Mädchen drückt in unser Herz den Wunsch es eigen zu besitzen . . . es entsteht eine Lücke in der Republik, wo wir hineinpassen . . . wir drehen uns eine Zeitlang in diesem Platz herum wie die andern Räder, bis wir, wenn's noch so ordentlich geht, abgestumpft sind und zuletzt einem neuen Rade Platz machen müssen — das ist, meine Herren! ohne Ruhm zu melden unsere Biographie — und was bleibt nun der Mensch noch anders als eine vorzüglich künstliche kleine Maschine, die in die große Maschine, die wir Welt nennen, besser oder schlimmer hineinpaßt. Kein Wunder, daß die Philosophen so philosophieren, wenn die Menschen so leben. Aber heißt das gelebt, heißt das seine Existenz gefühlt, den Funken von Gott?" Deshalb begeistert ihn der Götz, weil hier ein Dichter anders gedichtet hat: „Handeln, handeln ist die Seele der Welt" liest er aus ihm, liest diesen Satz denen vor,

---

[1] An Lindau, April 1776. Briefw. I, 225.

„die uns das Leiden süß und angenehm vorstellen"; und doch sieht er auch Götzens Ende begeistert zu — und er sieht es so, wie er Werthers Ausgang sieht: „und am Ende seines Lebens geht er unter wie die Sonne, vergnügt bessere Gegenden zu schauen, wo mehr Freiheit ist ... und läßt noch Licht und Glanz zurück." Das war auch das Ideal seines Dichtens, aber wenn er der gegebenen Welt seine eigene gegenüberstellte, die bessere, freiere, gotterfülltere — so hatte er nur verzerrte Gegenbilder und eine Welt zu geben, die phantastischen Gesetzen gehorchte.

„Die Soldaten" von Jakob Michael Reinhold Lenz

Strassburger Erlebnisse und Gestalten in einem Drama des «Sturmes und Dranges»

Von Dr. Charles Wolf

Eine «seltsame Komposition von Genie und Kindheit» nannte der kluge Wieland in einem Brief an Merck vom September 1776 den damals 25jährigen Dichter, Hauslehrer und ehemaligen Theologiestudenten Jacob Michael Reinhold Lenz, als dieser, den Spuren seines Freundes Goethe folgend, ebenfalls in Weimar gelandet war und zum Ergötzen seiner Freunde die weimarische Hofgesellschaft durch allerhand tolle Spässe belustigte. Goethe hat im 11. Buch von «Dichtung und Wahrheit» Lenz, mit dem er zum erstenmal in Strassburg zusammengetroffen war, knapp und entscheidend charakterisiert: «Klein, aber nett von Gestalt, ein allerliebstes Köpfchen, dessen zierlicher Form niedliche, etwas abgestumpfte Züge vollkommen entsprachen, blaue Augen, blonde Haare, kurz ein Persönchen, wie mir unter nordischen Jünglingen von Zeit zu Zeit eins begegnet ist, einen sanften, gleichsam vorsichtigen Schritt, eine angenehme, nicht ganz fliessende Sprache und ein Betragen, das, zwischen Zurückhaltung und Schüchternheit sich bewegend, einem jungen Mann gar wohl anstand. Für seine Sinnesart wüsste ich nur das englische Wort «Whimsical», welches, wie das Wörterbuch ausweist, gar manche Seltsamkeiten in einem Begriff zusammenfasst.» Diese Charakteristik eines Mannes, dessen literarisches Werk den verschiedensten und widersprechendsten Wertungen unterworfen war, der immer hoch im Kurse stand, wenn die «Zerrissenen mit Genieprätentionen» wieder einmal aufgewertet wurden, trifft durchaus den Kern der Erscheinung und verrät deutlich, wie genau Goethe sich in die Gestalt Lenzens einzufühlen vermochte.

In dem abenteuerlichen Leben dieses Dichters, dieses typischen Repräsentanten der «Sturm und Drangperiode» der deutschen Dichtung, ist der fünfjährige Aufenthalt in Strassburg eine Zeit der Ruhe, des Glücks und wahrhaft schöpferischer Produktivität. Hier entdeckte Lenz, der ehemalige Anhänger Klopstocks und Nicolais seine eigentliche dichterische Begabung, hier lernte er die neuen literarischen Theorien kennen, begeisterte sich im Umgang mit Goethe, Salzmann, Lerse, Ott, Haffner für Homer und Shakespeare, für die wahren «Original- und Kraftgenies». Anstelle des Bildungserlebnisses entdeckte er jetzt das Urerlebnis, und in den «Anmerkungen über das Theater» setzte er sich mit der früheren Dichtung, besonders mit der Dramatik, polemisch auseinander. Seine Lyrik aus jener Zeit hat freilich noch nicht die elementare Stärke, den Glanz und die leuchtenden Farben der Lyrik des jungen Goethe; das Naturerlebnis ist nicht so ursprünglich wie bei dem begabteren Freunde, aber es sind ganz neue Töne, die er da erklingen lässt, und sie erklingen am schönsten und reinsten in jenem Gedicht an Friederike: «Wo bist du itzt, mein unvergesslich Mädchen». Und dieser neue Ton klingt wieder am stärksten und eindrucksvollsten in seinen Schauspielen aus jener Zeit, im Drama, das ja die Lieblingsgattung aller Stürmer und Dränger geworden ist. Sein Schauspiel «Die Soldaten», das in Strassburg entstand, Strassburger Erlebnisse und Gestalten zur Dichtung formt, ist die gültigste und glücklichste Verwirklichung der neuen dichterischen Ideen, es ist dasjenige unter seinen Stücken, das uns heute noch zu interessieren vermag.

Die Vorgeschichte der «Soldaten» ist recht kurios. Lenz war als Reisebegleiter und Dolmetscher zweier kurländischen Edelleute, der Barone von Kleist, nach Strassburg gekommen, und der ältere Baron von Kleist hatte sich in die Tochter eines Juweliers, Cleopha Fibich verliebt, sich auch in aller Form mit ihr verlobt, nachdem er eine feierliche «promesse de mariage» beim Notar Lacombe in Strassburg hinterlegt hatte. Goethe hatte in Dichtung und Wahrheit den merkwürdigen Fall gestreift, aber die eigentlichen Tatsachen und Zusammenhänge erfuhr man erst ausführlich, als im Schillerarchiv zu Greifenstein das Lenzsche Tagebuch aus dem Jahre 1774 wieder aufgefunden wurde. Dieses Tagebuch, das Goethe gewidmet war, hatte Goethe offenbar einmal Schiller zur Veröffentlichung in den «Horen» übergeben, aber aus irgendeinem Grunde hatte man von einer Veröffentlichung abgesehen. Das merkwürdige Dokument, das in ekstatischem Stil, von allerlei burlesken Zwischenspielen durchsetzt, dreissig Herbsttage des Jahres 1774 mit allen möglichen Details umfasst, hat Strassburg als Schauplatz aller Geschehnisse, und aus einem Passus geht hervor, dass die Heldin des ganzen Liebesintermezzos am Kleberplatz wohnte. Da an einer Stelle statt des fiktiven Namens Araminta der Name «Clephchen» fällt, konnte der Strassburger Lenzforscher Froitzheim die Heldin identifizieren als Cleopha Fibich, die Tochter eines angesehenen Juweliers, der sein Geschäft am Kleberplatz, Ecke Schlauchgasse, hatte. Jetzt verstand man auch einen Brief Lenzens an Herder vom März 1776, worin es hiess: «Ich will Dir alles sagen, Herder! Das Mädchen, das die Hauptgestalt meiner «Soldaten» ausmacht, lebt gegenwärtig in der süssen Erwartung, ihren Bräutigam, der ein Offizier ist, getreu wiederkehren zu sehen. Ob ders tut oder sie betrügt, das steht bei Gott. Betrügt er sie, so könnten die «Soldaten» nicht bald genug bekannt werden, um den Menschen zu zerschmettern oder zu seiner Pflicht zurückzurufen. Betrügt er sie nicht, so könnte vielleicht das Stück ihr ganzes Glück und ihre Ehre vernichten.»

Genau so sah Lenz auch die Dinge in seinem Tagebuch. Zwar war vom Baron von Kleist ein Eheversprechen gegeben worden, aber als der Baron nach Kurland reiste, um die Einwilligung seines Vaters zu holen, erwachte in Lenz doch eine gewisse Skepsis, die sich merkwürdigerweise auch auf die Braut bezog. Er verfiel nun auf die tolle Idee, den Platzhalter zu spielen und das junge Mädchen vor allen Anfechtungen und etwaigen Gefahren dadurch zu schützen, dass er sich selbst in sie verliebt stellte. Das wurde ganz konsequent von ihm durchgeführt und mit besonderem Elan in dem Augenblick, als noch ein dritter Baron von Kleist, der jüngste Bruder des Bräutigams, in Strassburg auftauchte und der schönen Cleophe den Hof machte. Lenz spielte die Rolle des verliebten Wächters mit derartigem Feuer, dass aus dem Spiel Ernst wurde und er zuletzt wirklich in die Schöne verliebt war. Cleophe liess sich seine Verehrung gerne gefallen, kokettierte ein bisschen mit ihm, wie verschiedene Stellen des Tagebuchs verraten, dachte aber gar nicht daran, das Spiel ernst zu nehmen, bis Lenz zudringlich wurde und sie ihm eine Absage erteilte. In Form einer Stammbucheintragung ist uns noch ein hübsches Absageverschen von ihr erhalten:

«Auf Ihr Begehren schreib ich drein,
doch nicht wie Sie sich bilden ein,
weil es zu frey gewagt,
was Sie vorgestern mir gesagt.
Wo bleibt die Treu für Ihren Freund,
der es so gut mit ihn' gemeint,
so wardt die Treu belohndt.
So aber denk ich nicht.
Ich habe Ehr und wanke nicht,
bis dass mein Freund sie selbsten bricht.»
Strassburg, den 4ten Dezember 1774 von einer ungenannten, doch wohlbekannten Freundin.»

Der Bräutigam hielt übrigens sein Eheversprechen nicht. Cleophe starb unverheiratet in Strassburg im Jahre 1820 in ihrer letzten Wohnung bei den Ponts couverts.

Als Lenz ein Jahr später diese Dinge in seinem Schauspiel «Die Soldaten» behandelte, war er der Forderung aller Stürmer und Dränger treu geblieben, die verlangte, dass in erster Linie ein eigenes Erlebnis gestaltet werden müsse. Er war auch, mit Recht, davon überzeugt, dass ihm mit diesem Werk, das im Jahre 1776 im Druck erschien, etwas Bleibendes gelungen war, dass dieses Schauspiel am stärksten seine dichterische Sendung beglaubigte. Mit folgenden ekstatischen Worten schickte er am 23. Juli 1775 von Strassburg aus das Stück an Herder: «Hier, Hierophant! in Deinen heiligen Händen das Stück, das mein halbes Dasein mitnimmt. Es ist wahr und wird bleiben, mögen auch Jahrhunderte über meinen armen Schädel verachtungsvoll fortschreiten.» Es ist in der Tat geblieben, und als Max Reinhardt, der jetzige Regisseur der Salzburger Festspiele, es vor zwanzig Jahren in Berlin inszenierte, wurde es ein grosser, lang anhaltender Erfolg.

Natürlich war Lenz bestrebt, das Erlebte in dem Stück dichterisch umzuformen. Aber wenn auch als Ort der Handlung die Städte Lille und Armentières angegeben sind, so weht doch an einer Stelle «Rheinluft», was nur auf Strassburg passen würde, und im übrigen hat das Stück schon in der ersten Szene ganz echtes Strassburger Kolorit. In der ersten Szene ist Marie, die Heldin, damit beschäftigt, einen Brief zu schreiben und frägt ihre Schwester: «Wie schreibt man Madame? M-a-t-a-m-m?», eine hübsche Verwechslung zwischen hartem und weichem d, die immerhin recht elsässisch anmutet. Freilich ist das ganze Milieu ein anderes, die soziale Sphäre ist niedriger als die der Fibichs, alles Tatsächliche ist vergröbert, auch übersteigert worden, und das Ganze hat einen tief tragischen Grundcharakter, während die Wirklichkeit eher den Stoff zu einem Lustspiel hätte liefern müssen!

Nur ein kleiner Kreis von Eingeweihten konnte damals in den «Soldaten» ein Schlüsseldrama wittern, aber trotz vieler Vorsichtsmassnahmen hatte Lenz ein sehr schlechtes Gewissen. Kein Exemplar des Stückes sollte auf seinen Wunsch nach Strassburg kommen; er hatte Angst, dass man hier mit «Fingern auf das Mädchen» zeigen könne, fürchtete ausserdem die Duellforderungen einiger Offiziere und bewog Friedrich Maximilian Klinger, die Autorschaft auf sich zu nehmen. In Strassburger literarischen Kreisen nahm man aber anscheinend sehr wenig Rücksicht auf Lenzens Wünsche; denn der Vetter des Aktuars Salzmann, Friedrich Rudolf Salzmann, veröffentlichte kurz nach Erscheinen des Stückes in der Strassburger Wochenschrift «Der

Bürgerfreund», dem Organ der von Lenz gegründeten literarischen Gesellschaft, eine ausführliche Inhaltsangabe unter dem reichlich suggestiven Titel: «Fragmente zur Strassburger Kinderzucht», eine Rezension, die keinen Zweifel darüber liess, dass man dabei an gewisse Strassburger Ereignisse dachte.

Dies ist in Kürze der Gang der Handlung. Herr Wesener, ein Galanteriewarenhändler, hat eine schöne Tochter, Marie, die mit einem jungen Kaufmann namens Stolzius versprochen ist. Ein neuer Bewerber taucht auf in der Gestalt des Barons Desportes, eines Offiziers, dem Marie schliesslich vor Stolzius den Vorzug gibt. Es gelingt Desportes, nicht nur Marie, sondern auch deren Vater von seinen ernsthaften Absichten zu überzeugen, sodass die beiden als verlobt gelten und der alte Wesener schon seine Tochter zur Baronin avancieren sieht, eine Vorstellung, die seinem kleinbürgerlichen Herzen nicht weniger schmeichelt als der eitlen Verspieltheit des Mädchens. Das glückliche Einvernehmen zwischen Vater, Tochter und Bräutigam ist aber nicht von langer Dauer. Der Baron lässt sich plötzlich in eine andere Garnison versetzen und verschwindet spurlos eines Tages unter Zurücklassung einer gehörigen Schuldenlast, für die Vater Wesener Bürgschaft übernahm.

Die kokette Marie erwacht sehr jäh aus einem schönen Traum; sie will zuerst an Stolzius schreiben, ihn um Verzeihung bitten und die alten Beziehungen wieder aufnehmen. Wesener selbst hält sie davon ab. Er möchte zuerst noch die «promesse de mariage» des Barons an dessen Eltern schicken und ihn zur Pflicht zurückrufen. Stolzius, der Marie immer noch liebt, hat von ihrem Unglück erfahren, lässt sich aus Verzweiflung zu den Soldaten anwerben und wird Ordonnanz bei dem Offizier Mary, einem Freunde des Barons Desportes. Mary wirbt ebenfalls um die schöne Wesener, spielt mit ihr dasselbe Spiel wie Desportes, und das leichtsinnige Kind wandert nun von einem Arm in den andern. Der Versuch der edelmütigen, philantropischen Gräfin de la Roche, sich der Gefährdeten anzunehmen, scheitert an Maries innerer Haltlosigkeit. Sie flieht aus dem Hause der Gräfin, reist zu Desportes, den sie noch liebt, aber dieser zynische Offizier hat seinem Diener den Auftrag gegeben, das Mädchen selbst zu empfangen und lässt sich nicht mehr blicken. Marie, in einer fremden Stadt, im äussersten Elend, sinkt zur Soldatendirne herab, und in diesem Zustand trifft sie ihr Vater, der sie nach langem Suchen schliesslich findet und mit sich nimmt. Stolzius, untröstlich über das Elend, das hier ein adeliger Verführer angerichtet hat, vergiftet in Wut und Verzweiflung den Baron und sich selbst, ein furchtbarer Rächer der Ehre seiner früheren Braut.

Dieses Schauspiel hat alle Wesenszüge der Sturm- und Drangdramatik. Das Problem des Standesunterschieds, ein Lieblingsproblem des Sturmes und Dranges seit dem Erscheinen von Rousseaus «Nouvelle Héloïse», steht im Mittelpunkt. Im Gegensatz zum klassischen Drama Lessings oder Voltaires mit seiner Berechenbarkeit der Menschentypen bringt es unberechenbare Menschen auf die Bühne, leidenschaftliche Menschen, schwache Charakteristik zugunsten einer grösseren Lebensfülle. Statt Handlungszeichnung gibt Lenz Lebenszeichnung; die dramaturgische Technik ist die des schönen Raritätenkastens: eine bunte Szenenfolge, auf einer Seite manchmal dreimaliger Szenenwechsel, wobei Komisches und Tragisches nicht nur nebeneinander herläuft, sondern ineinander übergeht. In derben, realistischen Farben wird gemalt, es wird geflucht, gerauft, was das Zeug hält, um die Illusion des wahren Lebens zu geben.

Allerdings bringt Lenz die ästhetischen Grundprinzipien des neuen Dramas mit einer starken persönlichen Note. Er versucht, eine eigenartige Mischgattung herzustellen, die Theorien der Sturm- und Drangdramatik zu verschmelzen mit den wesentlichsten dramaturgischen Forderungen Diderots und des «drame bourgeois». Aus des Aesthetikers

Mercier «Nouvel Essai sur le théâtre», der damals erschienen war, holte er sich ganz entscheidende Anregungen, und unter diesem Einfluss strebt er nach einer starken moralisierenden Wirkung und bemüht sich, wofür gerade die «Soldaten» zeugen, ganze Stände auf die Bühne zu bringen. Das trennt ihn durchaus vom jungen Goethe, der einen ganz einheitlichen Stil wahrte und alles moralisierende Ranken- oder Beiwerk ablehnte.

Die starke moralisierende Hauptabsicht des Stücks wird ja in allen Teilen sichtbar. In der Rolle des Feldpredigers Eisenhart, der den Offizieren lange Vorträge über ihren Lebenswandel hält, hat sich Lenz selber porträtiert. Seine eigenen Anschauungen über die damalige Ehelosigkeit des Soldatenstandes lässt er nochmals durch die Gräfin de la Roche laut und vernehmlich proklamieren. Gut geraten ist ihm die Charakterzeichnung: Desportes, Mary, das sind lebensvolle Soldatentypen. Stolzius ist sicherlich zu einem Teil das Vorbild zum Brackenburg in Goethes «Egmont» geworden, Vater Wesener hat manche Züge vom alten Miller in Schillers «Kabale und Liebe». Nur Marie Wesener, die Hauptgestalt, weckt bei aller Sicherheit der Zeichnung keine echte Anteilnahme; sie ist als zu oberflächlich und flatterhaft geschildert. Friedrich Hebbel, der die «Soldaten» sehr hoch einschätzte, schrieb einmal in einer Tagebuchnotiz vom 2. Februar 1839: «Dem Lenzschen Schauspiel: Die Soldaten fehlt zur Vollendung nichts weiter, als die höhere Bedeutung der verführten Marie. Eine grosse erschütternde Idee liegt dem Stück zu Grunde, aber sie wird durch dies gemeine sinnliche Mädchen zu schlecht repräsentiert. Dies Geschöpf taugt nur zur Hure, was zwar nicht den Offizier rechtfertigt, der sie dazu macht, aber doch das Schicksal, welches es geschehen lässt... Marie erweckt zwar unser Mitleiden, denn dies ist ein Tribut, den unser Herz dem blossen Leiden, dem Leiden an und für sich bewilligt, aber ihr Unglück bringt keine tragische Rührung in uns hervor, denn wir empfinden zu lebhaft, dass ihr Geschick in keinem Missverhältnis zu ihrer Natur steht.»

Trotz dieser Vorbehalte, wie sie hier Hebbel aufs glücklichste formulierte, sind Lenzens «Soldaten» voll von genialen Einfällen, voll echter dichterischer Kraft. Der lyrische Stimmungsgehalt mancher Szene ist von bezauberndem Reiz. Die Soldaten sind allerdings nur das Werk eines Wegbereiters, nicht eines Vollenders. Sie sind nicht so virtuos geformt wie etwa die Emilia Galotti, aber sie sind wärmer und elementarer empfunden. Die Soldaten bereiten Schillers «Kabale und Liebe» vor, jenes zentrale Werk, in dem die Liebe das Zentrum des Universums ist, und sie weisen auf ein weiteres bürgerliches Trauerspiel: Hebbels Maria Magdalena.

ZUR BEDEUTUNG BATTEUX'S FÜR LENZ

Das bekannte und häufig übersetzte Werk von Charles Batteux, *Les beaux Arts réduits à un même Principe* (Paris 1746), stand in der Mitte des 18. Jahrhunderts im Zentrum des Kampfes zwischen Feinden und Anhängern der klassizistischen Theorie des Dramas.[1] Gottsched, Lessing, Ramler hatten sich Batteaux angeschlossen; Johann Adolf Schlegel hatte ihn übersetzt, jedoch in seinen Anmerkungen und beigefügten Abhandlungen scharf kritisiert,[2] während Hamann den Gedanken der "belle nature" offen ablehnte.[3] Herder war bei der Besprechung der Schlegelschen Übersetzung des Werkes mit einem wütenden Angriff auf den französischen Ästhetiker herausgekommen (*Werke*, 1, 87 ff.) und hatte Batteux's Grundidee als eine "belle Phrase." mit "schönen Vieldeutigkeiten, über die sich schön schwatzen lässt" gebrandmarkt. Lenz hatte sich in seinen *Anmerkungen übers Theater* den Gegnern Batteux's angeschlossen:

Der wahre Dichter verbindet nicht in seiner Einbildungskraft, wie es ihm gefällt, was die Herren die schöne Natur zu nennen beliebten, was aber, mit ihrer Erlaubnis, nichts als die verfehlte Natur ist. (*Werke*, ed. Blei, I, 230).

Dieselbe ablehnende Haltung hatte Lenz ein Jahr später im *Neuen Menoza* eingenommen, dessen letzte Szene die Theorie der schönen Natur aufs derbste verspottet (II, 322 ff.). Umso erstaunlicher ist die Tatsache, dass Lenz in seiner Selbstrezension des *Menoza* eine ganz andere Haltung zu dieser Theorie einnimmt (II, 329 ff.). Woher kommt dieser plötzliche Umschwung?

Aus verständlichen Gründen hatte der *Menoza* keine sehr freundliche Aufnahme erfahren und sein Dichter hatte sich manche scharfe Kritik gefallen lassen müssen.[4] Fehlende Übereinstimmung mit der Wirklichkeit, Unwahrscheinlichkeit der Handlung, Übertreibungen etc. wurden Lenz vorgeworfen und derartiger Tadel musste ihn umso schwerer treffen, als sein ästhetisches Programm

---

[1] Vgl. zum Folgenden: Manfred Schenker, *C. Batteux und seine Nachahmungstheorie in Deutschland*, Leipzig 1909.

[2] *Einschränkung der schönen Künste auf einen einzigen Grundsatz.*

[3] *Aesthetica in Nuce*, Werke II, 280 f. Vgl. auch Unger, *Hamann und die Aufklärung*, I, 254.

[4] Vgl. darüber die Angaben von Blei in Lenz's *Werken* II, 481 f.

einen streng naturalistischen Charakter hatte (vgl. I, 231). Gerade dieser Wille zu einer sich eng an die Wirklichkeit anschliessenden Kunst hatte aber Lenz in ein Dilemma geführt, das stets die Folge eines übertriebenen Naturalismus ist: Selbst bei völliger Beschränkung auf das Mögliche kann sich die Dichtung nicht völlig der Gesetzlichkeit der Wirklichkeit anschliessen, da das bloss Alltägliche des künstlerischen Interesses entbehrt. Um interessant zu sein, muss sich auch die naturalistischste Kunst entweder an besonders typische oder an ganz aussergewöhnliche Fälle halten und hat somit ebenfalls eine selbstständige Gesetzlichkeit. Lenz war sich über dieses Paradoxon des Naturalismus offenbar nicht im Klaren gewesen; erst die Kritik an seinem Drama und die Notwendigkeit, es zu verteidigen, führte ihn zu der Einsicht, dass der Gedanke der " getreuen Nachahmung " der Natur mit dem Wesen der Dichtung nicht in Einklang steht. Der Fehler konnte nun entweder in dem Begriff der Natur oder in dem der Nachahmung liegen, und da Lenz an dem Gedanken der Nachahmung festhält, so war er gezwungen, die notwendig gewordene Einschränkung des Begriffs der Naturnachahmung durch Einschränkung des Naturbegriffs zu erreichen. Und indem er in diesem Sinne bei seiner Verteidigung vorgeht, kommt er unwillkürlich auf den Begriff der schönen Natur zurück:

> Ich habe nur dem Grafen Camäleon erträgliche Farben geben wollen, um unser Auge nicht zu beleidigen. Das ist es, was ich schöne Natur nenne, nicht Verzuckungen in willkürliche Träume, die nur der schön findet, der wachend glücklich zu sein verzweifeln muß. (II, 331).

In diesen Worten liegt eine deutliche Anerkennung Batteux's. Dass auch das Böse im Drama seinen Platz hat, wollte auch Batteux nicht bestreiten; aber mit seinem Verweis auf die schöne Natur wollte er dem Bösen die unangenehmen, widerlichen Seiten nehmen. Lenz wie Batteux sind sich also jetzt darin einig, dass es Dinge in der Natur gibt, die in der Dichtung nicht nachgeahmt werden dürfen. Allerdings versucht Lenz, in dem negativen Teil des zweiten Satzes eine Scheidungslinie zwischen sich und Batteux zu ziehen, indem er das klassizistische Drama ausschliesst, auf das sich der Ausdruck " Verzuckungen in willkürliche Träume " bezieht. Lenz wendet sich scharf gegen jedes Übermass des Fiktiven in der Dichtung, ist sich aber mit Batteux in dem Grundgedanken einig, dass die Natur gewisse Veränderungen untergehen muss, bevor sie zur Nachahmung reif ist.

Wenn demgemäss Graf Camäleon, der Bösewicht des *Menoza*, durch Abmilderung seiner natürlichen Eigenschaften zur "schönen Natur" erhoben ist, so dürfte allerdings nicht das Gleiche auf Donna Diana zutreffen. Dass sie keine alltägliche Figur ist, übersieht auch Lenz nicht, wenn er auch nur recht gewunden davon Kenntnis nimmt, dass sie "gewissen Herren zu rasen scheint." Die Erklärung dieser Abweichung vom Üblichen gibt er unter Berufung auf einen von ihm "unumstößlich angenommenen Grundsatz für theatralische Darstellung," und dieser Grundsatz ist, "zu dem Gewöhnlichen . . . eine Verstärkung, eine Erhöhung hinzuzutun, die uns die Alltagscharaktere im gemeinen Leben auf dem Theater anzüglich, interessant machen kann" (II, 331). Verstärkung und Erhöhung der Natur zum Zwecke der Erzeugung eines erhöhten Interesses ist also die Quintessenz von Lenzens Ausführungen, und damit findet er engsten Anschluss an Batteux:

> Sur ce principe, il faut conclure que si les Arts sont imitateurs de la Nature; ce doit être une imitation sage & éclairée, qui ne la copie pas servilement; mais qui choisissant les objets & les traits, les présente avec toute la perfection dont ils sont susceptibles (*Les beaux Arts.* . . , S. 24).

Nicht wahlloses Kopieren der Natur fordert Batteux, sondern sorgsames Aussuchen und Zusammenstellen gewisser Züge, die in vervollkommneter Form wiedergegeben werden sollen. Das ist nichts anderes als Lenzens Begriff der Erhöhung und Verstärkung, der ja auch nur eine Vervollkommenung des Gewöhnlichen ist. Auch die Abstellung auf das Interesse findet sich bei Batteux, der die schöne Natur als diejenige definiert, "qui a le plus rapport avec . . . notre intérêt." (*o. c.*, S. 79.)

So einleuchtend die Übereinstimmung zwischen Batteux und Lenz ist, so bedarf es doch kaum einer Betonung, dass hier keineswegs zwei gleichartige dramatische Theorien vorliegen. Batteux gehört zur Partei der "anciens," Lenz zu den "modernes," und als solcher war und blieb er der überzeugte Gegner der von Batteux vertretenen poetischen Richtung. Die Anlehnung an den früher geschmähten und bekämpften Franzosen war sicherlich nur ein Gebot der Verlegenheit, aber selbst dann bleibt es bezeichnend für dessen Bedeutung, dass Lenz, sobald seine eigenen Theorien nicht mehr ausreichen, zu jenem seine Zuflucht nimmt. Nicht umsonst hatte Lessing die Arbeit des Herrn Batteux als "glücklich" bezeichnet (*Werke*, ed. Lachmann, Muncker, IV, 413 ff.). Hamann und Herder mochten Batteux noch so sehr angreifen, eine wirkliche Loslösung von ihm war erst möglich, als die Theorie der Nachahmung allgemein überwunden war.

In Anbetracht dieser bedeutenden Stellung Batteux's ist es nicht weiter verwunderlich, dass sich auch in den *Anmerkungen übers Theater* gewisse Spuren seines Geistes finden. Dass Lenz Batteux zum Zeugen für das Prinzip der Nachahmung anruft, dürfte wohl hauptsächlich ironisch gemeint sein; jedoch finden sich in der Schrift einige Gedanken, die von Batteux beeinflusst sein dürften.[5]

Als einer der eigenartigsten Züge der *Anmerkungen* haben seit jeher Lenzens Ausführungen über Charaktere und Begebenheiten in der Tragödie und Komödie gegolten: während fast alle Theoretiker der Tragödie Handlung, der Komödie aber im Anschluss an Molière Charaktere als Hauptwesensmerkmal zuschrieben, dreht Lenz diesen Satz um und verlangt Charaktere für die Tragödie und Handlung für die Komödie. Dass es sich dabei um ein "Produkt der Laune . . . einen witzigen Einfall" handelt, wie Friedrich (*o. c.*, S. 64) behauptet, scheint mehr als zweifelhaft, wenn man bedenkt, dass Lenz als Dichter bei seinen eigenen Werken die Konsequenz aus dieser Theorie gezogen und sowohl den *Hofmeister* wie die *Soldaten* als Komödie bezeichnet hat. Spuren dieser eigenartigen Umkehrung finden sich nun auch bei Batteux. Tragödie ist ihm "représentation de grands hommes" (*o. c.*, S. 213), und in diesem Sinne legt er bei seiner weiteren Auseinandersetzung Hauptgewicht stets auf die Helden (Héros) wie Brutus, Cassius etc. Die Komödie definiert Batteux dagegen als eine "action feinte, dans laquelle on représente le ridicule. . . ." Als ihren Gegenstand bezeichnet er "la vie civile," "on y voit ce qu'on voit dans le monde" (*o. c.*, S. 219 f.). Auffällig an dieser Begriffsbestimmung ist die Auslassung des Wortes Charakter. Zwar erkennt Batteux die Bedeutung der Charaktere für die Komödie durchaus an, denn er erklärt das Lächerliche aus diesen, doch ist diese Verbindung nur mittelbar und bedeutet eine erhebliche Abweichung von den gewöhnlichen Theorien. Komödie ist nach Batteux in erster Linie Handlung, die dann allerdings zur Erzeugung des Komischen der Charaktere bedarf. Das Verfahren des Dichters ist also das folgende: " Il crée une Action, des Acteurs, il les multiplie selon ses besoins . . ." (*o. c.*, S. 119). Demgegenüber

---

[5] Friedrich, Theodor (Die "*Anmerkungen übers Theater*," Leipzig 1908, S. 42) vermutet—wohl mit Recht—einen Einfluss Batteux's in der flüchtig angedeuteten Scheidung zwischen Poesie der Sachen und des Stils.

Lenz: "In der Komödie aber gehe ich von den Handlungen aus und lasse Personen teil dran nehmen, welche ich will." Bei der Tragödie hingegen erwecken die alten Helden unser grösstes Interesse und ganz wie Batteux denkt auch Lenz in erster Linie an die grossen Helden aus der Antike, die der Dichter wieder lebendig macht (*o. c.*, S. 253 f.). Es bedarf auch hier keiner besonderen Betonung, dass Batteux wieder an die Klassizisten denkt, während Lenzens Ideen vor allen auf Shakespeare hinzielen. Trotzdem dürfte diese Übereinstimmung kein Zufall sein; es ist charakteristisch, dass Lenz bei der Anführung von Shakespearschen Tragödien zuerst an die Römerdramen denkt, die äusserlich die grösste Ähnlichkeit mit dem Klassizismus aufweisen.

Noch eine weitere bedeutsame Übereinstimmung sei hier angeführt. Lenzens Gleichsetzung der Einheit des Ortes mit der Einheit des Chores (I, 239) ist, wie Friedrich richtig ausführt (*o. c.*, S. 38), hauptsächlich auf Lessings Hamburgische Dramaturgie (46. Stück) zurückzuführen, doch ist es falsch zu behaupten, dass diese an sich völlig unverständliche Gleichsetzung ... ihre Erklärung erst durch Lessings Worte erhalte, denn dieser Gedanke war schon von andern Ästhetikern vorgetragen worden: Home [6] sowohl wie D'Aubignac [7] hatten darauf hingewiesen, und ferner auch Batteux (*o. c.*, S. 217), Lenzens Ausführungen über diesen Punkt lauten:

> Einheit des Orts—oder möchten wir lieber sagen, Einheit des Chors, denn was war es anders? Kommen doch auf dem griechischen Theater die Leute wie gerufen herbei, und kein Mensch stösst sich daran. Weil wir uns freuen, dass sie nur da sind—weil das Chor dafür da steht, daß sie kommen sollen, und sich das im Kopf eines Freundes geschwind zusammenreimt, was wohl die causa prima und remotior der Ankunft seines Freundes sein möchte, wenn er ihn eben in seinen Armen drückt. (I, 239)

Der erste Satz stützt sich deutlich auf Lessing, der gerade darauf hingewiesen hatte, dass die Einheit des Ortes nur eine notwendige Folge der Verwendung des Chores sei. Die folgenden Sätze dagegen, die sich mit dem Chor als motivierendem Element abgeben, haben mit Lessing nichts zu tun, der dieses Problem noch nicht einmal berührt, sondern sich streng an die Frage der Einheit hält. Lenz sieht dagegen in dem Chor nicht nur eine Erklärung der Einheit des Ortes, sondern er gilt ihm auch als das Element, das die

---

[6] *Elements of Criticism*, Edinburgh 1762, III, 270 ff.
[7] *Pratique du Théâtre*, Amsterdam 1715, S. 87, 109 f.

griechische Tragödie überhaupt zusammenhält und die Verbindung zwischen ihren einzelnen Teilen und Motiven herstellt. Einen ganz parallelen Gedanken bringt Batteux zum Ausdruck, wenn er sagt:

> Le chant lyrique du Chœur exprimoit dans les Entractes les mouvemens excités par l'Acte qui venoit de finir. Le Spectateur ému en prenoit aisément l'unisson, & se préparoit ainsi à recevoir l'impression des Actes suivans. (*o. c.*, S. 217)

Wenn man bedenkt, wie bekannt gerade Batteux im Vergleich zu Home und D'Aubignac in Deutschland war, so wird es mehr als wahrscheinlich, dass es sich hier tatsächlich um eine Anlehnung an den ersteren handelt. So sehr Batteux gerade als ein Vertreter sogenannter französischer Oberflächlichkeit angegriffen wurde, so war seine Bedeutung damals viel zu gross, als dass sich die deutsche Ästhetik von ihm hätte befreien können.

HANS M. WOLFF

The University of Texas

HORST ALBERT GLASER

HETEROKLISIE — DER FALL LENZ

„Entwicklung kennen sie nicht, wenn man nicht dies
Entwicklung nennen will, daß sie von Mißgeschick
zu Mißgeschick stürzen, wie ein Körper im Fallen
von den Steinstufen einer Treppe nicht eine ausläßt."
Walter Benjamin über Julien Green.

Stolzius und Läuffer sind Namen, die bestimmen, bevor ihre Träger noch den Mund geöffnet haben, was das Individuum in Lenzens sozialen Dramen nur ist: klägliche Anmaßung und gejagtes Opfer. Lenz hat sie als unmögliche Helden in den »Hofmeister oder die Vorteile der Privaterziehung« (1774) und »Die Soldaten« (1776) versetzt. Collagiert sind in ihnen Stücke aus Lenzens eigener Biographie. Das ist ohne Zweifel; sie brauchen deshalb nicht nebeneinander gehalten und verglichen zu werden, da wesentlich nur ihre Funktion in der Immanenz der Werke ist. Fragmente von Individuen, legen sie zerrissne Schatten übers Bild des deutschen Bürgers im achtzehnten Jahrhundert. Denn pathetischer Ausdruck emanzipatorischer Bewegungen des deutschen Bürgertums soll die Literatur des Sturm und Drang sein, so will es überwiegend die literarhistorische Forschung. Was Lenzens verzweifelte Tragikomödien in solchen Umkreis des Sturm und Drang bestimmt, ist unklar, soweit es nicht biographisch gerechtfertigt wird aus seiner Zugehörigkeit zum Straßburger Kreis, der Freundschaft mit dem jungen Goethe, mit Klinger und mit Wagner. Ob seine Individuen es noch nicht zu Bürgern gebracht haben oder bereits Kritik an deren Ideologie vorführen, läßt sich kaum strikt unterscheiden. Vielleicht im Hinblick auf ihren Beruf, aber nicht in dem auf ihr Einkommen oder ihr soziales Prestige ließe sich soziologisch ein restringierter bürgerlicher Status für sie definieren. Das Etikett „bürgerlich" auf Lenzens Produktion besagt daher weniger als etwa auf der Goethes. Die Ohnmacht seiner Personen, vor allem die ihrer Sprache, trennen sie ab von jeder Positivität einer Position und einer darüber tönenden Meinung des Individuums. Solche die das haben und können, heißen „von Biederling" (so im »Neuen Menoza«) und sind innen hohl. Stolzius und Läuffer reden nicht viel, schon gar keine Schillerschen Monologe;

was sie wollen, ist das läppische Überleben, alles was darüber hinaus ginge, bleibt in ihren Reden undeutlich. Ohne nähere Erklärung, als sei es der natürliche Lauf der Welt, der sich an ihnen vollzieht, jagen sie in einem zunehmend rascher sich drehenden Strudel von Szenen in ihren Untergang. Von ihren paar Emotionen gehetzt, deren Richtung logische Kurzschlüsse mit trügerischen Wegmarken sekundenlang erhellen, bewegen sie sich weitab von jenen Maßstäben, die Max Weber fürs bürgerliche Handeln festsetzte: nämlich denen der Zweckrationalität. Ziele des sozialen Handelns abzustecken, die Mittel sie zu erreichen abzuwägen, davon sind jene weit entfernt, deren Herz, wie Lenz von sich an Merck schrieb, „tief auf den kalten Nesseln meines Schicksals halb im Schlamm versunken liegt und sich nur mit Verzweiflung emporarbeiten kann."[1]

Dies hilflose Emporarbeiten krümmt sich durch die disparaten Handlungsstränge der Dramen. Sie formen Stücke eines Handlungsdiskontinuums aus, die schroff gegeneinander stehen. Das trennt die Dramen scharf von der Rationalität einer aufklärerischen Poetik wie der »Hamburgischen Dramaturgie«. Lessing wollte Analyse der Charaktere, aus welcher er meinte die Ursachen von Handlungen nicht sowohl begreifen, als darstellen zu können: „Unzufrieden, ihre Möglichkeit bloß auf die historische Glaubwürdigkeit zu gründen, wird er suchen [...] die Vorfälle, welche diese Charaktere in Handlung setzen, so notwendig einen aus dem andern entspringen zu lassen; wird er suchen, die Leidenschaften nach eines jeden Charakter so genau abzumessen; wird er suchen, diese Leidenschaften durch so allmähliche Stufen durchzuführen: daß wir überall nichts als den natürlichsten, ordentlichsten Verlauf wahrnehmen."[2]

Daß sich somit Handlung letztlich aus Motiven der Individuen herleite – diesen treuen Individualismus der Lessingschen Aufklärung, deren Psychologie auf die Morgenröte eines bislang blinden Menschenlebens zielte, kontert Lenz wenige Jahrzehnte später mit seiner Parodie. Um die Frontlinie, die die aufklärerische Poetik von einer schon an Aufklärung zweifelnden trennt, deutlich zu bezeichnen, sei ein konträrer Satz aus Lenzens »Anmerkungen übers Theater« zitiert: „Bei uns ist's die Reihe von Handlungen, die wie Donnerschläge auf einander folgen, eine die andere stützen und

---

[1] Johann Heinrich Mercks Schriften und Briefwechsel. In Auswahl herausgegeben von Kurt Wolff. 2. Bd. (Leipzig 1909). S. 49.

[2] Gotthold Ephraim Lessing, Gesammelte Werke in zehn Bänden. Hrsg. von Paul Rilla (Berlin 1954 ff.), 6. Bd., S. 165.

heben, in ein großes Ganze zusammenfließen müssen, das hernach nichts mehr und nichts minder ausmacht, als die Hauptperson, wie sie in der ganzen Gruppe ihrer Mithändler hervorsticht."[3] Aus den Donnerschlägen der Handlungen geht die Hauptperson der Handlung hervor. Die Kette von Ursache und Wirkung liegt in entgegengesetztem Sinne. Treffender könnte beiläufig die von ihnen zerschlagene Form der Personen in Lenzens Dramen nicht beleuchtet werden. Die Verbindung zur Aufklärung der kritischen Reflexion ist abgerissen, hergestellt jedoch die zur Naturphilosophie Hamanns, deren Motive, denen sogar seine kabbalistische Schreibweise dient, die Rebellion der kontingenten Naturelemente gegen den Primat der sie regulierenden Verstandesbegriffe der idealistischen Philosophie vertrat. „Auch das Drama erfuhr durch die Hamannschen Theorien eine grundlegende Änderung. Die jüngeren Dichter gestalteten nicht mehr rationalisiertes Leben; nicht mehr den klaren, bis ins kleinste berechenbaren Kausalzusammenhang, wie ihn der kalt kalkulierende und konstruierende Verstand erschafft, sondern den unklaren, oft verwirrend unklaren und unberechenbaren Zusammenhang der sich blindlings auslebenden Natur; nicht mehr ‚feste Charaktere', bei denen der Ablauf der Handlung von vornherein unwiderruflich fixiert ist, sondern eher ‚schwache Charaktere' und die noch viel unberechenbareren ‚Kerle' und ‚Übermenschen', die von ihren Leidenschaften besinnungslos hin und her geschleudert werden einem, ihnen selbst und auch uns unbekannten Ziele entgegen."[4]

Indem aber nun Handlung nicht aus bewußten Zwecken der Individuen wie an Fäden sich hinzieht, welche planvoll sich miteinander verbinden, sondern unvermutet die Individuen hängend zwischen ihnen gesichtet werden, verändert sich die Struktur von Handlung. Ihr Zusammenhalt wird nicht länger von der geglaubten Gewalt der Ideen wie in der feudalen Barocktragödie bestimmt, noch hat sich die bürgerliche Gesellschaft als Objekt eines literarischen Realismus schon zu jenem Gefängnis stabilisiert, wie es die naturalistischen Dramen darstellen. Existenzen wie der von Herrschaften abhängige Hofmeister oder das Bürgermädchen, das auf die Karriere einer adligen Dame schielt, sind weder der Klasse des Adels, der in der noch unangefochtenen Gewißheit des privilegierten Grundbesitzes und des Monopols

---

[3] Jakob Michael Reinhold Lenz, Werke und Schriften. Hrg. von Britta Titel und Hellmut Haug. 1. Bd. (Stuttgart 1966), S. 345.

[4] Leo Balet, Die Verbürgerlichung der deutschen Kunst, Literatur und Musik im 18. Jahrhundert (Straßburg-Leiden 1936), S. 468.

an der Regierungsgewalt ruhte, noch recht dem ökonomisch aus der Feudalgesellschaft sich abspaltenden Bürgertum zuzurechnen. Sie fallen als Opfer in die Klüfte, welche die in langsame, aber tiefgreifende Bewegung versetzten Gesellschaftssphären zwischen sich aufreißen. In ihrem Fall zerreißen sie den regelhaften Kanon der dramatischen Handlung, den die Poetik der Aufklärung, Gottsched und auch Lessing, erstellt hatten. Lenz komponiert dieses Zerreißen, indem er seinem Lustprinzip folgt. Er kommt ihm am nächsten in der haltlosen Szenenflucht des vierten Aktes der »Soldaten«. Die Szenenflucht, die atomistische Struktur der Handlung, die sie im Gefolge hat, begreifen die Autoren des Sturm und Drang, wie Herder im »Briefwechsel über Ossian«, nur poetologisch als „lebendige Welt". Daß diese nicht in der „Charakter-Buchstabirschule", sondern in der „Handlung" gesehen wurde, und zwar in einer zerrissenen, ist mit der Feststellung noch nicht interpretiert. Vom Standpunkt des naiven Realismus ist es verständlich, wenn Hinck klagt: „Der Dynamisierung um jeden Preis wird gelegentlich die Glaubwürdigkeit der Welt aufgeopfert. Je mehr die Komödie dem Ruf nach ‚Handlung' und damit der spezifischen Forderung des Sturm und Drang entspricht, desto weiter rückt sie von den ‚realistischen' Grundsätzen ab, wie sie Lenz theoretisch umschreibt."[5] Der Versuch, die „Glaubwürdigkeit der Welt" mit realistischen Grundsätzen in eins zu setzen, verkennt das unausgesprochene Telos der Lenzischen Dramen. Die Glaubwürdigkeit, die sich in ihnen zersetzt, kann, sollen die Dramen formal nicht behaupten, was sie im Inhalt verneinen, nicht in ihrem glaubwürdigen Realismus restituiert werden.

„Dynamisierung um jeden Preis" — bei welcher Phrase Hinck nicht an den sich erinnert, den Lenz selbst mit seiner Person entrichtete — treibt die hyperbolische Form einer gesellschaftlichen Bewegung hervor, welche ihre Variablen im Produktionsverhältnis neu formiert. Sie mag die agitierten Personen in der dahinhetzenden Handlung sich zerreiben lassen — in dieser abstrakten Form nur erscheint im Drama die gesellschaftliche Dynamik, unabgebremst von einem schwerfälligen Realismus, der mit der Enumeration der Fakten beschäftigt ist und auf diese das ästhetische Subjekt wieder vereidigen möchte, das aus ihnen herausgetrieben ward, wenn es je in ihnen aufging. Solcher Realismus hielte den Prozeß der Zerstörung allein auf, in welchem die Personen verlassen dahintreiben. Es mag sein, daß es die Leucht-

---

[5] Jakob Michael Reinhold Lenz, Der neue Menoza. Hrg. von Walter Hinck. Sammlung »Komedia«, 9 (Berlin 1965), S. 84.

spur dieser Zerstörung von Individuen und sozialen Gruppen war, die die Aufmerksamkeit der expressionistischen Epoche auf sich zog, da sie in ihr einen verwandten Zug erblickte. 1909 wurden gleich zweimal die Lenzischen Werke von Blei und von Lewy herausgegeben, denen für nahezu sechzig Jahre keine weitere kritische Ausgabe mehr folgte. In seinen poetologischen Exkursen hat Lenz niemals die Zerstörung als das Movens seiner Gebilde angegeben. Als Attacke lediglich auf die „so erschröckliche jämmerlichberühmte Bulle von den drei Einheiten" erscheint sie.[6] Doch hat die antiaristotelische Poetik, die Lenz in den »Anmerkungen übers Theater« rhapsodisch nur entwirft, in seinen Dramen nicht ein Paradigma, wie es die Forschung bislang ansah. Ihrer kritischen Aufgabe hatte sie sich stets entledigt, indem sie, was die Untersuchung der Dramen als ihre formalen Elemente auffand, mit Thesen aus den »Anmerkungen« beweisen konnte.

Form formiert einen Inhalt. Ihn zu erkennen, hält bei Lenz nicht schwer. Der Hinfälligkeit des Irdischen singt der Achtzehnjährige schon einen dunklen Panegyrikus. Krieg, Hungersnot, Pest, Feuersnot, Wassersnot und Erdbeben sind die Namen der Plagen, die vor ihm über das „Antlitz der Erde" wandeln.[7] Das religiös gestimmte Weltuntergangsthema, das die »Landplagen« anschlagen, durchschrillt noch die ihrer sicheren Dramen aus einem Alltag des achtzehnten Jahrhunderts, die den Untergang darstellen, nicht deklamieren. Zerstörung reicht dort bis in den Materialismus der sozialen Situation, aus der sie hervorgeht. Anders als in den »Landplagen«, die in steifen Hexametern wie in zu engen Schnürstiefeln daherschwanken, hat im »Hofmeister« und den »Soldaten« die dargestellte Zerstörung auch die kodifizierte Form der Darstellung, die dramatischen Regeln zerstört.

Es zerbricht in ihnen die moralische Welt so gut wie die physische. Wenn dem Major von Berg von Mal zu Mal einfällt, daß seine Tochter durch einen bürgerlichen Hofmeister verführt wurde, gerät er aus der Fassung und seine Welt stürzt ein: „Lächerlich! Es gibt keine Familie; wir haben keine Familie. Narrenspossen! Die Russen sind meine Familie: ich will Griechisch werden."[8] Es geschieht der adligen Familie des »Hofmeisters« insofern nichts anderes als der bürgerlichen umgekehrt in den »Soldaten«, wenn sie über der Insubordination eines bürgerlichen Subjektes aus den Fugen geht, mögen diese Trümmer im versöhnlichen Schluß auch zu einer imitierten

---

[6] Lenz, Werke und Schriften. 1. Bd. S. 544.
[7] Lenz, Werke und Schriften. 1. Bd. S. 80.
[8] Lenz, Werke und Schriften. 2. Bd. S. 62.

Standesheirat wieder zusammengeleimt werden. Der Galanteriehändler der »Soldaten« stürzt mit seiner Familie in Bankrott, da er den Fall seiner Tochter aus der bürgerlichen Ehre zur Hure aufhalten will, indem er die Schulden ihres adligen Galans bezahlt, der ihr die promesse de mariage gegeben hat, aber nicht einhalten mag. Die moralische Fassade, an der die bürgerliche Familie sich klammert, hält den Fall der Tochter nicht auf, weil sie Fassade ist. „Würdiger Mann! nehmen Sie meinen heißesten Dank in diesen Tränen. Ich habe alles getan das unglückliche Schlachtopfer zu retten – sie wollte nicht."[9]

Der armselige Hofmeister durchschlägt das Dilemma, das ihm stets von neuem aus seiner Position zu den adligen Fräuleins erwächst, indem er in einem masochistischen Akt sich kastriert. Bürgerliche Pflichten eines Hauslehrers und Neigung seiner Triebe als eines Naturwesens werden hohnvoll miteinander vereinigt, indem letztere abgeschafft werden, ohne daß die ersteren wichtig genug hierfür gewesen wären. Diese Parodie des bürgerlichen Postulats der Vereinigung beider zeigt es als soziale Repression, nicht als Sittengesetz. Germanistische Kritik, ungebrochen noch mit bürgerlichen Moralbegriffen jener Art operierend, die Lenz bereits problematisch wurden, hat die Groteske, in die Lenz die Vereinigung parodiert, absurd und abstoßend gescholten.[10] Sie hätte besser daran getan, dem abstoßenden Zwangscharakter in der Groteske einer Vereinigung nachzudenken, statt in moralischer Entrüstung unbelehrt ihr Postulat noch einmal aufzurichten. In Lenz' Epoche war von Hamann ein anderer Naturbegriff noch gedacht worden als der, den traditionelle Literaturwissenschaft unbezweifelt mit sich schleppt. „Blutschande mit der Großmutter" – gemeint ist in der Großmutter die Natur – „ist das größte Gebot, das in dem Kanon der schönen Künste verkündigt und nicht erfüllt wird."[11] Wo solche Abnormitäten nicht gefunden werden, haben für Hamann „Abstractionen" der „mordlügnerischen Philosophie" „die Natur aus dem Wege geräumt", wenn auch die Kunstwerke sie nachahmen wollten.[12] Den „feinen Kunstrichtern", welche die Nachahmung preisen als Realismus, entgegnet er: „Eure Hände sind immer gewaschen, es sey, daß ihr Brodt essen wollt, oder auch, wenn ihr Bluturtheile gefällt

---

[9] Lenz, Werke und Schriften. 2. Bd. (Stuttgart 1967), S. 244.
[10] Roy Pascal, Der Sturm und Drang (Stuttgart 1963), S. 193.
[11] Johann Georg Hamann, Leser und Kunstrichter. In: Sämtliche Werke, Bd. II. Hrg. von Josef Nadler (Wien 1951), S. 342.
[12] Hamann, Aesthetica in nuce. Sämtliche Werke, Bd. II. S. 206.

habt." Sie wissen nichts vom „wesentlichsten Kennzeichen" der Natur, ihrer „Narbe"; trägt das Kunstwerk diese nicht, ist es „ohne Seele". Lenz hat der Natur des Hofmeisters solch eine Narbe eingeschnitten, um die Verletzung jener „Abstractionen" an ihr zu kennzeichnen.

Schärfer sah Pascal den Konflikt zwischen den hinauszielenden Trieben der Individuen und den beschränkten Zuständen einer kleinbürgerlichen Welt, in der die Tochter des Galanteriehändlers ihm unterliegt. Die absurde Groteske, mit der er vom Hofmeister aus der Welt geschafft wird, deckt die Absurdität des Konfliktes auf. Die »Soldaten« belassen den Konflikt im Zustand einer sozialen Tatsache. Bürgerliches Mitleid kann deren Tragik nun kontemplativ bedauern: „Sollen Maries Reize, ihre Launen und ihre Liebesfähigkeit für immer in dem Hinterzimmer seines (d. i. Stolzius') Laden vergraben werden? Lenz will durchaus nicht sagen, daß Marie das Richtige tut, wenn sie den Offizieren nachläuft. Sprachrohr für die ‚offizielle' Moral des Stückes ist die Gräfin La Roche, welche Marie die Notwendigkeit klarzumachen versucht, sich den Ehepartner innerhalb des eigenen Standes zu suchen. In der Tat aber wird in diesem Stück die ganze Fragwürdigkeit dieses Prinzips aufgedeckt. Es mag ein kluger Rat sein, aber nach Glück und natürlichem Empfinden wird dabei wenig gefragt."[13]

Lenzens Konflikte sind keine tragischen Kollisionen. Vor anderem geht den Individuen hierfür die Autonomie ab. Das ist es zugleich, was Lenzens Dramen nicht würdig macht, in eine erhabene Geschichte der »Deutschen Tragödie von Lessing bis Hebbel« aufgenommen zu werden. Deren leere Metaphysik des Tragischen bläst ein „Urphänomen Größe" auf, wo allein sich „tieferes Verständnis der Individualität" finde.[14] Läuffer und Stolzius, die gegen ihre Umstände handeln, sind doch zu schwach, um in den sich ausbreitenden Konflikten, die sie in diese Umstände tiefer nur verwickeln, sich zu behaupten. Ihr Wille pervertiert vielmehr zur Tücke. Das mag mit jenem Syndrom sich berühren, das Wieland an der Person Lenz gewahrte, der er das Prädikat „heteroklit" gab.[15] Schwankend zwischen Auflehnung und Unterwerfung, sprechen sie einmal mit eigner Stimme, einmal als Agenten der Verhältnisse, gegen welche sie anstoßen. Sie lassen ihre Individualität wie einen alten Hut, der's nicht wert ist, dahinfliegen und

---

[13] Pascal. S. 84 f.
[14] Benno von Wiese, Die deutsche Tragödie von Lessing bis Hebbel (Hamburg 1948, ⁶1964), S. 58 f.
[15] Merck, Schriften und Briefwechsel. Bd. 2. S. 88.

vollstrecken in verzweifelter Lust ein gegen sie lautendes Urteil der Verhältnisse; oder aber sie rächen sich in blitzartiger Aktion an vermeinten Peinigern, indem sie mit diesen sich selber liquidieren. So flackert die Leuchtspur ihrer Handlungen in den Szenen auf, die ihre Gestalt öfters verdunkeln, bis sie endlich verlöscht und die Szene der herrschenden Verhältnisse das Wort für immer wieder an sich nimmt. An ihrer Schwäche widerlegt sich einfach das Vorurteil von der Pathetik des Sturm und Drang, dem die germanistische Forschung lange anhing; verleitet zu diesem Vorurteil vielleicht von ihrem eilfertigen Bemühn, das Werk Goethes im Rahmen des klassizistischen Kanons zu monumentalisieren. Das medizinische Begriffspaar von gesundem und krankem Geist der Werke hat sie bei Vergleichen zu folgenreichen Fehlurteilen über die ästhetische Qualität der Dramen Lenzens geführt. Sogar eine historische Reflexion der Literatur des achtzehnten Jahrhunderts wie diejenige Balets, die bewußt abwich von der Linie geisteswissenschaftlicher Tradition, übernahm einige germanistische Vorurteile. „Bei Goethe schlug, wie wir gesehen haben, das Bürgerliche ins Selbstabsolutierte und damit ins Aristokratische um. Bei Lenz und den übrigen Goethianern schlug die versuchte Steigerung wieder ins Bürgerliche und noch tiefer ins Kleinbürgerliche zurück. Aus den Goetheschen Kraftmenschen wurde bei seinen Nachahmern ein Kraftmeier, der mit 1000-Kilo-Gewichten aus Pappe herumfuchtelt."[16] Das deklamatorische Pathos, die Pathetik, wurde den Stürmern und Drängern als niedere Szene des Lärmens zugewiesen, um Goethe wie selbstverständlich mit der erhabenen Form des bürgerlichen Ich zu umgeben, einer clandestinen Form von Pathos. Balet, der es gar nicht will, baut mit an jenem Pantheon Goethe der Germanistik, indem er die absolute Selbstsetzung des bürgerlichen Ich in Goethe inkarniert, mit der doch erst Schiller sich wie mit einem gleißenden Schild von Blech wappnete. „Haller hatte den Naturzustand in den Alpen, Kleist im deutschen Landleben, Schnabel auf einer Insel Felsenburg, Gessner in einem geträumten Arkadien, Wieland in Griechenland und im Orient, Klopstock im Ossian oder in den Hermannswäldern gesucht, Goethe konnte den Naturzustand nur in sich selbst, in der vollen Entfaltung seines Ich suchen, die sich aber nur dann realisieren ließ, wenn das Ich sich in vollkommenster Freiheit über alle Schranken und Hemmungen, alle religiösen, sittlichen und sozialen Vorurteile erheben konnte."[17]

[16] Balet, S. 231.
[17] Balet, S. 222.

Jenes Ich, das sich seine Gesetze selbst gibt, ist der Epoche das Genie. Bei Lenz, dem vielfach von einer betulichen Forschung genialisch gescholtenen, rutscht die Montage des Genies auseinander, bevor sie einen Schritt getan. Dabei gerät sie zur Travestie des zentralen Begriffs des Sturm und Drang, den die ältere Forschung zusammengetragen hatte. „Wenn wir das Schicksal des Genies betrachten (ich rede von Schriftstellern) so ist es unter aller Erdensöhne ihrem das bängste, das traurigste." — So Lenz in den »Anmerkungen«.[18] Das bürgerliche Individuum, weit davon entfernt, durch Handeln und Tun sich selbst Gesetz und Regel zu geben, strandet in der Feudalgesellschaft vorerst einmal mit seinen moralischen Begriffen. Deren Herrschaftsmechanismus hält die renitenten, doch ohnmächtigen Bürger in Reih und Glied. Die Armee, ihr Instrument, enthält den Mechanismus in nuce. „Baut Galgen, schmiedet Galeerenketten für die Deserteurs, im entscheidenden Augenblick, im Augenblick der Schlacht werdet ihr sie nicht halten, wenn ihr sie nicht durch andere Bande gebunden habt. Ein großer Hauffen Unglücklicher, die mehr wie Staatsgefangene als wie Beschützer des Staats behandelt werden, denen ihr Brod und ihre Schläge täglich zugemessen sind, denen außer den verbotenen Freuden, die ihr am Ende doch bestraffen müßt, um nicht aus eurem Staat eine Mördergrube zu machen, das heißt seinen und euren Untergang vor Augen zu sehen, fast keine einzige unschuldige Freude des Lebens übrig gelassen ist — aus denen wollt ihr eure Vertheidiger machen? — Verzweiffelt, verzweiffelt, diesen unbehelfsamen Körper zu regieren, und wenn ihr zehnfache Friedriche an Einsichten wäret [...]"[19]

Lenzens Sätze, die den inneren Zustand des primären feudalen Herrschaftsmittels treffen, artikulieren bürgerliche Entrüstung über den direkten physischen Zwang, mit dem die Ständegesellschaft, insbesondere der bürgerliche Stand vom obersten getrennt und als schiefes Ganzes zusammengehalten ward. Wenn er vor diesem Zustand sich entrüstete, auch Projekte zu seiner Besserung entwarf wie die Schrift über die Soldatenehen, die systemimmanente Notwendigkeit solcher militärischer Organisation hat Lenz gewiß niemals erkannt. Dafür protokollieren seine erschrockenen Sätze um so deutlicher die disparaten Verhältnisse eines Staates, der wie Preußen, dem Wort Mirabeaus zufolge, nicht eine Armee besitzt, sondern von einer Armee besessen werde. „Den Bürger, den Landmann, der bis aufs Blut ausgedrückt

---

[18] Lenz, Werke und Schriften. 1. Bd. S. 346.
[19] Lenz, Über die Soldatenehen. Nach der Handschrift der Berliner Königlichen Bibliothek zum ersten Male herausgegeben von Karl Freye (Leipzig 1914), S. 19 ff.

ist, vollends abzuschälen, zu sehen, ob ihm nicht noch eine Faser übrig gelassen werde, die er gleichfalls zum Besten des Staats hergeben könne. Ich deklamiere nicht, ich protokolliere nur das, was ich überall hörte und sah, als ich mich unter diese Leute mischte. [...] Wenn der Bauer außer den Frohndiensten, die er dem Edelmann, und denen, die er dem König thun muß, noch von dem wenigen Schweiß, den er für sich verwenden kann, alles bis auf die Hefen für außerordentliche Abgaben aufopfern muß – die Feder fällt mir aus den Händen für Entsetzen. Und wozu? sein Elend von andern Elenden beschützen zu lassen, die um nichts glücklicher sind als er – die beyde glücklich seyn könnten."[20]

Die Gewalt, mit der politische Verhältnisse aufrecht erhalten werden, ist Signum ihrer Unwahrhaftigkeit. Lenz, der in seiner Jugend Vorlesungen Kants hörte, konstruiert diese der deutschen idealistischen Philosophie inhärente Vorstellung substanzloser Verhältnisse in der Zerstörung der moralischen Welt der Dramen. Noch nicht dreißig Jahre später hat Hegel, belehrt durch das factum brutum der französischen Revolution, die deutschen Partikularstaaten als bloß besondere Gewaltverhältnisse kritisiert, denen die Wahrheit des allgemeinen Interesses abgehe. „Die Organisation dieses Körpers, welche die deutsche Staatsverfassung heißt, hatte sich in einem ganz andern Leben gebildet, als nachher und itzt in ihm wohnt; die Gerechtigkeit und Gewalt, die Weisheit und die Tapferkeit verflossener Zeiten, die Ehre und das Blut, das Wohlsein und die Not längst verwester Geschlechter und mit ihnen untergegangener Sitten und Verhältnisse ist in den Formen dieses Körpers ausgedrückt. Der Verlauf der Zeit aber und der in ihr sich entwickelnden Bildung hat das Schicksal jener Zeit und das Leben der itzigen voneinander abgeschnitten. Das Gebäude, worin jenes Schicksal hauste, wird von dem Schicksal des itzigen Geschlechts nicht mehr getragen und steht ohne Anteil und Notwendigkeit für dessen Interesse und seine Tätigkeit isoliert von dem Geiste der Welt. Wenn diese Gesetze ihr altes Leben verloren haben, so hat sich die itzige Lebendigkeit nicht in Gesetze zu fassen gewußt; jede ist ihren eignen Weg gegangen, hat sich für sich festgesetzt, und das Ganze ist zerfallen, der Staat ist nicht mehr."[21]

Die Lebendigkeit, die nicht in ihrem eigenen Gebäude haust, zerschlägt sich an dessen Beschränkungen. Doch weil das Gebäude hohl ist, und weil, in

---

[20] Lenz, Soldatenehen. S. 51 ff.
[21] Georg Wilhelm Friedrich Hegel, Die Verfassung Deutschlands. 1802. In: Politische Schriften. Hrg. von Jürgen Habermas (Frankfurt/Main 1966), S. 26 f.

der Sprache Hegels, die Individuen seiner Negativität sich bewußt sind, ja tentativ ein „Bestreben" in ihnen ist, „das Negative der bestehenden Welt aufzuheben, um sich in ihr finden und genießen, um leben zu können"[22], kommt es in den Dramen Lenzens weder zur tragischen Kollision, noch zur Versöhnung der Komödie. Lenz, dem die theoretische Einsicht in die historische Konstellation fraglos abging, die Hegel später erst formulieren konnte, hat es mit der Blindheit seines „zarten Maulwurfsgefühls"[23] vermocht, jener entfremdeten Zerrissenheit begriffslosen Ausdruck zu geben, bevor die Geschichtsphilosophie sie mit ihrer begrifflichen Armatur beladen ergreifen konnte. Zur dramatischen Figur dieser Zerrissenheit erhebt Lenz das tragikomische Mißverhalten seiner bürgerlichen Helden. Sie sind komisch, weil sie an Verhältnissen scheitern, die, wie die preußische Landadelsfamilie im »Hofmeister«, selber abgelebt sind; tragisch enden sie aber, wie der Galanteriehändler Wesener und seine Tochter, da die abgelebte Form des Militäradels, an die sie mit komischer Verrenkung sich klammern, um aufzusteigen, an ihrer Außenseite ihnen spielend die Macht eines Gewaltverhältnisses beweist. Bei Lenz richtet die Negativität der Verhältnisse die in ihnen leidenden Individuen in doppelter Weise, so wie Hegel, Philosoph des absoluten Subjekts, sie niemals anerkannt hätte. „Sein Leiden ist mit Bewußtsein der Schranken verbunden, wegen deren er das Leben, so wie es ihm erlaubt wäre, verschmäht, er will sein Leiden."[24] Für Lenz wird die leidende Subjektivität, die ihre „Befriedigung im alten Leben [...] nicht mehr findet"[25] und dieses nicht ändern kann, sich selber obsolet. Das ohnmächtige Bestreben, auf sich zurückgeworfen, nimmt seine lächerlichen Züge wahr. „Sterben – Sterben – das einzige, was mir übrig bleibt – ha sterben, und ausgelacht zu werden."[26] Aber in dem Lachen, mit dem das Individuum sich bestraft für das, was es ist, bildet sich eine Grimasse von Resignation aus. Frustrierte Lust pervertiert in den Masochismus, der „sein Leiden will".

Wo der Anspruch der Verhältnisse an die Personen wie deren eigener ins komische Mißverhältnis zu sich selbst gerät, beginnt objektiv an der Gestalt der Dramen Lenzens jener bürgerliche Moralbegriff sich zu zersetzen, der ihre tragische Notwendigkeit bestimmte: daß nämlich der unbe-

---

[22] Hegel, Eine Einleitung zur Verfassungsschrift. In: Politische Schriften. S. 16.
[23] Wieland an Merck. In: Mercks Schriften und Briefwechsel. 2. Bd. S. 83 f.
[24] Hegel, Einleitung zur Verfassungsschrift. S. 16.
[25] Hegel, Einleitung zur Verfassungsschrift. S. 17.
[26] Lenz, Die Freunde machen den Philosophen. Werke und Schriften. 2. Bd. S. 310.

herrschte Verführer weiblicher Tugend, der Hofmeister Läuffer, die Strafe der Verfolgung und letztlich der Kastration von eigener Hand, wie ein moderner Abälard, leiden muß, und daß das von Offizieren einmal verführte Bürgersmädchen Mariane Wesener ihr schicksalhaftes Ziel deshalb in stufenweisem Abstieg zur Gosse erreichen soll. Platt, aber nicht ganz falsch sagt's Clara Stockmeyer: „Man kann zusammenfassend sagen, daß das Sturm- und Drangdrama wohl von den revolutionären Ideen berührt worden ist, aber im großen und ganzen noch an der alten Anschauungsweise festhält. Worin das Wesen der alten besteht, braucht gar nicht näher ausgeführt zu werden; sie ist eben in allen Stücken das Gegenteil der neuen. Bei tieferem Graben stößt man bei sämtlichen Geniedramatikern auf einen Grundstock bürgerlich ehrbarer Ideale. Sie glauben im Grunde alle an die Heiligkeit der Ehe, achten die weibliche Keuschheit hoch, halten den Verführer der Unschuld für einen Schurken und lassen ihm in ihren Dramen meist auch die verdiente Strafe zuteil werden."[27] Solcher Moralbegriff war für Lenz selbst fraglos gültig, seine moralphilosophischen Schriften belegen das, auch die offiziellen Sprachrohre des Autors in den Stücken, so der Geheime Rat im »Hofmeister« und die Gräfin La Roche in den »Soldaten«. Sie schmettern ihn nur der allgemeinen Auflösung ins taube Ohr. „Gräfin: Keine falsche Bescheidenheit. Sie sind schön, der Himmel hat Sie damit gestraft. Es fanden sich Leute über Ihren Stand die Ihnen Versprechungen taten. Sie sahen gar keine Schwürigkeit eine Stufe höher zu rücken, Sie verachteten Ihre Gespielinnen, Sie glaubten nicht nötig zu haben, sich andere liebenswürdige Eigenschaften zu erwerben, Sie scheuten die Arbeit, Sie begegneten jungen Mannsleuten Ihres Standes verächtlich, Sie wurden gehaßt. [...] Armes Kind, wo dachten Sie hin und gegen welch ein elendes Glück wollten Sie alle diese Vorzüge eintauschen? Die Frau eines Mannes zu werden, der um Ihrentwillen von seiner ganzen Familie gehaßt und verachtet würde. Und einem so unglücklichen Hazardspiel zu Gefallen Ihr ganzes Glück, Ihre ganze Ehre, Ihr Leben selber auf die Karte zu setzen. Wo dachten Sie hinaus? [...] Armes betrogenes durch die Eitelkeit gemißhandeltes Kind. (Drückt sie an ihre Brust.)"[28]

Das moralische Räsonnement, das aus den Sprachrohren kommt, erreicht nicht, was sich im Drama als der „unvermeidlichste Untergang"[29] vollzieht.

[27] Clara Stockmeyer, Soziale Probleme im Drama des Sturmes und Dranges (Frankfurt/Main 1922), S. 58.
[28] Lenz, Die Soldaten. Werke und Schriften. 2. Bd. S. 226 f.
[29] Lenz, Die Soldaten. S. 244.

Lenz offenbart dies gerade in einer jener Szenen der »Soldaten«, die zur Gänze tragisch genannt werden können. Der fallite Bürger, der seine zu den Soldaten entlaufene Tochter sucht, trifft sie, sie nicht erkennend, als vagabundierende Weibsperson. Sie spricht ihn um ein Almosen an: „Wesener: Ihr lüderliche Seele! schämt Ihr Euch nicht, einem honetten Mann das zuzumuten? Geht, lauft Euren Soldaten nach. (Weibsperson geht fort ohne zu antworten.) Wesener: Mich deucht, sie seufzte so tief. Das Herz wird mir so schwer. (Zieht den Beutel hervor.) Wer weiß wo meine Tochter itzt Almosen heischt. (Läuft ihr nach und reicht ihr zitternd ein Stück Geld.) Da hat Sie einen Gulden — aber bessere Sie sich. Weibsperson (fängt an zu weinen): O Gott! (Nimmt das Geld und fällt halb ohnmächtig nieder.) Was kann mir das helfen?"[30] Hohnvoll nimmt der philiströse Rat der Besserung bei einer sich aus, die davon lebt sich zu verkaufen; zumal wenn er von einem Bürger ihr gegeben wird, der selbst seinen Kredit eingebüßt hat. Der eine Gulden, an den er geknüpft wird, macht ihn zu einem billigen, da guter Rat hier teurer gewesen wäre. Bürgerliche Moral ertönt hohl, wo sie nicht auf dem Untergrund materieller Mittel tönen kann, die das bürgerliche Dasein bedingen. Es ist zweifelhaft, ob Lenz die Unangemessenheit der bürgerlichen Moralbegriffe an die Verhältnisse, die, nach den Worten Brechts, der den »Hofmeister« bearbeitet hat, nun einmal nicht so waren, schon zu seiner Zeit einzusehen vermocht hat, da das bürgerliche Credo sich gerade gebildet hatte. Gewiß hat er jedoch in den bürgerlichen Reformideen des achtzehnten Jahrhunderts, wie sie fürs Schulwesen etwa der Geheime Rat von Berg im »Hofmeister« vorträgt, nicht jenen beschränkten Idealismus der guten Absichten gesehen, zu dem sie in der Brechtischen Umarbeitung werden, die seine ideologische Kritik will.[31]

Wenn die Konstruktion der Dramen dem bürgerlichen Moralbegriff entsprungen zu sein scheint, so fehlt ihnen doch in ihrer Reflexion die Dimension von Schuld und Sühne. Daß die Personen der Moral entgegen handeln, wird ihnen nicht zur Schuld, noch kann das Resultat ihres Handelns das Pathos der Sühne für sich reklamieren. Denn sie sind nicht die moralischen Subjekte, an deren freier Tathandlung das folgende Desaster angeschirrt werden könnte. Anders als in der »Kindermörderin« des Heinrich Leopold Wagner, wo der Fall der halb verführten, halb vergewaltigten Metzgers-

---

[30] Lenz, Die Soldaten. S. 242 f.
[31] Hans Mayer, Lenz oder die Alternative. In: Lenz, Werke und Schriften. 2. Bd. S. 802.

tochter ideologisch der Gefallenen und dem Fäller als Schuld zugeschoben wird, während doch die Konstruktion des Geschehens die repressive Moral der kleinbürgerlichen Welt als Schuldige stellt. Würde diese nicht Unkeuschheit als Verbrechen brandmarken, wäre der Fall Evchen Humbrechts keiner, brauchte ihr außer der Ehe geborenes Kind nicht der drohenden Schande zum Opfer gebracht zu werden. Ähnlich opfert in den »Soldaten« die bürgerliche Familie ihrem Ehrbegriff sich auf; sie riskiert alle ihre finanziellen Mittel, um „den Leuten das Maul [zu] stopfen, die sich unterstehen wollen, mir das Haus in üblen Ruf zu bringen, versteht Sie mich."[32] Der Ruin folgt wesentlich aus solchem Ehrgeiz, welcher die Liaison der Tochter mit einem Offizier anständig machen will, nicht aus der Liaison selbst; die hätte wie für den Adel auch für den Bürger folgenlos sein können. Statt dessen stürzt die Familie die gesellschaftliche Stufenleiter herab, die sie törichterweise meinte hinaufzusteigen, während doch zugleich der Fall der Tochter, der jenem voranging, mit keinem Worte der Schuld bedacht wird. In solch schweigendem Verfahren nimmt Lenz der bürgerlichen moralischen Welt ihr gutes Gewissen und läßt sie als ein trauriges Faktum der Verhältnisse, über denen sie als Wahrheit stehen will, in diesen zurück. „Marie hat gute Vorsätze, kann sie aber nicht erfüllen; nicht, daß ihr damit eine Schuld zugeschrieben würde (das ist für das Wesen des Tragischen in diesem Stücke bedeutsam): vielmehr betont die Gräfin, solche Haltung sei nicht nur für Marie, sondern menschlich allgemein natürlich, ja geradezu lebensnotwendig, denn ‚was behält das Leben für Reiz übrig, wenn unsere Imagination nicht welchen hineinträgt, Essen, Trinken, Beschäftigungen ohne Aussicht, ohne sich selbst gebildetem Vergnügen sind nur ein gefristeter Tod. Das fühlt sie auch wohl, und stellt sich nur vergnügt. Wenn ich etwas ausfindig machen könnte, ihre Phantasie mit meiner Klugheit zu vereinigen, ihr Herz, nicht ihren Verstand, zu zwingen, mir zu folgen.'"[33] Einen letzten Stoß erhält bürgerliche Moral, die oft, wenn auch uneingestanden, als rigide Sexualmoral sich in den Stücken des Sturm und Drang erkennen läßt, da das Individuum Hofmeister sie aus „Reue" an sich vollstreckt und sich verstümmelt. Ihr schauerliches Echo aus theologischer Zeit ruft ein Schulmeister namens Wenzeslaus dem Kapaun zu, der wieder unschuldig ward: „So recht, werter Freund! Das ist die Bahn, auf den Ihr eine Leuchte der Kirche, ein

---

[32] Lenz, Die Soldaten. S. 213.
[33] Karl S. Guthke, Geschichte und Poetik der deutschen Tragikomödie (Göttingen 1961), S. 67.

Stern erster Größe, ein Kirchenvater selber werden könnt. Ich glückwünsche Euch, ich ruf Euch ein Jubilate und Evoë zu, mein geistlicher Sohn –"[34]

Die „Verzweiflung" selbst an der bürgerlichen Moral, als deren Lehrstücke der »Hofmeister« und die »Soldaten« figurieren, sähe man sie im Sinne der Sprachrohrfiguren an, die jene formulieren, gehört zu jener eigentümlichen Zerrissenheit, die die Struktur der Dramen bestimmt. Sie läßt kein Positives intakt, das in antinomischer Struktur gegeneinander aufgebracht Tragödie ergäbe. Eher wird alles aneinander zuschanden, weil es zuschanden schon ist, bevor es als Positives gegen anderes Positives sich erheben konnte. Das macht die Modernität der Lenzischen Dramen aus, die Rosanow einem Mangel an Talent zuschrieb, der Lenz gehindert habe, das von Rosanow geschätzte „harmonische Ganze" in ihnen herzustellen. Herablassend und verständnislos drückt er aus, was der dominierenden Richtung der germanistischen Forschung an Lenz mißfiel, welche den klassizistischen Harmoniebegriff, dem sie anhing, mit dem formalen Begriff der Einheit der Elemente im Kunstwerk verwechselte. „Man kann Lenz das Talent nicht absprechen, sowohl grob-komische, als hoch-tragische Szenen im einzelnen darzustellen; was ihm fehlte, war das Talent, beides zu einem harmonischen Ganzen zu vereinen, das Verständnis, mit jedem der Elemente arbeitend, die Einheit des künstlerischen Eindrucks zu bewahren. Seine Theorie, nach der er es für möglich hielt, die Elemente des Schrecklichen und des Übertriebenkomischen in ein und demselben Stücke zu vereinen, richtete ihn zu Grunde."[35]

Daß tragische und komische Züge in der Dramenstruktur sich überlagern, folgt aus der Zerrissenheit der Elemente, deren Physiognomie sie ausbilden. Guthke, der von einem Wertekanon der älteren Forschung sich abkehrt, dem nur gediegene Inhalte und die ihnen angehörigen reinen Formen literaturwürdig waren, hat die wechselseitige Bestimmung tragischer und komischer Züge und damit die formale Einheit der Dramen Lenzens nachgewiesen. „Wichtiger ist es zu erkennen, wie diese komische Charakterschwäche, diese lächerlich kindsköpfige Unfertigkeit den Hofmeister zwar nicht in sein tragisches Schicksal verwickelt, ihn aber vielmehr anfällig und widerstandsunfähig macht für die tragische Lage, in der er sich schon vorfindet. Ein anderer Charakter würde sich daraus lösen können. Nicht aber der auf komi-

---

[34] Lenz, Der Hofmeister. Werke und Schriften. 2. Bd. S. 80.
[35] M. N. Rosanow, J. M. R. Lenz – der Dichter der Sturm- und Drangperiode. Sein Leben und seine Werke (Leipzig 1909), S. 231.

sche Weise schwächliche Läuffer. So trägt das Komische seines Wesens bei zu seiner Tragik (die dann durch den peinlich versöhnlichen Schluß plötzlich in ihrer radikalen Konsequenz abgebogen wird). Aber er ist nicht Ursache seines Unglücks wie in der Komödie, wo dann herzlich gelacht werden könnte über die komischen Fehler, die einen Menschen in selbstverschuldetes Unglück bringen. Im Gegenteil sind das Tragische der Lage und das Komische des Charakters fast in jedem Punkt des Dramas so innig aufeinanderbezogen, so tief eingegangen in den Darstellungsstil, daß sich nahezu ständig bei Läuffers Auftreten der tragikomische Gesamteindruck herstellt, zumal ja auch die tragische Lage als Hintergrund die komische Qualität Läuffers durch die schlagende Inkongruenz immer wieder profiliert und umgekehrt seine lächerliche Schwäche die Gesamtlage noch verhängnisvoller gestaltet."[36]

So sehr diese Analyse auch in das formale Bestimmungsverhältnis der komischen und tragischen Züge trifft, so streng versagt sie sich, anderen als literarhistorischen Relationen nachzugehen. Erst ein historischer Exkurs in die Epoche vermöchte aber die Zerrissenheit der Personen, die Doppelschlächtigkeit der einander entgegengesetzten Stände und die Zweischneidigkeit der Moral in ihrem Wahrheitsgehalt begreifen. Das Verhältnis der tragischen und komischen Momente würde sich so in einem allgemeineren Sinne bestimmen lassen, als dem eher besonderen und schematischen der Gattungstypologie. Werden ästhetische Gebilde rationalistisch abgesucht nach tragischen und komischen Bauformen, mißrät leicht ihre Zuteilung an die dramatischen Elemente. Das „Tragische der Lage" und das „Komische des Charakters" enthalten nicht alle Bausteine der Tragikomödien Lenzens. Denn die Lage ist tragisch und komisch zugleich und nicht nur in der Weise, daß sie durch die Komik der gegen sie agierenden Person noch „verstärkt" wird. Die Lage der Charaktere ist albern, weil der sittliche Anspruch der sie bestimmenden Mächte Parodie wurde, so wie andererseits die Charaktere tragisch auch und nicht nur komisch sind, da sie in ihrem wirklichen Leiden an Gewaltverhältnissen untergehen und nicht allein in ihren komischen Fehlern, die durch die Verhältnisse als Fehler „stärker profiliert" werden. Am Rande korrigiert Guthke das Verteilungsschema von tragischen und komischen Punkten, da das zwischen ihnen aufgespannte Netz der Funktionen die Elemente der Dramen nicht ohne entscheidende Reste einzufangen vermag: „Überdies haben die Gestalten bei Lenz über die komische Karikierung hin-

---

[36] Guthke. S. 63.

aus noch genügend Tiefe und seelische Weite, um ihr Geschick zu einem tragischen werden zu lassen."[37]

Nicht die simple traditionelle „Inkongruenz von Charakter und Situation" ist eben Lenzens Thema, sondern die Inkongruenz der Charaktere und Situationen mit sich selber. Das läßt es begreifen, weshalb die Tragik des Hofmeisters „in ihrer radikalen Konsequenz abgebogen wird", der nunmehr verschnittene Adjunkt eines Dorfschulmeisters mit einem Lieschen vom Lande idyllische Hochzeit feiert, während das entehrte Gustchen von Berg vom adligen Vetter mitsamt ihrem beim Hofmeister gezeugten Kind freudig, wenn auch unstandesgemäß zur Frau genommen wird. Personen und Verhältnisse bringen es wie zu keiner Tragik auch zu keiner dieser zugehörigen Katastrophe. Eine tragische Katastrophe hätte Personen und Verhältnissen gerade das substantielle Wesen nachträglich wieder vindiziert, dessen Zerstörung in solch allseitiger Inkongruenz vorher vorgeführt worden war. Was als Vernunftlosigkeit dieses nach Vernunft sich sehnenden Lebens zur Schau sich gestellt hatte, wäre in der Figur der Katastrophe zur höheren Vernunft tragischer Notwendigkeit rehabilitiert worden. Schillers »Kabale und Liebe« verfängt sich in solcher Dialektik, da gerade der Selbstmord der Liebenden dem Adel die Position der Macht ohne Moral, dem Bürgertum den machtlosen Protest der Moral bestätigt.

Aus diesem Grunde kann die nachklassizistische Tragikomödie als Genre nicht „in bezug auf den Ausgang indifferent" sein, mit welcher Wendung Guthke sich aus einer Schwierigkeit befreien will, in die ihn ein etwas rigides Interpretationsschema bei Lenz manövriert.[38] Hans Mayer weist Lenzens Dramen einen nur negativ definierbaren Platz zwischen dem Vernunftoptimismus der Komödie und den Vernunftantinomien der Tragödie zu: „Lenz dagegen scheint eine dramatische Lösung anzustreben, die weder inspiriert bleibt durch Vernunftoptimismus, noch Unvernünftigkeit gleichsetzen will mit tragischer Notwendigkeit. So entsteht das einzigartige Gebilde des »Hofmeister«, worin zwei typische Konflikte der konventionellen Tragik abgebogen werden zur komischen Schlußharmonie."[39] Der sittliche Begriff, an der Realität zergangen, ist so gewichtslos, daß seine Trümmer die Personen nicht länger in die Katastrophe reißen, deren Grund von einer Kette von Opfern durchzogen ist, die von Emilia Galotti bis Maria Magda-

---

[37] Guthke. S. 62.
[38] Guthke. S. 60.
[39] Mayer: Lenz oder die Alternative. S. 808.

lene und darüber hinaus reicht. An dieser Kette von Opfern, welche die Literaturgeschichte über Jahrhunderte hinweg den moralischen Begriffen dargebracht hat, bemißt sich erst die Modernität Lenzens. Für die Moderne hat Kraus in »Literatur und Lüge« das Urteil über das tragische Weltgefühl der bürgerlichen Literaturgeschichte gesprochen. „Ein ‚Werde du zur Dirne' [. . .] von irgendeinem Knasterbart gemurmelt, wir hören es durch alle dramatischen Entwicklungen bis in unsere Tage: immer wieder sehen wir den dramatischen Knoten aus einem Jungfernhäutchen geschürzt. Nie haben sich hier die Dichter als Erlöser der Menschheit gefühlt, sondern sich mit ihr unter das Damoklesschwert gebeugt, das sie in christlicher Demut freiwillig über sich aufgehängt hat. Den Irrwahn, daß die Ehre der Welt vermindert wird, wenn sie ihre Freude vermehrt, haben sie gläubig nachgebetet. Und sie schrieben Tragödien über das, ‚worüber kein Mann wegkann'. Daß man über die knorrigen Plattheiten eines denkenden Tischlermeisters viel weniger wegkönnen sollte als über das Abenteuer seiner Maria Magdalena, ist ja eine literarische Angelegenheit für sich. Aber dem dramatischen Gejammer über die Verminderung des weiblichen Marktwertes hat erst Frank Wedekind entsagt und abgesagt."[40]

In staunenswertem fachlichen Konsens findet die Germanistik jedoch es bis auf weiteres „peinlich", wenn der „abschließende Kommentar zu der Katastrophe" des Hofmeisters ist, daß er ein „Mädchen vom Lande heiratet"[41] und ihm dabei gestehen muß: „Lise, ich kann bei dir nicht schlafen", worauf sie ihn tröstet: „So kann Er doch wachen bei mir."[42]

Für die Stücke des unzeitgemäßen Irrläufers der Moderne, als den man Lenz ansehen muß, trifft die klassische Nomenklatur von Exposition, Klimax, Peripetie, Retardation und Katastrophe nur in einem sehr formellen, äußerlichen Sinne zu. Das was sich wirklich abspielt in seinen Dramen, ließe sich besser als eine fünfaktige große Katastrophe bezeichnen, in der so viele kleine explodieren, wie die Helden falsche Schritte tun. In der Kontraposition der Szenen schlagen sie zu solchen dem Sinne nach jeweils zusammen. Die eine tragische wird durch die folgende oder vorhergehende, ihr wider-

---

[40] Karl Kraus, Literatur und Lüge (München 1958), S. 10 f.

[41] Pascal, Der Sturm und Drang. S. 193 und Guthke oben. – „Unter den Dramatikern [. . .] ist Lenz das schwarze Schaf der Kritiker. Dies verdankt er nicht einem Mangel an moralischen Grundsätzen, sondern einem Mangel an Takt, einer unsäglichen Plumpheit, die ihn in jede garstige Pfütze treten und jedes heikle Thema breitschlagen läßt." Clara Stockmeyer: Soziale Probleme. S. 57.

[42] Lenz, Der Hofmeister. S. 96.

sprechende, zur Groteske. Der untaugliche Held des späteren Dramas »Die Freunde machen den Philosophen«, ein Philosoph wie gesagt, spielt seine eigne Katastrophe denen, an denen er sie erleidet, als eine Farce vor. Hier wie dort soll es allerdings nicht zu ihr kommen: „Seraphine: Mein Gott, lassen Sie uns doch wenigstens die Katastrophe abwarten. Alvarez: Die Marquisin liebt die Strophen nicht. – Weißt du was, du kannst ja mit Strephon nachkommen, wenn alles vorbei ist."[43] Strephon, jener Philosoph, ist die anagrammatische Personifikation der Katastrophe. Sie spielt ihr Leiden als komische Rolle, zu welcher es dem Ich wird, das an dem Recht zu diesem Leiden verzweifelt, da die Realität seiner Sinnlichkeit Unrecht gibt. Wenn aber das Ich in paranoischer Verwechslung seine Rolle werden will und diese Rolle zugleich zu seiner Negation sich auswächst, zerbricht ihre unterschiedene Identität. Da in ihr die Autonomie des Individuums konstituiert war, welche der Philosophie der deutschen Aufklärung als Garant praktischer Vernunft galt, mißrät beides zur Parodie.

Gewiß ragen in die unreine Mischform der Tragikomödie, in welcher das soziale Drama erstmals erscheint, disparate Elemente der sozialen Realität hinein. Das erkennt Walter Hinck in einer für die Lenz-Forschung seltenen Beobachtung. Hingegen, der Zusammenhang geht in seiner Komplexion nicht in der einfachen Gleichung auf, die Hinck sogleich aufstellt: „Der gesellschaftlichen Heterogenität entspricht im ästhetisch-dramatischen Bereich die gattungsgesetzliche Heterogenität."[44] Es kann diese Heterogenität in Dramen verschiedene Gestalt annehmen, dramatische Konflikte diesen oder jenen Teil des Lebens mehr oder minder tief ergreifen. Offenbaren in den Konflikten der Lenzischen Dramen die Personen ihren zerrütteten Stand aneinander, wird, was dort substantiell zerfällt, von Schiller in »Kabale und Liebe« heroisch gegeneinander aufgeboten.[45] Der Antagonismus der Stände

---

[43] Lenz, Die Freunde machen den Philosophen. Werke und Schriften. 2. Bd. S. 312.
[44] Walter Hinck in: »Der neue Menoza«. Sammlung »Komedia«. S. 82.
[45] „Die Tatsache, daß es in jedem Stande ein paar gute Menschen gibt, kann ihn [Lenz] nicht darüber hinwegtäuschen, daß alle Stände von der Verderbnis angesteckt, alle ihrer naturgewollten Bestimmung untreu geworden, alle in die Banden der Konvention verstrickt sind. Es gibt keinen Stand mehr, der, wie das Bürgertum in der ›Kindermörderin‹ oder in ›Kabale und Liebe‹, ein Hort der Tugend wäre, sondern alle befinden sich in gleicher Verdammnis. Ein solcher Pessimismus mußte folgerichtig, wenn er wie bei Lenz mit revolutionären Tendenzen verbunden war, zur Kritik nicht an einem Stande oder an der Institution der ständischen Einteilung, sondern an der Gesellschaft und der Kultur überhaupt führen, in deren Sumpf der einzelne verkam." Clara Stockmeyer: Soziale Probleme. S. 92.

versteift sich ihm zur tragischen Antinomie, die so sein muß. Auf diese Weise nimmt das Jugendwerk, wie anders auch die »Räuber«, den späteren Klassizismus vorweg, der sich ins Bestehende schickt, dessen Schranken im Jugendwerk nur tönend zusammenschlugen, aber nicht brachen. In der politischen Praxis bedeutete es ein Arrangement der Stände. „So hielt der deutsche Bürger konsequent an dem monarchischen Gedanken fest und suchte ihn mit seinen Freiheitsforderungen in Einklang zu bringen. Er wählte zu seinem Ideal die goldene Mitte zwischen Absolutismus und Demokratie."[46] Das Pathos, mit dem bürgerliche Moral sich aufwirft, behauptet den Bürgern rhetorische Macht, wo ihnen die wirkliche noch für einige Zeit abgehen sollte. Ein neuer Ton bürgerlichen Selbstbewußtseins allerdings meldet sich in ihm an, der dem befehdeten Stand nichts Gutes verkündete. Das läßt Schiller auch wieder eine historische Stufe weiter scheinen als Lenz, dessen bürgerliche Hampelmänner zwischen den Schranken der Ständegesellschaft einfach zu Fall kommen, bevor sie ihr Interesse als allgemeines Standesinteresse hätten begreifen können. Die Stationen, die der Tuchhändler Stolzius und seine Braut Mariane Wesener durchfallen, da sie von den Herren Officiers verführt ward – sie nehmen in der Sequenz der Szenen die Stelle von Lachpausen ein, die auf die Späße der Officiers folgen. Den von brausendem Gelächter übertönten Berichten ihrer Abenteuer und Streiche sind die traurigen Stücke der zerfallenden Existenz der andern teils kontrastiert, teils beigemengt. (»Die Soldaten« IV, 4–9 und II, 2). „In der bisher durch uns zerrütteten Gesellschaft", wie Lenz den Obristen des Regiments dessen Wirken in der Garnisonsstadt kommentieren läßt, erhebt sich der superiore Stand über vereinzelte Bürger, aus deren Mund noch kein moralischer Protest hallt. Ihr hilfloses Leiden pervertiert in tückische Rache an denen, gegen die sie direkt nicht ankönnen. „Hinter dem Stuhl, mit verzerrtem Gesicht", wie eine Szenenanweisung der »Soldaten« lautet, steht der bürgerliche Domestik und wartet „totenbleich", bis sein Gift am adligen Herrn wirkt.[47]

---

[46] Balet. S. 168.
[47] Lenz, Die Soldaten. S. 241.

FRITZ MARTINI

DIE EINHEIT DER KONZEPTION
IN J. M. R. LENZ' »ANMERKUNGEN ÜBERS THEATER«

Erich Trunz zum 65. Geburtstag

Die *Anmerkungen übers Theater*, die Jakob Michael Lenz 1774 veröffentlicht hat, sind wohl die eigenartigste und eigenwilligste Schrift, die sich in der deutschen Literatur mit der Theorie der Dichtung und mit der ästhetischen Reflexion einer Gattung, des Dramas, beschäftigt. Sie sind zugleich eine der wichtigsten Schriften, da sie in den Jahren eines geschichtlich tief eingreifenden und weithin sich auswirkenden Stilwandels und Stilumbruchs entstanden sind. Sie sind der Versuch der ersten poetologischen Begründung einer neuen Form des Dramas, die für die Folgezeit bis in die jüngste Gegenwart hinein ungemein fruchtbar wurde. Unsicherheiten liegen bereits über den Entstehungsumständen der *Anmerkungen*; als gesichert ist wohl anzunehmen, daß Lenz sie in der ersten und kürzeren Fassung für die »Société de Philosophie et Belles Lettres« in Straßburg geschrieben hat und daß sie seit 1771 von ihm mehrfach überarbeitet und ergänzt wurden, bis er sie, unterstützt durch Goethe, zur gleichen Zeit veröffentlichte, in der er die Plautus-Übertragungen und den *Hofmeister* zum Druck brachte. Doch nicht nur die Entstehung hat Fragen aufgenötigt; noch mehr der Inhalt, das methodische und gedankliche Verfahren, der Stil und die Sprechweise der *Anmerkungen*.[1] Sie erschließen sich nicht leicht dem Verständnis; sie erscheinen mehr affektiv hingeworfen als systematisch entwickelt, als ein Bündel sprunghafter, locker und assoziativ gereihter Fragmente, vielfach unklar in ihren Thesen und Formulierungen und auch widersprüchlich. Sie sind gleichwohl im Wechsel ihrer Aspekte und in den Mischungen ihrer Töne, in Spiel und Gestik der Stimmführung ein faszinierendes Sprachwerk, ein Essay, der, trotz seiner Unbekümmertheit um eine durchgebildete Form, einen eigenen künstlerischen Rang besitzt. Man pflegt die *Anmerkungen* neben Herders Shakespeare-Aufsatz und des jungen Goethe Shakespeare-Rede als die dritte Grundschrift zum neuen Drama des Sturm und Drang aufzuführen. Doch ist dies bereits fraglich, auch wenn wohl unverkennbar ist, daß sie von Lenz als eine Art Programm-

---

[1] Theodor Friedrich, Die Anmerkungen übers Theater des Dichters Jakob Michael Reinhold Lenz, in: Probefahrten, hrsg. von A. Köster, Bd. 13, Leipzig 1909.

schrift für die literarische Generation, der er sich zuzählte, mit polemischer Radikalität gemeint waren. Oder sind sie nur eine Manifestation dessen, was er als seine eigene und originäre Leistung auf dem Gebiet des Dramas anzielte, nur seine eigene Poetik? Dem scheint zu widersprechen, daß die *Anmerkungen* bezüglich Lenz' eigener Handhabung von Drama und Spiel sehr lakonisch verfahren, mehr abgebrochene Winke als Aufschlüsse geben und es ihm ersichtlich schwer wurde, in der Theorie zu formulieren und festzuhalten, was er in seiner noch kurzen literarischen Praxis tat. Die *Anmerkungen* ringen um die Sprache einer neuen, Lenz angemessen erscheinenden Poetik, und es gelingt ihnen nur mühsam, zu ihr zu gelangen. Nicht nur der mächtige Eindruck, den Herder und Goethe auf ihn ausübten, auch diese Schwierigkeiten haben veranlaßt, daß er so oft in den *Anmerkungen* sich ihrer Gedanken und Sprache bedient und sich derart von sich selbst, seinem eigenen und eigenständigen Schaffen entfernt. Lenz war sich dieser Situation bewußt: er weist selbst in der kurzen, anläßlich des Drucks entstandenen Vorbemerkung auf Herders und Goethes Schriften in *Von deutscher Art und Kunst* hin, um jedoch, aufgrund der früheren Abfassung von zumindest Teilen seiner *Anmerkungen*, ihnen gegenüber deren Selbständigkeit hervorzuheben, die sie »nicht ganz überflüssig« macht.[2] Seine Theorie des neuen Dramas stellt sich an die Seite von Herder und Goethe; sie wendet sich aber zugleich von ihnen ab. Lenz stellt sich weiterhin in der Vorbemerkung mit einer Geste des understatement als ein unparteiischer Dilettant vor, in der Maske einer neutralen Unwissenheit, als Amateur gleichsam, damit provokativ gegen die bisher dominierende Gelehrtheit und Kennerschaft in Sachen der Ästhetik und Poetik gewandt, womit sich schwer reimen läßt, daß er in der Schrift selbst als der seiner selbst sichere und revolutionäre Anwalt einer neuen Kunstauffassung auftritt, die seit Jahrtausenden geltende Gesetze und Traditionen beiseite wirft und ganz von neuem beginnt; neu auch gegenüber Herder und Goethe, ganz also mit sich selbst. Das understatement ist die Maske eines leidenschaftlichen Engagements.

Nicht haltbar erscheint, angesichts der *Anmerkungen* schlechtweg von einer Sturm und Drang-Poetik zu sprechen.[3] Der Sturm und Drang war trotz gemeinsamer Grundimpulse keine Einheit; er konnte es nicht sein, weil diese jungen Generationsgefährten geradezu exzessiv die Auto-

---

[2] Zitiert wird nach Jakob Michael Reinhold Lenz, Werke und Schriften (künftig: WS), hrsg. von Britta Titel und Hellmut Haug, Stuttgart 1967 (Goverts Neue Bibliothek der Weltliteratur). In dieser Ausgabe nicht enthaltene Texte nach: Gesammelte Schriften, hrsg. von Franz Blei, München, Leipzig 1910. – Das Zitat: WS Bd. 1, S. 329.

[3] Siegfried Melchinger, Dramaturgie des Sturm und Drangs, Gotha 1929, S. 80; Bruno Markwardt, Geschichte der deutschen Poetik, Berlin 1956, Bd. 2, S. 358.

nomie und die Emanzipation der produktiven und subjektiven Individualität betonten. Überhaupt mußte der Begriff einer Poetik fragwürdig werden, fanden sie sich doch in der heftigsten Opposition gegenüber deren bisher herrschenden Traditionen zusammen, gehe es nun um ihre Ansprüche auf Geltung als Kanon und Dogma oder um ihre abstrahierenden und systematisierenden Methoden. J. G. Hamann hatte bereits die Autorität der Poetik abgewiesen. »Was ersetzt bei Homer die Unwissenheit der Kunstregeln, die ein Aristoteles nach ihm erdacht und was bei einem Shakespeare die Unwissenheit oder Übertretung jener kritischen Gesetze? Das Genie ist die einmütige Antwort.«[4] Im gleichen Sinne Herder: »Je größer der Dichter war, desto weniger zerarbeitete er sich mit deutlichen schwächenden, ermattenden Regeln, und der größte Geist war's, der, da ihn die Muse begeisterte, von keinem Gesetz wußte. Ein Sophokles dachte an keine Regel des Aristoteles; liegt aber nicht mehr, als der ganze Aristoteles in ihm?«[5] Nicht daß einem Kunstwerk eigene Regeln inneliegen, bestreitet Herder, sondern daß es, wenn es auf diesen Rang Anspruch erheben darf, nach a priori vorgegebenen Regeln gearbeitet worden ist. Lenz will hingegen in seinen *Anmerkungen* ein neuer poetologischer Gesetzgeber des Dramas sein – unterschiedlich zu jenen, die wie etwa F. M. Klinger oder Chr. D. Schubart eine Reflexion über die literarische Praxis überhaupt ablehnten. »Soll denn das Genie handeln wie die kalte Vernunft? Soll Feuer Wasser seyn?«[6] Das Genie – dies wußte man seit W. H. von Gerstenberg – ließ sich in keine Poetik einfangen. Aber Lenz zielt darüber hinaus: er entwirft die Strukturen eines neuen Dramas und Theaters, das aus dem Bewußtsein und der gesellschaftlichen Verfassung dieser gegenwärtigen Zeit Kriterien und Weisungen erhält. Er spricht auch vom Genie, aber er spricht zugleich von den Bedingungen, die das Handeln und Werken des Genies befördern oder lähmen. Was der Historiker Herder für die Erkenntnis der Verknüpfungen zwischen dem Drama, dem Theater und deren geschichtlicher Umwelt tat, Lenz will es – im Akt des Erkennens und des Schaffens – für diese Gegenwart tun. Er blickt nicht in die Geschichte zurück, sondern in eine erwartete, zu bewirkende Zukunft voraus. Die *Anmerkungen* sind als eine aktuelle Poetik, als ein Manifest und Entwurf gemeint, bezogen auf die gegenwärtige Bewußtseinslage und Gesellschaftsverfassung und auf eine Zukunft, die sich aus ihr heraus und ihr entgegen vorbereiten soll. Lenz tritt als der Anwalt und Propagandist des neuen Dramas auf – zwischen einer abge-

---

[4] Johann Georg Hamann, Sokratische Denkwürdigkeiten, in: Sämtliche Werke. Hist.-krit. Ausg., hrsg. von Josef Nadler, Wien 1950, Bd. 2, S. 75.

[5] Johann Gottfried Herder, Kritische Wälder, Viertes kritisches Wäldchen, in: Sämtliche Werke, hrsg. von Bernhard Suphan, Berlin 1891, Bd. 4, S. 19.

[6] Christoph Friedr. Daniel Schubart, Deutsche Chronik, Bd. II, S. 73.

lebten Vergangenheit und einer geforderten Zukunft, die vorzubereiten das neue und damit sein eigenes Drama mithelfen soll.

Dennoch täuscht zunächst die Erwartung, daß diese Schrift Lenz' eigene Werkpoetik entwickelt und in ihr, bei allen Abbreviaturen, Sprüngen, Abschweifungen und polemischen Seitenblicken, eine Einheit findet. Lenz scheint auf eine verwirrende Weise mehr durch Herder und Goethe hindurch, abseits von seinem Werk, zu sprechen. Man hat dies dadurch begründet, daß er an sie, vor allem an Goethe gebunden und von ihm geradezu überwältigt, mehr dessen Sprecher als ein Sprecher in der eigenen Sache, in einen für ihn überhaupt typischen Zwiespalt hineingerissen worden sei, in einen Widerspruch zu sich selbst, durch den er nur hier und da, in plötzlichen Wendungen zu sich selbst gelangte – in Andeutungen, kaum jedoch in Ausführungen, die auf seine durchaus andersartigen Schaffensimpulse und Stiltendenzen verweisen.[7] So wären die *Anmerkungen* mehrfach geschichtet: nur unter einer breiten Überlagerung durch das, was allgemeiner Denkinhalt des Sturm und Drang angesichts von Kunst und Künstlertum, insbesondere von Drama und Theater war, ferner durch die Auseinandersetzung mit der älteren Poetik, mit der Aufklärung und mit Lessing, endlich durch das, was Herder und Goethe ins Bewußtsein riefen und zu einer neuen Sprache werden ließen, scheint sich, was das Lenz Eigene, bei ihm Unabhängige und Produktive ist, zu verstecken. Dies ist gewiß richtig, jedoch nur unter dem Aspekt, daß man von Lenz bereits eine Reflexion und Programmierung seines eigenen Werkes und Stiles erwarten darf; daß man, wie gleichsam selbstverständlich, annehmen darf, ihm sei jetzt, am Beginn seines Schaffens, schon der Begriffsapparat verfügbar gewesen, der es ihm ermöglicht hätte, von seinem völlig neuen, von allen bisherigen Normen in Form und Stil abweichenden dramatischen Schreiben und Gestalten eine Rechenschaft zu geben. Er verfügte über diesen Begriffsapparat so wenig wie Goethe in dieser Zeit, und er wäre im Bemühen um ihn mit sich selbst und mit den Impulsen seiner ganzen Generation in einen Widerspruch geraten. Deren Poetik konnte vorerst nur sich als eine Negation der systematischen Poetik äußern. Lenz war in der Tat noch ein »Dilettant«, in der ihrer Subjektivität bewußten Suche auf einem bisher noch kaum beschrittenen originären Wege. »Noch weiß ich's selber nicht, aber Land wittere ich schon, bewohnt und unbewohnt, ist gleichgültig. Der Parnaß hat noch viel unentdeckte Länder, und willkommen sei mir, Schiffer! der du auch überm Suchen stürbest.«[8] Diese Metaphern – Schiff, Meer, Wind, Wellen, Fahrt ins Un-

---

[7] René Girard, Lenz 1751–1792. Genèse d'une Dramaturgie du Tragi-Comique, Paris 1968, S. 149 ff.
[8] WS Bd. 1, S. 337.

bekannte – haben bei Lenz eine signifikante Ausdrucksfunktion;[9] er bezeichnet in ihnen sein Selbstverständnis. Die *Anmerkungen* enthalten nicht Resultate, sie sind vielmehr eine Sprache des Suchens, der noch unklaren und unvollkommenen Entstehung von Gedanken. Sie sind Experimente ihrer Formulierung. Sie sind beredt und von sprachlicher Fülle, wo Lenz sich dem geistreich-witzigen, ironischen und parodierenden Spiel seiner Einfälle überläßt, überall dort also, wo es um Spott und Satire geht; sie sind ebenso beredt und nun emphatisch, wo sie in die Sprache einlaufen, die Herder und Goethe geprägt haben und die zu der dominierenden Sprache des Sturm und Drang wurde. Die *Anmerkungen* werden hingegen aphoristisch, abgebrochen, unsicher tastend dort, wo Lenz benennen und vermitteln will, was das ihm Eigene ist. Auch der junge Goethe verfährt in jenem berühmten Satz seiner Shakespeare-Rede von dem »geheimen Punct« in dessen Werk, »den noch kein Philosoph gesehen und bestimmt hat«[10] und in dem er sein zentrales Thema, das neue Verstehen des Tragischen ausspricht, das mit Shakespeare nur wenig, aber sehr viel mit ihm selbst zu tun hat, mit einem bemerkenswerten Lakonismus.

Lenz' Sprache in den *Anmerkungen* entstammt nicht nur einer subjektivistischen Willkür der Geniegebärde, obwohl sie, als eine neue Poetik, auch bereits in der Sprache, in deren »wunderbaren Rothwelsch«, wie 1775 Chr. M. Wieland im *Teutschen Merkur* spottete,[11] ein herausfordernder Protest gegen die rationalistische Systematik der Aufklärungspoetik sein sollte. Der Stil der *Anmerkungen* deutet auch auf eine Sprachnot. Sie erschwert das Verständnis dieser Schrift, sie droht, es zu verstellen, und veranlaßt dazu, dort, wo man so viele Unstimmigkeiten, Inkonsequenzen, Mängel an logischer Führung, Abwege, Wiederholungen und Quersprünge findet, überhaupt an einer einheitlichen Konzeption zu zweifeln. Denn es geht in diesem Verwirrenden nicht allein um den Einschuß von allgemeinem Gedankengut des Sturm und Drang und um das, was von W. H. von Gerstenberg, Herder und Goethe in die Thesen und den Stil von Lenz eingeflossen ist. Die Polemik gegen Aristoteles und in ihm gegen Lessing, der eben dessen Theorie des Dramas, soweit sie die Bestimmung von Tragödie und Komödie betraf, im 51. Stück der *Hamburgischen Dramaturgie*[12] bestätigt hatte, ferner die Polemik gegen die

---

[9] Albrecht Schöne, Säkularisation als sprachbildende Kraft, Studien zur Dichtung deutscher Pfarrersöhne, in: Palästra, Bd. 226, Göttingen 1958, S. 104 f.
[10] Zum Schäkespears Tag, in: Der junge Goethe, hrsg. von Hanna Fischer-Lamberg, Bd. 2, Berlin 1963, S. 85.
[11] Christoph Martin Wieland, in: Der Teutsche Merkur, Januar 1775.
[12] Gotthold Ephraim Lessing, Hamburgische Dramaturgie. Vollständige krit. Ausg., hrsg. von Otto Mann, Stuttgart 1958, S. 206.

französische klassizistische Poetik und Dramenproduktion mußte auch die Begriffe und Termini der älteren Poetik einbeziehen. Die *Anmerkungen* lassen erkennen, daß die Tradition der Aufklärung nicht nur mittels dieser Polemik in dem dramaturgischen Denken von Lenz gegenwärtig blieb. Zweifelhaft ist eine lange von der Forschung behauptete Abhängigkeit von S. L. Merciers *Du Théâtre ou nouvel essay sur l'art dramatique* von 1773. Keinesfalls kann man Lenz, obwohl er in vielem, was bei ihm zur Aufklärung und deren kritischem Moralismus zurückweist, mit ihm übereinstimmt, zu dessen Adepten machen,[13] denn es zeigt sich überhaupt, daß, wo er anderen verpflichtet zu sein scheint, sich Verschiebungen und Veränderungen einstellen, die auf das ihm Eigene hinweisen.

Gibt es ungeachtet dieser Schwierigkeiten und Einwände gleichwohl eine Einheit der Konzeption in den *Anmerkungen*, eine Einheit der Grundkonzeption, die sich auch in den verschiedenen Überarbeitungen erhalten konnte, die sicher anzunehmen sind, selbst wenn sie sich nicht mit der Präzision systematisieren und unterscheiden lassen, wie sie von Th. Friedrich versucht wurde? Gibt es eine Grundkonzeption, die einzuschließen vermag, was sich zunächst als das dem eigenen Schaffenswillen und Stil von Lenz Fremde, ja als etwas ihm nicht Mögliches und als etwas ihm Unerreichbares darstellt? Man wird den Weg zu ihr nicht finden können, wenn man, wie bisher immer geschehen ist, die Frage darauf beschränkt, ob diese Einheit in der unmittelbar-direkten Formulierung seiner eigenen Intentionen dramatischer und dramaturgischer Gestaltung, also seiner Werkpoetik zu suchen sei. Sie läßt sich hingegen aufspüren, wenn danach gefragt wird, wie Lenz in der Reflexion auf die Bewußtseins- und Gesellschaftslage seiner Gegenwart, in der die Traditionen ungültig wurden und eine neue Phase der menschlichen Selbst- und Welterfahrung einsetzte, das von ihm erstrebte Drama in einen historischen Zusammenhang, in einen umgreifenden Entwicklungs- und Veränderungszusammenhang einfügte und von ihm aus dessen Struktur, Stil und Funktionen bestimmte. Es muß allerdings eingeräumt werden, daß die *Anmerkungen* nur im vorbereitenden Umriß diese Fragen beantworten; andere, spätere Äußerungen von Lenz müssen hinzugezogen werden. Sie deuten auf die gleiche Grundkonzeption.

Unvermeidlich ist, den Inhalt der *Anmerkungen*, um zum Nachweis dieser Grundkonzeption zu gelangen, kurz zu durchlaufen; selbst auf die Gefahr hin, daß an genugsam Bekanntes erneut erinnert werden muß.

---

[13] Girard, S. 179 f. Zu dieser Frage jetzt auch das Nachwort von Peter Pfaff (S. XX ff.) zum Neudruck von Mercier-Wagner, Neuer Versuch über die deutsche Schauspielkunst, Heidelberg 1967 (Deutsche Neudrucke, Reihe Goethezeit, hrsg. von Arthur Henkel); ferner Britta Titel, ›Nachahmung der Natur‹ als Prinzip der dramatischen Gestaltung bei Jakob Michael Reinhold Lenz, Diss. Frankfurt a. M. 1962, S. 47 ff.

Lenz setzt mit einem großzügigen Panorama der Weltgeschichte des Theaters, seiner Bühnen, seiner Autoren, Schauspieler und seines Publikums ein. Dies Panorama von den Griechen bis zur Gegenwart wird auf einem zweiten théâtre imaginaire vorgeführt, in schnellster Abfolge, mit der Stimmlage eines Moritatenerzählers, der auf dem Jahrmarkt neben seinem Raritätenkasten steht, ein Departement dieses Kastens nach dem andern öffnend und es kommentierend. Fünf Departements führen fünf Epochen des Theaters vor – das griechische, das römische, das italienische, das französische, das englische, das die Natur mutterfadennackt, wie sie Gott geschaffen hat, auszog – bis das letzte Departement dann dies alles zu einem wunderbaren Gemenge zusammenwirbelt, zu dem Alles und Nichts des Theaters dieser Gegenwart »... und das zu einem Punkt der Vollkommenheit getrieben, den kein unbewaffnetes Auge mehr entdekken kann«.[14] »Deutsche Sophokles, deutsche Plautus, deutsche Shakespears, deutsche Franzosen, deutsche Metastasio« – ein Wirrwarr der historischen und fremden Kostüme und Masken, des Entlehnten und Erborgten – dies ist das deutsche Theater dieser Gegenwart, das alles ist, nur nicht ein Theater der Gegenwart und kein eigenes deutsches Theater. »Wer Ohren hat zu hören, der klatsche, das Volk ist verflucht.« Wie radikal Lenz hier urteilte und verwarf, erhellt ein Blick in Herders *Journal meiner Reise im Jahre 1769*, in dem gerade aus solcher alles verknüpfenden Synthese der Formen der dramatischen Weltliteratur die Zukunft des deutschen Theaters erwartet wurde: »... und was können wir Deutsche uns für eine schöne mittlere Laufbahn nehmen! Die Komödie vom Italiener, die Tragödie vom Engländer, in beiden die französische Feile hinten nach, welch ein neues Theater!«[15]

Lenz macht tabula rasa – die Weltgeschichte des Theaters wird auf den deutschen Brettern zum Plunderhaufen. Es muß mit der Kunst, die hier immer als die Kunst des Dramas und des Theaters verstanden wird, neu begonnen werden – diesseits der Geschichte und aus ihren immer gültigen Prinzipien heraus. Der unparteiische Dilettant stellt, als Einsatz seines Experiments einer neuen Kunsttheorie, die Frage nach dem »Wesen der Poesie«, was also meint, nach dem Wesen der dramatischen Poesie. Die Antwort klingt hergebracht, fast altertümlich: das Wesen der Poesie ist »Nachahmung der Natur«. Aber Lenz gibt dieser traditionsüberlasteten Formel, die ihre Autorität Aristoteles verdankt, eine neue Interpretation, und er füllt sie mit dramatischer Energie auf. Die Nachahmung bedeutet nicht eine Reproduktion dessen, was als äußere und

---

[14] WS Bd. 1, S. 331.
[15] Deutsche Literatur in Entwicklungsreihen, Reihe Irrationalismus, hrsg. von Heinz Kindermann, Bd. 6, Leipzig 1935, S. 125.

innere Wirklichkeit unter dem Stichwort Natur zusammengefaßt wurde, sie ist nicht ein Echo und keine Mechanik, sie ist schließlich gar nicht eine idealistisch und subjektiv-willkürlich auswählende Nachahmung der verschönerten Natur im Sinne des Klassizismus. Sie ist vielmehr die Manifestation des menschlichen Grundtriebes zur Betätigung, zum Handeln. Der dramatische Dichter ist ein Handelnder in der Nachahmung; dies bedeutet nicht, daß er nur wiedergibt, was sich ihm in der Natur anbietet, es bedeutet vielmehr, daß er in der Darstellung von handelnden Personen selbst zu einem Handelnden wird, ein frei handelndes selbständiges Geschöpf. Das Nachahmen erhält seinen eigentlichen und wesentlichen Bezugspunkt nicht in den Dingen dieser Welt, sondern aus dem höchsten Prinzip, das ihnen zugrundeliegt, aus Gott. Der dramatische Künstler wird zum Nachahmer Gottes, »eines unendlich freihandelnden Wesens«.[16] Der Künstler als Schöpfer analog dem Schöpfergott, dies erscheint, auf Leibniz zurückweisend,[17] Herder und Goethe sehr nahe. Jedoch: was bei ihnen sich zur metaphysischen Dimension ausweitet, erhält bei Lenz, aus der ihm eigenen Theologie heraus, eine Reduktion auf die Grenzen dieser empirischen Wirklichkeit, auf das Hier und Jetzt der praktischen Dramaturgie. »Da aber die Welt keine Brücken hat, und wir uns schon mit den Dingen, die da sind, begnügen müssen, fühlen wir wenigstens Zuwachs unsrer Existenz, Glückseligkeit, ihm nachzuäffen, seine Schöpfung ins Kleine zu schaffen.« Natürlich zitiert auch Lenz das Zauberwort dieser Generation, das Genie – mit ihm seine Qualitäten: Begeisterung, Schöpfungskraft, Dichtungsvermögen und sein Begehren, »durch die innerste Natur aller Wesen«[18] zu dringen, diesen Sturm, »das All zu erfassen«. Aber er ruft sich aus diesem Pathos Goethescher Prägung zurück, indem er sich mit einem an die Aufklärungstradition anknüpfenden Rationalismus zu den »lichten Regionen des Verstandes« wendet. Das Pathos wird ironisch angeleuchtet. Lenz stellt dem Metaphysischen des künstlerischen Schöpfungsdranges zur unbegrenzten Imagination die Anforderungen entgegen, welche die künstlerische Praxis dem Dramatiker auferlegt. Sie verlangt, daß er zu einer Intensität des vereinigenden und auseinanderwickelnden, intuitiv sinnlichen Erkennens und Anschauens fähig ist. Denn dies sind die Bedingungen des Wiedergebens, des Form-Gebens und des Darstellens. An die Stelle des Mystizismus der Schöpferkraft rückt Lenz, ohne diese zu leugnen, eine Analyse des Schaffensvermögens, die, wie leicht ersichtlich, eine Herkunft aus der Ästhetik der Aufklärung nicht verbergen kann. Das Drama ist ein Spiegel der Welt. Es vergegenwärtigt die Erkenntnis und die Anschaubarkeit, die sein Autor mit spe-

---

[16] WS Bd. 1, S. 333.
[17] WS Bd. 1, S. 652 (Erläuterungen der Herausgeber).
[18] WS Bd. 1, S. 334.

zifischer Schleifung der Gläser und spezifischer Vergrößerung der Projektionstafel aus seinem auf diese Welt konzentrierten Anschauen und Erkennen aufzubringen hat. Die derart wiedergegebene Wirklichkeit ist eine spezifisch gedeutete Wirklichkeit. »Den Gegenstand zurückzuspiegeln, das ist der Knoten, die nota diacritica des poetischen Genies.«[19] Lenz akzentuiert ausdrücklich, es gehe nicht um ein Nachmachen, sondern um das eigene Machen – derart, daß das Subjektive, das eine Voraussetzung ist, ganz in das Objektive, in die »Sache« eingeht. Es ist nicht richtig, wenn Lenz' Rückgriff auf die Nachahmung der Natur als ein sinnleeres Wort bezeichnet wird, das sich in dem radikalen Subjektivismus des Sturm und Drang aufgelöst habe.[20] Vielmehr bindet Lenz das Subjektive in die intuitive und intensive Erkenntnis und Anschauung der Sache ein. »Man könnte sein [des Dichters] Gemälde mit der Sache verwechseln.«[21] Es läßt sich vermuten, daß Lenz hier von seinem eigenen Verfahren spricht; am Schluß der *Anmerkungen* erklärt er die »Sache« zum Hauptgedanken der Komödie.[22] Damit sie nicht nur Natur, sondern künstlerisch wiedergegebene Natur ist, müssen vergegenwärtigtes Erkennen, vergegenwärtigtes Anschauen und das letztlich nicht mehr Beschreibbare, das ein poetisches Genie ausmacht, zusammenwirken. Das Subjektive ist in allen diesen drei Elementen enthalten, und es richtet sich in ihnen auf die Sache. Der Dichter »nimmt Standpunkt – und dann muß er so verbinden.«[23] Dieser richtigen Subjektivität und Verfahrensweise stellt Lenz eine falsche Subjektivität und Verfahrensweise gegenüber, die sich nicht mit der Sache vereinigt, sondern nur nach willkürlichem Belieben auswählt, arrangiert und verfälscht. »Der wahre Dichter verbindet nicht in seiner Einbildungskraft, wie es ihm gefällt, was die Herren die schöne Natur zu nennen belieben, was aber, mit ihrer Erlaubnis, nichts als die verfehlte Natur ist.«[24] Lenz protestiert damit nicht nur gegen die Kunstanschauung von Aufklärung, Rokoko und Klassizismus; er dreht vielmehr deren Ansprüche völlig um. Was von ihnen als eine vernünftigschöne Norm gesetzt wurde, wird für ihn zum Zeugnis einer schlechten Subjektivität; was sie als Erkenntnis allgemeiner Naturprinzipien im Schönen betrachteten, wird nun als ein Versagen vor der Wirklichkeit und Wahrheit der Natur aufgedeckt.

Wir haben damit in Stichworten skizziert, um was es in dem ersten Abschnitt der *Anmerkungen*, in der Bestimmung, mit der Lenz das »Wesen der Poesie« zu klären versucht, geht. Es handelt sich für ihn um die

---

[19] WS Bd. 1, S. 336.
[20] Emil Staiger, Stilwandel. Studien zur Vorgeschichte der Goethezeit, Zürich 1963, S. 64.
[21] WS Bd. 1, S. 337.   [22] WS Bd. 1, S. 361.
[23] WS Bd. 1, S. 337.   [24] WS Bd. 1, S. 336.

Formulierung seiner eigenen dichterischen Verfahrensweise. Dies bestätigen die Sätze, mit denen er zu Beginn des zweiten Abschnitts nochmals diese Überlegungen aufgreift, für die er nicht ohne Mühe das gehörige Phlegma aufgebracht zu haben behauptet – »mir eine fertige Zunge zu geben, meine Gedanken geschwind und dennoch mit gehöriger Präzision –«.[25] Das Schauspiel fordert die Nachahmung, es fordert einen Dichter, dessen Schaffensbedingung, will er nicht sein Werk und damit die Nachahmung verfehlen, ein »fixierter Standpunkt« ist, wie es in den *Anmerkungen über die Rezension eines neu herausgekommenen französischen Trauerspiels, den 2. Dezember 1772*, heißt, die er gleichfalls vor der »Société« vorgetragen hatte.[26] Eben dieser Standpunkt muß eingehen in die Sache: »alles scharf durchdacht, durchforscht, durchschaut – und dann in getreuer Nachahmung zum andermal wieder hervorgebracht«. Sache und Stil werden dabei identisch, sie bringen einander gegenseitig hervor.

Der Zentralpunkt von Lenz' radikaler Polemik gegen Aristoteles, die zugleich eine Polemik gegen Lessing ist, ist wohlbekannt. Lenz argumentiert, Aristoteles bestimme als Hauptgegenstand der Nachahmung im Schauspiel – Lenz nennt es später auch Trauerspiel oder Tragödie – das Schicksal des Menschen und als das Principium, den Endzweck die Fabel, die er mit der Handlung, den Begebenheiten gleichsetzt. Lessing hatte in der *Hamburgischen Dramaturgie* gesagt, daß in der Komödie die Charaktere das Hauptwerk, die Situationen aber nur das Mittel seien, jene sich äußern zu lassen und ins Spiel zu setzen. Umgekehrt seien in der Tragödie die Charaktere weniger wesentlich und entspringen Schrecken und Mitleid vornehmlich aus der Situation, die ihnen zum Schicksal wird. Lenz läuft dagegen Sturm. Er stellt der These von Aristoteles entgegen, daß Hauptgegenstand und Endzweck des Schauspiels bzw. der Tragödie der Mensch sei, also die Darstellung des Charakters der handelnden Personen, die nur eine individuelle, weil von dem festen Standpunkt aus gesehene und geschaffene Darstellung individueller Charaktere sein kann. Der Charakter aber ist für Lenz gleich dem handelnden, sich im Handeln in seiner Beschaffenheit darstellenden Menschen. Denn er verwirklicht, was dem Menschen als seine Grundbestimmung eingelegt ist. Es heißt in dem Aufsatz *Über Götz von Berlichingen*, der wiederum für den gleichen Straßburger Kreis verfaßt wurde, »daß handeln, handeln die Seele der Welt sei, nicht genießen, nicht empfinden, nicht spitzfündeln, daß wir dadurch allein Gott ähnlich werden, der unaufhörlich handelt und unaufhörlich an seinen Werken sich ergötzt: das lernen wir daraus, daß die in uns handelnde Kraft, unser Geist, unser höchstes Anteil sei ... Das lernen

---

[25] WS Bd. 1, S. 337.
[26] Gesammelte Schriften, hrsg. von Franz Blei, Bd. 4, S. 193.

wir daraus, daß diese unsre handelnde Kraft nicht eher ruhe, nicht eher ablasse zu wirken, zu regen, zu toben, als bis sie uns Freiheit um uns her verschafft, Platz zu handeln: Guter Gott, Platz zu handeln, und wenn es ein Chaos wäre, das du geschaffen, wüste und leer, aber Freiheit wohnte nur da, und wir könnten dir nachahmend drüber brüten, bis was herauskäme.«[27] In dem Drama des jungen Goethe sah Lenz eine Bestätigung seiner Ablehnung der aristotelischen Kunsttheorie, eine Bestätigung zugleich dessen, um was es ihm ging: um das sich in der dramatischen Handlung beweisende neuzeitliche Selbstbewußtsein des zu seiner vollen individuellen Freiheit gelangten Ich. Es ist ein Ich, das aus seiner eigenen Entscheidung und Verantwortung handeln und aus seinem eigenen kritischen Denken und Gewissen fragen und urteilen will. »Wir aber hassen solche Handlungen, von denen wir die Ursache nicht einsehen, und nehmen keinen Teil daran.«[28] Der handelnde und leidende Mensch auf der Bühne muß für den Zuschauer ein in solchem Handeln und Leiden als konkrete spezifische Individualität durchschaubarer Mensch sein. Das Anschauen und das Erkennen soll, wie für den Dichter, so für den Zuschauer, zu einer Einheit werden. Dies Konkret-Spezifische verdeckt und entstellt hingegen eine Psychologie, die nur mit allgemeinen Normen arbeitet, sie entweder rationalistisch abstrahiert oder empfindsam erträumt. Sie verpackt den einzelnen, je individuellen Menschen in generalisierende Gesetze der menschlichen Seelenkenntnis. Lenz spielt Fieldings Realismus gegen die empfindsam-rationalistischen Gefühlsanalysen von Richardson aus. »Was ist Grandison, der abstrahierte, geträumte, gegen einen Rebhuhn, der da steht?«[29] Mit Leidenschaft drängt Lenz auf Kenntnis, Anschauung, Darstellung des unverwechselbar individuellen Menschen in seinem konkreten, kenntlichen Umriß, auf »Wahrheit« und »Ausdruck«.[30]

Es ist bereits bemerkt worden, daß sich in den *Anmerkungen* zwei verschiedene Aspekte sehr oft vermischen, wenn Lenz einerseits von der dramatischen Person als einem autonomen, heldenhaft-einzigartig handelnden Charakter, andrerseits von ihr als einem ganz und gar individuellen, in eine spezifische Umwelt eingefügten Charakter spricht.[31] Diese

---

[27] WS Bd. 1, S. 379.   [28] WS Bd. 1, S. 341.   [29] WS Bd. 1, S. 341.
[30] Verteidigung des Herrn W. gegen die Wolken, WS Bd. 1, S. 440.
[31] Girard, S. 168 ff.; ferner B. Titel, S. 45 f. Sie versucht nachzuweisen, daß in den »Anmerkungen« der Mensch in seiner ›Naturwahrheit‹ der ›Gesichtspunkt‹ ist, »dem Lenz alle anderen unterordnet – um so mehr, wenn man bedenkt, daß ja auch die ›Sache‹ dieser kritischen Komödie, von der der Dichter aus einem Interesse am individuellen Menschen heraus immer wieder abschweift, eben ein Interesse am Menschen, und dies heißt auch hier konkret: am bestimmten, durch besondere Verhältnisse gedrückten Menschen ist.« Britta Titel sieht derart im Mittelpunkt von Lenz' dramatischer Theorie und Praxis die Erkenntnis und Gestaltung des individuellen Menschen, mit

Mehrdeutigkeit findet darin ihren Grund, daß Lenz bald an den Typus des großen Menschen denkt, wie er zum Ideal des Sturm und Drang und in Goethes *Götz von Berlichingen* zur mythisierten Figur wurde, bald aber an den Menschen in seiner konkreten Erfahrungs- und Gesellschaftswelt, den er in seinem eigenen dramatischen Schaffen vorstellte. Jedoch handelt es sich nur um einen scheinbaren Widerspruch. Die damals sich vollziehende radikale Emanzipation des individuellen Menschen rückte ihn einerseits überhöht in die Dimensionen titanisch-heldenhafter Größe, als das Ebenbild des unendlich frei handelnden höchsten Wesens, andrerseits, in dieser faktischen gesellschaftlichen Wirklichkeit, in eine Vereinzelung und Vereinsamung, in der sich die nackte Wahrheit seiner Kreatürlichkeit mit allen Schwächen, Kümmerlichkeiten und Leiden aufnötigte. Von ihr wollte Lenz sprechen, wenn er seine Zuhörer provokativ fragte: »Oder scheuen Sie sich, meine Herren, einen Menschen zu sehen?«[32] Das hieß nichts anderes als einen Menschen in seiner unverstellten Wirklichkeit – »nach meiner Empfindung schätz ich den Charakteristischen, selbst den Karikaturmaler zehnmal höher als den Idealischen, hyperbolisch gesprochen, denn es gehört zehnmal mehr dazu, eine Figur mit eben der Genauigkeit und Wahrheit darzustellen, mit der das Genie sie erkennt, als zehn Jahre an einem Ideal der Schönheit zu zirkeln, das endlich doch nur in dem Hirn des Künstlers, der es hervorgebracht, ein solches ist.«[33] Das subjektiv ›Charakteristische‹ ist ein Stichwort der Kunstauffassung des jungen Goethe;[34] Lenz radikalisiert und objektiviert es zur ›Karikatur‹, die sich jedoch in seiner Deutung nicht von der Realität entfernt, vielmehr dem nahe ist, was man in ihr gern verbirgt. Beide Vokabeln deuten jedoch auf gleiche Weise auf jene Emanzipation, die frei setzt zur Wertung des heroisch-individuellen Menschen, frei setzt aber auch zur Wer-

---

denen sich das Problem der ›Sache‹, aufgefaßt als Lenz' sozialkritische Tendenz, verknüpft. Gegensätzlich zu meiner Darlegung meint sie, daß Lenz zur Zeit der Abfassung der »Anmerkungen« sich noch nicht der gesellschaftskritischen Konsequenzen bewußt war, die in seinen Anschauungen jedenfalls der Möglichkeit nach angelegt waren. Sie versteht als das gedoppelte Grundmotiv, als Punkt der Einheit für Lenz' Anschauung die »Entdeckung des Menschen, in seiner Absolutheit wie in seiner Naturwahrheit, in der Lösung von allen vorgegebenen – gerade auch ständischen – Bindungen und der Steigerung zur Höhe eines freien Schöpfertums des Genies auf der einen Seite – auf der andern in seiner Begrenztheit, Besonderheit, Gedrücktheit auch, die ihn nicht weniger achtenswert erscheinen läßt.« S. 70.

[32] WS Bd. 1, S. 345.   [33] WS Bd. 1, S. 342.

[34] Der junge Goethe, Bd. 3, S. 106; dazu B. Titel, S. 27 f. u. Eudo C. Mason, Schönheit, Ausdruck und Charakter im ästhetischen Denken des 18. Jh.s, in: Geschichte. Deutung. Kritik. Literaturwissenschaftl. Beiträge, dargebr. zum 65. Geburtstag Werner Kohlschmidts, hrsg. v. Maria Bindschedler u. Paul Zinsli, Bern 1969, S. 91 ff., besonders S. 99.

tung des kleinen einzelnen Menschen in seiner noch so bescheidenen Individualität und armseligen Wirklichkeit. Wie nahe Lenz sich ihm fühlte, belegen viele Zeugnisse. Aber die Entscheidung, die in dem Fragment *Die Kleinen* »große Männer, Genies, Ideale, euren hohen Flug« hinter sich läßt und sich den »unberühmten Tugenden« zuwendet, »die jedermann mit Füßen tritt«,[35] ist hier in den *Anmerkungen* noch offen. Lenz ist noch fern von jener bitter-selbstironischen Resignation, die ihn 1775 sagen läßt: »man ... glaubt sich einen Gott und ist ein Tor.« Aber auch dieser kleine Mann hat teil an dem Leiden und den Leidenschaften, die dem großen Mann das Feuer des Handelns geben. In dem dramatischen Fragment *Catharina von Siena* erzählt das Bauernmädchen Aurilla von dem Maler, dem sie während des Dorfbrandes begegnete: »Er zeichnete die Gesichter einiger Abgebrannten, denen er Geld ausgeteilt hatte; wie er dabei bleich und blaß ward... und die Tränen ihm aufs Blatt fielen! Er sagte mir nachher, in seinem Leben hätte er nicht geglaubt, daß die unbedeutenden Gesichter der Bauern eines solchen Ausdrucks des Schmerzens fähig wären. Diese Leidenschaften hätte er noch auf keinem Theater in der Stärke gesehen, da er doch die halbe Welt durchreist hat.«[36] Die Wirklichkeit der ›kleinen‹ Leute widerlegt die Bühne; diese Wirklichkeit ist der wahre Schauplatz der Leidenschaften.

Doch Lenz entnahm in den *Anmerkungen* nicht dieser Wirklichkeit den Charakter, den handelnden Menschen, den er als Hauptgegenstand des neuzeitlichen ernsten Dramas dem Aristoteles und der Reduktion der griechischen Tragödie auf die Darstellung des »eisernen Schicksals« entgegenstellte. Dies griechische Schicksal regiert mit blinder, gnadenloser Gewalt, ohne einen Grund für das, was es verhängt, in der menschlichen Seele aufzusuchen und sichtbar zu machen. Ein sich nicht verantwortendes Schicksal nimmt aber auch dem Menschen seine Verantwortlichkeit; es verschließt sich der Frage nach Grund und Sinn des Leidens. Solcher Despotie stellte Lenz den großen, frei handelnden Menschen gegenüber – »es ist die Rede von Charakteren, die sich ihre Begebenheiten erschaffen, die selbständig und unveränderlich die ganze große Maschine selbst drehen, ohne die Gottheiten in den Wolken anders nötig zu haben, als wenn sie wollen zu Zuschauern, nicht von Bildern, von Marionettenpuppen – von Menschen.«[37] Dieser zu seiner moralischen Freiheit entschie-

---

[35] WS Bd. 2, S. 489. [36] WS Bd. 2, S. 473.
[37] WS Bd. 1, S. 343. In dieser Ablehnung des dramatischen Schicksalsbegriffs entfernt sich Lenz entschieden von Herders Anerkennung des Schicksals im griechischen und shakespeareschen Drama; er steht hingegen Beaumarchais und Mercier nahe, die ähnlich den Widerspruch zwischen der Schicksalsbindung der griechischen Tragödie und dem neuzeitlichen Bewußtsein der moralischen Freiheit betonten. Lenz geht hier, im Gegensatz zu Herder, auf den Wegen der Aufklärung weiter.

dene, autonome Mensch stellt sich in einer titanischen Unabhängigkeit über das Schicksal, über die Götter, und er wird selbst zum Abbild Gottes. »Ha! aber freilich dazu gehört Gesichtspunkt, Blick der Gottheit in die Welt, den die Alten nicht haben konnten, und wir zu unserer Schande nicht haben wollen.« Nicht haben wollen – wir werden später zu diesem Satz zurückkehren müssen. Lenz potenziert hier den Charakter, diesen Hauptgegenstand des neuen Dramas, zu einer mythischen Größe, man möchte meinen, zu einer schicksallosen Größe, derart ohne einen Widerstand, ohne eine Gegenmacht. Denn der Mensch, der sich gänzlich unabhängig seine Begebenheiten schafft, seine ganze große Maschine selbst dreht, kann nur noch soweit dramatische Figur sein, als auch sein Sturz oder Scheitern allein sich aus ihm selbst heraus begründet und vollzieht. Größe und Leiden sind derart ausschließlich in die Kraft und Innerlichkeit des einzelnen emanzipierten Menschen gelegt. Er ist das Gegenbild zur griechischen Tragödie, zu der sich Lenz im letzten Abschnitt der *Anmerkungen* nochmals zurückwendet. Er folgt dort Herder in der Darlegung ihrer Genese, aber er entfernt sich entschieden von ihm in ihrer Deutung. Lenz spricht von dem religiösen Grund der Schauspiele der Alten. »Da nun fatum bei ihnen alles war, so glaubten sie eine Ruchlosigkeit zu begehen, wenn sie Begebenheiten aus den Charakteren berechneten, sie bebten vor dem Gedanken zurück.«[38] Sie wagten nicht, das Göttliche vom Menschlichen her zu befragen und auf seine Verantwortlichkeit zu untersuchen. »Es war Gottesdienst, die furchtbare Gewalt des Schicksals anzuerkennen, vor seinem blinden Despotismus hinzuzittern... Die Hauptempfindung, welche erregt werden sollte, war nicht Hochachtung für den Helden, sondern blinde und knechtische Furcht vor den Göttern«. Das Schicksal ist blind, und blind unterwerfen sich ihm die Menschen. Sie bringen sich ihm selbst zum Opfer dar, gefangen in dem Mechanismus des unentrinnbar verhängten Kreislaufes der Begebenheit. Ödipus blendet sich selbst in sklavischer Ergebenheit, er bestätigt damit die Götter, er fragt nicht nach ihrem Recht, und er lehnt sich nicht gegen das über ihn Verhängte auf. Lenz stellt ihm den Diomed gegenüber, der es gewagt hat, seinen Pfeil gegen den Gott zu schießen. Und er schnellt Voltaire, dem Nachdichter des Ödipus-Dramas, selbst einen Pfeil entgegen: »Ich fordere Rechenschaft von dir, Du sollst mir keinen Menschen auf die Folter bringen ohne zu sagen warum.«[39]

Geht es hier nur um das griechische Theater und nur um Aristoteles? Blinder Despotismus, knechtische Furcht, das Erzittern vor der Gewalt und ihrer Willkür – sind solche Vokabeln nicht auch Vokabeln der Anklage in dieser Zeit gegen das gesellschaftlich-politische System des Ab-

---

[38] WS Bd. 1, S. 357.   [39] WS Bd. 1, S. 359.

solutismus, Vokabeln der politisch-sozialen Erbitterung und der Rebellion? Liegt in dem Satz, man habe Oedip in seiner Selbstunterwerfung, dieser Potenzierung der blinden Gewalt über ihm durch die eigene Blendung, für ein sehr schickliches Sujet fürs Theater gehalten, während man den Diomed nicht auf der Bühne sehen ließ, auch eine verdeckte Anspielung auf die Gegenwart, auf das zeitgenössische deutsche Theater? Man versteht dann genauer das schon angeführte Wort von den großen freien Helden, die »wir zu unsrer Schande nicht haben wollen«. War also der Widerspruch von Lenz gegen Aristoteles nicht nur dramaturgisch und künstlerisch, sondern letztlich durch seine Gesellschaftskritik, seine Rebellion gegen die physische, moralische und politische Einrichtung der zeitgenössischen Wirklichkeit begründet? Sein Urteil über das Fatum der Alten wäre dann zugleich ein Urteil über diese gegenwärtige Gesellschaft. Wir erinnern an die Einleitung des Aufsatzes über *Götz von Berlichingen*: »Wir werden geboren – unsere Eltern geben uns Brot und Kleid – unsere Lehrer drücken in unser Hirn Worte, Sprachen, Wissenschaften – irgendein artiges Mädchen drückt in unser Herz den Wunsch, es eigen zu besitzen... – es entsteht eine Lücke in der Republik, wo wir hineinpassen – unsere Freunde, Verwandte, Gönner setzen an und stoßen uns glücklich hinein – wir drehen uns eine Zeitlang in diesem Platz herum, wie die andern Räder, und stoßen und treiben – bis wir, wenn's noch so ordentlich geht, abgestumpft sind und zuletzt wieder einem neuen Rade Platz machen müssen – das ist, meine Herren! ohne Ruhm zu melden unsere Biographie – und was bleibt nun der Mensch noch anders als eine vorzüglich-künstliche kleine Maschine, die in die große Maschine, die wir Welt, Weltbegebenheiten, Weltläufte nennen, besser oder schlimmer hineinpaßt?«[40] Der Kreislauf des Fatum bei den Griechen, der Kreislauf des Menschen in der gegenwärtigen Gesellschaft, die ihn zum Sklaven statt zum Herrn der »Maschine« macht – wo ist ein Unterschied? Die Kritik an der griechischen Tragödie und an Aristoteles und an den Grotesken von deren Imitationen – »da erscheinen die fürchterlichsten Helden des Altertums, der rasende Oedip, in jeder Hand ein Auge«[41] – beruht auf der Basis von Lenz' aktueller Gesellschaftskritik. Dem widerspricht nicht seine Bezugnahme auf die veränderten neuzeitlichen Religionsbegriffe, um die Veränderung des Dramas zum Charakterdrama zu begründen. Sie bestätigt es vielmehr. Denn diese Religiosität, die von dem »unendlich freihandelnden« höchsten Wesen sprach, setzte auch den Menschen auf die »erste Sprosse auf der Leiter der frei handelnden selbständigen Geschöpfe«.[42] Das Postulat der dramatischen Charaktere, die selbständig und unveränderlich die ganze große Maschine selbst drehen, war, in

[40] WS Bd. 1, S. 378. [41] WS Bd. 1, S. 330. [42] WS Bd. 1, S. 333.

Poetik und Dramaturgie übersetzt, die Manifestation von Lenz' Auflehnung gegen die Gesellschaft und seiner Utopie einer Überwindung von deren Despotie. Das Religiöse, das Politische und das Poetologische wirken derart als eine Einheit zusammen. Ihr Resultat ist die Forderung nach dem großen handelnden Menschen als dem Mittelpunkt des neuen erwarteten Dramas und des neuen anderen Zeitalters. »Bei uns ist's die Reihe von Handlungen, die wie Donnerschläge auf einander folgen, eine die andere stützen und heben, in ein großes Ganze zusammenfließen müssen, das hernach nichts mehr und nichts minder ausmacht, als die Hauptperson, wie sie in der ganzen Gruppe ihrer Mithändler hervorsticht.«[43]

Aber das Charakterdrama des großen handelnden Menschen war nicht das Drama, das Lenz geschrieben hat und zu schreiben vermochte. Es war für ihn unerreichbar, es war aber auch unerreichbar in den Stoffen, in der Umwelt und unter den Menschen dieser zeitgenössischen Lebensverfassung. Goethe hatte in seinem *Götz von Berlichingen* seinen Helden, und zwar seinen bei aller naturhaft-heroischen Selbständigkeit gescheiterten Helden, in einer geschichtlichen Vorzeit suchen müssen. Der Zustand war noch nicht erreicht, in dem der Mensch zum selbständigen, frei handelnden Menschen werden konnte, damit auch nicht die Voraussetzung für das Charakterdrama, die Charaktertragödie, die, nach Lenz' Selbstrezension des *Neuen Menoza* »nur in dem höchsten und allgemeinen Bildungszustand« der Gesellschaft entstehen kann.[44] Denn nur er bietet die Vorbedingungen für eine Existenz im freien Handeln. Im *Pandämonium Germanikum* macht Lenz sich zum Propheten dieses Dramas: »Das hohe Tragische von heut, ahndet ihr's nicht? Geht in die Geschichte, seht einen emporsteigenden Halbgott auf der letzten Staffel seiner Größe gleiten oder einen wohltätigen Gott schimpflich sterben. Die Leiden griechischer Helden sind für uns bürgerlich, die Leiden unserer sollten sich einer verkannten und duldenden Gottheit nähern. Oder führtet ihr Leiden der Alten auf, so wären es biblische, wie dieser tat (Klopstock ansehend), Leiden wie der Götter, wenn eine höhere Macht ihnen entgegenwirkt.«[45] Lenz spricht von einer Tragödie mit mythischen Dimensionen; sie selbst wird zu einem Mythos, damit weit ab von seinem eigenen Werk. Denn während sich dies Werk, zwei historische Schauspiele bzw. Fragmente ausgenommen, mit der Gebrochenheit der gegenwärtigen zeitgenössischen Gesellschafts- und Bewußtseinszustände konfrontiert und sie bis zur ›Karikatur‹, die einen puren ›Naturalismus‹ hinter sich läßt, pointiert, wird dies Ideal der Tragödie des frei handelnden Menschen in eine bis zum Alten Testament zurückreichende »Geschichte« transponiert, der-

[43] WS Bd. 1, S. 345.   [44] WS Bd. 1, S. 419.   [45] WS Bd. 2, S. 276.

art in eine Utopie verwandelt, die nur noch mittels der Stoffe und Gestalten der Vergangenheit zu verwirklichen ist und sich derart selbst in die Geschichte zurückverweist. Hier klafft der Widerspruch auf, aus dem sich Lenz in seiner Theorie und dramatischen Praxis nicht herauszulösen vermochte. Wie so oft in den *Anmerkungen* bricht das Pathos des Hochschwungs auch hier in jähem Tonwechsel ab zu Resignation und Selbstironie. »Wär' ich alles dessen würdig! Laßt mich in meinen Winkel«. Man denkt an die Worte im *Götz von Berlichingen*-Aufsatz: »Wir sind alle, meine Herren! in gewissem Verstand noch stumme Personen auf dem großen Theater der Welt, bis es den Direkteurs gefallen wird, uns eine Rolle zu geben. Welche sie aber auch sei, so müssen wir uns doch alle bereithalten, in derselben zu handeln, und jenachdem wir besser oder schlimmer, schwächer oder stärker handeln, jenachdem haben wir hernach besser oder schlimmer gespielt, jenachdem verbessern wir auch unser äußerliches und innerliches Glück.«[46] Auf der »entarteten europäischen« Weltbühne wurde schlecht gespielt, so schlecht wie »Europens Ästhetik« es vorzeichnete. »Ich habe die Sitten der Großen unerträglich gefunden, und sie gemieden; ich habe meine Zeitgenossen unmännlich, klein, übertüncht, groß in Sittensprüchen und unendlich klein in Handlungen gefunden, ich maßte mich des Menschenrechts an, und lebte für mich und die Meinen.«[47]

Warum müssen heute die griechischen Helden, gerade diese im Mythos beheimateten Helden, als nur noch »bürgerlich« erscheinen? War dies als ein sarkastischer Ausfall gemeint, der gegen ihre falschen und schwachen Imitationen im klassizistischen Theater der Franzosen und der Deutschen bis hin zu ihrer empfindsamen Modernisierung durch Wieland zielte? Ein Sarkasmus, der sich gegen ihre Einarbeitung in den schlechten Stil der herrschenden Gesellschaft auflehnte? Oder ist es nicht vielmehr so, daß diese Helden-Opfer des eisern-einförmigen Fatums so bürgerlich erscheinen müssen wie die zeitgenössischen Bürger, die in den versklavenden, einförmigen Mechanismus der Gesellschaft hineingestoßen sind und, »zu unsrer Schande«, sich nicht wehren? Lenz läßt die französische, in ihren Stoffen, ihrem Geschmack und Stil völlig vergesellschaftete Bühne in den *Anmerkungen* in Scharen diese Opfer vorführen. »Ihre Helden, Heldinnen, Bürger, Bürgerinnen, alle ein Gesicht, eine Art zu denken, also auch eine große Einförmigkeit in den Handlungen«[48] – auch dort noch, wo man glauben sollte, am ehesten Charaktere aufzu-

---

[46] WS Bd. 1, S. 381.
[47] Prinz Tandi. An den Verfasser des neuen Menoza, Naumburg im August 1775, in: Gesammelte Schriften, hrsg. von Franz Blei, Bd. 2, S. 463.
[48] WS Bd. 1, S. 351.

spüren. »Ich suchte Trost in den sogenannten Charakterstücken, allein ich fand so viel Ähnlichkeit mit der Natur (und noch weniger) als bei den Charaktermasken auf dem Ball.« Das »schöne Spielwerk« eines solchen Balles hatte Lenz bereits im Eingang der *Anmerkungen* geschildert, und er führt ihn jetzt nochmals mit sprühender Ironie vor, bis zuletzt »Tänzer und Zuschauer« die Geduld verlieren. Es gibt nur noch Charaktere dort, wohin die Fatalität der Gesellschaft nicht eingedrungen ist, unter den unverbildeten, einfachen Menschen – im »Volksgeschmack der Vorzeit und unseres Vaterlandes... der noch heutzutage Volksgeschmack bleibt und bleiben wird.«[49] So wie Lenz im unbedeutenden Volk der »Kleinen« die Wahrheit von Leiden und Leidenschaften vorfand, so suchte er in dem Volk, verstanden als das ganze Volk ungeachtet seiner gesellschaftlichen Aufspaltungen, seine Bühne und sein Publikum wie seine ästhetischen Richter. »Mein Theater ist wie ich Ihnen sage unter freyem Himmel vor der ganzen deutschen Nation, in der mir die untern Stände mit den obern gleich gelten die pedites wie die equites ehrwürdig sind. Findt sich niemand in meinen Stücken wieder so bedaure ich Öl und Mühe – ob sie übrigens spielbar sind, bekümmert mich nicht, so hoch ich ein spielbares Stück schätze, wenn es gut gerathen ist.«[50] Diese Wendung an die ganze Nation war, angesichts der gesellschaftlichen Realität, eine Utopie und konkret nicht vollziehbar. So nahe nun Lenz in den *Anmerkungen* mit der Berufung auf den »Volksgeschmack« seinen eigenen dichterischen Intentionen zu kommen scheint – es ist bisher nur von dem Charakterdrama als dem Drama der großen handelnden Menschen die Rede, mögen sie nun als ins Biblisch-Mythische erhöht oder, im Volksgeschmack an Trauerspiel und Staatsaktion, als die drauflosstürmenden Kerls erscheinen.

Erst am Ende der *Anmerkungen*, zeitlich also erst während der Bearbeitung zum Druck der Schrift, nähert Lenz sich der dramatischen Form, die zwar auch nicht seine Form geworden ist, aber ihr anders als das Charakterdrama strukturell zugrunde liegt. Er hat den Hauptakzent auf die provokative Umkehr der seit Aristoteles geltenden und eben noch von Lessing bekräftigten Theorie des Trauerspiels, der Tragödie, gelegt. Was er jetzt von der Komödie sagt, und wie er es sagt, möchte als etwas beiläufig erscheinen. Es ist gesagt worden, Lenz habe, anders als Herder und Goethe, die von Shakespeares Komödien sehr wenig Notiz nahmen, die konventionelle Gattungswertung, welche die Tragödie im Ensemble der dramatischen Formen auf Kosten der Komödie mit Abstand auf den höch-

---

[49] WS Bd. 1, S. 359.
[50] An Gotter, 10. V. 1775. Briefe von und an J. M. R. Lenz, gesammelt u. hrsg. von Karl Freye und Wolfgang Stammler, Leipzig 1918, Bd. 1, S. 105.

sten Wertplatz stellte, aufgehoben. Herder und Goethe sahen, obwohl sie um Klassifikationen unbekümmert und für die Vielfalt der Mischungen des Gegensätzlichen bei Shakespeare sehr offen waren, in ihm in der Tat nur den Dichter der Tragödie, des Tragischen. Lenz verfährt jedoch in den *Anmerkungen* nicht anders. Wenn er endlich auf die Komödie zu sprechen kommt, erweckt er den Eindruck, es gehe nur um eine Komplettierung, nicht aber um einen dringlichen Anlaß zu ausholendem Nachdenken. Ebenso zeigt die Selbstrezension zum *Neuen Menoza*, auf die wir jetzt zwecks Ergänzung der *Anmerkungen* mehrfach zurückgreifen müssen, daß Lenz theoretisch-poetologisch die Komödie im Rahmen der allgemeinen Kunst- und Bildungszustände nur als eine Stufe auf dem Weg zur Tragödie betrachtet hat. Erst sie war Resultat und Ziel der von ihm verlangten höchsten Bildungszustände, nämlich einer zum Bewußtsein der Freiheit gelangten Gesellschaft. Auf andere Weise legt Lenz die Komödie in die Zustände der Gesellschaft ein, aus denen sich ihre Form ergibt und auf die sie antwortet. Er versteht sie als den Spiegel des jeweils gegebenen Bildungsstandes der Gesellschaft. Er löst die nur inhaltbezogene Gattungstheorie der »späteren Kunstrichter, die nicht einsahen, warum der gröbere Teil des Volkes geneigter zum Lachen als zum Weinen« ist,[51] durch eine bildungssoziologische Gliederung des Publikums ab. Die Tragödie ist danach nur für dessen ernsthafteren Teil zugänglich; bei den Griechen, wie es jetzt mit einer Akzentverlagerung heißt, als »Verewigung merkwürdiger Personen ihres Vaterlandes in auszeichnenden Handlungen oder Schicksalen«, bei Shakespeare als »wahre Darstellungen aus den Geschichten älterer und neuerer Nationen«. Hingegen wurden die Komödien von jeher für das Volk bestimmt. Je näher es sich dem Zustand der »Wildheit« befand, um so mehr mußte sich die Komödie an das Komische und Niedrig-Possenhafte halten. Je mehr der Bildungsstand des Publikums zunahm, um so mehr mußte sie sich in ihren Stoffen und Wirkungsmitteln der Gesellschaft, damit dem Problematischen nähern, das, so darf man hinzusetzen, zunehmend das Komische durchsetzte und veränderte. »Komödie ist Gemälde der Gesellschaft, und wenn die ernsthaft wird, kann das Gemälde nicht lachend werden. Daher schrieb Plautus komischer als Terenz, und Moliere komischer als Destouches und Beaumarchais.« Das Bewußtsein des Publikums wird zum Ernsthaften gebildet, wo und wenn es zu einem Bewußtsein des Ernsthaften in der gesellschaftlichen Wirklichkeit gelangt. »Daher müssen unsere deutschen Komödienschreiber komisch und tragisch zugleich schreiben, weil das Volk, für das sie schreiben, oder doch wenigstens schreiben sollten, ein solcher Mischmasch von Kultur und Rohigkeit, Sittigkeit und Wildheit

---

[51] WS Bd. 1, S. 419.

ist.«[52] Der Zustand der Ungleichheit in der Gesellschaft, die Lenz als das ganze Volk mit seinem Drama erreichen wollte, ist also eine Begründung der tragikomischen Mischform. Nicht zufällig leitet er die zitierte Autorenreihe mit Plautus ein. Seine Bearbeitungen der Spiele des Römers in den Jahren 1772 und 1773, diese Bemühungen um einen »deutschen Plautus«, die er doch im Eingang der *Anmerkungen* selbst ironisierte, legten sie zwar in die zeitgenössische deutsche Gesellschaft ein, doch gewann deren Problematisches in den witzigen Kombinationen der Intrigen und Täuschungen keinen Raum. Es überwiegt durchaus das Possenhaft-Komische, das sich aus der Fabel, der Konstellation der Begebenheiten und Situationen, also aus der »Sache« ergibt. Plautus war offenbar eine Stütze von Lenz' These, daß in der Komödie die Handlung, die Begebenheit der Hauptgegenstand sei, in welchen dann die Personen beliebig von dem Autor eingesetzt werden. Die Begebenheit konnte hier alle Rechte behaupten, denn sie bedeutete nicht ein Fatum, sondern sie setzte sich aus veränderbaren Zufällen zusammen. Das Vergnügen der Komödie lag darin, zuzuschauen, wie der Mensch die Begebenheiten nutzte und umkehrte. Hier war ein Raum der Spielfreiheit gesichert. Ebensowenig zufällig beendet Lenz seinen Autorenkatalog mit Beaumarchais, denn dieser Name bezeichnet in der Tat eine nahe Situation in der zunehmenden Problematisierung der Komödie. Beaumarchais legte, an der Schwelle zur großen Revolution, deutlich sozialkritische Tendenzen in die Komödie ein. Er war der Zeuge, daß ein Ernsthaftes in der Gesellschaft der Komödie den Raum des Lachens beschneiden mußte. Lenz vollzog, indem er, was er der Tragödie nahm, im erneuten Widerspruch zu Aristoteles der Komödie gab, eine entschiedene Abwendung von der herrschenden Typen- bzw. Charakterkomödie im 17. und 18. Jahrhundert, die, konfrontierend mit dem abweichenden Menschen, seinen Lastern, Fehlern oder Schwächen und Verirrungen, gerade eine Bestätigung der festen Normen und Werte der Gesellschaft gewesen war. In ihr wurde die komische Mittelpunktsfigur, um die sich die Handlung oder Begebenheit drehte, entlarvt, verlacht oder in eine Harmonie mit der Gesellschaft zurückgeführt. Lenz dreht hingegen das Verhältnis zwischen Tragödie und Komödie völlig um. »Die Hauptempfindung in der Komödie ist immer die Begebenheit, die Hauptempfindung in der Tragödie ist die Person, die Schöpfer ihrer Begebenheiten.«[53] In der Komödie geht es um eine »Sache«; dazu kann auch »irgendeine Grille eines seltsamen Kopfes«,[54] gleichsam eines Kopfes ohne eine ganze, volle Person werden. Die Komödie kann die Charaktere nicht als handelnde Menschen in sich aufnehmen, da das Handeln immer einen Ernst des Handelns bedeuten muß. »Die Personen sind

[52] WS Bd. 1, S. 419.   [53] WS Bd. 1, S. 359.   [54] WS Bd. 1, S. 361.

für die Handlungen da – für die artigen Erfolge, Wirkungen, Gegenwirkungen, ein Kreis herumgezogen, der sich um eine Hauptidee dreht – und es ist eine Komödie.«[55] Ihr Schauplatz ist die Gesellschaft – jene Gesellschaft, die den Helden und Charakter ausschließt, der »allein der Schlüssel ist zu seinen Schicksalen«. Der Autor der Komödie gewinnt »jene halbe Authentizität *eines Geschichtsschreibers*«, die Lenz in der Selbstrezension des *Neuen Menoza* sich zuspricht.[56] Die Begebenheiten in der Komödie sind, da sie das »Gemälde der menschlichen Gesellschaft« ist, naturgemäß Begebenheiten in dieser Gesellschaft, für welche die Personen als Glieder, Räder oder Teile eingesetzt werden; in sie eingebunden, ihnen untergeordnet, nicht also handelnde Menschen, sondern, wie es an einer früheren Stelle in den *Anmerkungen* hieß, Charaktermasken, Marionettenpuppen, im besten Falle mit geeinzelten Karikaturzügen. Lenz hat es betont, daß in der Komödie nicht verlangt würde, die ganze Person zu kennen.[57] Das Gemälde der menschlichen Gesellschaft forderte gewiß »Alltagscharaktere«, die treffend ähnlich dem gewöhnlichen Leben entnommen waren, aber das Gesetz ihrer theatralischen Darstellung verlangte zusätzlich deren Verstärkung und Aufhöhung, eine eigene Qualität des Ausdruckshaften bis hin zu dem, was Lenz eine Karikatur nannte. Die authentische Abbildung der Gesellschaft erhielt dort eine Grenze, wo die Personen der komischen oder tragischen Spielsituation unterzuordnen waren.[58]

Die Gesellschaft ist der Ring, der diese Personen in der Komödie umschließt – »ein Kreis herumgezogen« –, und sie ist an den Platz des eisernen Schicksals in der griechischen Tragödie getreten. Man hat gesagt, in dem Drama von Lenz sei das Schicksal stets in einer geschlossenen Gruppe von Menschen verkörpert, die als ein gegebenes Ganzes dem Helden gegenübersteht.[59] Man muß dies konkreter formulieren: in seinen Dramen stellt sich ein Gegenüber von Einzelnen und Gesellschaft ein, wobei fast jeder, der ihr zugehört, seinerseits in solche Vereinzelung geraten kann. Niemand kann aus ihr heraustreten, seine Abhängigkeit von ihr auflösen; jeder ist ihr ausgesetzt. Zwar setzt Lenz dem Gottesdienst der alten Tragödie, der »nur blinde und knechtische Furcht« erzeugte, die Komödie als ein »artiges« Spiel, »eine Mißheirat, ein Fündling« gegenüber.[60] Das war wohl von Plautus her gedacht. Eine andere Ernsthaftig-

---

[55] WS Bd. 1, S. 361.   [56] WS Bd. 1, S. 416.
[57] Zum Marionettenhaften der Figuren im »Hofmeister« s. Schöne, S. 97.
[58] Dazu Walter Hinck, Das Lustspiel des 17. u. 18. Jh.s und die italienische Komödie. Commedia dell'Arte und Théâtre italien, Stuttgart 1965, S. 328.
[59] G. Hausdorff, Die Einheitlichkeit des dramatischen Problems bei J. M. R. Lenz, Diss. Würzburg 1913, S. 55 u. ö.
[60] WS Bd. 1, S. 361.

keit, die aus ihr das Lachen vertreibt, fordert hingegen die Komödie, die in der gegenwärtigen menschlichen Gesellschaft spielt. Es ist die Gesellschaft, die Lenz in dem Aufsatz über *Götz von Berlichingen* beschrieben hat. »Ein Ball anderer zu sein, ist ein trauriger, niederdrückender Gedanke, eine ewige Sklaverei, eine nur künstlichere, eine vernünftige, aber um dessentwillen desto elendere Tierschaft.«[61] Es bedarf hier keiner Darlegung, in welchem Umfange die von Lenz geschilderte dramatische Welt im *Hofmeister*, im *Neuen Menoza* und in den *Soldaten* eine Gesellschaftswelt der Unfreiheit und des Zwanges ist und wie diese Unfreiheit die Situation des Menschen in das Tragische trübt, auch wenn er, dem Gewöhnlichen in treffender Ähnlichkeit entnommen, jene dem Spiel- und Bühneninteresse gemäße Verstärkung und Überhöhung erhält, die ihn eben mitunter der Karikatur nähert. Denn sie spricht die Sprache der unverfälschten Wahrheit. »Ohne Freiheit geht das Leben bergab rückwärts, Freiheit ist das Element des Menschen wie das Wasser des Fisches, und ein Mensch, der sich der Freiheit begibt, vergiftet die edelsten Geister seines Bluts, erstickt seine süßesten Freuden des Lebens in der Blüte und ermordet sich selbst.«[62] Karl S. Guthke hat zu Recht davon gesprochen, daß in Lenz' Tragikomödie das Tragische in der Situation, in einer Begebenheit, die in eine Zwangslage versetzt, liege, in der das Geschick der Figuren, auch wenn sie auf das Komische angelegt sind, tragisch werden muß.[63] Während im Lustspiel der Aufklärung der Charakter die Ursache seiner Verirrungen und Verwirrungen war, ist hier die Situation in der Gesellschaft potentiell tragisch. Die Tragödie der Griechen wurde durch das neuzeitliche Bewußtsein kritisch demaskiert; ihr blindes Fatum ist zur abscheulichen Groteske geworden, die sich in dem rasenden Oedip, der in jeder Hand ein Auge mit sich trägt, verbildlicht. Das durchschaute Schreckliche schlägt in das Groteske um. »Was ehmals auf dem Kothurn ging sollte doch heutzutag mit unsern [Leuten] im Soccus reichen. Soviel Trauerspiele sind doch nicht umsonst gespielt worden, was ehemals grausen machte, das soll uns lächeln machen.«[64] Wie der Mensch frei wurde von dem blinden Despotismus des archaischen Fatums und es nur noch als eine Groteske bürgerlicher Helden und als ein Vergehen gegen die Freiheit und Selbstverantwortung des Menschen, im Widerspruch zum höchsten Wesen als eine Gotteslästerung[65] erkennen kann, so muß jetzt das Komische, als Spiegel der ernsthaft gewordenen Gesellschaft, in der Vereinigung des Tragischen und Komischen, des Ernsten und des Satirischen, des Schrecklichen und des Grotesken den Weg freimachen zu einem neuen

---

[61] WS Bd. 1, S. 378.
[62] Der Hofmeister, II, 1, WS Bd. 2, S. 25.
[63] Karl S. Guthke, Geschichte und Poetik der Tragikomödie, Göttingen 1961, S. 69.
[64] WS Bd. 2, S. 275.   [65] WS Bd. 1, S. 358.

ernsten Drama, in dem sich der frei handelnde Mensch zu seiner Größe und hohen Tragik entfalten kann. In diesem Drama würde, in einer anderen Gesellschaft, der Schritt zur erneuerten Tragödie vollzogen sein. Wir sind damit an dem Punkt angelangt, in dem sich die Tragikomödie von Lenz aus seinen poetologischen Reflexionen herauslöst.

In ihr hat sich die Form des gesellschaftskritischen und »offenen« Dramas zuerst im neuzeitlich weiterwirkenden Sinne verwirklicht. Sie hat die dramatische Sprache für die Problematik des Menschlichen innerhalb der Problematik der Gesellschaft geschaffen. Es ist hier nicht mehr der Ort, auszuführen, daß nur in ihr solche Problematik adäquat eingefangen und ausgedrückt werden kann. Es darf jedoch auch nicht vergessen werden, daß Lenz diesen Typus des in der Mischung von Tragischem und Komischem offenen Dramas nur als eine Zwischenform, als etwas Vorbereitendes und Überleitendes gewertet hat – als die Widerspiegelung der Zerspaltenheit der deutschen zeitgenössischen Gesellschaft im »Mischmasch von Kultur und Rohigkeit, von Sittigkeit und Wildheit«. Die Tragikomödie ist das Abbild einer durchaus dissonanten Gesellschaft: in dem wahren Porträt von deren »Fratzengesichtern«[66] wie in ihrer Form. Sie deckt diese Gesellschaft in den Bildern des Schrecklichen und Grotesken, des Bösartigen und des Lächerlichen auf, so jedoch, daß beides gegenseitig durchschaubar und derart auch überwindbar wird: mit dem Aspekt zum Drama der frei handelnden, selbständigen Geschöpfe im erhöhten Bildungszustande des ganzen Volkes, das nichts als die große Charaktertragödie sein soll. »So erschafft der komische Dichter dem tragischen sein Publikum.«[67] Wir gehen damit weiter als Karl S. Guthke, der, sich zu eng an Lenz' eigene, nicht eben präzise Formulierung haltend, vorwiegend von einer Erziehung des Publikums spricht, die von der Mischung des Komischen und Tragischen ausgehen soll; von einer Erziehung, die die Ungebildeten vorerst mit dem Komischen befriedigt, aber, indem so mit ihm das Tragische in verschiedenen Schattierungen verknüpft wird, sie für es bereits aufnahmefähig macht. Dies würde eine Zwiespältigkeit in der Wirkung bedeuten, die, nach Guthke, nur in der Sicht des Dichters aufgehoben sei. »Er selbst sieht in seiner historischen Übergangstellung mit seinen ›idealen‹ Zuschauern das Tragische und das Komische in eins: sieht die Tragikomik dessen, was dem einen im Publikum noch als Komik, dem andern schon als Tragik erscheint.«[68] Die Tragikomödie zielt jedoch weiter – auf eine Bildung des Publikums, aus der sich eine freie und ungeschiedene Gesellschaft endlich entwickeln soll. In dieser Gesellschaft würde es mit dem frei han-

---

[66] Gesammelte Schriften, hrsg. von Franz Blei, Bd. 3, S. 26.
[67] WS Bd. 1, S. 419.   [68] K. S. Guthke, a.a.O., S. 54.

delnden Charakter erneut die Tragödie und, weil das Ernsthafte, das jetzt dem problematischen Zustand der Gesellschaft entspringt, überwunden wäre, auch wieder die Komödie der artigen, heiteren Begebenheiten geben. Beides setzt den Zustand der gesellschaftlichen Freiheit voraus. »Der Dichter weiset anschauend und sinnlich, wie es ist, aufs höchste, wie es nach gewissen gegebenen Umständen sein kann«, schrieb Lenz in der *Verteidigung des Herrn W. gegen die Wolken*.[69] Aus dieser Vorausschau auf eine Gesellschaft, wie sie sein kann, läßt sich die Tragweite von Lenz' Satz verstehen: »Ich nenne durchaus Komödie nicht eine Vorstellung, die bloß Lachen erregt, sondern eine Vorstellung, die für jedermann ist.«[70] Sie ist nicht lediglich eine Erziehung der Ungebildeten, sondern eine Aufklärung für alle über den Zustand der Gesellschaft um einer neuen, anderen Gesellschaft willen.[71] Überblickt man von diesem Resultat her die *Anmerkungen übers Theater* und die übrigen theoretisch-kritischen Äußerungen von Lenz, so wird deren Einheit ungeachtet vieler einzelner Unklarheiten und Unstimmigkeiten deutlich; zugleich auch die Einheit der Grundkonzeption, die dem *Hofmeister*, dem *Neuen Menoza* und den *Soldaten* zugrunde liegt.

---

[69] WS Bd. 1, S. 348.   [70] WS Bd. 1, S. 418.
[71] Wie auch hier die Bestimmung des Dramas mit Lenz' eigenem Religionsbegriff zusammenhängt, verdeutlicht seine Erklärung in »Stimmen des Laien auf dem letzten theologischen Reichstage im Jahre 1773«, wo es heißt: »die weltliche Theologie oder der Naturalismus, den ich Ihnen predige, beschäftigt sich mit unserer Bestimmung in dieser Zeitlichkeit«, WS Bd. 1, S. 569. Lenz nannte diese Schrift den »Grundstein meiner ganzen Poesie, aller meiner Wahrheit, all meines Gefühls«.

LE «PANDAEMONIUM GERMANICUM»

par Jean MURAT
Paris.

Le *Pandaemonium Germanicum* fut écrit entre avril et juillet 1775, c'est donc un produit de la période strasbourgeoise de la vie de Lenz. C'est une sorte de revue de cabaret ou de revue d'étudiants, où une série de personnages bien vivants sont portés directement à la scène : Goethe, Wieland, Klopstock, Herder et bien d'autres, y compris l'auteur lui-même. L'ensemble se présente comme une série de tableaux réunis en trois actes d'inégale longueur par un lien au demeurant fort lâche. L'aspect revue est souligné par la recherche de la caricature, de l'effet, de la formule concise. On ne peut parler de pièce « à clefs » car les écrivains mis en scène portent leur propre nom et les allusions sont le plus souvent transparentes.

Les deux manuscrits qui ont été conservés [1] présentent entre eux peu de différences, l'un étant simplement quelque peu abrégé et édulcoré par rapport à l'autre [2]. Les deux portent en marge la mention : *Wird nicht gedruckt* et, de fait, ne furent pas publiés. Après une première publication très erronée en 1819, il fallut attendre l'édition complète et bien documentée d'Erich Schmidt en 1896 [3].

Pourquoi le *Pandaemonium* ne fut-il pas publié dès 1775 ? On peut penser qu'il était avant tout destiné au petit cercle des amis de Lenz et non au grand public. Pourtant ce n'était guère alors l'habitude de Lenz de laisser dormir dans un tiroir un écrit auquel il tenait. C'est

---

1. Goethe und Schiller — Archiv, Weimar.
2. C'est cette seconde version que donnent la plupart des éditions et en particulier celle d'après laquelle nous citerons le *Pandaemonium* : J.M.R. LENZ, *Werke und Schriften*, Darmstadt, Wissenschafliche Buchgesellschaft, Bd I : 1966, Bd. II : 1967. Le *Pandaemonium* se trouve au tome II, p. 249-277, les variantes font apparaître la version plus complète mentionnée ci-dessus. (Nous citerons en abrégé W.S. II, et le N° de la page).
3. J.M.R. LENZ, *Pandaemonium Germanicum* (1775) nach den Handschriften herausgegeben und erläutert von E. Schmidt (Berlin 1896). La plupart des éditions ultérieures s'inspirent, dans leurs notes, des explications données par E. Schmidt.

lui qui avait publié en 1774 *Götter, Helden und Wieland,* cette satire de Goethe qui, en raison même des attaques directes qu'elle contient, n'est pas sans analogies avec le *Pandaemonium.* On sait que Goethe avait regretté ensuite d'avoir laissé publier cette satire trop personnelle. C'est l'époque de la guerre contre Wieland, Lenz y participe activement en raison des critiques sévères formulées par Wieland contre les *Anmerkungen übers Theater.* Lenz écrit alors *Die Wolken* mais cédant aux instances de ses amis, ne les publie pas [4]. C'est sans doute pour les mêmes raisons que le *Pandaemonium* resta lui aussi à l'état de manuscrit, les attaques qu'il contenait contre Wieland étant très personnelles et fort violentes, comme nous le verrons, même si Wieland n'était pas seul en cause. Enfin il est vraisemblable que Lenz songeait dès ce moment-là à s'installer à Weimar où Wieland se trouvait déjà et il eut été imprudent de trouver dans la place un ennemi puissant et bien en cour.

Trois aspects du *Pandaemonium* nous intéresseront particulièrement ici : les relations personnelles entre Lenz et Goethe, telles que les voit et les dépeint Lenz ; la critique de la littérature allemande antérieure à 1775 ou contemporaine ; enfin la définition que donne Lenz de ce que doit être la littérature nouvelle.

L'acte I du *Pandaemonium* est intitulé : *Der steile Berg.* Nous sommes effectivement en présence d'une montagne abrupte que tente de gravir une foule de personnages, qui culbutent et retombent à leur point de départ. Goethe et Lenz que nous voyons au pied de la montagne, s'apprêtent à l'escalader et ils y parviendront. Albrecht Schöne [5] se référant aux allusions bibliques que l'on trouve ça et là dans le *Pandaemonium* et se laissant aller à systématiser dangereusement, voit dans cette montagne le Sinaï. La tradition antique étant alors au moins aussi forte que la tradition biblique, il est plus simple de voir dans cette montagne une réplique du Parnasse. D'autre part n'est-ce pas presque un lieu commun de situer hors de portée des gens moyens l'absolu de la poésie ? et si l'on cherche une source plus directe à la scène imaginée par Lenz, pourquoi ne pas se référer à un passage de la *Gelehrtenrepublik* de Klopstock qui avait été publiée

---

4. Cf. W.S. I, 679.
5. Albrecht SCHÖNE, *Säkularisation als sprachbildende Kraft-Studien zur Dichtung deutscher Pfarrersöhne,* Göttingen, 1958, p. 84 sq.

un an auparavant en avril 1774 et dont on sait quel accueil enthousiaste elle trouva auprès de la jeune génération [6] ? L'une des mises en garde des *Aldermänner*, autorité suprême de la République s'intitule *Der Scheideweg* et commence ainsi : « Der Tempel der Wahrheit liegt auf einem hohen Felsen. Zwei Jünglinge gingen miteinander auf der Heerstrasse. Jetzt waren sie an einem Fusssteige, der von der Heerstrasse ab, und in Büsche hinein lief ... » [7]. La situation initiale est donc la même que dans le *Pandaemonium*.

Si le but que visent Goethe et Lenz est le même, leurs routes malgré tout divergent. Ils se séparent avant de commencer l'ascension. Chacun d'eux, dans le domaine de la création poétique, s'engage dans sa propre voie, il n'est pas question pour Lenz de faire violence à sa personnalité et de simplement suivre Goethe. Mais il est conscient du soutien que Goethe aurait pu lui apporter [8] et s'il arrive à rejoindre celui-ci, c'est au prix d'efforts laborieux tandis que Goethe a gravi la pente avec la plus grande facilité. C'est dire que Lenz admet que les dons poétiques de Goethe sont supérieurs aux siens ; il voit en lui le chef de file incontesté dont il avait besoin et qu'il avait longtemps cherché [9]. Goethe et Lenz continuent leur route ensemble et Lenz se plaît à souligner l'aide que lui apporte celui qui n'était que de deux ans son aîné [10]. Lenz reconnaît donc sans réticences la supériorité de Goethe et nous verrons un peu plus tard les incidences d'une telle attitude sur le plan littéraire, Lenz laissant même un autre personnage l'appeler « imitateur de Goethe » [11].

Mais cette humilité sincère s'allie chez Lenz au sentiment, non moins sincère, de la valeur de sa propre personnalité. Ce qui l'attire

---

6. Le 10 juin 1774 Goethe faisait dans une lettre au Consul Schönborn un éloge quelque peu dithyrambique de l'ouvrage. Quant à Lenz il rappelle, indirectement, dans le *Pandaemonium* que la *Gelehrtenrepublik* a été publiée par souscription (W.S. II, 258). Il serait intéressant de consacrer une étude à l'influence de la *Gelehrtenrepublik* sur les écrits des jeunes *Stürmer und Dränger*. Dans le *Pandaemonium* cette influence est parfois d'ordre formel (une expression comme *die Nase rümpfen* vient directement de Klopstock qui désigne par là des sanctions contre les écrivains médiocres), mais le plus souvent ce sont les idées de Klopstock qui sont reprises par Lenz : la modestie qui est exigée des savants, le mépris pour la « plèbe » et les critiques, la condamnation des imitateurs et la nécessité corollaire de faire preuve d'originalité, voir de « génie ». Sur ces points nous nous permettons de renvoyer à notre ouvrage sur F.G. Klopstock, *Les Thèmes principaux de son œuvre*. Pub. de la Fac. des Lettres de Strasbourg, Fasc. 138, Paris, Les Belles-Lettres, 1959, p. 343 et suiv.
7. KLOPSTOCK, *Sämmtliche Werke*, Göschen, 1854-1855, VIII, 108.
8. « Ich fühl's, mit dir wär' ich gesprungen, wo ich itzt klettern muss ». (W.S. II, 251).
9. « Goethe, es ist mir, als ob ich meine ganze Reise gemacht, um dich zu finden ». (W.S. II, 252).
10. « Weiss er der Henker, wie mir mein Schwindel vergangen ist, seitdem ich dich unter den Armen habe » (W.S. II, 253).
11. « Kennen sie den Herrn Goethe ? Und seinen Nachahmer, den Lenz ? » (W.S. II, 255).

vers Goethe c'est une similitude de nature, une profonde fraternité d'âme [12] qui s'exprime dans cette phrase faussement naïve de Lenz : « Ist mir's doch als ob ich mit dir geboren und erzogen wäre » [13]. Cette estime était d'ailleurs, si nous en croyons Lenz, réciproque et, à cette époque, cela est sans doute vrai. Il croit pouvoir mettre dans la bouche de Goethe cette phrase révélatrice : « Bist mir willkommen, Bübchen ! Es ist mir, als ob ich mich in dir bespiegelte » [14]. Lenz se considère un peu comme l'alter ego de Goethe, ou peut-être serait-il plus juste de dire, comme une ébauche grossière de son ami, comme un génie certes, mais débutant [15], qui a besoin pour parvenir à son plein épanouissement de l'aide de son aîné.

**

C'est à l'acte II, qui se passe dans le Temple de la Gloire, que Lenz fait la critique de la littérature contemporaine. Négative ou positive selon les cas, cette critique tente aussi de rester objective. Remarquons d'ailleurs que le genre même choisi par Lenz, celui de la revue satirique, l'obligeait à ne faire qu'une critique rapide donc fragmentaire et bien souvent caricaturale. Le portrait de Gellert est assez bien venu. Lenz souligne son goût du naturel et même du naturalisme, la peinture sans indulgence qu'il fait des hommes, mais aussi sa piété, son sens de la charité chrétienne et il montre avec raison que Gellert n'arrive pas toujours à concilier des qualités aussi dissemblables. Rabener entre en scène en tenant en mains, comme il se doit, le miroir déformant de la satire. La critique que Lenz fait de l'Anacréontisme est en revanche confuse et en fin de compte injuste. Il englobe dans la même accusation de grossièreté et de pornographie gratuites des auteurs de second ordre comme Rost, un satiriste comme Liscow et un critique comme Klotz, ces deux derniers, poussés par les Français qui assistent à la scène, n'hésitant pas à « ôter la culotte » pour mettre en fuite les honnêtes dames. On ne sait si Gleim et Uz qui entrent en scène et s'emparent de la lyre d'Anacréon, sont englobés dans cette condamnation. Cela est vraisemblable car les deux Fran-

---

12. C'est le terme de *Bruder* qu'ils emploient l'un comme l'autre en s'interpellant (W.S. II, 252 et 276).
13. W.S. II, 252.
14. W.S. II, 253.
15. Un des personnages définit Lenz en ces termes : « Ein junges aufkeimendes Genie aus Kurland » (W.S. II, 256). C'est ainsi que Schubart avait présenté Lenz dans sa *Deutsche Chronik* en 1774.

çais qui poussent Gleim en avant, ajoutent : « En voilà un qui ne dit pas le mot, mais il semble bon enfant, voyez comme il se plaît à tout cela, comme il sourit secouant la tête » [16].

Mais les attaques les plus féroces sont dirigées contre le dramaturge Christian Felix Weisse [17] et Wieland. C'est tout le théâtre allemand contemporain que Lenz critique à travers Weisse. Il ne voit dans ce théâtre qu'imitation du théâtre français qui n'était lui-même qu'une imitation du théâtre antique. On retrouve là les arguments traditionnellement mis en avant à cette époque que ce soit par Lessing, par Goethe, par Herder ou par d'autres encore. Sans remonter jusqu'à Lessing et sa *Dramaturgie* et pour rester dans le cercle des amis de Strasbourg, n'oublions pas que Herder dans son essai sur Shakespeare, paru en 1773 dans le recueil *Von deutscher Art und Kunst*, employait à propos du théâtre français des expressions aussi désobligeantes que *Puppe, Nachbild, Affe, Statue* [18] et l'on peut lire de même dans le discours de Goethe *Zum Shakespears Tag* : « Nun sag ich geschwind hinten drein : Französchen, was willst du mit der griechischen Rüstung, sie ist dir zu gross und zu schwer » [19]. La seconde partie de la critique de Lenz s'articule logiquement sur la première : il est évident que dans ces conditions il est dangereux pour le théâtre allemand de se borner à copier le théâtre français. Quel nouveau modèle choisir sinon Shakespeare comme l'ont, peu de temps auparavant, recommandé Herder et Goethe ? et c'est pourquoi le spectre de Shakespeare apparaît dans le *Pandaemonium*.

C'est alors que Lenz attaque Weisse qu'il accuse de brouiller les cartes. Weisse est aux yeux de Lenz un opportuniste qui écrit selon la mode du jour, ou mieux, selon les modes du jour, même si elles sont contradictoires, puisqu'il essaye de plaire à la fois à ceux qui se réclament du théâtre classique français et à ceux qui ne jurent que par Shakespeare qu'ils viennent de découvrir. Son habit même trahit ce désir coupable de plaire à tout le monde : « Er tritt herein in einem französischen Sammetkleide mit einer kurzen englischen Perücke » [20].

16. En français dans le texte (W.S. II, 264).
17. Christian Felix Weisse (1726-1803), auteur de nombreuses pièces de théâtre, est connu pour ses démêlés avec Gottsched. Il transposa des pièces de Shakespeare dans le ton du classicisme et de la comédie larmoyante. Il composa également des *Singspiele*. Il serait intéressant de consacrer une étude à cet auteur certes de second plan, mais dont l'influence était grande à l'époque.
18. J.G. HERDER, *Shakespeare* in *Sturm und Drang. Kritische Schriften*, Heidelberg, Lambert Schneider, s.d. (1949) p. 562.
19. J.W. GOETHE, *Zum Shakespears Tag* in *Sturm und Drang-Kritische Schriften*, ouv. cité, p. 696.
20. W.S. II, 271.

Lenz critique donc à travers Weisse tous ceux qui écrivent non par vocation et par conviction, mais pour suivre la mode et voler ainsi au secours du succès.

L'attaque contre Wieland est brève mais violente et importante. Il faut rappeler qu'elle s'insère dans cette polémique ou plutôt cette guerre ouverte que le *Sturm und Drang* mène alors contre Wieland. Ce que Lenz lui reproche avant tout ici c'est son hypocrisie et les contradictions fondamentales auxquelles l'a entraîné le caractère radical de son évolution. Lenz nous le montre d'abord chassant les poètes anacréontiques de la scène au nom de la morale ; puis lorsqu'il s'est bien composé un public en se faisant le chantre de la vertu et de l'au-delà, il s'empare de la lyre d'Anacréon, la répare et se met en devoir d'en jouer. Il est donc plus dangereux que les premiers poètes anacréontiques qui avaient l'avantage d'être francs et de ne pas duper leur public. D'où la réflexion des Français qui assistent à la scène : « Ah le gaillard ! Les autres s'amusaient avec des grisettes, ceux-là débauchent les honnêtes femmes » [21]. C'est cette influence pernicieuse de Wieland, ce manque de spiritualité et d'idéal que Lenz dénonce également dans une lettre à Sophie La Roche. Il explique à cette dernière pourquoi il peut aimer en Wieland l'auteur comique mais pourquoi il ne peut s'empêcher de le haïr en tant que philosophe : « Er glaubt den Menschen einen Dienst zu erweisen, wenn er ihnen begreiflich macht, ihre Krafte seyn keiner Erhöhung fähig. Und wer lässt sich das nicht gern einbilden, und beharrt gern auf dem Sinnlichen, zu dem er die meiste Gravitation fühlt » [22]. Cette attitude à l'égard de Wieland était commune à tous les *Stürmer und Dränger*, mais c'était aussi celle des poètes du *Göttinger Hainbund*, qui cette même année 1775, le jour de l'anniversaire de Klopstock, brûlèrent l'effigie de celui qu'ils considéraient comme le « chantre de la volupté ». C'est à l'hypocrisie de Wieland que s'en prend Lenz lorsqu'il rapporte — en le transposant — un incident qui fit alors grand bruit dans le petit cercle de Strasbourg. Sophie La Roche avait confié son roman *Die Geschichte des Fräulein von Sternheim* (1772) à Wieland qui le publia sans nom d'auteur avec une préface fort tiède [23]. Dans le *Pandaemonium* Sophie connaîtra, grâce à Goethe, une éclatante revanche [24].

---

21. En français dans le texte (*W.S.* II, 265).
22. W.S. I, 679.
23. W.S. II, 266 et 757.
24. Lenz met dans la bouche de Goethe les paroles suivantes : « Errötest du nicht, Wieland ? verstummst du nicht ? Kannst du ein Lob ruhig anhören, das so viele Schande über dich zusammenhäuft ? Wie, dass du nicht deine Leier in den Winkel warfst, als die

Formant comme un contrepoint à ces attaques virulentes, les maîtres à penser de la jeune génération occupent dans le *Pandaemonium* une place d'honneur, quoique Lenz soit malheureusement moins explicite dans ses louanges que dans ses blâmes. Ces exemples vivants sont au nombre de trois et le jeu de scène indiqué par Lenz prouve bien qu'il ne veut pas les séparer, qu'il les réunit tous les trois dans une même admiration : « Lessing, Klopstock, Herder treten herein umarmt » [25].

Klopstock apparaît comme le patriarche [26]. Nous l'avions déjà vu à l'acte I où Goethe le rencontrait au sommet de la montagne. Il nous est présenté ici à la fois comme celui qui a redonné la vie à la poésie antique, ce qui ne peut nous surprendre et comme l'un de ceux qui ont découvert Shakespeare. Cette fraternité que Lenz croit découvrir entre Klopstock et Shakespeare et qu'il traduit par un jeu de scène et une apostrophe de Shakespeare [27] est assez surprenante. Klopstock n'a guère connu ou apprécié Shakespeare. Il n'existait en 1775, à son propos, qu'un texte de Klopstock, une épigramme *Darstellung ohne Schönheit* qui n'est qu'à demi laudative [28]. Plus tard, dans une conversation avec Wordsworth il traitera même Shakespeare d'extravagant [29]. Peut-être Lenz pensait-il en écrivant cela à la *Hermanns Schlacht*, ce « Bardit » publié par Klopstock en 1767. En fait il est abusif de prononcer le nom de Shakespeare à propos de ce bardit qui se réclamerait plutôt d'Ossian, mais il semble bien que pour Lenz, et pour ses amis vraisemblablement, tout ce qui n'est pas classique puisse être qualifié de shakespearien !

Quant à Lessing c'est, comme on pouvait le penser, dans le domaine du théâtre que selon Lenz son influence s'est particulièrement exercée : il a révélé Plaute aux Allemands, mais surtout il a attiré leur attention sur la société contemporaine et sur ce point son influence sur Lenz sera déterminante [30].

Dame dir das Bild gab, demütig vor ihr hinknietest und gestandst, du seist ein **Pfuscher**! das allein hätte dir Gnade beim Publikum erworben, das deinem Wert nur **zuviel** zugestand » (W.S. II, 269).
25. W.S. II, 273.
26. « Klopstock in der Mitte... » (W.S. II. 273).
27. Klopstock (vor Shakespeare, sieht ihn lange ins Gesicht) « Ich kenne dies Gesicht ». Shakespeare (schlägt den andern Arm um Klopstock) « Wir wollen Freunde sein » (W.S. II, 274).
28. FG. KLOPSTOCK, *Sämmtliche Werke*, ouv. cité, V. 325.
29. « Shakespeare, who often was extravagant ». Entretien rapporté par S.T. COLERIDGE dans *Biographia Literaria*, Satyrane's Letters. Dent, London, 1921, Everyman's Library Nr. 11, p. 300.
30. Lessing : « So gebt doch auf die menschliche Gesellschaft acht, mischt euch **unter** sie, lernt ab, was ihr schildern wollt und dann lernt den alten ihre Manier ab (Wirft Minna von Barnhelm unter sie...) ». Variante citée par W.S. II, 750.

Le rôle de Herder est malheureusement moins nettement marqué que celui de Klopstock ou de Lessing. On pourrait penser qu'aux yeux de Lenz il se confond avec la nouvelle génération : il n'a guère que cinq ans de plus que Goethe, sept de plus que Lenz. Or il n'en est rien. Le fait même que Herder soit mis sur le même plan que Klopstock et Lessing, fait de lui un maître et un précurseur plus qu'un contemporain. C'est d'ailleurs à celui qu'il considère comme le guide éclairé d'une jeunesse qui se cherche que Lenz rend hommage au dernier acte du *Pandaemonium* : « Tausend Unglücklichen, verirrten ein Retter, die sonst nicht wussten, wo sie hinauswollten, und in dieser tödlichen Ungewissheit an Felsenwänden kratzten » [31]. Sous le ton ampoulé on devine une reconnaissance sincère. N'est-ce pas Herder qui a incité Lenz à écrire ses premières œuvres, comme le rappelle, dans une transposition transparente, le *Pandaemonium,* n'est-ce pas lui qui, en critiquant ses œuvres avec autant de sévérité que de bienveillance, lui a montré la route à suivre [32] ?

**

La nouvelle génération est représentée par Goethe et Lenz qui, avec des personnalités et des moyens différents, ont des objectifs semblables. Comme on pouvait s'y attendre, les déclarations de Lenz ont souvent le ton d'une profession de foi, d'un « credo » poétique. D'autre part c'est dans la bouche de Lenz également que nous trouvons la plupart des réflexions concernant le théâtre.

L'entrée en scène de Goethe (II, 3) relève de la farce :

Goethe (stürzt herein in Tempel, einen Knochen in der Hand). « Ihr Deutsche ? — Hier ist eine Reliquie eurer Vorfahren. Zu Boden mit euch und angebetet, was ihr nicht werden könnt » [33].

Cet os que Goethe brandit, c'est *Götz von Berlichingen*. On remarque que Lenz attire l'attention sur le caractère allemand de la pièce. Il écrivait de même dans la brève étude intitulée *Über Götz von Berlichingen* : « Lasst uns den Charakter dieses antiken deutschen Mannes erst mit erhitzter Seele erwägen und wenn wir ihn gut finden, uns eigen machen, damit wir wieder Deutsche werden, von denen wir so weit weit ausgeartet sind » [34]. On retrouve là un écho des tendances

---

31. W.S. II, 277.
32. W.S. II, 274-275.
33. W.S. II, 266.
34. W.S. I, 380-381.

« allemandes » des conceptions de Goethe à cette époque, conceptions partagées par Lenz.

Goethe après avoir traîné Wieland par les cheveux, comme jadis Achille avait traîné Hector, s'empare de la lyre et tire de l'instrument, pourtant désaccordé, des sons qui font pleurer l'assistance [35]. La poésie allemande a été, aux yeux de Lenz, déformée par l'anacréontisme. Goethe fait table rase, entraîne tout le monde à sa suite : c'est le triomphe du naturel sur l'artificiel, de l'*Erlebnis* sur le conventionnel, c'est une poésie sortie du cœur et qui s'adresse au cœur (« Jedermann weint »).

Bornons-nous à indiquer enfin que Lenz prend parti — en faveur de Goethe naturellement — dans la querelle de *Werther*, qu'il nous montre attaqué par l'orthodoxie et par les honnêtes gens bornés et à morale étroite (II, 4).

La profession de foi poétique de Lenz est, cela va de soi, plus largement développée.

La nécessité de l'originalité, sur quoi la *Gelehrtenrepublik* de Klopstock avait attiré peu de temps avant l'attention, est, pour Lenz comme pour ses compagnons, la condition première de toute création poétique. Mieux vaut ne rien écrire qu'imiter ses devanciers [36]. Rien d'étonnant non plus que Lenz place le sentiment à l'origine de toute œuvre digne de ce nom [37]. Plus intéressant est son souci de peindre les hommes d'après nature : « Wenn Ihr wollt, Herr, stell ich Euch gleich ein paar Menschen hin, wie Ihr sie da vor Euch seht » [38]. Ce souci semble avoir été partagé par tous les jeunes poètes de l'époque. Goethe, selon Lenz, se réclame également de ce principe [39]. Il y aurait lieu ici de rappeler que le jeune Schiller pensait lui aussi s'inspirer de cette règle en écrivant les *Räuber* [40]. Sans doute serait-il bon de consacrer

---

35. Goethe : « Ich will euch spielen, obschon's ein verstimmtes Instrument ist ». (Setzt sich hin, stimmt ein wenig und spielt. Jedermann weint). (W.S. II, 267).
36. Ich will nicht hinterherzeichnen — oder gar nichts (W.S. II, 275).
37. Parlant de son œuvre qu'il désigne comme son « fils » (Sohn) ; Lenz s'écrie : « Das Gefühl, an diesem Herzen ist er warm geworden, hier hat er sein Feuer und alle gutartige Mienen bekommen, die andern Leuten an seinem Gesicht Vergnügen machen, ist stärker und göttlicher, als alles Schnettern der Trompete der Fama eins aufschütteln kann. Dies Gefühl ist mein Preis und der angenehme Taumel, in den mich der Anblick eines solchen Sohnes bisweilen zurücksetzt, und der fast der Entzückung gleicht, mit der er geboren ward » (W.S. II, 257).
38. W.S. II, 275.
39. Goethe s'adressant aux journalistes leur dit : « Sagt mir, ob's mir in meiner Kunst geglückt ist, ob ich wo einen Strich wider die Natur gemacht habe, und denn sollt ihr mir vollkommen sein » (W.S. II, 259-260).
40. Cf. en particulier : « jeder dramatische Schrifsteller ist zu dieser Freiheit berechtigt, ja sogar genötigt, wenn er anders des getreue Kopist der wirklichen Welt sein soll ».

une étude à ce souci de « faire vrai » et de voir dans quelle mesure la réalité correspond à la théorie.

Ce principe a, en ce qui concerne le théâtre, une conséquence importante. Comment peindre les hommes d'après nature sans prendre les modèles dans la société contemporaine ? D'où cette profession de foi capitale de Lenz : « Ich nahm mir vor, hinabzugehn und ein Maler der menschlichen Gesellschaft zu werden » [41]. Il ne s'agit pas là, à notre avis, d'une découverte de la jeune génération : le souci de Lenz d'imiter, au bon sens du terme, les Anciens, qui avaient peint le monde qui les entourait, et de s'égaler ainsi à eux [42], se trouve déjà dans la *Dramaturgie* de Lessing.

Toutes ces conceptions ne sont donc pas personnelles à Lenz, elles sont dans l'air à l'époque et il serait difficile de trouver un jeune poète qui ne s'en réclamât pas. On nous permettra d'insister sur quelques points particuliers à Lenz et exposés par lui dans le *Pandaemonium*.

Quel sera tout d'abord le genre dramatique adapté au théâtre que nous venons de définir ? Ce ne sera pas la tragédie, que Lenz ne récuse pas, mais qu'il réserve aux grands sujets historiques ou bibliques. Ce ne sera pas non plus la tragédie bourgeoise, comme le souhaiterait Lessing [43]. Le genre adapté à la peinture de la société contemporaine ne peut être que la comédie : « Herr, was ehmals auf dem Kothurn ging, sollte doch heutzutag mit unsern im Soccus reichen » [44]. On se référera pour l'étude de cette nouvelle dramaturgie, qui est celle du tragi-comique, à l'ouvrage de René Girard [45]. Mais nous voudrions faire remarquer combien les conceptions de Friedrich Dürrenmalt, telles qu'il les expose en particulier dans les *Theaterprobleme*, son refus de la tragédie pour le théâtre contemporain, son souci de faire procéder le tragique du comique et de les lier intimement dans la comédie, sont proches de celles du *Sturm und Drang* et de celles de Lenz en particulier. Faut-il voir là une rencontre fortuite ou l'effet d'une influence directe ? Il est difficile de ce prononcer [46].

(*Unterdrückte Vorrede*. F. Schiller, *Sämtliche Werke*, Hanser Verlag, 1958, I. 482). Et c'est à propos de Franz Moor qu'il déclarait : « Ich denke, ich habe die Natur getroffen » (*Vorwort zum ersten Auflage*, ibidem, p. 486).

41. W.S. II, 260.
42. « Was den Alten galt mit ihren Leuten, soll uns doch auch gelten mit unseren » (W.S. II, 275).
43. W.S. I, 275.
44. W.S. II, 275.
45. René Girard, *Lenz, 1751-1792. Genèse d'une dramaturgie du tragi-comique*, Paris, Klincksieck, 1968.
46. Rappelons que Dürrenmat a suivi des cours de littérature (ceux d'Emil Staiger en particulier) pendant un semestre à Zurich et pendant plusieurs semestres à Berne.

Certes l'humanité que l'auteur dramatique pourra peindre en étudiant la société contemporaine, n'est pas belle, mais ce pessimisme, qui est peut-être la marque même de la jeunesse [47], n'empêche pas chez Lenz une générosité foncière, une foi solide en un avenir meilleur. Ces hommes auxquels rêve Lenz, qu'il voudrait peindre, qu'il peint même à la demande de Herder, ne correspondent pas à l'humanité que nous connaissons, ils sont trop grands pour être de notre époque, ce sont les hommes de l'avenir [48]. Et Lenz appelle de ses vœux cette race d'hommes qui fournira au théâtre, plus tard, les héros que le théâtre contemporain ne trouve pas dans la société qui l'entoure.

Mais cet idéal est-il réalisable ? Lenz le pense, l'espère, mais ne se juge pas capable d'y parvenir lui-même. Il se borne à souhaiter l'avènement de ce jour béni : « Möcht'ich die Zeiten erleben ! » [49]. C'est alors que se placent deux répliques qui certes ne surprennent pas, mais qui sont significatives. Klopstock, Lessing et Herder, en chœur, reconnaissent les mérites de Lenz et sa bonne volonté : « Der brave Junge. Leistet er nichts, so hat er doch gross geahndet » [50] : parole au fond amère d'un être conscient de ses limites et qui pressent peut-être aussi les dangers qui le guettent ! Mais Goethe est là, qui déclare simplement : « Ich will's leisten » [51]. Là encore Lenz reconnaît le génie créateur de Goethe. Il y a dans ses simples termes beaucoup de grandeur et de vraie modestie et l'on pense à cette dernière page de l'essai de Herder sur Shakespeare où Herder invite Goethe à devenir ce Shakespeare allemand qu'il appelait de ses vœux tout en sachant qu'il n'était pas lui-même capable de l'être [52]. La même lucidité se retrouve dans la mise en garde qui suit la déclaration de Goethe : une nuée de garçons chevelus (!) veut lui emboîter le pas. Mais dans une sorte d'apologue Goethe leur montre que seuls ceux qui sont habités par le génie créateur sont capables de créer quelque chose de durable [53]. Ce rappel à l'ordre s'adresse évidemment à tous ces écrivains de second ordre qui vivent dans le sillage de Goethe et

---

47. Citons ici encore Schiller : « Ich wünschte zur Ehre der Menschheit, dass ich hier nichts denn Karikaturen geliefert hätte, muss aber gestehen, so fruchtbarer meine Weltkenntnis wird, so ärmer wird mein Karikaturenregister ». (*Unterdrücke Vorrede*. SCHILLER, *Sämtliche Werke*, ouv. cité, I, 482). Or Schiller avait alors vingt-deux ans et Lenz en avait vingt-quatre lorsqu'il écrivait le *Pandaemonium* !
48. W.S. II, 275.
49. W.S. II, 276.
50. W.S. II, 276.
51. W.S. II, 276.
52. J.G. HERDER, *Shakespeare* in *Sturm und Drang-Kritische Schriften*, ouv. cité, p. 578.
53. W.S. II, 276-277.

de ses amis et qui ne sont que trop enclins à se considérer eux-mêmes comme des génies.

※

Sous son aspect tour à tour plaisant ou truculent de revue et de farce, le *Pandaemonium Germanicum* est donc plein d'enseignements. Il nous montre l'attitude de la jeune génération d'écrivains, ceux qui avaient environ vingt ans en 1770, à l'égard de ses aînés. Il nous rappelle le rôle privilégié joué par Goethe dans le petit cercle de ses amis strasbourgeois. Mais le *Pandaemonium* est aussi un document humain irremplaçable : il est le témoin de l'amitié joyeuse qui liait alors ces jeunes gens, et surtout il nous révèle un Lenz à la fois enthousiaste et lucide, féroce dans ses haines et passionné dans ses amitiés, conscient certes de ses propres limites, mais confiant aussi en sa valeur et dans l'avenir du théâtre allemand.

JAKOB M. R. LENZ INNERHALB DER GOETHE-SCHLOSSERSCHEN KONSTELLATION

von Heinz Otto Burger (Frankfurt/Main)

JOSEF KUNZ verdanke ich — unter manchem anderen — meine jüngste „deutschfranzösische Begegnung". In einer französischen Zeitschrift in deutscher Sprache ein französisches Buch über einen deutschen Dichter angezeigt und mit solcher Eindringlichkeit vorgestellt zu finden, daß man sofort selbst an der Diskussion teilnehmen möchte, „deutsch-französische Begegnungen" dieser gleichsam potenzierten Art machen allein die ‚Etudes Germaniques' möglich. JOSEF KUNZ hat im Jahrgang 1970 an das Buch von RENÉ GIRARD: ‚Lenz, 1751—1792, Genèse d'une Dramaturgie du Tragi-Comique', Paris 1968, weitgehende eigene ‚Überlegungen' angeknüpft. Was alles ich aus GIRARDS Buch und aus dem KUNZschen Aufsatz gelernt habe, lasse ich im Augenblick beiseite und halte mich an den Ausgangspunkt beider: die biographisch-psychologische Fragestellung. Warum sollte der Methodenpluralismus der heutigen Germanistik nicht auch die Biographie wieder zu ihrem Recht kommen lassen? Wie schon ALBRECHT SCHÖNE deuten GIRARD und KUNZ die Überlieferung von Lenz aus dem Vater-Sohn-Verhältnis.[1] Die Resultate überzeugen. Ohne Zweifel durchtränkt die Beziehung zum Vater Lenz' Fühlen, Denken, Schaffen. Und doch gibt es ja noch andere Menschen für ihn. Wichtig erscheint mir vor allem, die Konstellation zwischen Johann Georg Schlosser, Cornelia Schlosser-Goethe und Goethe selbst weiter zu klären und Lenz in sie einzubeziehen.

Ich gehe bis in die Kindheit von Goethe und Schlosser[2] zurück. — „Nimm dir ein Vorbild an den Schlossersbuben!", solche väterlichen Ermahnungen bei Tisch, die ihm sogar den Geschmack an seiner Leibspeise — Mutters Grüner Soße — ver-

---

[1] JOSEF KUNZ, Die Dramaturgie von J. M. R. Lenz. Einige Überlegungen zu RENÉ GIRARD, Lenz, 1751—1792, in: Etudes Germaniques 25 (1970), S. 53—61. ALBRECHT SCHÖNE, Die Wiederholung der exemplarischen Begebenheit: J. M. R. Lenz, in: A. Sch., Säkularisation als sprachbildende Kraft. Studien zur Dichtung deutscher Pfarrerssöhne (= Palaestra 226), Göttingen 1958, S. 76—115 (Analyse von *Der Hofmeister*).

[2] Bibliographie: ALFRED NICOLOVIUS, Johann Georg Schlossers Leben und literarisches Wirken, Bonn 1844. EDUARD HEYDEN, Gallerie berühmter und merkwürdiger Frankfurter, Eine biographische Sammlung, Frankfurt am Main 1861, S. 585—590. HERMANN DECHENT, Die Streitigkeiten der Frankfurter Geistlichkeit mit den Frankfurter gelehrten Anzeigen im Jahr 1772, in: Goethe-Jahrb. 10 (1889), S. 185 ff. Die Schlosser-Lavatersche Korrespondenz aus den Jahren 1771—1772, mitget. v. JACOB KELLER, in: Züricher Taschenbuch NF 16 (1893), S. 1—74. EBERHARD GOTHEIN, J. G. Schlosser als badischer Beamter (= Neujahrsblätter der Badischen Historischen Kommission NF 2), Heidelberg 1899. FELIX VON

darben, hatten Goethe damals fast allergisch gemacht gegen die beiden strebsamen Musterknaben in der Töngesgasse. Ihr Vater trug wie Johann Caspar Goethe den Titel eines Kaiserlichen Rats, aber nicht bloß um ein Dasein als wohlhabender Privatier damit zu verbrämen, sondern um seine Stimme in allen öffentlichen Angelegenheiten zur Geltung zu bringen. Kein Gremium, in dem nicht Rat Schlosser saß. Und „jedermann hegte", wie es in *Dichtung und Wahrheit* heißt, „die gewisse Erwartung", die Söhne würden erst recht „einst im Staat und in der Kirche etwas Ungemeines leisten". Sie wurden förmlich dazu abgerichtet. Auf diese Weise entstand bei Johann Georg Schlosser — ich kann es ganz modern formulieren — das autoritäre Vaterbild: lebenslänglich ein Trauma, ein Stachel der Aggression, ein soziologisches Problem. Vielleicht stößt man hier auf den tiefsten Grund auch für die gegenseitige Sympathie zwischen Schlosser und Lenz, dessen Entwicklung GIRARD herleitet aus der „hypertrophie du personnage paternel dans la conscience du fils".

Als man in den siebziger Jahren viel Aufhebens machte von einem Schweizer Großbauern Jakob Gujer zu Wermetschweil im Kirchspiel Uster, über den Kaspar Hirzel 1761 das Buch *Die Wirtschaft eines philosophischen Bauers* geschrieben hatte, distanzierte sich Schlosser von den schwärmerischen „Menschenfreunden" und ihrem Kleinjogg, wie der Bauer in Hirzels Buch heißt. Dieser Mann, „der so gerecht, so wahr, so edel denkt, so gern hilft, so gern dem Staat sich unterwirft", fragt Schlosser, gilt Ihnen als Vorbild für den Menschen einer neuen Gesellschaft, eines Idealstaates „— nicht wahr? Aber gehen Sie in sein Haus und sehen Sie ihn

---

KOZLOWSKI, Beiträge zum ‚Katechismus der Sittenlehre f. d. Landvolk' von J. G. Schlosser, in: Mitteilungen der Gesellsch. f. dt. Erziehungs- und Schulgeschichte 17 (1907), S. 66 ff. CARL WALBRACH, J. G. Schlosser u. sein Anteil an den Vorarbeiten zum Fürstenbund, Gießen 1923. ERICH LOEWENTHAL, J. G. Schlosser, seine religiösen Überzeugungen u. der Sturm und Drang, Diss. Berlin 1935. ERNST BEUTLER, J. G. Schlosser, in: E. B., Essays um Goethe, Leipzig 1941, S. 115—123. DETLEV W. SCHUMANN, Neuorientierung im achtzehnten Jahrhundert, in: Modern Language Quarterly 9 (1948), S. 54—73 u. S. 134—145, speziell S. 66—73. INGEGRETE KREIENBRINK, J. G. Schlosser u. die geistigen Strömungen seiner Zeit, Diss. masch. Greifswald 1948. MAX DUFNER, Goethe, J. G. Schlosser und „Der kranke Pascal", in: Modern Language Quarterly 15 (1954), S. 252—258. INGEGRETE KREIENBRINK, J. G. Schlosser u. die Familie Goethe, in: Beiträge zur deutschen und nordischen Literatur, Festgabe für Leopold Magon, hg. v. HANS WERNER SEIFFERT (= Veröffentlichungen des Instituts für deutsche Sprache u. Literatur 11), Berlin 1958, S. 205—225 (identisch mit den betr. Partien der Diss.). HELEN PAULINE GRIT LIEBEL, The Bourgeois Reform Movement in West Germany: Enlightened Bureaucracy vs. Enlightened Despotism in Baden 1750 to 1792, Northwestern University, Chicago 1959 (L. C. Card No. Mic 60—443): handelt besonders von J. G. Schlosser; Xerokopie in der Bibliothek des Badischen Landesarchivs, Karlsruhe. DETLEV W. SCHUMANN, Eine politische Zirkularkorrespondenz J. G. Schlossers u. seiner oberrheinischen Freunde, in: Goethe-Jahrb. NF 22 (1960), S. 240—268. HERMANN BRÄUNING-OKTAVIO, Neues zur Biographie J. G. Schlossers, in: Jahrb. des Freien Deutschen Hochstifts 1963, S. 19—99. Ders., Herausgeber und Mitarbeiter der Frankfurter Gelehrten Anzeigen 1772, Freies Deutsches Hochstift, Reihe Schriften 20 (1966), S. 211—224 und 356 bis 377. INGEGRETE KREIENBRINK, J. G. Schlossers Streit mit Kant, in: Festschrift Detlev W. Schumann, hg. v. ALBERT R. SCHMITT, München 1970, S. 246—255.

als Vater handeln! Sehen sie die Strenge, womit er, treu seinen Grundsätzen, seine Kinder behandelt, wie er ihnen alle Freuden versagt, ihrer aufwallenden Jugend alle Gesetze des festen Mannes auflegt ... sie immer unzufrieden, immer lüstern nach falscher Glückseligkeit macht, weil er sie ihnen nie zu kosten giebt — Was würde Ihr Staat unter solchen Menschen in der nächsten Generation werden?"[3] Indem Schlosser das Bild *Kleinjogg im Familienkreis* ausmalte, unterschob er das Bild seines eigenen Vaterhauses in der Frankfurter Töngesgasse, wo nur den ganzen Tag von P f l i c h t und L e i s t u n g — nicht N e i g u n g, das gerade nicht — die Rede gewesen war.

Die begabten Jungen sollten einmal als Juristen glänzen und in hohen Stellungen dem Gemeinwohl dienen. Streng auf dieses Ziel hin, jede Allotria unterbindend, erzog sie der Vater. Johann Georg wurde dann zum Studium nach Jena geschickt, promovierte summa cum laude an der Universität der Reichsstadt Nürnberg in Altdorf und eröffnete mit dem Bruder zusammen in Frankfurt eine Rechtsanwaltspraxis, die bald eine stattliche Klientel gewann. Wie wenig sie trotzdem Johann Georg befriedigen konnte, zeigte später ein Brief an Johann Heinrich Merck[4]: „Ich habe vor, mein kleines Schlafstübchen nach und nach tapeziren, und mit Kupfern und Gypsköpfen beleben zu lassen; denn Freude such' ich, und ich finde wenig mehr; aber Alles, was die Stürme beschwören, und meine Leere füllen kann, ist mir willkommen. Es ist noch was zwischen Freude, Leiden und Gleichgiltigkeit. Ich weiß nicht, wie ich's nennen soll, aber was es ist, weiß ich, das möchte ich gern erreichen. Es ist so etwas vom Kinderleben." Die versäumte Kindheit nachzuholen, das Kinderglück, um das ihn der Vater gebracht hatte, zu finden, darauf richtete sich die Sehnsucht Schlossers, auch wenn er sich dessen nicht immer bewußt war.

Mit siebenundzwanzig Jahren, 1766, durchbrach er plötzlich die Gitterstäbe und suchte die Freiheit — in Treptow an der Rega, einem Städtchen in Hinterpommern, Garnison eines preußischen Kürassierregiments und Residenz eines württembergischen Prinzen. Friedrich Eugen von Württemberg, ein Bruder des Herzogs Carl Eugen und einer der verdientesten Reitergenerale Friedrichs des Großen, war in Treptow Regimentskommandeur und hatte seine Gemahlin bei sich, eine Nichte des Königs, und seine zahlreichen Kinder. Diesem großen Haushalt samt der Kindererziehung sollte Schlosser als „Geheimsekretär" vorstehen. Ob er bei den kleinen Prinzen und Prinzessinnen das „Kinderleben" kennenlernte? Ob er Einfluß auf sie gewann? Der nachmalige König Friedrich I. von Württemberg (geb. 1754) sowie die spätere Zarin Maria Fjodorowna waren darunter. Servilität jedenfalls durfte man von Schlosser nicht erwarten. An Selbstbewußtsein und Selbstsicherheit, ja Hoffart nahm er es mit jedem auf. Ein Schlosser aus Frankfurt war kein hergelau-

---

[3] *Über die Träume eines Menschenfreundes*, in: Johann Georg Schlossers Kleine Schriften I, Basel 1779, S. 173 ff.; Erstdruck in: Ephemeriden der Menschheit, hg. v. Isaak Iselin, Basel 1776.

[4] Briefe an Johann Heinrich Merck von Goethe, Herder, Wieland und andern Zeitgenossen, hg. v. KARL WAGNER, Darmstadt 1835, S. 49 ff.

fener Hofmeister. Auch er konnte dem andern das Gefühl geben, von oben herab behandelt zu werden. Unverhohlen zeigte er seine intellektuelle Überlegenheit. Bei den Kürassieroffizieren wie bei dem Hofstaat kam er damit übel an. Durch seine Reizbarkeit und Aggressivität setzte er sich dann ins Unrecht. Nach knapp drei Jahren wurde Schlosser gnädig entlassen und kehrte nach Frankfurt zurück.

※ ※
※

Auf dem Heimweg mag er sich in Leipzig erinnert haben, wie er 1766 hier einige Tage Aufenthalt gemacht hatte. Was war das für ein merkwürdiger Junge gewesen, der ihm damals Gesellschaft leistete! Ob er ihn wohl in Frankfurt wiedersehen würde? Obwohl sie beide dort im gleichen sozialen Milieu aufgewachsen waren und ihre Familien sich gut kannten, hatte Schlosser den zehn Jahre jüngeren Wolfgang Goethe nur flüchtig wahrgenommen, bis er in Leipzig ihm als Studenten begegnete. Eben flügge geworden, gerierte sich der Siebzehnjährige reichlich affektiert, dennoch hatte seine kluge Aufgewecktheit etwas Bestrickendes. Schlosser nahm ihn zur Visite bei Altvater Gottsched in der Beletage des ‚Goldenen Bären' mit und machte ihm das Schönkopfsche Gasthaus bekannt, wo sich Goethe in das Wirtstöchterchen erstmals etwas ernsthafter verliebte. Er gab ihm sogar das Manuskript seines *Anti-Pope* zu lesen, ein englisches Lehrgedicht, das gegen den *Essay on Man* in ebenso pathetischen Alexandrinern polemisierte. Das Werk wurde erst 1776 in deutscher Prosafassung veröffentlicht. ‚Whatever is, is right', die Popesche Formel für den Vernunftoptimismus der Aufklärung, nennt Schlosser unmenschlich. Spekulationen, erklärt er, wonach im Weltganzen jedes Unheil zum Heil des Menschen gereiche, abstrahierten völlig vom konkreten Individuum. Als ob „Sophismen des Kopfes" das Leid, an dem sich ein Menschenherz verblutet, aufheben könnten! So wenig der Sklave, der im Bergwerk front, im Gedanken an die von ihm geförderten Bodenschätze einen Ausgleich für die eigenen Qualen findet, hilft uns der Blick auf den Kosmos und seine Harmonie aus menschlicher Not. „Das Ganze kann vollkommen sein und doch können die Teile weinen." Was also fruchten metaphysische Spekulationen? Solche Philosophie spottet des natürlichen Menschen als eines Wesens, das, vom Glück oder Unglück betroffen, Freude und Leid empfindet.

Versuch über den Natürlichen Menschen lautet der Untertitel des deutschen *Anti-Pope*. Er bezeichnet den Scopus von Schlossers gesamtem Schrifttum. Da er ein schneller Arbeiter war, ließ ihm die Advokatur, die er nach seiner pommerschen Eskapade wieder aufnahm, genügend Muße zur Schriftstellerei. Als erste Publikation erschien 1771 überraschenderweise ein *Katechismus der Sittenlehre für das Landvolk*. Der Titel von gewollter Schlichtheit weckt insofern falsche Erwartungen, als Schlosser keineswegs einen Katechismus vorlegte, sondern eine Rede, die er einen Gutsverwalter halten ließ; die Dorfschulmeister sollen erst einen Katechismus daraus machen. Sie brauchen Anweisung, weil auf dem Dorf der Lehrer identisch ist mit dem Pfarrer, der für sein Doppelamt völlig falsch, nämlich als Theologe, ausgebildet wurde. Die Universität hat ihn eingeführt „in alle Geheimnisse der Weltweisheit und der Geschichte und der Sprache und, was ärger ist als Alles, der Polemik und Homilie, die oft alle guten Empfindungen der Seele und alle Anlagen der Natur zur Beredsamkeit zerstören". Wie wenig Studenten begreifen, wenn man ihnen wissenschaftlich kommt! Und was nützt auch dem künftigen Dorfpfarrer und Dorfschulmeister die Theologie? Lehrt man den Tischler die Mechanik oder den Metzger Anatomie? „Seitdem die Religion eine Kunst geworden ist", gibt es unter hundert Pfarrern kaum noch zwei, „welche im Stande wären, die Pflicht eines Lehrers der Tugend zu erfüllen." Wo man auf der Hochschule und gar in der Schule ständig Zweifel ausjäten will, sät man Zweifel. In Kirche und Schule, auf dem Lande wie in der Stadt, sind „Lehrer der Tugend" nötig, Pädagogen, besser gesagt: Psychagogen, die mit Beredsamkeit an die guten Empfindungen der Seele appellieren.

Deutlich knüpft Schlossers *Katechismus der Sittenlehre* an das Standardwerk der deutschen Aufklärung, des Christian Thomasius *Einleitung zur Sittenlehre*, 1692, an. Ihr Obertitel lautet *Von der Kunst, Vernünftig und Tugendhaft zu lieben, als dem einzigen Mittel, zu einem glückseligen, galanten und vergnügten Leben zu gelangen*. „Galant", bis zu einem gewissen Grad auch „vergnügt" sind im Lauf des 18. Jahrhunderts obsolet geworden, aber noch immer orientiert sich das Denken an dem Dreigestirn Tugend — Liebe — Glückseligkeit. Nicht Postulate zu verkündigen, sondern den Menschen über seine wahren Desiderate aufzuklären, ist ebenso wie für Thomasius, und vor ihm schon Erasmus, auch für Schlosser Aufgabe der Sittenlehre. Die Tradition ging von Thomasius über Christian Wolffs *Vernünftige Gedanken von Gott, der Welt und der Seele des Menschen*, 1720, zu Gottscheds *Erste Anfangsgründe der gesamten Weltweisheit*, 1733/34, die Schlosser schon als Schuljunge las, ohne daß es der Vater merken durfte.

Daß die Erziehung, nicht des gebildeten Bürger-, sondern des Bauerntums das Thema bildet und seine Adressaten deshalb die Dorfgeistlichen sind, hebt Schlossers *Katechismus* von den Schriften der Universitätsprofessoren Thomasius und Gottsched ab, ganz zu schweigen von dem systematischen Philosophen Wolff. Dennoch äugt Schlosser ständig über die unmittelbar Betroffenen hinweg auf das literarisch interessierte Publikum, so weit es jetzt gleich ihm selbst unter der Nachwirkung von Albrecht von Hallers *Alpen* steht und mit Rousseau für das ‚retour à la nature' schwärmt. Sicher ist es Schlosser ernst mit der sittlichen Erziehung des Landvolks; da er sowohl das Frankfurter Bürgertum als auch den Adel in Preußen kennt, glaubt er, um die Gesellschaft zu reformieren — und dazu fühlt sich der Aufklärer eo ipso berufen —, müsse man bei der Basis ansetzen. Das schließt aber nicht aus, daß Schlosser sich mit dem *Katechismus* eine Möglichkeit schaffen wollte, jedes von den Bildungsmächten, Kirche und Staat, Hochschule und Gesellschaft, vermittelte, nach seiner Überzeugung verfälschte Menschenbild beiseite zu schieben und am Bauerntum zu demonstrieren, wie der Natürliche Mensch ist und welche Erziehung seinem Wesen entspricht. — Ständig schwärt die Wunde, die Schlosser durch eine Erziehung wider die Natur zugefügt worden war.

Der Natürliche Mensch braucht, um heil zu bleiben, Glück — Glücksgefühle. Die findet er zutiefst in der Liebe, er liebt sich selbst, will geliebt sein und liebt andere. Damit wird Liebe zur Tugend. Oder umgekehrt: Tugend ist Liebe, und Liebe ist Glück. In dieser Dreieinheit erfüllt sich das Wesen des Menschen. Die Lehrer haben ihn darüber nicht bloß verstandesmäßig aufzuklären, sondern mehr noch die Empfindungen der Seele durch Vorbild und Beredsamkeit zu lenken. Da Vorstellungen, die mit Empfindungen gekoppelt sind, alles menschliche Wollen und Handeln, recht oder unrecht, bestimmen, muß der Lehrer der Tugend die rechten Vorstellungen „fühlbar" machen.

Ohne einen scharfen Trennungsstrich zu ziehen, spricht Schlosser von der Dorfgemeinde und von der Menschheit insgesamt. Seine Originalität liegt in der Demonstration am plausiblen Exempel der Bauern, das übrige leitet sich ab, wohl zumeist über Gottsched, vom Eudämonismus und von der Affektenlehre und Psychagogie der antik-humanistischen Rhetorik, der ars movendi.

※ ※
※

Es war eine Dankesschuld, die Schlosser abstattete, als er 1766 auf der Durchreise durch Leipzig mit Goethe zusammen Gottsched seine Aufwartung gemacht hatte. Im August 1771 sah er Goethe in der Heimatstadt wieder, und Schlosser traute kaum seinen Augen: statt jenes gescheiten, verspielten Bengels, an den er sich erinnerte, stand leibhaftig der Natürliche Mensch vor ihm. Das Elsaß, die Liebe, ein Freund und Lehrer, Johann Gottfried Herder, hatten Goethe völlig verwandelt. Da er mit dem Titel eines Lizentiaten der Rechte aus Straßburg zurückgekehrt war, wurde er in Frankfurt zur Advokatur zugelassen. Die Brüder Schlosser übertrugen ihm kleinere Fälle ihrer Praxis. Bei der im Januar 1772 vor der Hauptwache öffentlich vollzogenen Hinrichtung der Kindsmörderin Margarethe Brandt mußte Johann Georg das Protokoll führen; Goethe hatte als Jurist nichts mit dem Prozeß zu tun, sein Mitleid aber — das Gefühl der Solidarität Natürlichen Menschentums — ging später in seine Dichtung ein. So wurde aus einer Leipziger Studentenposse Goethes, die sich gegen die Professoren richtete, und aus den Straßburger Ansätzen zu einem Titanendrama die Gretchentragödie, der sogenannte *Urfaust*.

Zunächst gewann Johann Heinrich Merck, als er im Januar 1772 die Redaktion der *Frankfurter gelehrten Anzeigen*[5] übernahm, u. a. Schlosser und Herder, zwei renommierte junge Autoren, sowie auf Schlossers Empfehlung den bisher noch kaum bekannten Dr. Goethe für die Mitarbeit. Einmal, gelegentlich auch zweimal die Woche erschien ein Blättchen von acht Oktavseiten, lauter Buchbesprechungen. Oft

---

[5] Neudruck: Deutsche Literaturdenkmale des 18. Jahrhunderts 7/8, hg. v. BERNHARD SEUFFERT, mit Einleitung von WILHELM SCHERER, Heilbronn u. Stuttgart 1883.

genug waren es „Verrisse". Eine neue Generation legte hier die erste Bresche in den literarischen Mauerring um das Bestehende. Der ‚Sturm und Drang' kündigte sich an. Aber die Kirche schlug Alarm, und nach der 72. Nummer der Zeitschrift erhob sie im September öffentliche Anklage gegen den Verleger. Merck trat von der Redaktion zurück, und bis Ende des Jahres folgte ihm sein gesamter engerer Mitarbeiterstab.

Den inkriminierten Artikel über die *Bekehrungsgeschichte des vormahligen Grafen J. F. Struensee,* der wie alle Beiträge anonym veröffentlicht worden war, schrieb die Literaturforschung erst Herder, dann Goethe zu, nach den Arbeiten von HERMANN BRÄUNING-OKTAVIO kann Schlossers Verfasserschaft als gesichert gelten. Der hauptsächlich beanstandete Passus richtet sich gegen die „allzu strenge und über die Grenzen gedehnte Religionsmoral" des „kranken Pascal und seiner Schule". In der Verteidigungsschrift, die Schlosser für den Verlag aufgesetzt hat, werden dazu die *Pensées sur la religion* zitiert: „Nous sommes haïssables, la raison nous en convainc ... Or nulle autre Religion que la Chrétienne ne propose de se haïr. Nulle autre Religion ne peut donc être reçue de ceux qui scavent qu'ils ne sont dignes que de haine." Schlosser fährt fort: „Ein abscheulicher Satz, gegen den sich Vernunfft und Hertz empört, und der niergend, niergend in der Christlichen Religion begründet ist ... Nur die Religion des Feindes der Menschheit kann Mittel wider die Selbst Liebe und Liebe des Nächsten geben."

Sie pervertiert das „Liebe deinen Nächsten wie dich selbst" in ein „Hasse deinen Nächsten wie dich selbst". Mit Popes „Optimismus" die Drangsal, die Tränen, das Bemitleidenswerte des Menschen nicht ernst nehmen, oder mit Pascals „Pessimismus" bloß das Böse, Gemeine und Hassenswerte des Menschen wahrnehmen, beides erscheint Schlosser als Verrat am Natürlichen Menschen. Für Schlosser bleibt es im Grunde bei der Anthropologie des Thomasius, d. h. bei der fundamentalen These der deutschen Aufklärung, der Mensch sei angelegt auf Tugend, Liebe und Glück, untrennbar voneinander, und könne darin seine Vollendung erreichen.

Mehr als hundert Artikel hat Schlosser zum Jahrgang 1772 der *Anzeigen* beigesteuert. Wenn Lavater gegen diese den Vorwurf der „Unbrüderlichkeit" erhob, konnte das Schlosser nicht hinnehmen. Auch seine Tätigkeit bei den *Frankfurter gelehrten Anzeigen* stand für ihn unter dem Zeichen der Natürlichen Menschlichkeit. Am 13. September 1772 antwortete er Lavater[6], die scharfe Kritik, die hier geübt werde, wolle niemand verletzen, ziele nur auf die maßlose Überschätzung des Bücherschreibens: „Jeder glaubt, er sei ein Geschöpf höherer Art, wenn er ein Buch geschrieben hat, und kann man den Menschen diesen Wahn benehmen, so werden hunderte aus ihrer Studierstube herausgehen und, anstatt dummes Zeug in die Welt zu schreiben, ihre Weiber und Kinder glücklich zu machen, ihren Freunden und dem Staat zu dienen und in Wahrheit als Mensch zu leben suchen. Brüderliche Ermahnung, zureden und dgl. hat diese Wirkung gewiß nicht; aber ein leb-

---

[6] Schlosser-Lavatersche Korrespondenz (J. Keller), a. a. O. (Anm. 2), S. 55 f.

hafter Spott, der nicht den Mann, sondern den Autor trifft und endlich diese Wasserblase von Autor Ruhm ihrer bunten Farben beraubt; das kann ungleich mehr wirken. Die Operation ist bitter; aber ihre Wirkung wird vortrefflich sein, und Tausend dumme Werke zurückhalten, die ... Religion, Wissenschaft, und Gang der Menschheit noch mehr verwirren, ... und viele vortreffliche Menschen dem Staat, den Familien, selbst der Kirche wiedergeben ..., die ... in ganzen Jahren mit ihren Schreibereien nicht so viel genützt hätten, als sie nun ihrer Familie mit einem einzigen heiteren Blick nützen."

Nicht als ob Schlosser selbst vom Autor-Ehrgeiz frei gewesen wäre. Ganz im Gegenteil. Wer aber könnte denn auch mit dreiunddreißig Jahren, wenn er die Feder einigermaßen zu führen versteht, davon frei sein? Sogar Emeriti ... Wahrscheinlich begriff Schlosser die Maxime „Hasse deinen Nächsten wie dich selbst" nur allzu gut. In die Kindheit, die ihm entgangen war, und — immer wieder — in die Zukunft projizierte er für sich den Wunschtraum, „in Wahrheit als Mensch zu leben".

※
※ ※

Andere werden Schlosser damals schon gesehen haben wie später Wilhelm von Humboldt:[7] „Durchaus kein Ebenmaß und Gleichgewicht der Züge, ein bis zur Wildheit feuriges Auge, etwas Spöttisches im Munde, eine durchaus unstäte Physiognomie, manchmal eine gewisse wunderliche und gar nicht natürlich scheinende Exaltation und ein struppiges Haar." Seit 1772 merkte Schlosser, daß einer, den er weit hinter sich vermutet hatte, ihn mit Riesenschritten überholte. Durch Regen und Sturm hörte „der kleine, schwarze, feurige Bauer" die Stimme des Wanderers:

> Und ich, den ihr begleitet,
> Musen und Charitinnen alle,
> Den alles erwartet, was ihr,
> Musen und Charitinnen,
> Umkränzende Seligkeit,
> Rings ums Leben verherrlicht habt,
> Soll mutlos kehren?

Wanderers Sturmlied entstand im Frühjahr 1772 auf der Straße zwischen Frankfurt und Darmstadt. Es war die Zeit, als Goethe dort bei Merck Szenen aus der dramatisierten *Geschichte Gottfriedens von Berlichingen* vorlas. Unter den Zuhörern dürfte Schlosser gesessen haben und ebenso die zweiundzwanzigjährige Cornelia Goethe[8], auf deren Drängen hin der Bruder das Werk niedergeschrieben hatte. Die

---

[7] Tagebuch Wilhelm von Humboldts von seiner Reise nach Norddeutschland im Jahre 1796, hg. v. ALBERT LEITZMANN, Weimar 1894, S. 79 u. S. 142.

[8] ARTHUR CHUQUET, La Sœur de Goethe, in: A. Ch., Etudes d'histoire, Paris 1903, S. 36 bis 100. GEORG WITKOWSKI, Cornelia, die Schwester Goethes, Frankfurt am Main 1924. ERNST BEUTLER, Die Schwester Cornelia, in: Briefe aus dem Elternhaus, Ergänzungsband

beiden Geschwister glichen einander auffallend, bloß fehlte dem ein Jahr jüngeren Mädchen jeder Charme, in der damaligen, jeder Sex-Appeal, in der heutigen Sprache zu reden. Cornelia wußte das und war überzeugt, daß niemals ein Mann sich in sie verlieben werde. Was es mit dem Geschlecht für eine Bewandtnis habe, hatte sie in der Pubertät zusammen mit dem Bruder entdeckt. „Jenes Interesse der Jugend", schreibt Goethe, „jenes Erstaunen beim Erwachen sinnlicher Triebe, die sich in geistige Formen, geistiger Bedürfnisse, die sich in sinnliche Gestalten einkleiden, alle Betrachtungen darüber, die uns eher verdüstern als aufklären, wie ein Nebel das Thal, woraus er sich erheben will, zudeckt und nicht erhellt, manche Irrungen und Verirrungen, die daraus entspringen, theilten und bestanden die Geschwister Hand in Hand, und wurden über ihre seltsamen Zustände um desto weniger aufgeklärt, als die heilige Scheu der nahen Verwandtschaft sie, indem sie sich einander mehr nähern, in's klare treten wollten, nur immer gewaltiger aus einander hielt." Diese erste Erfahrung mit dem anderen Geschlecht blieb nicht bloß für das Verhältnis der Geschwister zueinander bestimmend, sondern auch dafür, was jedes von ihnen künftig in der Liebe zwischen Mann und Frau suchte. Die Geschwister gaben ihrem Verhältnis „geistige Formen", denn Cornelia, ungewöhnlich intelligent und regen, anspruchsvollen Geistes, war durchaus fähig, die Gedanken und Gefühle des Bruders nachzuvollziehen. Dessen starker pädagogischer Eros konnte sich ihr gegenüber erstmals auswirken. Seine Verliebtheit in Mädchen wie die kleine Schönkopf oder auch Friederike Brion und seine Freundschaften raubten der Schwester nichts.

Gern hätte Schlosser ihn jetzt zum Freund gewonnen. Später (Mai 1774) wird er an Lavater schreiben:[9] „Ich habe über nichts mich gegen die Vorsehung beklagt, als daß sie nun schon 18 Jahre und mehr mich Freunde suchen läßt, die Geschick dazu hätten. Alle, die ich noch kannte, waren an Verstand oder an Herz unter oder entfernt von mir. Goethe allein würde es gekonnt haben ... Aber es ist noch nicht die Zeit, daß er Freund sein könnte!"

Im Sommer 1772 besaß Charlotte Buff Goethes ganzes Herz. Erstmals fühlte Cornelia Eifersucht; der einzige Mensch, der ihr etwas — ja, alles — bedeutete, hatte sich ihr entzogen. Schlosser ahnte sympathetisch die Grausamkeit ihres Verlustes. Ebenso spürte Cornelia bei ihm den bitteren Verzicht auf Goethes Freundschaft. Die von Goethe Alleingelassenen fanden zueinander. Als Goethe ihre Verlobung erfuhr, war er fassungslos über Cornelias Treubruch. Ohne die Gewißheit, daß im Elternhaus, was ihm selbst auch zustoßen möge, sein anderes Ich auf ihn warte, gab es für Goethe keine Heimat mehr. Der Grimm über Schlosser kommt noch in *Dichtung und Wahrheit* zum Ausdruck: „Ich mußte mich nun wohl darein

---

zum Artemis-Goethe, hg. v. E. B., Zürich 1960 (Cornelias Briefe S. 319—394, BEUTLERS Einführung S. 187—245). Im Historischen Museum der Stadt Frankfurt befindet sich eine hübsche Büste, die vom Consularischen Corps 1959 aus Frankfurter Familienbesitz für das Museum erworben wurde, weil sie angeblich Cornelia darstellt.

[9] E. LOEWENTHAL, a. a. O. (Anm. 2), S. 24.

ergeben und meinem Freund sein Glück gönnen, indem ich mir heimlich mit Selbstvertrauen zu sagen nicht unterließ, daß wenn der Bruder nicht abwesend gewesen wäre, es mit dem Freunde nicht so weit hätte gedeihen können."

✣ ✣
✣

Die Hochzeit fand erst im November 1773 statt, weil Schlosser nach der Pascal-Affäre, die weite Kreise gezogen hatte, Frankfurt verlassen und in den badischen Staatsdienst eintreten wollte, die Verhandlungen aber als sehr langwierig sich erwiesen. Endlich, im September 1773, erhielt Schlosser die Ernennung zum Hof- und Kirchenrat in Karlsruhe. Wenige Tage nach der Hochzeit übersiedelten die Neuvermählten.

Es war kein Zufall wie vordem die Anstellung in Hinterpommern, daß Schlosser jetzt nach Baden geriet. Markgraf Karl Friedrich, väterlicherseits Zähringer, stammte mütterlicherseits aus dem Hause Nassau-Oranien, das Europa wohl die größte Zahl bedeutender Staatsmänner geschenkt hat; unter den deutschen Landesfürsten seiner Zeit galt er, wenn auch vielleicht nicht als der fähigste, so doch sicher als der im Geiste der Aufklärung fortschrittlichste. Karl Friedrich wollte über „ein freies, opulentes, gesittetes, christliches Volk" regieren. Auf der Grundlage, die er schuf, wurde Baden das deutsche ‚Musterländle'. Für Schlosser boten sich da ganz andere Möglichkeiten als am Hof eines Reitergenerals. Deshalb hatte er sich Baden ausgesucht. Aber natürlich war er nicht der Landesherr, sondern saß zusammen mit einem Dutzend rang- oder wenigstens dienstälterer, durchweg erfahrenerer Beamten im Hofrat. Schlosser sträubte sich innerlich und bald auch ganz offen, das anzuerkennen. Er kam sich wie Gulliver unter den Liliputanern vor. „Lauter Leute, die ihre Seelen wie eine Prise Tobak umspannen können, und meist ihr Gehirn auch ...", so Mai 1774 in einem Brief an Lavater. Seinen Kollegen wird Schlosser das nicht ins Gesicht gesagt haben, aber sein eigenes Gesicht sagte genug. Und die Reaktion badischer Hofräte darauf unterschied sich nicht wesentlich von der preußischer Kürassieroffiziere.

Jedermann war froh, als Dr. Schlosser sich im Sommer 1774 nach Emmendingen versetzen ließ. Dort bekam er einen eigenen Amtsbezirk, der im sonst habsburgischen Breisgau eine völlig isolierte Enklave der Markgrafschaft Baden bildete: die Markgrafschaft Hochberg. Was heute Landrat heißt, hieß damals Landschreiber bzw. Oberamtmann; Schlosser hätte die alte Amtsbezeichnung Landvogt besser angestanden. Die badischen Landvögte hatten noch wie ehemals die souveränen Herren von Hochberg, Erben des Markgrafentitels von Verona, auf der Hochburg residiert, die seit dem 17. Jahrhundert nur mehr als mächtige Ruine, an Großartigkeit dem Heidelberger Schloß vergleichbar, die Kulisse abgibt für das bescheidene Oberamtsstädtchen Emmendingen, wo 1774 Hofrat Dr. Schlosser einzog.

Zu seiner Zeit war der Weg von Karlsruhe nach Emmendingen weiter als der umgekehrte Weg. Während die Verordnungen aus Karlsruhe häufig nicht bis Emmendingen gelangt zu sein schienen, jedenfalls wollte man dort nichts von ihnen wissen, stapelten sich auf den Aktenböcken der Minister und Hofräte in Karlsruhe die Eingaben aus der Enklave: drängende Vorschläge zu Reformen, hochfahrende Proteste und hochnäsige Belehrungen des dortigen „Markgrafen", die man wohl oder übel zur Kenntnis nehmen mußte, weil Serenissimus ein Faible für die Einfälle von Dr. Schlosser zeigte; dieser bezog auch das höchste Gehalt unter den badischen Beamten.

Nun lernte der Verfasser des *Katechismus* von 1772 das Landvolk erstmals aus der Nähe kennen. Hätte er je große Illusionen besessen, wie ihm Goethes Spott im *Jahrmarktsfest von Plundersweilern* unterstellte — daß „die Gegend in einer Nacht Der Landcatechismus sittlich gemacht", verkündet der Marktschreier der ersten Fassung vom Frühjahr 1773 —, sie wären ihm schnell ausgetrieben worden. Im Bezirk Hochberg hatte es Schlosser vorwiegend mit Bauern zu tun. Viel zuviel Bauern gab es. Ihre wachsende Zahl fand auf dem kargen Boden weder genügend Arbeit noch genügend Brot. Diesem Notstand abzuhelfen, darin sah Schlosser die vordringlichste Aufgabe des Oberamtmanns. Und an guten Ideen fehlte es ihm nie: um die ungenutzten Arbeitskräfte der Landwirtschaft zu entziehen, diese von den Mitessern, die bloß den Hunger, nicht aber das Brot mehrten, zu befreien, ging er an die Errichtung kleiner Fabriken. Die Überflüssigen, hoffte Schlosser, würden auf diese Weise eine Verdienstmöglichkeit finden und ebenso die Bauern, die auf dem Acker blieben, denn für sie würde ein Absatzmarkt entstehen. Den richtigen Ausgleich zwischen Landwirtschaft, Industrie und Handel erkannte Schlosser als die Voraussetzung eines zumindest bescheidenen Wohlstands für alle. Kein Geringerer als EBERHARD GOTHEIN betonte, Johann Georg Schlosser habe Friedrich List manche Ideen vorweggenommen.

Das geht vor allem aus den zahlreichen Denkschriften an den Markgrafen von Baden hervor. Schlossers Autor-Ehrgeiz stillten sie nicht. Neben der Berufsarbeit schrieb er deshalb eine Fortsetzung zu seinem vielgerühmten und vielgeschmähten Erstlingswerk. Sie erschien 1776 unter dem Titel *Katechismus der Christlichen Religion für das Landvolk als der Zweite Theil der Sittenlehre für das Landvolk*. Eine ‚Religionslehre' soll die ‚Sittenlehre' von 1772 zugleich untermauern und ergänzen. Schon der Anfang klingt nach Provokation: „Die christliche Religion ist die allerleichteste; ihre Absicht geht auf nicht mehr als was bescheidene Weisheit schon von selbst lehrt: Gott ohne Heucheley, die Menschen herzlich zu lieben." Daran knüpft das Christentum zwei „große Versprechungen": „ewiges Leben bei Gott und guten Menschen; Hülfe Gottes, wo wir Gutes wollen und nicht können." Alles Übrige, schon bei Paulus, besonders im ‚Römerbrief', ist Theologie. Lehren wie die von der Vereinigung zweier Naturen in Christus gehen über das Fassungsvermögen des Natürlichen Menschen. Um diesem die Evangelien nicht zu entfremden, sondern nahezubringen, will Schlosser die Theologie durch Psychologie ersetzen. Selbstverständliche Voraussetzung — der Psychologie und somit auch der Psychagogie — bildet in beiden *Katechismen* der Eudämonismus: das Glück, der Genuß ist für den Menschen der höchste Wert, danach verlangt ihn: „Genuß aller sinnlichen Empfindungen, Genuß der Wahrheit, Genuß der Liebe." In „Gottes Haushaltung" aber gilt: „Jede Überspannung der Sinnlichkeit und jedes Vergehen gegen die Wahrheit und Liebe beeinträchtigt den Genuß und die Genußfähigkeit." Als Grundlage für eine Christliche Sittenlehre würde das Schlosser genügen. Um sie durch eine Christliche Religionslehre zu ergänzen, zieht er die Linie ins Metaphysische aus: Die Schuld, die sich schon auf Erden in der Schwächung der Genußfähigkeit rächt, wird es noch mehr im Jenseits tun: „ewiges Schmachten nach Genuß und ewige Unfähigkeit zu genießen ... ein ewiges Tandalisieren und Danaidisieren ..."

Trotz dieser Argumentation ist Schlosser einsichtig genug zu wissen, daß der Natürliche Mensch nicht durch rationale Argumente erzogen wird, am wenigsten in religiöser Hinsicht. Jede Erziehung und Bildung, jede ‚Kultur' setzt eine Tradition voraus und somit einen Tradenten, der durch seine Person und seine Rede Vertrauen — fides — erweckt. Um etwas überhaupt begreifen zu können, muß man ihm zunächst einmal Kredit geben; den haben die Lehrer ihm zu verschaffen, ehe sie das Kritische Bewußtsein aktivieren. — Sicher entspricht beides, doch nur in dieser Aufeinanderfolge, dem Natürlichen Menschen. Anders verkrüppelt er.

Unbedachterweise ließ Schlosser seinen zweiten *Katechismus* wie den ersten, dessen Fortsetzung er ja war, in Frankfurt drucken. Schon der *Katechismus der Sittenlehre,* vollends die *Frankfurter gelehrten Anzeigen* hatten Schlosser dort als persona ingrata abgestempelt; auf keinen Fall wollte der Rat ein drittes Mal seinetwegen Ärger, namentlich mit der Geistlichkeit, bekommen. Man brauchte in dem *Katechismus der Christlichen Religion* bloß zu blättern, um vorauszusehen, daß die Urteile pro und contra diesmal noch härter aufeinanderprallen würden. So machte der Rat von seinem Zensurrecht Gebrauch. Kaum war Schlossers Büchlein in der Druckerei fertiggestellt, erschienen die Konstabler mit dem Verbot des Rats und beschlagnahmten es. Kein Wunder, daß es heute ein Rarissimum darstellt, von dem nur drei Exemplare bekannt sind: je eines im Frankfurter Goethehaus, in der Bibliothek des Bischöflichen Seminars in Mainz und in der Universitätsbibliothek in Freiburg.[10]

Für Schlosser bedeutete das Eingreifen des Rats einen harten Schlag. Andere Enttäuschungen kamen dazu. Die Regierung in Karlsruhe ließ auf die Dauer nicht mit sich umspringen, wie es dem selbstherrlichen Oberamtmann in Emmendingen beliebte. Hätte nicht Markgraf Karl Friedrich in überlegener Langmut und unerschütterlicher Hochachtung vor Schlossers „Genie" den anmaßlichen Ton, den er mitunter auch ihm gegenüber anschlug, toleriert und Schlosser immer wieder Gehör

---

[10] ‚Vorbericht' abgedruckt bei H. BRÄUNING-OKTAVIO, in: Jahrb. des Freien Deutschen Hochstifts 1963, S. 82—99.

geschenkt, die Bürokratie hätte den Weltverbesserer nicht bloß an ihrer passiven Resistenz auflaufen lassen. Ihn damit aufzureiben, mißlang. Seine lästige Betriebsamkeit hielt durch.

※ ※
※

Wie es in seinem Innern aussah, wußten wenige. Lavater hat er sich in einem Brief vom Mai 1774 entdeckt:[11] „Immer mit anderssehenden, andersdenkenden, andersfühlenden Menschen zu kämpfen und nie zu haben, wo man ausruhen kann ... Ich empfinde es in seiner ganzen Schwere ... Ich rang nach Menschen, die sich mir mitteilten. Sie wissen, wie ganz rein, ganz edel die Seele sein muß, die ohne Medium mit Gott leben kann. In dem Augenblick, wo ich fehlte, wo ich schwach, wo ich schlaff wurde, hatte ich niemand ... Hier war ich also immer alleingelassen, bin es noch!"

Und Cornelia? fragen wir unwillkürlich. Als Schlosser Lavater sein Herz ausschüttete, lebte er seit einem halben Jahr mit ihr zusammen — und war doch allein. Zu ihr konnte er nicht Zuflucht nehmen, wenn er nach dem ständigen Kampf mit fremden Menschen Geborgenheit suchte. Vergebens hatte er darum gerungen, daß Cornelia und er im innersten Fühlen und Denken eins würden. Schlosser war fromm, er brauchte eine Bindung an Gott, aber ohne das „Medium" der christlichen Kirche. Nur selten erfuhr er solche unmittelbare Verbindung mit Gott. Sich selbst schrieb er die Schuld zu; er war nicht „rein" und „edel" genug. Sprach er Cornelia von dem, was er für das Wesentliche im Leben des Menschen hielt, stieß er auf Unverständnis und Ablehnung. Cornelia konnte und wollte sich auf Schlossers Probleme nicht einlassen und ihre eigenen ihm nicht mitteilen. Jeder mußte selbst mit seinem Leben fertig werden.

Karlsruhe gegen Frankfurt einzutauschen, war Cornelia schon schwergefallen, aber dann auch noch Emmendingen ... in ihren Augen keine Stadt, eher ein großes Dorf. Kurz nach der Ankunft hatte Cornelia im Oktober 1774 eine Tochter zur Welt gebracht, seitdem klagte sie ständig über Schmerzen und Ängste. Jedem neuen Tag sah sie mit Bangen entgegen. Der heimatliche Bekanntenkreis fehlte ihr, und vor allem vermißte Cornelia den Bruder. Nur in seiner Nähe hatte sie frei atmen können. Zwischen ihnen, den Geschwistern, bestand eine sinnlich-geistige Harmonie, in der sich Cornelias Wesen entfaltete. Der Gatte ersetzte den Bruder nicht, sondern hatte ihn bloß verdrängt. Geistig wie körperlich blieb er ein Fremder. Die Aufwallungen seiner Leidenschaft schreckten Cornelia. In einem Brief Schlossers heißt es einmal: „Ihr ekelt vor meiner Liebe." Auch das Kind verband nicht Vater und Mutter. Diese schreibt über das kleine Mädchen: „Es ist sehr lustig ..., deßwegen es bey jedem lieber als bey mir ist." Eines Tages kam Lavater nach Emmendingen; Schlosser, den kleinen, schwarzen, feurigen Bauern, traf er nicht an, statt-

---

[11] E. LOEWENTHAL, a. a. O. (Anm. 2), S. 25.

dessen empfing ihn „eine lange blasse, weißgekleidete, himmlisch-erhabene Dame": die Frau Hofrätin — Cornelia. In ihrem Zimmer sah Lavater einen Gipsabguß des Laokoonkopfes — den Schmerzensschrei unterdrückend — und über dem Flügel ein Profilbildnis Goethes in Gips.

Lavater kannte die kurze Parabel *Eine Ehestandsscene* (1776).[12] Sie ist Schlossers einzige Dichtung. Der Sprachgestus weist, so gut wie bei den dichterischsten Stellen von Lenz, auf Georg Büchner voraus, d. h. auf das traurige Märchen der Großmutter im *Woyzeck*. Den Text haben GOTHEIN und GEORG WITKOWSKI als eine Aussage über Schlossers eigene Ehe gedeutet, weil der oben zitierte Satz aus einem Schlosserschen Brief sich in der Klage des Armen Mannes um sein geraubtes Schaf — die Geliebte — wörtlich wiederholt: „Da oben schwebt's, und sieht Engel lieben, und kein Engel, der's liebt; sieht herab, einen Menschen, der's liebt, und ekelt vor seiner Liebe." Schon ein Zeitgenosse hatte Mutmaßungen in der Art von GOTHEIN und WITKOWSKI angestellt, wogegen Schlosser heftig protestierte, indem er Lavater versicherte, es handle sich um eine „Allegorie" auf die Ehe, die nach Werthers Tod Albert mit Lotte bevorstand. Das mag stimmen, manche Züge der *Ehestandsscene* lassen sich überhaupt nur so erklären. Dennoch muß die Analogie zwischen Albert, Lotte und Werther auf der einen, ihm selbst, Cornelia und Goethe auf der anderen Seite Schlosser bewußt gewesen sein. „Ach, ewige Gerechtigkeit! warum nahm der Mann dem Schaafe das, womit es mich zahlen sollte, und gab ihm, was ihm nicht nüzt, und mich nicht zahlt? ..."

Daß auch der Reiche das Schaf nicht besitzen konnte, davon spricht die Parabel nicht. Werther blieb nur die Hoffnung, Lotte im Jenseits wiederzufinden; Goethe fand zunächst bei Johanna Fahlmer, danach bei Charlotte von Stein Ersatz für Cornelia:

> Ach, du warst in abgelebten Zeiten
> Meine Schwester oder meine Frau.
> Kanntest jeden Zug in meinem Wesen,
> Spähtest, wie die reinste Nerve klingt ...

Die Vorstellung der Seelenwanderung ist „Allegorie".

Goethe legte das Gedicht am 14. April 1776 einem Brief an Charlotte bei; es entstand also im gleichen Jahr mit Schlossers Parabel. Am 23. Februar hatte Goethe an Charlotte geschrieben: „Du Einzige; die ich so lieben kann, ohne daß mich's plagt ... All mein Vertrauen hast du, und sollst so Gott will auch nach und nach all meine Vertraulichkeit haben. O hätte meine Schwester einen Bruder irgend wie ich an dir eine Schwester habe ..."

Cornelias entsetzliche Vereinsamung — sie ist es wohl, die Goethe kurz danach (Ende Mai bis Mitte Juni 1776) in *Proserpina, ein Monodrama* dichterisch gestaltete. Von Pluto der Mutter und den Gespielinnen, dem hellen Tag entrissen, klagt Pro-

---

[12] Kleine Schriften, Zweyter Theil, Basel 1780, S. 206.

serpina in der Unterwelt: „Endlos liegen sie vor dir die Trauergefilde, und was du suchst liegt immer hinter dir ... wie tief bist du verlohren! ... Weggerissen haben sie mich die raschen Pferde des Orkus ... Trostlos ... wohn ich und schau auf der armen Danaiden Geschäftigkeit. Leer und immer leer wie sie schöpfen und füllen! Leer und immer leer! nicht einen Tropfen Wassers zum Munde! nicht einen Tropfen Wassers in ihren Wannen! Leer und immer leer! ach! so ist's mit dir auch, mein Herz! Woher willst du schöpfen und wohin? ... — Magst du ihn Gemahl nennen? und darfst du ihn anders nennen? ... Warum ergriff er nicht eine meiner Nymphen und setzte sie neben sich auf seinen kläglichen Thron? Warum mich ...? —"[13]

Ende des Jahres schickte Goethe dann auf dem Weg über die Eltern an Cornelia das eben fertiggestellte Manuskript seines Dramas *Die Geschwister*. Hauptfiguren sind Wilhelm und Marianne, die Tochter seiner ehemaligen Geliebten, einer jungen Witwe namens Charlotte. Nach deren Tod hat Wilhelm das Mädchen als seine angebliche Schwester bei sich im Hause erzogen. Die scheinbar geschwisterliche Zuneigung der beiden geht mehr und mehr in Liebe über. Wilhelm sieht in Marianne die Wiederverkörperung der toten Charlotte — ähnlich wie Goethe in Charlotte von Stein die Wiederverkörperung der ihm entrissenen Cornelia sah. Als ein Freier um die Hand Mariannes anhält, kommt es zur Aussprache und Klärung: die „Geschwister" heiraten einander.

Daß geschwisterliche in erotische Liebe zwischen Mann und Frau sich wandelt, ist, ebenso wie das Umgekehrte, in der Literatur des 18. Jahrhunderts, zumal im englischen Roman, kein seltenes Motiv. An der Behandlung durch Goethe fällt auf, daß Wilhelm gelegentlich einen Brief der toten Charlotte vorliest, der ihrer Situation gar nicht entspricht, viel eher der Charlotte von Steins. ADOLF SCHÖLL[14] hat deshalb die These aufgestellt, Goethe zitiere hier als Wilhelm — hinter diesem Namen versteckt er sich auch im *Wilhelm Meister* — tatsächlich einen Brief der von ihm selbst geliebten Charlotte. Das wäre dann der einzige uns erhaltene Brief der Frau von Stein an Goethe. Der Freier, der Wilhelm und Marianne Anlaß gibt, sich ihrer mehr als geschwisterlichen Liebe bewußt zu werden, heißt Fabrice, was mit

---

[13] Nach dem Erstdruck in: Der Teutsche Merkur, Februar 1778 (S. 97—103). Goethe schrieb das Werk zunächst in rhythmischer Prosa. So wurde es auch 1777 in den *Triumph der Empfindsamkeit* eingefügt. Erst 1786 scheint Goethe die Prosa in Verse abgesetzt zu haben. Die Prosafassung wurde nach 1778 nie wieder gedruckt. EDWIN REDSLOB kann ich nur insofern mich anschließen, als er das Gedicht mit Cornelia in Zusammenhang brachte; er sieht jedoch den Zusammenhang sicher falsch; vgl. E. R., Goethes Monodram *Proserpina* als Totenklage für seine Schwester, in: Goethe, Viermonatssch. der Goethe-Gesellsch. 8 (1943), S. 252—269.

[14] ADOLF SCHÖLL, Über Goethes *Geschwister*, in: A. Sch., Goethe in Hauptzügen seines Lebens und Wirkens, Gesammelte Abhandlungen, Berlin 1882, S. 68—97. So viel ich sehe, geben bloß RICHARD M. MEYER, Goethe, 3. Aufl., Berlin 1905, Bd. 1, S. 244, und WOLFGANG KAYSER, Goethes Werke, Hamburger Ausgabe, Bd. 4, 1953, 7. Aufl. 1968, S. 559, einen Hinweis auf Cornelia.

Schmied, aber auch mit Schlosser übersetzt werden könnte. Spielt Goethe damit auf seinen Schwager an? In den Umrissen entspricht die Figur Goethes Bild von Schlosser. Die Dichtung nimmt ein glückliches Ende, indem Wilhelm die Fiktion von Bruder und Schwester aufgibt und Marianne zu seiner Frau macht. Goethe und Cornelia waren wirklich Geschwister, sie konnten niemals Mann und Frau werden. Deshalb heiratete Cornelia den Freier.

Die Geschwister wurden am 21. November 1776 in Goethes Gartenhaus uraufgeführt; den Bruder stellte er selbst dar. Unter den Zuschauern hat sicher nur Frau von Stein die tiefere Bedeutung des Stücks verstanden; selbst ihre „Doppelgängerin", die einsam in dem weitläufigen, kalten Haus in Emmendingen das Manuskript las, blickte nicht ganz durch. Aber es entstand bei der Hofgesellschaft allerlei Klatsch.

Weimar bot wenig Sensationen, wo nicht das Mäzenatentum der herzoglichen Familie dafür sorgte. Mit dem Werther-Dichter hatte Karl August einen ganz großen Fisch geangelt. Karl Friedrich von Baden tat sich offenbar etwas darauf zugute, daß ein so bekannter homme de lettres wie Johann Georg Schlosser in seinen Diensten stand, aber dessen Eigenglanz verblich ja im Abglanz, der auf ihn als den „Schwager des Werther-Dichters" fiel. — Auch das mußte Cornelias Gatte als die öffentliche Meinung in Kauf nehmen.

Von Goethe unwillentlich nachgezogen, hatten sich im April und Juni 1776 zwei weitere Dichter in Weimar eingestellt, Jakob Michael Reinhold Lenz[15] und Friedrich Maximilian Klinger[16]. Beide waren vor kurzem durch Dramen bekanntgeworden. Am Hof erweckten sie allgemeine Sympathie, der vierundzwanzigjährige Klinger mit seiner sieghaften Männlichkeit, der fünfundzwanzigjährige Lenz, weil er zunächst wie ein trauriges, schutzbedürftiges Kind anmutete, plötzlich aber die tollsten Purzelbäume schlug. Die Familie machte sich aus gutem Grund schon Sorge um Lenz. Jakobs Bruder, selbst Notar, schrieb am 29. Januar 1776 dem Vater, Pastor in Riga: „Schade, daß er auf den verderblichen Abweg geraten, die schönen Wissenschaften zu seinem Studio zu machen, ohne sich ein gewisses Ziel zu stecken"; das

---

[15] Grundlegend: MATVEJ NIKANOROVIČ ROSANOW, Jakob M. R. Lenz, der Dichter der Sturm- und Drangperiode, Sein Leben und seine Werke, deutsch von CARL VON GÜTSCHOW, Leipzig 1909. Jüngste Publikation: OTTOMAR RUDOLF, J. M. R. Lenz, Moralist und Aufklärer, Bad Homburg v. d. H. 1970. Vgl. auch R. WEICHBRODT, Der Dichter Lenz, Eine Pathographie, in: Archiv f. Psychiatrie u. Nervenkrankheiten 62 (1921), S. 153—187; dazu WILHELM MAYER, ibid., S. 889—890. CARLO GRÜNANGER, La crisi etico-religiosa dello Sturm und Drang e il titanismo cristiano di Lenz, in: Studi Germanici 2 (1937), S. 171 bis 194, u. in: C. G., Scritti Minori di Letteratura Tedesca, Brescia 1962, S. 165—204. HEINZ OTTO BURGER, J. M. R. Lenz: ‚Der Hofmeister', in: Das deutsche Lustspiel, hg. v. HANS STEFFEN, Bd. 1, Göttingen 1968, S. 48—67. JOHN OSBORNE, The Problem of Pride in the Work of J. M. R. Lenz (= Publications of the English Goethe Society NS 39), Leeds 1969.

[16] CHRISTOPH HERING, Friedrich Maximilian Klinger, Der Weltmann als Dichter, Berlin 1966 (betont Einfluß Schlossers). Jüngste Publikation: HEINZ MOENKEMEYER, F. M. Klingers ‚Betrachtungen und Gedanken' über deutsche „Dichter und Denker", in: Festschrift D. W. Schumann 1970, a. a. O. (Anm. 2), S. 203—220.

ist nichts als „gelehrte Windbeutelei". Oft genug dürfte sich der Vater selbst in diesem Sinne geäußert haben, auch in Briefen an Jakob. Infolgedessen warnt in der Lenzschen Erzählung *Der Landprediger* der alte Pastor Mannheim seinen Sohn — und hier klingt es noch aktueller — vor der Gesellschaft junger Leute, die den „Modewissenschaften" nachlaufen. Jakobs Bruder meint auch den Hauptschuldigen zu kennen: „Goethe mit seiner neuen freien Sprache hat ihn verdorben."

Jetzt schienen gerade Goethe die Freunde von einst auf die Nerven zu gehen. Hing es damit zusammen, daß er sich in einer heiklen Situation befand? Man klatschte über sein Verhältnis zu der Gattin des Oberstallmeisters von Stein. Die wenigsten Männer fanden sie charmant. In dieser Hinsicht glich sie der Hofrätin Schlosser; über die eine wie die andere hörte man auch gelegentlich sagen: „Ich kann sie nicht leiden, sie affektiert so was Besonders."[17] Das Gerücht, Goethe sei in Frau von Stein verliebt, erschien deshalb kaum glaubhaft. Aber konnte nicht das neue Theaterstück zur Bestätigung dienen? Fünf Tage nach der Aufführung der *Geschwister* schrieb Lenz ein Pasquill, das wir nicht kennen, das aber Goethe veranlaßte, beim Herzog vorstellig zu werden und gegen den Widerstand des gesamten Hofes durchzusetzen, daß Lenz des Landes verwiesen wurde. Was Goethe so maßlos empörte, ist nie laut geworden. Vermutlich hatte sich Lenz an den Redereien über *Die Geschwister* beteiligt und nicht bloß Charlotte, sondern auch Cornelia hineingezogen. Als Lenz am 1. Dezember 1776 sein Bündel packen mußte, ging er — nach Emmendingen.

※ ※
※

Dort hatte Goethe selbst bei seinem einzigen Besuch der Schwester im April 1775 Lenz eingeführt. Das Ehepaar Schlosser war mit Natürlicher Menschlichkeit ihm entgegengekommen: der zierliche, blonde und blauäugige Junge mit dem „neblichten Blick" und dem Zungenschlag des Balten glaubte sofort in seinem Gegenbild, dem zwölf Jahre älteren Mann, schwarz und stämmig, mit grob geschnitten Zügen, feurigen Augen, wie Goethe und Klinger frankfurterisch redend, einen Herzensfreund gefunden zu haben, die ihm selbst fast bis auf den Monat gleichaltrige Cornelia aber zu lieben und von ihr geliebt zu werden. So hat er in Straßburg Friederike Brion, in Weimar Charlotte von Stein geliebt; überall der Zweite nach oder unmittelbar neben Goethe, dessen Zwilling zu sein, war eine Zwangsvorstellung von Lenz.

Dem ersten Besuch in Emmendingen ließ er von Straßburg aus weitere folgen. Aber nach kurzer Zeit war Cornelia nicht mehr für ihn zu sprechen und verbot ihm auch, ihr zu schreiben. So jedenfalls erscheint es nach den imaginären Briefen, die Lenz in den Monaten Mai bis Juli 1775 an Cornelia richtete, um sein „Herz

---

17 Jakob M. R. Lenz, Gesammelte Schriften, hg. v. Franz Blei, Bd. 5, München u. Leipzig 1913, S. 62.

vor sich selbst auszuweiden". Er nannte diese Niederschriften *Selbstunterhaltungen* und faßte sie unter dem Titel *Moralische Bekehrung eines Poeten* zu einem Buch zusammen.[18] „Da es heutzutage", beginnt Lenz, „mehr Leute gibt, die Bücher schreiben, als die welche lesen und die letzteren gemeiniglich weiser und verständiger sind als die ersten, so will ich, um mich auch zu diesen rechnen zu können, mein Buch mir selber schreiben."

Lenz schildert, wie er auf dem Berg gegenüber dem Schlosserschen Haus unter einer Eiche saß und mit sehnender Ungeduld sich den Tod wünschte, oder wie er mit Schlosser die Ruine der Hochburg erstieg und einen fast unwiderstehlich süßen Reiz empfand, sich in die Tiefe zu stürzen.

Die „Schlosserin", so nennt sie auch Lenz mitunter, war damals für jeden literarisch halbwegs Interessierten — wie sie das heute noch ist — vornehmlich die Schwester Goethes. Und Cornelia verstand sich selbst als Goethes Schwester, die ein böser Zauber in die Schlosserin verwandelt hat. Das Schicksalhafte im Wesen dieser Frau, ihre auseinandergebrochene Identität, mußte den ähnlich auf Goethe fixierten Lenz faszinieren. Als er gegen Ende der Aufzeichnungen von Goethe Abschied nimmt, heißt es: „Und ich habe sein Bild nicht. Ich will es nicht haben, es würde mich martern ... Dein Bild, Cornelia — wird nun meine einzige Gesellschaft sein: Oh, wie ich dran hangen will ..."

Sicher ist weitaus das meiste, was Lenz in seinen Briefen Cornelia unterstellt, eitel — ja, eitle — Phantasie. Wenn Schlosser ihm erzählt hat, Cornelia „arbeite vergeblich, ihre Seele zu vertrautem Umgang mit Gott zu gewöhnen", bildet er sich ein, er sei wohl das Hindernis, und ruft Cornelia zu: „Wie kannst du Gott lieben, solang du dein Herz an Gegenstände gewöhnt hast, wie ich bin ... Hasse mich, heiliger Engel! und du wirst der Gottheit näherkommen."

Dagegen bedeutet für ihn Cornelia gerade die Mittlerin zur Gottheit; in ihr, die er Christus vergleicht, kann er die Gottheit lieben. Das klingt freilich nur an. Entscheidend ist, daß Lenz, der „Poet", durch Cornelia eine „moralische Bekehrung" erfuhr. Sie löste ihn aus der Hörigkeit gegenüber einer Straßburger „Koketten"; „O du erste, die mich vernünftig lieben lehrt, du erste —." Wir denken an des Thomasius *Kunst, Vernünftig und Tugendhaft zu lieben, als einziges Mittel, zu einem glückseligen ... und vergnügten Leben zu gelangen*. Für Schlosser bildet sie das Fundament der Sittenlehre. Lenz' Lobpreis auf Cornelia geht darüber hinaus; ich hebe die wichtigsten Worte hervor (kursiv): „Deine *stille Tugend*, deine Entfernung von allem, was den Anschein von *Pomp* und *Prahlerei* hat, deine *Eingeschränktheit in dich selbst* und *Genügsamkeit mit dem großen Herzen*, das dir der Himmel verlieh ..." — „Meine Hausgöttin, zu der meine ausgetretene Imagination und verzerrtes Herz alle Abend wieder zurückkehrt und sich ... wieder *in die Harmonie stimmen* läßt." — „O du meine Cornelia! bei deren Andenken ich alle Ruhe und *stille Größe* meines Gemüts behalte." — „Wenn ich ... bedenke, daß du

---

[18] Ibid., S. 49—76.

das, was ich hier schreibe, einst könntest zu sehen bekommen und daß es dir ... ein unbefriedigtes, *nie zu befriedigendes Verlangen* verursachen könnte ... Nein, du wirst weise sein, mit dir selbst *zufrieden*, gegen mein Schicksal empfindlich, aber nur so weit, als es die *Ruhe* deiner *schönen Seele* nicht unterbrechen kann ... Ich schreibe mir das hier auf, damit ich mich daran halten könne, wenn mich der *Sturmwind der Leidenschaft* außer den Grenzen der Klugheit treiben wollte, wie es mir so oft schon bei andern geschehen ist."

Da spricht die ‚unvergnügte Seele' der ‚Empfindsamkeit'[19] und zugleich der ‚Sturm und Drang'. Aber auch die Winckelmannsche Erfahrung ‚edler Einfalt und stiller Größe' scheint mitzusprechen; „von der Höhe seiner Genügsamkeit" blickt Winckelmanns Apollo herab, „Friede ruht in einer seligen Stille auf seiner Stirn". Daß *Werther* die Voraussetzung für Lenz' kleinen Briefroman bildet, versteht sich von selbst. Merkwürdig, wie ähnlich der Lenzschen Cornelia Melite im Thalia-Fragment des *Hyperion* sein wird: „Jedes Lächeln ihres heiligen Friedens, jedes ihrer Himmelsworte, das mir sagte, wie ihr an ihrem, ihrem Herzen genügte..." — „ach! gerade, was das Göttlichste an ihr war, diese Ruhe, diese himmlische Genügsamkeit hatt ich gelästert ... Durfte sie sich befassen mit solch einem zerrütteten Geschöpfe?"

Aus Goethes Gedicht an Charlotte sei nur zitiert:

> Tropftest Mäßigung dem heißen Blute,
> Richtetest den wilden irren Lauf,
> Und in deinen Engelsarmen ruhte
> Die zerstörte Brust sich wieder auf.

Was Goethe bei Frau von Stein zuteil wurde, erträumte sich Lenz zu gleicher Zeit von Goethes Schwester. Literarhistorisch zu reden: die 15 *Selbstunterhaltungen* aus dem Jahr 1776 bezeugen, daß auch Lenz einen kurzen Augenblick lang — im Schlosserschen Haus in Emmendingen — geahnt hat, was ‚Klassik' w ä r e.

Ein flüchtiger Traum! Goethe, wenn er Cornelia in Charlotte wiederfindet, erinnert sich:

> Kanntest jeden Zug in meinem Wesen ...

Lenz beklagt die Kluft zwischen sich und Cornelia:

> Du kennst mich nicht,
> Wirst nie mich kennen,
> Wirst nie mich nennen
> Mit Flammen im Gesicht.

---

[19] Vgl. HEINZ OTTO BURGER, Die Geschichte der unvergnügten Seele, in: H. O. B., ‚Dasein heißt eine Rolle spielen', Studien zur deutschen Literaturgeschichte, München 1963, S. 120 bis 143.

Am Ende des Gedichtes, *Urania* überschrieben, malt sich Lenz in Versen, die von Richard Wagner sein könnten, den Liebestod aus:

> Ich hielte, ich faßte dich,
> Heilige, Einzige
> ...
> Presst' an den Busen dich,
> Sättigte einmal mich —
> Wähnte, du wärst für mich —
> Und in dem Wonnerausch,
> In der Entzückung,
> Bräche mein Herz!

Bei der Eitelkeit von Lenz müssen wir fast annehmen, er habe seine Ergüsse Cornelias Gatten gezeigt. Schlosser hätte dann keinen Grund darin gesehen, mit Lenz zu brechen? Wohl möglich: Sofern wir Literaturgeschichte, was gewiß nicht schlechthin, aber weithin richtig sein dürfte, als einen Vorgang verstehen, in dem individuelles Bedürfnis nach Konfession und literarische wie gesellschaftliche Konvention einander ständig überschneiden, ergibt sich für das späte achtzehnte Jahrhundert, daß ein mächtig anwachsender Wille zur Aufrichtigkeit und Natürlichkeit, zur offenen Aussprache durch die Lebensregeln der „bürgerlichen Ehrbarkeit" in die Literatur abgedrängt wird, wo das intime Bekenntnis, durch die Kunstregeln verfremdet, bis zur Selbstentblößung und Bloßstellung anderer gehen kann. Wie Lenz mit *Moralische Bekehrung eines Poeten*, nimmt Goethe mit *Die Geschwister* und Schlosser selbst mit *Eine Ehestandsscene* an diesen Maskenspielen teil; in einem weitern Sinne gehören auch *Proserpina* und manche Gedichte von Goethe und Lenz dazu.

※ ※
※

Die Serie läßt sich fortsetzen mit Schlossers Broschüre *Prinz Tandi, an den Verfasser des neuen Menoza*, die schon im August 1775 anonym erschienen war.[20] Adressat ist Lenz, dessen Drama *Der neue Menoza* auf allgemeine Ablehnung stieß. Schlosser als einziger sprang dem Befreundeten bei. Unter der Maske des Prinzen Tandi, der Hauptfigur im Drama, schreibt er an Lenz einen Brief im Ton des Sturm und Drang. Daß er dabei den Sinn des *Neuen Menoza* in Richtung auf die bürgerliche Ehrbarkeit hin verbog, hat RENÉ GIRARD treffend nachgewiesen. Doch durch den schiefen Aspekt, unter den Schlosser das Drama rückte, wurde schon ihm selbst Prinz Tandi zu sehr zum Aufklärer. Nachdem er dessen Maske sich vorge-

---

[20] Kleine Schriften II, S. 261—280.

bunden, um nicht als badischer Hofrat und Oberamtmann für Lenz Partei zu ergreifen, reizte es Schlosser wohl, das Rollenspiel weiterzutreiben, d. h. sich mit dem cumbanischen Prinzen zu identifizieren bzw. die Figur nach seinem Selbstverständnis zu korrigieren. Tandi-Schlosser meint, von Lenz mißverstanden zu sein, als halte ihn dieser für einen zwar nicht gefühllosen, aber sehr gefühlstemperierten Vernunftmenschen, zu ähnlich dem Kleinjogg in Zürich oder dem Kaiserlichen Rat Schlosser. Deshalb schreibt er dem Dichter des *Neuen Menoza*: „Du hast nur eine Seite an mir gesehen, nur den Philosophen, welcher geht, Menschen zu suchen; der mit vesten gefühlten Grundsätzen grader Vernunft, alles nach ihnen abwiegt ... Ja, Lenz! das bin ich. Aber sie stürmen in mir die Leidenschaften. Ich suche Wahrheit, nicht um zu wissen, sondern mit Leidenschaft mich hineinzustürzen, und in ihr zu leben, wie in meinem Element. Aber ich liebe und hasse mit gleicher Leidenschaft."

Auch das gehört zu Schlosser. Der ungestüme Ton seiner Expektorationen steigert sich in der deutschen Prosafassung des *Anti-Pope* von 1776: „Soll kein Glück deinen Wünschen fehlen; so wünsche nichts, was dir fehlen kann! Ach! der schreckliche Anspruch stürzt mich noch tiefer. — Wer lehrt mich den Donner bändigen, wer die stürmende See im Zaum halten? ... In unserer Seele — Narren oder Weise — herrscht ein Trieb, eine despotische Leidenschaft; die giebt nicht nach ... Sie wütet ohne Schranken ... trotzt der Vernunft, quält, begehrt, brennt, bereut, jauchzt, wenn sie geschmeichelt wird, rast, wo sie nicht durch kann."

So redet Schlosser jetzt vom Glücksverlangen — höchst rhetorisch. Oder können wir unseren Eindruck anders definieren? Faute de mieux greife ich zu dem Terminus Rhetorik. Da auch die Germanisten heute über die antik-humanistische Rhetorik wieder gut Bescheid wissen, tue ich es nur zaghaft. Aber vielleicht geraten wir damit gar nicht so sehr auf die Fehlhalde. Als Prinz Tandi schildert Schlosser sein Dichtungserlebnis und gibt damit zugleich einen Abriß der Geniepoetik. Von Aristoteles, Dubos, Batteux will er nichts wissen, den Regelkram wirft er zum alten Eisen. Homer und Sophokles erwecken ihm Ehrfurcht, ans Herz aber greift Shakespeare: „Guter, ewiger Gott! wie durchschauert mich der Dolch, der vor dem Königsmörder herwandelte; das Blut, das das rasende Weib abwusch..." Dichtung soll den Menschen innerlich packen, durchschauern, aufwühlen. Shakespeare ist für die neue Jugend Meister und Vorbild einer neuen ars movendi. Daß es nicht nach den Regeln der Rhetorik und mit ihren Topoi zu bewegen sucht, sondern — wenn das wahr ist — seiner Eingebung folgt, unterscheidet freilich das rhetorische Sturm und Drang-Genie vom Rhetoriker aus antiker Tradition. Aber Shakespeare selbst ist ja anerkanntermaßen der Rhetorik aufs stärkste verpflichtet, und, was Schlosser betrifft, sind nicht bloß die psychagogischen Anweisungen seiner *Katechismen* von der Rhetorik abgeleitet, auffallenderweise stammen auch gerade in den Schriften, deren Stil, der Sturm und Drang-Manier verfallen, am rhetorischsten im übertragenen Sinne wirkt, die Vorstellungen großenteils aus der Tradition der antik-humanistischen Rhetorik.

Zu diesen Sturm und Drang-Schriften zählt neben *Anti-Pope* und *Tandi-Brief* in erster Linie die *Skizze meiner Vorstellungsart der Moral*[21], die Schlosser bei der ‚Deutschen Gesellschaft' in Straßburg einreichte und die Lenz dort am 7. Dezember 1775 unter allgemeinem Beifall vorlas. Eine — mindestens eine — Stelle scheinen die Hörer mißverstanden zu haben. Nicht als ob ihnen das Wort Seraglio (= Serail, Harem) unbekannt gewesen wäre, aber sie deuteten wohl den von Schlosser geschriebenen und von Lenz verlesenen Satz boshaft witzelnd als eine ‚Ehestandsscene' aus Emmendingen. Der Satz lautet: „Die Unzertrennlichkeit der Ehen ist eine Seraglioerfahrung; aber besser, weil da die Frau so gut ihr Seraglio hat, als der Mann." In den *Kleinen Schriften* (1780) machte Schlosser die Anmerkung: „Ich will sagen, daß die Frau des Manns und der Mann der Frauen Sklave ist."

Das Schwergewicht liegt natürlich auf anderen Stellen. „Liebe", verkündet Schlosser, „ist dem innern Menschen das angenehmste Gefühl; sie kann alle andere am leichtesten überwiegen; darum überzeugt mich Christus." Den Prüfstein der Glaubwürdigkeit liefert also das Glücksgefühl. Das war ja schon in Schlossers *Katechismen* als Anweisungen zur Psychagogie vorausgesetzt. Aus der *Skizze einer Moral* erschließen wir noch zwingender den Zusammenhang, der, ebenso wie bei der Dichtungs-, auch bei der Sitten- und Religionslehre Schlossers mit der humanistischen Rhetorik besteht. Lesen wir nur folgenden Satz: „Die Wirkung des Verstandes allein ist bloß kalte betrachtende (spekulative) Moral; die Übertragung in die Einbildungskraft" — und damit in die Empfindung — „giebt der Erkenntnis Leben, und macht die Moral thätig (praktisch)." Leise, doch unüberhörbar klingt wieder einmal die „Magna Charta des Humanismus"[22] an, jener Passus in Petrarcas *De sui ipsius et multorum aliorum ignorantia*, der auf eine für die Neuzeit klassisch gewordene Weise den Gegensatz von Philosophie und Rhetorik formuliert: „Es ist ein großer Unterschied, ob ich etwas weiß ... oder ob ich nach ihm strebe. Aristoteles lehrt uns, ... was Tugend ist, aber jene überzeugenden und begeisternden Worte, die uns zur Liebe der Tugend und zum Haß des Lasters bewegen, kennt er nicht ... Wie häufig können wir sie dagegen bei den Unsrigen finden ... besonders bei Cicero."

Solche „Lehrer der Tugend" mutatis mutandis wie Cicero hatte Schlosser in seinen *Katechismen* dem Landvolk, dem Natürlichen Menschen gewünscht. Nicht mit ciceronianischer, wohl aber mit „natürlicher Beredsamkeit" sollen sie als Psychagogen Einbildungskraft und Empfindung ansprechen, Vorstellungen wecken und „fühlbar" machen. Was für den Humanisten die aristotelischen Scholastiker, sind für Schlosser die Theologen seiner Zeit.

Moralphilosophen und Ästhetiker fahren bei ihm nicht besser. Sie alle bieten statt Brot nur Steine, „Sophismen des Kopfes", heißt es im *Anti-Pope*, wo Schlosser — mit der von Aristoteles und Cicero ein für allemal zur Unterscheidung zwischen

---

[21] Unter dem Titel *Skizze einer Moral* ibid., S. 166—203.
[22] Vgl. HEINZ OTTO BURGER, Renaissance—Humanismus—Reformation. Deutsche Literatur im europäischen Kontext, Bad Homburg v. d. H. 1969, S. 416 u. 441 f.

rhetorischer und philosophischer Intention geprägten Antithese — verisimilitas, fides, humanitas gegen veritas und curiositas ausspielt: „Ach, über dem forschenden *Grübeln* haben wir verschworen den *Menschensinn*, verlernt den *Glauben*: ernstlich suchend nach *Wahrheit*, verachteten wir ihre jüngere, sanftere Schwester *Wahrscheinlichkeit*."

Noch die Kontroverse mit Kant in den neunziger Jahren, die Schlosser von den Zeitgenossen wie von der Nachwelt als eine Vermessenheit sondergleichen angelastet wurde, läßt sich m. E. nur im Durchblick auf die seit Aristoteles und Isokrates in der abendländischen Geistesgeschichte virulente Urfeindschaft zwischen Philosophie und Rhetorik einigermaßen gerecht beurteilen. Das erneute Zutagetreten dieser beiden Grundpositionen gibt der Kontroverse über das Persönliche hinaus historische Bedeutung. Auf dieser Ebene hat Schiller recht, wenn er (9. Februar 1798) Goethe schreibt, er finde bei Schlosser „nirgends eine Spur von einem eigentlichen Interesse an der Wahrheit an sich selbst". Schlosser unterscheidet in seinem *Zweyten Schreiben an einen jungen Mann, der die kritische Philosophie studiren wollte* (1798) von Kants „Kritizismus" den echten „Dogmatismus", der auf Wahrscheinlichkeit und Glauben als den eigentlichen Menschensinn baut.[23]

„Höchst widerlich, ich leugne es nicht, ... ist mir die verwegene und so erbettelte, erkünstelte Anmaßung der Vernunft, ... in welcher sie den schönsten und edelsten Theil des Menschen, den ganzen empfindenden Menschen, zum Thier erniedrigt ...

---

[23] Anlaß zu dem Streit gab eine Anmerkung Schlossers in seiner Übersetzung *Plato's Briefe über die Syrakusanische Staatsrevolution*, 1795. Hier heißt es S. 180—184 u. a.: „Kritik der Philosophie ist nicht ... Kritik der Vernunft ..., und mich dünkt sogar, eine Philosophie, die sich ... so sehr von der Vernunft sequestrirte, würde selbst Gefahr laufen, bald in eine bloße Formgebungs-Manufactur auszuarten ... Und obgleich das allerneuste Reinigungssystem uns eine Sittlichkeit a priori, und selbst Realität, Gott und Unsterblichkeit, die dasselbe uns mit der einen Hand genommen hat, mit der andern wiederzugeben scheint; so giebt es doch diese eben so wieder, wie man in einigen schwachen Gerichtshöfen dem, den das Urtheil als einen Betrüger verdammt, seine Ehre durch die frostige Clausel ‚seiner Ehre unbeschadet' wiederzugeben pflegt ... Plato hebt freylich den Schleyer der Isis nicht auf, aber er macht ihn doch so dünne, daß ich unter ihm die Gestalt der Göttin ahnden kann. Macht uns die neue deutsche Philosophie glücklicher, wahrer, besser, macht sie uns nur gewisser, wenn sie neue Schleyer auf die alten wirft, oder wenn sie vielmehr gar die Göttin so verschwinden macht, daß es niemand mehr einfallen kann, nur nach ihr zu fragen?" Kant trat Schlosser mit dem Aufsatz *Von einem neuerdings erhobenen vornehmen Ton in der Philosophie* entgegen: vgl. H. O. BURGER, ‚Eine Idee, die noch in keines Menschen Sinn gekommen ist', Ästhetische Religion in dt. Klassik u. Romantik, in: ‚Dasein heißt eine Rolle spielen', a. a. O. (Anm. 19), S. 234 f., 240 f., 243 f. Es folgen Schlossers *Schreiben an einen jungen Mann, der die kritische Philosophie studiren wollte* (1797), Kants *Verkündigung des nahen Abschlusses eines Traktats zum ewigen Frieden in der Philosophie* und Schlossers *Zweytes Schreiben ..., veranlaßt durch den Aufsatz des Herrn Professor Kant über den Philosophenfrieden* (1798); vgl. I. KREIENBRINK, in: Festschrift D. W. Schumann, a. a. O. (Anm. 2). — Nachdrücklich sei in diesem Zusammenhang verwiesen auf KLAUS DOCKHORN, Macht u. Wirkung der Rhetorik, Vier Aufsätze zur Ideengeschichte der Vormoderne, Bad Homburg v. d. H. 1968.

und ... ihm, in ihrer erträumten Despotie, kaum Sclaven-Rang einräumt."[24] Schlosser konnte nicht ahnen, daß der Vergleich des Menschen mit dem Tier, wozu sich seine Negation Kants zuspitzt, in einer sogenannten ‚Zweiten Aufklärung' ganz anders, nun quasi positiv akzentuiert, gegen Kant ausgespielt werden würde. Von Marx und Freud herkommend, obwohl weit sich von ihnen entfernend, sieht diese Aufklärung des zwanzigsten Jahrhunderts das Bewußtsein, auf dessen sittliche Autonomie die Aufklärung des achtzehnten gepocht hatte, der Heteronomie wirtschaftlicher Verhältnisse und triebhafter Zwänge unterworfen. Die *Negative Dialektik* von Theodor W. Adorno zieht 1966 die Konsequenz: „Dem Einzelnen indessen bleibt an Moralischem nicht mehr übrig, als wofür die Kantische Moraltheorie, welche dem Tier Neigung, keine Achtung konzedierte, nur Verachtung hat: versuchen, so zu leben, daß man glauben darf, ein gutes Tier gewesen zu sein." Ein Mehr an „Humanität" ist unmöglich.[25] —

Wo immer Schlosser sich zum „empfindenden Menschen" bekennt, sei es als Moralist, als Poetologe oder schlichtweg als Person, blicken durch seine Aussagen die Topoi der philosophisch-rhetorischen Antinomie. Der alte, von der Aufklärung des achtzehnten Jahrhunderts tradierte Text wird wieder lesbar, gewinnt aufs neue kräftige Farben und Konturen, indem sich die Selbststilisierung Schlossers zum Stürmer und Dränger darüberlegt. Dennoch log er nicht im Zwang des von weither Überkommenen oder mitgerissen von einer Zeitströmung. Schlosser täuschte nicht vor, was ihm nicht eignete. Leidenschaftlichkeit im Lieben und Hassen, Denken und Handeln, im Glücksverlangen war seine Natur.

Am tiefsten litt er unter der Freudlosigkeit, dem Mangel an Glücksgefühlen. Dieses Vermissen ist seine Grundbefindlichkeit. Kurz vor dem fiktiven Brief *An den Verfasser des neuen Menoza* gesteht er Lenz in einem echten Brief:[26] „Wenn ich mir recht auf den Puls fühle, so ist der größte Defect an Glückseeligkeit meiner und ich glaube auch wohl aller Menschen negativ. Es ist nicht so viel Schmerz und Leiden, als vielmehr Öde an herzrührenden herzfühlenden Freuden, das uns drückt. Daher kommt das Gähnen."

Freuden, die ans Herz rühren, von ihm gefühlt werden ... Schlosser weiß: der Sinn dafür muß im Kind ausgebildet worden sein, sonst versinkt der Mann im ennui. Goethe, der „Lebenskünstler", schien gefeit zu sein, Schlosser und Lenz waren Gezeichnete. Das verband sie über alle Unterschiede hinweg.

※ ※
※

So wurde Lenz im besagten Dezember 1776, nachdem Goethe ihn als „Landläuffer, Rebell, Pasquillant" (Worte von Lenz) aus Weimar ausgetrieben hatte, in

---

[24] *Zweytes Schreiben* ..., S. 102.
[25] THEODOR W. ADORNO, Negative Dialektik, Frankfurt am Main 1966, S. 292.
[26] Briefe von und an J. M. R. Lenz, hg. v. KARL FREYE u. WOLFGANG STAMMLER, 2 Bde., Leipzig 1918, Bd. 1, S. 161 f.

Emmendingen freundschaftlich aufgenommen. Freude fand er nicht vor. Cornelia, zum zweiten Mal schwanger, war am Ende ihrer Kräfte. Wenige Tage ehe der Flüchtling eintraf, hatte Cornelia am 12. Dezember 1776 geschrieben: „Meines Mannes Geschäffte erlauben ihm nur sehr wenig Zeit bey mir zuzubringen, und da schleiche ich denn ziemlich langsam durch die Welt, mit einem Körper der nirgend hin als ins Grab taugt." Das ist der letzte Brief, den wir von Cornelia besitzen.

Lenz verfaßte unter Schlossers Dach im Winter 1776/77 „le dernier de ses ouvrages qui présente quelque intérêt": *Der Landprediger. Eine Erzählung.*[27] Noch RENÉ GIRARD nimmt, ohne freilich darauf einzugehen, die These von MATVEJ NIKANOROVIČ ROSANOW hin — OTTOMAR RUDOLF hält sie offenbar für bewiesen —, Lenz habe als Vorbild zu der Figur des Landpredigers Mannheim der Pfarrer von Waldersbach im Elsaß, Johann Friedrich Oberlin, gedient, dessen tatkräftiges Christentum weithin bekannt war. Weshalb sollte ausgerechnet Lenz in Straßburg oder auch im nahen Markgräflerland nie davon gehört haben? Dennoch kann m. E. gar kein Zweifel bestehen: Lenz hielt sich an das Idealbild des Landpredigers, wie es Schlosser in den *Katechismen für das Landvolk* geschildert hatte, und an Schlossers Person, sein Familienleben und sein Wirken als Oberamtmann. In völliger Übereinstimmung mit den *Katechismen* heißt es von Mannheim beispielsweise: „Niemals war es sein Zweck gewesen, den Bauern die Theologie als Wissenschaft vorzutragen"; die Glaubenslehren der Kirche wie der Zweifel daran gehen „weit über ihr Fassungsvermögen". „So sagte er also seinen Zuhörern kein Wort, weder von der Ewigkeit der Höllenstrafen, noch von der Vereinigung beider Naturen ... Aber er lehrte sie ihre Pflicht gegen ihre Herrschaft, gegen ihre Kinder, gegen sie selbst. Er wies ihnen, wie sie durch eine ordentliche Haushaltung sich den Druck der Abgaben erleichtern könnten ..." usw. usw. „Er war unerschöpflich an neuen Vorschlägen", weshalb man ihm nachsagte, er wolle „aus seiner Kirche eine Akademie der ökonomischen Wissenschaften machen". Sein Haus wird als eine Art „Akademie der Künste und Wissenschaften" bezeichnet, „weil sich Künstler und Gelehrte zu ihm flüchteten". Unmißverständlich erklärt Lenz: „Es ist das große Gemälde deiner Haushaltung, mein S-, das ich vor Augen habe."

Warum leidet Mannheim unter Launen? „Kurz es war — der schlimmste Sauerteig, der seit Adams Fall im menschlichen Herzen gegärt hat — es war der Autor, der das Haupt in ihm emporhob. Den ersten Keim dazu hatte ein Einladungsschreiben von einem Journalisten, doch von Zeit zu Zeit einige Rezensionen in sein Journal zu fertigen, so tief in seine Seele gelegt, daß ... die verborgene Radix Ruhmsucht ... aufgegärt war und sich seinen edelsten Säften mitgeteilt hatte." Der „Landprediger", dürfen wir interpretieren, ist, von Merck verführt, durch seine Beiträge zu den *Frankfurter gelehrten Anzeigen* ruhmsüchtig geworden und hat mit einer Philippika gegen das Bücherschreiben vor Lenz wie vor Lavater sich selbst dieses Lasters bezichtigt.

---

[27] Ges. Schriften 5, S. 147—206.

Ebenso läßt das Bild von Mannheims Frau Albertine unschwer die Cornelia früherer, besserer Zeiten erkennen. Eines Tages dann fällt Mannheim-Schlosser ein Brief in die Hände, von dem er fälschlich meint, er sei an Albertine-Cornelia gerichtet; er steckt ihn zu sich, und auf einem gemeinsamen Spaziergang — ihr Ziel „war ein zerstörtes Schloß auf einer Felsenhöhe, von der man ohne Schwindel nicht hinabsehen konnte" (die Hochburg) — reißt er plötzlich das verhaßte Papier aus der Tasche und herrscht Albertine an: „Ungetreue! In dem Augenblick, da ich dir mein ganzes Leben aufopfere, täglich eine Last nach der anderen wegwälze ... — in dem Augenblick empfängst du Briefe, mit der schwärmerischsten unsinnigsten Leidenschaft geschrieben, von einem Menschen, der nicht wert ist, daß er unsere Kühe melkt, von einem Laffen, der dich seine Muse, ... sich deinen Phaon nennt, und nicht weiß, ob der Phaon ein Bub oder ein Mädchen war." Selbst wenn Schlosser im analogen Fall nicht wie ein Landwirt vom Kuhmelken sprach und nicht wie ein Schulmeister seinem vermeintlichen Rivalen mangelnde klassische Bildung vorwarf, beides und gerade beides zusammen würde zu ihm passen. Worauf Lenz mit der Geschichte von den Liebesbriefen anspielt, wissen wir. Hier wie in der ganzen Erzählung hat er die Wirklichkeit verfremdet, aber bei fast jedem Detail bleibt sie greifbar. *Der Landprediger* ist gewiß nicht schwerer durchschaubar als die anderen Maskenspiele von Goethe, Lenz und Schlosser. —

Die während des Winters 1776/77 immer drückender werdende Schwermut im Schlosserschen Hause hat sich im *Landprediger* nur allenfalls in dem „thränenfröhlichen" Anhang niedergeschlagen, der Apotheose des „unvergleichlichen Paares" nach seinem Tod. Als Cornelias Entbindung nahe bevorstand, verließ Lenz das Haus und ging auf Wanderschaft, Freunde in der Schweiz aufzusuchen. Daß Schwager und Schwester so offenkundig zu Lenz hielten, empfand Goethe als Affront. In einem Brief Schlossers an Merck heißt es am 3. Mai 1777: „Göthe hat mir neulich durch seinen Bedienten schreiben lassen, ohne nur ein ‚Grüß Dich Gott' beizusetzen. Das Ding hat mich anfangs entsetzlich geärgert, und im Ernst geschmerzt! Nun fühl ichs nicht mehr! Er war innig von mir geliebt, er hat mich aber vorbereitet, erstaunlich gleichgültig gegen ihn zu sein." Über Frankfurt hört Goethe dann von der Niederkunft Cornelias. Lenz erreicht in Zürich die Nachricht, daß Cornelia am 16. Mai 1777 eine zweite Tochter geboren hat, bei der Großmutter Goethe und er selbst die beiden Paten sein sollen. In seinem Glückwunschschreiben stellt sich Lenz die kleine Juliette als Ebenbild der Mutter vor, das einst auch einem Lenz begegnen werde:

>...
>Einst wirst du, kleine Lächlerin,
>Mit süßerm Schmerze weinen,
>Wenn alle deinen treuen Sinn
>Gott! zu verkennen scheinen,
>...
>Bis daß der Adler kommen wird

> Aus fürchterlichen Büschen,
> Der Welten ohne Trost durchirrt —
> Wie wirst du ihn erfrischen!!

Die Tochter löste Cornelia ab. Drei Wochen nach der Geburt, am 8. Juni, durfte die erst Siebenundzwanzigjährige die Welt verlassen. Trostlos, halb irr stand Lenz, der sofort zurückgekehrt war, an dem frisch aufgeworfenen Grabhügel:

> Auch ich, auch ich im seeligsten Momente
> Schlug eine zärtliche Tangente
> Zur großen Harmonie in ihrem Herzen an
> Mit ihrem Bruder, ihrem Mann.

Goethe äußert sich erstmals am 17. Juli in einem Brief an Auguste von Stolberg, die Cornelias letzten Brief empfangen hatte:

> „Alles geben die Götter die unendlichen
> Ihren Lieblingen ganz,
> Alle Freuden die unendlichen,
> Alle Schmerzen die unendlichen ganz.

So sang ich neulich als ich tief in einer herrlichen Mondnacht aus dem Flusse stieg der vor meinem Garten durch die Wiesen fliest; und das bewahrheitet sich täglich an mir. Ich muß das Glück für meine Liebste erkennen, dafür schiert sie mich auch wieder wie ein geliebtes Weib. Den Todt meiner Schwester wirst du wissen. Mir geht in allem alles erwünscht, und leide allein um andere."

Schon ein Vierteljahr nach Cornelias Tod verlobte sich Schlosser, vor allem der beiden Kinder wegen, mit Johanna Fahlmer, in der schon Goethe gleichsam Ersatz für Cornelia gefunden hatte, ehe Charlotte von Stein ihm begegnete. Nun wird sie die Gattin Schlossers werden und damit auch hier die Stelle der Toten einnehmen. Goethe schreibt ihr am 16. November 1777: „Daß du meine Schwester seyn kannst, macht mir einen unverschmerzlichen Verlust wieder neu, also verzeihe meine Thränen bey deinem Glück. Das Schicksal habe seine Mutterhand über dir und halte dich so warm, wie's mich hält, und gebe, daß ich mit dir die Freuden genieße, die es meiner armen ersten versagt hat."

✧ ✧
✧

Lenz, der sich wieder nach der Schweiz aufgemacht hat, erleidet um diese Zeit, November 1777, den ersten Wahnsinnsanfall, der nach allem Vorangegangenen seine Freunde „nicht sonderlich überraschte". Sie schicken Lenz im Dezember nach Waldersbach im Elsaß, damit ihn Pfarrer Oberlin unter seine Obhut nehme.

Goethe, auf einer Harzreise, schreibt an Charlotte: „Es ist gar schön ... und der Schnee über alles macht wieder das Gefühl von Fröhligkeit." Man versicherte ihm, den Brocken zu besteigen, sei bei Schnee und Nebel unmöglich, er setzt es durch: „Ich habs nicht geglaubt bis auf der obersten Klippe. Alle Nebel lagen unten, und oben war herrlichste Klarheit." Die Reihe der freirhythmischen Hymnen, die 1772 mit *Wanderers Sturmlied* begann, schließt mit *Auf dem Harz im Dezember 1777* ab:

> Dem Geier gleich ...
> Der auf Morgenschloßen-Wolken
> mit sanftem Fittich ruhend
> nach Beute schaut,
> schwebe mein Lied!
> ...
> Aber abseits, wer ists?
> Ins Gebüsch verliert sich sein Pfad,
> hinter ihm schlagen
> die Sträuche zusammen —

Weit im Westen könnte das Lenz sein, der im Dezember 1777 auf dem Weg nach Waldersbach durch die verschneiten Vogesen irrt. Während der ersten Nacht, die er im Hause Oberlins verbringt, hört dieser plötzlich auf der Straße die laute Stimme des Dorfschulmeisters: „Qu'est-ce que c'est que ça — hé, dans l'eau par un temps si froid!" Lenz hat in der bitterkalten Mondnacht sich hinausgeschlichen und zähneklappernd, am ganzen Leibe zitternd in einem Wassertrog vor dem Haus ein Bad genommen.

Schubweise, mit kurzen Intervallen scheinbarer Besserung, schreitet die Krankheit (Katatonie?) voran. Die Tobsuchtsanfälle mehren sich. Da kein Arzt helfen und niemand sich länger mit der Pflege belasten kann, fällt es auf Schlosser, den überall Abgeschobenen wieder zu sich zu nehmen. Im Februar 1778 bringt man Lenz nach Emmendingen.

Um dieselbe Zeit erwägt Goethe die Heilung von „Melancholie" und „Wahnsinn" durch Psychodramen. Eine solche „psychische Kur" ist nach seinem eigenen Zeugnis „das Sujet der *Lila*". Wir brauchen darauf nicht einzugehen, zumal GOTTFRIED DIENER soeben — März 1971 — ein Buch über *Goethes ‚Lila' ... und das Psychodrama* vorgelegt hat.[28] Er sieht nur m. E. zu einseitig das Goethesche Singspiel in seiner Entwicklung bestimmt durch den Freitod Christiane von Laßbergs am 17. Januar 1778. Über „die arme Christel" wissen wir nicht viel mehr, als daß sie aus Liebeskummer in der Ilm sich ertränkte und man beim Bergen der Leiche in ihren Kleidern *Die Leiden des jungen Werthers* fand. Das läßt auf einen Extrem-

---

[28] GOTTFRIED DIENER, Goethes ‚Lila'. Heilung eines „Wahnsinns" durch „psychische Kur". Vergleichende Interpretation der drei Fassungen. Mit ungedruckten Texten und Noten und einem Anhang über psychische Kuren der Goethe-Zeit und das Psychodrama, Frankfurt am Main 1971.

fall übersteigerter ‚Empfindsamkeit', ein damals ja häufig auftretendes ‚Werther-Fieber' schließen — deshalb griff das Ereignis Goethe besonders an —, aber nicht auf eine chronische Gemütskrankheit, wie sie Goethe dann in *Lila* schildern wird. Zunächst, am 18. Januar, war er schon „wieder gezwungen zu theatralischem Leichtsinn", weil Ende des Monats die Herzogliche Liebhaber-Bühne unter seiner Mitwirkung ausgerechnet die satirische Posse *Der Triumph der Empfindsamkeit* bringen wollte. In sie hatte Goethe auch *Proserpina* „freventlich eingeschaltet". Reute ihn das nachher? Die beiden einzigen Aufführungen fanden am 30. Januar und 10. Februar statt; am 12. Februar begann Goethe ein Singspiel, das im Vorjahr entstanden war, von Grund auf umzuarbeiten, und am 15. diktierte er den 1. Aufzug der „neu veränderten" *Lila*. Während sich in Proserpinas Schicksal deutlich das Schicksal Cornelias spiegelt, hat Lilas Schicksal wenig Beziehung zum Schicksal der Laßberg. Die Frauenfiguren in den beiden Dichtungen zeigen aber starke Verwandtschaft miteinander, so daß ich annehmen möchte, den „freventlichen" Mißbrauch der *Proserpina* habe Goethe wie einen Frevel an der Schwester empfunden, mindestens habe er ihm deren Elend wieder bewußt gemacht, weshalb *Lila* neu gestaltet wurde, nun als ein ‚Festspiel' von der Heilung des „Wahnsinns".

Um diese These zu stützen, müssen vorläufig ein paar kurze Hinweise genügen. Ganz ähnlich der Proserpina (s. o. S. 109) klagt Lila: „Eure Liebe, eure Güte fließt mir wie klares Wasser durch die fassenden Hände ... Ich sehne mich weiter, Und weiß nicht wohin." Die Beschreibungen, die im 1. Aufzug Lilas Verwandte von deren depressivem Zustand geben, erinnern an Briefe von und über Cornelia. Als im 2. Aufzug Lila selbst auftritt, meinen wir die Stimme Cornelias zu vernehmen: „Was ist das, was mir so oft in der Seele dämmert, als wenn ich nicht mehr wäre? Ich schwanke im Schatten, habe kein Teil mehr an der Welt ... Laßt mich — Laßt mich!" —

Lila wird am Ende durch ein Psychodrama geheilt. Cornelia hat der Tod erlöst. Mit Lenz scheint Schlosser einen unheilbar „Wahnsinnigen" ins Haus bekommen zu haben. Wenige Tage später klopft es stürmisch an der Tür, und herein drängt Friedrich Maximilian Klinger. Nochmals ein ‚Genie'! Aus Schlossers Heimatstadt Frankfurt und von daher mit ihm wie mit Goethe befreundet. Bald nach Lenz war Klinger nach Weimar gekommen. „Heyda! nun einmal in Tumult und Lermen, daß die Sinnen herumfahren wie Dach-Fahnen beym Sturm. Das wilde Geräusch hat mir schon soviel Wohlseyn entgegengebrüllt, daß mir's würklich ein wenig anfängt besser zu werden": die ersten Sätze eines in Weimar entstandenen Dramas, das Klinger zunächst *Wirrwarr*, dann *Sturm und Drang* nannte. Wenn er Goethe aus solchen Werken vorlas, lief dieser nach kurzer Zeit weg: „Das halte der Teufel aus." Einer mußte weichen. Nach Lage der Dinge war das am Ende Klinger. Rausschmeißen ließ er sich nicht. So reiste Klinger schon ein Vierteljahr vor Lenz wieder ab. Er versuchte es als Theaterdichter bei einer Schauspieltruppe. Nun aber sollte Schlosser weiterhelfen. Fürs erste bat Klinger um Herberge auf unbeschränkte Zeit. Wenn man Schlosser ist, kann man eine solche Bitte nicht abschlagen. Klinger wußte, daß Lenz als aus Weimar Vertriebener einen Winter lang in Emmendingen Kost und Logis genossen hatte, kannte wohl auch die 1777 im *Deutschen Museum* erschienene Erzählung *Der Landprediger* von Lenz, das hatte ihn hergeführt. Aber den Freund jetzt hier anzutreffen, hatte er nicht erwartet. Bestürzt stand er vor dem Bett, auf das zwei Wärter Lenz festgebunden hatten, denn oft „schreit und heult er wie ein Vieh, zerbeißt die Kissen und zerkratzt sich, wo er nur hinkommen kann". Zu anderen Zeiten fällt er in „Apathie und Erstarrung", doch gelegentlich wirkt er auch wieder ganz vernünftig. — Klinger bleibt bis April 1778, danach nimmt er als Leutnant in einem Freikorps auf kaiserlicher Seite am Bayerischen Erbfolgekrieg teil.

Im Hause Schlossers ist ein ständiges Kommen und Gehen von Gästen und von Beamten und Bediensteten, Bauern und Handwerkern, die auf dem Oberamt zu tun haben. Wie gescheuchte Küken laufen ihnen die beiden kleinen Mädchen zwischen die Beine, die jetzt vierjährige Lulu mit ihrem noch nicht zweijährigen Schwesterchen Juliette. Durch seine Heirat mit Johanna Fahlmer im September 1778 schenkte ihnen Schlosser eine Mutter. Die Kinder hätten sich keine zartfühlendere, liebevollere wünschen können, von der „ungemeinen Bildung des Geistes" (Goethe) ganz zu schweigen. Dem jetzt dreiunddreißigjährigen ‚Tantchen' der Brüder Jacobi war es einst sogar gelungen „das ernste, starre, gewissermaßen lieblose Wesen Cornelias" aufzuschließen (*Dichtung und Wahrheit*).

Schier unerträglich wurde mit der Zeit die Anwesenheit von Lenz. Wohl finanzierte Herzog Karl August von Weimar seinen Lebensunterhalt, aber die Kosten belasteten die Familie Schlosser am wenigsten. Vorübergehend wurde Lenz bei einem Schuhmacher, dann bei einem Förster untergebracht. Sein Vater antwortete auf alle Briefe Schlossers bloß „mit Bogen langen Predigten". Als der Zustand sich weiter verschlimmerte, besorgte Schlosser im Juni 1779 für Lenz eine Pflegestelle in der Schweiz. Von dort holte ihn endlich ein Bruder nach Riga heim.

Goethe begab sich im September 1779 mit Herzog Karl August auf eine Schweizer Reise. In Frankfurt sah er die Eltern wieder, in Sesenheim Friederike Brion, in Straßburg Lili Schönemann, jetzige Frau von Türckheim. Am 27./28. September weilte Goethe bei Schlosser in Emmendingen. Die Schwester traf er nicht mehr an, auch weder Lenz noch Klinger, dafür Johanna Fahlmer als Gattin Schlossers und Mutter von Cornelias Kindern. Der Brief aus Emmendingen, in dem Goethe die Erlebnisse der letzten Tage Charlotte von Stein schildert, schließt sich innerlich unmittelbar an die Briefe von der Harzreise 1777 und an die Hymne *Dem Geier gleich* ... an: „So prosaisch als ich nun mit diesen Menschen bin, so ist doch in dem Gefühl von durchgehendem reinen Wohlwollen ... eine recht ätherische Wollust. Ungetrübt von einer beschränckten Leidenschafft treten nun in meine Seele die Verhältnisse zu den Menschen die bleibend sind, meine entfernten Freunde und ihr Schicksaal liegen nun vor mir wie ein Land in dessen Gegenden man von einem hohen Berge oder im Vogelflug sieht." — Die trüben Leidenschaften weichen reinem Wohlwollen und klarer, aus der Überschau gewonnener Einsicht in die Gesetze des Daseins. Schon auf der Harzreise hatte Goethe dieses Ziel erkannt. Nun brachte er auf der Schweizerreise sein Verhältnis zu Friederike und Lili ins reine und wurde sogar mit der Erinnerung an die seelischen Wirrnisse um Cornelia fertig: „Hier bin ich nun nah am Grabe meiner Schwester, ihr Haushalt ist mir, wie eine Tafel worauf eine geliebte Gestalt stand, die nun weggelöscht ist." Die Italienreise wird Goethes Wandlung vollenden, aber die vielleicht wichtigste Station auf seinem Weg vom ‚Sturm und Drang' zur ‚Klassik' bildete der Aufenthalt 1779 bei Schlosser.

Auch die „Sorge", die Lebensangst, die ihn manchmal hart angefochten hatte, schien seit der Bergbesteigung im Dezember 1777 überwunden zu sein. Darauf legte jüngst wieder HEINRICH HENEL den Akzent, indem er den Goethe der Jahre 1772—1777 mit Kafka bzw. dem Tier in Kafkas Parabel *Der Bau* konfrontierte.[29] Ein unheimliches, zischendes Geräusch in seinem Bau (burrow) hält dieses Tier, dem jede Kommunikation fehlt, in ständiger Angst (worry), denn: „He was made to be a worrier, and so was his creator, Franz Kafka." Die Welt außerhalb seines Baus aber wird von dem Tier in bezeichnender Steigerung, wie HENEL sagt, erst das Fremde, dann das Freie und schließlich die Oberwelt genannt: „His burrow is a metaphorical underworld ..." Goethe hat in *Proserpina* seine Schwester metaphorisch in die Unterwelt des griechischen Mythos versetzt. Damit die Klage eines unglückseligen Menschen wie Cornelia zu uns dringe, dazu braucht es heute — in der ‚Zweiten Aufklärung' — vielleicht statt eines mythologischen, einer entführten Göttin in den Mund gelegten Monodramas die parabelhafte Erzählung eines Tieres von seiner Lebensangst.

✣ ✣
✣

Wenige Wochen nach Goethes Besuch, im Oktober 1779, kam Klinger nach Emmendingen zurück. Er möchte nun auswandern, entweder nach Amerika oder nach Rußland, und Schlosser mit seinen vielen Beziehungen soll ihm dazu verhelfen. Schlosser tat auch hier wieder sein möglichstes. Unter anderem wandte er sich in Erinnerung an die Treptower Jahre an den Prinzen Friedrich Eugen von Württemberg. Dieser hatte jetzt eine ganz ähnliche Stellung inne wie der „Markgraf von Hochberg": als Statthalter seines Bruders Herzog Carl Eugen regierte er die Grafschaft Montbéliard (Mömpelgard), die nach dem Aussterben einer Seitenlinie des Hauses Württemberg an die Hauptlinie gefallen war und seitdem eine Enklave des Herzogtums in Frankreich bildete. Über Friedrich Eugen, der seine älteste Tochter dem russischen Thronfolger Paul vermählt hatte, wollte Schlosser den Hof in Petersburg für Klinger interessieren. Das gelang, und Ende August 1780 erhielt Klinger das Patent eines russischen Leutnants mit der Zusage, als Ordonnanzoffi-

---

[29] HEINRICH HENEL, Kafka's *Der Bau*, or How to Escape from a Maze, in: The Discontinuous Tradition. Studies in German Literature in Honour of Ernest Ludwig Stahl, ed. by PETER FELIX GANZ, Oxford 1971, S. 224—246.

zier zu Großfürst Paul kommandiert zu werden. Im September bestieg er, wie Lenz vierzehn Monate zuvor, in Lübeck das Schiff nach Rußland. Während aber auf Lenz dort neues Elend wartete, fuhr Klinger einer glanzvollen Zukunft entgegen. Gleich blieben sich beide in ihrer Dankbarkeit und Verehrung für Schlosser.

In der Vorrede zum 4. Teil seines märchenhaften Romans *Orpheus* — dieser Teil trägt die Jahreszahl 1780 — versichert Klinger: „Es war nur 1 Jean Jacques Rousseau — und möcht ich deinen Namen hinzusetzen — Freund..., an dessen Seite ich die glücklichsten Jahre meines Lebens zubrachte, als ich mich eben dem wilden Geräusch entzog."[30] Rousseau und Schlosser werden in einem Atem als die zwei großen Sittenlehrer angesprochen. Klinger denkt dabei ebenso an Schlossers *Katechismus der Sittenlehre* wie an dessen Persönlichkeit.

„Als ich mich eben dem wilden Geräusch entzog" — wir erinnern uns, wie Klinger sein Drama *Sturm und Drang* beginnen ließ: „Heyda! ... in Tumult und Lermen ... das wilde Geräusch hat mir so viel Wohlseyn entgegengebrüllt ..." Von daher könnte man dem Zitat aus der *Orpheus*-Vorrede eine tiefere Bedeutung zumessen und zeigen, daß es das Sturm-und-Dranghafte war, dem sich K l i n g e r damals in Schlossers Haus „entzog". L e n z ahnte dort für einen flüchtigen, bloß in der *Moralischen Bekehrung eines Poeten* festgehaltenen Augenblick sogar das Klassische. G o e t h e wird es — und zwar auf dem Weg über Emmendingen — erreichen.

Das in extenso darzustellen, hieße, den mir gesteckten Rahmen sprengen. Alles, was über Schlosser noch zu sagen wäre, wird auch aufgewogen durch einen einzigen Satz, in dem Klinger nach Schlossers Tod 1799 bekennt: „Ich sah in ihm das lebende Bild des Guten, und es prägte sich so fest meinem Geiste ein, daß die widrigsten Erfahrungen an den übrigen Menschen meinen Glauben an das, was ich so rein in ihm erkannte, nicht erschüttern konnten."[31]

---

[30] Werke, 1809—1816, Bd. 4, S. 13.
[31] ALFRED NICOLOVIUS, Denkschrift auf Georg Heinrich Ludwig Nicolovius, Bonn 1841. S. 118 f. Ludwig Nicolovius, preußischer Staatsrat, war mit Luise (Lulu) Schlosser, der Tochter Cornelias, verheiratet, und A. N. eines der sechs Kinder aus dieser Ehe. Einzig in der Nachkommenschaft Schlossers pflanzte sich der Goethesche Stammbaum bis in die Gegenwart fort. Vgl. ERNST BEUTLER, Cornelias Tochter, in: E. B., Essays um Goethe, a. a. O. (Anm. 2), S. 135—200, speziell S. 136 f., und SIEGFRIED RÖSCH, Goethes Verwandtschaft, Versuch einer Gesamtverwandtschaftstafel mit Gedanken zu deren Theorie (= Bibliothek familiengeschichtlicher Arbeiten 16, Forschungen zur hessischen Familien- und Heimatkunde 6), Neustadt a. d. Aisch 1956.

Karl Eibl (Trier)

‚REALISMUS' ALS WIDERLEGUNG VON LITERATUR

Dargestellt am Beispiel von Lenz' *Hofmeister*

Der Begriff „Realismus", so hat Roman Jakobson einmal formuliert, gleiche „einem unendlich dehnbaren Sack, in den man alles, was man will, verstauen kann"[1] – kein Wunder, daß eine solche universell verwendbare Leerformel immer neue Renaissancen erlebt. Die folgenden Bemerkungen werden 1) die beiden wichtigsten Quellen für die Unschärfe des Begriffs ‚Realismus' nennen[2], 2) am Beispiel von Jakob Michael Reinhold Lenz' Drama *Der Hofmeister*[3] einen Begriff von ‚Realismus' skizzieren, der diese Unschärfen vermeidet, und 3) diesen Begriff in den Kontext der gegenwärtigen wissenschaftstheoretischen Diskussion einordnen.

1.

Das erste Unschärfemoment gerät in den Begriff durch den Bezug auf die ‚Realität', die er voraussetzt. Es ist ein erkenntnistheoretischer Gemeinplatz, daß solche Realität uns nicht unverstellt gegeben ist, daß unser Realitätsbild immer schon Ergebnis eines Konsensus ist – so unterschiedlich auch die Auffassungen über das Zustandekommen dieses Konsensus sein mögen. Akzeptiert man jede Art von Wirklichkeitserfahrung als Basis ‚realistischer' Schreibweise (für Homer war der Götterhimmel eine Realität, für Dante die Hölle), so wird der Begriff trivial, weil er kaum mehr etwas ausschließt.

---

[1] „Über den Realismus in der Kunst", in: J. Striedter (Hrsg.), *Russischer Formalismus* (UTB. 40), München 1971, S. 374–391, hier: S. 389. An diesen Aufsatz knüpfen unsere Überlegungen an. Von den unzähligen Arbeiten zum Thema „Realismus" sei hier nur Richard Brinkmanns Sammlung *Begriffsbestimmung des literarischen Realismus*, Darmstadt 1969, genannt.

[2] Die Beliebtheit des Begriffs kann wohl damit erklärt werden, daß hier ein historischer, ein literaturtypologischer und ein (philosophisch-)normativer Gebrauch mühelos konfundiert werden können: Aporien des einen können durch ein Überwechseln zum anderen jeweils umgangen werden, er ist eine Art ‚Joker'-Begriff.

[3] Hier immer zitiert nach J. M. R. Lenz, *Gesammelte Werke in vier Bänden*, hrsg. von R. Daunicht, Bd. 1, München 1967, S. 39–121.

Reserviert man ihn hingegen für eine Realitätserfahrung, die mit der eigenen übereinstimmt, dann wird er zur nicht minder trivialen Vokabel für Zustimmung: Dieser Autor ist Realist, d. h. ich bin mit ihm einer Meinung.

Das zweite Unschärfemoment betrifft den spezifisch ästhetischen Bereich, die Frage der Kunstmittel, durch die Realität ‚nachgeahmt', ‚dargestellt', ‚widergespiegelt', ‚abgebildet' werden soll. Selbst die Kirschen des Zeuxis, an denen die Vögel pickten, unterschieden sich von wirklichen Kirschen just dadurch, daß die Vögel nicht von ihnen satt werden konnten. Gewiß gehören zu den Kunstmitteln fast immer auch imitativ-ikonische Elemente; aber diese treten im Verein mit semantisch-konventionalisierten Elementen auf und werden durch diesen Kontext selbst verändert[4]. Nicht nur die ‚Realität' ist Ergebnis eines Konsensus, sondern auch die Mittel ihrer ‚Abbildung' basieren auf historisch-jeweiliger Übereinkunft. Eine wie immer zu denkende ‚natürliche' Relation von Kunstmitteln und Realität ist kaum vorstellbar und wird heute ernsthaft auch nicht proklamiert.

Unbewußt und in verhüllter Form jedoch scheinen zumindest populäre Vorstellungen von Realismus oft auf solch mißverstandene ‚Natürlichkeit' zu rekurrieren: Gerade jene Kunstmittel, die in besonders hohem Maße konventionalisiert sind, werden offenbar als ‚natürlich' empfunden, laden sich mit dem Schein imitativ-ikonischer Adäquatheit auf, ja, sie sind sogar Imitation – doch nicht Imitation der Wirklichkeit, sondern Imitation einer binnenliterarischen Konvention. Zuweilen tritt solcher Form-Konservatismus, der ein bloß binnenliterarisch konventionalisiertes Wirklichkeitsbild reproduziert, mit dem Anspruch auf, der allein gültige ‚Realismus' zu sein[5].

---

[4] Für den Bereich der bildenden Kunst vor allem herausgearbeitet von Ernst H. Gombrich, *Kunst und Illusion*. Zur Psychologie der bildlichen Darstellung, Köln 1967, bes. die Kapitel „Wahrheit und Konvention" (S. 85–114) und „Vom Abbild zum Ausdruck" (S. 398–434).

[5] Dieser von Jakobson als Realismus A_2 bzw. B_2 bezeichnete Realismus-Begriff deckt sich ungefähr mit der konservativen Position im – latent noch andauernden – Expressionismus-Streit; vgl. H.-J. Schmitt (Hrsg.), *Die Expressionismusdebatte. Materialien zu einer marxistischen Realismuskonzeption*, Frankfurt a. M. 1973. – Es hat den Anschein, daß gegenwärtig wieder stärker Tendenzen Fuß fassen, die einmal als ‚vulgärmarxistisch' oder ‚vulgärsoziologisch' bezeichnet wurden. Jürgen von Kempski (*Brechungen*, Reinbek 1964) hat sie in seiner Lukács-Polemik („Literatur und Lukács", S. 181–199) charakterisiert: „Totalitäre Dogmatik mißtraut aus Grundsatz jedem Gebiet, auf dem ihr ein Leisten fehlt, alles darauf zu schlagen. Sie hat ihr Interesse nicht sowohl an der Sache, als an der Möglichkeit, ‚Abweichungen' festzustellen und gegen sie das Verfahren zu eröffnen [...] Der Versuch, die Totalität des literarischen Werkes in abgebildeter Wirklichkeit zu finden, führt zu literarischer Inquisition – wer dies unternimmt, muß zuerst die Wirklichkeit vergewaltigen und dann die vergewaltigte zum Maßstabe des Kunstwerks machen." (S. 186 und S. 199)

Als Realismus wird aber auch das genaue Gegenteil bezeichnet: die avantgardistische Zerstörung oder Entlarvung konventioneller Kunstmittel, die es sich zum Ziel setzt, einer neuartig wahrgenommenen Realität gegen die konventionelle Realitätsdarstellung zu ihrem Recht zu verhelfen[6]. Im Folgenden wird an einem Beispiel – Lenz' *Hofmeister* – dargestellt, welchen Deutungswert dieser Begriff von Realismus haben kann, und weshalb er nicht mit den erwähnten Unschärfen behaftet ist, sondern sowohl einen praktikablen Realitätsbegriff als auch eine praktikable Vorstellung vom Verhältnis zwischen Realität und Kunstmittel voraussetzt.

2.

Das *Hofmeister*-Drama wurde relativ häufig interpretiert[7]. Diesen teilweise sehr scharfsinnigen Interpretationen soll hier keine konkurrierende hinzugefügt werden. Vielmehr soll, in bewußt einseitiger Weise, eine bisher an diesem Drama kaum berücksichtigte Perspektive erprobt werden, die freilich auch einige umrätselte Elemente des Textes in deutlicherem Lichte erscheinen lassen wird: Die Perspektive des vom Drama vorausgesetzten Zuschauers[8]. Gemeint ist damit nicht, was man unter Rezeptionsforschung versteht; gemeint ist vielmehr ein Element der Werkstruktur selbst, nämlich die ins Werk hineinkomponierten ‚Regieanweisungen' für die Wahrnehmung des Zuschauers. Jedes literarische Werk enthält ein ganzes Geflecht von expliziten und impliziten Informationen über seinen eigenen Konstitutionsmodus, die oft gar nicht bewußt, sondern ganz automatisch zur Kenntnis genommen werden. Solche Informationen wurden schon immer unter dem Namen „Exposition" berücksichtigt. Die Exposition hat aber nicht nur die Aufgabe, Informationen über Vorgeschichte oder Charakter der auftretenden Figuren zu liefern; sie gibt auch Informationen über die Gattung des Stückes, über die zu erwartenden Verlaufsschemata der Handlung, über die Traditionen, in die es sich einreiht usw., kurz: sie nennt den Code für

---

[6] Jakobsons Realismus A_1 bzw. B_1, verbunden mit D.
[7] Zu nennen sind insbesondere: A. Schöne, *Säkularisation als sprachbildende Kraft*, Göttingen ²1968, S. 92–138 (hier auch ausführliche Auseinandersetzung mit vorangegangener Forschung); K. S. Guthke, *Geschichte und Poetik der deutschen Tragikomödie*, Göttingen 1961, S. 51 ff.; G. Mattenklott, *Melancholie in der Dramatik des Sturm und Drang*, Stuttgart 1968, S. 122–168; H. O. Burger, „J. M. R. Lenz, Der Hofmeister", in: H. Steffen (Hrsg.), *Das deutsche Lustspiel*, 2 Bde., Göttingen 1968, Bd. 1, S. 46–67.
[8] Vergleichbare Fragestellungen bei W. Iser, *Der implizite Leser*, München 1972. Vgl. auch Hans Robert Jauß' mehrfache Hinweise auf die Möglichkeit, den ‚Erwartungshorizont' aus dem Werk selbst zu rekonstruieren (thesenhaft in *Literaturgeschichte als Provokation*, Frankfurt a. M. 1970, bes. S. 173 ff.).

das Verständnis des Weiteren oder – in anderer Terminologie – schafft den ‚Erwartungshorizont' oder das ‚Vorurteil', auf Grund dessen Verstehen möglich wird. Es handelt sich also um das, was man derzeit ‚Metakommunikation' nennt. Solche Metakommunikation, in der das Drama Informationen über seine eigenen Voraussetzungen gibt, begleitet das ganze Stück, doch ist sie naturgemäß zu Beginn, in der klassischen Exposition, besonders dicht. Es ist also zunächst zu fragen, aus welchen Elementen des literarischen Bewußtseins der Zeit der ‚Erwartungshorizont' aufgebaut wird.

Den ersten eindeutig beobachtbaren Informationskomplex bildet der Titel. Die Gattungsbezeichnung „Komödie" hat immer wieder zu Versuchen geführt, das Drama mit Lenzens eigenen Ansätzen zur theoretischen Neubestimmung der Genera in Einklang zu bringen[9]. Aus der von uns gewählten Perspektive jedoch sind diese theoretischen Unternehmungen ohne Bedeutung: Die Gattungsbezeichnung erhält ihre nähere Bestimmung aus dem Titelkontext, und dieser ist ganz eindeutig. Denn der Gesamttitel: *Der Hofmeister oder Vortheile der Privaterziehung. Eine Komödie*, deutet ohne jeden inneren Widerspruch auf eine satirische Typenkomödie traditioneller Manier. Er gibt folgende Informationen: 1) Das Stück wird eine Berufssatire sein. Zusammen mit der Satire von Charakterfehlern und gesellschaftlichen Unsitten ist die Berufssatire eines der wichtigsten Sujets der Komödie des 18. Jahrhunderts. Erinnert sei etwa an Krügers *Die Candidaten* und *Die Geistlichen auf dem Lande,* an Lessings *Jungen Gelehrten* oder an Mylius' *Ärzte.* 2) Das Stück wird die Berufssatire mit der Satire gesellschaftlicher Unsitten verbinden und sich mit Erziehungsproblemen befassen. Auch das ist gute Tradition der Aufklärungskomödie und jener Komödienformen, auf denen sie basiert. Erinnert sei an Menander-Terenz' *Adelphoe,* die im 18. Jahrhundert von Romanus bearbeitet wurden, oder an Molières *École des maris,* die überdies nicht anders als Lenz' Drama zwei Brüder zu Exponenten konträrer Erziehungsstile machen. Selbst der Haupttitel findet ein Vorbild in der Gottschedin Komödie *Die Hausfranzösin,* die das Gouvernantenwesen im deutschen Bürgerhaushalt aufs Korn nimmt. 3) In diesem Kontext kann auch der Untertitel *Vortheile der Privaterziehung* sogleich als ironisch identifiziert werden. Der Titel verspricht also dem zeitgenössischen Zuschauer eine der ihm vertrauten satirischen Typenkomödien, die sich mit dem nicht weniger vertrauten Problem der richtigen Erziehung befaßt, und zwar speziell mit dem Problem der Hofmeistererziehung. Der Interpret weiß, daß hier eine zumindest partielle Irreführung vorliegt; greift er jedoch aus diesem Wissen heraus auf Lenz' ‚Komödientheorie' zurück, dann gerät

---

[9] Helmut Arntzen, *Die ernste Komödie,* München 1968, S. 84, betont mit Recht, daß diese Hinweise „als theoretische Grundlage einer neuen Gattung [...] weder gedacht noch geeignet seien".

er in die Gefahr, die Fehlinformation des Eingangs aus Stringenzgründen wegzuinterpretieren und damit ein wichtiges Strukturmoment des Dramas zu verfehlen.

Daß die Fehlinformation über die zu erwartende Gattung bewußt lanciert wird, bestätigt sich in der eigentlichen Exposition, die das ‚Vorurteil' weiter verstärkt. Der Eingangsmonolog des zukünftigen Hofmeisters Läuffer, die prologhafte Selbstdarstellung einer Figur also, findet sich entsprechend z. B. in Molières *Georges Dandin* oder in Lenz' eigener Plautus-Übersetzung *Die Buhlschwester (Truculentus)*. Und auch die zweite Szene – Geheimer Rat und Major – stützt die Eingangsinformation. Die Frage, ob der Geheime Rat Sprachrohr des Autors sei, wird in der Exposition noch ganz eindeutig beantwortet. Der schon erwähnte Brauch, richtigen und falschen Erziehungsstil an zwei Brüdern zu demonstrieren, weist ihn ebenso als solches Sprachrohr aus wie seine sokratische Attitüde („Aber was soll er Deinen Sohn lehren?" „Was forderst Du dafür von Deinem Hofmeister?" „Was soll Dein Sohn werden, sag mir einmahl?"[10]). Der Zuschauer vermag ihn zugleich als einen jener Verwandten zu identifizieren, die in nahezu jeder Typenkomödie das Banner der Vernunft hochhalten und die Geschichte trotz aller Schrulligkeiten der Väter und Mütter doch noch zu einem guten Ende bringen. Auch der andere Partner des Gesprächs ist ein alter Bekannter, was freilich mehr in der vierten als in der zweiten Szene deutlich wird: Dieser polternde und zugleich sentimentale, mit falschen lateinischen Endungen wie mit Ohrfeigen recht freigebige alte Haudegen gehört in die Ahnenreihe des ‚miles gloriosus' und des ‚capitano'. Und als gälte es, auch noch ein letztes unentbehrliches Element der zeitgenössischen Komödie abzuhaken, bringt Lenz in der fünften Szene das Liebespaar, das sich trennen muß, und von dem der routinierte Zuschauer weiß: nach einigen Wirren werden sie sich am Ende kriegen.

Mühelos könnten weitere Momente aufgezählt werden, welche die Zuschauererwartung bestärken, von der dünkelhaften Majorin mit ihrem Verehrer, der es eigentlich doch mehr auf die Tochter abgesehen hat, über des Majors Hang zur Melancholie („[...] sieht er doch wie der Heautontimorumenos in meiner großen Madame Dacier abgemahlt"[11], läßt Lenz die Majorin mit Bezug auf die französische Terenz-Übersetzung sagen), über die burlesken Studentenszenen aus Christian Reuters oder Picanders Welt, bis hin zum großen Versöhnungstableau am Schluß: Gustchen bekommt nun endlich den Fritz; der Hofmeister, Fritzens Nebenbuhler, wird nach altem Brauch mit dem Bauernmädchen Lise abgefunden; der Student Pätus hei-

---

[10] *Der Hofmeister*, S. 41 f.
[11] *Der Hofmeister*, S. 69.

ratet die kompromittierte Jungfer Rehaar. Und nicht genug: Eine alte Bettlerin, so erfahren wir gerade noch, ist des alten Pätus verstoßene Mutter, und auch diese beiden versöhnen sich. Unstreitig: Eine „Komödie" ist angekündigt, und alles ist da, was zur Komödie gehört.

Trotzdem ist die Vorinformation ‚Satirische Typenkomödie zum Thema Hofmeister-Erziehung' eine Irreführung. Zunächst sei das Thema Hofmeister-Erziehung näher betrachtet, weil diese Information zuweilen auch von Interpreten ernster genommen wird, als sie verdient. Ginge es wirklich um dieses Thema, um die „Vortheile der Privaterziehung", dann hätten diese Vorteile doch am Erziehungsobjekt Läuffers, am kleinen Leopold, gezeigt werden müssen. Der aber bleibt stumm und hat nur die Aufgabe, in der Exposition herumzustehen und sich ohrfeigen zu lassen. In Aktion wird nur ein anderer Hofmeister mit seinem Erziehungsprodukt, dem Herrn von Seiffenblase, vorgeführt – Nebenfiguren, als wollte Lenz damit unterstreichen, daß das Thema Hofmeistererziehung nur ein Nebenthema ist. Läuffers Engagement hat nur für Gustchen Konsequenzen, die von ihm verführt wird (oder er von ihr) und ein Kind bekommt; aber einen ‚allgemeinen Lehrsatz', nach dem die Hofmeistererziehung eines jungen Adeligen zur Schwängerung von dessen Schwester führt, wird man dem Stück schwerlich unterstellen wollen.

Soll man hier schon beim letzten Mittel ratloser Interpreten, beim unterstellten Unvermögen des Autors, Zuflucht suchen? Wird doch das Thema nicht nur vom Titel versprochen, sondern auch vom Geheimen Rat, dem ‚Sprachrohr' des Autors, mehrmals expliziert; nimmt man die ‚Sprachrohr'-Information der Exposition ernst, so muß man tatsächlich ein Auseinanderklaffen von Autorintention und Text konstatieren. Doch dieser Geheime Rat ist keineswegs eine so eindeutige Figur, wie es zunächst scheinen möchte. Am Schluß etwa, als der Major nach der rechten Art der Erziehung fragt, da müßte er nun eigentlich die markige Conclusio des Stückes formulieren. Aber er weicht aus: „[...] davon wollen wir ein andermal sprechen."[12] Und schon zu Beginn geraten seine Ausführungen ins Zwielicht, wenn man den Kontext berücksichtigt. Die Argumente, die er (II, 1) gegen das Hofmeister-Wesen vorbringt, mögen noch so vernünftig sein – sie kranken daran, daß er dem Pastor Läuffer, dem Vater des Hofmeisters, nicht sagen kann, was sein Sohn denn sonst anfangen soll. „Der Staat wird Euch nicht lang am Markt stehen lassen"[13], meint er; aber diese Worte klingen hohl, wenn man bedenkt, daß gerade dieser Geheime Rat Läuffers Anstellung bei der Stadt-

---

[12] Der Hofmeister, S. 121.
[13] Der Hofmeister, S. 55.

schule verhindert hatte. „Das ist sehr allgemein gesprochen"[14], repliziert der Pastor mit einigem Recht. Des Geheimen Rats Tiraden sind zumindest falsch adressiert, eine Handlung, auf die sie strikt beziehbar wären, gibt es nicht, er selbst ist am Ende nicht in der Lage, den obligatorischen Lehrsatz auszusprechen, kurz: der Vertreter der ‚Vernunft' erscheint unfähig, die Brücke zwischen seinen theoretischen Maximen und der Praxis zu schlagen.

Schließlich der Komödienschluß: Die Hochzeit am Ende gehört zum eisernen Bestand der Gattung, und Autoren, die es besonders gut mit ihrem Publikum meinen, erfreuen es oft auch mit einer Doppelhochzeit. Lenz ist noch großzügiger und spendiert gar eine dreifache Hochzeit, und als Dreingabe noch eine Versöhnung von Mutter und Sohn. Doch was sind das für Hochzeiten: Fritzens Ehe mit der ledigen Mutter Gustchen ist für die moralischen Vorstellungen der Zeit eine glatte Messalliance[15], die Ehe des Kastraten Läuffer – wenn man nicht bei tiefsinnigen Überlegungen zum Wesen des Kastratentums Zuflucht sucht – eine Absurdität[16], die Ehe des Pätus ist dramenökonomisch überflüssig. Am aufschlußreichsten aber ist die Versöhnung des alten Pätus mit seiner Mutter; damit sie überhaupt stattfinden kann, muß gegen alle dramaturgische Regel kurz vor Schluß erst noch erwähnt werden, daß die beiden sich entzweit hatten! Was auf den ersten Blick wie eine Dramaturgie mit der Brechstange aussehen mag, hat freilich eine sehr wichtige Funktion. Die Versöhnung des alten Pätus mit seiner Mutter steht am Beginn der Schlußsequenz wie Doppelpunkt und Anführungszeichen, die sagen: Hier wird noch einmal der konventionelle Komödienschluß zitiert, ein Dreigroschen-Opern-Schluß, der aus dem tatsächlichen Hergang keinerlei Stütze findet.

---

[14] Ebd. Diese Stelle hebt auch Arntzen, *Komödie*, S. 89, hervor. – Deutungsschwierigkeiten, die gegenüber der scheinbar widersprüchlichen Figur des ‚progressiven Adeligen' auftauchen können (so bei Gert Mattenklott, *Melancholie*, und bei Evamaria Nahke, *Über den Realismus in J. M. R. Lenzens Dramen und Fragmenten*, Diss. Berlin 1955), sind recht einfach zu lösen: Gewiß ist der Geheime Rat Vertreter einer sich als ‚fortschrittlich' verstehenden Aufklärung; doch wird an ihm demonstriert, daß deren ‚allgemeine' Sätze dem ‚Besonderen' der Situation nicht mehr gewachsen sind. Sie werden ‚falsifiziert' (s. unten, S. 465).

[15] Vgl. hierzu die von Mattenklott, *Melancholie*, S. 131, zitierten Äußerungen zeitgenössischer Rezensenten.

[16] Die von Albrecht Schöne, *Säkularisation*, und von Mattenklott, *Melancholie*, hierfür herangezogenen Deutungskontexte sind zweifellos mitzudenken. Fraglich bleibt, ob es sich dabei nicht weniger um eine Deutung der Kastration durch L e n z als um eine Deutung durch die Lenzschen F i g u r e n handelt; vgl. hierzu unten, Anm. 17.

Lenz' Figuren zitieren Shakespeare, Terenz, die Geschichte von Damon und Pythias, Rousseaus *Neue Heloïse* und ihr altes Vorbild[17]. Aber auch Lenz selbst zitiert, er zitiert die traditionelle Komödienform. Alle diese Zitate, das Formzitat des Autors wie die Zitate der Figuren haben dieselbe Funktion: Sie zeigen die Befangenheit des Denkens und Fühlens in literarisch tradierten Wirklichkeitsbildern und deren Unvereinbarkeit mit außerliterarischer Wirklichkeit. Lenz' Figuren sind Marionetten, Gefangene von Lebensklischees. Die Form der Komödie selbst jedoch ist gleichfalls ein solches Klischee, ein Klischee freilich, in dem nicht die Figuren, sondern die Zuschauer befangen sind. Lenz läßt die Figuren mit ihren Klischees an der ‚Wirklichkeit' scheitern, und er läßt die klischierte Zuschauererwartung an der ‚Wirklichkeit' scheitern[18]. Der groteske Komödienschluß mit der ‚Rettung' der Figuren führt den Widerspruch von literarischer Wirklichkeitsdarstellung und ‚Wirklichkeit' zum letzten, fast zynischen Höhepunkt.

Die Technik, mittels der Lenz das Scheitern der Zuschauererwartung und die Entlarvung der Literatur als Literatur inszeniert, wird exemplarisch

---

[17] Zur Frage der Zitate vgl. insbesondere Mattenklott, *Melancholie*, S. 147 ff. — Läuffer deutet in II, 5 seine Situation literarisch nach dem Vorbild der Geschichte von Abälard und Heloïse („Es könnte mir gehen wie Abälard –"). Gustchen, die bis zu diesem Moment *Romeo und Julia* gespielt hat, greift das Stichwort sogleich auf und folgt dem neuen Selbstdeutungs-Angebot, freilich mit der Wendung zur n e u e n Heloïse Rousseaus („Hast Du die *Neue Heloïse* gelesen?"), die als mögliche Lösung ein Leben zu Dritt offeriert, mit dem standesgemäßen Gatten und dem unstandesgemäßen Seelenfreund. Doch die Seelenfreundschaft hatte eben noch zu recht handfester Körperlichkeit geführt, und als Läuffer (V, 1) mit deren Folgen konfrontiert wird, adaptiert er das a l t e Schema und entmannt sich. Kaum aber hat er dies getan, wird er vom Schulmeister Wenzeslaus prompt wieder in ein anderes Deutungsschema gepreßt („zweiter Origenes"). Es entsteht also eine Art Domino der Deutungsschemata, das Kommunikation unmöglich macht. Katastrophaler Höhepunkt ist das Mißverständnis im Dialog Läuffer – Lise:
„LÄUFFER: [...] Lise, ich kann bey Dir nicht schlafen.
LISE: So kann Er doch wachen bey mir." (S. 144)
Es bedarf vielleicht des Hinweises, daß die Vorstellungen von Lise als dem „naiven, treuherzigen Dorfmädchen" (M. N. Rosanov, *J. M. R. Lenz*, Leipzig 1909, S. 211), von ihrer „Natürlichkeit und reinen Liebe" (O. Rudolf, *Jakob Michael Reinhold Lenz*, Bad Homburg v. d. H. 1970, S. 169), die fast zu einem Stereotyp der *Hofmeister*-Deutung geworden sind, hier nicht übernommen werden; sie sind m. E. unzulässige Antizipationen der Gretchen, Klärchen und Käthchen der Folgezeit. Lise ist nicht „naiv" oder „rein", sondern eher dumm, und ihre „treuherzig" geäußerte Neigung zu den Soldaten zeigt, wie es Läuffer ergehen wird, wenn sie einmal etwas klüger geworden ist. Nicht utopische Harmonie steht am Ende des „Lustspiels", sondern der katastrophale Gipfel in einer Klimax des Mißverständnisses. Vgl. auch Arntzen, *Komödie*, S. 89 f.

[18] Eine indirekte Bestätigung der These liefert Edward P. Harris, „Structural Unity in J. M. R. Lenz's *Der Hofmeister*. A Revaluation", *Seminar* Bd. 8/1972, S. 77–87, der auf die Traditionselemente ‚hereinfällt' und bündig behauptet: „Lenz has in fact written a ‚Familienstück'." (S. 81) (Die Frage, ob ‚Familienstück' oder ‚Typenkomödie', ist hier unerheblich.)

deutlich beim Vergleich der Szenen I, 5 und II, 5. Beides sind Liebesszenen, an beiden ist Gustchen beteiligt, beide Male spielt sie *Romeo und Julia*, beide Male wird die Szene durch das Kommen eines Vaters gestört (und da mag es kaum mehr als Zufall erscheinen, daß es sich jeweils um die fünfte Szene handelt). Aber beim zweiten Mal ist der Partner nicht Fritz, sondern Läuffer, und die Szene spielt post coitum, der Vater kommt viel zu spät. Der Kontrast ist deutlich: Die erste Szene ist eine konventionelle Komödienszene, in der alles so abläuft, wie es in Komödien abzulaufen pflegt; in der zweiten Szene aber wird gezeigt, wie dergleichen unter fast denselben Voraussetzungen gemeinhin in jener Wirklichkeit sich abzuspielen pflegt, in der die Väter eben verzweifelt oft zu spät kommen.

Das Formprinzip des *Hofmeisters* läßt sich mithin zusammenfassend formulieren: Lenz setzt in Titel und Exposition die Prämissen der zeitgenössischen Komödie; dann aber folgt er, von diesen Prämissen ausgehend, nicht mehr der Logik der litararischen Gattung, sondern der Logik außerliterarischer Wirklichkeitserfahrung. Die beiden Logiken geraten in Konkurrenz zueinander, und die Schlußszenerie weist mit dem Zitat der Conclusio des literarischen Kalküls dessen Ungenügen, die Widerlegung der Literatur durch die Wirklichkeit auf.

3.

Ein Blick auf die Wissenschaftslogik Karl Raimund Poppers kann zeigen, inwiefern für das eben geschilderte Verfahren des Autors Lenz der Begriff „realistisch" angewendet werden kann. Für Popper konstituiert sich der Wissenschaftsprozeß aus dem Widerspiel von Theorie und Falsifikation (Konstruktion und Kritik, ‚trial and error', Erwartung und Widerlegung). Wichtigste Quelle unserer Erkenntnisse ist das Scheitern unserer ‚Vorurteile' an der Wirklichkeit. Die „Enttäuschung von Erwartungen, mit denen wir an die Wirklichkeit herantreten [...] gleicht der Erfahrung eines Blinden, der gegen ein Hindernis läuft und dadurch von dessen Existenz erfährt. **D u r c h d i e   F a l s i f i k a t i o n   u n s e r e r   A n n a h m e n   b e k o m m e n   w i r   t a t s ä c h l i c h   K o n t a k t   m i t   d e r   ‚W i r k l i c h k e i t'**. Die Widerlegung unserer Irrtümer ist die ‚positive' Erfahrung, die wir aus der Wirklichkeit gewinnen."[19] ‚Wirklichkeit' ist dieser Auffassung nach nicht identifizierbar mit einem bestimmten Wirklichkeitsb i l d. Im Gegenteil: ‚Wirklichkeit' manifestiert sich nur, wo Wirklichkeits b i l d e r , Theorien, scheitern; sie ist nur negativ definierbar als diejenige Instanz, deren Widerständigkeit uns zur Revision unserer Erwartungen zwingt.

---

[19] *Objektive Erkenntnis*, Hamburg 1973, S. 389. – Das ‚Positivismus'-Verdikt der ‚Frankfurter Schule' hat eine angemessene Rezeption des von Popper inaugurierten ‚kritischen Rationalismus' durch die Literaturwissenschaft bisher verhindert. Jetzt der erste größere Versuch aus diesem Umkreis: H. Göttner, *Logik der Interpretation,* München 1973.

Dies gilt nicht nur für wissenschaftliche Theorien, sondern für jede Art von Wirklichkeitsschematisierung auch unexpliziter Art – auch für die tradierten Muster literarischer Wirklichkeitskonzeption, für Stoffe, Motive, Figuration, Sprachformen, Geschehnisabläufe usw. Sie können aufgefaßt werden als Kryptotheorien. Solche Kryptotheorien haben zwar nicht die explizite Form nomologischer Wenn-Dann-Sätze, doch sie wirken als soziokulturell vorgegebene Regelmäßigkeitsannahmen entscheidend mit bei der Bildung des Konsensus über Wirklichkeit. Akzeptiert man diese Deutung, so finden die formalistisch-strukturalistischen Vorstellungen von ‚Verfremdung' und literarischer ‚Evolution' in Poppers Philosophie ihr – gleichsam nachgeholtes – erkenntnislogisches Fundament. Die „Deformation von Ideogrammen" im Namen einer „Annäherung an die Realität", von der Jakobson spricht[20], erweist sich dann als F a l s i f i k a t i o n   v o n   E l e m e n t e n   d e s   k r y p t o t h e o r e t i s c h e n   S y s t e m s   L i t e r a t u r.

Literatur kann – nicht: muß[21]! – sich alternativen Wirklichkeitserfahrungen öffnen, und sie tut das offenbar gerade an den Bruchzonen der Literaturgeschichte, z. B. im Sturm und Drang. Die Berücksichtigung von Poppers Wissenschaftslogik kann helfen, die ‚Einwirkung' von ‚Außenanstößen' aufs literarische System zu erklären und über die eher metaphorischen Umschreibungen im formalistisch-strukturalistischen Umkreis hinauszukommen[22]: Elemente der literarischen ‚Reihe' werden falsifiziert (verfremdet)

---

[20] „Realismus", S. 377.
[21] Im Bereich der Wissenschaft ist diejenige Hypothese die ‚gehaltvollste', die sich am stärksten der Gefahr einer Widerlegung aussetzt (vgl. K. R. Popper, *Logik der Forschung*, Tübingen ³1969, S. 77 f.); daher ist die Immunisierung von Theorien gegenüber der Wirklichkeit – z. B. durch Tautologisierung, Leerformeln, Zulassen von Widersprüchen – zu vermeiden. Das gilt natürlich nicht für den Bereich von Kunst, es sei denn, man fordert a priori ‚richtige' Wirklichkeitsdarstellung und erklärt Elemente der Phantasie oder des Spiels für illegitim. So ist z. B. das Schachspiel nicht mehr Abbild einer feudalistischen Gesellschaft, sondern ein Spielsystem, das durch ‚Tautologisierung' gegen die Wirklichkeit abgeschirmt ist: „Bauer" ist definiert durch die einem Figurentypus im Spiel erlaubten Spielzüge und sonst nichts. Ähnlich verhält es sich mit artistischen Tendenzen in der Literatur. Es wäre also ein Mißverständnis, wollte man dem hier vertretenen Begriff von ‚Realismus' umstandslos ein Wertungskriterium abgewinnen.
[22] Auf die Gefahr eines Struktur-Platonismus, der die Abstraktionen zum eigentlich geschichtlich Handelnden umdeutet, hat Ingrid Strohschneider-Kohrs, *Literarische Struktur und geschichtlicher Wandel*, München 1971, bes. S. 27 ff., hingewiesen. Dem steht gegenüber die Gefahr des Sichverlierens im Dickicht der Autorpsyche. Popper (*Objektive Erkenntnis*, S. 123–171: „Erkenntnistheorie ohne erkennendes Subjekt", und S. 172–229: „Zur Theorie des objektiven Geistes") hat gezeigt, wie man ‚Strukturen' als Problemsituationen, Veränderung als Ergebnis problemlösender Aktivität von Menschen interpretieren kann. Der Bereich personaler Bewußtseinsakte ist damit berücksichtigt, wird aber strikt angebunden an den beobachtbaren Bereich der jeweiligen Problemsituation.

durch die Konfrontation mit anderen ‚Reihen'. Solche Art der ‚Einwirkung' ist nur denkbar auf der Basis einer kritischen Intention des Autors, die der kritischen Intention des Wissenschaftlers sehr nahekommt[23]. Nicht jedoch handelt es sich dabei um Kritik an bestimmten gesellschaftlichen Erscheinungen, wie man sie beim Begriff ‚Realismus' fast automatisch assoziiert. Literatur kann solche Sozialkritik gewiß ‚darstellen' oder illustrieren oder emotional unterstützen oder von ihr Zeugnis geben, nicht hingegen kann Literatur sie im strengen Sinne vollziehen. Objekt literarisch realistischer Kritik ist vielmehr primär immer das literarische System selbst, ist der Komplex der binnenliterarischen Kryptotheorien, das literarisch konservierte Wirklichkeitsbild. Diese Kryptotheorien werden in „Kontakt mit der Wirklichkeit" gebracht, sie werden empirisch[24] überprüft und, soweit solche Überprüfung sie falsifiziert, revidiert. Sozialkritisch ist dieses Verfahren nur insofern, als Literatur selbst eine gesellschaftliche Erscheinung ist und realistische Literatur-Kritik deshalb mit den literarischen Kryptotheorien immer auch die Gesellschaft trifft, die diese Kryptotheorien produziert oder benutzt hat.

Lenz – zum Beispiel[25] – schafft im *Hofmeister* zunächst Erwartungen, die der konventionellen Komödienform entsprechen. Doch dann bringt er diese

---

[23] Zum Problem des Verhältnisses von Tradition und Kritik im wissenschaftlichen wie im nichtwissenschaftlichen Denken vgl. K. R. Popper, *Conjectures and Refutations*, London ⁴1972, S. 120–125: „Towards a Rational Theory of Tradition", sowie H. Albert, *Plädoyer für kritischen Rationalismus*, München 1971, S. 30–44: „Tradition und Kritik". Kritik wird hier gedeutet als „second-order tradition" (Popper) oder „Metatradition" (Albert). Eine Erklärung für Beschleunigung oder Verlangsamung literarischen Wandels zu bestimmten Zeiten hat also jeweils zu fragen, welche der Metatradition der Kritik förderlichen oder zuwiderlaufenden Faktoren wirksam waren. Die ‚Richtung' oder das ‚Wie' des Wandels hingegen hängt davon ab, mit welchen alternativen Kryptotheorien oder Erfahrungen das traditionelle kryptotheoretische System vom Autor (und vom auswählenden Publikum, vgl. Vf., „Die ästhetische Rolle", *Studium Generale* Bd. 24/1971, S. 1091–1120) konfrontiert wird.
[24] ‚Empirie' meint hier natürlich nicht das kontrollierte, überprüfbare Experiment, sondern nichtliterarische Wirklichkeitserfahrung überhaupt, also z. B. auch alternative Ideologien nichtliterarischer Herkunft, die zumindest sich selbst für adäquate Wirklichkeitserfassung halten.
[25] Weitere Beispiele können nur illustrieren, nicht jedoch den Geltungsbereich des Gesagten auch nur annähernd umreißen. Zu nennen wären hier selbstverständlich Heines unermüdliche Falsifikationen der Romantik, auch etwa Ödön von Horváths ‚Volksstücke', die zumeist mit dem Apparat der Wiener Operetten- und Volksstückwelt einsetzen und ihn durch ‚Ernstnehmen' ins Katastrophale wenden. Zu nennen sind hier aber ausdrücklich auch weniger spektakuläre – durchaus nicht, wie es naheliegen möchte, auf das Genus ‚Parodie' einzugrenzende – Fälle wie die Wendung von der Rokoko-Lyrik zur ‚Erlebnis'-Lyrik beim jungen Goethe oder „Hofmannsthals Wandlung" (R. Alewyn, *Über Hugo von Hofmannsthal*, Göttingen ³1963, S. 161–179) oder – das Beispiel verdanke ich dem Kollegen Lothar Pikulik – die Wendung von der Typenkomödie zur Rührkomödie i n n e r h a l b von Gellerts *Betschwester*.

Form – und die Zuschauererwartungen – in „Kontakt mit der Wirklichkeit", die Erwartungen werden enttäuscht, die traditionelle Komödienform wird ‚falsifiziert', und damit indirekt auch der Optimismus, der sie trägt. Dies ist der eingangs versprochene Begriff von ‚Realismus': eine literaturkritische Attitüde, welche die literarischen Kryptotheorien und die auf ihnen basierenden Leser- oder Zuschauererwartungen der Gefahr eines Scheiterns an der Realität aussetzt, indem sie diese Kryptotheorien beim Wort nimmt und mit konkurrierenden Wirklichkeitserfahrungen konfrontiert. Literarischer Realismus in diesem Sinne hat dieselbe Grundstruktur wie der erkenntnislogische Realismus, und aus dieser Übereinstimmung bezieht der vorgeschlagene Begriffsgebrauch seine Konsistenz und seine Kompatibilität.

KLAUS R. SCHERPE

Dichterische Erkenntnis und „Projektemacherei"

Widersprüche im Werk von J. M. R. Lenz

Zur Bestimmung realistischer Literatur hat Bert Brecht einmal programmatisch formuliert: „Ein Werk, das der Realität gegenüber keine Souveränität zeigt und dem Publikum der Realität gegenüber keine Souveränität verleiht, ist kein Kunstwerk."[1] Brecht kann so kategorisch urteilen, da er die Erkenntnis der Wirklichkeit auf der Grundlage des wissenschaftlichen Sozialismus als Voraussetzung bzw. als integrales Moment der künstlerischen Erkenntnis mit großer Selbstverständlichkeit postuliert. Wie aber sind jene literarischen Werke der Vergangenheit zu beurteilen, die von dieser Selbstverständlichkeit noch weit entfernt sind, denen Souveränität gegenüber der Wirklichkeit zwangsläufig mangelt, da diese Wirklichkeit die Möglichkeiten zu ihrer Erkenntnis noch lange nicht hergibt? Sind sie deshalb keine Kunstwerke, zumindest keine realistischen?

Brecht selbst hat mit seinen Bearbeitungen klassischer Literatur von Fall zu Fall demonstriert, wie diesen Werken „Souveränität" beizubringen ist, legitimiert durch die praktische Aufgabe, seinem Publikum im Theater d i e Souveränität gegenüber der Wirklichkeit zu verschaffen, die es braucht, um sie zu verändern. In seiner „Hofmeister"-Bearbeitung gewinnt das in seinem poetischen Wildwuchs und in seinem Ideengehalt scheinbar so ‚unfertige' und schwankende Originalwerk historische Gesetzmäßigkeit. In der traurigen Gestalt des Hofmeisters Läuffer wird das Elend der Schulmeisterexistenz prinzipiell sichtbar gemacht – soweit die antagonistische Klassengesellschaft reicht. In der Figurenkonstellation sorgt Brecht für eine klare Frontlinie zwischen Adligen und Bürgerlichen. Aus der in Läuffer beleidigten Menschenwürde macht er Knechtseligkeit; die „deutsche Misere" gerät überschwenglich durch die Konfrontation der großartigen Freiheitsideen der bürgerlichen Aufklärung mit der heillosen Praxis der bürgerlichen Klasse. Klopstock und der Sturm und Drang, philanthropische Erziehung und

---

[1] B. Brecht, Schriften zur Literatur und Kunst 2; Ges. Werke, Bd. 19, Frankfurt a. M. 1967, S. 411.

Kantsche Pflichtethik stehen zusammen zu einem ideologischen Gruppenbild mit dem Titel „Selbstentmannung der deutschen Intellektuellen bürgerlicher Kreise".[2] Brechts retrospektive Geschichtslogik zielt auf die exemplarische Zusammenfassung bestimmter, in der feudalen und mehr noch in der bürgerlich-kapitalistischen Gesellschaft nicht auszuräumender Widersprüche. Er läßt sich kaum ein auf die historisch authentischen Erscheinungsformen dieser Widersprüche in der Literatur des 18. Jahrhunderts. Eben dies muß jedoch die Aufgabe philologischer Erkundung sein, wobei es durchaus nicht darauf ankommt, Brechts künstlerische Aneignung eines Lenz-Dramas, die sich in einem anderen Wirkungszusammenhang legitimiert,[3] literarhistorisch zu schulmeistern. Die Fragen, die Brechts künstlerische Reflexion aufbringt, nicht aber zu ihrem Gegenstand macht, wären einfach so zu formulieren: Warum zeigen poetische Werke des Sturm-und-Drang-Autors Lenz wie „Der Hofmeister" und „Die Soldaten" gegenüber der Wirklichkeit so wenig „Souveränität"? Was ist ihre literarische Wirklichkeit, ihr Modus dichterischer Erkenntnis der gesellschaftlichen Wirklichkeit in den siebziger Jahren des 18. Jahrhunderts? Wie verhält sich die dichterische Erkenntnis des Autors Lenz zu seinen sozialen, ökonomischen und politischen Vorstellungen und Projekten?

Im Brief an Merck vom 14. März 1776 äußert sich Lenz einmal mehr im melancholischen Räsonnement über die eigene dichterische Produktivität: *Meine Gemählde sind alle noch ohne Styl, sehr wild und nachlässig aufeinander gekleckt, haben bisher nur durch das Auge meiner Freunde gewonnen. Mir fehlt zum Dichter Musse und warme Luft und Glückseeligkeit des Herzens, das bey mir tief auf den kalten Nesseln meines Schicksals halb im Schlamm versunken liegt und sich nur mit Verzweiflung emporarbeiten kann.*[4] Das persönliche Räsonnement kommt überein mit dem verallgemeinernden Urteil der Zeitgenossen, das wiederum das Lenzbild der Literaturwissenschaft entscheidend geprägt hat. Goethe sieht in Lenz' Werk und Biographie den Extremfall eines Schicksals, wie es für die Werthergeneration typisch war: *von außen zu bedeutenden Handlungen keineswegs angeregt, in der einzigen Aussicht, [sich] in einem schleppenden, geistlosen, bürgerlichen Leben hinhalten zu müssen*[5], fühlt sich die junge Generation der bürgerlichen Intelligenz auf sich selbst angewiesen: prometheischer Schaffensdrang und Begeisterung für gemeinnützige Taten (*übertriebene Forde-*

---

[2] B. Brecht, Schriften zum Theater 3; Ges. Werke, Bd. 17, S. 1230.
[3] Vgl. hierzu Werner Mittenzwei, Brechts Verhältnis zur Tradition, Berlin 1973, S. 229 ff. – An anderer Stelle läßt Brecht den Lenzschen „Hofmeister" als „deutsches Standardwerk des bürgerlichen Realismus" gelten (Schriften zur Literatur und Kunst 2; Ges. Werke, Bd. 19, S. 363).
[4] Briefe von und an Lenz. Gesammelt und hrsg. v. Karl Freye und Wolfgang Stammler, Bd. 1, Leipzig 1918, S. 203.
[5] J. W. Goethe, Dichtung und Wahrheit, 13. Buch; Hamburger Ausgabe, Bd. 9, S. 583.

rungen an sich selbst, wie Goethe dies nachträglich nennt) sind begleitet von der Einsicht und Voraussicht eines tragischen Scheiterns der subjektiven Ambitionen an den objektiven Gegebenheiten der feudalen Ständegesellschaft.

Goethe psychologisiert rückblickend das beobachtete Phänomen. Ein kollektiver Wahn scheint ihm im Nachhinein die Wertherei. An Lenz bemerkt er die pathologischen Züge der *Selbstquälerei,* aber auch die objektivierbaren Charakteristika seiner *Unarten,* hier vor allem die Widersprüchlichkeit, in der sich die Lenzsche Existenz aufreibt: den Abstand zwischen den *strengsten sittlichen Forderungen,* die er an sich und an andere stellt, und der *größten Fahrlässigkeit im Tun,* die auch im literarischen Werk durchschlägt.[6] Der Extremfall des nach Selbstverwirklichung strebenden und an der Wirklichkeit scheiternden Dichters Lenz bedarf sicher der individualpsychologischen Kommentierung und Erklärung. Doch zeigt er darüber hinaus allgemeine Symptome einer gesellschaftlichen Konfliktsituation, in der die bürgerlich-intellektuelle Avantgarde stand.[7] Der literarischen Rebellion trat in Deutschland kein revolutionär gesonnenes Bürgertum zur Seite. Lenz' private Briefäußerung, die den Impetus seiner dichterischen Arbeit zu erkennen gibt – das *Herz,* das sich mit Verzweiflung emporarbeiten soll in die *warme Luft und Glückseeligkeit* –, zeigt bereits die gesellschaftliche Betroffenheit in der individuellen Erfahrung.

Lenz' Klage über die Hemmnisse der eigenen dichterischen Produktivität ist keineswegs interpretatorisch festzuschreiben auf einen Zustand tatsächlicher Unproduktivität, Statik und Resignation, den eine modernistische Forschung aus eigener Neigung zu intellektueller Melancholie in der spätbürgerlichen Gesellschaft[8] ihm unterstellt. Im Spannungsfeld zwischen, einerseits, der Immobilität der Ständegesellschaft, an der der *leidende Gehorsam* und die fehlende Initiative der bürgerlichen Kräfte ihren Anteil haben, und, andererseits, der Projektion des prometheischen Menschheitsideals, das bereits alle praktischen und geistigen Potenzen des bürgerlichen Individuums zusammenfaßt, entfalten die Stürmer und Dränger jene subjektive Dynamik und Mobilität, die der Gesellschaft unter feudalabsolutistischer Herrschaft objektiv mangelt. Ihre produktive Phantasie richtet sich dabei nicht nur auf die künstlerische Tätigkeit, sondern auch auf gesellschaftsreformerische Projekte. Für Lenz ist das dichterische Genie mit seiner spezifischen Anschauung und Erkenntnisart nur die Verbesonderung des kri-

---

6 Ebenda, 14. Buch; Hamburger Ausgabe, Bd. 10, S. 7 f.
7 Vgl. hierzu: Gert Mattenklott/Klaus R. Scherpe (Hrsg.), Westberliner Projekt – Grundkurs 18. Jahrhundert (Literatur im historischen Prozeß 4/1), Kronberg i. Ts. 1974, bes. S. 189–215.
8 Vgl. hierzu zuletzt den ansonsten gescheiten Aufsatz von Horst Albert Glaser (Heteroklisie – Der Fall Lenz. In: Helmut Kreuzer [Hrsg.], Gestaltungsgeschichte und Gesellschaftsgeschichte. Festschrift für Fritz Martini, Stuttgart 1969, S. 132–151), wo Lenz als „unzeitgemäßer Irrläufer der Moderne" (S. 149) figuriert.

tisch-konzeptiven, allerdings auch die höchstmögliche Ausprägung des Ingenium.[9] Um die Eigenart und nicht zuletzt auch die viel gerügte Inkonsistenz des Lenzschen Werkes zu begreifen, scheint es sinnvoll und notwendig, beide Aspekte – Lenz' soziale Phantasie, die sich aufs Projektemachen für das gesellschaftliche Gemeinwohl verlegt, und seine künstlerische Phantasie, die an der unmittelbaren Widerspiegelung von Lebenspraxis haftet – zu untersuchen und in ihrem Verhältnis zueinander zu bestimmen. In der Regel wird die Frage nach dem Kunstcharakter der Lenzschen Dramen und Erzählungen aus diesem Zusammenhang herausgelöst. So erscheint ihr sozialpragmatischer Impetus – Agrarreform im „Neuen Menoza" und im „Landprediger", Kritik der Privaterziehung im „Hofmeister" und moralische Besserung des Offiziersstandes in den „Soldaten" – als quantité négligeable oder auch einfach als Skurrilität. Hier ist eine Korrektur angebracht.

Lenz' Reflexionen auf dem Niveau der zeitgenössischen Gesellschaftslehre in Deutschland, seine Kenntnisse auf dem Gebiet der Moralphilosophie, der Pädagogik, der Agrarökonomie und des Militärwesens sind eher zufällig erworben und, was leicht festzustellen ist,[10] mehr konventionell als originell entwickelt. Gleichwohl gewinnt er hier den Standard der *sittlichen Forderungen,* die er glaubt, *an sich selber und andere* stellen zu müssen. Den Vernunftrigorismus der aufklärerischen Morallehre macht er sich zur Pflicht. Den Gedanken der Perfektibilität des Einzelmenschen und der Gattung faßt er als Hauptprinzip, das alle Teilbereiche praktischer Tätigkeit zusammenfaßt. Auf der Ebene des theoretischen Räsonnements wird die Glückseligkeit des Menschen systematisch gefolgert aus der Zuordnung aller Vermögen des Verstandes und der Seele zu einer Einheit: der eines harmonischen Daseins.[11] Gegen den Traktat „Versuch über das erste Principium der Moral" stehen allerdings private Briefäußerungen, in denen Lenz eher seine Abneigung gegen die *Sklavenkette* logischer Deduktion bekennt.[12] Über *die Glückseligkeit philosophiren, wenn ich von ihr nichts als das Nachsehen habe?*[13]: diese Skepsis angesichts der eigenen elenden Lebenslage macht deutlich, welche schmerzhafte Anstrengung es Lenz gekostet hat, seine verschiedenen Projekte zur sittlichen und gesellschaftlichen *Vervollkommnung* immer neu aufzurichten. Es ist dieser ständig wiederholte Akt der Selbstdisziplinierung

---

9 Anmerkungen übers Theater. In: J. M. R. Lenz, Werke und Schriften. Hrsg. v. Britta Titel und Hellmut Haug, Stuttgart 1966, Bd. 1, S. 336.
10 Vgl. hierzu René Girard, Lenz 1751–1792. Genèse d'une dramaturgie du tragi-comique, Paris 1968.
11 Versuch über das erste Principium der Moral. In: Lenz, Werke und Schriften, Bd. 1, bes. S. 494.
12 Lenz an Salzmann, Oktober 1772, in: Briefe von und an Lenz, Bd. 1, S. 56.
13 Ebenda, S. 46 f.

in Richtung auf das Ideal, ein Vernunftglaube contre soi, der seine Reformprojekte zusammenhält. Allein seine Neigung, der *ersten besten Wahrscheinlichkeit* nachzujagen und dabei womöglich die *nackte Wahrheit* zu verfehlen, wie er selbstkritisch anmerkt,[14] hindert ihn daran, seine Einsichten in verschiedene Bereiche des *geselligen Lebens* einem verbindenden geschichtsphilosophischen Entwurf zuzuführen, wie dies etwa bei Herder der Fall ist, oder, wie Goethe, die widersprüchlichen Erfahrungen und Erkenntnisse des praktischen Lebens der tiefgründige Wahrheit verheißenden ästhetischen Bewältigung auszusetzen.

Dabei ist Lenz' Leidens- und Konfliktsituation zwischen sittlicher Forderung als Wille zur gemeinnützig-reformerischen Tätigkeit und der Erfahrung des Scheiterns an diesen Aufgaben, die dann vornehmlich Gegenstand der Dichtung wird, durchaus derjenigen Goethes im sogenannten Weimarer Jahrzehnt vor der italienischen Reise vergleichbar. Die Konfrontation des prometheischen Menschheitsideals der Sturm-und-Drang-Zeit mit den praktischen Erfahrungen des mit Bergwerken, Verkehrswegen und kriegsökonomischen Angelegenheiten befaßten herzoglichen Geheimrats ist an den disharmonischen Zügen des literarischen Werkes dieser Zeit identifizierbar.[15] Man denke nur an das Scheitern des „Prometheus", des ersten „Tasso" und des „Urfaust" und an die „Theatralische Sendung". Die zeitweise Bevorzugung der Wissenschaft gegenüber der Kunst ist aufschlußreich. Die Bedenklichkeit allerdings, den König von Tauris reden zu lassen, *als wenn kein Strumpfwürker in Apolde hungerte*[16], wird in der ästhetischen Kultur der nachfolgenden Weimarer Jahre aufgehoben – um den Preis aktueller Volksverbundenheit. Maß und Vollendung der klassischen Literatur, die Aufhebung der Widersprüche im utopischen Humanitätsideal setzen für die Beurteilung jener anderen Kunstbemühung eines Lenz, der aus Disharmonie und Disproportion sich kaum emporarbeitet, allzu enge Grenzen. Die Wirksamkeit von normativen, aus der Klassik gewonnenen Wertmaßstäben in der Literaturwissenschaft bestätigt dies.

Im Falle Lenz stehen nicht nur Anspruch und Wirklichkeit kraß gegeneinander, sondern auch die unterschiedlichen Methoden zur Erkenntnis der gesellschaftlichen Wirklichkeit: die abstrakt-begriffliche in den „Projekten", die Vorschläge zur Besserung der Verhältnisse formuliert, und die künstlerische, die von der sinnlichen Wahrnehmung ausgeht und beansprucht, Lebenspraxis per se

---

[14] Ebenda, S. 56.
[15] Vgl. hierzu den Phänomenaufriß bei Hans Mayer (Goethe. Ein Versuch über den Erfolg, Frankfurt a. M. 1973) und die theoretische Fassung der Problemkonstellation bei Wolfgang Heise (Jürgen Kuczynski/Wolfgang Heise, Bild und Begriff. Studien über die Beziehungen zwischen Kunst und Wissenschaft, Berlin und Weimar 1975, S. 311 ff.).
[16] Brief an Charlotte von Stein vom 6. 3. 1779. Zit. nach: Goethes Briefe. Hrsg. v. Karl Robert Mandelkow, Bd. 1, Hamburg 1962, S. 264.

zur Anschauung zu bringen. Beides zu vereinigen und harmonisch zum Ausgleich zu bringen, was für Goethe durchaus möglich wurde, lag nicht in Reichweite der Erfahrung und der literarischen Tätigkeit eines Lenz. So stehen Versuche, abstrakte Erkenntnisse über den Zustand der Gesellschaft und seine mögliche Veränderung unmittelbar zu literarisieren, neben den Bemühungen, aus der sinnlich-konkreten Schilderung der Alltagswirklichkeit auf die Notwendigkeit einer Besserung der Verhältnisse hinzuarbeiten. Als Exempel dieser unterschiedlichen literarischen Praktiken können auf der einen Seite die Erzählung „Der Landprediger" und auf der anderen Dramen wie „Der Hofmeister" und „Die Soldaten" gelten.

Die Erzählung der Lebensgeschichte des Landpredigers Joseph Mannheim, der aus seinem Familienkreis heraus vorbildlich in die Gesellschaft wirkt, liest sich wie eine Wunschbiographie des Autors Lenz. Der eingangs herbeizitierte väterliche Freund, der seine Verbesserungsprojekte in die Welt schickt ohne Hoffnung auf ihre Verwirklichung, ist offensichtlich nach des Autors eigenen Erfahrungen gemodelt: *Er las dannenhero zu seiner Gemütsergötzung alles, was jemals über Staatswirtschaft geschrieben worden war, schickte auch oft Verbesserungsprojekte ohne Namen bald an den Premierminister, bald an den Präsidenten von der Kammer, auf welche er noch niemals Antwort erhalten hatte. Indessen schmeichelte er sich doch in heitern Stunden mit der angenehmen Hoffnung, daß sie für beide nicht könnten ohne Nutzen gewesen sein und daß unbemerkt zum Wohl des Ganzen mitzuwirken der größte Triumph des Weisen wäre. Dabei befand er sich um nichts desto übler. Das ewige Anspornen des allgemeinen Wohls machte ihn desto aufmerksamer auf sein Privatwohl, welches er als den verjüngten Maßstab ansah, nach welchem er jenes allein übersehen und beurteilen konnte.*[17]
Die öffentliche Entmutigung – Lenz selber scheiterte zum Beispiel mit dem Plan, durch seine Abhandlung „Über die Soldatenehen" den Weimarer Herzog oder gar den französischen König für seine Reformabsichten zu gewinnen – rechnet der Projektemacher sich doch als Ansporn zugute, sein *Privatwohl* als ein Exempel für ein praktisch-nützliches Leben öffentlich auszustellen. Diesem Ansporn folgt der *Geschichtschreiber,* indem er seinen vorbildlichen Landprediger nacheinander und in aufsteigender Linie vorstellt als pflichtbewußten und fürsorglichen Organisator seines Hausstandes, als physiokratisch inspirierten Agrarökonom, als Apostel der Gleichheit im Sinne eines praktischen Christentums, als Ratgeber für Handel und Finanzen und schließlich auch noch als Anwalt der

---

[17] Zit. nach: Lenz. Werke in einem Band. Hrsg. v. Helmut Richter. 2. Aufl. Berlin und Weimar 1975, S. 298 (Bibliothek deutscher Klassiker).

Nationalerziehung, der sein Haus in eine Art Akademie der Künste und Wissenschaften verwandelt.

Der Realitätsgehalt dieser Erzählung erschließt sich, wenn man die Glücksfälle und Erfolgserlebnisse des Joseph Mannheim jeweils als positive Wendungen gegenüber Lenz' eigenen Fehlversuchen im praktischen Leben erkennt: seinem Zerwürfnis mit der Familie und der Auflehnung gegen die väterliche Autorität, seinen Liebesverwirrungen und erfolglosen Werbungen, seinen zum Scheitern verurteilten Reformprojekten und den nur in der Einbildung befriedigenden Ideen für eine ständeübergreifende Erziehung und Versittlichung. Ausgehend von den negativen Erfahrungen in der eigenen Lebenspraxis, schreibt Lenz die Geschichte eines bürgerlichen Lebens, wie es sein soll. Dieses gewinnt seine Konturen allein aus der Synthese verschiedener Elemente konzeptiver bürgerlicher Ideologie – vom Physiokratismus und dem philanthropischen Erziehungsprogramm bis zur Frage nach der gemeinnützigen Staatsverfassung –, die in der Regel dem absoluten Herrscher zu seiner „Aufklärung" angetragen wurden. Joseph Mannheim erweist sich dann auch als vorbildlicher Stratege bürgerlicher Emanzipation, wenn er mit seinem sicheren Vorsprung an Wissen und Fähigkeiten sich daran macht, die Kluft zwischen den beiden maßgeblichen Ständen, *die einander doch so unentbehrlich sind, ... dem Adel und dem edlen Bürger*, zu überwinden. Die berichtende *Geschichtsschreibung* wird an dieser Stelle unterbrochen zugunsten einer szenischen Ausgestaltung des ideologischen Vorsatzes. In das Beisammensein von Adligen und Bürgerlichen anläßlich des Antrittsbesuchs des Landpredigers bei seinem Feudalherren kommt Spannung mit der absichtlichen Verletzung der vorgesehenen Sitzordnung durch die Gäste. Doch weiß Mannheim die entstandene Unruhe seinen Gastgebern geradezu als angenehme Unterbrechung der *Oede und Leere* ihrer zeremoniellen Geselligkeit schmackhaft zu machen. Als kurz darauf die Runde des Landedelmannes durch den Auftritt des adligen Höflings ergänzt wird, steuert Mannheim einer letzten Prüfung seines bürgerlichen Selbstbewußtseins zu: *Der Pfarrer Mannheim, der schon wieder als Insel dasaß und wohl merkte, daß das tiefsinnige Gespräch der beiden Herren auf nichts herumdrehte ... fuhr mit einer neuen Rakete zwischen ihnen drein.*

„Ich muß mich sehr wundern" sagte er und richtete sich gerade an den Herrn vom Hofe, der ihm schon durch das allgemeine Gerücht bekannt war, „daß die meisten Herren von Adel ihre Kapitalien hiesigen Kaufleuten anvertrauen, wo sie doch so unsicher stehen, und sich nicht nach Holland wenden, das wir so nahe haben und wo ich durch sichere Briefe weiß, daß die Konkurrenz bei gegenwärtigem Kriege viel größer ist."

„Wie meinten Sie das", fragte der Herr vom Hofe und rückte seinen Stuhl näher –

Pfarrer Mannheim tat, als ob er diese Frage nicht hörte, sondern stand in dem nämlichen Moment vor der gnädigen Frau, von der er sich mit einem sehr tiefen Bückling beurlaubte, alsdann seine Frau an die Hand nahm und sie denen Herren zum Abschied präsentierte, die außerordentlich höflich waren.[18] Im Namen des Kapitals – des Wissens über die günstigste Kapitalanlage – erhält sich die Höflichkeit. Die der Adelsmacht als vorteilhaft angetragene Verbürgerlichung vom Finanzgeschäft bis zur zwanglosen Umgangsform könnte nicht deutlicher ins Bild gefaßt werden.

Doch ist die sinnliche Präsenz der Idee – hier der von der nützlichen Verbindung feudaler Herrschaft und bürgerlicher Erwerbs- und Lebenspraxis – keineswegs der vorherrschende Eindruck, den der Leser von der Lenzschen Erzählweise empfängt. Vielmehr glaubt man einen Traktat zu lesen, der nur mühsam in eine berichtende Erzählung aufgelöst wurde. Nach den nacheinander aufgerufenen Kernbegriffen bürgerlich-emanzipatorischer Gesellschaftslehre werden die Begebenheiten gradlinig angeordnet. Konflikte entstehen allenfalls, wenn der Landprediger Mannheim vorübergehend einmal einem *schläfrigen Gang in seinen Wirtschaftsgeschäften* verfällt, nicht aber dadurch, daß der Gang bürgerlicher Geschäftigkeit, wie der Autor ihn idealiter projiziert, mit der gesellschaftlichen Wirklichkeit konfrontiert würde. Mannheim ist die bürgerliche Selbsthelferfigur par excellence, eine synthetische Kunstfigur allerdings, aus der das Konfliktpotential herausdestilliert ist, das die berühmten Selbsthelfergestalten in der Sturm-und-Drang-Literatur zwangsläufig zu tragischen Figuren macht. Man denke nur an Lenz' poetisches Bild vom *gekreuzigten Prometheus*. Die *Geschichtschreibung* der „Landprediger"-Erzählung wirkt demgegenüber kompensatorisch und konzeptiv zugleich. Sie haftet an einer Art der begrifflichen Erkenntnis, die eine bessere Wirklichkeit konstruiert, wobei die Negation der schlechten Wirklichkeit des Feudalabsolutismus immer schon vorausgesetzt wird. Typisch hierfür ist die Form der berichtenden Erzählung, die sich, wie in dem folgenden Abschnitt, auf Handlung nur einläßt, soweit dies zur Veranschaulichung eines *Principiums* notwendig ist: *Die Vesper des Sonntagnachmittags verwandelte er in eine ökonomische Gesellschaft, und zwar auf folgende Art. Er hielt ein kurzes herzliches Gebet in der Kirche, alsdann versammelte er die Vorsteher und die angesehensten Bürger des Dorfs um sich herum und sprach mit ihnen von wirtschaftlichen Angelegenheiten. ... Endlich, damit er mit desto mehrerer Zuverlässigkeit von allen diesen Sachen mit ihnen reden könnte, ging er mit einem der wohlhäbigsten Bürger seines Dorfs einen Vertrag ein, vermittelst dessen jener ihm, gegen soundso viel Stück Vieh und Auslagen der Baukosten, einen verhältnismäßigen Anteil an seinem Kornacker sowohl an seinem Wiesenbau zustund; zu diesem gesellte sich noch ein anderer, der einen Weinberg hatte, und siehe da ein kleines Landgut entstehen, das in sich selbst gegen-*

---
[18] Ebenda, S. 319 f.

seitige Unterstützung fand, weder Dung noch Holz zu bezahlen brauchte und in einigen Jahren meinen Pfarrer und seine Mitinteressenten reich machte. Itzt beeiferte sich jeder, einen gleichen Vertrag mit ihm einzugehen, und da dieses nicht wohl sein konnte, schlossen sie sich aneinander und ahmten seinem Beispiel nach. So ward in kurzer Zeit das Dorf eines der wohlhäbigsten in der ganzen Gegend.[19]

Mannheim faßt eine Idee und realisiert sie sogleich. Denk- und Verhaltensweisen der Figuren für sich und in ihrem Verhältnis zueinander sind von vornherein auf den Begriff der bürgerlichen Vernunft gebracht. Der Pragmatismus der agrarökonomischen Unternehmung (die Unbestimmtheit und Vorläufigkeit des Vorschlags zur landwirtschaftlichen Autarkie muß hier außer Betracht bleiben) wird als Sachinformation übermittelt. An anderer Stelle feiert der Erzähler Mannheims Absage an die schöne Literatur zugunsten einiger *fürtrefflicher Traktate* über die Viehseuche, die Pferdekuren, die Futterkräuter und andere nützliche Dinge. Der Preis für die in sich konsistente Vorstellung eines gesellschaftlichen Reformprojekts – für ein gewisses Maß an „Souveränität" gegenüber der Wirklichkeit – war offenbar die Einschränkung jener dichterischen Potenz, die sich ideologisch wirksam nur entfaltet, wenn sie sich an der sozialen Wirklichkeit direkt abarbeitet. Wurde die konzeptive Idee, die durch eigene Erfahrung nicht kontrollierbar war, ersatzweise für die erfahrbare widersprüchliche Wirklichkeit zum literarischen Gegenstand erhoben, so blieb als künstlerische Methode offenbar nur die alte poetologische Direktive der poetischen Illustration nützlicher Wahrheiten. So scheint es erklärbar, daß ein Höchstmaß an sozialer Phantasie und an Fortschrittsbewußtsein dieses Autors auf der Ebene begrifflicher Erkenntnis in der literarisch-künstlerischen Gestaltung auf ein Niveau gedrückt wird, wie es z. B. auch Friedrich Nicolais „vernünftige" Korrektur der „Leiden des jungen Werthers" aufweist.

Die literarische Aufzeichnung der ‚reinen Idee' des bürgerlichen Selbsthelfertums blieb im Lenzschen Werk Episode. In verschiedenen seiner von eigenen Erfahrungen geprägten Skizzen und Fragmente läßt er den Selbsthelfer, mit deutlichen Assoziationen auf seine *Projektemacherei*, gerade wegen des naiven Glaubens an die Wirksamkeit kurzfristiger Verbesserungsvorschläge angesichts der feudalabsolutistischen Mißwirtschaft als problematische Figur, wenn nicht gar als Spottfigur auftreten. So zum Beispiel in dem Dramenfragment „Die Familie der Projektenmacher", wo der Graf Primavera, ein Menschenfreund und Enthusiast der Weltverbesserung, von seiner Familie zur Räson gebracht wird. Die Ausgangssituation des Disputs ist in folgendem Dialog gegeben, in dem der Sohn sich an den Vater wendet:

---

[19] Ebenda, S. 307 f.

Gianetto: Ei, Papa, ich dachte, Sie wollten auf die Jagd gehen. Können Sie sich denn auch keine Viertelstunde von Ihrem Projekt beurlauben?
Primavera: Die Not ist zu groß, mein Kind. Der allgemeine Druck, unter dem die Menschheit seufzet, das allgemeine Elend – ich hielt es für ein Verbrechen, jetzt vergnügt zu sein. Bedenk einmal, wieviel Hunderttausend in diesem Augenblick vielleicht, da wir zechen und fröhlich sind, den Schweiß ihrer Arbeit trinken![20]

Das ernsthafte soziale Engagement, hinter dem zweifellos der Autor Lenz mit seiner *Liebe zum Volke* steht, wird in der den philanthropisierenden Grafen umgebenden Figurenkonstellation doch ridikülisiert. Und zwar deshalb, weil es dem Grafen an Realitätssinn mangelt, wenn er meint, dank seines Einzelkämpfertums zugunsten des unterdrückten Volkes den Herrschaftsmechanismus außer Kraft zu setzen, der dieser Unterdrückung herbeiführt. Gleich Lenz operiert der Graf mit Sendschreiben und Bittgesuchen an die Potentaten, um seine Reformprojekte, hier die Steuerreform zugunsten der Ärmsten, zur Geltung zu bringen. Wieder ist es der Sohn, der ihm die herrschende politische Vernunft entgegenhält:

Primavera: Was braucht es des Geschreibs all? ist denn die Sache nicht sonnenklar und muß sie Minister und König nicht auch so finden, wenn ich sie nur mündlich vortragen kann? ...
Gianetto: Aber bedenken Sie auch, daß ein gekröntes Haupt nichts schwerer bewilligen kann und darf als Erlassung von Steuern? Und Sie wollen den König gar bereden alle aufzuheben, das heißt, Sie wollen den König gar bereden sich mit gutem Willen das Haupt abschlagen zu lassen!
Primavera: Wenn er aber meine Vorschläge – ach! –[21]

Über das – *ach!* – des Reformenthusiasten kann die Unterredung nicht hinauskommen. Denn mit dem Hinweis auf die Revolution, auf die ein radikaler Reformismus dann doch hinausliefe, wird der Graf widerlegt: Sein Projekt sollte selbstverständlich der gewaltsamen Veränderung vorbeugen und nicht sie befördern.

Das Scheitern des Grafen wird nicht auf der großen Bühne der Politik vorgeführt, sondern einmal mehr im persönlichen Erfahrungsbereich. Die Aufmerksamkeit gilt hier nicht den Oberen, sondern dem gemeinen Mann, für den das Projekt bestimmt ist. Der Graf Primavera wird einem Bettler konfrontiert, den er sofort als Objekt seiner Hilfsbereitschaft in Anspruch nimmt:

Primavera: ... Iß und trink, guter Freund, ich bitte dich! –
Bettler: Gnädiger Herr, ich will es ja nimmer wieder tun.

---

[20] Zit. nach: J. M. R. Lenz, Gesammelte Schriften. Hrsg. v. Franz Blei, Bd. 3, München und Leipzig 1910, S. 386.
[21] Ebenda, S. 387.

Primavera: Was? meinst du, ich spotte über dich? Nein, es ist mein voller Ernst. Wofür siehst du mich an? Für einen Franzosen? für einen Philosophen? Was? mußt du etwa auch Steuern bezahlen? Armer, armer Kopf! (Faßt ihn an den Kopf und küßt ihn.) Wieviele Tränen sind diese Backen wohl schon heruntergelaufen! Wie viel Seufzer aus diesem Busen gestiegen! Wie zerlappt! es ist doch frisch draußen; wie blaß! Wart, ich will dir meinen Überrock holen; er ist noch nicht gewandt; – einen Augenblick! – (Indem er abgehen will, läuft der Bettler wie der Blitz von der andern Seite ab. Die ganze Gesellschaft lacht.)[22]

Der Menschenfreund muß in dem Moment der Lächerlichkeit preisgegeben werden, wo die Szene den Abstand zwischen seinem der Idee nach entwickelten Projekt und dem praktischen Fall herausbringt. Doch wäre Lenz' Stück gewiß falsch interpretiert, wenn man unterstellte, der Autor habe, im doppelten Scheitern des Reformprojekts an seinen Adressaten – der Herrschergewalt und ihren Opfern: den Ausgebeuteten und Unterdrückten –, die Sinnlosigkeit gesellschaftlicher Veränderungen aufzeigen wollen. Das Lachen der *ganzen Gesellschaft*, welches das szenische Arrangement provoziert, ist ein für den Autor gewiß schmerzhaftes. Denn es trifft den Projektemacher Lenz selbst, der den eigenen unlösbaren Konflikt zwischen subjektivem Anspruch und Willen zur Besserung der gesellschaftlichen Verhältnisse einerseits und der Trägheit und fatalen Beständigkeit dieser Verhältnisse andererseits szenisch objektiviert. Die im „Landprediger" so geradsinnig auf den Begriff gebrachte projektive Idee wird hier der gegebenen gesellschaftlichen Wirklichkeit ausgesetzt. So sind auch sofort wieder die prinzipiellen Widersprüche dieser Wirklichkeit präsent, auf die Wahrnehmung und Erkenntnis des Dichters sich ausrichten müssen, um sie zu durchleuchten: auch auf die Gefahr hin, daß die konzeptive Idee in dem so entstehenden künstlerischen Werk nicht mehr regiert.

Die beiden Stücke, mit denen J. M. R. Lenz, wenn auch verspätet, Einzug gehalten hat in die deutsche Literaturgeschichte – „Der Hofmeister" und „Die Soldaten" – stehen in engem Zusammenhang mit seiner *Projektemacherei*. Doch haben sie kaum als soziale Exempel und Lehrstücke, etwa als Beiträge zur Erziehung und zur Militärreform, gewirkt. Der auf den Begriff gebrachte Reformvorschlag – der Ruf nach öffentlichen Anstalten und Erziehungshäusern, um das Unwesen des privaten Hofmeisterunterrichts aus der Welt zu schaffen; die Forderung, eine *Pflanzschule von Soldatenweibern* anzulegen, um dem Elend der von den Offizieren verführten Mädchen ein Ende zu machen – wird in beiden Stücken der Fülle der Begebenheiten und der direkten Vergegenständlichung vielfältiger

---

[22] Ebenda, S. 289.

menschlicher Beziehungen nachgeordnet. Es scheint, als habe Lenz das bestimmte Maß begrifflicher Erkenntnis, das zur Propagierung seiner Reformideen notwendig ist, hier einzelnen Dramenfiguren übertragen – dem Geheimen Rat von Berg im „Hofmeister", der Gräfin La Roche und ihrem Kreis in den „Soldaten". Im Schlußtableau treten sie hervor, um ihre Einsicht dem Publikum als praktikable Wahrheit zu empfehlen. Im Verlauf der dramatischen Aktion allerdings unterstehen auch sie einem Prinzip künstlerischer Aufarbeitung der Wirklichkeit, das sich von dem der begrifflichen Erkenntnis denkbar weit entfernt.

In seinen „Anmerkungen übers Theater" faßt Lenz den traditionellen Grundsatz der *Nachahmung der Natur* als nachahmende Tätigkeit aller fünf Sinne.[23] Der Verstandestätigkeit, die als Verfahren der Reduktion *zusammengesetzter Begriffe in einfache* beschrieben wird, stellt er die weiterreichende poetische Tätigkeit an die Seite: ... *das immerwährende Bestreben, all unsere gesammelten Begriffe wieder auseinander zu wickeln und durchzuschauen, sie anschaulich und gegenwärtig zu machen* ... [24] Nimmt man noch seine Erklärung der Tätigkeit des dichterischen Ingenium als *Zurückspiegeln* des Gegenstandes nach einem *Standpunkt,* den der Dichter in der Wirklichkeit selbst gewinnt,[25] hinzu, so wird Lenz' Absicht deutlich, die dichterische Darstellung als besondere Erkenntnisart auszuweisen. Der Dichtkunst wird die Möglichkeit einer besonders intensiven und konzentrierten Aufnahme und Verarbeitung der Wirklichkeit zugesprochen. Dabei ist ihr Gegenstand nicht beliebig. Gerade die Bereiche der Wirklichkeit, die gemeinhin *in der Vorstellung nicht gefallen,* bedürfen der künstlerischen Durchleuchtung. Die S t ä n d e , so sagt Lenz in bezug auf „Die Soldaten", sind darzustellen, *wie sie sind,* d. h. für ihn nach der konkreten Erfahrung und empirischen Anschauung, und nicht, *wie sie Personen aus einer höheren Sphäre sich vorstellen.*[26] Die C h a r a k t e r e , so könnte man mit einer Formulierung Herders[27], die auf Lenz' Dichtung besonders zutrifft, ergänzen, dürfen und müssen sogar als *unförmliche* und *schiefausgebildete Menschen* erscheinen, wenn der Dichter durch sein konkretes Sicheinlassen auf die Wirklichkeit die Erfahrung macht, daß vollkommenere, bessere und glücklichere Menschen in ihr noch nicht gedeihen können.

Das Verhältnis der die Defekte und Widersprüche im praktischen Leben

---

23 Lenz, Werke und Schriften, Bd. 1, S. 332 f.
24 Ebenda, S. 335. – Zur Differenz von „wissenschaftlicher" und „poetischer" Naturnachahmung in den Poetiken und der Ästhetik des 18. Jahrhunderts, insbes. in der Nachfolge Baumgartens, vgl. Klaus R. Scherpe, Gattungspoetik im 18. Jahrhundert. Historische Entwicklung von Gottsched bis Herder, Stuttgart 1968, S. 171 ff.
25 Lenz, Werke und Schriften, Bd. 1, S. 336 f.
26 Vgl. Lenz' bekannten Brief an Sophie La Roche vom Juli 1775 (Briefe, Bd. 1, S. 115).
27 J. G. Herder, Sämtliche Werke. Hrsg. v. Bernhard Suphan, Bd. 18, S. 115 f.

„durchschauenden" künstlerischen Erkenntnis zu der rational-begrifflichen, die Zusammenhänge abstrakt erfaßt und konzeptiv wirken soll, ist in Lenz' Dramen keineswegs ästhetisch ausgewogen. Allein das Vorhandensein begrifflich-lehrhafter Elemente, die oft abrupt – zum Beispiel in den Schlußszenen – hervortreten, steht gegen eine vereinheitlichende ästhetische Konzeption. Es scheint, als habe Lenz die Konkurrenz der ‚projektiven' Idee mit der die Wirklichkeit in ihrer Widersprüchlichkeit erfassenden ‚Anschauung' von Fall zu Fall absichtlich herbeigeführt. In der ersten Szene des zweiten Aktes des „Hofmeister" konfrontiert er den Geheimen Rat als Anwalt nützlicher Gesellschaftsveränderungen mit dem armseligen Pastor Läuffer, der tief in der Sorge über das materielle Elend seines als Hofmeister dienenden Sohnes steckt. In dieser Szene hat schon Brecht den materialistischen Kern entdeckt und sie deshalb in seiner Bearbeitung als ein Stück praktischer Dialekt besonders gewichtet. In der Rede des Geheimen Rates sind die verschiedenen bürgerlichen Fortschrittsideen zusammengefaßt, die Lenz in seinen diversen Reformprojekten im einzelnen verfolgte: die Nutzung der Verstandeskräfte zum allgemeinen Besten des Gemeinwesens, Selbstregulierung der Gesellschaft durch überlegenes Wissen, Vertrauen auf die eigene Leistung, die den Adel schon lehren wird, wer die *bessere Kreatur* ist, Selbstvervollkommnung, Glückseligkeit und Freiheit als grundsätzliche Lebensregulative. Pastor Läuffer setzt dem nur das *Aber* aus der realen Lebenserfahrung einer Hofmeisterexistenz entgegen:

Geh. Rat: ... Freiheit ist das Element des Menschen wie das Wasser des Fisches, und ein Mensch der sich der Freiheit begibt, vergiftet die edelsten Geister seines Bluts, erstickt seine süßesten Freuden des Lebens in der Blüte ung ermordet sich selbst.
Pastor: Aber – Oh! erlauben Sie mir; das muß sich ja jeder Hofmeister gefallen lassen; man kann nicht immer seinen Willen haben, und das läßt sich mein Sohn auch gern gefallen, nur –
Geh. Rat: Desto schlimmer, wenn er sich's gefallen läßt, desto schlimmer; er hat den Vorrechten eines Menschen entsagt, der nach seinen Grundsätzen muß leben können, sonst bleibt er kein Mensch. Mögen die Elenden, die ihre Ideen nicht zu höherer Glückseligkeit zu erheben wissen, als zu essen und zu trinken, mögen die sich im Käfigt zu Tode füttern lassen, aber ein Gelehrter, ein Mensch, der den Adel seiner Seele fühlt, der den Tod nicht so scheuen sollt als eine Handlung, die wider seine Grundsätze läuft ...
Pastor: Aber was ist zu machen in der Welt? Was wollte mein Sohn anfangen, wenn Dero Herr Bruder ihm die Kondition aufsagten?[28]

Nach den Grundsätzen des Geheimen Rats zieht der Vater in seiner Unterwürfigkeit angesichts der ihn und seinen Sohn betreffenden Misere den Vorwurf

---
28 Lenz, Werke und Schriften, Bd. 2, S. 25 f.

der selbstverschuldeten Unmündigkeit auf sich. Der Pastor selbst allerdings, von seinem Standort im praktischen Leben ausgehend, findet dies alles *sehr allgemein gesprochen.* Die Magenfrage und die elende Tatsache der Gehaltskürzung des Sohnes schließen ihn von vornherein vom Verständnis für den ideellen Höhenflug des Geheimen Rates aus. Die Szene scheint bewußt so angelegt, daß sie den Widerspruch zwischen der großartigen Allgemeinheit des Menschheitsentwurfs und der individuellen Unfähigkeit zu seiner Realisierung hervortreibt. Lenz praktiziert hier ein poetisch schlüssiges Verfahren, indem er die konzeptive Ideenlehre hineinzwingt in die widersprüchliche Alltagswirklichkeit, wo sich ihre Wahrheit zu bewähren hätte. Dabei ist gewiß nicht intendiert, daß die Fortschrittsidee schlechthin sich vor der Wirklichkeit blamiert – eine Interpretation, die Brechts Bearbeitung mit dem Ziel der Denunziation bürgerlicher Ideologie nahelegt. Wohl aber wird die Fortschrittsrhetorik, die sich über die konkrete Lebenssituation und die in ihr subjektiv erfahrbare Widersprüchlichkeit hinwegsetzt, als solche kenntlich gemacht. Die poetische Eindruckskraft der Szene haftet mehr an der ohne Willen und Bewußtsein leidenden Subjektivität als an der allgemeinen Logik und Trefflichkeit der bürgerlichen Emanzipationsideen. Die Wirksamkeit poetischer Erkenntnis ist daran abzulesen. Die Veranschaulichung und Vergegenwärtigung subjektiver Handlungen bringt die Wahrheit über die Verhältnisse heraus, in denen die Menschen leben. Und diesem poetischen Verfahren könnte eine andere, gegenüber der reinen *Projektemacherei* stärker auf tatsächliche menschliche Handlungsweisen orientierende Maxime zur Seite stehen. Im „Neuen Menoza" wird sie von dem fremdländischen Prinzen als Ideal praktischer Tätigkeit des Menschen gegen die abstrakte Vernunftwahrheit des Baccalaureus indirekt formuliert: *Solange wir selbst nicht Gold sind, nützen uns die goldenen Zeiten zu nichts, und wenn wir das sind, können wir uns auch mit ehernen und bleiernen Zeiten aussöhnen.*[29]

Das dichterische „Durchschauen" der konkreten Lebenswirklichkeit in den Lenzschen Dramen bietet aus sich selber heraus kaum Anhaltspunkte für die Utopie, weder für die soziale noch die ästhetische. Vielmehr zeigt Lenz in seinen *Gemälden* die Verletzbarkeit des Individuums, seine Deformation in den gegebenen gesellschaftlichen Abhängigkeitsverhältnissen, ja noch mehr: die subjektive Rationalisierung der Ausbeutung und Unterdrückung bis hin zum Akt der Selbstverstümmelung. Vom Heroismus der Selbstbefreiung, den Lenz in Übereinstimmung mit den konzeptiven Ideologen seiner Klasse der Idee nach verkündet, ist dies offenbar weit entfernt. Gibt es also zweierlei Wahrheit in Lenz' Dramen: die durch die dichterische Widerspiegelung gewonnene, welche die widersprüchliche Wirklichkeit als Misere zeigt, und die hiervon abstrahierende, die über eine

---

[29] Ebenda, S. 132.

bessere Wirklichkeit bereits verfügt? Daß diese Alternative so nicht besteht, zeigt bereits Lenz' Neigung, konflikthaltige Szenen zu schaffen, in denen sich abstrakte Idee und konkrete Wirklichkeit aneinander abarbeiten. Welche Bedeutung haben daneben aber jene Szenen, die den im Sinne Herders *schiefausgebildten Menschen* ohne eine vergleichbare ideelle Stütze vorführen?

Ein anschauliches Beispiel gibt die Szene, in welcher der Hofmeister Läuffer vor der Majorin, *in sehr demütiger Stellung*, seine Aufwartung macht, um sich für seine Stelle günstige Konditionen zu verschaffen.

Majorin: ... Sie wissen, daß man heut zu Tage auf nichts in der Welt so sehr sieht, als ob ein Mensch sich zu führen wisse.
Läuffer: Ich hoffe, Euer Gnaden werden mit mir zufrieden sein. Wenigstens habe ich in Leipzig keinen Ball ausgelassen und wohl über die funfzehn Tanzmeister in meinem Leben gehabt.
Majorin: So? lassen Sie doch sehen. (Läuffer steht auf.)
Nicht furchtsam, Herr ... Läuffer! nicht furchtsam! Mein Sohn ist buschscheu genug; wenn der einen blöden Hofmeister bekommt, so ist's aus mit ihm. Versuchen Sie doch einmal, mir ein Kompliment aus der Menuet zu machen; zur Probe nur, damit ich doch sehe. – Nun, nun, das geht schon an! Mein Sohn braucht vor der Hand keinen Tanzmeister! ... Sind sie musikalisch?
Läuffer: Ich spiele die Geige, und das Klavier zur Not.
Majorin: Desto besser: wenn wir aufs Land gehen und Fräulein Milchzahn besuchen uns einmal; ich habe bisher ihnen immer was vorsingen müssen ...
Läuffer: Euer Gnaden setzen mich außer mich: wo wär ein Virtuos auf der Welt, der auf seinem Instrument Euer Gnaden Stimme zu erreichen hoffen dürfte.
Majorin: Ha, ha, ha, Sie haben mich ja noch nicht gehört ... ich muß heut krähen wie ein Raabe. *Vous parlez français, sans doute?*
Läuffer: *Un peu, Madame.* ...[30]

Gezeigt wird die Erniedrigung und Entmenschlichung Läuffers vor der adligen Dame, die seine der standesgemäßen Erziehung nützlichen Fertigkeiten überprüft, indem sie über seine Persönlichkeit hinwegsieht. Läuffer macht sich zum Affen der Majorin, indem er ihr schmeichelt, seine Fähigkeiten anpreist und sich ihr in der Rolle andient, die seiner wahren Menschennatur am wenigsten entspricht. Fällt er aus der Rolle und deutet eine eigene Meinung oder Initiative an, so muß er sich sagen lassen, *daß Domestiken in Gesellschaften von Standespersonen nicht mitreden*. Durch diese Art der Kontrastierung – Bloßstellung der leeren Förmlichkeit des geselligen Rituals, dem Läuffer sich unterwerfen muß, Reduktion von Verhaltensweisen auf Gebärden, Ritualisierung der Sprache, die

---

[30] Ebenda, S. 13 f.

sich ablöst von dem, der sie spricht –[31] entsteht skizzenhaft ein Bild von jener historischen Widersprüchlichkeit, die den exemplarisch vorgezeigten Gesellschaftszustand insgesamt betrifft: von der persönlichen Abhängigkeit, die jede produktive Entfaltung einer Persönlichkeit von vorherein lahmlegt. Versachlicht erscheint das vom persönlichen Zwang diktierte Abhängigkeitsverhältnis zwischen adligen Herrschaften und bürgerlichem Hofmeister zudem durch die Geldfrage. *Es ist was Unerträgliches, daß man für sein Geld keine rechtschaffenen Menschen mehr antreffen kann*[32], klagt die Majorin. Die *Rechtschaffenheit* Läuffers handeln seine Patrone so weit herunter, daß diesem auch die mindesten Subsistenzmittel fehlen, sich als „rechtschaffen" nach seinem eigenen Recht auf ein menschenwürdiges Dasein zu erhalten. Die falsche Richtung, die Läuffers individueller Lebensprozeß zwangsläufig nehmen muß, ist in dieser expositorischen Szene bereits so weit konturiert, daß darin der widersprüchliche gesellschaftliche Entwicklungsprozeß sichtbar wird. Wo in Lessings Drama noch die abstrakte Entgegensetzung von Tugend und Laster die Kampfpositionen zwischen bürgerlicher Emanzipation und Feudalherrschaft markierte, führt Lenz die genauere soziale Physiognomie der Kontrahenten ins Feld. Das Ideal bürgerlicher Emanzipation, das sich Lenz in der Konsequenz seiner projektiven Ideen nur als Verbürgerlichung des Adels denken kann, wird dabei auf die Probe gestellt. Die sinnlich-praktische Entfaltung der Widersprüche im dichterischen Werk läßt eine Versöhnung der Klassen, wie sie die Argumentation der Reformschriften nahelegt, nicht zu. Die Zerreißprobe in den subjektiven Verhaltensweisen und Handlungen, die Lenz exemplarisch herausarbeitet, konterkariert die prometheischen Illusionen von der Selbstverwirklichung und Selbstvervollkommnung des bürgerlichen Individuums. Doch gerade aus dem Vexierbild des um seine realen Bedürfnisse und humanen Ansprüche gebrachten und darein sich fügenden Individuums drängt sich die Vorstellung einer humanen Lebenspraxis als notwendig auf. Diese Momente einer erkenntnisfördernden praktischen Dialektik sind den dichterischen Werken von Lenz zu entnehmen, während seine projektiven Reformschriften die Fortschrittsidee appelativ und antithetisch zur bestehenden gesellschaftlichen Wirklichkeit formulieren.

---

[31] Nützliche Interpretationen des „Hofmeister", die mit der hier avisierten Deutung partiell übereinkommen, lieferten Gert Mattenklott (Melancholie in der Dramatik des Sturm und Drang, Stuttgart 1968) und Peter Christian Giese (Das „Gesellschaftlich-Komische". Zu Komik und Komödie am Beispiel der Stücke und Bearbeitungen Brechts, Stuttgart 1974). Mattenklott verweist bereits auf den Vorrang des „Zeremoniellen" vor den Charakteren bei der Darstellung „konventionellen Verhaltens verschiedener sozialer Schichten" (S. 126). „Die Personen sprechen nicht, sondern werden gesprochen" (S. 144). Die Einschätzung der Lenzschen *Projektemacherei* als „dilettantische Renommierwut" (S. 165) greift dagegen sicher zu kurz.

[32] Lenz, Werke und Schriften, Bd. 2, S. 15.

Aus dem Gegensatz von Ideal und Wirklichkeit entsteht in Lenz' Drama keine übergreifende tragische Konstellation. Die Besonderheit seiner realistischen Darstellung menschlicher Handlungen und Verhaltensweisen ist, daß sie eine metaphysisch-schicksalhafte Deutung per se ausschließt.[33] Im Fortgang der Handlung bleiben die Exempel menschlichen Fehlverhaltens auf der Seite der Herrschaft wie auch auf der ihrer Opfer unversöhnt als erratische Blöcke stehen. Ein Ende des dramatischen Konflikts ist prinzipiell nicht abzusehen, solange der historisch-gesellschaftliche Konflikt, den die Dichtkunst *zurückspiegelt,* keiner praktischen Lösung zustrebt.[34] Um das mit der wahren Penetration des Dichters vorgezeigte negative Gesellschaftsbild und den Reformoptimismus, der zweifellos motivierend war für die Darstellung eines Hofmeisterschicksals, doch noch einander anzunähern und das Stück damit zum Ende zu bringen, verfällt Lenz auf eine höchst befremdliche und artifizielle Konzeption für die Schlußszenen. Nachdem Läuffer eher beiläufig und trotz seiner Entmannung noch glücklich aus der Handlung entlassen wurde, bekommt der Zuschauer ein Schlußtableau des von Bergschen Hauses vorgeführt, in dem sich die Adelspersonen und ihre Anhängerschaft, wie im bürgerlichen Rührstück, gegenseitig zu höchster Freundlichkeit und Glückseligkeit läutern und dadurch ihre zuvor vorgezeigte soziale Physiognomie und Verhaltensweise vergessen machen. Man ordnet sich zur *zärtlichen Gruppe,* wie der in der Szene Regie führende Geheime Rat ausdrücklich bemerkt.[35] Man wetteifert miteinander in *Großmütigkeit,* empfindsamer Selbstverleugnung, Buße und Gefälligkeit. Die wechselseitige Tugendübung steigert sich zur Wollust des Schmerzes, nach der die Fehler und Verletzungen des anderen als Anlaß für die eigene Reue und Bußfertigkeit freudig begrüßt werden. In den Geldangelegenheiten, die in der vorausgegangenen dramatischen Aktion Anlaß waren für das Hervorbrechen von Macht- und Haßgelüsten (und dies nicht nur gegenüber dem armseligen Hofmeister), ist man jetzt gleichfalls voller Großmut und Generosität, indem man sich gegenseitig das Vermögen geradezu an den Hals wirft. Pätus, der verlorene Sohn, hat seine Schuldsumme in der Lotterie(!) zurückgewonnen und reicht sie dem Vater zur Versöhnung: *Hier, Papa, ist das Geld, das Sie zu meiner Erziehung in der Fremde angewandt; hier ist's zurück und mein Dank dazu: es hat doppelte Zinsen getragen, das Kapital hat sich vermehrt und Ihr Sohn ist ein rechtschaffener Kerl geworden.*[36]

---

[33] So argumentiert bereits Girard, Lenz, S. 289.

[34] Dieser Gedanke lag Lenz durchaus nahe, wie seine Bestimmung der Komödie in der Selbstrezension des „Neuen Menoza" zu erkennen gibt: *Komödie ist Gemälde der menschlichen Gesellschaft, und wenn die ernsthaft wird, kann das Gemälde nicht lachend werden* (Werke und Schriften, Bd. 1, S. 419).

[35] Ebenda, Bd. 2, S. 100.

[36] Ebenda, S. 103.

Der Zuschauer oder der Leser, für den Lenz mit seiner penetranten Art der szenischen und sprachlichen Vergegenwärtigung die gesellschaftlichen Verhältnisse soweit „durchschaubar" gemacht hat, kann die in förmlich-preziöse Sprache gegossene Tugendseligkeit der Schlußszenen schwerlich als Abbild eben dieser Verhältnisse ansehen. Was er erwartet, ist ein Schuldspruch dieser Gesellschaft, wie ihn zum Beispiel der Prinz Tandi im „Neuen Menoza" formuliert: ... *alles, was ihr zusammengestoppelt, bleibt auf der Oberfläche eures Verstandes, wird zu List, nicht zu Empfindung, ihr kennt das Wort nicht einmal; was ihr Empfindung nennt, ist verkleisterte Wollust, was ihr Tugend nennt, ist Schminke, womit ihr Brutalität bestreicht.*[37] Statt dessen fühlt man sich in die Komödie versetzt, die Gellert empfahl: die Abschilderung des *gemeinen Privatlebens* zum Preis der Tugend, wozu die Laster und Ungereimtheiten der Menschen *auf eine scherzhafte und feine Art* durchgezogen werden.[38] Auf die Verwandtschaft dieser Szenen mit der Gellertschen comédie larmoyante hat René Girard bereits hingewiesen.[39] Nach der Übereinstimmung in Tonart, Geschmack und szenischer Konfiguration mit dem Ziel der Tugendübung drängt sich in der Tat der Eindruck auf, daß Lenz hier nach dem Muster Gellertscher Rührstücke wie den „Zärtlichen Schwestern" oder dem „Los in der Lotterie" verfährt. Dies aber würde bedeuten, daß sein literarischer Gegenstand in den Schlußszenen des „Hofmeister" nicht mehr die gegenwärtige gesellschaftliche Wirklichkeit ist, sondern eben ein in Szene gesetztes Zitat jener empfindsamen Literatur, zu deren Programm es gehörte, durch die Ausstellung der Normen privater Humanität die Widersprüche und Gegensätze in der feinlichen Wirklichkeit außer Kraft zu setzen.[40]

Nach diesem Befund könnten sich jene Interpreten bestätigt fühlen, die den Schluß des „Hofmeister" als parodistisch empfinden[41] und deshalb geneigt sind, die Einheit der ästhetischen Konzeption des Stückes als gerettet anzusehen. Nimmt man jedoch Lenz' eigene widersprüchliche Disposition bis zuletzt ernst, so ist man eher gehalten, diese ihn selber betreffende unlösbare Widersprüchlichkeit für den ersten Grund der seltsamen literarischen Konfiguration zu halten und

---

[37] Ebenda, S. 124.
[38] C. F. Gellert, Abhandlung für das rührende Lustspiel. Zit. nach Lessings Übersetzung, in: G. E. Lessing, Sämtliche Schriften, hrsg. v. Lachmann und Muncker, Bd. 6, Stuttgart 1890, S. 34.
[39] Girard, Lenz, S. 282.
[40] Vgl. hierzu die Gellert-Interpretation von Stephan Richter. In: Westberliner Projekt – Grundkurs 18. Jahrhundert, Bd. 1, S. 120–146.
[41] So z. B. Glaser, Heteroklisie, S. 147; Mattenklott, Melancholie, S. 166; gegen die Qualifizierung als „parodistisch" oder „ironisch" wendet sich Giese: „Demonstrativ banal und ‚falsch' ist das happy ending gestaltet, das Glück der Personen bloßer Schein, die dargestellte Realität weicht dem Märchen [!]" (Das „Gesellschaftlich-Komische", S. 187).

nicht eine parodistisch-spielerische Absicht. Dazu wäre auf Lenz' unermüdliche Versuche zu verweisen, den eigenen Konflikt mit der Familie und der Autorität des Vaters durch positive literarische Gegenbilder zu objektivieren wie zum Beispiel im „Landprediger". Weiterhin ist zu bedenken, daß Lenz' in abstracto gefaßte Idee einer friedlichen Verbürgerlichung des Adels, trotz des gegenteiligen Befundes in den Stücken, für ihn als Postulat seine Gleichgültigkeit behält. Von hier aus ist es durchaus denkbar, daß er sein „Hofmeister"-Stück, wie ja übrigens auch „Die Soldaten", dezisionistisch zum Ende bringt, indem er einen ‚Adel wie er sein soll' als Gemeinschaft edler Menschen der negativ beleuchteten Wirklichkeit entgegensetzt.

Diese Erwägungen können allerdings nicht dementieren, daß die im Gellertschen Geschmack eingekleideten Schlußszenen, sofern sie als Bekräftigung eines positiven Gesellschaftsbildes dienen sollen, das die sozial konkretisierte, negative Schilderung eines Gesellschaftszustandes als Komödie abschließt, in der Tat parodistisch wirken. Die Aufführung eines, wie Brecht lakonisch sagt, „tragödiensicheren"[42] Bergschen Hausfriedens als bürgerliches Tugendidyll gerät im Kontext dieses Stückes zwangsläufig zur Parodie. Die historische Wahrheit der Lenzschen Dichtkunst, so müßte man folgern, kommt in einem Defizit zum Ausdruck, dem nämlich, daß die dichterischen Gestaltungsmittel offenbar nicht zur Verfügung stehen, um dem Stück die von der ideologischen Konzeption her erwünschte positive Wendung zu geben. Daß Lenz für die Schlußharmonie, in der, wenn auch nur noch peripher, der Reformvorschlag aufgehoben ist, keine überzeugende dichterische Sprache findet: dies wäre eine besonders subtile Bestätigung des von Friedrich Engels auf Goethe gemünzten Urteils, daß die deutsche Misere *von innen heraus,* kraft der selber in Widerspruch und Illusionen befangenen bürgerlichen Dichtung gar nicht zu überwinden war.[43]

Die Differenz zwischen der dichterisch veranschaulichenden Erkenntnis, welche die Widersprüche in der gesellschaftlichen Wirklichkeit aufdeckt, und der begrifflich-abstrakten Erkenntnis, nach der diese Wirklichkeit konzeptiv im Sinne der bürgerlichen Emanzipationsidee geordnet wird, ist im Lenzschen Werk noch einmal in aller Deutlichkeit zu beobachten: im Verhältnis der Abhandlung „Über die Soldatenehen" zum dramatischen Werk „Die Soldaten". Dabei ist weitere Klarheit zu gewinnen nicht nur über die Besonderheit der einen oder anderen Art der Aneignung der Wirklichkeit, sondern auch über die Reichweite der gewonnenen Einsichten nach ihrer praktischen Bedeutung und auch nach ihrer möglichen Qualität als ‚antizipatorisches Bewußtsein'.

---

[42] Brecht, Schriften zum Theater 3; Ges. Werke, Bd. 17, S. 1238.
[43] Zit. nach Karl Marx/Friedrich Engels, Über Kunst und Literatur, Bd. 1, Berlin 1967, S. 468.

Das Verhältnis zwischen der „Komödie" und dem Traktat zum Soldatenthema ist keineswegs nur quantitativ zu bestimmen, durch den Hinweis etwa, daß Lenz seine Reformvorstellungen allmählich vervollständigte; aber auch nicht qualitativ nach der Beobachtung, daß er den abrupt gefaßten und moralisch dann doch bedenklichen Einfall zur Einrichtung von *Pflanzschulen für Soldatenweiber* aus seinem Theaterstück in der Abhandlung später umwandelte in einen groß angelegten Plan zur Reform des Militärwesens. Die wesentliche Differenz liegt auch hier, ähnlich wie bei seinem Erziehungsprojekt anläßlich der Hofmeisterthematik, im Widerspruch eines idealen, auf den Begriff gebrachten Gesellschaftsentwurfs zu der dichterisch konkretisierten Wirklichkeit, die von dem projektierten Ideal denkbar weit entfernt ist.

Allerdings ist die Soldaten-Schrift auch für sich genommen, außerhalb dieser kritischen Relationierung, interessant genug. Ohne daß Lenz davon ein Bewußtsein hätte, treibt er den Reformvorschlag doch soweit voran, daß er sich auch als versteckter Aufruf zur Revolution lesen läßt. Lenz projektiert nichts weniger als die Umwandlung der „stehenden Truppen" des Feudalabsolutismus, die durch Wehrsteuern unterhalten und durch Zwang und Soldversprechungen rekrutiert werden, in eine patriotische Bürgerarmee, in der die Soldaten nicht mehr *Automaten* und *ausgelernte Mörder*, sondern freiwillige *Verteidiger des Vaterlandes*[44] sind. Dazu schreibt er: *Wofür ficht unser Soldat? Für den König, fürs Vaterland? Ha, um für sie mit Nachdruck fechten zu können, muß er sie lieben können, muß er von ihnen Wohltaten erhalten haben ... Ein grosser Hauffen Unglücklicher, die mehr wie Staatsgefangene als wie Beschützer des Staats behandelt werden, denen ihr Brod und ihre Schläge täglich zugemessen sind, ... aus denen wollt ihr eure Vertheidiger machen? Verzweifelt verzweifelt, diesen unbehelfsamen Körper zu regieren, und wenn ihr zehnfache Friedriche an Einsichten wäret, die Zeiten sind vorbey, da er unzähligen Unglücklichen durch sein Ansehen imponieren und sie um seinetwillen alles konnte vergessen machen ... W o h l s t a n d , S e l b s t v e r t h e i d i g u n g , sehen Sie da die einzigen noch übrigen Keime der ersterbenden Tapferkeit! Ersticken Sie sie – und alles ist verloren. Der Soldat muß für sich selbst fechten, wenn er für seinen König ficht – oder ich wollte lieber Soldat seyn als König, der sich so unsicher muß vertheidigen lassen.*[45]

Lenz formuliert seine Forderungen an die Fürsten hier kaum noch in der demütigen Tonart eines Bittstellers, sondern unverhohlen und siegesgewiß von einem bürgerlichen Standpunkt, von dem aus der Friederizianismus als historisch überholt verurteilt werden kann. Zugleich argumentiert er konsequent, daß die

---

44 Jakob Michael Reinhold Lenz, Über die Soldatenehen, Hamburg 1913. Die zitierten Begriffe sind konstitutiv für die gesamte Schrift, hier zit. nach S. 9, 10, 13, 21.
45 Ebenda, S. 19, 20, 28 f.

Militärreform nur als Bestandteil einer umfassenden Gesellschaftsreform denkbar ist. Die Fürstenherrschaft könne sich nur noch dadurch legitimieren, daß sie sich zur Vollstreckung des Allgemeinwohls bereit finde. Den preußischen Militarismus nimmt er als exemplarisch für die verabscheuungswürdige feudalabsolutistische Gesellschaftsorganisation, die *eine feige sklavische Generation Zwergmenschen* hervorgebracht hat. Und weiter geht er in seiner Anklage: ... *der Handel stockt, da die Befriedigung der Brutalität selbst zum Luxus keine Kosten mehr übrig lassen will, die Künste liegen* [sic!] *wie sollte in solche Menschen göttliche Begeisterung kommen, ... die Gelehrsamkeit wird verspottet, der Ackerbau nur aus Verzweiflung getrieben ...*[46] Sein Reformprojekt entwickelt Lenz im Gegenzug gegen die Mißstände, die er, wie er sagt, nur protokolliert. Sein Ideal ist der Bürger als Soldat, der, ohne Handel, Industrie und Ackerbau zu vernachlässigen, zu den Waffen eilt, um die eigene *Wohlfahrt*, seine Familie und seinen Besitz, zu schützen. Dieses Wunschbild entwickelt Lenz sogleich weiter zum Ideal einer ständeübergreifenden Gesellschaftsharmonie, dem gemeinsamen Zielpunkt seiner verschiedenen Projekte: *Wenn der Bürger und Bauer glücklich sind, und der Soldat ist es mit ihnen, dann erst wird der Ueberfluß Geschmack, und das häßliche Wort Luxus, das itzt nichts weiter als Grillen der Reichen bedeutet, wird dann erfreuliche Pracht, die in dem innern Verhältniß eines jeden Standes ihren Grund hat. Der Handel bleibt keine Spitzbüberey und Betrug der Mode, sondern wird Umsatz wahrer Güter, die in dem Vermögen und der daher nothwendigen Verfeinerung jedes Standes ihren Grund haben. Alle Stände, die jetzt gleichsam auseinander gerissen sind, werden wieder in ihre rechten Gelenke gerichtet, und der Staatskörper wird gesund.*[47] Dieses neuerliche Programm einer friedlichen Verbürgerung, das mit wenigen Gedankenschritten die materielle und sittliche Umwälzung der Gesellschaft zusammenfügt, stellt sich dar als frei von Widersprüchen, da die Frage nach der Macht und Gewalt im Staate nicht ausgetragen wird. Denjenigen, die über Macht verfügen und Gewalt ausüben, den Fürsten, wird das geschlossene Reformprogramm zu ihrem Besten

---

[46] Ebenda, S. 46. – Lenz steigert sich in einigen Passagen in einen Agitationsstil, wie er sonst nur in den revolutionär-demokratischen Propagandaschriften der neunziger Jahre begegnet: *Den Bürger, den Landmann, der bis aufs Blut ausgedrückt ist, vollends abzuschälen, zu sehen, ob ihm nicht noch eine Faser übrig gelassen worden, die er gleichfalls zum Besten des Staats hergeben könne. Ich deklamire nicht, ich protokollire nur das, was ich überall hörte und sah, als ich mich unter diese Leute mischte. Wehe dem neuen Projektenmacher, der diese Erniedrigten noch tieffer erniedrigt, diese Zertretenen noch mehr zertritt, aller Fluch ihrer unterdrückten Seufzer (leider können die meisten nicht mehr seufzen) über ihn! Wenn der Bauer ausser den Frohndiensten, die er dem Edelmann, und denen, die er dem König thun muß, noch von dem wenigen Schweiß, den er für sich verwenden kann, alles bis auf die Hefen für ausserordentliche Abgaben aufopfern muß – die Feder fällt mir aus den Händen für Entsetzen* (ebenda, S. 52 f.).

[47] Ebenda, S. 82.

anempfohlen: *Euer ist der Vortheil, meine Fürsten! nicht unserer. Ihr bekommt Unterthanen, ihr bekommt Umlauf des Geldes, ihr bekommt Künste und Wissenschaften, die euren Staat heben, nicht ihn zu Grunde richten. Das will ich euch beweisen* ...[48]

Die doppelte Illusion des Projektemachers Lenz ist wegen der durchschlagenden Naivität und auch der subjektiven Befangenheit des gesellschaftstheoretischen Vortrags einfacher zu erkennen als bei anderen zeitgenössischen Gesellschaftsreformen mit vergleichbarer Intention. Der feudalabsolutistische Staatsapparat müßte sich selber liquidieren, um auch nur eine der von Lenz auf den Begriff gebrachten bürgerlichen Forderungen zu erfüllen. Die Gleichsetzung der zu gewinnenden Freiheit von Handel, Industrie und Agrarproduktion mit der zu erreichenden Versittlichung und Harmonisierung von Staat und Gesellschaft über alle Standesgrenzen hinweg ist noch ohne Bewußtsein der Widersprüche der neuen, bürgerlichen Klassenherrschaft. Diese historisch objektivierende Kritik der Lenzschen sozialen Phantasien als ‚Illusionen' enthält jedoch nicht die ganze Wahrheit. Hinter der Illusion einer Bekehrung der Fürsten steht immerhin die deutliche Drohung der Revolution für den Fall ihrer Weigerung. Mit seinem zuvor entworfenen dramatischen *Gemälde* der Bürger und Soldaten hatte Lenz zudem die Idee der Klassenversöhnung und die einer harmonischen bürgerlichen Lebenspraxis bereits als zweifelhaft erscheinen lassen. – Mit der Kennzeichnung des tatsächlichen Gesellschaftszustandes – *alle Stände seufzen, alle Bande des Staats gehn auseinander – wo die Ursachen?* – verweist Lenz in der Abhandlung „Über die Soldatenehen" auf seine eigene dramatische Fassung des Themas.[49] Das frühere Stück will er im Nachhinein offenbar als negatives Exempel bewertet wissen, das Anlaß gab für die großangelegte Initiative seiner Reformschrift. Doch zeigt bereits die in der Handlung des Dramas mißlungene Verbindung von anschaulicher Schilderung des Bürger- und Soldatenlebens einerseits und abstrakter Verkündung des Reformgedankens andererseits, daß der Abstand zwischen der szenisch vorgezeigten Misere und dem positiven Lösungsvorschlag nicht durch eine einfache didaktische Methode von Erwartung und Aufschluß zu überwinden war.

Ein Wunschbild des Offiziers als Produkt seiner idealisierenden sozialen Imagination zeichnet Lenz in der ‚Abhandlung': ... *diesen Offizier sah ich ganz der Würde seines Standes gemäß als eine der ersten Personen im Staat, wie er es zu seyn verdient, sich betragen und hochgeschätzt werden, ohne daß er diese Achtung durch Hochmut oder Unarten zu erzwingen sucht, ich sah ihn in den Armen der reitzendsten Gemahlin, die nur für ihn so sorgfältig erzogen worden,*

---

[48] Ebenda, S. 38 f.
[49] Ebenda, S. 46 f.

des höchsten Glücks edler Gemüther geniessen, des Glücks, nach Würden angebethet zu werden von dem, was man anbethet ... ich sah ... ihn festentschlossen für soviel Schönheit in tausend blosse Schwerdter zu stürzen, sie [die Gemahlin] *durch den hohen Grad ihres Schmerzens und ihrer Besorgnis ihn zu dem höchsten Grad der Tapferkeit und des Muths spannen, um soviel Liebe würdig zu werden.*[50]

Das Gezwungene in der Gedankenführung, mit der Lenz sein Idealbild des noblen Offiziers und verdienstvollen Ehemanns zusammenfügt, spiegelt sich in der rhetorischen Anstrengung, mit der die Fülle positiver Attribute in ausschweifender Syntax zusammengebracht wird. Schon dieser Befund läßt erkennen, daß das harmonisierende Idealbild – der Vergleich mit den Schlußszenen des „Hofmeister" ist hier angebracht – als Gegenstand der Dichtung nicht taugt. Anläßlich der „Soldaten" erneuert Lenz sein dichterisches Programm der versinnlichenden und „durchschauenden" Nachahmung der Natur. Die „unangenehmen" Wahrheiten, welche die dichterische Erkenntnis aufspürt, will er keineswegs zu ästhetisch „angenehmen" Eindrücken glätten. In diesem Sinne schreibt er an Sophie la Roche: *Auch sind dergleichen Sachen wirklich in der Natur; leider können sie nur in der Vorstellung nicht gefallen, und sollen's auch nicht.*[51] In der fragmentarisierenden Bilderfolge seines Stücks vergegenwärtigt Lenz das Scheitern menschlicher Beziehungen, Glückserwartungen und guter Absichten an den gesellschaftlichen Normen der Ständegesellschaft, ‚wie sie ist'. Der Mangel an „Gefallen" bringt einen Zuwachs an Erkenntnis.

Das Stück zeigt die adligen Offiziere im Winterquartier. Ihr Müßiggang, ihre Begierde und Genußsucht, ihre Lust am Intrigenspiel machen sie gefährlich für die *honetten* Bürger. Durch die Privilegien ihres Standes üben sie Macht aus über die Bürgersleute, nicht nur im Falle der verführten Unschuld der Marie Wesener. Der Galanteriewarenhändler und Vater der Marie wird an den Rand des Ruins gebracht durch den adligen Bankrotteur ebenso wie durch den Liebhaber Desportes. Der Tuchhandel des unseligen Stolzius hängt ab von der Konsumfreudigkeit der Garnison wie von der Attraktivität seiner Liebsten bei den Herren. Gewalt und Unterdrückung durch den privilegierten Stand demonstriert Lenz, indem er die unmenschlichen Denk- und Handlungsweisen seiner Vertreter individuell gestaltet und szenisch vorführt. – Der von dem adligen Verführer um seine Liebe gebrachte Stolzius wird von den Offiziers-Kameraden aufs Kaffee gelockt, wo er wehrlos ihren Quälereien ausgesetzt ist.[52] Der Appell, *artig mit dem Menschen umzugehen,* bezieht sich nur auf die Art, wie und wann man ihn

---

50 Ebenda, S. 34 f.
51 Briefe, Bd. 1, S. 115.
52 Ich zitiere hier und im folgenden aus der 2. Szene des 2. Aktes (Werke und Schriften, Bd. 2, S. 198–205).

durch die Wahrheit über sein Mädchen menschlich erniedrigt und sein Leben zerstört. Der Selbstmord des Opfers ist bereits einkalkuliert. Der Eindruck von der Gefühllosigkeit und brutalen Unmenschlichkeit der Offiziere wird noch dadurch gesteigert, daß der Hauptmann Pirzel die Menschheitsphilosophie als Phrase im Munde führt: *Denken, denken, was der Mensch ist, das ist ja meine Rede*. Im Gespräch mit dem vernünftig räsonnierenden Feldprediger Eisenhardt führt Lenz diesen Hauptmann als „Karikatur" eines Menschen seines Standes vor:

Eisenhardt: ... Um den Menschen zu kennen müßte man meines Erachtens bei dem Frauenzimmer anfangen.
Pirzel: (schüttelt den Kopf)
Eisenhardt: (bei Seite): Was die andern zuviel sind ist der zu wenig. O Soldatenstand, furchtbare Ehlosigkeit, was für Karikaturen machst du aus den Menschen.
Pirzel: Sie meinen beim Frauenzimmer – das wär grad als ob man bei den Schafen anfinge. Nein, was der Mensch ist – (Den Finger an die Nase.)
Eisenhardt: (bei Seite): der philosophiert mich zu Tode. (Laut.) Ich habe die Anmerkung gemacht, daß man in diesem Monat keinen Schritt durchs Tor tun kann, wo man nicht einen Soldaten mit einem Mädchen karessieren sieht.
Pirzel: Das macht weil die Leute nicht denken.
Eisenhardt: Aber hindert Sie das Denken nicht zuweilen im Exerzieren?
Pirzel: Ganz und gar nicht, das geht so mechanisch...[53]

Wo die Ursachen? fragt Lenz in der Abhandlung „Über die Soldatenehen" auch in bezug auf die aus den Banden geratene Welt in seinem Drama. Wo die ‚Abhandlung' die gesellschaftlichen Mißstände benennt, um ihnen das Wunschbild eines besseren Weltzustandes entgegenzusetzen, zeigt das Drama die Mißstände in der Dimension intersubjektiver Beziehungen. Das eingeschränkte Thema der Ehelosigkeit der Soldaten ist dem angemessen. Direkt und ohne zusätzliche Argumentation wird dem Leser oder Zuschauer ein kausaler Zusammenhang einsichtig gemacht: Das Soldatenleben entfernt den Menschen zwangsläufig von seiner Fähigkeit, zu fühlen und zu denken (*das geht so mechanisch*); die Trennung des Menschen von Menschlichkeit im Soldatendienst läßt nichts anderes erwarten als die inhumane Handlungsweise gegenüber Stolzius, Marie und ihresgleichen.

Damit ist auf der Ebene dieser im dramatischen Dichtwerk als durchschaubar und erklärbar vorgezeigten Wirklichkeit eine einfache Lösung durch die „gute Idee" nicht mehr vorstellbar. Es sei denn durch das nachträgliche Räsonnement, das in der Schlußszene die Gräfin und der Obrist vortragen, unterstützt durch

---

[53] Ebenda, S. 217.

die generöse Zahlung von tausend Talern. Das Auftreten dieser Edlen aus der oberen Gesellschaftssphäre bleibt jedoch eine Deus-ex-machina-Lösung, die den individuell ausgetragenen Konflikt zwischen den Ständen nicht wirklich beeinflußt und daher auch im Komödienschluß nicht vergessen macht. Ihr Gegensatz kann nicht, wie in der theoretischen Abhandlung, im ständeübergreifenden, harmonischen Gesellschaftsbild ausgeglichen werden, da die soziale Konkretion des Konflikts als Resultat der dichterischen Anschauung der Wirklichkeit durch keine andere Anschauung einer anderen Wirklichkeit revidierbar ist. Der zentrale Konflikt, vorgestellt als sozialer Prozeß, dient daher, nach dem Ablauf und der Zuspitzung der Handlung, zwangsläufig der Verdeutlichung der unüberwindbaren Klassenschranken.

Eines Menschen Leben ist doch kein Pfifferling. Diese typische Ansicht eines der adligen Offiziere gibt die Lizenz, das Schicksal von Menschen aus den niederen Ständen willkürlich zu modeln und zu deformieren. *Ihr sollt nur sehen, was ich aus dem Stolzius noch machen will:* so prahlt der Intrigant Rammler vor seinen Kameraden. Das Schicksal der Marie Wesener steht bei der so exponierten gesellschaftlichen Konfliktsituation ähnlich zur Disposition. Der Meinung des Offiziers Haudy *Eine Hure wird immer eine Hure, gerate sie unter welche Hände sie will* stellt der Feldprediger Eisenhardt seine Einsicht gegenüber: *... aber erlauben sie mir, Ihnen zu sagen, eine Hure wird niemals eine Hure, wenn sie nicht dazu gemacht wird. Der Trieb ist in allen Menschen, aber jedes Frauenzimmer weiß, daß sie dem Triebe ihre ganze künftige Glückseligkeit zu danken hat, und wird sie die aufopfern, wenn man sie nicht drum betrügt?*[54] Der Dramatiker Lenz steht zu dieser Rede, wenn er den Betrug an Marie als soziale Aktion zeigt, in deren Verlauf Marie durch den adligen Verführer nicht nur ihre Unschuld verliert, sondern auch um ihre Rechtschaffenheit gebracht wird. Lenz verdeutlicht diesen Prozeß der Entfremdung Maries von sich selbst auf höchst subtile Weise, wenn er die Verkehrung ihrer Sprache und ihrer Gewohnheiten in das ihr fremde galante Wesen vorführt. In der Eingangsszene des ersten Aktes erscheint Marie noch in ihrer eigenen natürlichen Art, der schon die *Politessen* des Briefeschreibens Zwang antun. Nach dem Verlust ihrer Unschuld jedoch ist sie das nach dem Plaisir des Baron Desportes „verkehrte" Geschöpf. So auch im Gespräch mit einem anderen Verehrer:

Mariane: (heitert schnell ihr Gesicht auf. Mit der größten Munterkeit und Freundlichkeit ihm entgegen gehend): Ihre Dienerin Herr von Mary! Haben sie wohl geschlafen?

Mary: Unvergleichlich meine gnädige Mademoiselle! ich habe das ganze gestrige Feuerwerk im Traum zum andernmal gesehen.

---

54 Ebenda, S. 191, 192.

Mariane: Es war doch recht schön.
Mary: Es muß wohl schön gewesen sein, weil es Ihre Approbation hat.
Mariane: O ich bin keine Connoisseuse von den Sachen, ich sage nur wieder, wie ich es von Ihnen gehört habe. (Er küßt ihr die Hand, sie macht einen tiefen Knicks.) Sie sehen uns hier noch ganz in Rumor; meine Mutter wird gleich fertig sein ...[55]

Die Szene deutet an, wie Marie ihre Persönlichkeit und ihre Rechtschaffenheit verliert, indem sie sich der französelnden Sprache und der Etikette des höheren Standes anpaßt. Lenz folgt hier noch einem bestimmten Argumentationsmuster bürgerlicher Aufklärung: der Warnung der Tugend vor dem Laster der höheren Stände. Doch nicht als poetische Illustration eines moralischen Lehrsatzes wirkt diese Szene, sondern als dichterische Konkretisierung einer praktischen Lebenssituation, woraus der Leser oder Zuschauer seinen Schluß ziehen kann. Entgegen dem begrifflich gefaßten Fortschrittsgedanken im Traktat „Über die Soldatenehen", der in der Versöhnung von Adel und Bürgertum kulminiert, stößt das dichterische „Zurückspiegeln" der gesellschaftlichen Wirklichkeit einmal mehr auf deren Unversöhnlichkeit. Die dichterische Erkenntnis bleibt zwar ohne Perspektive im Sinne konzeptiver bürgerlicher Ideologie, doch produziert auch in diesem Drama die als sozialer Prozeß angelegte Handlung eine Art Dialektik in praktischer Absicht: da einsehbar wird, daß Marie keine Hure *ist,* sondern dazu *gemacht wird,* enthält die Schilderung ihres Schicksals ex negativo die Aufforderung, die gesellschaftlichen Verhältnisse so einzurichten, daß sie tatsächlich, wie Lenz den Feldprediger sagen läßt, *dem Triebe ihre ganze Glückseligkeit zu danken* hätte.[56]

Diese Aussicht allerdings kann im Stück auf seiten der Bürger, die der herrschenden Gewalt in den menschlichen Beziehungen unmittelbar ausgesetzt sind, kaum entwickelt werden. Denn nicht nur als Opfer der uneingeschränkten Willkür der privilegierten Stände hat Lenz die Gestalt der Marie Wesener und die ihr zur Seite stehenden Figuren aus dem bürgerlichen Handels- und Familienmilieu gezeichnet. Vielmehr wird deutlich, daß diese Bürger als Bürger mit ihren bestimmten, sozial identifizierbaren Handlungs- und Denkweisen schuldhaft beteiligt sind an dem, was ihnen widerfährt. Zu der in der Abhandlung „Über die Soldatenehen" und auch in der Erzählung vom „Landprediger" propagierten bürgerlichen Menschheitsphilosophie zeigt das Drama keine praktische Anschau-

---

[55] Ebenda, S. 219 f.
[56] Ein Beispiel dafür, wie durch eine modernistisch-formalistische Interpretation die in Lenz' Stücken wirksame historische Dialektik stillgelegt wird, gibt Volker Klotz in seinem viel genutzten Buch „Geschlossene und offene Form im Drama" (München 1960). Für ihn ist Lenz' Drama prinzipiell für alle Stände offen, kein Stand verbürgt einen bestimmten Wert (!), „Standeszugehörigkeit ist irrelevant" (S. 143).

ung bürgerlichen Lebens. Gibt es dort die vollzogene Koinzidenz von Humanitätsidee, nützlicher Tätigkeit und praktischem Wissen, die dem Bürger von vornherein die Überlegenheit gegenüber dem nur durch Geburt privilegierten Adel sichert, so finden wir hier, in der szenischen Vergegenwärtigung bürgerlichen Lebens, die Ausfaltung der Widersprüche, die diese Lebenspraxis zum Teil selber produziert.

Der alte Wesener stellt seine moralischen Bedenken zurück, als er hinter der Liaison seiner Tochter mit dem Baron eine Chance zum sozialen Aufstieg wittert: *Kannst noch einmal gnädige Frau werden, närrisches Kind.*[57] Und Marie verabschiedet ihre Liebe zu Stolzius aus dem gleichen Grund: *ich lieb dich ja noch – aber wenn ich nun mein Glück besser machen kann –.*[58] Liebe ist nicht nur Herzenssache, sondern auch ein kalkulierbarer Faktor zur Sicherung von sozialen Vorteilen. *Glück* wird nicht nur begriffen in der Wertvorstellung der individuellen Selbstvervollkommnung: es ist „machbar", berechenbar für das egoistische Interesse des Reüssierens in der Gesellschaft. So ist es nur konsequent, wenn Wesener das *Glück* seiner Tochter für käuflich hält. Er zahlt für den guten Namen des Barons; die „Promesse de Mariage" ist ihm schließlich die Stillegung seines Handels wert, dem nach zwei Jahren der Bankrott droht.[59] Was Lenz hier zur Anschauung bringt und für den Leser oder Zuschauer erkennbar macht, ist nicht nur ein „Fehler" in der Handlungsweise der Charaktere, der in der Dramaturgie des Stücks nach bewährtem Muster des bürgerlichen Schauspielgenres seine Korrektur erfahren könnte.[60] Lenz zeigt die Kehrseite des in seinen Projekten idealiter angenommenen Klassenkompromisses. In der gesellschaftlichen Wirklichkeit, die er dichterisch durcharbeitet, entdeckt er nicht den Musterbürger, der, durch seine Überlegenheit in allen Lebensbereichen, der feudalabsolutistischen

---

57 Lenz, Werke und Schriften, Bd. 2, S. 197.
58 Ebenda, S. 197.
59 Ebenda, S. 213, 216.
60 Eine Korrektur des falschen Verhaltens des bürgerlichen Mädchens hat Lenz vorgesehen. Die Gräfin La Roche hält Marie die richtige, bürgerliche Verhaltensweise nach den Grundprinzipien „Arbeit", „Rechtschaffenheit", „Menschenfreundlichkeit" vor: *Sie glaubten nicht nötig zu haben, sich andere liebenswürdige Eigenschaften zu erwerben, Sie scheuten die Arbeit, Sie begegneten jungen Mannsleuten Ihres Standes verächtlich, Sie wurden gehaßt. Armes Kind! wie glücklich hätten Sie einen rechtschaffenen Bürger machen können, wenn Sie diese fürtreffliche Gesichtszüge, dieses einnehmende bezaubernde Wesen mit einem demütigen menschenfreundlichen Geist beseelt hätten, wie wären Sie von allen Ihres gleichen angebetet, von allen Vornehmen nachgeahmt und bewundert worden* (ebenda, S. 226). Das richtige Lebensprinzip, bei seinem Stande zu bleiben und sich dort Vorzüge zu verdienen, die auch den höheren Ständen Vorbild sein können, wird nur im Konjunktiv formuliert. Es bleibt ohne Einfluß auf das Schicksal der Marie und ihresgleichen: ein Stück Lenzscher *Projektemacherei*, das der künstlerischen Konkretion nicht integrierbar ist.

Herrschergewalt den für sie allein gangbaren und nützlichen Weg einer friedlichen Verbürgerlichung weist. Er findet vielmehr den wirklichen Bürger, der als Geschäftsmann und Familienvater seinen Vorteil sucht, indem er sich bei dem höheren Stand kompromißlos anbiedert. Das Scheitern und der Zusammenbruch der Wesener-Familie verdeutlicht im Horizont des dramatischen Konflikts den Zusammenbruch der subjektiv gefaßten Illusionen über die eigene Existenz und der über sie hinausgreifenden Ambitionen. Darin liegt bereits die über das Stück hinausweisende historische Erkenntnis, daß mit diesen Bürgern kein Staat zu machen ist.

Daß die dichterische Erkenntnis des Dramatikers Lenz historische Wahrheit genau zu ergründen vermag und dadurch ideologiekritisch wirksam wird, zeigt sich nicht nur im Aufspüren und Bloßstellen der falschen Anpassung der bürgerlichen Interessen und Wertvorstellungen an die herrschende gesellschaftliche Autorität. Die dichterische Erkenntnis der Wirklichkeit reicht bereits so weit, die Widersprüchlichkeit bürgerlicher Wertvorstellungen und Lebenspraxis selber zu enthüllen. Der Schulmeister Wenzeslaus im „Hofmeister" beweist nach außen bürgerliches Selbstbewußtsein, wenn er gegenüber den eindringenden Herren vom Stande energisch von seinem Hausrecht Gebrauch macht. Seine Charakterphysiognomie ist jedoch geprägt durch Disziplin und Selbstzucht bis zur Selbstverstümmelung. Er bringt sich selbst, auch ohne äußeren Zwang, um sein Menschenrecht. Läuffer spricht sich sein eigenes Urteil, wenn er sich einen neuen Lebensanfang als wiedergeborener Wenzeslaus wünscht.[61] Stolzius gerät zur Karikatur eines bürgerlichen Selbsthelfers, wenn er sein „Philisterleben" in die Schanze wirft und den Rest seiner Lebenskraft zusammennimmt, um, wie es heißt, *totenbleich* und mit verzerrtem Gesicht dem adligen Verführer die Suppe zu vergiften, bevor er sich selbst umbringt.[62] Das Schicksal der Familie Wesener schließlich zeigt den Bürger im Widerspruch von individuellem Glücksverlangen und Menschenliebe einerseits und sozialem Ehrgeiz, Egoismus und Eigennutz andererseits. Am Ende begegnet die zur Soldatenhure und zum Bettelweib herabgesunkene Marie ihrem Vater. Solange sich beide unerkannt als *Weibsperson* und *honetter Mann* gegenüberstehen, ist nur vom Geld die Rede, das redlich im *Arbeitshaus* zu verdienen wäre, als Almosen aber nur widerwillig gewährt wird. Als dem Alten eine Ahnung von der wahren Identität des Bettelweibs kommt, wird ihm das Herz schwer; er zieht den Beutel und reicht ihr mit zittrigen Händen ein Stück Geld: *Da hat Sie einen Gulden – aber bessere Sie sich. Marie nimmt das Geld und fällt halb ohnmächtig nieder. Was kann mir das helfen?*[63]

---

[61] Lenz, Werke und Schriften, Bd. 2, S. 82.
[62] Ebenda, S. 241.
[63] Ebenda, S. 243.

Genausowenig wie durch die tausend Taler der Gräfin La Roche ist ihre Glückseligkeit durch die wiedergewonnene Protektion des Vaters zurückzugewinnen. Vater und Tochter vereint *wälzen sich halb tot auf der Erde*. Diese Schlußkonfiguration taugt kaum für eine ambivalente Ausdeutung, im Sinne einer Typisierung nach der allgemeinen Kategorie des „Tragikomischen" etwa.[64] Ihre Widersprüchlichkeit ist eine bestimmte und historisch bestimmbare. Zeigt diese den Zuschauer erschreckende Szene doch bereits andeutungsweise ein Stück brutaler Wirklichkeit auch der neuen bürgerlichen Gesellschaft, wo die Menschlichkeit allemal ihren Preis hat.

Unter dem Aspekt einer möglichen Aktualität von Werken der klassischen deutschen Literatur für die Gegenwart kann die literaturwissenschaftliche Analyse kein Interesse daran haben, die Widersprüche im Werk eines J. M. R. Lenz auszugleichen oder gar nach Teilansichten dieses Werkes einfach seine „Position" im Kampf der bürgerlichen Emanzipationsbewegung zu fixieren. „Souveränität gegenüber der Realität", wie sie Brecht in der Gegenwart für eine realistische Kunst fordern kann, setzt die gesellschaftlichen Bedingungen für die Möglichkeit einer Synthese von wissenschaftlicher und künstlerischer Erkenntnis voraus. Das Auseinanderfallen entsprechender, aber historisch differenter Erkenntnisweisen im Werk des Sturm-und-Drang-Autors Lenz – die spezifische Dissoziation von ‚positiver' bürgerlicher Ideenlehre und ‚negativer' Vergegenwärtigung der Wirklichkeit im dichterischen Werk – bedürfte einer genaueren Begründung im Gesamtzusammenhang des für das 18. Jahrhundert historisch bestimmenden, in sich jedoch widersprüchlichen Emanzipationsprozesses der bürgerlichen Klasse. Wenn hier vorerst nur die unterschiedlichen Produkte dieser Dissoziation Gegenstand der Untersuchung waren, so doch im Hinblick auf jene Momente praktischer Erkenntnis der Wirklichkeit, die allein im Gesamtprozeß der historisch-gesellschaftlichen Entwicklung in ihrer Bedeutung erfaßbar sind. Die Frage nach der 'Fortschrittlichkeit' eines Autors wie Lenz – und dies sollte vor allem gezeigt werden – muß die qualitative Differenz einer der Wirklichkeit abgewonnenen abstrakt-begrifflichen bzw. künstlerisch vergegenständlichten 'Wahrheit' berücksichtigen. Wird dies akzeptiert, so ist auch einsichtig zu begründen, warum in der Gegenwart weniger der nach dem Standard der bürgerlichen Aufklärung des 18. Jahrhunderts den gesellschaftlichen Fortschritt 'projektierende' Autor unsere Aufmerksamkeit findet, um so mehr aber der dichterisch produktive, der die zeitgenössische Wirklichkeit in den sie bewegenden Widersprü-

---

[64] Vgl. etwa Guthkes Konstruktion des Begriffs „Tragikomödie", wie er ihn auch aus Lenz' Stücken herauslesen will (Karl S. Guthke, Geschichte und Poetik der deutschen Tragikomödie, Göttingen 1961, zu den „Soldaten" S. 65–69).

chen „durchschaut". Diese künstlerische Erkenntnis ist dann die eigentlich ‚fortschrittliche' zu nennen, wenn man die im subjektiven und sinnlichen Gegenstandsbereich der Literatur gewonnene Konkretisierung der objektiven Widersprüche der alten Feudalgesellschaft, wie im Ansatz auch schon die der neuen bürgerlichen Gesellschaft, nach ihrem wesentlichen Prinzip begreift: dem einer ihr eigenen praktischen Dialektik, die über die Grenzen der bestehenden Gesellschaft hinausgreift.

J. M. R. LENZ AND LEIBNIZ: A POINT OF VIEW

Von Allan B l u n d e n (Alberta, Canada)

As Eric Partridge reminds us in 'Usage and Abusage', *point of view* is one of those phrases which are apt to lead a ghostly existence in contemporary English, having become a mere verbal shadow empty of substance and meaning. He quotes as example: "From the studying point of view, the book is excellent", which is a ponderous and bad way of saying "For study, the book is excellent" [1]. But before returning to haunt modern prose in this fashion, *point of view* had led a long and healthy life as a useful metaphor: and it first began life (as far as I can tell) as a technical term within the science of perspective.

The development from the symbolic, iconic painting of the Middle Ages to the representational and realistic art of the Italian Quattrocento is amply documented, and the discovery of perspective is acknowledged to have been one of the major factors in that development. To be more precise, what was discovered was the practical application of geometry to the problem of rendering three-dimensional reality on to a two-dimensional plane, and the *point of view*, or *point of sight* as it is also called, is that point at which the eye of the observer is placed, and to which, naturally enough, the entire geometrical construction is orientated. We are so accustomed, now, to photographic realism that we easily overlook the ingenious mathematical ground-plans that underlie the great works of the Italian masters—although Uccello's artfully broken lances in 'The Rout of San Romano', and the endlessly repeated coffered ceilings and chequered floors in hundreds of other Renaissance works, do afford us gentle reminders of this highly self-conscious geometry.

The founders of the science are generally held to be Brunelleschi and Alberti [2], but all the major painters of the time assisted in its development. Vasari tells us how Uccello grew so engrossed by problems of perspective that when called by his wife to come to bed, he would exclaim "What a lovely thing this perspective is!" [3]. Piero della Francesca has been called "the great master of perspective

---

[1] Eric Partridge, Usage and Abusage, Penguin Books 1969, p. 307 (entry under *standpoint*).

[2] See (for example) Peter and Linda Murray, A Dictionary of Art and Artists, 2nd ed., Penguin Books 1968, pp. 308—309; E. H. Gombrich, The Story of Art, 11th ed., London and New York 1966, p. 163; Morris Kline, Mathematics and Western Culture, Penguin Books 1972, p. 157.

[3] Giorgio Vasari, The Lives of the Artists, tr. George Bull, Penguin Books 1965, p. 104.

and, incidentally, one of the best mathematicians of the fifteenth century" [4]); and Leonardo da Vinci opened his 'Trattato della Pittura' (the same historian reminds us) with the words "Let no one who is not a mathematician read my works" [5]).

Albrecht Dürer is credited with the introduction of the science to Northern Europe, and the entry on *Gesichtspunkt* in Grimms' 'Wörterbuch' (1897) begins, very soundly therefore, with a reference to Dürer's treatise of 1525, 'Unterweisung der Messung mit dem Zirkel und Richtscheit'. In that work Dürer refers variously to "der punct des gesichtz", "der gesichtz punct", and "der punct des Augs". Further treatises continued to appear all over Europe in the sixteenth, seventeenth, and eighteenth centuries, and the technical term enters the vocabulary of all the European languages. A French book by one Jean Cousin, published in Paris in 1560, speaks of "le poinct de la veue" [6]); Henricus Hondius, in his 'Grondige Onderrichtinge in de Optica, ofte Perspective Konste' (Amsterdam, 1623) refers to the "ooge-punt"; an Italian work which appeared in Bologna in 1753 has "il punto della veduta" [7]). Eighteenth-century English treatises on perspective refer more usually to "point of sight"—as does Webster's 'Dictionary' (in its article on 'perspective') as late as 1944. Zedler's 'Universal-Lexicon' of 1732—1754 follows Dürer with "Augen-Punct" (Vol. 27, p. 692). The 'Oxford English Dictionary' quotes from the 'Chambers Cyclopedia' of 1727—1741, and in this description we may detect, perhaps, the incipient emancipation of the term from its strictly geometric definitions: "*Point of view*, with regard to building, painting, etc., is a point at a certain distance from a building, or other object, wherein the eye has the most advantageous view or prospect of the same." The term's place in the vocabulary of draughtsmanship is still very central, but in the "etc." and in the reference to "other object[s]" we sense an acknowledgment of the term's wider currency. There was clearly a growing market for textbooks of perspective, for Joshua Kirby, in a preface of 1765, found it necessary to apologize for adding one more to the pile [8]); presumably, therefore, the vocabulary was gaining in currency all the time, and the extended, metaphorical usages were no doubt already well-established by the mid-eighteenth century.

In one sense it is scarcely a bold metaphor. It extends literal meaning only as far as we extend it every day, when we say (for example) *I see what you mean*. *To see* is a metaphor for *to understand*, in so far as it makes an analogy between the physical faculty of sight and the mental power of cognition, representing the processes of mind as though they were an optical phenomenon. We speak in this connection of *the mind's eye*, and we use our *imagination* to construct *images*. It is obvious that the metaphor is so pervasive that we cannot

---

[4]) KLINE (zit. Anm. 2), p. 157.
[5]) KLINE, ebenda, p. 158.
[6]) JEAN COUSIN, Livre de Perspective, Paris 1560.
[7]) FERDINANDO GALLI BIBIENA, Direzioni della Prospettiva Teorica, Bologna 1753.
[8]) JOSHUA KIRBY, Dr. Brook Taylor's Method of Perspective Made Easy, London 1765: "The many Treatises already published upon *Perspective* may make it appear needless to augment the number ..." (from the Preface).

very well do without it, no more than we can dispense with the related metaphor of knowledge as light. We speak of an *illuminating* book, of the European *Enlightenment* or *Aufklärung*, of the *dawn* of Reason. As Euclid's axioms are the foundation of his geometry, so the metaphors of light and seeing seem fundamental to Western civilization—and perhaps, indeed, to all human culture. We may say, then, that the literal and figurative senses of *point of view* are as closely related as *insight* is to *sight* itself, and it is in this sense that the metaphorical extension of the term is natural rather than remarkable.

But we must not forget that the introduction of the phrase in its literal signification—and before its metaphorical extension, therefore—already involves a startling innovation in thought. I have called it a technical term within the science of perspective, but it would be more correct to say that it was the key idea on which the whole conception of perspective was based. For if perspective shows us what things look like, it can do so only because there has been a realization that things only look one way to each eye and to each person. The divergent lines in a diagram from a handbook of perspective all begin from the point of sight (represented in early texts by a somewhat ghoulish disembodied eye): it is equally true to say that this is where the lines *end*—that they are *convergent*. The implications of this—that what matters is not how things "really" are, but how they seem to us—are clearly enormously important for human thought in general. Perspective theory is thus the acknowledgment that each of us is only in one place at one time, that all experience begins as an individual, particular, and egocentric experience. For it is but a small step from optical experience to experience in general.

Certainly, the term *Gesichtspunkt* is in common enough use by the late eighteenth century. The *Belege* in Grimms' 'Wörterbuch' make this quite clear, for we find there quotations from Gellert, Klopstock, Wieland, Herder, Lessing, Goethe, Schiller, and others. How far these and other writers were conscious of the term as metaphor is not easy to say; but the indications undoubtedly are that the use of the term to indicate a *mental* "point of view" was natural and accepted.

In the writings of Leibniz the term *"point de vue"* plays an important role. What is particularly interesting is that we observe the metaphor in the making. The famous assertion in the 'Monadologie' (written in 1714), that the monads mirror the universe each from their unique *point of view*, is made with the aid of an explicit analogy with perspective theory:

"Et comme une même ville regardée de differens côtés paroist toute autre et est comme multipliée *perspectivement*, il arrive de même, que par la multitude infinie des substances simples, il y a comme autant de differens univers, qui ne sont pourtant que les perspectives d'un seul selon les differens *points de veue* de chaque Monade." [9]

---

[9]) 'Monadologie', paragraph 57. See G. W. LEIBNIZ, Die philosophischen Schriften, ed. C. J. Gerhardt, Berlin 1875—1890, VI, p. 616 (Leibniz's emphases). Subsequent quotations from the works of Leibniz will be taken from this seven-volume edition; references (to volume and page number) will appear in my text.

Leibniz was evidently much taken with the analogy, for he had used it repeatedly in his writings. Thus in his comments on Pierre Bayle's article on Rorarius (in the 'Dictionnaire'), Leibniz writes of the "loy particuliere" which each monad or soul has received: "c'est comme une même ville paroit differente selon les differens points de veue dont on la regarde" (IV, 553—554). And he had used the same picture earlier, in a letter to the Churfürstin Sophie, dated November 4, 1696:

"Ainsi par les Ames comme par autant de miroirs l'auteur des choses a trouvé le moyen de multiplier l'univers même pour ainsi dire, c'est à dire d'en varier les veues: comme une même ville paroist differemment selon des differens endroits dont on la regarde."
(VII, 567)

Always the analogy is very consciously and deliberately drawn—"pour ainsi dire". *Point of view,* clearly, is taken in its literal sense, explained always by an explicit reference to perspective. But we cannot escape the metaphorical implications: as the monads and *souls* (which are but aggregates of higher monads) are to the universe, so are men to what they physically see—and to what they rationally comprehend. Like the monads, we only have so much *light.* We make our judgments *according to our lights* in the English idiom—*selon nos lumières* in French. Monads are not men, certainly; but men, like everything else, are composed of monads, and Leibniz himself personifies the monads—or at least the *souls*—in order to clarify the relations that obtain between God and his created universe:

"C'est ce qui fait que les Esprits sont capables d'entrer dans une maniere de Societé avec Dieu, et qu'il est à leur egard non seulement ce qu'un inventeur est à sa Machine (comme Dieu l'est par rapport aux autres creatures) mais encor ce qu'un prince est à ses sujets et même un pere à ses enfants." (VI, 621)

To the best of my knowledge, Leibniz nowhere says that this technical term from perspective science, of which he is so fond, is also an important metaphor for epistemology. He does not say that knowledge is always knowledge from a certain *point of view,* and not, therefore, something absolute and reliable, nor does he say that an understanding of alien experience requires us to *see* things from a point of view not immediately our own. But after the 'Monadologie' these things hardly needed to be said. They were implicit in Leibniz's system. And however much German men of letters in the second half of the eighteenth century repudiated philosophical *systems,* it is sufficiently clear that the Leibnizian analysis furnished the very context of their thinking. Herder's historical relativism—seeing each age in its own terms, from its own *point of view*—is perhaps the most obvious example. Somewhat paradoxically, the cultural nationalism of the Stürmer und Dränger may be seen in the same way, as the recognition that a specifically German experience and German art—a German point of view—are immediately available to them, whereas an ideal and supranational Art, direct from the Muses, is not.

In the rest of this article I shall suggest that in the prose of J. M. R. Lenz "Gesichtspunkt" (and "Standpunkt") are not the casual, if important, metaphors which they were already fast becoming, but that Lenz typically uses them as quasi-technical terms in which the world-view of the 'Monadologie' is implicit. We shall find that certain key ideas in Leibniz's philosophy—and particularly as they are formulated in the 'Théodicée', the 'Principes de la Nature et de la Grace', and the 'Monadologie' [10])—exercised a profound influence on the manner and direction of Lenz's experience. *Point of view* was one of them, and I think it will appear that the idea has interesting implications for Lenz's conception and practice of drama.

But before identifying some of these Leibnizian influences I want to speculate briefly on a parallel source of influence on Lenz's prose, not least because we may possibly be dealing with something that had already touched Leibniz himself. I refer to military science. We know that Lenz was uncommonly interested in questions of tactics and fortifications, and that his association with his patrons, the von Kleist brothers, between 1771 and 1774 kept him in close contact with army life. Goethe tells us in 'Dichtung und Wahrheit' (Book 14):

"Indessen hatte diese frühe Bekanntschaft mit dem Militär die eigene Folge für ihn, daß er sich für einen großen Kenner des Waffenwesens hielt; auch hatte er wirklich dieses Fach nach und nach so im Detail studiert, daß er einige Jahre später ein großes Memoire an den französischen Kriegsminister aufsetzte, wovon er sich den besten Erfolg versprach." [11])

Lenz's biographer Rozanov says that Lenz even instructed the von Kleist brothers in the subject; and he reminds us of the detailed tactical instructions that Lenz gave in a letter to his friend Lindau, who was about to go off to fight in America [12]). Moreover, the list of books and belongings which Lenz made when he withdrew from Weimar to Berka in June, 1776, contains several works on military science [13]). They include Ray de Saint-Genies' 'Praktische Kriegeskunst' (Berlin und Leipzig, 1760) [14]); Polybius, who had been much popularized by the Chevalier de Folard in his 'Nouvelles découvertes sur la guerre dans une dissertation sur

---

[10]) The editors of the most recent Lenz edition point out that the last two of these works were available to Lenz in the edition of Leibniz's works published by Louis Dutens at Geneva in 1768 (BRITTA TITEL and HELLMUT HAUG, eds., J. M. R. LENZ, Werke und Schriften, 2 vols., Stuttgart 1966/67, I, pp. 651—652). Vol. II of the Dutens edition contains the 'Monadologie' in Latin ('Principia Philosophiae', pp. 20—31) and the 'Principes' in French (pp. 32—39); Vol. I of the same edition contains the 'Théodicée' in Latin ('Tentamina Theodiceae').

[11]) GOETHE, Werke (Weimarer Ausgabe), 1. Abt., XXVIII, p. 249.

[12]) M. N. ROZANOV, J. M. R. Lenz, der Dichter der Sturm- und Drangperiode, trans. C. von Gütschow, Leipzig 1909, p. 297. See also KARL FREYE and WOLFGANG STAMMLER, eds., 'Briefe von und an J. M. R. Lenz', 2 vols., Leipzig 1918, I, p. 201. Subsequent quotations from Lenz's correspondence will be taken from this edition; references will be abbreviated as 'Briefe I' or 'Briefe II', followed by the page number.

[13]) See 'Briefe II', pp. 3—4.

[14]) See 'Briefe II', p. 257; also MAX JÄHNS, Geschichte der Kriegswissenschaften, vornehmlich in Deutschland, 3 vols., München und Leipzig 1889—1891, p. 1793.

Polybe' (Brussels, 1753) [15]); Guibert's 'Essai général de tactique' (Liege, 1775) [16]); a work referred to by the short title of 'Kriegsbaukunst'; and the popular 'Rêveries militaires' of Maurice comte de Saxe (Dresden, 1757)—who, incidentally, addresses himself at the end of that work to the question of marriage for soldiers, as Lenz later does in his essay 'Über die Soldatenehen'; Maurice's recommendation is for marriages limited in the first instance to five years' duration [17]).

Leibniz too had been interested in military affairs, and had written a number of memoranda both on broader issues of diplomacy and strategy and on tactics in the field. He was even interested in the details of armaments, wrote about a new design for the barrels of cannon, and speculated on the possibility of developing a bullet-proof vest [18])! There is no doubt that Leibniz and Lenz shared a common interest in all this: but the special significance, for our present purpose, lies in the importance of geometry and perspective theory—indeed, of mathematics in general—for military science at that time. It is well known that many artists of the Renaissance were also mathematicians, and I referred to this briefly above; but they were equally likely to turn their hand to military engineering. Leonardo's sketches for various military engines are famous, and in 1527 Dürer published a treatise entitled 'Etliche underricht zu befestigung der Stett Schloss und Flecken' [19]). Kenneth Clark reminds us (in his book on Leonardo): "In the Renaissance war was the most vitally important of all the arts, and demanded the services of the most skilful artists." [20]) But of course it was their solid mathematical knowledge, rather than any aesthetic finesse, which fitted men like Leonardo and Dürer for this work. Both in gunnery and in the construction of fortifications, geometry was requisite. Polybius puts it very plainly: "It is evident that those who aim at success in military plans and surprises of towns must have studied geometry." [21])

Vauban (1633—1707), the celebrated and successful military engineer of Louis XIV, became Europe's acknowledged master in the arts of building and taking fortresses, and his plans of fortifications appear at first sight as beautiful exercises in geometrical construction: exquisite polygons, complex star-shaped designs that recall the delicate arabesques of snow-crystals. But of course it all served a very practical purpose. Since projectiles, seen in plan, travel in straight lines, the building of walls such that each part may be covered by protective fire from another part is not a matter of chance: it is a matter of simple geometry, involving straight lines and angles. And indeed there even existed a simplified

---

[15]) See JÄHNS (ebenda), pp. 1479 ff. (In this and the two following notes, I have cited the most recent edition available to Lenz, without, however, wishing to assert that this was the edition he actually read.)
[16]) See JÄHNS (ebenda), pp. 2059 ff.
[17]) See JÄHNS (ebenda), pp. 1500 ff.
[18]) See JÄHNS (ebenda), pp. 1209—1213.
[19]) See L. R. SHELBY, John Rogers. Tudor Military Engineer, Oxford 1967, p. 139, n. 2.
[20]) KENNETH CLARK, Leonardo da Vinci, Penguin Books 1967, p. 46.
[21]) POLYBIUS, The Histories, Book IX, chapter 20. See the Loeb Library edition (1960) of Polybius, IV, p. 47.

form of perspective theory that was evolved especially for the purposes of military science. Zedler's 'Universal-Lexicon' has a concise and informative entry under *Cavalier-Perspectiv*, which includes the following: "Und eben dieser gebrauchet man sich auch in Fortifications-Rissen, als in welchen man mehr darauf siehet, daß alles deutlich zu erkennen sey, als daß die Regeln der Perspectiv richtig in acht genommen werden" (Vol. 5, p. 1631).

It seems to me more than probable that Lenz's interest in the technical side of military affairs is partly responsible for the high incidence of geometry-metaphors in his writing. For this *is* a characteristic kind of metaphor with him. Here are just a few examples (and all taken from the same essay):

"jeder [hat] einen andern Standpunkt genommen, aus dem er [...] eine Linie ins Unendliche zieht"; "Plato zog seine Linie in die Sphären, Diogenes in den Kot"; "Sehen Sie nun, daß die Linien des wahren Schönen und des wahren Guten im strengsten Verstande, in einen Punkt zusammen laufen?"; "ich [...] habe [...] mir [...] zum Ziel gesetzt, [...] einige Linien der Moral zu ziehen" [22]).

It *is* speculation, but I venture to wonder if Leibniz's favourite picture of a town being viewed from all sides was not also suggested by an engraving of a fortified city—or perhaps by the situation in which a besieging general finds himself, circling the fortress to find his point of attack. It may be, then, that Leibniz and Lenz became acquainted with perspective through military science, and that the experience was so fascinating to each of them that it left its mark (as these things will) on their choice of metaphor. (Another work in Lenz's reading list of June, 1776, is in fact Vasari's 'Lives of the Artists': so Lenz may well have known the anecdote about Uccello being kept awake by the delights of perspective.) Some of Lenz's mathematical metaphors, then, do not in all likelihood derive directly from Leibniz; but it is possible that they evolved in parallel (so to speak), from a common source.

We must now turn to an examination of those ideas and those metaphors which do (however) have a demonstrably Leibnizian inspiration. In 1772 Lenz was with the von Kleists, whose regiment was transferred from Strasbourg to Fort Louis in the spring, and thence to Landau at the end of August. (The defences of Landau, incidentally, had been built by Vauban, and were regarded as his masterpiece.) [23]) His "mentor" and his best friend (so he says) [24]) at this time was Johann Daniel Salzmann, the Strasbourg actuary whom he had known since his arrival in that city the previous year. Lenz's relations with the von Kleists were not particularly warm, and the company in Landau (apart from his immediate hosts) was apparently none too congenial [25]). He speaks of a tedious preacher ('Briefe I', 38) and

---

[22]) See the Titel and Haug edition of LENZ's works (referred to in note 10 above), I, pp. 484, 485, 489, 499. Subsequent references to Lenz's works will be taken, where possible, from this edition; references will appear in my text, abbreviated as 'WS I' or 'WS II', followed by the page number.

[23]) See the 'Encyclopaedia Britannica' (1971), Vol. 22, p. 919.

[24]) 'Briefe I', 30.

[25]) For an account of Lenz's hosts, see 'Briefe I', 37.

an utterly depressing schoolmaster ('Briefe I', 46). He describes himself as "hier in der ödesten Mitternacht", and contrasts this with "eine angenehme Morgenröthe des Geschmacks in Straßburg" (ibid.). Consequently, the latter half of 1772 saw a lively correspondence between Lenz and Salzmann, much of it dealing with issues that are theological or philosophical. And it soon becomes clear from these letters that Leibniz is the object of their mutual interest.

Leibniz's name is mentioned three times in two letters from October of that year. The first mention ('Briefe I', 51) makes it clear that Lenz had read, or more likely was then reading, the 'Théodicée', for he alludes to the illustration that Leibniz gives of the force of inertia: it is like the behaviour of ships (he says), which are being carried along by the same river, but at different speeds that are governed by the weight of their respective cargos (VI, 119—121). In the later October letter Lenz stresses that Leibniz is taking up a good deal of his time: "Gut, daß ich dann und wann, bei Lesung des Leibnitz ein hingeworfenes Blatt für Sie beschrieben habe" ('Briefe I', 59). And Leibniz is mentioned a second time later in the letter (ibid.). August Stöber, who first collected and edited the Lenz-Salzmann correspondence, adds this note: "Es liegen einige unvollständige Blättchen bei den Briefen, welche einzelne philosophische und theologische Betrachtungen, besonders über Leibniz, enthalten" (see 'Briefe I', 289).

Baldly stated, Lenz addresses himself in these letters to the issue of how, and to what degree, God influences the actions of men. These are manifestly also the concerns which occupy Leibniz, no less in the 'Monadologie' than in the 'Théodicée'; after all, the celebrated and problematic statement in paragraph 7 of the 'Monadologie'—"Les Monades n'ont point de fenêtres" (VI, 607)—and the arguments that follow from this, are but a retracing of the paths pursued in the 'Théodicée', a fresh summary of the very issue that will later trouble Lenz in the 1772 correspondence. For the *windowlessness* of the monads means, precisely, that they cannot influence one another; any change is determined (as we shall later see) by an internal principle of development. And in order that this should result, not in anarchy, but in the rational and planned unfolding of the universe —for such alone was worthy of the Divinity—Leibniz might have concluded that God intervened continually and ubiquitously in the universe: instead, of course, he solved this problem of a necessary order with the notion of the Pre-established Harmony which governs and orders the behaviour of the monads (VI, 620). One might then say (conceding the great simplification involved) that the problem and its solution—the windowlessness, or isolation, of the monads on the one hand, and the Pre-established Harmony on the other—are the two poles of Leibniz's philosophy.

Now it is not difficult to show how one of these poles attracted Lenz in 1772. The allusions in the letters are transparent enough. In a letter from October —which is actually sandwiched right between the two letters that mention Leibniz by name—Lenz defines the two different "Lieblingsideen" that underline his thinking and that of Salzmann: "Die Ihrige ist — die *Liebe* — und die Meinige, die *Schönheit*" ('Briefe I', 58; Lenz's emphases). They see, as it were, through different spectacles: "Da haben Sie meine Brille — Ihre ist vortrefflich, aber ich kann noch nicht dadurch sehen, darum sind wir Individua" (ibid.). But in the end harmony prevails, for the diversity and individuality of men are accommodated, here, within a harmonious divine scheme:

"Genug, wir passen in das Ganze das Gott geschaffen hat und das ihm gefällt, so verschieden wie es ist, denn in der Natur sind keine vollkommene Aehnlichkeiten, sagen die Philosophen. Genug, ich fühle eine Affinität zu Ihnen, die ganz erschrecklich ist und obgleich ich die Lichtstralen, die Sie mir zuschicken, nicht mit den meinigen vereinigen kann, so mag ich sie doch gern damit verschwägern." (ibid.)

It seems likely that what "the philosophers" say about such diversity is more specifically what Leibniz says in paragraph 9 of the 'Monadologie': "Il faut même que chaque Monade soit differente de chaque autre. Car il n'y a jamais dans la nature deux Etres, qui soyent parfaitement l'un comme l'autre [...]" (VI, 608). Lenz's reference to "Lichtstralen" is patently an allusion to the inter-reflecting between monads, and it has been well observed that Leibniz's favourite metaphor for expressing the relations between the monads—and the only kind of commerce between them—is, precisely, that of the mirror [26]). In the last sentence of the letter Lenz alludes plainly to the Pre-established Harmony, flippantly, but not with any intention of ridiculing such optimism—quite the contrary in fact: "Kaum hab' ich so viel Athem Ihnen zu sagen, daß ich, zu der höchsten Uebereinstimmung der Welt das Zutrauen habe, daß sie mich nach Straßburg in Ihre Armen führen wird" (ibid.).

At the end of the next letter—in which Lenz says he is so busy with Leibniz—he returns to the idea again:

"Mein guter Sokrates, entziehen Sie mir um dessentwillen Ihre Freundschaft nicht; bedenken Sie, daß die Welt ein Ganzes ist, in welches allerlei Individua passen; die der Schöpfer jedes mit verschiedenen Kräften und Neigungen ausgerüstet hat, die ihre Bestimmung in sich selbst erforschen und hernach dieselbe erfüllen müssen; sie seye welche sie wolle. Das Ganze giebt doch hernach die schönste Harmonie die zu denken ist und macht daß der Werkmeister mit gnädigen Augen darauf hinabsieht und *gut findet* was er geschaffen hat." ('Briefe I', 60; Lenz's emphasis)

Once more we have a very specific reference to the behaviour of the monads, for just as individuals "ihre Bestimmung in sich selbst erforschen und hernach dieselbe erfüllen müssen", so we read, in paragraph 11 of the 'Monadologie': "Il s'ensuit de ce que nous venons de dire, que les changemens naturels des Monades viennent d'un *principe interne*, puisqu'une cause externe ne sauroit influer dans son interieur" (VI, 608; Leibniz's emphasis). But in Lenz's letter—and fully in accordance with what Leibniz will later say—the matter of "fulfilling one's destiny, whatever it may be" is passed over very lightly, for such is Lenz's confidence in the wisdom of the Creator, and the harmony of the whole, that

---

[26]) See RUTH LYDIA SAW, Leibniz, Penguin Books 1954, pp. 63 ff.

the fortunes of the parts can very well be left to take care of themselves. It is not a case of "Look after the pennies..." but rather "Since God is the bank manager...".

It is obvious, in short, that in these months of 1772 Lenz gave himself up with enthusiasm to that optimistic vision of a Pre-established Harmony, and that he considered the matter of personal differences *sub specie aeternitatis:* all is for the best in the best of all possible worlds. The fact that he and Salzmann have different *points of view* in their thinking is not important in the context of God's harmonious ordering of the universe.

It is not likely that Leibniz's philosophy—and, at this time, one particularly optimistic aspect of that philosophy—appealed to Lenz solely on its intellectual merits. Lenz was no philosopher, as he never tires of reminding Salzmann. It may be naive of me, but I have always assumed that Heinrich von Kleist's notorious "Kant crisis" had a lot to do with his unhappy personal circumstances at the time, and particularly his difficult relationship with Wilhelmine von Zenge. In a similar way, it seems highly probable that the appeal of Leibniz's optimism to Lenz was based on his mood that summer and autumn, which was buoyant in the extreme. He was in the process of freeing himself inwardly from the constraints that his father's expectations had imposed on him, in Königsberg and then in Strasbourg; he seems to have enjoyed, rather than regretted, his uncertainty as to a future career, feeling that all things were possible to him; and, above all, he had fallen in love with Friederike Brion that summer. Naturally, therefore, he was attracted by a reading of Leibniz that seemed to second his own optimism in a most timely fashion.

When we turn, however, to a later correspondence—that with Sophie von La Roche, between the summer of 1775 and the spring of 1776—we find a rather changed Lenz. By 1775 he had written two of his three major plays, and he was in the most fruitful year of writing that he would know. His letters and his thoughts are no longer concerned with abstract problems of theology and philosophy, but increasingly with questions of morals and literature. Salzmann was interested in moral philosophy, of course; but Sophie attracted Lenz's attention because she wrote novels, because she wrote about the pleasures and pains of personal relationships. So we find, in Lenz's letters from this period, a different attitude to the differences between individual human beings: an optimistic view of the whole has given way to a troubled concern about the parts. In consequence Lenz finds himself attracted to the other pole of Leibniz's philosophy, which serves to articulate a certain pessimism. Instead of affirmations of harmony we find frequent references to the problematic nature of the individual *point de vue:* it is the windowlessness of the monads, or at least the inherent limitations which their place within the universal scheme has imposed on them, that now concerns Lenz.

In a letter to Sophie of June, 1775, he displays that insistent curiosity about her affairs (in every sense) which characterizes his entire correspondence with her. He justifies his importunity not only by saying that her literary renown makes her inevitably the object of general curiosity, but also makes the point that he is anxious not to get hold of any wrong notions about her:

"O geben Sie mir doch Schlüssel zum Verborgenen! Wie hat Wieland Sie kennen gelernt? Und war seine Empfindsamkeit für Sie mehr Prahlerey, als innere Rührung? Ich habe bisweilen wunderliche Ideen im Kopf, und bin nicht umsonst so aufdringend, so neugierig. Bedenken Sie, daß auch ich älter werden kann, und daß der Wunsch jeder gut meynenden Seele Erhörung verdient, in den Standpunkt gesetzt zu werden, hochgeschätzte Personen in ihrem *wahren* Lichte zu sehen." ('Briefe I', 110; Lenz's emphasis)

"Standpunkt", like "Gesichtspunkt", is a translation of *point de vue*, and what Lenz is implying here is that a *given* point of view (and in Leibniz's system there is no other) may not be satisfactory. We may wish to know and feel things which it is not naturally given to us to feel and know. Leibniz assures us that there is only one universe, no matter how things seem to each monad individually (just as in his analogy there is only one city, however varied our *perspectives*); and that while perceptions of the whole are in differing degrees confused, there is nothing confused or problematic about the whole itself. But this no longer satisfies a Lenz whose interest in the chemistry of human relationships has been deepened not only by three years of personal vicissitudes, but also by the writing of social drama. How do people *know* each other, and what *kind* of knowledge is available? These are questions which Lenz raises through the social portraits of his plays—and which elicited Helmut Arntzen's memorable phrase to describe Lenz's drama: "ein Nebeneinander fensterloser Monaden" [27]).

Lenz's next letter to Sophie takes issue with the problem quite openly:

"Ich sage immer: die größte Unvollkommenheit auf unsrer Welt ist, daß Liebe und Liebe sich so oft verfehlt, und nach unsrer physischen, moralischen und politischen Einrichtung, sich fast immer verfehlen muß. Dahin sollten alle vereinigte Kräfte streben, die Hindernisse wegzuriegeln; aber leider ist's unmöglich. Wer nur eines jeden Menschen Gesichtspunkt finden könnte; seinen moralischen Thermometer; sein Eigenes; sein Nachgemachtes; sein Herz. Wer den Augenblick haschen könnte, wo sich seine Seele mit der andern zu vereinigen strebt. Wer seine ganze Relation von seinem Character absondern, und unterscheiden könnte, was er zu seyn gezwungen ist, und was er ist." ('Briefe I', 113)

"The Lord does not see as man sees: men judge by appearances but the Lord judges by the heart" (I Samuel 16, v. 9). Lenz's complaint that it is hard to know a man's heart is scarcely original. But the Leibnizian terminology—"eines jeden Menschen Gesichtspunkt"—coupled with a manifest concern for man in a concrete social context—"nach unsrer physischen, moralischen und politischen Einrichtung"—indicate that this is not the reiteration of a moral or religious commonplace. This is the 'Monadologie' seen problematically. There is no Pre-established Harmony, says Lenz. Instead there are social and political institutions that establish the relations between individuals (or monads): but instead of securing harmony they generate frustration and constraint. Our "Eigenes" is overlaid by

---

[27]) HELMUT ARNTZEN, Die ernste Komödie: das deutsche Lustspiel von Lessing bis Kleist, München 1968, p. 86.

our "Nachgemachtes"; instead of being what we are, we are forced to conform, and our "Character" is no longer in harmony with our "Relation". The order of the whole—such as it is—distorts the life of the parts, and we remain ignorant of the true nature of our fellow men. For by and large we are indeed "without windows".

Later in the month—this is July, 1775—Lenz returns once more to the problem. He praises Sophie for her sympathetic understanding of the common people, and says that this is an uncommon gift:

"Ach, fürtreffliche Frau! So ist denn dieser Nerve des Gefühls bey Ihnen auch angeschlagen. Könnten aber Personen von Ihrem Stande, Ihren Einsichten, Ihrem Herzen, sich jemals ganz in den Gesichtskreis dieser Armen herabniedrigen, anschauend wie Gott erkennen, was ihnen Kummer, was ihnen Freude scheint, und folglich ist, und ihren Kummer, der oft mit einer Handwendung eines erleuchteten Wesens, wie der Stein von dem Grabe Christi weggewälzt werden könnte, auf die ihnen eigenthümliche Art behandeln. Ach! das große Geheimniß, sich in viele Gesichtspunkte zu stellen, und jeden Menschen mit seinen eigenen Augen ansehen zu können! Sie wären die erste Frau von Stande, die das gefühlt hätte." ('Briefe I', 115)

Again the vocabulary of the 'Monadologie' is well to the fore—"Gesichtskreis", "Gesichtspunkt", "ein *erleuchtetes* Wesen"—while the condition prerequisite for insight—"anschauend wie Gott"—is also a concept taken from Leibniz, for God alone is in a position to survey the whole universe of monads. Like the prison warder in Jeremy Bentham's circular prison—the *panopticon*—God enjoys the one *point de vue* from which everything can be seen:

"Dieu seul a une connoissance distincte de tout, car il en est la source. On a fort bien dit, qu'il est comme centre partout; mais sa circomference n'est nulle part, tout luy étant present immediatement, sans aucun eloignement de ce Centre." (VI, 604)

In this passage Lenz is more specific about the concrete social consequences of what we might call the monadic dilemma. To put it bluntly, the upper classes have no idea what goes on in the lower classes. Whether enlightening them would lead as promptly as Lenz supposes to the eradication of "Kummer" among the poor, may be doubted; but then he is intent, here, on flattering Sophie by praising her philanthropy. The good will of the upper classes, however, is not at issue here. The problem is seen as one of perception: the upper classes need to *know* more about what goes on in other sections of society. And in the next paragraph of the letter, Lenz tentatively announces his intention of informing them: "Überhaupt wird meine Bemühung dahin gehen, die Stände darzustellen, wie sie sind; nicht, wie sie Personen aus einer höheren Sphäre sich vorstellen" (ibid.).

At this point we enter the world of Lenz's theatre. For of course Lenz does show us, in 'Der Hofmeister' and 'Die Soldaten', "die Stände [...] wie sie sind". And if the ruling class is generally portrayed as stupid and selfish (with certain exceptions, such as Lenz's recreation of Sophie herself as Gräfin La Roche in 'Die Soldaten'), the lower classes, for their part, are by no means idealized. They amply make up in folly what they lack in villainy. After all, the limitations of the individual point of view obtain at every level. In the passage quoted above Lenz acknowledges this clearly: "[...] erkennen, was ihnen Kummer, was ihnen Freude scheint, und folglich ist." *Schein* is *Sein*—unless there is some way of enlarging the perspectives available. Otherwise appearances are deceptive. In his short story 'Der Landprediger' (1777) Lenz talks of "[der falsche Firnis] ... den die Imagination der geringern Stände gemeinhin sich um die höheren lügt, und der dem Gefühl ihres eignen Glücks so gefährlich ist" [28]). This is the obverse of the problem Lenz discusses with Sophie, for the lower classes (he says here) do not know what the upper classes are really like. For them, of course, this ignorance —this lesser illumination—has more important consequences than it does for their social superiors, because they are impelled to *act* on their false notions; and the impulse towards social climbing is fuelled by falsely idealized notions of what it is like to be "up there". The result can only be disappointment and disillusion. We should not suppose Lenz to be saying (therefore) that the lower orders should be content with their lot, with that station in life to which it has pleased God, etc., etc. He preaches neither revolution nor quiescence. But he does show us the nature of our illusions.

The problem that Lenz is vexed by—"das große Geheimniß, sich in viele Gesichtspunkte zu stellen, und jeden Menschen mit seinen eigenen Augen ansehen zu können!"—is also one that he solves by the very act of writing drama and fiction. For it is precisely the illumination, from within, of alien experience that is the proper task and accomplishment of the playwright and the writer of prose fiction. And I think it is clear that Lenz was more successful here—in *differentiating his characters* as we would say—than (for example) Lessing or even the young Schiller. Schiller's criticism of Corneille in the 'Vorrede' to 'Die Räuber'—"Seine Menschen sind, wo nicht gar Historiographen und Heldendichter ihres eigenen hohen Selbsts, doch selten mehr als eiskalte Zuschauer ihrer Wut oder altkluge Professore ihrer Leidenschaft"—is largely anticipated in Lenz's 'Anmerkungen übers Theater':

"Daher sehen sich die heutigen Aristoteliker, die bloß Leidenschaften ohne Charakteren malen [...] genötigt, *eine gewisse Psychologie für alle ihre handelnde Personen anzunehmen* [...] die im Grunde mit Erlaubnis dieser Herren nichts als *ihre eigene* Psychologie ist." ('WS I', 341; Lenz's emphases)

Corneille's characters (says Schiller) speak a language of self-conscious analysis rather than experience: and the characters in neo-Aristotelian drama (says Lenz) are but variants of the self-analytical author. In both cases the characters do not live from within, but shine rather in a radiance that is conspicuously bestowed by the dramatist.

Schiller's early practice, however, falls considerably short of his theory (and in his later masterpieces he will show us what can be done *in spite of* the theory). For when Franz Moor gives vent to his bombastic monologues, it is hard to see

---

[28]) Franz Blei, ed., J. M. R. LENZ, Gesammelte Schriften, 5 vols., München und Leipzig 1909—1913, V, p. 154.

how this differs substantially from the declamatory rhetoric of the French dramatists which Schiller so deplores:

"Welche Gattung von Empfindnissen ich werde wählen müssen? Welche wohl den Flor des Lebens am grimmigsten anfeinden? *Zorn?* — dieser heißhungrige Wolf frißt sich zu schnell satt — *Sorge?* — dieser Wurm nagt mir zu langsam — *Gram?* diese Natter schleicht mir zu träge — *Furcht?* die Hoffnung läßt sie nicht umgreifen — was? sind das all die Henker des Menschen? — Ist das Arsenal des Todes so bald erschöpft?" ('Die Räuber', II, 1)

This language no more renders realistically an inner movement of feeling than Corneille's "Ô rage! ô désespoir!", which Schiller quotes. Franz's fastidious evil is dictated by the play, by what Schiller wanted to make of the play; his thoughts are not those of a consciousness which we feel to be convincingly founded in the world of real (and therefore limited) experience. Franz utters that kind of authorial rhetoric which urges the meaning of the play upon us: his *point of view*, we might say, is implausibly comprehensive.

Robert Langbaum has some valuable remarks on evil characters in drama who not only know that they are evil, but also keep on telling us so:

"[The doctrine of] the point of view had not arrived [in Elizabethan times] because people had not yet learned, in literature at least, to separate truth from the public view of truth [...] the point of view was conceived not as the result of a particular worldview but as a relative position on the moral scale, a scale recognized by hero and villain alike [...] Marlowe's Jew of Malta and Shakespeare's Iago announce their villainy, recognize the moral scale by taking for themselves the lowest position on it [...] Thus, the character in traditional drama cannot be wholly absorbed in his particular perspective, but keeps one eye on the general perspective from which he must take the judgment of his actions [...] the traditional character only half represents himself and half helps to expose the moral meaning of the play. He acts out his own story in order to reinforce the moral order." [29])

Schiller's early characters are of this type, as are Lessing's. They are always aware of good and evil, and above all they know which is which. Behind 'Emilia Galotti' and 'Die Räuber', behind 'Kabale und Liebe' and 'Die Kindermörderin' and a good few other plays of the Sturm und Drang, a moral order is implied, for characters are able to struggle through and discover that order, "transcending themselves" thereby. In all these plays principles triumph over circumstances —though the triumph be at times bitter as gall—and men and women find a redemptive moral courage latent within them. And as though to make heroic renunciation and virtue shine the brighter, the moral order is acknowledged even where it is infringed. Monstrous villainy—Schiller's Franz Moor, Klinger's Guelfo—feels it necessary to justify itself in tortured monologue, while the Präsident in 'Kabale und Liebe' connives at a scheme which he owns to be "satanisch fein" (III, 1), thereby conceding a system of values in which the obverse of the satanic is the saintly. The same man confesses to being assailed by

---

[29]) ROBERT LANGBAUM, The Poetry of Experience, New York 1957, pp. 162—163.

"the eternal scorpion-prick of conscience" (I, 7), and Lessing's Prince remains sufficiently aware of the moral order, even in the heat of passion, to appeal to Marinelli for salvation: "Sie sehen mich einen Raub der Wellen: was fragen Sie viel, wie ich es geworden? Retten Sie mich, wenn Sie können [...]" ('Emilia Galotti', I, 6).

That kind of appeal, and that kind of language, are not available to the characters who people Lenz's dramatic world. A society which is conceived as fragmented, as a *Nebeneinander* of *points of view*, cannot at the same time be a society with an acknowledged moral order. Lenz's characters pursue neither good nor evil; they merely live out their prosaic lives, indulging their ordinary, circumscribed passions as a release from overpowering triviality. Our social situation—our given *point of view*—constricts us intolerably (as Lenz says to Sophie von La Roche), and we must have imagination and fantasy in order that we do not perish from sheer *tedium vitae*. "Ich weiß nicht", says Gräfin La Roche of Mariane in 'Die Soldaten', "ob ich dem Mädchen ihren Roman fast mit gutem Gewissen nehmen darf. Was behält das Leben für Reiz übrig, wenn unsere Imagination nicht welchen hineinträgt; Essen, Trinken, Beschäftigungen ohne Aussicht, ohne sich selbst gebildetem Vergnügen sind nur ein gefristeter Tod" ('WS II', 232). As a dramatist, then, Lenz is able to place himself in the different points of view of his characters, and he shows us how limited each one is by the social realities of the time. More importantly, he preserves the differences in these points of view, and we are not suborned by an authorial perspective that organizes the whole with respect to an agreed moral order, or—as in the case of a play like 'Miss Sara Sampson', where everybody speaks the same delicate and finely-nuanced language of sensibility—a common rhetoric.

It might be objected, at this juncture, that Lenz is subject to the same limitations as the people he portrays in his dramas—and the same as he ascribes to those neo-Aristotelians in his notes on the theatre. Why (it might be asked) is Lenz special? How does *he* have insight into points of view which are not his own, and how is it that *he* can be vouchsafed this vicarious experience? To answer these questions fully would be to give an account of the process of literary creation: and it would also involve an explanation of reading, through which, after all, vicarious experience is available to each one of us (our experience not being as solipsistic, in fact, as Lenz's literal reading of the 'Monadologie' led him to fear). Such an account, and such an explanation, could be given, though they would be far beyond the scope of this article. But since we have posed the question in essentially Monadological terms, it will be sufficient to observe that in the 'Anmerkungen' Lenz furnishes an answer which is conceived, correspondingly, in terms of the 'Monadologie'. One creates true literary art, says Lenz, by taking up a point of view:

"Der wahre Dichter verbindet nicht in seiner Einbildungskraft, wie es ihm gefällt, was die Herren die schöne Natur zu nennen belieben, was aber mit ihrer Erlaubnis nichts als die verfehlte Natur ist. Er nimmt Standpunkt — und dann *muß er so verbinden*." ('WS I', 335—336; Lenz's emphases)

If this seems to take us a step backwards, to suggest that the artist, like everyone else, is *tied to* a given *Standpunkt,* we must recall that there *is* a point of view that is no ordinary one, that is not subject to the limitations experienced by the monads in differing degrees: and that is the perspective of God himself.

When, therefore, Lenz comes to consider how a dramatist is able to create characters whose life *does* come from within (instead of being imposed from without), characters

"die sich ihre Begebenheiten erschaffen, die selbstständig und unveränderlich die ganze große Maschine selbst drehen, ohne die Gottheiten in den Wolken anders nötig zu haben, als wenn sie wollen zu Zuschauern" ('WS I', 343),

he ascribes to the writer that very special point of view: "dazu gehört Gesichtspunkt, Blick der Gottheit in die Welt" (ibid.). And shortly thereafter, in answer to his own question "was heißen denn nun drei Einheiten?" he replies: "Ist es nicht die *eine,* die wir bei allen Gegenständen der Erkenntnis suchen, die eine, die uns den Gesichtspunkt gibt, aus dem wir das Ganze umfangen und überschauen können?" ('WS I', 344; Lenz's emphasis). In short, the artist's point of view, in Lenz's 'Anmerkungen', is directly analogous to that of God in Leibniz's system. Of course, Leibniz himself had pointed the way to the analogy. In paragraph 83 of the 'Monadologie' he explains that the higher monads, or *spirits,* are necessarily closer to God in the hierarchy of the universe, and that we may for this reason speak of them as smaller copies of the Divinity:

"[...] les Esprits sont encor des images de la Divinité même, ou de l'Auteur même de la Nature, capables de connoitre le systeme de l'Univers et d'en imiter quelque chose par des échantillons architectoniques, chaque esprit étant comme une petite divinité dans son departement." (VI, 621)

Leibniz had spoken often enough of God as the supreme artist [30]); and it seems natural that this idea should find its microcosmic reflection in the idea of the artist as a god.

At this point the Leibnizian tributary is lost in the stream of Sturm und Drang, for the notion of the artist as a quasi-divine creator is everywhere to be found in the critical writings of the time (and not only in Germany). *Genie, furor poeticus,* Prometheus, Shakespeare—the familiar obsessions of the age are all variations on the theme of the artist as Creator. But it is startling to find the influence of Leibniz, of all people, in the hectic prose of Lenz's 'Anmerkungen', and strange to discover that a characteristically Romantic conception of the artist (and I speak here of European Romanticism in general) should have suggested itself to Lenz in part through the laconic and sober paragraphs of the 'Monadologie'. Yet it is so: and it seems clear that Leibniz's philosophy exercised a changing but remarkably deep influence not only on Lenz's conception of the artist, but also on the manner in which he came to perceive ordinary social experience—human relationships within the context of contemporary social reality—as something problematic.

---

[30]) See (for example) Karl Eswein, Die Spiegelung des Universums in den Monaden bei Leibniz, in: Philosophisches Jahrbuch der Görres-Gesellschaft, Vol. 41 (1928), p. 95.

J. M. R. Lenz „Der neue Menoza", eine apokalyptische Farce

Von Dieter Liewerscheidt

Der literaturgeschichtliche Rang und die wirkungsgeschichtliche Potenz des Sturm- und Drang-Dramatikers Lenz dürfen seit einiger Zeit als gesichert gelten,[1] und die übliche Apologetik ist überflüssig geworden. Das betrifft freilich nur den Autor des „Hofmeister" und der „Soldaten". Der Rest seines Werks ruht auf den Halden der Literaturgeschichte und ist Sache der Fachspezialisten. Selbst das dritte der umfangreicheren Dramen, Der neue Menoza" (erschienen 1774), vermochte, obwohl der schöpferischsten Phase entstammend, bisher nicht aus dem Wirkungsschatten der beiden berühmteren hervorzutreten. Aufführungen blieben höchst selten. Eine Wuppertaler Inszenierung (1972) war sich der literarhistorischen Ausgrabung bewußt und suchte die Situation vorwiegend parodistisch zu meistern.[2]

Die Befremdlichkeit, d. h. die impliziten Rezeptionswiderstände des „Neuen Menoza" hatten schon den Autor zu einer Selbstrezension veranlaßt (1775),[3] die ihrer dramaturgischen Programmatik wegen das Stück, welches sie verteidigen will, an Bekanntheit übertrifft. Die unwahrscheinliche Handlungsverknüpfung, das exaltierte Sprachverhalten und Gebärdenspiel einiger Figuren und das folgenlose Verpuffen diskursiver Gesprächsansätze (II 4/6) wurden denn auch – mit der romantischen Ausnahme Brentanos[4] – als dermaßen offensichtliche und eklatante Mängel empfunden, daß jede ernsthafte Auseinandersetzung mit dieser „Komödie" bis in die jüngste Lenz-Forschung hinein unterblieb. Die wichtige literaturwissenschaftliche Ausnahme bildet das grundlegende „Menoza"-Kapitel in Walter Hincks Studie über das Fortleben der commedia dell'arte und des théâtre italien auf der deutschen Bühne des 18. Jahrhunderts.[5] Das dort umrissene Erkenntnisinteresse ist insofern erhellend, als es hinter der diskontinuierlichen Figurengestaltung des Stücks das nachwirkende Typenarsenal der Sächsischen Komödie sichtbar werden läßt[6] – ein erster Hinweis darauf, daß mit der psychologischen Wahrscheinlichkeit auch die komplexe Erwartungsnorm des Illusionstheaters und der zugehörigen Identifikationsstrategie außer Geltung gesetzt sein könnte. Darüber hinaus entdeckt Hinck auf der Suche nach dem „Strukturgesetz" der Komödie in der Turbulenz des Geschehens einen rhythmisch wiederkehrenden Vorgang: eine Folge von Überraschungs- und „Überrumpelungssituationen",[7] die rasche emotionale Umschwünge provozieren. Die These von der Dominanz der Situation und szenischen Konstellation über die dramatischen Figuren kann sich nicht nur auf Lenzens komödientheoretisches Postulat berufen;[8] das durchscheinende Strukturmodell der Farce bestätigt die fortwirkende Prägekraft der commedia dell'arte.[9] Der extensive Gebrauch der Umschlagsituation zur Auslösung von Gefühlsausbrüchen, das alte gefühlsneutrale Farcenmodell als Vehikel emotionaler Überhitzung mag problematisch und widersprüchlich erscheinen – eine der leidigen Hauptschwächen des Stücks aber vermag die Hincksche Interpretation glänzend aufzulösen: Der Einwand, daß die zivilisationskritische Thematik, die der motivgeschichtlich belastete[10] „cumbanische" Prinz Tandi diskursiv zur Sprache bringt (I7, II4, II6),[11] sich in der forcierten Geschehensdramatik spurlos verliere, wird gerade dadurch schlagend widerlegt, daß die immer wieder situativ entfesselten Gefühlsexplosionen ein Hauptpostulat des „edlen Wilden" auf der Verhaltens- und Sprechebene zur Erfüllung bringen. Die punktuellen Gefühlsentladungen als performative Einlösung eines rousseauistisch gefärbten Natürlichkeitsideals bestimmen auch die gestische Diktion der Figuren und entlasten den Prinzen zugleich von seiner auffallenden Argumentationsschwäche (bes. II4).

Die aus der allmählichen Enthüllung der vertrackten Vorgeschichte erzeugten Gefühlsexplosionen[12] bestätigen und verdeutlichen insgesamt den Farcencharakter des Stücks, jedoch in einer Weise, die in der Bindung an das altitalienische Modell eher dessen eigenmächtige Umformung akzentuiert. Das ausgeklügelte analytische Kalkül, das den Zündungsplan der Gefühlsbatterien liefert, zielt in seiner handlungslogischen Systematik nicht in erster Linie, wie Hinck meinte, auf die Einlösung des rousseauschen Natürlichkeitsideals inmitten erstarrter Konventionen. Wenn die Kette der explosiven Entladungen und Umschwünge in der grausigen Ballszene IV6 ihren höchsten Ausschlag erreicht, so scheint damit zugleich der Fluchtpunkt der dramatischen Konstruktion markiert. Der lüsterne Graf Camäleon glaubt sich am Ziel seiner Liebesintrige, entdeckt aber unter der Larve statt der begehrten Wilhelmine die rasende Gattin. An der Stelle des absehbaren Geschehens um die Familie v. Biederling, das mit der Flucht des Prinzen die verlorene Dynamik nicht wiedergewinnt, schiebt sich das agile und geheimnisvollere Grafenpaar in den Vordergrund. Spätestens mit dem Einbrechen der ränkevollen Diana in die Naumburger Familienmisere (IV1), die ganz in jammernde Passivität versinkt, ist der Wechsel der Wahrnehmungspriorität angezeigt. Die grotesk-makabre Zuspitzung der zuvor noch tragikomischen Konstellation (vgl. III3 und III6) ist atmosphärisch bereits in der Bettlerszene III10 vorbereitet, die einerseits die selbstlose Freigiebigkeit des fremden Prinzen demonstrieren soll, andererseits die versammelten Krüppel als hoffnungslose Parasiten kennzeichnet. Die morbide Fröhlichkeit und alkoholisierte Ausgelassenheit der Blinden und Lahmen kehrt, ins Apokalyptische gesteigert, wieder im „höllische(n) Schwefelpfuhl" (IV4, S. 63) der lange vorbereiteten Tanzszenerie (vgl. III13/IV1-2, 4-6), deren mondäne Schwüle sich in Gekreisch und Vergewaltigungsversuch, im Aufsplittern einer Nebentür und schließlich in blutigem Würgen und Stechen melodramatisch entlädt, um mit dem Anblick des erhenkten Dieners und der Ohnmacht des todwunden Grafen schaurig zu enden. Das gespenstische Grauen dieser Szene wird durch komische Züge wie die Maskenverwechslung und den „dikken Kerl", der die Tür „ufrennen" will (S. 65),[13] ins Groteske[14] forciert und an makabrer Brisanz nur durch jene blutige Schlußversion noch übertroffen, die Lenz entweder für eine in Einzelzügen korrigierte, jedoch nicht zu Ende geführte Neufassung vorgesehen hatte[15] oder die, wie Richard Daunicht wahrscheinlich macht, der ursprünglichen Fassung des Stücks entstammt, dann jedoch, aus Gründen des guten Geschmacks und womöglich unter dem Einfluß Herders, dem komödiantisch gemilderten „Püppelspiel"-Schluß (V2/3) weichen mußte.[16] Man mag der groben dramaturgischen Selbstreflexion dieser Endfassung ihren derben Reiz beimessen[17] – an die drastische Konsequenz jener Schlußversion reicht sie nicht heran, in welcher die rasende Diana ihrem schwerverwundeten, gleichwohl lüsternen Gatten, dem „*sodomitischen Hund*", den Verband von der Wunde reißt und ihn verbluten läßt. Dieser makabre Endpunkt bricht der apokalyptischen Dynamik des laufenden Geschehens nicht zivilisatorisch die Spitze ab, sondern läßt sie brutal hervortreten.

Der Blick für die dramaturgische Koppelung von apokalyptischer Farcenstruktur und abgebildeter Untergangsreife einer überlebten Gesellschaftsschicht ist rezeptionsgeschichtlich erst durch die Ausbreitung des Grotesken im Theater des 20. Jahrhunderts geöffnet worden. Während im 19. Jahrhundert mit Grabbes „*Scherz, Satire, Ironie und tiefere Bedeutung*"[18] und Büchners märchenhaft-poetisch gemildertem Lustspiel „*Leonce und Lena*"[19] nur vereinzelte Vorläufer auszumachen sind, hat sich seit der Jahrhundertwende ein eigenes, als Untergattung der Komödie noch zu wenig beachtetes Genre entwickelt, das die Zerfallserscheinungen der spätbürgerlichen Gesellschaft in der Form der apokalyptischen Groteske in teils satirischer, teils makabrer Akzentuierung präsentiert. Zu erinnern wäre an einige Stücke Wedekinds (z. B. „*König Nicolo*") und Iwan Golls „*Methusalem*", in den zwanziger Jahren an Barlachs „*Sündflut*" oder an Ferdinand Bruckners „*Verbrecher*" und „*Krankheit und Jugend*". Elias Canettis frühe Komödien aus den dreißiger Jahren, die ihrerseits den Einfluß von Karl Kraus' „*Die letzten Tage der Menschheit*" nicht verleugnen, stellen sich wie Lenz' „*Neuer Menoza*", wie Barlach und Goll in die Motivtradition des alttestamentarischen Strafgerichts – besonders deutlich etwa im Samsongleichnis der „*Hochzeit*". Witold Gombrowicz' „*Yvonne*" gehört ebenso in dieses karikaturistische und morbide Totentanz-Genre wie einige Beispiele aus dem Theater des Absurden, vor allem die Stücke Boris Vians, Arrabals, Genets oder einige von Ionesco. In ihrem Gefolge erreichten die Farcen Mrozeks (besonders „*Tango*") und die Komödien Dürrenmatts in den fünfziger und frühen sechziger Jahren ihre breiteste Resonanz, und nach einer Unterbrechung während der kritisch-engagierten Phase um 1970 (mit der Ausnahme: Wolfgang Bauer) läßt sich in den letzten Jahren mit den Stücken Thomas Bernhards, Heiner Müllers, Thomas Braschs und Botho Strauß' erneut ein Anschwellen apokalyptisch-grotesker Dramenliteratur verzeichnen. Die Vorgängerrolle Lenz', der schon mehrfach als Ahnherr realistischen Theaters, offener Dramaturgie und vollendeter Tragikomödie entdeckt und reklamiert wurde, wäre um die skizzierte Traditionsreihe zu erweitern.[20] Auch wenn die Züge eines protestantischen Moralismus und rousseauistischer Kulturkritik den Stempel zeitgebundener Relativität tragen, dominieren die zukunftsweisenden und antizipatorischen Impulse des „*Neuen Menoza*". Um ihretwillen sah sich der Autor von der zeitgenössischen Rezeption in die Defensive[21] gedrängt. Auf dem heutigen Theater, unter der Vorherrschaft depressiver Zukunftsbeurteilung, könnten sie endlich eingelöst werden.[22]

Damit ist der gattungsspezifische Horizont umrissen, vor dem der bekannte Farcencharakter des Stücks seine groteske Qualität erst enthüllt. Der alten Versuchung, Tandi alternativ als kulturpessimistisches Sprachrohr des Autors mißzuverstehen, hat Lenz im übrigen enge Grenzen gesetzt. Zum einen rückt er die Leidenschaftlichkeit und Gefühlsunmittelbarkeit seines ohnehin pseudo-exotischen Prinzen durch die Neigung zu automatisierter Exaltation[23] in komische Brechung; zum anderen kritisiert er an dem rousseauschen Gefühlsmenschen mit seinem Hang zu Melancholie und Selbstmitleid den Mangel an Tatkraft.[24] Die Farcenstruktur triumphiert also auch über den Titelhelden, doch erst im Lichte apokalyptischer Kritik wird der kalkulierte Schaltplan der Komödie in seiner kühlen und karikierenden Funktionalität überschaubar: wie Lenz die gefühlsintensiven Situationen geradezu seriell konstruiert, um die Herrschaft des Handlungsablaufs über die Figuren vollends zu demonstrieren. Die verschiedenen Aktionsreihen[25] sind so hintereinandergeschaltet, daß ihre Abfolge bzw. Überkreuzung eine Kette turbulenter Exaltationen erzeugt: Ein Handlungsziel ist die wechselseitige Wiedererkennung und Wiedervereinigung getrennter Familienmitglieder, wobei die für Lenz so charakteristische wie zwanghafte Hintergrundfabel vom verlorenen Sohn[26] Pate stand. Schon die Eingangsszene eröffnet das kalte Feuer der überhitzten Affektationen und bahnt zugleich die Heimkehr des Prinzen an; die Integration in die Familie scheint bereits im 3. Akt (III3) erreicht, als die Aufklärung über seine wahre Herkunft das Liebesglück mit Wilhelmine zerstört. Die tragikomische Konstellation dieser Szene – die freudig überbrachte Botschaft, Tandi sei der vermißte Sohn der Biederlings, errichtet zugleich die Inzestschranke gegen die Schwester Wilhelmine – wirkt lange nach, bis sich (ab IV3) eine Lösung durch das Kindestausch-Motiv anbahnt, das den Weg zur Vereinigung der Liebenden (V1) wieder eröffnet. Die komödiantische Verwicklung ergibt sich aus der Liebesintrige des Grafen Camäleon, die ihrerseits durch die Eifersuchts- und Racheintrige der Donna Diana vereitelt wird, in der wiederum eine weitere Eifersuchts- und Rachebeziehung (zum Diener Gustav) erkennbar ist. Das hier angedeutete Schachtelungsprinzip hat seine Entsprechung in der komplexen Vorgeschichte, deren wohldosierte Enthüllung jeweils zu den bekannten explosionsartigen Entladungen führt. Schon die einführende Auskunft des Prinzen über seine exotischabenteuerlichen Erlebnisse (I1) stürzt die erotisch affizierte Wilhelmine in Ohnmacht. Das rätselhafte Verschwinden des Sohnes[27] überschattet seit langem die Ehe der Biederlings (I3). Die brieflichen Eröffnungen der Amme Babet über Dianas verbrecherische Vergangenheit versetzen die vermeintliche Gräfin in rasende Aggressivität (II3), die sie schon seit der Aufdeckung eines Giftanschlags (I2) kennzeichnet. Von der Erschütterung des Liebespaares durch den Herkunftsnachweis des Prinzen (III3) war schon die Rede, und diese Erschütterung zieht ihre komödiantischen Kreise: Vater Biederling, einer alten Ehrensache wegen nicht wenig erregt (III5), erfährt beinahe nebenher, daß sein Sohn wiedergefunden sei, um dann, in froher Erwartung des Wiedersehens, in der Folgeszene auf die untröstliche Tochter zu treffen, die sich in Gram über die inzestuöse Verwicklung und die Flucht des Geliebten verzehrt. Die bekannte tragikomische Konstellation (III3) wiederholt sich und gipfelt in dem Willkommensgruß des Magister Beza:

„Ich komme, Ihnen meinen herzlichen Glückwunsch und zugleich meine aufrichtige Kondolenz –" (III6, S. 49).

Noch bevor die Suche nach dem zwar wiedergefundenen, aber geflohenen Sohn weiteren Hindernissen zum Trotz (III9–12, in Leipzig) schließlich zum Erfolg führt, ist aus dem Arsenal der Vorgeschichte neuer emotionaler Zündstoff bereitgestellt. Durch die Amme fällt spärliches Licht auf die ominöse Vergangenheit des Grafenpaares (III4), zugleich auf die latente Aggressivität der Donna: Der Graf habe sie vergiften wollen (s. I2), weil sie – ihm zuliebe – ihren Vater vergiftet habe (vgl. II3). Ihre Racheintrige gewinnt perfide Vehemenz jedoch erst durch die Eröffnung, daß sie als Kind vertauscht worden, also von minderer Geburt sei. Die Unstimmigkeit in ihrer Vorgeschichte – zunächst gilt die Amme (II3), später Frau v. Biederling als ihre wirkliche Mutter (III4; vgl. IV3)[28] – verraten noch einmal, wie sehr Lenz an der emotionsträchtigen Vehikelfunktion seiner analytischen Konstruktion gelegen war, ohne daß er großen Wert auf deren Kohärenz gelegt hätte. Die mörderische Entladung der rasenden Donna in der makabren Ballszene (IV6), in welche das Eifersuchtsmotiv verstärkend einfließt, erscheint als greller emotionaler Höhepunkt des ganzen Stücks, sowohl in gefühlsenergetischer Hinsicht als auch unter dem Aspekt der theatralisch-atmosphärischen Intensität. Sie überstrahlt die Gefühlsentspannung der Wiedervereinigungsszene (V1), die wiederum durch einen letzten Enthüllungsschritt ermöglicht wird: Wilhelmine erfährt von der weinenden Amme ihre wahre (gräfliche) Herkunft (IV3), die das Inzesthindernis ausräumt. Im letzten Akt endlich erreicht diese auflösende Information den Prinzen und seinen Vater Biederling (V1).

Ein entscheidender Vorbehalt bleibt noch zu überprüfen: daß die konstruierte Farcenstruktur, indem sie bewußt auf detaillierte und abgerundete Zeichnung der auftretenden Charaktere verzichte, es nicht zulasse, ein halbwegs facettenreiches und realistisches Gesellschaftspanorama zu skizzieren, wie man es am „Hofmeister" und an den „Soldaten" so sehr schätzt.[29] Das Paradigma der beiden berühmteren Dramen mit ihrer realistisch-kritischen Gesellschaftsanalyse läßt den „Neuen Menoza" vergleichsweise als bizarres Konstrukt einer „fratzenhaften" Phantasie[30] ohne mimetischen Aussagewert erscheinen. Auch Lenzens Plädoyer für den „charakteristischen, selbst den Karikaturmaler"[31] wird als theoretische Forderung gern akzeptiert, in der dramatischen Praxis dieses Stücks jedoch eher abgelehnt. Und doch fragt sich, ob die zur apokalyptischen Groteske zugespitzte Farcenstruktur nicht gerade die adäquate dramatische Form einer Gesellschaftsabbildung ist, die eben dieselbe grotesk-apokalyptische Signatur aufweist. Was als rhetorischer und gestischer Affront mit zivilisationskritischer Tendenz beginnt, steigert sich zuletzt zu einer furiosen Untergangsorgie, die das vornehmlich adlige Personal in ihren Bann zieht. Die morbide Untergangsreife des vor-revolutionären Adels[32] wird in erster Linie an der Gestalt des Grafen Camäleon exemplifiziert, dessen dreiste Lüsternheit zum Stigma der Sittenverderbnis und damit aristokratischer Dekadenz stilisiert erscheint. In der makabren Schlußversion avanciert der Graf gar zum blutschänderischen „Sodomiter", dessen feudales Selbstverständnis sich ausdrücklich durch die snobistische Suspendierung des Inzesttabus – darin dem Magister Beza nicht unähnlich – definiert:

> „Glaubst du auch an Blutschande? O große erhabene Donna, wodurch sollen wir uns über den Pöbel erheben? wodurch? durch unser Geld? durch unsere Geburt? Alles das ist Vorurtheil, hängt nicht von uns ab, kann uns genommen werden, ist ein Werk des Zufalls. Aber unsere Gesinnungen, unsere Sentiments, unsere Grundsätze – du verstehst mich, Donna!"[33]

Die aufklärerische Verbrämung handfester sexueller Interessen steigert nur den Abscheu der rasenden Donna, in deren aufbrechendem und strafendem Moralismus ihre rangniedere Herkunft durchzuschlagen scheint. Schon der Prinz hatte auf die weniger galante als zudringliche Annäherung Camäleons an Wilhelmine spontan mit der Duellforderung (II1/2), dann mit einem verallgemeinernden Ekel vor dem *„aufgeklärten Welttheil"* (II4, S. 21) reagiert und damit die moralische Grundierung seiner Zivilisationskritik zu erkennen gegeben.

Der Moralismus der vernichtenden Adelskritik[34] wird im strafenden Untergangsurteil besiegelt, hinter dem das alttestamentarische Strafgericht über Sodom und Gomorrha (wie schon in den frühen *„Landplagen"*) sich als mythisches Paradigma wie als apokalyptische Präfiguration abzeichnet. Die „natürliche" Moralität des Prinzen, die sich auch im spontanen Verzicht auf die angebotene Umgehung des Inzesttabus behauptet (III11), wird demgegenüber – reichlich konstrativ – mit der Wiedererlangung des verlorenen Liebesglücks belohnt. Immer eindeutiger muß er, schon im Umkreis der Bettler seiner wirkungspraktischen Ohnmacht gewiß (III10), zur Kontrastfolie für die lasterhafte Adelswelt herhalten. Als integriertes Familienmitglied büßt er schließlich seine anfänglich utopische Potenz[35] weitgehend ein und überläßt es dem gräflichen Untergangsfurioso selbst, im Schreckensbild einen säkularisierten Parusie- und Heilsappell ex negativo anzudeuten.

Zum keineswegs dürftigen gesellschaftlichen Panorama des Stücks gehört neben den karikierten Akademikern Beza und Zierau auch die Hauptmannsfamilie von Biederling, die, ohne Grundbesitz, ihren sozialen Rang in der untersten Skala des niederen Landadels einnimmt. Ihr bescheidenes Vermögen reicht – als Ersparnis aus der Offizierslaufbahn – kaum zum Erwerb eines gräflichen Pachtgutes, und das angestrebte Geschäft mit Seidenraupen (s. II15)[36] weist unverhohlen auf die Notwendigkeit eines bürgerlichen Lebensunterhalts hin. Bezeichnend für diese fast bürgerliche Familie ist ihr Leiden an ihrer sozialen Inferiorität; Donna Diana artikuliert die gesellschaftliche Kluft so:

> „Lieber meinen Vater umgebracht haben, als die Tochter eines alten abgedankten Officiers heissen, der Pachter von meinem Gemahl ist" (II14, S. 43 f.).

Die kindische Freude des Hauptmanns an den Seidenwürmereiern, über denen er sogar den Ehrenstreit mit dem Überbringer vergißt, verrät ökonomischen Dilettantismus (III5), und auch die Familienstruktur, deren Patriarchalismus von einer mürrisch zeternden Gattin in Frage gestellt wird (I3), hebt sich markant vom bürgerlichen Klischee ab. Der rüde Umgangston zwischen den zankenden Eheleuten ist von der Familieneintracht bürgerlicher Trauerspiele des empfindsamen Typs weit entfernt.[37] Das Eheglück der Tochter bleibt freilich oberstes Gebot; nicht einmal die Inzestschranke will der besorgte Vater als Ehehindernis anerkennen. An diesem neuralgischen Punkt, an dem der zwiespältige Magister Beza seine skurrilen Dienste anbietet,[38] enthüllt sich der dumpfe, perspektivlose Amoralismus und das verkrampfte familiäre Fortwursteln Biederlings, und der Zusammenhang mit dem nicht geheuren Grafenpaar wird evident: Während die Mutter in ihrer sozialen Frustration den gräflichen Ehekandidaten favorisiert,[39] sucht der Vater die ökonomische und personelle Distanz; umgekehrt warnt Frau Biederling vor dem großzügigen Pachtangebot Camäleons, auf das der Hauptmann widerstandslos fixiert ist. Das Resultat ist ein halbherziges Goutieren des gräflichen Treibens – Frau Biederling erscheint sogar ohne ihre Tochter auf dem ominösen Ball –, eine voyeurhafte Zuschauerrolle. Die gesellschaftliche Konditionierung der Hauptmannsfamilie wird ohne moralistisches Engagement und ohne groteske Überzeichnung vorgeführt. Sie bildet das (passive) Medium, in dem sich die feudale Untergangsorgie abspielt, und sorgt dafür, daß das moralisch-religiöse Pathos des Hauptgeschehens nicht seine gesellschaftsanalytische Virulenz überdeckt.

Hinter den moralistischen und kulturpessimistischen Nebenakzenten zeichnet sich deutlich die zukunftsweisende Dramaturgie des kritischen Zeigens und „Aus-stellens"[40] ab. Die pointierte Überschärfe der apokalyptischen Farce, die erst in unserem Jahrhundert Schule machte, verrät den Haß des bürgerlichen Autors auf die historisch überfällige Adelsgesellschaft so vorbehaltlos wie in keinem seiner anderen Dramen. Die zeitgenössische Rezeption und die zugehörige Sozialstruktur um 1774 verurteilten die spezifische Komödienform des „Neuen Menoza" zu folgenloser Einmaligkeit. Selbst im Kreise der Stürmer und Dränger gewann Lenz seine kurzlebige Berühmtheit ausschließlich durch jene Dramen, die sich mehr der bürgerlichen Selbstkritik zuwandten. Und daran, sieht man genauer hin, hat auch die Lenz-Forschung (noch) nichts geändert.

Anmerkungen

[1] Bahnbrechend: Brechts „Hofmeister"-Bearbeitung (1950), aber auch Volker Klotz' „Offene und geschlossene Form im Drama", ²München 1962 (⁹1978), und K. S. Guthkes „Geschichte und Poetik der deutschen Tragikomödie", Göttingen 1961.

[2] Vgl. die Rezension von Hellmuth Karasek, in: ‚Die Zeit' vom 21. 4. 1972. – Elisabeth Genton: J. M. R. Lenz et la scène allemande, Paris 1966, bespricht S. 240–244 eine Frankfurter (Studentenbühne) und eine Pforzheimer Aufführung (Stadttheater) von 1963 bzw. 1965. – Vgl. ferner: Anm. 22.

[3] Benutzte Ausgabe: J. M. R. Lenz, Gesammelte Werke in 4 Bdn., hrsg. v. Ernst Lewy, Leipzig (Kurt Wolff Verlag) 1917, Bd. 4, S. 373–381.

[4] Clemens Brentanos Briefe, hrsg. v. F. Seebaß, 2 Bde., Nürnberg 1951, Bd. 1, S. 302–304; positiv auch die Besprechung in Matthias Claudius' „Wandsbecker Boten", neben anderen Stimmen abgedruckt bei M. N. Rosanow: Jakob M. R. Lenz, der Dichter der Sturm- und Drangperiode. Sein Leben und seine Werke. deutsch von C. v. Gütschow, Leipzig 1909, S. 224ff.

⁵ Walter Hinck: Das deutsche Lustspiel des 17. und 18. Jahrhunderts und die italienische Komödie (Commedia dell'arte und Théâtre italien), Stuttgart (Metzler) 1965, Kap. XII; vgl. auch: J. M. R. Lenz: Der neue Menoza. Text und Materialien zur Interpretation, besorgt von Walter Hinck, Berlin (de Gruyter) 1965 (= Komedia Bd. 9), bes. S. 73–95. – Für Zitate aus dem „Menoza" wird diese Ausgabe zugrundegelegt.
⁶ Hinck, Lustspiel..., a. a. O., S. 330ff.; Beispiele: Hauptmann v. Biederling als verbürgerlichter Pantalone und Typ des „polternden Militärs", seine Frau als kupplerische komische Alte (ruffiana), Bakkalaureus Zierau als Stutzer, Magister Beza als entlarvter Pietist und als Dottore, Donna Diana als „rasendes Weib".
⁷ Ebd. S. 339; ders., Menoza (s. Anm. 5), S. 87/89.
⁸ In den „Anmerkungen übers Theater" heißt es: „Die Hauptempfindung in der Komödie ist immer die Begebenheit, die Hauptempfindung in der Tragödie ist die Person, die Schöpfer ihrer Begebenheiten" (Werke Bd. 4, S. 274).
⁹ Analog Goethes frühe Komödie „Die Mitschuldigen", 1. u. 2. Fassung. – Dazu Fitz Martini: Goethes ‚Die Mitschuldigen' oder die Problematisierung des Lustspiels, in: Das deutsche Lustspiel, hrsg. v. Hans Steffen, Bd. 1, Göttingen 1968, S. 68–93; ders.: Goethes „verfehlte" Lustspiele: ‚Die Mitschuldigen' und ‚Der Groß-Cophta', in F. M.: Lustspiele – und das Lustspiel, Stuttgart 1974, S. 105–149.
¹⁰ Dazu Hinck, Lustspiel, a. a. O., S. 331f., und ders., Menoza, a. a. O., S. 75ff., 87. – Allg. s. Elisabeth Frenzel: Motive der Weltliteratur, Stuttgart 1976, S. 793–807.
¹¹ Nachläufer: Die Szenen III1 (Biederlings enthusiasmierter Bericht über die Hochzeitsfeier) und III10/11 (Bettlerszene und Tandis Bekräftigung des Inzesttabus gegenüber dem „Gesetzesverdreher" Beza).
¹² Nur wenige Turbulenzen kommen ohne dieses Vehikel zustande: Die Konfrontation zwischen Tandi und Camäleon (III/2) und dessen Streit mit Biederling (III1).
¹³ Brentano konnte sich über die Komik dieses Szenenelements kaum beruhigen (vgl. Anm. 4).
¹⁴ Schon Wolfgang Kayser sieht hier Beispiele für seine Studie über „Das Groteske in Malerei und Dichtung", Reinbek 1960, S. 31 ff., 69. – Zur neueren Begriffsbestimmung des Grotesken vgl. den Sammelband „Das Groteske in der Dichtung", hrsg. v. Otto F. Best, Darmstadt (Wiss. Buchges.) 1980 (= WdF 394), insbes. den Beitrag von Carl Pietzcker (1971), S. 85–102.
¹⁵ Vgl. Dramatischer Nachlaß von J. M. R. Lenz, hrsg. v. K. Weinhold, Frankfurt a. M. 1884, S. 309–311; Hinck, Menoza, S. 74.
¹⁶ Daunicht, Richard (Hrsg.): J. M. R. Lenz, Dramen Bd. I, München 1967, S. 420–423. Abdruck dieser Szene dort S. 423–426.
¹⁷ Hinck, Menoza, S. 83; schon Rosanow, a. a. O. S. 217f.
¹⁸ Vgl. dazu Brüggemann, Diethelm: Chr. D. Grabbe „Scherz, Satire (...)", in: Hinck, W. (Hrsg.): Die deutsche Komödie, Düsseldorf 1977, S. 127–144, 379f. Die dort vertretene These von der kontrastiven Positivität der Dorfwelt hält einer genaueren Überprüfung wohl nicht stand.
¹⁹ Es sei hier nur auf 2 Beiträge verwiesen: Kurzenberger, Hajo: Komödie als Pathographie einer abgelebten Gesellschaft. Zur gegenwärtigen Beschäftigung mit „Leonce und Lena" in der Literaturwissenschaft und auf dem Theater, in: Georg Büchner III (Sonderband der Reihe ‚text + kritik'), München 1981, S. 150–168. – Poschmann, Henri: Büchners „Leonce und Lena". Komödie des status quo, in: Georg Büchner Jahrbuch 1 (1981), S. 112–159.
²⁰ Hincks Hinweis auf das Szenarium „Nerone Imperatore" (1700) deutet mit „Schauerszenen im Stile barocker Haupt- und Staatsaktionen" (Lustspiel, a. a. O., S. 143, 445) ältere Bezüge an.
²¹ Daunicht (a. a. O., S. 421 f.) stellt die Einwürfe auch der „Freunde" zusammen; Lenz selbst nennt daraufhin seinen „Menoza" ein „übereiltes Stück". Sogar eine „verbesserte" Neuauflage haben ihm die „Freunde" widerrathen" (Selbstrezension).
²² Möglicher Anknüpfungspunkt: Die Bühnenbearbeitung von Franz Gerhardt, die der Pforzheimer Aufführung von 1965 zugrundelag. Am Schluß steht dort die „danse macabre" (E. Genton, a. a. O., S. 244) als atmosphärischer Hohlspiegel des Stücks und der darin eingefangenen Gesellschaft. – Das vorläufig jüngste Aufführungsbeispiel, Benno Bessons Wiener Burgtheater-Inszenierung von 1982, brachte dieselbe Schlußversion und benutzte den „Püppelspiel"-Schluß als Vorspiel. Die komödiantische Herausarbeitung des grotesken Melodrams (vgl. dazu Hilde Spiel, FAZ vom 1. 7. 82) dürfte der hier entwickelten Vorstellung besonders nahe gekommen sein.
²³ Hinck, Menoza, a. a. O., S. 92, und ders., Lustspiel, a. a. O., S. 346.
²⁴ Diffey, Norman R.: J. M. R. Lenz and Jean Jacques Rousseau, Bonn 1981, S. 173–187; vgl. auch Arntzen, Helmut: Die ernste Komödie. Das deutsche Lustspiel von Lessing bis Kleist, München 1968, S. 91 ff.
²⁵ Ein klarer Aufriß der Handlungsstruktur schon bei Hinck, Menoza, a. a. O., S. 87 ff., und ders., Lustspiel, a. a. O., S. 334f.
²⁶ Dazu Schöne, Albrecht: Wiederholung der exemplarischen Begebenheit. Lenz, J. M. R. in ders.: Säkularisation als sprachbildende Kraft, Göttingen 1958, S. 76–115; zum „Menoza" vgl. Inbar, Eva Maria: Shakespeare in Deutschland: Der Fall Lenz, Tübingen 1982, S. 236f.
²⁷ Auf Unstimmigkeiten und weiße Flecken in der Vergangenheit Tandis weist Hinck hin (Lustspiel, a. a. O., S. 342f.).

²⁸ Zu den Unklarheiten in dieser Vorgeschichte vgl. Kließ, Werner: Sturm und Drang. Gerstenberg/Lenz/-Klinger/Leisewitz/Wagner/Maler Müller, 2. Aufl. Velber 1970 (= Friedrichs Dramatiker Bd. 25), S. 51 f. – Über Korrekturabsichten in einer geplanten Überarbeitung s. Hinck/Menoza, S. 74. Lenz reagierte in der Selbstrezension eher polemisch: Lange Erzählungen lägen ihm nicht, seien auch undramatisch.
²⁹ Hinck, ebd., und Lustspiel, a. a. O., S. 328.
³⁰ Nach Goethes bekanntem Diktum über Lenz am Anfang des 14. Buches von „Dichtung und Wahrheit".
³¹ „Anmerkungen übers Theater", Werke Bd. 4 (s. Anm. 3), S. 258.
³² Wenn „Der Hofmeister" und „Die Soldaten" die größere Breite des gesellschaftlichen Panoramas aufweisen, so besticht „Der neue Menoza" durch seine auf den Adel konzentrierte, verschärfte Kritik. Diesen Aspekt würdigt bereits M. N. Rosanow (dt. 1909), a. a. O., S. 223, mit dem Akzent auf „laxer Moral" und „Sittenverderbnis"; dann aber folgen poetologische Einwände.
³³ Zitiert nach Daunicht, s. Anm. 22, S. 425 f.
³⁴ Erkennbar auch in der Kritik am sexuellen Freibeutertum der Offiziere in „Die Soldaten" sowie des Herrn v. Seiffenblase (sprechender Name!) in „Der Hofmeister". Daß dieser Herr übrigens als Vater von Gustchens Kind in Frage kommt, wäre im Anschluß an C. O. Lappes „kriminalphilologischen" Ansatz und die Replik Jan Knopfs weiter zu überprüfen (C. O. Lappe: Wer hat Gustchens Kind gezeugt? Zeitstruktur und Rollenspiel in Lenz' „Hofmeister", in: DVjs 54, 1980, S. 14–46, 517–521).
³⁵ Hier muß der summarische Hinweis auf 2 Aufsatzbände genügen: Ueding, Gert (Hrsg.): Literatur ist Utopie, Frankfurt a. M. 1978 (ed. suhrkamp 935); Hiltrud Gnüg (Hrsg.): Literarische Utopie-Entwürfe, Frankfurt a. M. 1982 (suhrkamp taschenbuch 2012).
³⁶ Auf Klingers „romantische" Komödie „Prinz Seiden-Wurm" muß hier nicht eingegangen werden.
³⁷ Der fluchende Biederling (zur Typik des polternden capitano s. Anm. 6) ist sprachlich dem „rauhen" Lessingschen Galotti und dem derben „teutschen" Musikus Miller verwandt.
³⁸ Über die satirische Figurentypik hinaus (s. Anm. 6) ist für den Gelehrten und seinen Bewunderer Zierau bezeichnend, wie beflissen sie sich in den Dienst adliger Privatquerelen stellen. Dieser kritische Zug wird dann im „Hofmeister" bekanntlich verstärkt, erst recht in Brechts Bearbeitung.
³⁹ Ähnlich Mutter Wesener in den „Soldaten" und Frau v. Berg im „Hofmeister". – Vgl. auch Lessings Claudia Galotti und Schillers Frau Millerin. Zur Typik der Figur s. Anm. 6.
⁴⁰ In der Horváth-Forschung wurde diese Technik besonders eingehend studiert, mittlerweile jedoch zum Schlagwort verbraucht. Vgl. etwa Kurt Bartsch/Uwe Baur/Dietmar Goltschnigg (Hrsg.): Horváth-Diskussion, Kronberg/Ts. 1976.

GESELLSCHAFTSKRITIK IN DER TRAGIKOMÖDIE: *DER HOFMEISTER* (1774) UND *DIE SOLDATEN* (1776) VON J.M.R. LENZ

Monika Wiessmeyer

In dem von der Germanistik erst relativ spät gewürdigten Werk des Sturm-und-Drang Autors J.M.R. Lenz bieten sich eine Vielzahl von formalen wie inhaltlichen Problemen einer näheren Analyse und Diskussion an. Im Zusammenhang mit dem in der Forschung noch immer umstrittenen Verhältnis zwischen Aufklärung und Sturm und Drang scheint es besonders interessant, daß Lenz sowohl in seiner dramatischen Praxis wie in den aphoristisch niedergelegten Ansätzen zu einer Sturm- und-Drang Poetik die Validität der überkommenen Formtraditionen von Tragödie und Komödie in Frage stellt. Gleichzeitig zeichnet sich in seinem Oeuvre eine veränderte Einschätzung bestimmter sozial-, moral-, und sexualethischer Probleme in der spätabsolutistischen Ständegesellschaft ab. Neben dem Adel wird nun auch das Bürgertum zur Zielscheibe der Kritik. Der Optimismus der Aufklärung weicht einer ambivalenten, wenn nicht gar pessimistisch resignativen Einschätzung der Möglichkeiten, seine emanzipatorischen Ideale zu realisieren.

Ausgangsposition ist die Annahme, daß die Auflösung der Dichotomie von Form und Inhalt bei Lenz eine qualitativ neue, in der Geschichte des modernen Dramas zukunftsweisende Funktion annimmt. Im Folgenden sollen deshalb die zwei bekanntesten Dramen von Lenz, *Der Hofmeister* (1774) und *Die Soldaten* (1776), sowohl unter dem Aspekt des Gattungsproblems als auch ihres gesellschaftskritischen Potentials untersucht werden. Schon Lenz' Schwanken bei der Bezeichnung seiner beiden Dramen zeigt an, daß ihm selbst die Verbindung von Form und Inhalt zum Problem wurde. Hier geht es letzten Endes darum, mit welchen Mitteln der Zustand einer Gesellschaft besser erfaßt und kritisiert werden kann: mit denen der Tragödie oder denen der Komödie. Indem Lenz von beiden Mitteln Gebrauch macht, ja diese durch Elemente des Satirischen, Skurrilen und Parodistischen erweitert, überschreitet er den von der aufklärerischen Ästhetik gesetzten Rahmen und weist seiner Zeit neue Wege, sich ihrer Wahrheit bewußt zu werden. Weil Lenz auch mit der Kehrseite des Schönen, Erhabenen und Notwendigen operiert, kann man mit Walter Hinck sagen, "daß ein Weniger an Realismus in der Darstellung ein Mehr an Realismus in der Erfassung von gesellschaftlicher Wirklichkeit bedeuten kann" (*Drama* 86), wobei das "Weniger an Realismus" hier wohl nicht auf die Genremischung sondern auf die Aufgabe der Einheit von Ort, Zeit und Handlung wie der detaillierten Ausgestaltung der Einzelpersonen zu beziehen ist.

In seinen "Anmerkungen übers Theater" (1774) und der "Rezension des neuen Menoza" (1775) entwickelt Lenz eine neuartige Konzeption von Tragödie und Komödie und weist der letzteren eine Reihe von Charakteristiken und Funktionen zu, die in engem Zusammenhang mit seiner Beurteilung des zeitgenössischen Kultur- bzw. Geisteszustandes stehen.

Die Dichtkunst ist für Lenz sowohl Widerspiegelung als auch Erkenntnis der Natur und zwar unter dem betont individuellen Gesichtspunkt des Dichters und Genies. Dies sind zwei Postulate in den "Anmerkungen," die einer subjektiven Weltschau das Wort reden und zugleich den Weg zu einer modernen Form von Realismus weisen, indem sie eine Deckung von Realem und Idealem verneinen (vgl. Schwarz 135-37). Lenz schreibt:

> Was sie [die Dichtkunst] nun so reizend mache, daß zu allen Zeiten— scheint meinem Bedünken nach nichts anders als die Nachahmung der Natur, das heißt aller der Dinge, . . . die durch die fünf Tore unserer Seele in dieselbe hineindringen. . . . Der wahre Dichter verbindet nicht in seiner Einbildungskraft, wie es ihm gefällt, was die Herren die schöne Natur zu nennen belieben, was aber mit ihrer Erlaubnis nichts als die verfehlte Natur ist. Er nimmt Standpunkt— und dann *muß er so verbinden*. (1: 332-37)

Weiter dreht Lenz die aristotelische Poetik um, indem er nicht die Tragödie, sondern die Komödie als Handlungsdrama bestimmt und im Charakter der handelnden Personen die Motivation ihrer Handlungen sucht:

> Meiner Meinung nach wäre immer der Hauptgedanke einer Komödie *eine Sache*, einer Tragödie *eine Person*. Eine Mißheurat, ein Fündling,

irgend eine Grille eines seltsamen Kopfs (die Person darf uns weiter nicht bekannt sein, als in so fern ihr Charakter diese Grille, diese Meinung, selbst dieses System veranlaßt haben kann: wir verlangen hier nicht die *ganze* Person zu kennen). (1: 361)

Lenz stellt also zwei Forderungen an die Komödienform: sie soll den Menschen als psychologisch folgerichtig handelndes Individuum darstellen—Lenz ist durchaus noch dem aufklärerischen Ideal des autonomen, moralisch freien Individuums verpflichtet (Schwarz 137)—zum anderen aber auch die vorgegebenen Umstände und Verhältnisse thematisieren. Die gesellschaftlichen Zustände im Deutschland des 18. Jahrhunderts erfährt er als ein Durcheinander von "Kultur und Rohigkeit, Sittigkeit und Wildheit" (1: 419). Es liegt daher in der Konsequenz seines historisch sozialen Ansatzes, der den jeweiligen Kulturzustand eines Volkes mit der ihm entsprechenden dramatischen Gattung verbinden will, auch in den ästhetisch dramatischen Bereich ein Moment der Heterogenität einzuführen (Hinck, *Menoza* 82). So definiert Lenz die Komödienform im Gegensatz zur Poetik der Aufklärung:

Ich nenne durchaus Komödie nicht eine Vorstellung die bloß Lachen erregt, sondern eine Vorstellung die für jedermann ist. . . . Komödie ist Gemälde der menschlichen Gesellschaft, und wenn die ernsthaft wird, kann das Gemälde nicht lachend werden. . . . Daher müssen unsere deutschen Komödienschreiber komisch und tragisch zugleich schreiben. . . . (1: 418-19)

Wenn also Lenz sowohl den *Hofmeister* als auch die *Soldaten* ursprünglich als Komödien bezeichnete, so entspricht dies seiner eigenen Definition von Komödie. Auch ein Großteil der Literaturwissenschaft arbeitet mit diesem im Lenzschen Sinne modifizierten Gattungsbegriff (so z.B. Glaser; Huyssen; Duncan; Werner). Daneben aber soll hier der von der neueren Forschung mehr als Hilfskonstruktion benutzte Begriff des Tragikomischen, wie er von Karl S. Guthke im literarhistorischen Rückblick als qualitativ neuartige, synthetische Formvermischung bestimmt worden ist, auf seine Aussagekraft überprüft werden, indem neben der formalen Problematik auch die inhaltlichen Widersprüchlichkeiten der Lenzschen Dramen in ihrer historischen, gesellschaftlichen und biographischen Bestimmbarkeit ernst genommen werden.

Der Hofmeister erschien im Jahre 1774 unter der Bezeichnung "eine Komödie." In Briefen nannte es Lenz allerdings auch mehrmals eine Tragödie.[1] Im Untertitel des Berliner Manuskripts schließlich wurde die neutrale Bezeichnung ein "Lust- und Trauerspiel" gewählt, womit also analog zum zweigeteilten Titel, *Der Hofmeister oder Vorteile der Privaterziehung*, sowohl in ironischem Sinne die Sache selber als auch die dramatische Person in ihrer sozialen Funktion herausgestellt werden.

Gemessen an den Forderungen der jungen Stürmer und Dränger nach Autonomie und freier Selbstbestimmung, entfaltet sich die dramatische Situation im *Hofmeister* zunächst tragisch. Die Hauptperson des Dramas, der Hofmeister Läuffer, gerät als einer der vielen protestantischen Amtsanwärter des ausgehenden 18. Jahrhunderts in die Zwangslage, zur Überbrückung der Wartezeit auf ein geistliches Amt, sich als Erzieher in einem adligen Hause verdingen zu müssen. Lenz konnte hier auf eigene Erfahrungen als Hofmeister zurückgreifen. Läuffer wird im Hause des Majors schnell in die Rolle eines Domestiken gedrängt, der auf willkürliche Weise den Schikanen seiner Zöglinge und den Demütigungen durch seine Herrschaft ausgesetzt ist. Damit verliert er, durch die Notwendigkeit für seine materielle Existenz zu sorgen, eben den bürgerlichen Emanzipationsanspruch, den er sich durch das Universitätsstudium gesichert zu haben glaubt.[2] Der Verneinung von freier Selbstbestimmung als Grundlage einer menschenwürdigen Existenz entsprechen weitere, in ihrem Tatbestand tragische Handlungselemente. Diese treten stärker in der Haupthandlung hervor: in der Verführung Gustchens als Resultat einer Triebunterdrückung, in der nachfolgenden Menschenjagd auf Läuffer, in dem versuchten Todschlag des Majors an ihm, in der Selbstkastration des Hofmeisters, die die emotionale Verkrüppelung Läuffers und mithin auch die resignative Tendenz des Dramas physisch evident macht, und schließlich in dem Selbstmordversuch Gustchens. Es gibt aber auch Handlungselemente, die sich eindeutig der Lustspielsphäre zuordnen: so der Vorfall mit dem Wolfspelz, der Lotteriegewinn und das auf verschiedenen Zufällen beruhende Happy End. Nicht übersehen werden darf, daß die tragische Konstellation des *Hofmeisters* schon wegen der besonderen Eigenart in der Darstellung der konfrontierten, gesellschaftlichen Kräfte komische Implikationen hat, die ins Parodistische hinüberspielen. Zum einen erklärt sie sich aus dem überlebten Herrschaftsanspruch einer im Major, seiner Frau und dem Grafen Wermuth als lächerlich charakterisierten Adelsschicht, zum anderen aber auch aus der Problematik des idealistischen, bürgerlichen Aufklärungs- und Emanzipationsanspruches. Dieser wird bezeichnenderweise vor allem durch den reformadligen Geheimen Rat vertreten, während sein Geltungsanspruch und seine Realisationsmöglichkeiten durch das bürgerliche Personal, Läuffer, seinen Vater und den Schulmeister Wenzeslaus relativiert wird. Der Konflikt zwischen den zwei im Rahmen des *Hof-*

meisters nur noch partiell ernst zu nehmenden Gesellschaftsschichten kann nicht mehr zu einer als folgerichtig empfundenen tragischen Entwicklung führen.[3]

Zur tragikomischen Wirkung des *Hofmeisters* trägt weiter die Überzeichnung aller Charaktere, mit Ausnahme des Geheimen Rates, ins Komische bei (Guthke 60-65). Besonders offensichtlich ist dies bei den Nebenfiguren, dem poltrigbrutalen aber auch sentimental-gutmütigen Major, seiner herrschsüchtigen, eitlen Frau und ihres affektierten Freundes Graf Wermuth. Weiter stehen Pätus und seine Wirtin in den Studentenszenen um Fritz dem Personal einer Typenkomödie nahe. Selbst der Schulmeister Wenzeslaus als Vertreter des öffentlichen Erziehungswesens weist durchaus skurrile Züge auf, indem Rationalismus und asketische Frömmigkeit bei ihm eine seltsame Mischung eingehen.

Die komischen Schwächen Läuffers werden—in der Namensgebung ex negativo schon angedeutet—besonders im ersten Akt durch den Widerspruch zwischen dem Inhalt seines Eingangsmonologs und seinem äußeren Verhalten hervorgehoben:

> LÄUFFER: Mein Vater sagt: ich sei nicht tauglich zum Adjunkt. Ich glaube, der Fehler liegt in seinem Beutel; er will keinen bezahlen. Zum Pfaffen bin ich auch zu jung, zu gut gewachsen, habe zuviel Welt gesehn, und bei der Stadtschule hat mich der Geheime Rat nicht annehmen wollen. Mag's! Er ist ein Pedant, und dem ist freilich der Teufel nicht gelehrt genug. . . . Da kommt er eben mit dem Major; ich weiß nicht, ich scheu ihn ärger als den Teufel. Der Kerl hat etwas in seinem Gesicht, das mir unerträglich ist. (Geht dem Geheimen Rat und dem Major mit viel freundlichen Scharrfüßen vorbei.)   (2: 11)

Dieses Verhalten, weltmännischer Anspruch versus linkisches und unterwürfiges Benehmen, setzt sich in der Vorstellungsszene bei der Majorin fort und bleibt, wenn auch leicht abgewandelt, konsistent bis zu der Szene, in der der entmannte Hofmeister der Magd Lise trotz frommer Beschwörungen leidenschaftlich den Hof macht. Die offensichtlichen Schwächen Läuffers haben einen komischen Effekt, machen ihn aber gleichzeitig auch für die tragischen Aspekte seiner Lage anfällig (Guthke 63). Dasselbe gilt in gewisser Weise für Gustchen und ihre naiven Romanphantasien, die als Teil der privaten Pseudobildung vom Major gefördert, vom Geheimen Rat jedoch abgelehnt werden und zugleich ein bezeichnendes Licht auf die Rolle der Frau in der Adelsgesellschaft werfen. Die Feststellung jedoch, daß hier eine einfache Inkongruenz von komischem Charakter und tragischer Situation aufzuzeigen sei (Guthke 64), muß mit Glaser dahingehend ergänzt werden, daß analog zur

Strukturierung der dramatischen Situation eine "Inkongruenz der Charaktere und Situationen mit sich selber" vorliegt (148). Der Hofmeister und Gustchen sind nicht nur schwächlich und komisch, sondern sie haben auch eine tragische Dimension. Sie sind beide zu echtem Leiden fähig. Läuffers Unterwürfigkeit erklärt sich auch aus seinen bedrückenden, materiellen Umständen. Sein Entschluß, Hofmeister zu werden, ist nicht freiwillig und sein Leiden an der Zwangslage ebenso echt wie die halb erzwungene, halb selbstverschuldete Unfähigkeit sich daraus zu befreien. Insbesondere der zweite Akt dient der Hervorhebung dieser tragischen Seite Läuffers, ähnlich wie die Demütigung und Verzweiflung Gustchens im vierten Akt jeder Komik entbehrt (vgl. Huyssen 134).

Im Hinblick auf die tragikomische Gestaltung des dramatischen Personals im *Hofmeister* läßt sich feststellen, daß sie mit dem Versuch korrespondiert, den Zustand und die Prätentionen von Adel und Bürgertum in der spätabsolutistischen Ständegesellschaft zu erfassen, ohne dabei die eine oder andere Seite von der Kritik auszusparen. Tragische und komische Gestaltungselemente halten sich die Waage, und die Schwierigkeit, die herrschende Ambivalenz zur einen oder zur anderen Seite hin aufzulösen, zeigt sich im doppelten Dramenschluß des *Hofmeisters*.

Hier erfüllt sich im Lustspielfinale auf augenfällige Weise die aufklärerische "Intention" des Dramas. In Umkehrung des Titels werden die Vorzüge einer öffentlichen Erziehung gegenüber der Schulung junger Adliger durch einen Hofmeister hervorgehoben. Dieses wird von Fritz bestätigt, der seinen Stiefsohn jedenfalls nicht mehr durch einen Adjunkten erziehen lassen will.

Alle tragischen Implikationen lösen sich im letzten Akt des Dramas in scheinbarem Wohlgefallen auf: Läuffer findet sein Glück bei der bescheidenen Lise, Vater Pätus söhnt sich mit Mutter und Sohn aus, Sohn Pätus gewinnt in der Lotterie und kann seinem Vater die Jungfer Rehaar als Verlobte vorstellen, und Fritz schließlich nimmt sich des entehrten Gustchens und ihres unehelichen Kindes an. Unter der Regie des Geheimen Rates ordnet sich alles zu einer "zärtliche[n] Gruppe" (2: 100). Diese Reduktion des Gesellschafts- auf ein Familiengemälde wirkt im Zusammenhang des Gesamtdramas—will man sie nicht von vornherein als ironische Schlußpointe verstehen—in der Tat "befremdlich" und "artifiziell" (Scherpe 222). Sicherlich ist es unbefriedigend, einer Interpretation des Komödienschlusses ganz auszuweichen, da "die nachklassizistische Tragikomödie als Genre in bezug auf den Ausgang indifferent" sei (Guthke 60). Vielmehr bieten sich zwei Lesarten an. Man kann das im Stile eines Rührstücks gehaltene Schlußplateau als den

Versuch Lenz' werten, sich aus dem Zwiespalt von aufklärerischen Reformidealen und Kritik an diesen in eine Utopie hinüberzuretten, die einen verbürgerlichten Adel so darstellt, wie er sein soll (Scherpe 223-24; Werner 241-42). Damit wäre die Gesellschaftskritik nicht ganz zurückgenommen, aber doch entschärft. Denn, wie Werner schreibt, die "Utopie vom sozialen Glück—und sei es nur in der Familie—bleibt rückbindbar an gegenteilige Erfahrungen in der Gesellschaft" (241).

Eine solche autorintentionale Interpretation kann jedoch nicht verhindern, daß der Komödienschluß des *Hofmeisters* aus der heutigen Perspektive im Gesamtzusammenhang des Dramas parodistisch wirkt und auch in diesem Sinne ausgelegt wird. In der Tat zeigt weder die Josephsehe mit Lise als Abschluß der Läuffer-Handlung noch die Familienidylle in der Adelsgesellschaft einen entscheidenden Fortschritt gegenüber den Ausgangspositionen. Der unbelehrbare Major ist vielmehr bereit, die Diskussion über die Vor- und Nachteile der öffentlichen Erziehung fortzusetzen, und Fritz gründet sein Familienglück ausdrücklich auf seiner und Gustchens persönlicher Schuld. Angesichts dieser Situation kann die allgemeine Versöhnung im fünften Akt nicht mehr echt wirken. Während die doppelte Zielrichtung der Gesellschaftskritik und die komische Charakterisierung der einzelnen Standesvertreter den Weg zu einer tragischen Auflösung des Geschehens verstellen, verbietet die Natur der dargestellten gesellschaftlichen Verhältnisse den Ausweg in die Komödie (vgl. Huyssen 142). Damit kommt es zur parodistischen Wirkung des Komödienschlusses, der die synthetische Verbindung von Gesellschaftskritik und tragikomischen Gestaltungselementen noch einmal unterstreicht.

Die Komödie *Die Soldaten* entstand in den Jahren 1774-1775 in Straßburg. Lenz schrieb über dieses Drama in einem Brief vom Juli 1775 an Sophie von La Roche, daß seine Bemühungen dahin gingen, "die Stände darzustellen, wie sie sind; nicht wie sie Personen aus einer höheren Sphäre sich vorstellen . . ." (Krämer 31).

Der reformprogrammatische Aspekt der *Soldaten*, dem Übel der Ehelosigkeit des Soldatenstandes abzuhelfen, wurde von Lenz als etwas durchaus "politisches" empfunden und in der 1776 vollendeten Schrift *Über die Soldatenehen* weiter ausgearbeitet (Krämer 32-33).

Anders als im *Hofmeister* kommt es in den *Soldaten* zu keinem auch nur dem Anschein nach versöhnlichen Schluß. Im Gegenteil, der Verlauf einer Tragödie wird bis zur Katastrophe hin eingehalten: Ein bürgerliches Mädchen wird durch das falsche Eheversprechen eines adligen Offiziers zur Hure degradiert, der Verführer von einem abgewiesenen bürgerlichen Bewerber vergiftet, dieser verübt gleichzeitig Selbstmord, der Vater des Mädchens wird finanziell und gesellschaftlich ruiniert. Ausgelöst werden diese Vorgänge durch die Übertretung der Standesgrenze in der Mesallianz und die Aufnahme sexueller Beziehungen außerhalb der Ehe. Die Verantwortung liegt jedoch nicht nur bei dem adligen Verführer Desportes, sondern auch bei der Verführten Marie Wesener und ihrem Vater. Diese werden zu willigen Opfern, indem sie sich mit Illusionen über eine sozial aufwärtsgerichtete Mobilität über die wirklichen Zustände hinwegtäuschen. Zu dem Verhalten der Weseners gibt es innerhalb der bürgerlichen Sphäre des Dramas keine wirkliche Alternative: Solange die äußere Fassade der Ehrbahrkeit nicht verletzt wird, sind ihre Ambitionen auch die ihres Standes. Marie entschließt sich im Zwiespalt zwischen Gefühl und sozialem Ehrgeiz für die vermeintliche Chance des Aufstiegs: "Stolzius—ich lieb dich ja noch—aber wenn ich nun mein Glück besser machen kann—und Pappa selber mir den Rat gibt . . ." (2: 197). Ihr Vater bekräftigt sie: "Kannst noch einmal gnädige Frau werden, närrisches Kind" (2: 197). Daß sich hinter der Entscheidung der Wesener die sozio-ökonomischen Triebkräfte einer wachsenden Interdependenz zwischen Adel und Bürgertum verbergen, die weit über das Fassungsvermögen der handelnden Figuren hinausgehen, muß im Anschluß an Bruce Duncan festgehalten werden:

> Economic forces, not communicated emotions, create the motivations in this play. The debt of 700 *Taler* that Desportes leaves behind indicates the extent to which the bourgeoisie depends on the presence of the garrison. Wesener's *Galanteriehandel* consists at least in part of selling items to soldiers, who in turn present them to the daughters of the middle class. (519)

Gleichzeitig wird der zweifelhafte, aber dennoch innerhalb ihres Standes allgemeinverbindliche Ehrenkodex der Offiziere entlarvt. Dies geschieht zunächst in den Gesprächen zwischen dem Feldprediger und Haudy, in denen der Letztere die Meinungen vertritt, daß eine Hure immer zur Hure werde, sie gerate unter welche Hände sie auch wolle (2: 192), und eines Menschen Leben sei doch keinen Pfifferling wert (2: 201). Damit ist der Rahmen für die hintergründigen "Schwankszenen" zwischen dem Intriganten Rammler und dem Juden Aaron gegeben, die einen subtilen Kommentar auf das vorhergehende ebenso sinnlose wie grausame Spiel mit dem betrogenen Stolzius darstellen. Vor diesem Hintergrund ist es klar, daß Desportes sich konform zu den Verhaltensnormen seines Standes verhält.

René Girard sieht bei den *Soldaten* also ganz richtig, wenn er von der Möglichkeit einer "doppelten Leseart" spricht, die auf der Ambivalenz von Themen und Motiven beruht (127-28). Es werden Personen gezeigt, die, obwohl sie sich konform zu den jeweiligen Konventionen ihrer Stände verhalten, an den Widersprüchen in der spätabsolutistischen Ständegesellschaft scheitern. Die Grenzen zwischen dem Adels- bzw. Offiziersstand und dem aufstrebenden Bürgertum stellen sich erneut als unüberwindbar dar, unüberwindbar wohl auch deshalb, weil sie sowohl vom Bürgertum und seinem Exponenten Lenz als auch vom Adel, dem alten, feudalen wie dem reformatorisch gesinnten, verinnerlicht werden. Nur so erklärt es sich, daß gerade die aufgeklärte, sensible Gräfin La Roche den status quo festschreibt, indem sie sagt, daß ihre Überschreitung hieße "die Welt umkehren" (2: 227) und Marie empfiehlt, ihr Glück bei einem biederen Bürgerlichen zu suchen.

Wirkt sich diese Situation auf die handelnden Figuren tragisch aus, so werden doch, ähnlich wie im *Hofmeister*, die Illusionen der Akteure durch komische Mittel durchschaubar gemacht. Vor allem der bewußte Einsatz des Sprachverhaltens verweist auf den Zwiespalt innerhalb der Personen, ihre oft nur rudimentär angelegte Individualität und ihre gleichzeitige Unterordnung unter den Automatismus ständischer Moral (vgl. Duncan 515-16).

Gleich in der Eingangsszene ist es offensichtlich, daß Marie Wesener bemüht ist, ihre Sprechweise bzw. ihren Schreibstil den vermeintlichen Erwartungen ihrer Umwelt anzupassen. Mit ihrer Schwester spricht sie schnippisch, aber gegenüber Stolzius' Mutter versucht sie, durch einen ihrer Meinung nach gehobenen, in Wahrheit aber gerade dadurch komischen Briefstil, soziale Prätentionen zum Ausdruck zu bringen:

> Meine liebe Matamm! Wir sein gottlob glücklich in Lille arriviert. . . . Wir wissen nicht, womit die Gütigkeit nur verdient haben, womit uns überschüttet, wünschte nur im Stand zu sein. . . . Ihro alle die Politessen und Höflichkeit wieder zu erstatten. Weil aber es noch nicht in unseren Kräften steht, als bitten um fernere Continuation. (2: 183)

Auf ähnliche Weise adaptiert Marie ihr Sprachverhalten auch an die Aussicht, als Desportes Frau sozial eine Stufe höher zu klettern: sie französelt im inhaltsleeren Empfindsamkeitspathos ihres Verehrers (II, 3 und III, 6), und scheut nach seinem Vorbild auch nicht vor den Grobschlächtigkeiten der Geniesprache zurück (II, 3). Nur dort, wo Lenz dem Zuschauer bzw. Leser in kurzen Szenen auch einen Einblick in das individuelle Fühlen und Leiden Maries gibt, erscheint ihre

Sprache unverfälscht, zumal sie sich hier mit eindrucksvoller Gestik verbindet (II, 1; II, 3; V, 2; V, 5).[4]

Das Sprachverhalten Maries zeigt mit seinen parodistischen aber auch tragischen Effekten ihre Unfähigkeit, im Zwiespalt von sozialer Aufstiegsillusion und konkreten, gesellschaftlichen Gegebenheiten zu einer konsequenten Haltung zu gelangen (Girard 132). In ähnlichen inneren Widersprüchen bleibt auch ihr Vorbild, der Vater Wesener, befangen. Dieser predigt seiner Tochter im groben, patriarchalischen Stil des autoritären Hausvaters bürgerliche Moral, während er ihren adligen Verehrer opportunistisch in devot-steifem Kaufmannsjargon zu umschmeicheln sucht. Solange er nicht ins Gerede der Leute kommt, ist er bereit, in der Hoffnung auf sozialen Aufstieg gegen die von ihm selber verkündigten, bürgerlichen Verhaltensnormen zu verstoßen.

Wie das Bürgertum wird auch die andere Seite des gesellschaftlichen Spektrums durch das Mittel der Sprache charakterisiert: im gehobenen aber echten Empfindsamkeitspathos der Gräfin La Roche, im unpersönlichen Gesellschaftsjargon des Verführers Desportes, in der überzogenen, von Kraftausdrücken wimmelnden Geniesprache des Offizierszirkels, in der Sprache des Rationalismus vertreten durch den Feldprediger und den Obristen und schließlich in der Parodie auf diesen Sprachstil aus dem Munde Pirzels. Hier wie dort wird durch das Medium des individuellen Sprachverhaltens personale Komik und gleichzeitige Standesgebundenheit, Absicht und Ausführung als Konflikt sichtbar gemacht.

Im fünften Akt der *Soldaten* wird das tragische Potential des Dramas zu einem konsequenten Abschluß gebracht. Stolzius, der mit verbundenem Kopf wehklagend bei der Mutter wenig an andere bürgerliche Helden erinnert, setzt seinem eigenen und dem Leben des adligen Verführers Desportes durch Rattengift ein Ende. Marie begegnet ihrem heruntergekommenen Vater als Hure in der Stadt und beide wälzen sich nach einem Wiedererkennen "halb tot auf der Erde" (2: 243). Damit erreicht Lenz die Zerstörung jeden Scheins gesellschaftlicher Harmonie und der Illusion, in einer solchen Gesellschaft sei ein persönliches Glücksverlangen zu erfüllen. Um so willkürlicher wirken die im Schlußplateau von dem Obristen Graf von Spannheim und der Gräfin La Roche diskutierten Reformvorschläge:

OBRISTER: Wenn der König eine Pflanzschule von Soldatenweibern anlegte; die müßten sich aber freilich denn schon dazu verstehen, den hohen Begriffen, die sich ein junges Frauenzimmer von ewigen Verbindungen macht, zu entsagen. . . . Die Beschützer des Staates würden sodann auch sein Glück sein, die äußere Sicherheit desselben nicht die innere aufheben, und in der bisher durch uns zerrütteten Gesellschaft Fried und Wohlfahrt aller und Freude sich untereinander küssen. (2: 246-47)

Meldet schon die Gräfin berechtigte Zweifel an dieser Lösung an, da sie über "Herz" und "Wünsche" der Frauenzimmer hinweggeht (2: 246), so geht der Vorschlag, wie Duncan zu Recht anmerkt, gänzlich an dem Problem der bürgerlichen Emanzipationsbestrebungen und den ihnen zugrunde liegenden sozioökonomischen Bedingungen vorbei (515-16). Das Schlußplateau der *Soldaten* kann man also erneut als den Versuch verstehen, ähnlich wie im Komödienschluß des *Hofmeisters*, einem Unbehagen an den im dramatischen Verlauf zu Tage getretenen Ergebnissen der eigenen Gesellschaftsanalyse in die Verkündigung wirklichkeitsfremder Idealvorstellungen auszuweichen (vgl. Girard 136). Nicht ohne Grund hat Heinar Kipphardt das problematische Schlußplateau in seiner Bearbeitung der *Soldaten* in den Mund des Hauptmanns Pirzel gelegt, so daß es wie die ironische "Moral von der Geschichte" verstanden werden kann (157-58).

Die vorliegende Analyse des *Hofmeisters* und der *Soldaten* zeigt, daß der Versuch einer rein gattungstypologisch orientierten Interpretation, die den gesellschaftshistorischen Bezug in Lenz' theoretischem wie dramatischem Werk ausspart oder in ein metaphysisches, ein "weltanschauliches Spiel von der Tragikomödie des Menschenschicksals" übersetzt (Guthke 56) und nur literarhistorische Bezüge gelten läßt, zu kurz greift. Angesichts der in den beiden Dramen zu Tage tretenden Ambivalenzen besonders aber der problematischen Dramenschlüsse versagt er vor einer angemessenen Erklärung. Die Verwendung sowohl von tragischen wie komischen Strukturelementen in den beiden Dramen steht vielmehr in engem Zusammenhang mit ihrer gesellschaftskritischen Valenz, wie sie sich im historisch-sozialen Rückblick auf die Epoche, den Autor und sein Werk erschließen läßt.

Sowohl im *Hofmeister* als auch in den *Soldaten* lassen sich neben der Kontrastierung von tragischen und komischen Szenen,—man denke etwa an das Katz-und-Maus Spiel der Offiziere mit Stolzius in der Kaffeehaus-Szene und die Schwankszenen um den Juden Aaron (*Soldaten* II, 2; II, 1)—neben einer einfachen Inkongruenz von komischen Charakteren und tragischen Situationen auch Inkongruenzen innerhalb der Charakterisierung einzelner Personen und dramatischer Konstellationen feststellen. So beruht die komisch-lächerliche Seite im Verhalten Läuffers, Gustchens oder Maries auch auf standesbedingten materiellen

Gegebenheiten, Zwängen und Vorstellungen, die alles andere als komisch sind. Andererseits kann eine dramatische Situation, die sich aus dem Verhalten so lächerlicher Standesvertreter wie des Majors und seiner Frau im *Hofmeister* konstituiert oder aber wie in den *Soldaten* durch das Mittel der Sprachkomik entlarvt wird, nicht mehr als rein tragisch empfunden werden.

Im Spannungsfeld dieser Inkongruenzen kommt ein deutliches Unbehagen an den zeitgenössischen, gesellschaftlichen Verhältnissen zum Ausdruck, das neben einer reformerischen Tendenz auch Ansätze zu einer resignativen Haltung beinhaltet. Die Kritik erstreckt sich nicht mehr einseitig auf den Adel, sondern umfaßt nun auch die aufstrebende bürgerliche Schicht: im *Hofmeister* im Hinblick auf das sich formierende Bildungsbürgertum, in den *Soldaten* auf die besitzenden Kleinbürger. Wird am Adel die Überlebtheit von Normen und Machtansprüchen aufgezeigt, die sich nicht auf Leistung, sondern nur auf das Geburtsrecht stützen, so wird den Bürgern unterwürfiges Verhalten und doppelbödige Moral- bzw. Wertvorstellungen angekreidet. Das aufklärerische Vertrauen auf die praktische Überlegenheit des bürgerlichen Moralkodexes ist der Verunsicherung gewichen. Man sucht daher vergebens nach einem bürgerlichen Helden: weder der entmannte Läuffer noch der wehleidig über sein Schicksal jammernde Stolzius lassen sich als solche bezeichnen. Was durch sie und mehr noch an ihnen geschieht, dient der Relativierung der in den Mund von Reformadligen wie dem Geheimen Rat und der Gräfin La Roche gelegten aufklärerischen Idealen. Im Vordergrund steht nicht mehr das Schuldigwerden eines Einzelnen, sei er nun adlig oder bürgerlich, sondern das verhängnisvolle und im dramatischen Geschehen unausweichlich erscheinende Zusammenwirken der standesspezifischen Mechanismen, die die gesamtgesellschaftlichen Verhältnisse ausmachen.

Im Rahmen der dramatisch gestalteten Wirklichkeit muß die Vorstellung von einem über die gemeinsame Erziehung adliger und bürgerlicher Kinder zu erreichenden Übergang in eine verbürgerlichte Leistungsgesellschaft als utopisch, wenn nicht parodistisch, gewertet werden. Auch die Bemühungen der Gräfin La Roche, dem individuellen Glücksverlangen Maries gerecht zu werden, ohne die herrschenden gesellschaftlichen Umstände grundsätzlich zu hinterfragen, sind zum Scheitern verurteilt. Gerade weil, um die Worte der empfindsamen Adligen noch einmal zu gebrauchen, die Welt nicht umgekehrt wird, sondern von Lenz in einem gesellschaftlichen Übergangsstadium gezeigt wird, in dem sich aufklärerische Einflüsse, rationalistisch-optimistische Ideale und eine skeptische, von persönlicher Verzweiflung nicht freie Sicht auf die stagnierenden Verhältnisse der Ständegesellschaft in der Schwebe halten, kommt es weder im *Hofmeister* noch in den *Soldaten* zu einer überzeugenden Lösung im Sinne eines wirklich komischen oder tragischen Dramenschlusses. Vielmehr hat der Komödienschluß des *Hofmeisters* angesichts der dargestellten gesellschaftlichen Probleme eine parodistische Wirkung, während die jeweiligen Reformvorschläge für das Verständnis beider Dramen nur noch von sekundärem Interesse sein können.

Anmerkungen

[1] So z.B. in den Briefen an Salzmann vom 28. Juni 1772 und vom Oktober 1772. Lenz *Briefe* (25, 58-59, 62).

[2] Ausführlich dazu Werner, der die ökonomische und soziale Lage von bürgerlichen Intellektuellen, insbesondere von Universitätsabgängern, im 18. Jahrhundert untersucht (93-204).

[3] Huyssen spricht überspitzt, weil die herrschende Ambivalenz in der Darstellung verwischend, von zwei "durch und durch untragische[n] Gesellschaftsschichten" (136).

[4] Vgl. Höllerer, der eine intensive Analyse der sprachlichen Modi bietet (137-38).

Bibliographie

Duncan, Bruce. "The Comic Structure of Lenz's *Soldaten*." *Modern Language Notes* 91 (1976): 515-23.

Girard, René. "Die Umwertung des Tragischen in Lenzens Dramaturgie unter besonderer Berücksichtigung der *Soldaten*." *Dialog: Literatur und Literaturwissenschaft im Zeichen deutsch-französischer Begegnung.* Hrsg. Rainer Schönhaar. Berlin: Schmidt, 1973. 127-51.

Glaser, Horst Albert. "Heteroklisie—der Fall Lenz." *Gestaltungsgeschichte und Gesellschaftsgeschichte.* Hrsg. Helmut Kreuzer. Stuttgart: Metzler, 1969. 132-51.

Guthke, Karl S. *Geschichte und Poetik der deutschen Tragikomödie.* Göttingen: Vandenhoeck & Ruprecht, 1961.

Hinck, Walter. *Das moderne Drama in Deutschland: Vom expressionistischen zum dokumentarischen Theater.* Göttingen: Vandenhoeck & Ruprecht, 1973.

―――. "Kommentar." *J.M.R. Lenz. Der neue Menoza: Text und Materialien zur Interpretation.* Hrsg. Walter Hinck. Berlin: De Gruyter, 1965. 73-95.

Höllerer, Walter. "Lenz. *Die Soldaten.*" *Das deutsche Drama vom Barock bis zur Gegenwart: Interpretationen.* Hrsg. Benno v. Wiese. 2 Bde. Düsseldorf: Bagel, 1958. 1: 127-46.

Huyssen, Andreas. "Gesellschaftsgeschichte und literarische Form: J.M.R. Lenz' Komödie *Der Hofmeister.*" *Monatshefte* 71 (1979): 131-44.

Kipphardt, Heinar. *In der Sache J. Robert Oppenheimer. Die Soldaten: Zwei Stücke.* Frankfurt a.M.: Fischer, 1974.

Krämer, Herbert, Hrsg. *J.M.R. Lenz: Die Soldaten: Erläuterungen und Dokumente.* Stuttgart: Reclam, 1974.

Lenz, Jakob Michael Reinhold. *Werke und Schriften.* 2 Bde. Hrsg. Britta Titel und Helmut Haug. Stuttgart: Goverts, 1966-67.

―――. *Briefe von und an J.M.R. Lenz.* Hrsg. Karl Freye und Wolfgang Stammler. Leipzig: Wolff, 1918.

Scherpe, Klaus R. "Dichterische Erkenntnis und 'Projektmacherei': Widersprüche im Werk von J.M.R. Lenz." *Goethe-Jahrbuch* 94 (1977): 206-35.
Schwarz, Hans-Günther. Nachwort. *Anmerkungen übers Theater. Shakespeare-Arbeiten und Shakespeare Übersetzungen.* Von J.M.R. Lenz. Hrsg. Hans-Günther Schwarz. Stuttgart: Reclam, 1976. 135-41.
Werner, Franz. *Soziale Unfreiheit und 'bürgerliche Intelligenz' im 18. Jahrhundert: Der organisierende Gesichtspunkt in J.M.R. Lenzens Drama* Der Hofmeister oder Vorteile der Privaterziehung. Saarbrücker Beiträge zur Literaturwissenschaft 5. Frankfurt a.M.: Rita G. Fischer, 1981.

Das Modell der 'alten' Komödie. Zu Lenz' »Lustspielen nach dem Plautus«

Helmut Kreuzer zum 60. Geburtstag

Jürgen Pelzer, Occidental College, Los Angeles, CA, USA

Die Traditionen des volkstümlichen »Lachtheaters« sind in Deutschland spätestens seit dem frühen 18. Jahrhundert erfolgreich unterdrückt oder abgewertet worden. Dies läßt sich exemplarisch etwa an der deutschen Plautusrezeption verfolgen. Freilich gab es gerade in diesem Fall auch höchst produktive (wenn auch nicht traditionsbildende) 'Rettungs'-oder Amalgamierungsversuche: neben Lessing hat sich vor allem auch der Sturm und Drang Autor Lenz intensiv mit dem klassischen römischen Komödienautor beschäftigt. Die Analyse seiner wichtigsten Übersetzungen zeigt, wie konsequent Lenz der Sujets der Vorlage an deutsche Verhältnisse angepaßt hat, die Figuren sozial konturierte und die derbe Plautinische Komödiantik in den Dienst einer aufklärerischen Gesellschaftskritik zu stellen suchte. Gleichzeitig erweisen sich die schon von den Zeitgenossen hochgeschätzten »Neuschöpfungen« als wichtige Vorstufe der Lenzschen Dramatik und Komödientheorie.

> Ich setze noch hinzu, daß wer die Kunst besitzt, sokratisch zu lachen, aus diesem wie aus allen andern Lustspielen unsers uralten Komikus mehr Wahres, Gutes und Schönes sehen und lernen wird, als aus allem faden Geschwätz auf unsern heutigen Bühnen, das weder vergnügt noch unterrichtet (...).[1]
> J. M. R. Lenz

> Lenz – ein Schatten nur einer ungesehenen Tradition[2].
> Christoph Hein

I

Daß die deutsche Literatur nicht gerade mit Komödien gesegnet ist, die diese Bezeichnung wirklich verdienen, ist oft genug beklagt worden. Der Grund dafür ist vor allem darin zu suchen, daß volkstümliche Theatertraditionen, die einem publikumswirksamen »Lachtheater«[3] verpflichtet waren, regelmäßig zugunsten weitgreifender, erzieherischer Veredelungskonzepte aufgegeben wurden. Bekanntlich markiert z.B. Gottscheds Theater- wie Literaturtheorie eine solche Weichenstellung: Mit der berühmten Verbannung des Harlequin und den beharrlich vorgetragenen Attacken gegen die Commedia dell' arte und andere ihr verwandte Stilformen wurde nämlich das über viele Jahre populärste Theater als ästhetisch minderwertig und kulturpolitisch schädlich gebrandmarkt.[4] Dem Gottschedschen Theaterkonzept fiel auch, was vielleicht weniger bekannt ist, Plautus zum Opfer, jener 'klassische' Komödienautor, dessen realitätsnahe Charakterdramen im republikanischen Rom ebenso populär waren wie zur Kaiserzeit und seit der Renaissance auch die europäische Lustspielentwicklung nachhaltig beeinflußten. Allerdings standen viele seiner Komödien, vor allem im deutschen Sprachbereich, in dem Ruf, obszön und vulgär zu sein, weshalb man gewöhnlich dem dezenter wirkenden Terenz den Vorzug gab[5]. Diese traditionelle Einschätzung wird auch von Gottsched fortgeschrieben, dem es vor allem um die moraldidaktische Funktion des Theaters geht. Die »garstigen Zoten« und »niederträchtigen Fratzen« in den Stücken des Plautus kann er deshalb dem »wohlerzogenen« Publikum, das er sich als Adressat vorstellt, nicht zumuten[6]. Diese – für die Frühphase der Aufklärung charakteristische – normative Reglementierung wird jedoch nicht sehr lange widerspruchslos hingenommen. Zunächst ist es der junge Lessing, der Plautus demonstrativ als »Vater aller Komödiendichter« rehabilitiert, und rund zwanzig Jahre später »erfrecht« sich der junge Lenz, Plautus, »den blinden Heiden selig zu preisen«, und will ihm mit seinen Nachdichtungen einen »Stein« setzen[7]. Bei Lessing wie bei Lenz handelt es sich dabei um Modellfälle produktiver Rezeption: der Rückgriff auf die verdrängte bzw. abgewertete Theatertradition dient, wie vor allem bei Lenz zu zeigen sein wird, der Ausarbeitung und Weiterentwicklung eigenständiger Theaterkonzepte.

Den ersten mutigen, auch für Lenz beispielgebenden Schritt macht Lessing, der sich in den Jahren 1749/50, also in einer Phase des Experimentierens mit zeitgenössischen Komödienformen, intensiv mit Übersetzungen und Kommentierungen Plautinischer Stücke beschäftigt. Die ersten Bearbeitungsversuche (das Fragment einer »Stichus«-Bearbeitung sowie das Expose einer »Pseudolus«-Übertragung liegen vor) lassen sich noch deutlich dem Modell der sächsischen Typenkomödie zuordnen, was die angestrebte Satirisierung des Fehler- und Lasterhaften betrifft; die derbe Drastik des Liebes- und Ehesujets der Vorlage ist allerdings nicht durchgängig abgemildert[8]. Parallel zu den Übersetzungsversuchen läßt Lessing eine Begleitschrift erscheinen, die »Abhandlung von dem Leben, und den Werken des Marcus Accius Plautus«, in der er sich ernsthaft und ausführlich mit den Verdikten gegen den römischen Autor auseinandersetzt[9]. Den gängigen Obszönitätsvorwurf versucht Lessing mit dem Argument zu entkräften, Plautus habe in seinen »nicht allzu gesittete(n) und rein(n) Stellen« nicht »ärgern«, sondern vielmehr »bessern« wollen[10]. Daß es Lessing jedoch nicht nur um das Derb-Drastische oder das Moralisch-Schockierende geht, wird an seinem zweiten Verteidigungsargument deutlich, neben den »groben und seichten Scherzreden« gebe es bei Plautus auch solche, die »sehr fein, zärtlich und wohl angebracht« seien[11]. Es verwundert daher nicht, daß Lessing in der Folge mit den »Captivi« ein Plautinisches Stück auswählt, in dem gerade jene »zärtlichen« Aspekte im Vordergrund standen. Hier dokumentiert sich vor allem Lessings Interesse für die Forderung der »rührenden Komödie«, sich nicht nur auf Kritik und Verlachen zu beschränken, nicht nur das »Laster verhaßt«, sondern auch die »Tugend liebenswürdig« zu präsentieren[12]. Als wichtigste, vor allem auch dramengeschichtlich einflußreichste Adaption muß aber Lessings ebenfalls noch 1750 entstandene Version des Plautinischen »Trinummus« (»Der Schatz«) gewertet werden. Die satirisch-kritischen und positiv-»rührenden« Möglichkeiten der Komödie werden hier gleichermaßen genutzt. Dem Ideal des »Mischspiels« (oder der »wahren Komödie«), wie er es wenig später theroretisch entwickelt (und auch später beibehält), kommt er hier am nächsten[13]. Gleichzeitig ist damit die Reihe seiner Bearbeitungsversuche abgeschlossen, was nicht bedeutet, daß Lessing das Interesse an der antiken Komödie oder anderen Formen populären Theaters verloren hätte[14]. Bei aller demonstrativen Begeisterung ist Lessings Plautusrezeption, wie der skizzenhafte Überblick gezeigt hat, im Grunde noch relativ vorsichtig. Auf theoretischer Ebene ist Lessing um die 'Rettung' des verketzerten Plautus bemüht, wobei stets auch sorgfältig auf die gängige Kritik eingegangen wird. Bei den Stückbearbeitungen verfährt Lessing selektiv; er bearbeitet vor allem jene Komödien, die in der aktuellen Lustspieldiskussion neue Perspektiven eröffnen. Den Lessingschen Entwurf einer bürgerlich-realistischen Komödie, wie er sich am Ende abzeichnet, hat das Modell der 'alten' (Plautinischen) Komödie somit wesentlich mitinspiriert.

II

Anfang der siebziger Jahre greift auch der junge Lenz wieder auf Plautus zurück. Dieses Mal handelt es sich nicht mehr um einen einzigartigen, letztlich isoliert dastehenden 'Rettungs'versuch; Lenz kann vielmehr von vornherein mit dem massiven Interesse all jener Stürmer und Dränger rechnen, die ebenso wie er selbst auf der Suche nach handfesten Sujets und volkstümlichen, vor allem satirisch-komischen Traditionen sind und das Ziel verfolgen, mehr »Munterkeit« und »Bewegung« auf das zeitgenössische Theater zu bringen[15]. Lenz, offensichtlich von der Unterstützung seiner Freunde beflügelt, legt bereits 1772 zwei erste Bearbeitungen vor, zwei Jahre später veröffentlicht er eine Sammlung von fünf »Lustspielen nach dem Plautus«[16], eine weitere Bearbeitung aus dem Jahr 1775 geht vor der Drucklegung verloren. Lenz hat sich also äußerst intensiv mit Plautus beschäftigt, und dies in einer schriftstellerischen Phase, in der auch andere wichtige Arbeiten (u. a. die »Anmerkungen übers Theater«, der »Neue Menoza«, der »Hofmeister«) im Entstehen begriffen sind. Daß damit der Plautusrezeption eine m.E. nicht genügend beachtete Bedeutung für die Entwicklung der Lenzschen Dramatik zugesprochen werden muß, liegt auf der Hand.

Schon bei einer ersten Durchsicht der übersetzten Stücke fällt auf, wie vergleichsweise unbekümmert Lenz bei der Auswahl der Plautinischen Vorlagen verfährt. Lobte Lessing noch die »Captivi« als bestes Stück des römischen Autors, so hält sich Lenz eher an den 'typischen' Plautus, d.h. an jene Komödien, in denen es um handfeste Themen wie Liebes- und Eheprobleme, betrogene Liebhaber, Kuppeleien und Entführungen geht und in denen die ohnehin aus den Fugen geratene Kleinbürgerwelt von gewitzten Dienern vollends auf den Kopf gestellt wird. Lenz sieht sich zwar gezwungen, hier hin und wieder abzuschwächen, beläßt aber zumeist Figurenensemble und Handlungsstruktur der ausgewählten Stücke. Die konsequenteste Änderung, die Lenz vornimmt, besteht nun darin, daß – anders als bei Lessing – die Handlung (inklusive Namen der Personen, berufliche und soziale Charakterisierungen, sprachliche Eigenheiten) ins deutsche Milieu übertragen wird. Lenz kam es vor allem darauf an, Plautus so weit wie möglich zu aktualisieren, ja die Plautinischen Vorlagen als gegenwartsbezogene Stücke neu zu »schöpfen«[17]. Die Derbheiten und Gewagtheiten des Plautus werden von Lenz dabei nicht als grundsätzliches Problem empfunden.

So geht es in der ersten Komödie (»Das Väterchen«) um einen durchaus »unsauberen Stoff«, um ein »Sittenbild trauriger Familienverhältnisse,« wie Reinhardsstoettner noch mehr als hundert Jahre später formuliert[18]. Ludwig, der Sohn der Hauptfigur, des »Negozianten« Schlinge, hat eine bestimmte Geldsumme aufzubringen, um seine Freundin Klärchen – Lenz macht aus der Prostituierten der Vorlage eine sympathische, aber verarmte Kleinbürgertochter – halten zu können. Die beiden Diener, Bertrand und Johann (die alte Hanswurstfigur schimmert hier deutlich durch), mit den Schwächen sämtlicher Familienmitglieder wohl vertraut, erklären sich bereit, den erforderlichen Geldbetrag zu beschaffen, was natürlich nicht ohne entsprechend komödiantisch in Szene gesetzte Betrugsmanöver abgeht (sie fangen einen Bauern ab, der einen Esel gekauft hat und gerade den fälligen Betrag entrichten will). Die Manöver der frei schaltenden und waltenden Diener wie auch die erotischen Machenschaften seines Sohnes deckt und unterstützt der schwächlich gezeichnete Negoziant Schlinge, der sich auf diese Weise vor allem an seiner ihn und die ganze Familie dominierenden Frau rächen will; als Belohnung für sein Schweigen will sich das »Väterchen« einen Abend mit der Braut seines Sohnes vergnügen. Das Stück endet – wie zu erwarten – mit dem Reinfall des Herrn Schlinge, der gerade im unrechten Augenblick von seiner Frau überrascht und zur Strafe nach Hause transportiert wird.

Daß ein solcher Stoff manchen Kritiker immer noch recht 'römisch' anmutet und auf die deutschen Verhältnisse nicht so recht passen will, läßt Lenz nicht gelten. Vehement streicht er gegenüber einem (unbekannten) Rezensenten den Realismus seiner Hauptfigur heraus: »Ein Vater, der bei seines Sohnes Mädchen sich hinsetzt und schön tut (...), ein Vater, der gern weint, seiner Frau das Geld stiehlt (...), und sich für seine Kinder einen Hofmeister (...) angenommen hat (...). Mein Herr, reisen Sie in Deutschland, und Sie werden in jedem Flecken das Original zu diesem Gemälde finden.«[19] Gleichzeitig wird hier Lenz' Intention deutlich, die über das scheinbar ausschließlich Komödiantische hinausgeht und statt dessen moral- und sozialkritisch ausgerichtet ist. Auch bei der Figur des jungen Clärchen argumentiert Lenz auf ähnliche Weise: bereits Plautus habe mit seiner Darstellung eher »zärtliche« Saiten anschlagen, also Mitleid für das Schicksal einer »Hetäre« wecken wollen.[20] Bei der Übertragung ins deutsche Milieu geht es Lenz nun entsprechend um die »verderbten Sitten unserer Zeit«, da »Mütter selbst, besonders unter dem Pöbel und in kleinen Städten sich kein Gewissen daraus machen, ihre Töchter als Lockspeisen in die Schlingen auszulegen, die sie dem Vermögen junger Verschwender stellen«.[21] So ausgelassen und possenhaft der plot des »Väterchen« auf den ersten Blick also auch wirkt, Lenz zielt letztlich auf aktuelle Gesellschaftskritik ab. Das Extreme, Gewagte, Moralisch-Anrüchige der Vorlage stört Lenz dabei um so weniger, als es seiner nüchternen, illusionslosen Einschätzung gesellschaftlicher Zustände durchaus entspricht.

Das Komödiantische dagegen, so wie es sich in der Charakterisierung einzelner Figuren, in den Täuschungsmanövern der Diener und in der stellenweise großartigen Situationskomik zeigt, erscheint Lenz als effektivstes Mittel, das Lächerliche, ja Lachhafte sozialen Fehlverhalten zu entlarven.

Auch in der zweiten Komödie (»Die Aussteuer«), dem vielleicht besten Stück der Lenzschen Sammlung, geht es um soziales Fehlverhalten, auch hier steht ein kleinbürgerlicher Familienvater namens Keller im Mittelpunkt, der sich, offensichtlich aus Angst vor Mitgiftjägerei, nach außen als mittellos gibt, in Wahrheit aber über einen Goldschatz verfügt, den er absolut geheimhalten will. Das Stück lebt nun fast ausschließlich von der unfreiwilligen Komik der Hauptfigur, die nur noch den Goldschatz im Kopf hat und geradezu paranoid jeden Besucher verdächtigt und überall Verrat wittert. Wie zu erwarten, macht Keller aber gerade durch sein eigenes Verhalten auf die Existenz des Goldschatzes aufmerksam und provoziert den schließlich auch stattfindenden Diebstahl selbst.

In diesem Lustpiel dient die weidlich ausgeschlachtete, zum Teil bis ins Groteske getriebene Charakter- und Situationskomik (man denke vor allem an I,2 und III,1 und 3) namentlich dazu, den »fehlerhaften« Protagonisten sich selbst entlarven zu lassen. Daß der Diebstahl schließlich aufgeklärt werden und das Ganze doch noch ein beispielhaft gutes Ende nehmen kann, ist das Verdienst des reichen und aufgeklärten Nachbarn Splitterling (offenbar ein Vorläufer des Majors im »Hofmeister«), der zu Anfang Kellers Tochter heiraten möchte (ohne an der Mitgift interessiert zu sein), später aber zurücktritt, als er erfährt, daß sein Neffe bereits mit ihr liiert ist (ja sogar schon ein Kind von ihr hat), und am Ende Keller geradezu zwingt, die Hälfte des wiedergefundenen Schatzes als Aussteuer zur Verfügung zu stellen, um so seine »Sorge und Angst um den halben Teil leichter« zu machen[22].

Als drittes Stück stellt Lenz seine Version des Plautinischen »Miles gloriosus« unter dem neuen Titel »Entführungen« vor.[23] Den bereits beschriebenen Bearbeitungsprinzipien folgend, bemüht sich Lenz auch hier um aktualisierende Moral- und Gesellschaftskritik. Aus der bereits stereotypen Figur des großmäuligen Soldaten wird bei Lenz der adlige Offizier von Kalekut, der mit seinen militärischen und erotischen Großtaten protzt, parasitenhafte Existenzen um sich versammelt, die ihm nach dem Mund reden, und – was den neuen Titel inspiriert hat – außerdem ein bürgerliches Mädchen entführt und längere Zeit gefangenhält. Das sich hier abzeichnende soziale Spannungsverhältnis – Thema der wenig später verfaßten »Soldaten«

– wird in den »Entführungen« jedoch nicht weiter vertieft, die traditionelle Lustspielhandlung beschränkt sich vielmehr auf die Ausstellung des lächerlich-falschen Verhaltens des adligen Protagonisten. Den Umschwung der Handlung leitet eine kompliziert eingefädelte, wie üblich von gewitzten Dienern besorgte Gegenentführung ein, was schließlich zum allgemeinen happy end und zur »Bestrafung« des düpierten Offiziers führt, der sein Imponiergehabe und Protzentum endlich aufzugeben verspricht.

Um das Bild abzurunden, ist auch noch auf die beiden letzten »Lustspiele nach dem Plautus« einzugehen, die allerdings in mancher Hinsicht gegenüber den bereits diskutierten abfallen. In der »Buhlschwester« wagt sich Lenz noch einmal an einen »unsauberen« Stoff: im Mittelpunkt steht hier eine »sogenannte Kokette« namens Julchen, die mehrere Liebhaber gleichzeitig hat, (neben zwei adligen mit den sprechenden Namen von Schlachtwitz und von Bauchendorf auch einen bürgerlichen), was natürlich zu entsprechenden situationskomischen Effekten genutzt wird – so »borgt« sich Julchen beispielsweise ein Kind und präsentiert sich als leidende Wöchnerin, um Schlachtwitz zu immer höheren Alimentzahlungen zu bewegen usw. Den bürgerlichen Liebhaber Julchens, Fischer, fechten jedoch weder Julchens Verhalten noch die adlige Konkurrenz sonderlich an; er pocht vielmehr auf seine »wahre« Liebe, läßt sich immer wieder bereitwillig hinters Licht führen und hinhalten und lernt nichts aus seinen Niederlagen. Erst als sich herausstellt, daß Fischer bereits ein Kind von einer anderen Frau hat, sieht er sich gezwungen, Julchen aufzugeben und in eine »vernünftige« Heirat einzuwilligen. Julchen selbst verläßt anschließend bei Lenz (anders als bei Plautus) fluchtartig die Stadt, mit dem Geld ihrer geprellten Freier in der Tasche.

Will Lenz in der »Buhlschwester« offensichtlich allzu naive Liebhaber warnen vor den Reinfällen, die sie bei »treulosen« Frauen erleben können, so ist die am Schluß abgedruckte »Türkenklavin«, die später vor allem von den Romantikern gerühmt wird, geradezu ein Hohelied auf die »reine« Liebe. Interessant ist diese Lenzsche Bearbeitung auch noch insofern, als hier jene »rührenden« Elemente, die auch in den anderen Lustspielen eine gewisse Rolle spielen, in den Vordergrund treten. Die Liebe zwischen einem jungen Wiener und einer jungen Türkensklavin, die obendrein noch weiter verkuppelt werden soll, trägt dabei geradezu melodramatische Züge. Auch hier sorgt die obligatorische Dienerintrige fürs 'happy end'.

III

Daß Lenz mit seinen »Lustspielen nach dem Plautus« – so unterschiedlich sie im einzelnen auch sein mögen – insgesamt eine beachtliche, (in der Lenz-Forschung bislang nicht recht gewürdigte Leistung vollbracht hat), haben schon die Zeitgenossen erkannt. So lobt insbesondere Wieland die Lenzsche Arbeit geradezu emphatisch, wobei er sie gleichzeitig den Lessingschen Versuchen vorzuziehen scheint: »Weder buchstabierte Übersetzung noch freye Nachahmungen, sondern eine Art von Nachbildung erhalten wir hier, wie wir sie so viel ich weiß, noch von keinem alten Dichter besitzen.«[24] Lenz habe sich »in die Person seines Plautus so sehr (hineingedichtet), daß er gleich einem Schauspieler vom Genie, ihm Ideen und Worte unterschieben konnte, die Plautus selbst billigen mußte.«[25] Auch der sprachlichen Realisierung bescheinigt Wieland höchste Qualität; Lenz habe seine Sprache »zur Höhe des Originals umgebildet«.[26] Doch mit dieser Betonung der schöpferischen »Nachbildung« und der sprachlich-stilistischen Qualitäten wird noch nichts über die Intention ausgesagt, die hinter den Lenzschen Bearbeitungen steht, die Intention nämlich, die Plautinischen Vorlagen so weit wie möglich zu aktualisieren und gesellschaftskritisch zu akzentuieren. Gerade hierin liegt Lenz' wichtigste Leistung.

Dabei gelingt Lenz in den meisten Fällen – man denke an das »Väterchen«, die »Aussteuer«, auch an die »Entführungen« – ein erstaunlicher Kunstgriff: durch die simple Übertragung der Spielhandlung ins deutsche Milieu und vor allem die soziale Konturierung der Personen und ihrer Beziehungen zueinander kann Lenz den Plautinischen Sujets eine bislang so nicht erkannte sozialkritische Dimension abgewinnen. Themen wie Ehe, Sexualmoral, Geld, betrogene Liebhaber werden nicht etwa als quasi zeitlose komödiantische Standardthemen behandelt, vielmehr stellt Lenz sie stets in einen konkreten, gesellschaftlichen (hier kleinbürgerlichen) Zusammenhang. Im Prinzip stößt Lenz hier gleichzeitig schon zu Themen vor, die ihn (wie auch andere Stürmer und Dränger) in seinen Stücken beschäftigen werden: väterliche Autorität, Sexualmoral, soziale Gegensätze und Abhängigkeiten, Frauen als Opfer der Gesellschaft usw.[27]

Besonders folgenreich ist die Bearbeitung in dramaturgischer Hinsicht, denn Lenz nähert sich über das Plautinische Modell wieder den von Gottsched und anderen Aufklärungstheoretikern blockierten Traditionen volkstümlichen Lachtheaters. Die oft recht willkürlichen und abenteuerlichen Handlungen und vor allem die geradezu kapriolenschlagende Komik der Diener erinnern dabei stark an die Stilformen der Commedia dell' arte. Gleichzeitig ist die Kultivierung solch theatralischer Spielhandlungen kein Selbstzweck, sondern dient vielmehr, wie gezeigt, der besonders geschickten (da dramatisch, und nicht verbal vermittelten) Entlarvung falscher Verhaltensformen. Es ist diese Komödienpraxis, die Lenz auch bei seinen theoretischen Versuchen zur Funktion des Komödie (und des Dramas generell) im Auge hat. Angesichts der unterentwickelten kulturellen Zustände im Deutschland jener Jahre, angesichts des »Mischmaschs von Kultur und Rohigkeit, Sittigkeit und Wildheit«[28] und angesichts eines noch wenig gebildeten Publikums, dessen »gröberer Teil (...) dem Lachen geneigter als dem Weinen« ist[29], erscheint Lenz ein handfestes Lachtheater à la Plautus als angemessene dramatische Antwort.

Andrerseits war sich Lenz sicher auch der Unzulänglichkeiten der Plautinischen Dramaturgie bewußt, seine eigenen Stücke gehen dann auch etwa in der Fabelkonstruktion deutlich über Plautus hinaus. Dies ändert aber nichts daran, daß Lenz die Möglichkeiten des 'alten' Komödienmodells äußerst produktiv zu nutzen vermag. Eine alternative deutsche Lustspieltradition hat er damit freilich nicht begründet.

AMMERKUNGEN

1. Jakob Michael Reinhold Lenz, *Gesammelte Schriften*, Band II, hrsg. von Franz Blei, (Berlin: Propyläen, 1920), S. 453/454.
2. Christoph Hein, »Waldbruder Lenz«, in: Literatur konkret, Heft 9, 1984/1985, S. 73.
3. Diesen Terminus prägte kürzlich Volker Klotz in seinem Buch *Bürgerliches Lachtheater*, (München: Hanser 1984).
4. Vgl. Johann Christoph Gottsched, *Versuch einer Critischen Dichtkunst*, Fotomechanischer Nachdruck der 4. vermehrten Auflage, (Darmstadt: Wissenschaftliche Buchgesellschaft, 1962), S. 631 ff (= Von Komödien oder Lustspielen).
5. Vgl. das Kapitel »Plautus und Terenz« bei Volker Riedel, *Lessing und die römische Literatur*, (Weimar: Böhlau, 1976), S. 31 ff. Eine erste Gesamtübersicht über die europäische Plautusrezeption findet sich bei Karl von Reinhardstoettner, *Plautus, spätere Bearbeitungen plautinischer Lustspiele*, Leipzig 1886. Vgl. auch: Karl Otto Conrady, »Zu den deutschen Plautusübertragungen. Ein Überblick von Albrecht von Eyb bis zu J.M.R. Lenz«, in: *Euphorion*, Jahrgang 48, 1954, S. 373–396.
6. Gottsched, a.a.O., S. 634. Vgl. auch spätere Stellungnahmen Gottscheds, etwa aus den Jahren 1741 oder 1757, dazu: Riedel: a.a.O., S. 42.

7. Gotthold Ephraim Lessing, *Gesammelte Werke,* Band III, hrsg. von Paul Rilla, (Berlin: Aufbau, 1955), S. 269. Sowie Lenz, a.a.O., S. 477/478, in einem ursprünglich als Vorwort zu den »Lustspielen nach dem Plautus« vorgesehenen Text.
8. Vgl. hierzu wie zum gesamten Abriß der Lessingschen Plautusrezeption die ausführliche Darstellung bei Riedel, auf den ich mich hier weitgehend stütze, a.a.O., S. 41 ff.
9. Lessing, a.a.O., S. 173 ff.
10. Ebd., S. 188.
11. Ebd., S. 191.
12. Vgl. Riedel, a.a.O., S. 47.
13. Ebd.
14. Man denke etwa an Lessings kontinuierliches Interesse an Stoffen und Techniken der Commedia dell'arte.
15. So Goethe in einem ermunternden Brief vom 6.3.1773, zitiert nach: J.M.R. Lenz, *Werke und Schriften,* Band II, hrsg. von B. Titel/H. Haug, Stuttgart: Goverts, S. 781. Zum Sturm und Drang allgemein vgl. das Kapitel »Das Komische als Strukturelement der Wirklichkeit« in Eckehard Catholys Buch *Das deutsche Lustspiel. Von der Aufklärung bis zur Romantik,* (Stuttgart: Kohlhammer, 1982), S. 110 ff.
16. Die Erstausgabe erschien 1774 bei Weygand mit dem Vermerk »von Goethe und Lenz«, vgl. Lenz, a.a.O., S. 478.
17. Vgl. Lenzens Argumentation in seinem Aufsatz »Verteidigung der Verteidigung des Übersetzers der Lustspiele«, in: Lenz, a.a.O., S. 337 ff, hier vor allem S. 340.
18. von Reinhardstoettner, *Plautus,* a.a.O., S. 229.
19. Lenz, a.a.O., S. 342.
20. Ebd, S. 341.
21. Ebd.
22. Ebd., S. 83.
23. Der »Miles« gehört mit zu den ersten Stücken, die Lenz bearbeitete, zur ersten Fassung vgl. Lenz, a.a.O., S. 353 ff (= Studien zum Plautus).
24. Zitiert nach N.N. Rosanow, *Jakob M.R. Lenz, Der Dichter der Sturm- und Drangperiode,* Leipzig: Schulze, S. 184.
25. Ebd., S. 184/185.
26. Ebd.
27. Diese Verbindung stellt neuerdings auch Bengt Algot Sørensen in seiner wichtigen Arbeit *Herrschaft und Zärtlichkeit* her, (München: Beck, 1984), S. 149; Catholy spielt dagegen die Bedeutung der Plautus-Arbeiten eher herunter, a.a.O., S. 123.
28. Lenz, a.a.O., S. 334.
29. Ebd.

Jürgen Pelzer. Born 1949. M.A. (Konstanz); Ph.D. (Univ. of Wisconsin/Madison). Associate Professor of German Literature/Occidental College. Has published *Kritik durch Spott. Satirische Praxis und Wirkungsprobleme im westdeutschen Kabarett,* (1985) and *J.M.R. Lenz: Der Hofmeister* (erscheint in Kürze).

Irrtum als dramatische Sprachfigur.
Sozialzerfall und Erziehungsdebatte in
J.M.R. Lenz' *Hofmeister*

Klaus Bohnen, Aalborg, Dänemark

> Der Beitrag sucht einen Zusammenhang zwischen der dramatischen Inszenierung des Irrtums und der dem Stück eingelagerten Erziehungsdebatte in Lenz' »Hofmeister« herzustellen. Dem Fiktionsspiel des Sozialzerfalls und dessen komödiantischer Aufhebung wird mit der – von Lenz ersichtlich herangezogenen – pädagogischen Autorität A. F. Büschings (»Unterricht für Informatoren und Hofmeister«) ein Wirklichkeitsbezug entgegengehalten, dessen Funktion einerseits in der sachlichen Absicherung der im Stück entwickelten politisch-radikalen Gesellschaftsanalyse und andererseits in der Prognostik eines gangbaren Wegs für eine zukünftige Aufhebung des 'Irrtums' besteht. Lenz' Problematisierung von Fiktionslösungen mündet so ein in eine vom zeitgenössischen Diskussionsstand abgeleitete und an die pädagogische Vernunft appellierende 'konkrete Utopie'.

1

In der wohl 'privatesten', die erotische Situation enthüllenden Szene des Dramas, dessen Handlungskonflikt von der 'Verführung' der Schülerin durch den Hofmeister mit all ihren drastischen Folgen lebt, geht das Gespräch seltsame Wege. Läuffer, der von seinen vielfachen Frustrationen gepeinigte Hofmeister, klagt über seinen sozialen Status in der Familie, und Gustchen, die ihm (auch) anvertraute Tochter des Hauses, ergeht sich in Selbstmitleid über ihre vermeintliche »Einsamkeit«, um Läuffer zum Dableiben zu bewegen. Und während dieser »nachsinnend« an ihrem Bett sitzt und sie sich »auf ihrem Bett« aufstützt und »seine eine Hand von Zeit zu Zeit an die Lippen (bringt)«, wendet sie sich an ihn mit den Worten:

> O Romeo! Wenn dies deine Hand wäre. – Aber so verlässest du mich, unedler Romeo! Siehst nicht, daß deine Julie für dich stirbt – von der ganzen Welt, von ihrer ganzen Familie gehaßt, verachtet, ausgespien. *(Drückt seine Hand an ihre Augen)* O unmenschlicher Romeo!

Auf seinen Einwand hin: »Was schwärmst du wieder?« antwortet sie:

> Es ist ein Monolog aus einem Trauerspiel, den ich gern rezitiere, wenn ich Sorgen habe. *(Läuffer fällt wieder in Gedanken, nach einer Pause fängt sie wieder*

> *an)* Vielleicht bist du nicht ganz strafbar. Deines Vaters Verbot, Briefe mit mir zu wechseln, aber die Liebe setzt über Meere und Ströme, über Verbot und Todesgefahr selbst – Du hast mich vergessen... Vielleicht besorgtest du für mich – Ja, ja, dein zärtliches Herz sah, was mir drohte, für schröcklicher an als das, was ich leide. *(Küsst Läuffers Hand inbrünstig.)* O göttlicher Romeo! (II, 1)¹

Die Szene entfaltet ein Gespräch, das sich leerläuft, weil es von divergierenden Interessen gesteuert ist, sich im literarischen Zitat camoufliert und damit eine auf Zuneigung basierende Verständigung in ihr Gegenteil verkehrt: der fiktive 'Code' aus Shakespeares Trauerspiel assoziiert das »Schwur«-Wort (I, 5) zwischen den 'fernen Verliebten' Gustchen und Fritz, bestätigt es damit in der Imagination und hebt es in der Wirklichkeit mit Läuffer gleichzeitig auf. Die Wirklichkeit erscheint als ebenso imaginär wie die Imagination als wirklich – eine Realitätsverschiebung ohnegleichen, die den »in Gedanken« versunkenen Hofmeister, der in dieser Verbindung seine »selige Zukunft« (II, 1) gesehen hatte, einen Zusammenhang erahnen läßt, der ihn an das Schicksal des »Abälard« erinnert, während die in der Fiktionswelt der »neue(n) Heloise« sich einrichtende Tochter die Wirklichkeit verdrängt:

> Du irrst dich – Meine Krankheit liegt im Gemüt – Niemand wird dich mutmaßen. (II, 5)

Ein Gespräch, dessen Wortlosigkeit (sie sehen sich »eine Zeitlang« »schweigend« an, Läuffer ist »nachsinnend,« »fällt wieder in Gedanken«, »sieht sie eine Weile stumm an«) durch literarische Zitate und Anspielungen überbrückt wird und das doch nur Leere, Verkehrtheit, Fremdheit signalisiert. Der 'Irrtum' wird zur Sprachfigur, ein zerstörerischer Irrtum, der die Möglichkeit von Verständigung überhaupt in Zweifel zieht und damit allen privaten und sozialen Beziehungen ihre Basis entzieht.

J.M.R. Lenz' »Hofmeister« inszeniert diesen Irrtum und expliziert ihn als dramatisches Grundmuster in der Spannweite vom Sich-Irren in den privaten und sozialen Bezügen bis zum Irre-Werden an der Weltordnung. Das Handlungsspektrum breitet eine trostlose Landschaft von Zerfall und Fremdheit aus: unüberbrückbar im Raum-Antagonismus von Schloß (Adel) und Schulmeister-Hütte (Kleinbürger), zerrüttet im Familienbild zwischen dem Major und seiner Frau (»Es gibt keine Familie; wir haben keine Familie...«; IV, 1), problematisiert in der Eltern-Kinder-Beziehung (entwickelt von der »Abgott«-Haltung des Majors (III, 1) und der »Strenge«, den »Grausamkeiten« und dem »Neid« der Majorin (II, 6) auf der einen bis zum »Verbrechen« des von »Haß und Undankbarkeit« gesteuerten alten Pätus gegenüber Mutter und Sohn (V, 12) auf der anderen Seite) und radikalisiert schließlich durch die »Ertötung der Sinnlichkeit« (V, 9) aus »Reue und Verzweiflung« (V, 3) – die Selbstentmannung Läuffers –, die von der »Unschuld« (V, 3) Wenzeslaus' als »Zubereitung« »für den Himmel« (V, 9), als Hoffnung darauf, daß »die ganze heutige vernünftige Welt zum Teufel fahren« wird (V, 9), mißverstanden wird. Über allem lastet das »furchtbare Rätsel« (V, 11), auf das sich das Drama zuspitzt und bei dem die Frage dringend wird, ob es einer ausgleichenden Auflösung fähig ist oder ob es sich wirklich um die vom Schulmeister angesprochene »letzte böse Zeit« (V, 9) handelt, die den »seelen-verderblichen Zeiten« (V, 9) den Garaus macht. Die resignierende Anpassungs-Haltung des Pastors (»Aber was ist zu machen in der Welt?«; II, 1) wie die quietistische 'Einigelungs'-Politik des Schulmeisters gegenüber der »Obrigkeit« (»Ei was, es ist nun einmal so; und damit muß man zufrieden sein.«; III, 4) sind solche Grundirrtümer (denn der eine überläßt damit den Sohn seinem Unglück, und der andere beläßt alles beim Alten und kann daher nicht verhindern, daß die »Obrigkeit« gewaltsam in sein Haus eindringt). Und selbst die Freiheits-Parole des Geheimen Rats, dem in der Erwachsenenwelt noch am ehesten Besinnung und Unabhängigkeitsdrang zugewiesen wird (»Ohne Freiheit geht das Leben bergab rückwärts, Freiheit ist das Element des Menschen wie das Wasser des Fisches...«; II, 1), scheint sich als pathetischer Irrtum zu erweisen, sofern er sich selbst – wenngleich auf irriger Grundlage – als Glied einer unauflöslichen Determinationskette erkennen muß:

> Es ist ein Gericht Gottes über gewisse Familien; bei einigen sind gewisse Krankheiten erblich, bei andern arten die Kinder aus, die Väter mögen tun, was sie wollen... ich will fasten und beten, vielleicht hab ich diesen Abend durch die Ausschweifungen meiner Jugend verdient. (III, 3)

Dies Netz von Irrtümern in der Welt, wie sie »nun einmal« ist, verknotet Lenz dramaturgisch zu einem »Rätsel«, das nach Auflösung verlangt. Dem Verkennungs- und Erkennungs-Modell des Komödienschemas folgend – wenngleich ihm die Gattungsbezeichnung anfänglich bekanntermaßen durchaus ungeklärt schien[2] – inszeniert er diese Auflösung geradezu im Sinne eines Gegenbilds zu Lessings Anfang der siebziger Jahre die Bühnen beherrschendem und auch im »Hofmeister« angesprochenem (II, 3) Lustspiel »Minna von Barnhelm«.[3] Waren auch dort Irrtum, Verkennen und Zweifel handlungsbewegende Elemente – gar bis an den 'Abgrund' des »Menschenhasses« (IV, 6) vorangetrieben –, so ist es für Lessing doch ein von Menschen verschuldetes Irren, eine Blindheit (»O über die Blinden, die nicht sehen wollen!«; V, 12), die durch intellektuelle Anstrengung und von Gefühl geleitetes Handeln aufhebbar ist, ein Zweifel, der durch das dem Stück vorausliegende »Handschreiben des Königs« dementiert wird. Für Lessing führt der Irrtum im dramatischen Spiel zurück auf eine Wirklichkeit, für die trotz all ihrer Unvollkommenheiten eine festgefügte Ordnung behauptet wird, innerhalb der komödiantische Versöhnung als Belohnung 'naturgemäßen' Handelns möglich ist. Für Lenz gilt genau das Gegenteil: Die drastisch in ihrem Zerfall vorgeführte Wirklichkeit mündet ein in ein Spiel, dessen Inszenierung sich mit allen Zeichen bitterer Ironie den Zufälligkeiten des – von jeder Wahrscheinlichkeitsregel gelösten – Spiels verdankt. Mit Pätus' Gewinn im Lotteriespiel wird die Auflösung des »Rätsels« möglich, aber es ist ein Spiel, das die Wirklichkeit außer sich setzt, überbrückt und aufhebt. Fritz' Ausruf beim Wiedersehen mit Gustchen: »Seh ich ein Schattenbild?« (V, 11) erhält in dieser Sicht eine zusätzliche Bedeutung: die Erkennungs- und Versöhnungsszenerie wird als Fiktionsbild kenntlich gemacht, als ein Spiel der Laune, sich der Göttin Fortuna verdankend. Noch deutlicher tritt das hervor, als Pätus seine Jungfer Rehaar erblickt: »Bin ich so glücklich? Oder ist's nur ein Traum? Ein Rausch? – Eine Bezauberung?« (V, 11). Der Gewinn im Lotteriespiel figuriert als 'deus ex machina', damit alle mit diesem verbundenen Attribute in ihr märchenhaftes Gegenteil verkehrend (eine Märchenwelt, die auch der Geheime Rat anspricht: »Nehmen Sie sich der Prinzessinen nicht zu eifrig an, Herr Ritter von der runden Tafel«; V, 11). Es ist nicht das Lessingsche Erkennungsspiel, das hier die Blinden 'sehend' macht und damit die Weltordnung wiederherstellt, sondern blinder Zufall, »Traum« und »Bezauberung,« der Wirklichkeit als Fiktion entgegengehalten. Entsprechend werden nicht den Blinden die Augen geöffnet, sondern die »Blinde« (Marthe) macht den Hofmeister 'sehend': indem sie ihm das Resultat seines 'Irrtums', Gustchens Kind, in den Arm legt, erkennt er den Umfang der Verkettung: »Du gehst mir auf, furchtbares Rätsel« (V, 1), aber diese Einsicht führt gerade nicht zur spielhaften Versöhnung, sondern in der Selbstkastration zum Bild des Leidens und der Verzweiflung an der Wirklichkeit (wenn ihm auch mit seiner »göttliche(n) Lise« (V, 10) zuguterletzt noch eine kindliche 'dea ex machina' zugedacht wird).

Die Welt der Eltern hat abgedankt, dem Irrtum zum Opfer gefallen, weil in ihren festgefügten Ordnungen sozial und bewußtseinsmäßig eingeschlossen. An ihre Stelle tritt die Welt der »wilden« Jugend, wie der Geheime Rat einsehen muß: »Ich seh, ihr wilde Bursche denkt besser als eure Väter.«

(V, 11). Wenzeslaus' Wort: »Aber man sagt wohl mit Recht, die Welt verändert sich.« (III, 2) steckt den Rahmen ab für einen Generationskonflikt, der als Sprachkonflikt zwischen denen, die dem Irrtum der unveränderlichen und damit 'alten' Welt verfallen, und denen, die – wie Rehaar über die Studenten bemerkt – »nichts« sind, aus denen aber »doch alles... werden« kann (IV, 6), dramatisch wirksam wird.

Befangen im Irrtum der bloßen Reproduktion des Bestehenden, verliert der Major angesichts der Tatsache, daß »die Zeiten (sich) ändern« (I, 2), seine Orientierung: er wird »ausschweifend« (III, 1; IV, 1), »schwärmerisch-schwermütig« (III, 1) und fühlt sich dem »Irrhaus« (V, 12) nahe. Sein Traum davon, daß aus seinem Sohn »ein braver Kerl wie ich« (I, 2) wird – und wenn er ihn »peitschen« muß, »daß dir die Eingeweide krachen sollen« (I, 4) – und daß er seine Tochter »mit einem General oder Staatsminister vom ersten Range« (I, 4) verheiraten kann, zerbricht ebenso wie seine Ehe mit einer »boshafte(n) Frau« (II, 6), die sich an den unzeitgemäßen tändelnden Formen einer französisch-inspirierten Rokokowelt ausrichtet und darin ihren Irrtum mit Ignoranz festschreibt. Sein Haus erscheint dem Major mehr und mehr als ein »Irrhaus«, das er »anstecken« will, um danach »die Schaufel in die Hand (zu) nehmen und Bauer (zu) werden« (III, 1): »Nun so werd denn die ganze Welt zur Hure, und du, Berg, nimm die Mistgabel in die Hand.« (III, 1). Er sucht dem Kerker des Hauses zu entfliehen: »rasend« – wie die Majorin bemerkt – hält er sich »den ganzen ausgeschlagenen Tag auf dem Felde« auf, um dann, »wenn er nach Hause kommt«, »stumm wie ein Stock« zu sitzen (II, 6), eine Spannung, die nachts darin ausbricht, daß er sich »auf die Knie niedergeworfen und an die Brust geschlagen und geschluchzt und geheult, daß mir zu grauen anfing« (II, 6). Was die Majorin für »Narrheiten« hält, für die »lächerliche Seite« ihres Mannes (II, 6), sind die Sprachgebärden eines Mannes, der »der alte nicht mehr« ist, dessen »Herz... zehnmal toller aus(sieht) als mein Gesicht«, der dabei ist, »den Verstand (zu) verlieren« (III, 6), der aber in seinem Irrtum über den wahren Zustand seiner Tochter und über die Verfassung seines 'Hauses' nur noch die tabula rasa der Flucht aus Zeit und sozialer Lage kennt:

> ich weiß von keiner Frau und Kindern, ich bin Major Berg gottseligen Andenkens und will den Pflug in die Hand nehmen und will Vater Berg werden, und wer mir zu nahe kommt, dem geb ich mit meiner Hack' über die Ohren. (III, 1)

Sein Irre-Werden äußert sich im Sprach-Zerfall. Verständnislos gegenüber dem Wandel der Zeiten, dem auch er selbst und sein Haus unterworfen sind, verliert er jeden Kontakt zu seiner Umwelt, »unstät und flüchtig« »wie Kain« (IV, 1), ergeht sich in bitterem Hohn (»Vivat die Hofmeister und daß der Teufel sie holt«; IV, 1), wendet sich in seinen »Ausschweifungen« selbstquälerisch gegen sich selbst (»Hol mich der Kuckuck, so alt wie ich bin und abgegrämt und wahnwitzig«; IV, 1), überschlägt sich in unbeherrschtem Aktionismus (IV, 3) und zerfällt schließlich, nachdem er seine Tochter aus dem Teich gerettet hat, in die Sprachverwirrung: »O du mein einzig teurester Schatz! Daß ich dich wieder in meinen Armen tragen kann, gottlose Canaille!« (IV, 5). Je mehr ihn der Unverstand über das Eigenrecht der Generationen im Wandel der Zeiten und über seine eigene Lage in dieser Zeit in den Irrtum treibt, desto inkommensurabler werden seine Sprachgebärden: Sprachlosigkeit wird in äußerster Konsequenz zur dramatischen Figur des bis zum »wahnwitzig«-Werden getriebenen Irrtums.

Im räumlichen Gegenbild des Schlosses, dem ärmlichen Schulhaus, entwickelt Lenz mit Wenzeslaus einen – was den gedanklichen Spannungsbogen des Stücks angeht – Antipoden des Majors, dessen Selbstbehauptungsstrategie angesichts des 'Irre-Werdens' an der Zeit den genau entgegengesetzten Weg geht: statt Sprachzerfall das Festhalten am 'ABC', an den elementaren Verständigungs- und Orientierungsregeln, nach denen er seine Schüler – als eine Art Dressurakt – 'ausrichtet'. Vom Endzeit-Bewußtsein geprägt, sucht er in seiner Einsiedler-Klause, in der er sich sein »eigner Herr« dünkt (III, 4), die Zeit zurückzuschrauben, die Wirklichkeit mit ihren Bedrohungen und Herausforderungen zu bewältigen durch buchstabengetreue Geradlinigkeit (»Ein Mensch, der nicht grad schreiben kann, sag ich immer, der kann auch nicht grad handeln«; III, 2), mittels eines »halb Dutzend handfester Bauerkerle« (III, 2), durch Tabak und gesunde Lebensweise (III, 4), durch pedantische Schulmeisterei (III, 4) (»Ich will Euch nach meiner Hand ziehen, daß Ihr Euch selber nicht mehr wiederkennen sollt«; III, 4), vor allem aber durch »Ertötung der Sinnlichkeit« (V, 9) und antiaufklärerische Kultivierung von »Aberglauben,« damit der »rechte Glaub« nicht »draufgehn« möge (V, 9). Weltflucht und Sinnenverneinung sind für ihn ein ebensolcher Weg, »um ein Pfeiler unser sinkenden Kirche zu werden« (V, 10) und damit den »Dornen des Lebens« (III, 2) zu entgehen, wie das Anfertigen der »Vorschriften« für seine Schüler und das sklavische Erlernen der »lateinischen Sprache« (III, 4). Sein Irrtum über Läuffers Beweggründe für seine Selbstverstümmelung – nicht christliches Märtyrertum, sondern sexuelle Verzweiflung – löst Grimm und Enttäuschung aus: in seinem manichäischen Weltbild erscheint ihm des Hofmeisters wachsendes Interesse für Lise als »Verbrechen« (»Ihr Bösewicht!... Ihr Mietling! Ihr reißender Wolf in Schafskleidern«), »alle große Hoffnungen..., alle große Erwartungen« müssen der Einsicht weichen: »O tempora, o mores!« (V, 10). Aber diese Zeiten sind nicht mehr durch die »Unschuld« buchstabentreu-gelebter – und damit scheinbar geradliniger – Christlichkeit aufzuhalten; der Irrtum wird in den komisch-naiven Beschwörungen religiöser Worthülsen kenntlich.[4] Der pietistischen Unterströmung der Aufklärung hat Lenz hier ein Denkmal gesetzt, das – der Falschheit der Orthodoxie gegenübergehalten (vgl. die Entlarvung des Pastors durch den Geheimen Rat, II, 1) – nicht ohne Sympathie ist, das die Hilflosigkeit des als »eigner Herr« posierenden, mit der »Unschuld« im Herzen seine Schüler zum »rechten Glauben« dressierenden Schulmeisters allerdings ebenso wenig verkennen läßt.

Über die den Irrtum provozierende gedankliche Begrenztheit des herrschaftlichen Schlosses und der räumlichen Enge des Schullehrer-Hauses scheint als einziger der nicht in seinen eigenen vier Wänden vorgestellte Geheime Rat erhaben zu sein. Gegenüber der Engstirnigkeit von Adel und Kirche und der Einfalt des sektiererischen Eiferers wird ihm die Rolle des Aufklärers zugewiesen, der »Glückseligkeit« und »Freiheit« zu »Vorrechten eines Menschen« erklärt, »der nach seinen Grundsätzen muß leben können« (II, 1) und der mit seiner Abweisung der »Sklavenkette« (II, 1) auch die sozialen Herrschaftsverhältnisse nicht verschont, als Adeliger sich geradezu mit dem »Bürger« solidarisierend: »So sollten die Bürger meiner Meinung sein. – Die Not würde den Adel schon auf andere Gedanken bringen, und wir könnten uns bessere Zeiten versprechen.« (II, 1).

Aber auch er, der das Zeitgeschehen klar erkennt, steht unter dem Gesetz des Wandels der Zeiten, unterliegt deren Zwängen und wird damit – in bester Absicht – Opfer eines Irrtums. Indem er in die Abschiedsszene zwischen Fritz und Gustchen einbricht, die sich – mit Anspielung auf »Romeo und Julia« – in feierlichem »Eid« gegenseitige Treue – und zwar auch gegen den Willen der Eltern (»dein Vater mag dazu sagen, was er will«; I, 5) – versprochen haben, bringt er zugleich die Normen der »Affen von uns Alten« in ein Verhältnis ein, das sich gerade ohne diese Zwänge der Erwachsenen zu entwickeln begonnen hatte. Mit seiner Abweisung der auch ihm das »Herz« 'brechenden' Liebesbezeugungen als Zeichen der »ausschweifenden Einbildungskraft eines hungrigen Poeten, und von denen ihr in der heutigen Welt keinen Schatten der Wirklichkeit antrefft« (I, 6), zeigt er sich befangen in den Konventionen dieser »Wirklichkeit«, 'wie sie nun einmal ist': das Verbot, daß sich die Liebenden »nie andere Briefe schreiben (dürfen) als offene« (I, 6) – und auch dies nur selten – legt den Grund für die katastrophalen Verwicklungen. Sein Unverständnis angesichts der radikalen, soziale Rücksichten außer acht lassenden Ansprüche der Jugend und seine Ausgleichshaltung innerhalb der Familie (»begegne deiner Mutter mit Ehrfurcht; sie mag dir sagen, was sie will«; I, 6) führen gerade erst diese »Wirklichkeit« der »heutigen Welt« mit all ihren Widersprüchen herbei. Seine Einsicht irrt in der Praxis: er ist doch nur einer von den »Alten«, die das Richtige erkennen, es aber nicht leben können. Lenz' jugendlicher Aufruhr erweist hier in der Figur des Geheimen Rats den »Alten« der Aufklärung seine Reverenz, um sie zugleich von der aufs Ausleben pochenden neuen Generation her als zwar wohlwollende, im Leben jedoch weiterhin in ihre Konventionen eingebundene Humanisten zu entlarven.

Daß das 'Ausleben' dieser Jugend nicht ohne Hindernisse und Verwicklungen abläuft, entwickelt das Drama am Beispiel von Fritz und seinen »lustigen Spielgesellen« (I, 2), die – obwohl von unterschiedlichem Stande – gemeinsam die öffentliche Schule wie die Universität besuchen. Zwischen Stube, Kerker und offener Straße ist dies ein Leben, das trotz ökonomischer Sorgen einen lauthals-studentikosen Freiraum behauptet, geradezu verdächtig-ungezwungen den Traum jugendlicher Unabhängigkeit zelebrierend. Irrtümern unterliegt diese Generation nur, wenn sie von Intriganten (Seiffenblase, bezeichnenderweise mit seinem Hofmeister) fehlinformiert werden. In einem irren sie sich nicht – und das ist das Wesentliche für sie –: in ihrem unbedingten Glauben aneinander und in ihrer Treue zueinander. In dieser Sicht wird das Drama zu einer klassischen, auf Schillers Hymnik vorausweisenden Huldigung der Freundschaft über alle soziale Grenzen hinweg.

Sichtbar wird diese sich von allen konventionellen Sozialbezügen abgrenzende Unbeirrbarkeit vor allem in der Gefängnis-Szene (II, 7). Die Vertreter der Gesellschaft – hier von Seiffenblase und sein Hofmeister – glauben, weil sie »eine Weile unter den Menschen gelebt haben«, »Charaktere beurteilen zu können«, enthüllen dabei aber nur – weil selbst maskenhafte Marionetten gesellschaftlicher Gewohnheiten –, daß sie »Maske« und »wahres Gesicht« nicht zu unterscheiden vermögen. Ihrem Irrtum erscheint das »ich weiß« des jungen Berg gegenübergestellt, der aus der gegenseitigen »Bruder«-Liebe – immer nur angefochten und behindert durch »unsre Väter« - seinen festen

Glauben an Pätus' »gutes Herz« herleitet und darin aufs schönste bestätigt wird. Das Gefängnis – als Raumbild gleichermaßen dem Schloß wie dem Schulhaus gegenübergehalten – wird zum Ort der inneren Befreiung; der Irrtum der wohlsituierten 'Häuser' der Gesellschaft, aus denen die Kinder verwiesen werden (wie Pätus, dessen – wie es heißt – »Vater« es nicht einmal »verdiente«, »einen verlornen Sohn zu haben«), wird eklatant im Gegen-Bild der Institution, in die die Gesellschaft ihre 'Störenfriede' verweist. Es sind die »wilden Burschen«, die »lustigen Spielgesellen«, gemeinsam und ohne soziale Schranken aufgewachsen, die der Gesellschaft die »Maske« abreißen und damit der neuen Generation einen Zukunftsweg anweisen.

2

Lenz' dramatische Inszenierung des Irrtums (vorangetrieben bis zur drohenden Gefahr des »Irrhauses«) und dessen Aufhebung im fiktiven Spiel des gattungstypischen Komödienschlusses greift tief ins Wirklichkeitsverständnis des Aufklärungszeitalters ein. Theologisch brisante Schnittflächen werden ebenso bloßgelegt wie – im Bild des Familienzerfalls – grundlegende Organisationsformen der Gesellschaft, veranschaulicht durch die sozialrealistische Präsentation zeitgenössischer Konfliktfelder wie denen der Ignoranz der 'höheren Stände', der scheinadeligen Lebensform, der bürgerlichen Anpassungshaltung oder auch der kleinbürgerlichen Exzentrizität. Im Generationsgegensatz werden diese Zerfallserscheinungen schließlich auf das Bild vom 'Wandel der Zeiten' projiziert und in der Perspektive der Hofmeister-Institution sozialpädagogisch ausgelegt.

Diese unterschiedlichen Schichten des Werks spiegeln sich in der Vielfalt der Verständnisansätze in der Forschung wider. Man hat versucht, das Stück formgeschichtlich[5] und gattungsästhetisch[6] einzuordnen, es theologisch vom Bildrahmen der Parabel vom 'verlorenen Sohn'[7] oder anthropologisch von der psychischen Konstitution der Melancholie[8] her zu deuten, es sozial- und familiengeschichtlich von der gesellschaftlichen Lage, die es reflektiert, auf seine Aussagekraft hin zu befragen[9] und schließlich – von Titel, Problemdiskussion und Schlußwort her nahegelegt – pädagogisch als Programmschrift gegen die »Privaterziehung« zu verstehen.[10] Bei aller Evidenz dieser Zugänge stellt sich indes die Frage nach deren Zusammenhang. Insbesondere die Verbindung der dem Werk eingelagerten Erziehungsdebatte mit dem in der Figur des Irrtums dramatisch artikulierten Sozialzerfall bedarf einer genaueren Erklärung.

Die Problemdebatte über die rechte Form der Erziehung, wie sie besonders im »Disput« zwischen dem Pastor und dem Geheimen Rat entfaltet wird (II, 1), weist das Drama als ein Zeitstück aus, das die Ursachen für den Zerfall der Sozialbeziehungen von einem zeitgenössischen 'Irrtum' des gesellschaftlichen Systems her zu erklären sucht. Die dramatischen Verwicklungen des Fiktionstextes werden dabei in einen Realkontext eingebunden, der in seiner Aktualität für die Zeitgenossen identifizierbar und als Beitrag zu einer noch nicht abgeschlossenen Debatte durchschaubar war. Um in diesem Realbezug glaubhaft zu sein, mußten die dem ästhetischen Arrangement zugrundeliegenden Sachverhalte und Argumente einen hohen Grad von dokumentierbarer Überzeugungskraft haben.

Lenz löst dies Problem, indem er eine pädagogische Autorität, Anton Friederich Büschings (»des Königl.-preuß. Oberconsistorialraths, auch Directors der vereinigten berlinischen und cöllnischen Gymnasii«) »Unterricht für Informatoren und Hofmeister« als 'Quelle' heranzieht, ein Werk, das in 1. Aufl. 1760, in 2. (nicht autorisierter) Aufl. 1763 und schließlich in einer »erweiterten« Ausgabe 1773 (wonach zitiert wird) erschienen war.[11] Büsching, als Lehrbuch-Autor in zahlreichen Fachgebieten kompetent,[12] legt darin eine Art Handbuch für »Informatoren« (beschäftigen sich »vornehmlich mit dem Unterricht der Kinder«; S.31) und »Hofmeister« (dessen »Hauptgeschäfte« es sind, »der Aufseher, Anführer, Rathgeber, Freund, Gesellschafter, Weisheitslehrer, Helfer und Haushälter des Untergebenen zu seyn«; S. 34) vor, das in seiner Detailfreudigkeit ein vortrefflicher Spiegel gesellschaftlicher Umgangsformen und pädagogischer Methoden der Zeit ist. Eingerahmt wird diese Aufstellung von Rechten, Pflichten, Verhaltensweisen und Lehraufgaben des Hofmeisters (im Sinne des sich für beide Kategorien des Privatlehrers einbürgernden Sammelnamens) von einer – für Lenz vor allem wichtigen – »Abhandlung von dem Vorzug öffentlicher Schulen vor den Privatlehrern« (S. 29), in der er »Vortheile« und »Schaden« der öffentlichen bzw. privaten Erziehung diskutiert (S. 3–25), und einen »Anhang, welcher geziemende Bitten an alle diejenigen, welche Informatoren und Hofmeister für ihre Kinder annehmen, enthält« (S. 195–200). Büsching erweist sich darin als ebenso sachlicher und nüchterner Beobachter der sozialpädagogischen Wirklichkeit wie als kluger Warner vor den dem System anhaftenden Möglichkeiten des Mißbrauchs, vor allem jedoch als ein – vielfacher Polemik ausgesetzter (vgl. S. 29) – Streiter für die Erziehung in öffentlichen Schulen, deren »Vortheile« er mit pädagogischem

Weitblick überzeugend herausstellt. Gerade in dieser Hinsicht wird seine Darstellung für Lenz anregend und verwendbar.

Bereits ein erster Überblick über den Handlungsentwurf des Dramas zeigt die traurige Figur des Lenz'schen 'Helden' als Negativbild von Büschings Vorlage: die bis zur Selbstaufgabe gehende Unterwürfigkeit und Schwäche des Hofmeisters (in sozialen und ökonomischen Fragen), sein Mißmut und seine pädagogischen Fehler, vor allem aber natürlich sein privater 'Fehltritt' gegenüber der ihm anvertrauten Tochter des Hauses weisen ihn als einen Kandidaten aus, der der von Büsching intendierten »Pflanzschule« (S. 6) für angehende Lehrer dringend bedurft hätte.[13] Gleiches gilt für die ihn anstellende Familie des Majors, deren Verhalten in durchschaubarem Kontrast zu Büschings »Bitten an alle diejenigen, welche Informatoren und Hofmeister für ihre Kinder annehmen«, gezeichnet ist.[14] Mag vieles davon sich auch der allgemeinen Zeiterfahrung oder anderen Autoren verdanken,[15] so ist die Anlehnung an die während der Entstehungszeit des Werks maßgebliche Autorität in der Frage von Hofmeister- oder Privaterziehung offenkundig.

Deutlich expliziert wird dies in der direkten – und nahezu alle pädagogischen Aspekte erwägenden – Debatte des Stücks. Lenz folgt in seinem Plädoyer für die Erziehung in öffentlichen Schulen der Argumentation seiner Autorität. Büsching hatte als Motivation für ein Umdenken angeführt: »Allein ein Unterricht muß nothwendig von Zeit zu Zeit erneuert, und so eingerichtet werden, daß er den Menschen, Gewohnheiten und Bedürfnissen der neuesten Zeit gemäß sey« (S. 5). Lenz läßt den Geheimen Rat dem Major gegenüber die Zweifelhaftigkeit der Repetition der alten Modelle anprangern: »...unsere Kinder sollen und müssen das nicht werden, was wir waren: die Zeiten ändern sich, Sitten, Umstände, alles...« (I, 2). Über die Ursachen des Zerfalls der öffentlichen Schule bemerkt Büsching: »Daß die Privatlehrer auch den Verfall der öffentlichen Schulen verursachen, ist augenscheinlich« (S. 9f.), bei Lenz heißt es radikalisierend: »Wes ist die Schuld? [daß die öffentlichen Schulen nicht das sind, »was sie sein sollten.«] Wer ist schuld dran, als ihr Schurken von Hauslehrern?« (II, 1). Für Büsching ist die Ausbreitung der Hofmeister »für die Gelehrsamkeit, für die öffentlichen Schulen, und also auch für den Staat sehr nachtheilig« (S. 7f.), Lenz' Geheimer Rat sagt Ähnliches, nur barscher: »Laßt den Burschen [den Hofmeister] was lernen, daß er dem Staat nützen kann« (II, 1). Selbst die Einwände gegen eine entschiedene Änderung des Erziehungswesens, die Lenz' Pastor mit den Worten vorträgt, »man« müsse »eine Warte haben, von der man sich nach einem öffentlichen Amt umsehen kann, wenn man von Universitäten kommt« (II, 1), sind bei Büsching vorformuliert: »Was sollen aber die vielen Candidaten anfangen, welche sich jetzt, bis sie zu Aemtern gelangen, vom besondern Unterricht ernähren, auch durch denselben zu Aemtern nützlich zubereiten?« (S. 20f.). Vor allem aber in der Lösung des dringlichen Problems, das der Pragmatiker Büsching vor allem als ökonomische Frage angreift, sind die Übereinstimmungen unverkennbar: wenn man – so Büsching – »den Schullehrern größere Einkünfte, größeres Ansehen, und größere Ehre« zuerteile, »so werdet ihr die Schulämter mit den gelehrtesten, geschicktesten und artigsten Männern besetzen können« (S. 13), dies aber sei nur möglich, wenn man »ihren [der »jetzigen Lehrer«] stehenden Gehalt sowohl, als die sogenannten Accidentien... in Eine Cassa werfe« (S. 21) und daraus qualifizierte Fachkräfte bezahle. Lenz greift eben diesen – Büschings eigenen – Vorschlag auf: »er [der Edelmann] würde das Geld, von dem er jetzt seinen Sohn zum hochadligen Dummkopf aufzieht, zum Fond der Schule schlagen: davon könnten dann gescheite Leute salariert werden, und alles würde seinen guten Gang gehn« (II, 1).

Übrig bleibt – über die Frage der reinen Wissensvermittlung hinaus – die Argumentation für die innere Qualität einer solchermaßen etablierten öffentlichen Schule. Büsching hatte sich noch ausführlich mit den »scheinbaren Einwände(n)« (S. 13) der Standespersonen auseinanderzusetzen, die befürchteten, daß die Kinder durch den Kontakt mit den niederen Ständen »gar leicht aus der Art schlagen, übel gesittet werden, und also verderben können« (S. 13), Lenz ist dieser Einwand explizit nur einen kurzen Satz, implizit allerdings ein ganzes Drama wert: »Was die Sitten anbetrifft, das find't sich wahrhaftig« (II, 1). Entscheidender ist Lenz eine andere 'Moral' als Lernziel, nämlich die einer Wissensaneignung und Haltungsprägung in offener und damit sozial ausgleichender Konkurrenz zwischen den Gruppen der Gesellschaft. Büsching sieht dies noch pädagogisch abstrakt: »Der öffentliche Unterricht hat vor dem besondern viel Reizendes für junge Leute voraus... Der Fleiß wird bald durch die beschämte Trägheit des einen, bald durch die gelobte Lehrbegierde und Geschicklichkeit des andern gereitzet...« (S. 17f.), den Geheimen Rat läßt Lenz dies im Sinne einer konkreten sozialen Konfrontation zuspitzen:

> das Studentchen müßte was lernen, um bei einer solchen Anstalt brauchbar zu werden, und das junge Herrchen, anstatt seine Faulenzerei vor den Augen des Papas und der Tanten, die alle keine Argusse sind, künstlich und manier-

lich zu verstecken, würde seinen Kopf anstrengen müssen, um es den bürgerlichen Jungen zuvorzutun, wenn es sich doch von ihnen unterscheiden will. (II, 1)

Die öffentliche Schule, in diesem Sinne als 'moralische Anstalt' verstanden, hätte damit über eine sozialpädagogische hinaus auch eine politische Aufgabe zu erfüllen, die der »neuesten Zeit,« die »vielleicht einen andern König und eine andre Art ihm zu dienen« habe (I, 2), gemäßer sei. Eine Zeit, auf die es auch den »Edelmann« dadurch vorzubereiten gilt, daß er »durchaus nicht aus der Sphäre seiner Schulkameraden herausgehoben und in der Meinung gestärkt werden (muß), er sei eine bessere Kreatur als andere« (II, 1). Dieser »Meinung« sollten jedenfalls »die Bürger« sein, und wenn »der Adel« dem nicht zustimmt, so wird »die Not« ihn schließlich »schon auf andere Gedanken bringen, und wir könnten uns bessere Zeiten versprechen« (II, 1).

Damit aber sprengt Lenz den Rahmen seiner Vorlage. Die politische Spitze indes – und das rechtfertigt einen solchen Vergleich mit Büschings Entwurf und macht ihn interessant – ist noch indirekt: sie verbirgt sich, indem sie sich in einem pädagogischen »Disput« auf eine fachliche Autorität stützt, die latente Gedanken der Zeit in ein Konzept bringt, das von vielen Zeitgenossen als einleuchtend erfahren werden konnte, der jedoch – so Lenz – eine politische Sprengkraft inhärent ist. Sie ist sozial radikal, weil sie in der Erziehungsfrage an die Wurzel der Sozialisation geht, aber sie ist politisch nur bedingt angreifbar, weil ihre Konsequenzen auf fachlichen Erwägungen beruhen, die dem Fiktionszusammenhang eine kontrollierbare sachliche Basis in der Realität geben. Die Vorlage gewinnt die Funktion einer Absicherung der im Werk entwickelten Gesellschaftsanalyse.

Lenz' dramatisches Verfahren operiert mit dieser Konfrontation von Fiktionszusammenhang und Realbezug. Die von einer autoritativen Vorlage her argumentierende Erziehungsdebatte wird zum Verständnisschlüssel für die dramatische Figur des 'Irrtums', in die die Sozialbeziehungen der 'herrschenden Gesellschaft' einmünden. Die Überwindung dieses Irrtums setzt eine eingreifende Änderung von Haltungsgewohnheiten voraus, die bei den Erwachsenen nicht mehr zu erwarten ist, zu der die neue Generation jedoch herangebildet werden kann und sollte. Die Erziehungsdebatte des Stücks erhält daher die Funktion, die Richtung des Wegs in eine 'neue Zeit' anzuweisen und so die im Sozialzerfall kenntlichen Irrtümer der Gegenwart in der Zukunft 'wirklich' – und nicht nur im komödiantischen Spiel – aufzuheben.

Die »wilden Burschen« der jungen Generation sind dabei ein Vor-schein für diese 'Irrtums-freie' Zeit.

ANMERKUNGEN

1. Zitiert wird nach der auf der Erstausgabe von 1774 beruhenden, in Orthographie und Zeichensetzung modernisierten Ausgabe: Jakob Michael Reinhold Lenz, *Der Hofmeister oder Vorteile der Privaterziehung. Eine Komödie. Mit einem Nachwort von Karl S. Guthke,* (Stuttgart 1963). – Zitatnachweise mit Akt-und Szenen-Angabe im Text.
2. Im Berliner Manuskript noch »Lust- und Trauerspiel« genannt, charakterisierte Lenz es in Briefen mehrfach als »Trauerspiel«; der Erstdruck erschien schließlich mit dem Untertitel »Eine Komödie«.
3. Zur Dokumentation vgl. Klaus Bohnen (Hg.) Gotthold Ephraim Lessing, *Werke 1767–1769,* (Frankfurt/M 1985), (Werke und Briefe in zwölf Bänden 6), S. 809 ff.
4. Vgl. zum pietistischen Sprachgebrauch Wenzeslaus', Curt Pfütze »Die Sprache in J. M. R. Lenzens Dramen«, Diss., (Leipzig 1890), in *Archiv für das Studium der neueren Sprachen und Literaturen* 85, (1890), S. 186 f.
5. So vor allem Paul Böckmann, *Formgeschichte der deutschen Dichtung,* Bd. 1: *Von der Sinnbildsprache zur Ausdruckssprache,* (Hamburg ²1965), S. 661 ff.
6. Vgl. Karl S. Guthke, »Lenzens 'Hofmeister' und 'Soldaten.' Ein neuer Formtypus in der Geschichte des deutschen Dramas«, in: *Wirkendes Wort* 9, (1959), S. 274–286; ders., *Geschichte und Poetik der deutschen Tragikomödie,* (Göttingen 1961); ders., Nachwort zur Anm. 1 angegebenen Ausgabe.
7. Grundlegend: Albrecht Schöne, *Säkularisation als sprachbildende Kraft. Studien zur Dichtung deutscher Pfarrersöhne,* (Göttingen ²1968) (Palaestra 226), S. 92–138.
8. Gert Mattenklott, *Melancholie in der Dramatik des Sturm und Drang.* Erweiterte und durchgesehene Auflage. (Königstein/Ts. 1985), S. 122 ff. – Mattenklotts Beobachtungen über die »Sprachlosigkeit« als »Leiden des Melancholikers« (S. 143), die »Macht der Räume« (S. 142), die Funktion der Zitate (S. 140, 147 ff.) und die Fiktivität der ästhetischen Konfliktlösung haben – wenn sie auch in einem anderen Zusammenhang stehen – anregend für diese kleine Studie gewirkt.
9. Vgl. in familiengeschichtlicher Perspektive neuerdings vor allem: Bengt Algot Sørensen, *Herrschaft und Zärtlichkeit,* (München 1984). – Zum sozialgeschichtlichen Kontext (mit reichhaltigem Faktenmaterial) Franz Werner, *»Soziale Unfreiheit und 'bürgerliche Intelligenz'. Der organisierende Gesichtspunkt in J. M. R. Lenzens Drama »Der Hofmeister oder Vorteile der Privaterziehung«,* (Frankfurt/M 1981) (Saarbrücker Beiträge zur Literaturwissenschaft 5). – Zur sozialen Situation der Hofmeister besonders Franz Neumann, *Der Hofmeister. Ein Beitrag zur Geschichte der Erziehung im achtzehnten Jahrhundert,* Diss., (Halle 1930); Werner Meier, *Der Hofmeister in der deutschen Literatur des 18. Jahrhunderts,* Diss., (Zürich 1933).
10. Vgl. den Überblick über die Forschung (die hier im einzelnen nicht diskutiert werden kann) bei Franz Werner, a.a.O., S. 12 ff.
11. Über die Publikationsgeschichte berichtet Büsching in seiner »Vorrede« (S. 26 ff.).

– Die Beziehung zwischen Lenz' Text und Büschings Vorlage ist in der Forschung nicht unbemerkt geblieben; so spricht Franz Werner (a.a.O., S. 95) von »teilweise verblüffend ähnlichen Worten« in beider Kritik an der Hofmeistererziehung, schließt daraus aber nur, daß sich »Lenzens Gedanken nicht nur als höchst allgemein und plakativ erweisen, sondern auch hinter dem schon erreichten theoretischen Stand der Diskussion solcher Probleme zurückbleiben« (S. 96).
12. Büsching selbst verweist mehrfach auf seine Lehrbücher als Standardwerke für den Unterricht der Informatoren und Hofmeister.
13. So warnt Büsching etwa: »Er [der Informator oder Hofmeister] muß sich aber durch nichts zu knechtischer Demuth und Niederträchtigkeit bewegen und verleiten lassen, sondern sich klüglich so betragen, daß man seine Vorrechte nicht verkennen, und ihm die Achtung, welche er verdienet, nicht versagen kann.« (S. 39 f.). – Oder: »Es ist gut, wenn ein Informator *Unerschrockenheit,* getrosten *Muth* und *Herzhaftigkeit* hat, aber einem Hofmeister sind diese Tugenden unentbehrlich, und kommen ihm bey mancherley Gelegenheit wohl zu statten.« (S. 42 f.). – Schließlich: »Diejenigen Lehr- und Hofmeisterschaften, mit welchen Versprechungen wegen künftiger Beförderung zu Aemtern verbunden werden, sind nicht allemal die vorzüglichsten, denn die Erfüllung derselben bleibet gemeiniglich entweder sehr lange, oder wohl ganz und gar aus, und man handelt töricht, wenn man sich darauf verläst.« (S. 55 f.) – Vgl. auch Büschings Anweisungen in den Kap. »Wie man sich verhalten müsse, wenn einem ein Lehr- oder Hofmeister angetragen worden?« (S. 56 ff.), »Wie man in dem Hause für welches man berufen wird, erscheinen müsse?« (S. 61 ff.), »Verhalten gegen die Aeltern«, (S. 64 ff.), besonders gegenüber »der Frau, oder Gemahlin, zumal wenn sie viel gilt und vermag.« (S. 65). – Nahezu als Kernzelle von Lenz' Drama erscheint endlich Büschings Warnung: »Wer Kinder weiblichen Geschlechts zu unterrichten hat, der hüte sich ja, daß er sie nicht ärgere und verführe, und dadurch über dieselben sowohl als ihre Familien Schande und Unglück bringe, sich selbst aber ein nagendes Gewissen zuziehe.« (S. 77).
14. Büsching führt neun Punkte auf, die vom Erfüllen der »Zusagen« und Versprechungen der Eltern an den Hofmeister (vgl. I, 3; II, 19), über die Einrichtung seines Dienstes (vgl. I, 3), die Ehrerbietung ihm gegenüber »insonderheit in Gegenwart fremder Personen« (vgl. I, 3) und den Verlauf der Unterrichtszeit (vgl. I, 49) bis zu »Belohnungen und andere(n) Gefälligkeiten« der Eltern gegenüber dem Hofmeister reichen.
15. Vgl. Ludwig Fertig, *Die Hofmeister. Ein Beitrag zur Geschichte des Lehrerstandes und der bürgerlichen Intelligenz,* (Stuttgart 1979), wo die Situation der Hofmeister anhand von Auszügen – so auch von Lenz und Büsching – aus zeitgenössischen Darstellungen zu diesem Thema dokumentiert wird.

Matthias Luserke, Reiner Marx

Nochmals S[turm] u[nd] D[rang]. Anmerkungen zum Nachdruck der *Philosophischen Vorlesungen* von J.M.R. Lenz

> Alle Aufklärung wird begleitet von der Angst, es möge verschwinden, was sie in Bewegung gebracht hat und was von ihr verschlungen zu werden droht, Wahrheit [Adorno: *Ästhetische Theorie*].

Unsere Thesen zur SuD-Forschung sind ins Gerede gekommen.[1] Das Nachwort von Christoph Weiß zur Neuausgabe der *Philosophischen Vorlesungen für empfindsame Seelen* von J.M.R. Lenz enthält an mehreren Stellen eine kritische Auseinandersetzung mit zentralen Aussagen dieses Thesenaufsatzes. Der Herausgeber glaubt, in dem von ihm edierten Text Belege dafür gefunden zu haben, daß Forschungspositionen zum Sturm und Drang sowie zu Lenz, wie sie auch von uns formuliert wurden, revidiert werden müssen.[2] Daß es sich hierbei um einen Irrtum handelt, soll kurz skizziert sein.
Unsere vier Thesen zur Sturm- und Drang-Forschung waren folgenden Inhalts: (1) Chiffrenthese – Wir lesen die Zeichen SuD als Chiffren für *Sexualität* und *Diskursivierung*, wodurch hinreichend charakterisiert wird, was kontemporär im Anschluß an Klingers Dramentitel als Sturm und Drang bezeichnet wurde. Es handelt sich also nicht um einen Wechsel des Signifikats, sondern um einen zivilisationshistorisch und d.h. sozial- und psychohistorisch begründeten Signifikantenwechsel. (2) Verschiebungsthese – Wir gehen davon aus, daß sich in der Literatur des SuD die für die Aufklärung kennzeichnende Kritik an Adel und Hof auf eine Binnenkritik bürgerlicher Normen und Bewußtseinsformen verschiebt, die gleichwohl von Adligen *und* Bürgerlichen repräsentiert werden. (3) Dialektikthese – SuD als Dynamisierung *und* Binnenkritik der Aufklärung zu begreifen, bedeutet, sowohl seinen Emanzipations- als auch seinen Kompensationscharakter endlich geltend zu machen.

---

1) Vgl. Lenz-Jahrbuch/Sturm-und-Drang-Studien 2 (1993), S. 126ff.
2) Vgl. dazu vor allem auch das Interview in der *Saarbrücker Zeitung* vom 7.1.1994, wo Weiß erklärt: „Durch die Wiederentdeckung der 'Vorlesungen' tritt uns kein völlig 'neuer' Lenz vor die Augen. Aber einige Positionen müssen überdacht und revidiert werden. [...] Es ist versucht worden, eine Front zu konstruieren zwischen der Sturm-und-Drang-Bewegung und der Aufklärung. Gerade die 'Philosophischen Vorlesungen' zeigen nun jedoch, wie Lenz – etwa bei den theologischen Diskussionen – durchaus Positionen der Aufklärung vertritt, die er dann fortschreitend kritisieren und damit dynamisieren wird. Ein zweiter Punkt, der neu zu bedenken sein wird, ist die zentrale Rolle, die in Lenz' Gesellschaftskonzept die Institution Ehe spielt – und zwar angefangen vom 'Hofmeister', dessen 'happy end' mit Eheschließung bisher als Parodie gelesen wurde, bis hin zu den 'Soldatenehen'".

Daß Emanzipation und Kompensation im SuD verschränkt sind, ja sogar sich gegenseitig merkmalspezifisch bedingen, scheint uns evident. Der Begriff der Kompensation hat dabei für uns keinerlei pejorative Konnotation. (4) Kokonisierungsthese – Vereinzelung, Versinglung und Einzigartigkeit, gebündelt im Begriff der Kokonisierung, sind die Antwort der literarischen Avantgarde der 1770er Jahre auf den Prozeß der Verbürgerlichung im 18. Jahrhundert und der damit verbundenen sexuellen Repression.

Im Abschnitt V des besagten Nachworts zu Lenz' *Philosophischen Vorlesungen* heißt es, das „Hauptthema" (93)[3] der sechs Texte von Lenz sei die Sexualität. In diesem Kontext der Sexualitätsthematik werden unsere Thesen in die Nähe zeitgenössischer „inflationärer" (und das heißt wohl auch modischer?) „Aufklärungskritik" (94) gebracht. Recht zu geben ist dem Autor, wenn er die postmoderne Aufklärungsfeindlichkeit, die sich allenthalben enthistorisiert präsentiert, scharf kritisieren wollte. So ist es uns ein Anliegen, an dieser Stelle nochmals unmißverständlich zu formulieren: Die Aufklärungskritik der 1770er Jahre, von der wir in unseren Thesen sprechen, ist nicht identisch mit einer Aufklärungsfeindlichkeit, sondern integraler Bestandteil der Aufklärung selbst. Kritik ist ein Definitionsmerkmal des historischen Prozesses der Aufklärung und als Selbstkritik deren radikalste Spielart. In diesem Zusammenhang also vom Sturm und Drang als Binnenkritik der Aufklärung zu sprechen, scheint uns mehr als legitim. Verwunderlich aber ist, wenn unsere Thesen als Reaktivierung einer überwunden geglaubten Dichotomie von Aufklärung und Sturm und Drang gelesen und damit in den Zusammenhang der Rationalismus-Irrationalismus-Debatte der älteren Forschung gerückt werden. Gerade das Gegenteil ist richtig, wir schlossen unsere Thesen an die inzwischen gängigste, weil prägnanteste und präziseste Kennzeichnung des Sturm und Drang als 'Dynamisierung und Binnenkritik' (durch die Saarbrücker Schule) an.

En détail wird nun folgende Formulierung unserer Thesen in Zweifel gezogen: „Die Vernunftherrschaft als Autokratie absolut gesetzter Normen bürgerlicher Verhaltensstandards wird als jener Punkt kritisiert, an dem Aufklärung in Barbarei umschlägt; insbesondere betrifft dies die von den Sturm-und-Drang-Autoren mit Vehemenz geforderte Emanzipation des Begehrens" (95). Lenz' *Philosophische Vorlesungen* sollen dagegen dreierlei, folgt man dem Nachwort, beweisen: (1) Die Auseinandersetzung der Sturm-und-Drang-Autoren mit aufgeklärten Positionen „auf dem angesprochenen Gebiet der Sexualität" sei „sehr viel komplizierter" verlaufen, als dies in unseren Thesen zum Ausdruck gebracht worden wäre. (2) Die Begriffe Vernunftherrschaft und Emanzipation seien nicht tauglich, diese Auseinandersetzung entsprechend zu charakterisieren, sie seien

---

3) Seitenangaben beziehen sich auf die Ausgabe: Jakob Michael Reinhold Lenz: Philosophische Vorlesungen für empfindsame Seelen. Faksimiledruck der Ausgabe Frankfurt und Leipzig 1780. Mit einem Nachwort hgg. v. Christoph Weiß. St. Ingbert 1994.

„holzschnittartig". Dies würden (3) die *Philosophischen Vorlesungen* „nachdrücklich" „belegen", „in denen die Triebbefriedigung den Vernunftgebrauch geradezu voraussetzt" (95).
Dazu ist folgendes zu bemerken. Ad (1): Der Natur von Thesen entsprechend zielten auch unsere Formulierungen auf eine Komplexitätsreduktion, allerdings – und dies ist ein wichtiger Aspekt – sub specie sexualitatis. Uns interessierte nicht das Verhältnis von Sturm und Drang und Aufklärung in seiner Vielfalt, sondern die Auseinandersetzung der Sturm-und-Drang-Autoren mit Positionen der Aufklärung der 1770er Jahre innerhalb des aufgeklärten Sexualitätsdiskurses. So ist auch unsere Lesart von Sturm und Drang als die Chiffre *SuD* zu verstehen, eben als **S**exualität **u**nd **D**iskursivierung. Der Verdacht, daß wir den Sturm und Drang (und Lenz selbst) – um es pointiert zu formulieren – progressiver verstehen, als er sich selbst verstanden hat, ist nicht begründet. Weiß vertritt unserer Meinung nach die Ansicht, daß der Sturm und Drang näher an einer konservativ-bürgerlichen Spätaufklärung steht, als wir meinten. Von einem einlinigen politisch-materialistischen Standpunkt aus gesehen, mag dies berechtigt sein; was den aufklärungskritischen Sexualitätsdiskurs betrifft, aber nicht. Dies ist keine Frage der Beliebigkeit eines Standpunkts, sondern der Deutung des historischen Materials (s.u.).
Ad (2): Unklar bleibt, weshalb unsere begriffliche Dichotomisierung von Vernunftherrschaft und Sexualität „besonders auf dem angesprochenen Gebiet der Sexualität" (95) holzschnittartig und damit ungenau sein soll. Worum ging es denn den Autoren des aufklärungskritischen Sexualitätsdiskurses, wenn nicht um ein emanzipatives Aufbegehren gegen die Herrschaft der aufgeklärten Vernunft und deren Auswirkungen auf die Disziplinierung des Körpers? Wir haben keinerlei Zweifel daran gelassen, daß den SuD-Autoren im Bereich der Sexualität keine befriedigende Lösung gelingt! Doch bereits die Einsicht der Autoren in den Problemzusammenhang ist ein wesentlicher emanzipativer Akt jenseits von Lösungsangeboten, die Lenz ebenso verweigert wie andere Autoren auch. Um es an einem Beispiel deutlich zu machen: Bedeutet der Schluß von Lessings *Emilia Galotti* noch die selbstverständliche Unterwerfung des ungefügigen weiblichen Individuums bis hin zur physischen Auslöschung (der begehrende Tochterkörper wird vom aufgeklärten Vater liquidiert) unter die unangefochtene Vaterautorität, so ist diese Lösungsvariante des Bürgerlichen Trauerspiels in Lenzens *Hofmeister* nicht mehr möglich. Bereits die Signifikanz des Textsortenwechsels vom Bürgerlichen Trauerspiel zur Tragikomödie hebt die Veränderung im Verständnis der Autoren von möglichen Problemkonstellationen hervor. Während das Bürgerliche Trauerspiel zwar Problemkonstellationen gesellschaftlicher Art zur Darstellung bringt, aber noch eindeutigen tragischen Lösungen zuführt, exponiert die Tragikomödie Lenz'scher Prägung die Unmöglichkeit einer definitiven Lösung für diese Konflikte, indem sie jene in ihrer erschreckenden Ambivalenz stehenläßt. Die Selbstkastration Läuffers ist auf der

einen Seite eine todernste und blutige Auslöschung der eigenen Sexualität, welche die Mechanismen der bürgerlichen Repressionsapparatur drastisch ins Bild setzt. Auf der anderen Seite ist die Selbstkastration Läuffers aber auch eine karikierende Darstellung eines vermeintlichen Lösungsangebots. Indem die angebliche Lösung sich als absurde Un-Lösung präsentiert, erhebt sie den Vorgang zur schwarzen Parodie. In der schonungslosen Offenlegung dieser Ambivalenz liegt nach unserem Verständnis ein zutiefst emanzipatorischer Akt des Autors Lenz – denn in welchem anderen fiktionalen Text des 18. Jahrhunderts wird so deutlich gegen die Herrschaft bürgerlicher Vernunft aufbegehrt *und* diese so heftig karikiert?

Ad (3): Damit ist bereits die Antwort auf den dritten Einwand vorweggenommen, die *Philosophischen Vorlesungen* belegten nachdrücklich, daß die Triebbefriedigung den Vernunftgebrauch geradezu voraussetze. Würde man beispielsweise die Lenz-Thesen aus den *Philosophischen Vorlesungen* auf den *Hofmeister* übertragen, müßte die Selbstkastration als notwendige und nur ernstzunehmende Folge der Einsicht: Wenn es dem aufgeklärten Subjekt nicht gelingt, seine Triebe zu domestizieren, dann verlangt die Vernunft deren Liquidierung, begriffen werden. Und Lenz sollte dies tatsächlich ernst gemeint haben? Der satirische Aspekt am Schluß des *Hofmeisters* potenziert sich geradezu in der Eheschließung Läuffers. Wenn Lenz in den *Philosophischen Vorlesungen* die Institution der Ehe als „grosse von Gott etablirte Ordnung" begreift, „in der wir diesen Trieb mäßig stillen dürfen" (61), dann ist die Ehe zwischen Herrmann Läuffer und Lieschen gänzlich funktionslos: Der Verzicht auf den Trieb durch die Kastration nimmt der Ehe ihre definitorische Substanz und entlarvt sie als Karikatur des Dichters. Empfindsame Liebe ist, nach dem Urteil von Lenz (vgl. den Schluß der *Vorlesungen*, 72), immer ein Produkt von sublimierter Sexualität – wo es nichts mehr zu sublimieren gibt, kann es auch keine Empfindsamkeit geben. Gott bewahre uns vor einem Volk aufgeklärter verheirateter Kastraten! Es ist uneingeschränkt dem Sturm-und-Drang-Autor Friedrich Maximilian Klinger zuzustimmen, der sich gegen die späteren „Genieverschneider"[4] heftig zur Wehr setzte:

Das Widernatürliche und Gewaltsame unsers Zustandes in der bürgerlichen Gesellschaft zeigt sich nirgends stärker, als in der Unterjochung des Geschlechtstriebes, die uns religiöse und politische Gesetze auflegen und aus Wahn und noch mehr aus Not zur Tugend machen mußten. [...] Und wenn das volle Erwachen eben dieses Triebes Tugenden, Talente und Genie erzeugt, erhöht und beflügelt, so gibt ihnen auch die gewaltsame Unterdrückung desselben sehr oft eine düstre, falsche, gefährliche Richtung. So rächt sich die Natur an der Gesellschaft durch ihre Opfer [...]. Hier spielt der

---

4) Friedrich Maximilian von Klinger: Betrachtungen und Gedanken über verschiedene Gegenstände der Welt und der Literatur, 1. Tl. (= Sämmtliche Werke, Bd. 11). Stuttgart, Tübingen 1842. Repr. Hildesheim, New York 1976, S. 254.

unterdrückte oder so befriedigte Geschlechtstrieb immer die Hauptrolle, verschlingt oder umwölkt den Willen.[5]

Das Gefühl des Geschlechtstriebes, das, wenn es einmal rege wird, immer rege bleibt, und selbst im Alter nicht ganz ausstirbt, hat uns die Welt und die Natur verschönert; ihm danken wir die süße Täuschung, aus ihm entsproß das Gefühl der Liebe und der ihr verwandten Freundschaft. Es mischt sich in alle unsere geselligen Empfindungen, auch da, wo wir es nicht ahnen, und wenn es durch die Ehe die Gesellschaft geordnet hat und zusammenhält, so verdanken wir ihm auch den einzigen Reiz, der weder von Macht, Stand, Ansehn, noch Reichthum abhängt. Sobald dieser physische Trieb erwacht, entwickeln sich die schlafenden Fähigkeiten, – die wahre Einbildungskraft, das wahre Geistige [...].[6]

Der Irrtum des Nachworts besteht nun zum einen darin anzunehmen, die *Philosophischen Vorlesungen* würden „auch neues Licht auf bekannte Texte von Lenz werfen. So wäre, um ein Beispiel zu nennen, ausgehend von der zentralen Position, die Lenz in den *Philosophischen Vorlesungen* der Institution Ehe zuweist, noch einmal gründlich die Thematisierung der Ehe und ihre Bedeutung für Lenz' Gesellschaftskonzept in seinen übrigen Werken zu untersuchen: angefangen vom *Hofmeister*, dessen Niederschrift in die Zeit der *Philosophischen Vorlesungen* fällt und dessen Schluß nicht zwingend parodistisch gelesen werden muß, bis hin zu seinen Vorschlägen im Zusammenhang der *Soldatenehen*" (101). Anders formuliert bedeutet dies die Empfehlung, die fiktionalen Texte (vor allem die Dramen) von den *Philosophischen Vorlesungen* her zu lesen. Wäre es aber umgekehrt nicht plausibler anzunehmen, daß der Sexualitätsdiskurs in den fiktionalen Texten erheblich progressiver verläuft, als in einem anthropologisch-theologisch-philosophischen Traktat, der viel stärker in die aufgeklärten Traditionen eingebunden ist (Textsortendifferenz!)? Das Drama (Tragikomödie!) bleibt für die SuD-Autoren das innovative/progressive Medium. Weiß geht unseres Erachtens von einer bürgerlichen Kontinuitätsvorstellung im Denken von Autoren aus, d.h. was der Autor in dem einen Text denkt, denkt er bestimmt auch in einem anderen. In Wahrheit ist es wesentlich komplizierter! Solche Thesen gehören der positivistischen Vergangenheit an. Es ist durchaus möglich und mehr als wahrscheinlich, bei einem Autor mehrere Diskurse zu finden. So wäre es zwar konsequent im Sinne des Autors weitergedacht, jedoch fatal, aufgrund der Empfehlung von empfindsamer Liebe in den *Philosophischen Vorlesungen* auch die Selbstkastration Läuffers im *Hofmeister* als moralische Empfehlung des Moralisten Lenz zu lesen. Die fehlende Ironisierung in einem theoretischen Traktat läßt keinerlei Rückschlüsse auf Ironie- oder Parodiezeichen in einem fiktionalen Text zu. Daß diese Zeichen fehlen, mag daran liegen, daß die *Philosophischen Vorlesungen* als Dokument des Vater-

---

5) Klinger: Betrachtungen, 2. Tl. (= Sämmtliche Werke, Bd. 12), S. 252f.
6) Klinger: Betrachtungen, 2. Tl., S. 57.

diskurses von Lenz zu lesen sind. Der Predigtton der Vorlesungen verweist unmißverständlich auf ihren homiletischen Charakter, der Abschluß mit der davidisch-psalmodischen Formel 'Sela!' unterstreicht diese Rückbindung an die alttestamentarische Diskurstradition der Väter. Demgegenüber stellen die Dramen die Rebellion gegen die Vaterwelt vor, wie wir in unseren Thesen bereits dargelegt haben. In diesem Zusammenhang davon zu reden, daß es „keine Anzeichen für ein taktisches Sprechen" (99) in den Vorlesungen gäbe, wie es im Nachwort heißt, ist so nicht richtig, denn wo wird mit einem Höchstmaß an Scharfsinnigkeit und Hinterlist überhaupt gesprochen, wenn nicht im Diskurs der Väter? So verpackt Lenz beispielsweise in seinem vermeintlich moralischen Diskurs die tatsächlich kühne Formulierung, der Geschlechtertrieb sei die **„Mutter aller unserer Empfindungen"** (68, Kursivierung von M.L./R.M.). Diese Erkenntnis ist an Radikalität und emanzipatorischer Gesinnung kaum zu überbieten, ihre Signifikanz ist offensichtlich, antizipiert sie doch Einsichten, die so erst wieder um 1900 von der beginnenden Psychoanalyse formuliert werden. Diese Erkenntnis von Lenz muß aber in einer patriarchalen Diskursform wie derjenigen des Predigttextes notwendigerweise sofort wieder gebannt werden und in eine Sublimationstheorie münden. Das Kind widerruft den Autor. So gesehen wird die Intention, die Dramen von Lenz nun in einem neuen Licht lesen zu wollen, fragwürdig.

Zum Schluß sei noch auf ein von Weiß beanstandetes Defizit unserer Thesen eingegangen. Er zitiert unsere These von der durch die Sturm-und-Drang-Autoren mit Vehemenz geforderten Emanzipation des Begehrens. In der Anmerkung (!) 50, S. 111 schreibt er dazu: „Belege für eine solch fundamentale Aufklärungskritik seitens der Sturm-und-Drang-Autoren werden indessen nicht geliefert". Diese Feststellung, die im Klartext heißt, daß erhebliche Bedenken gegen die historische Richtigkeit unserer These erhoben werden, ist befremdlich. Freilich lieferten wir in unserem Aufsatz keine Kasuistik des aufklärungskritischen Sexualitätsdiskurses, kein Stellenregister mit allen nur denkbaren Textbelegen. Wir haben aber – und das müßte Weiß konzedieren – bei entscheidenden Thesenformulierungen jeweils einen allgemeinen Verweis auf entsprechende **beispielhafte** fiktionale Texte geliefert. Und wir gehen nach wie vor davon aus, daß jedermann und jede Frau in der Lage sind, die einschlägigen Stellen in Heinses *Ardinghello*, in Goethes *Werther* oder seinen Hanswurstiaden, in Lenzens *Hofmeister* und den *Soldaten*, in Klingers *Simsone Grisaldo* oder andernorts selbständig aufzufinden. Wenn diese allgemeinen Verweise freilich den Ansprüchen positivistischer Belegstellensucherei nicht genügen, dann hätte Weiß in einem Buch dezidierte Nachweise zum Sexualitätsdiskurs bei Jakob Michael Reinhold Lenz, vornehmlich in seinen Dramen *Der Hofmeister, Die Soldaten* und *Der neue Menoza* finden können.[7] Belege für unsere

---

7) Vgl. Matthias Luserke: Jakob Michael Reinhold Lenz: Der Hofmeister – Der neue Menoza – Die Soldaten. München 1993 (UTB Nr. 1728). – Vgl. ferner die beiden Saarbrücker Habilitations-

These zum aufklärungskritischen Sexualitätsdiskurs gibt es genügend. Zudem läßt Weiß unberücksichtigt, daß auch der (empfindsame) Sexualitätsdiskurs von Lenz in den zeitgenössischen aufgeklärten Sexualitätsdiskurs eingebettet ist. Nur so ist es zu verstehen, daß er zu folgender Auffassung gelangt: „Was die zeitgenössischen Empfindsamkeitskritiker mehr oder minder deutlich als 'gefährliche' Tendenz gesehen haben, aber nur selten offen auszusprechen wagten, nämlich die hinter Empfindsamkeit und Empfindelei verborgene sexuelle Komponente, wird von Lenz 'positiv' gewendet, indem er ausdrücklich – in dieser ausführlichen Offenheit und zu diesem frühen Zeitpunkt (um 1772) wohl singulär – die empfindsame Liebe gerade zur Sublimierung des 'Geschlechtertriebs' empfiehlt" (100f.). Ähnlich auch wenig zuvor: „Kein anderer deutscher Autor dieser Zeit hat der Sexualität einen vergleichbaren Stellenwert in seiner Anthropologie zugewiesen, wie Lenz dies in den *Philosophischen Vorlesungen* mit ausführlicher Begründung tut" (97). Da hier der historisch-anthropologische Diskurs über die Sexualität angesprochen wird, sei auch historisch-anthropologisch geantwortet. Lenz argumentiert völlig traditionell, mit Ausnahme der Tatsache, daß die Formulierung, die wir oben zitierten, der Geschlechtstrieb sei die Mutter aller Empfindungen, wirklich – soweit man das bislang übersehen kann – in dieser emanzipativen Radikalität einmalig ist. Doch das diskursive setting ist keineswegs singulär oder herausragend. *Ein* Blick auf den aufgeklärten Sexualitätsdiskurs des 18. Jahrhunderts *vor* Lenz macht dies deutlich: 1755 erschien ein Buch von Johann Friederich Scholz mit dem Titel *Versuch einer Theorie von den natürlichen Trieben*, das nach unseren Forschungen als der früheste aufgeklärte Beleg in Deutschland für die expressis verbis zugestandene Bedeutung der Sexualität gelten kann. Aus diesem Buch, das sehr selten ist, seien nur wenige wichtige Passagen zitiert:

Vielmehr also behaupte ich, daß man ermeldeten Trieb [sc. den Fortpflanzungstrieb, M.L./R.M.] richtiger den Trieb zum Beischlaffe heissen müsse. Denn alle Welt weis es, und die ekelsten Moralisten müssen es einräumen, daß man den Beischlaf begere, wenn man ienem Triebe folget, und ihn sättigen wil. [...] So viel ist einmal aus der Erfarung gewis, daß der Beischlaf eigentlich das sei, welches man vermöge ienes Triebes begeret.[8]

Was dürfen wir es verschweigen, denn die Erfarung leret es, daß die Menschen oft genug, und heftig genug den Beischlaf begeren, aber mit seiner natürlichen Folge nicht allemal zufrieden sind.[9]

    schriften, die sich u.a. auch schwerpunktmäßig mit dem Sexualitätsdiskurs des 18. Jahrhunderts befassen: Matthias Luserke: Die Bändigung der wilden Seele. Literatur und Leidenschaft in der Aufklärung. Stuttgart, Weimar 1995, und Reiner Marx: Aufklärung und Sexualität. Studien zum erotischen Roman des 18. Jahrhunderts. [Habil.-Ms., Saarbrücken 1995].
8) Johann Friederich Scholz: Versuch einer Theorie von den natürlichen Trieben. Halle, Helmstädt 1755, S. 198.
9) Scholz: Versuch einer Theorie, S. 199.

Und warum begeret man denn nun den Beischlaf? [...] Alles angeneme, was mit ienem Triebe verbunden ist, und wovon wir Empfindungen haben können, ist der Beischlaf selbst. Er ist das empfindbarste, und daß ich so rede das heftigste sinnliche Vergnügen, das wir vermittelst unseres Leibes geniessen können. Und dis Vergnügen ist eines Teiles der Grund von der so heftigen Begerung der Menschen zum Beischlafe.[10]

Stehen diese [sc. die Triebe, M.L./R.M.] aber unter einer wachsamen Regierung der Vernunft, so werden sie allerdings Väter [!], wenigstens Beförderer der Tugenden.[11]

Ich habe keinen eigentlichen Vorgänger in der zusammenhangenden Theorie der Triebe gehabt [...]. Ich bin vergnügt, wenn man mir nur den kleinen Rum läst, daß ich ein neues, aneinanderhangendes und nuzbares System gefunden habe.[12]

Abschließend sei ein weiterer Hinweis darauf erlaubt, daß es für unsere Thesen durchaus noch zahlreiche andere historische 'Belege' gibt. Kann man gegen Wilhelms Heinses frühe Tagebücher und Aufzeichnungen noch geltend machen, daß sie zwar an der Thematisierung von Sexualität nichts zu wünschen übriglassen, aber zu Lebzeiten des Autors nicht veröffentlicht wurden, so gilt das für Heinses Übersetzung von Petronius' *Satiricon* keineswegs. Dieses Buch und besonders Heinses eigene Anmerkungen zur Übersetzung hatten wegen ihrer sexuellen Deutlichkeit unter den jungen Autoren der frühen 1770er Jahre für Furore gesorgt, auch Lenz hatte es gekannt.
Die nicht nur publizistische Aufregung über die Wiederentdeckung der *Philosophischen Vorlesungen* verdankt sich u.a. der Hypothese, der Text könne als eine Art von theoretischem Überbautext für die fiktionalen Werke von Lenz gelesen werden. Eine Neudeutung des Lenzschen Œuvres jedenfalls kann unseres Erachtens von diesem Text nicht erwartet werden. Auch die Annahme, die *Philosophischen Vorlesungen* würden eine Revision unserer SuD-Thesen notwendig machen, widerlegten also den Zusammenhang von Sexualität und Diskursivierung als zentrales Anliegen der Literatur des Sturm und Drang, kann nach unseren obigen Ausführungen kaum mehr aufrechterhalten werden.

---

10) Scholz: Versuch einer Theorie, S. 200.
11) Scholz: Versuch einer Theorie, S. 289.
12) Scholz: Versuch einer Theorie, S. 307f. – Vgl. auch Luserke: Die Bändigung der wilden Seele, S. 75f.

Drucknachweise

Johann Friedrich Reichardt: Etwas über den deutschen Dichter Jakob Michael Reinhold Lenz, in: Berlinisches Archiv der Zeit und ihres Geschmacks, 2. Jg., 1. Bd. (1796), S. 113–123.

Fr[iedrich] Nicolai: Berichtigung einer Anekdote den Dichter J.M.R. Lenz betreffend, in: Berlinisches Archiv der Zeit und ihres Geschmacks, 2. Jg., 1. Bd. (1796), S. 269f.

Ludwig Tieck: Einleitung, in: Gesammelte Schriften, von J.M.R. Lenz. Hgg. von Ludwig Tieck, Erster Band. Berlin 1828, S. I–XIX, CXIII–CXVI, CXX–CXXXIX.

Rudolf Reicke: Reinhold Lenz in Königsberg und sein Gedicht auf Kant, in: Altpreußische Monatsschrift 4 (1867), S. 647–658.

Erich Schmidt: Lenz und Klinger. Zwei Dichter der Geniezeit. Berlin 1878, S. 4–61.

Max Halbe: Der Dramatiker Reinhold Lenz. Zu seinem hundertjährigen Todestage, in: Die Gesellschaft 8 (1892), S. 568–582.

Erich Schmidt: Lenziana, in: Sitzungsberichte der Königlich preussischen Akademie der Wissenschaften zu Berlin. Bd. XLI (1901), S. 979–991 [ohne Beilagen].

Paul Reiff: Pandaemonium germanicum, by J.M.R. Lenz, in: Modern Language Notes 18/3 (1903), S. 69–72.

Franz Blei: [Einleitung], in: Jakob Michael Reinhold Lenz, Gesammelte Schriften. Hgg. von Franz Blei. Erster Band. München und Leipzig 1909, S. V–VIII.

Martin Sommerfeld: Jakob Michael Reinhold Lenz und Goethes Werther. Auf Grund der neu aufgefundenen Lenzschen „Briefe über die Moralität der Leiden des jungen Werther", in: Euphorion 24 (1922), S. 68–107.

Charles Wolf: „Die Soldaten" von Jakob Michael Reinhold Lenz. Strassburger Erlebnisse und Gestalten in einem Drama des „Sturmes und Dranges", in: Elsaßland, Lothringer Heimat 17 (1937), S. 199–202.

Hans M. Wolff: Zur Bedeutung Batteux's für Lenz, in: Modern Language Notes 56 (1941), S. 508–513.

Horst Albert Glaser: Heteroklisie – Der Fall Lenz, in: Gestaltungsgeschichte und Gesellschaftsgeschichte. Literatur-, kunst- und musikwissenschaftliche Studien. In Zusammenarbeit mit Käte Hamburger hgg. v. Helmut Kreuzer. Stuttgart 1969, S. 132–151.

Fritz Martini: Die Einheit der Konzeption in J.M.R. Lenz' „Anmerkungen übers Theater", in: Jahrbuch der deutschen Schillergesellschaft 14 (1970), S. 159–182.

Jean Murat: Le „Pandaemonium Germanicum", in: revue d'Allemagne 3/1 (1971), S. 255–266.

Heinz Otto Burger: Jakob M.R. Lenz innerhalb der Goethe-Schlosserschen Konstellation, in: Dialog. Literatur und Literaturwissenschaft im Zeichen deutschfranzösischer Begegnung. Festgabe für Josef Kunz, hgg. v. Rainer Schönhaar. Berlin 1973, S. 95–126.

Karl Eibl: „Realismus" als Widerlegung von Literatur. Dargestellt am Beispiel von Lenz' „Hofmeister", in: Poetica 6 (1974), S. 456–467.

Klaus R. Scherpe: Dichterische Erkenntnis und „Projektemacherei". Widersprüche im Werk von J.M.R. Lenz, in: Goethe Jahrbuch 94 (1977), S. 206–235.

Allan Blunden: J.M.R. Lenz and Leibniz: a point of view, in: Sprachkunst 9 (1978), S. 3–18.

Dieter Liewerscheidt: J.M.R. Lenz „Der neue Menoza", eine apokalyptische Farce, in: Wirkendes Wort 33/3 (1983), S. 144–152.

Monika Wiessmeyer: Gesellschaftskritik in der Tragikomödie: „Der Hofmeister" (1774) und „Die Soldaten" (1776) von J.M.R. Lenz, in: New German Review 2 (1986), S. 55–68.

Jürgen Pelzer: Das Modell der „alten" Komödie. Zu Lenz' „Lustspielen nach dem Plautus", in: Orbis Litterarum 42 (1987), S. 168–177.

Klaus Bohnen: Irrtum als dramatische Sprachfigur. Sozialzerfall und Erziehungsdebatte in J.M.R. Lenz' „Hofmeister", in: Orbis Litterarum 42 (1987), S. 317–331.

Matthias Luserke/Reiner Marx: Nochmals S[turm] u[nd] D[rang]. Anmerkungen zum Nachdruck der *Philosophischen Vorlesungen* von J.M.R. Lenz [Originalbeitrag].